BERNARD BOLZANO'S

Grundlegung der Logik

Ausgewählte Paragraphen
aus der *Wissenschaftslehre, Band I und II*

Mit ergänzenden Textzusammenfassungen
einer Einleitung und Registern herausgegeben von

FRIEDRICH KAMBARTEL

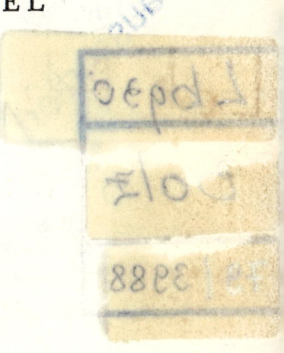

FELIX MEINER VERLAG
HAMBURG

PHILOSOPHISCHE BIBLIOTHEK BAND 259

1963 Erste Auflage
1978 Zweite, durchgesehene Auflage

CIP-Kurztitelaufnahme der Deutschen Bibliothek

Bolzano, Bernard:
[Grundlegung der Logik]
Bernard Bolzano's Grundlegung der Logik : ausgew. Paragraphen aus d. Wissenschaftslehre, Bd. I u. II. Mit erg. Textzusammenfassungen, e. Einl. u. Reg. hrsg. von Friedrich Kambartel. — 2., durchges. Aufl. — Hamburg : Meiner, 1978.
(Philosophische Bibliothek ; Bd. 259)
ISBN 3-7873-0450-9

© Felix Meiner Verlag, Hamburg 1978. Alle Rechte, auch die des auszugsweisen Nachdrucks, der photomechanischen Wiedergabe und der Übersetzung vorbehalten. Druck: Proff GmbH & Co. KG, Bad Honnef. Einbandarbeiten: Himmelheber, Hamburg. Printed in Germany.

INHALT

Einleitung des Herausgebers

Der philosophische Standpunkt der Bolzanoschen
Wissenschaftslehre — Zum Problem des «An sich»
bei Bolzano . . . . VII-XXIX
    Wirkungsgeschichtliches zur W.-L. — Einteilung der
    W.-L. — Die philosophische Grundposition der W.-L.
    — Bolzano und Kant — Bolzano und Platon — Vor-
    stellung und Satz an sich als Sinnkategorien —
    Bolzano und Frege — Bolzano, Empirismus und
    Transzendentalphilosophie — Bolzano und Leibniz.

Die logische Grundposition der Bolzanoschen
Wissenschaftslehre — Ableitbarkeit und Abfolge XXIX-LIV
    Bolzanos Logikbegriff und die formalisierte Logik —
    Bolzanos Ableitbarkeitsbegriff — Bolzano und die
    logistische Semantik — Logischer und Bolzanoscher
    Ableitbarkeitsbegriff — Analytische und synthetische
    Sätze bei Bolzano — Der Begriff der Abfolge —
    Bolzanos Begriff der Erklärung — Einfachheitskri-
    terien beim Wissenschaftsaufbau

Zur Einführung in die vorliegende Auswahl . . LIV-LXII
    Textgeschichte der W.-L. — Auswahlprinzipien —
    Textgestalt und Apparat

Inhaltsübersicht zur Wissenschaftslehre Bd. I . .   LXIII

Inhaltsübersicht zur Wissenschaftslehre Bd. II . .   LXVII

Text und Zusammenfassungen der §§ 1—120 . . .   1—195
    (= Wissenschaftslehre Bd. I)

Text und Zusammenfassungen der §§ 121—268 .   197—365
    (= Wissenschaftslehre Bd. II)

Bibliographie   366

Personenregister   370

Sachregister   372

Bernard Bolzano

*5. 10. 1781 in Prag als Sohn eines nach Böhmen eingewanderten italienischen Kunsthändlers und einer Prager Kaufmannstochter. Nach Besuch des Gymnasiums der Piaristen ab 1796 philosophische, theologische und mathematische Studien an der Universität Prag — 1804 Erstlingswerk: *Betrachtungen über einige Gegenstände der Elementargeometrie* — 7. 4. 1805 Priesterweihe — 17. 4. 1805 Promotion zum Doktor der Philosophie — 19. 4. 1805 provisorischer Professor der Religionslehre an der philosophischen Fakultät der Universität Prag — 1807 endgültige Bestätigung in seinem Amte, mit der Auflage, nach dem Lehrbuch der Religionswissenschaft des Wiener Hofkaplans *Frint* (1805 ff.) zu lesen — 1811 Befreiung von dieser Auflage, Beginn der selbständigen Vorlesungen, die die Grundlage des 1834 von Schülern B.'s herausgegebenen *Lehrbuches der Religionswissenschaft* bilden — daneben logische und mathematische Forschungen, u. a. 1817 Beweis des später sogenannten *Satzes von Bolzano-Weierstraß* — seit 1817 verstärkte Aktivität der katholischen Restauration gegen die von B. (besonders durch seine von 1805 bis Januar 1820 vor zeitweilig durchschnittlich 1000 Studenten und Prager Bürgern gehaltenen *Erbauungsreden*) angeregte «Böhmische Aufklärung», die eine rationale Durchdringung des Katholizismus mit konkreten sozialpolitischen Reformvorstellungen verband — mit Hofdekret vom 24. 12. 1819 Entlassung B.'s aus seinem Lehramt — 1820 Beginn der Arbeit an der *Wissenschaftslehre* — seit 1823 zeitweiliger, seit 1830 bis 1841 ständiger Aufenthalt auf dem Landgut der befreundeten Familie *Hoffmann*; Pflege des häufig Kranken, nach dem Tode seiner Mutter fremder Pflege bedürftigen B. durch Frau Anna Hoffmann — 1827 *Athanasia oder Gründe für die Unsterblichkeit der Seele*, eine monadologische Trostschrift für A. Hoffmann zum Tode ihres letzten Kindes — 1837 Erscheinungsjahr der *Wissenschaftslehre* — in den letzten teilweise wieder in Prag verbrachten Jahren Arbeit an einem *mengentheoretischen* Werk, den 1851 von B.'s Prihonsky herausgegebenen *Paradoxien des Unendlichen*, ferner an einer als Grundlegung der gesamten Mathematik gedachten *Größenlehre;* Entdeckung einer *stetigen, obwohl nirgends differenzierbaren Funktion;* Entwurf der Sozialutopie *Vom besten Staate* (1932 hrsg. von A. Kowalewski) — † 18. 12. 1848 in Prag an einem fast sein ganzes Leben begleitenden Lungenleiden, begraben auf dem Wolschaner Friedhof.

Ausführliche biographische Unterrichtung bieten die ohne vorheriges Wissens B.'s von seinem Freunde M. J. Fesl 1836 herausgegebene *Lebensbeschreibung des Dr. B. Bolzano,* ein für A. Hoffmann geschriebener autobiographischer Bericht, ferner *E. Winter: Bernard Bolzano und sein Kreis* (Leipzig 1933), ders.: *Leben und geistige Entwicklung des Sozialethikers und Mathematikers Bernard Bolzano 1781—1848 (Hallische Monographien 14, 1949).*

Einleitung des Herausgebers

Der philosophische Standpunkt der Bolzanoschen Wissenschaftslehre
Zum Problem des „An sich" bei Bolzano

Edmund *Husserl* hat um die Jahrhundertwende Bolzanos *Wissenschaftslehre* ein Werk genannt, „das in Sachen der logischen ‚Elementarlehre' alles weit zurückläßt, was die Weltliteratur an systematischen Entwürfen der Logik darbietet", und den Prager Mathematiker und Philosophen als „einen der größten Logiker aller Zeiten" gefeiert[1]). Heinrich *Scholz* stellt 1937 dem Descartes-Bezug dieses Jahres, daß es nämlich das dritte Jahrhundert seit dem Erscheinen des *Discours de la méthode* vollendet, das Bolzanojubiläum zur Seite: ein Jahrhundert sei seit 1837, dem Erscheinungsjahr der *Wissenschaftslehre* Bolzanos, vergangen[2]). Mit dem ihm eigenen Pathos erklärt Scholz: „Wenn Bolzano nichts weiter hinterlassen hätte als die 5 Paragraphen 164—168 der *Wissenschaftslehre*, so würde er nach meinem Urteil auf Grund dieser Paragraphen zu den Klassikern der Wissenschaftslehre zu rechnen sein; und wenn durch ein Schicksal, das wir lieber nicht ausdenken wollen, die ganze Bolzanosche *Wissenschaftslehre* bis auf 15 Seiten verloren ginge und nur SS 197—211 des zweiten Bandes der *Wissenschaftslehre* erhalten blieben, so würden wir immer noch mit einer wesentlichen Genauigkeit wissen,

---

[1] Cf. *Logische Untersuchungen* I: *Prolegomena zur reinen* Logik (¹1900), S. 225.

[2] Cf. *Die Wissenschaftslehre Bolzanos — Eine Jahrhundertbetrachtung*, zuerst in: *Abh. d. Fries'schen Schule* N. F. VI (1937), S. 401 ff., Neudruck in: Heinrich Scholz, *Mathesis Universalis — Abhandlungen zur Philosophie als strenger* Wissenschaft (Basel, Stuttgart 1961), S. 219 ff.

was für ein Denker Bolzano gewesen ist."[3]) — Die großen Worte, mit denen so das Hauptwerk des *Philosophen* Bolzano gefeiert wird, stehen in einem merkwürdigen Mißverhältnis zu dem Maß der Kenntnis, die man von seinen wissenschaftstheoretischen Untersuchungen genommen, und dem buchhändlerischen Erfolg, den die vierbändige *Wissenschaftslehre* gehabt hat. Von der ersten Auflage wurden nur wenige Exemplare verkauft. Eduard *Winter* urteilt: „Die einzigen wertvollen Besprechungen und Anzeigen seines Buches stammen von Bolzano selbst. ... Immer deutlicher erkennt er, daß er sozusagen der einzige ist, der sein Werk wirklich gelesen hat."[4]) Scholz, der den 1929—31 erfolgten Neudruck der gesamten *Wissenschaftslehre* als großes Ereignis feiert[5]), muß einige Jahre später inmitten aller logischen Leidenschaft seiner Jahrhundertbetrachtung anmerken, daß der Preis je Band auf 10 Mk heruntergesetzt und damit „so niedrig sei, wie er zur Zeit nur für ein Standwerk der Logik angesetzt werden kann"[6]). Husserl wie Scholz haben es nicht vermocht, in den philosophischen Schulen, die unter ihrer Wirkung standen, Phänomenologie und mathematischer Logik, ein eingehendes und verbreitetes Bolzanostudium hervorzurufen. Die Scholzschen Hinweise auf die Vorwegnahme gewisser Grundbegriffe der logistischen Semantik durch Bolzano bewirkten im wesentlichen, daß in Lehrbüchern der formalen Logik hier und da das Vorläufertum Bolzanos angemerkt wurde[7]). Husserl selbst

---

[3] *Mathesis Universalis*, S. 232. Cf. dazu unten S. LVIII

[4] Cf. *B. Bolzano und sein Kreis* (Leipzig 1933), S. 164 f. Eine der Bolzanoschen Selbstanzeigen hat E. Winter als Beilage zu seinem Buch: *Leben und geistige Entwicklung des Sozialethikers und Mathematikers B. Bolzano 1781—1848* (Halle/S. 1949) aus dem Nachlaß Bolzanos herausgegeben. Eine mit diesem Nachlaßmanuskript nicht identische Fassung war 1838 in den *Freymüthigen Blättern* (Stuttgart) XI, S. 331 ff. erschienen.

[5] *Dt. Lit-Ztg* 51 (1930), Sp. 1963 ff.; 52 (1931), Sp. 2152 ff.

[6] a. a. O. Anm. 1.

[7] In den letzten Jahren mehren sich hier allerdings Anzeichen einer zunehmenden Diskussion der Bolzanoschen Wissenschaftslehre. Hier sind u. a. zu nennen: Y. *Bar-Hillel: Bolzano's definition of analytic propositions*, in: Theoria 16 (Lund 1950), S. 91 ff; ders.: *Bolzano's propositional logic*, in: Archiv für math. Log. u. Grundl.forschg. 1

kommt in seinen späteren philosophiegeschichtlichen Interpretationen kaum noch auf Bolzano zurück[8]); so mußte auch der phänomenologischen Schule die frühe Anknüpfung der *Logischen Untersuchungen* an die *Wissenschaftslehre* episodenhaft erscheinen. Der „böhmische Leibniz" blieb vor allem eine Sache der Böhmen und des Universitätenkreises der alten Donaumonarchie[9]). Die „beste Einführung in die philosophische Gesamtleistung Bolzanos" (Scholz) und die Untersuchung des verzweigten biographischen, politischen, wissenschaftlichen und religiösen Beziehungsfeldes, in dem Bolzano stand, sind Gelehrten, die aus der Prager Universität hervorgingen, zu verdanken: Hugo *Bergmann*[10]) und Eduard *Winter*[11]). Die Neudrucke der *Wissenschaftslehre* von 1914 und 1929—31 wurden von dem Wiener Philosophen Alois *Höfler*, später von seinem Schüler Wolfgang *Schultz* herausgegeben. Ein Zentrum der Bolzanoforschung waren ferner die *ungarischen* Hochschulen: Melchior *Palágyis* Studie zum Verhältnis von *Kant und Bolzano*[12]) und die *Logik* von Akos *von Pauler*[13]) sind aus diesem Wirkungsbereich hervorgegangen. Auch der *Mähre* Husserl, der in Wien studiert hat, wo vor allem

---

(1952), S. 305 ff.; G. *Buhl: Ableitbarkeit und Abfolge in der Wissenschaftstheorie Bolzanos,* Kantstudien Erg. Heft 83 (Köln 1961); J. *Berg: Bolzano's Logic,* Stockholm Studies in Philosophy 2 (1962). Die Beiträge von Berg und Buhl ergänzen sich in schöner Weise zu der wohl besten umfassenden Einführung in die ersten beiden Bände der *Wissenschaftslehre* Bolzanos, die augenblicklich greifbar ist.

[8] „Die Phänomenologie war hier in der logischen Sphäre, wie überhaupt dem großen Logiker etwas *völlig Fremdes*", heißt es in den *Ideen zu einer reinen Phänomenologie und phänomenologischen Philosophie,* Husserliana III, S. 236 f.

[9] Das zeigt auch die umfangreiche Bibliographie der Literatur zu Bolzano, die J. Berg im Anhang seiner Studie über *Bolzano's Logic* zusammengestellt hat.

[10] *Das philosophische Werk B. Bolzanos,* Halle/S. 1909.

[11] Cf. u. a. die in Anm. 4 genannten Arbeiten.

[12] Halle/S. 1902.

[13] Berlin 1929. Cf. auch A. *von Pauler: Grundlagen der Philosophie* (Leipzig 1925), §§ 85, 211.

K. *Twardowski* auf Bolzano hinwies[14]), mag seine Kenntnis und Hochschätzung Bolzanos aus diesem Zusammenhang bezogen haben.

Die Wirkungsgeschichte Bolzanos steht so in genauem Gegensatz zur Entwicklung der Auseinandersetzung um die Theorien des ihm in so vielem nahestehenden Logikers und Mathematikers Gottlob *Frege*. Während die weltweite Diskussion um die logische Position Freges noch immer nur mühsam erzwingt, daß seine Bedeutung auch in seinem Geburtslande anerkannt wird, gelingt es der einem begrenzten Bereich entstammenden Bolzanoschule nicht, ein *universales* Interesse für einen nur von ihr selbst als Großen des Geistes Gewußten hervorzurufen. Hier vermag das Bewußtsein der Bedeutung nicht von außen nach innen, dort nicht von innen nach außen zu dringen. Freilich sind so zunächst nur wirkungsgeschichtliche Fakten zu einem äußeren Bilde zusammengestellt. Philosophisch relevant werden diese Daten erst dann, wenn sie als Indiz einer inhaltlichen Bestimmung der Bolzanoschen Grundposition in ihrem Verhältnis zum gegenwärtigen philosophischen Gedanken gedeutet und damit auf ihren Grund zurückgeführt, begriffen sind.

Die klare, einfache Grundkonzeption der *Wissenschaftslehre* macht es möglich, ihr gedankliches Gerüst in wenigen Sätzen wiederzugeben. Bolzano selbst hat diese Struktur im § 15 dargelegt. Unter *Wissenschaftslehre* im *engeren* Begriff versteht er „den Inbegriff aller derjenigen Regeln, nach denen wir bei dem Geschäfte der Abteilung des gesamten Gebietes der Wissenschaft in einzelne Wissenschaften und bei der Darstellung derselben in eigenen Lehrbüchern vorgehen müssen, wenn wir recht zweckmäßig

---

[14] Cf. u. a. *Zur Lehre vom Inhalt und Gegenstand der Vorstellungen* (Wien 1894). Twardowski wurde später zum Anreger und Gründer jener polnischen Philosophenschule, aus der die logistische Semantik hervorging. Die Verwandtschaft der Untersuchungen *Tarskis* mit Begriffsbildungen der Bolzanoschen *Wissenschaftslehre* braucht so nicht durch eine *zufällige* Zweitentdeckung erklärt zu werden. Tarski ist über seine philosophischen und logischen Lehrer zumindest mittelbar mit Bolzano im Gespräch gewesen.

vorgehen wollen" (§ 1—I, 7)[15]). Die so bestimmte Disziplin *(eigentliche Wissenschaftslehre)* wird jedoch erst im vierten Bande (§§ 392—718) abgehandelt. Die Wissenschaften stellen für Bolzano „Inbegriffe von Wahrheiten" dar (§ 1 u. a.). Der Leser der Bolzanoschen Wissenschaftslehre im engeren Verstande erfährt also, auf welche Weise er *Wahrheiten* einteilen und systematisch *darstellen* kann. Notwendige Bedingung des hier gelehrten Geschäfts ist nun offenbar, allererst Wahrheiten zu *finden,* an denen es sich sinnvoll vollziehen kann. Daher enthält die Bolzanosche Wissenschaftslehre in *allgemeiner,* durch den Inhalt und Zusammenhang des vierbändigen Werks definierter Bedeutung eine Lehre von der Wahrheitsfindung *(Erfindungskunst, Heuristik),* die §§ 322—391 umfaßt. Die beiden bisher genannten Disziplinen der allgemeinen Wissenschaftslehre, eigentliche Wissenschaftslehre und Heuristik, stehen nach Bolzano im näheren unter Bedingungen des Erkennens überhaupt von Wahrheiten, im ferneren hängen sie von den Eigenschaften und Beziehungen ab, die Wahrheiten und (als Oberbereich der Wahrheiten) Sätze unabhängig vom Bezug zum erkennenden Bewußtsein haben und eingehen. So stehen in der allgemeinen Wissenschaftslehre der Heuristik eine *Erkenntnislehre* (§§ 269—321) und eine *Elementarlehre* (§§ 46—268) voran. Schließlich scheint es Bolzano nötig, im vorhinein aufzuweisen, daß diesem ganzen Gebäude nicht durch einen radikalen Zweifel an der Existenz oder Erkennbarkeit von Wahrheiten überhaupt jeder Inhalt streitig gemacht werden könne. Die Widerlegung solchen Zweifels ist die Absicht des ersten Teiles der (allgemeinen) Wissenschaftslehre, der *Fundamentallehre* (§§ 17—45).[16])

Die Einteilung der *Wissenschaftslehre* spiegelt ihren Grundgedanken wider, nämlich, daß es einen vom erkennenden Bewußtsein und von der Wiedergabe durch die Sprache ontologisch unabhängigen Bereich gebe, der aller Verwirklichung als Bewußtwerdung und Ausdruck voraus-

---

[15] I, 7 bedeutet *Wissenschaftslehre* Bd. I, S. 7.
[16] §§ 1—16 enthalten einleitende Überlegungen.

liegt: eine Welt reiner Inhalte. Nur diese Annahme rechtfertigt, daß sich eine *Elementarlehre* im Bolzanoschen Sinne von der *Erkenntnislehre* und *eigentlichen Wissenschaftslehre* in seinem Sinne abspalten läßt, d. h. daß sich die Untersuchungen über „Vorstellungen", „Sätze" und „Wahrheiten" scheiden lassen in einen Teil, der sich mit diesen Objekten befaßt, insofern sie Gegenstand eines Bewußtseins *(subjektive* Vorstellung, *Urteil, Erkenntnis)* oder einer sprachlichen Darstellung *(Lehrbuch)* sind, und einen Teil, der sich mit ihren davon unabhängigen Eigenschaften und Beziehungen, d. h. mit diesen Objekten „an sich" beschäftigt. Der ontologische Sinn des Bolzanoschen „an sich" ist zunächst genauer zu erörtern. Das Gefüge, in dem Bolzano das „an sich" in den beiden Grundformen „Satz an sich" (§ 19) und „Vorstellung an sich" (§ 48) bestimmt, besteht aus den weiteren Bezugspunkten „Wirklichkeit", „Sprache", „Denken". Die Beziehungen zu diesen Positionen, die angegeben werden, sind vor allem negativer Natur: Der *Satz an sich* ist nicht „ausgesprochener" oder „durch Worte ausgedrückter Satz", also *nicht Sprachgebilde* in einem äußeren Sinn; er ist *nicht* „gedachter Satz", d. h. keine bloße Bewußtseinsexistenz; er hat „*kein Dasein* (keine Existenz oder Wirklichkeit)", das nur seiner sprachlichen oder gedanklichen Repräsentation zukommt. — Analoge Abgrenzungen treten auch bei den von Bolzano als selbst nicht satzartige Bestandteile von Sätzen an sich eingeführten (§ 48, 2.) *Vorstellungen an sich* auf: Die Vorstellung an sich ist vom *Wort* oder der Wortverbindung, durch die sie „angezeigt", „bezeichnet" wird, zu trennen; kann doch dasselbe Wort (z. B. „Tor") zwei gänzlich verschiedene Vorstellungen bedeuten. Die Vorstellung an sich ist von der „Vorstellung in der gewöhnlichen Bedeutung" als „Erscheinung in unserem Gemüte" („*subjektive* Vorstellung") zu unterscheiden. Die Vorstellung an sich ist nicht wie das „Wort", als äußeres Sprachzeichen verstanden, oder die „subjektive Vorstellung" etwas *Wirkliches.* Die dritte Bestimmung hängt mit einer weiteren, von Bolzano später (§ 49) verfolgten Abgrenzung zusammen: Die Vorstellung an sich ist nicht zu verwechseln mit ihrem

Gegenstand, „jenem (bald existierenden, bald nicht existierenden) Etwas, von dem wir zu sagen pflegen, daß sie es vorstelle, oder daß sie die Vorstellung *davon* sei" (I, 219). Während ein Gegenstand einer Vorstellung durchaus wirklich sein (existieren) könne, sei diese Vorstellung selbst als ein Nichtexistierendes eben von diesem Wirklichen zu unterscheiden, wie es ja auch im allgemeinen der Gegenstände mehrere zu ein und derselben Vorstellung gebe. — Positiv werden die Vorstellungen und Sätze an sich als „Stoff" oder „Sinn" ihrer Korrelate in Sprache und Denken erklärt (I, 121, 217; II, 89).

Bestimmt man die *Wirklichkeit* der Gegenstände und Gedanken als *Erscheinung,* so sparen die abgrenzenden Erläuterungen Bolzanos einen Bezirk aus, in den sich nicht nur die Sätze und Vorstellungen an sich, sondern auch die *Platonischen Ideen* und das *Kantische Ding an sich* einfügen lassen. Die Kategorie des *An sich* bei Bolzano mag so, ausgehend von den Aussagen darüber, was die Vorstellungen und Sätze an sich nicht seien, nur in der Tradition *Platos* und *Kants* als das eigentlich wirkliche Jenseits einer bloß erscheinenden Wirklichkeit und subjektiven Vorstellung gedeutet, Bolzano als derjenige mißdeutet werden, der den von Kant auf ein gänzlich entleertes, formales Etwas reduzierten, weil nicht selbst erscheinenden Grund der Erscheinung wieder mit dem ganzen inhaltlichen Reichtum eines verzweigten platonischen Ideenkosmos zur Geltung brachte. Die Bolzanosche Trennlinie zwischen Vorstellungen und Sätzen an sich auf der einen und wirklichen Gegenständen und Erscheinungen im Gemüte auf der anderen Seite fällt jedoch weder mit dem Platonischen χωρισμός noch mit dessen Kantischem Analogon zusammen.

Das Kantische Ding an sich ist, zumindest in der Definition einer das Bewußtsein affizierenden Ursache der Erscheinungen, als Glied einer Art transzendenter Kausalrelation eingeführt. Davon ist beim An-sich-Begriff der logischen *Elementarlehre* Bolzanos keine Rede. Die Vorstellungen und Sätze an sich sind nicht Ursachen von Erscheinungen im Bewußtsein. Als solche wären sie nämlich *wirklich,* wenn man das Bolzanosche Verständnis einer *Ur-*

sache (I, 331; II, 208, 349) zugrunde legt. Dies aber verträgt sich nicht mit den schon angeführten Aussagen Bolzanos. Dazu kommt, daß sich für das Kantische Ding an sich in der *Wissenschaftslehre* ein ganz anderer Repräsentant als die Vorstellungen und Sätze an sich finden läßt. Im Dialog mit dem „vollendeten Zweifler" (§ 42) kritisiert Bolzano Wahrheitsdefinitionen, die die Wahrheit der Erkenntnisse als „eine gewisse Übereinstimmung unserer Vorstellungen mit jenen Gegenständen, auf welche sie sich beziehen", erklären und dann vor die Schwierigkeit führen, ein sicheres Kriterium solcher Übereinstimmung zu finden, weil das Bewußtsein aus dem Bereich seiner Vorstellungen nicht heraustreten kann (I, 179 f.). Für Bolzano stellt sich so das Problem, einen Bereich der Erkenntnis zu umgrenzen, bei dem die Überzeugung von der Wahrheit eines Satzes nicht davon abhängt, „daß du nebst den Vorstellungen, welche die Gegenstände in dir hervorbringen, noch eine Kenntnis davon, *wie sie an sich sind,* erhieltest, d. h. erführest, was für Wirkungen sie außer denjenigen, die sie in dir erzeugen, noch sonst hervorbringen können" (I, 181 f.)[17]. Hier tritt die Kantische Unterscheidung von *Ding an sich* und *Erscheinung* in der Form des Gegenübers von *Gegenständen,* die auch Eigenschaften an sich haben, auf der einen und (subjektiven) *Vorstellungen* und *Urteilen,* die sich auf diese Gegenstände beziehen, auf der anderen Seite wieder auf. *Vorstellungen* und *Sätze* an sich gehen in das hier von Bolzano diskutierte Erkenntnismodell gar nicht unmittelbar ein. Deutlich wird das auch aus einer Bemerkung in § 129, in der Bolzano die Wahrheiten an sich als ein „Drittes"

---

[17] Begründungsmöglichkeiten, die keine Kenntnis des Ansichseins von Gegenständen voraussetzen, sieht Bolzano gegeben: 1. für reine Begriffswahrheiten, 2. für unmittelbar erfahrbare Bewußtseinspräsenzen (Dies ist rot), 3. für Aussagen der Art: „Derselbe Gegenstand, der die Anschauung A in mir hervorbringt, ist auch die Ursache von der Anschauung B, die ich habe". — Die Erkenntnismöglichkeiten im Bereich reiner Begriffswahrheiten veranlassen Bolzano auch zu einer Kritik an der These von der Unerkennbarkeit der Dinge an sich, soweit sich diese These gegen die klassische Metaphysik wendet (cf. I, 196 f.).

„außer den Dingen an sich und unserm Denken derselben" bezeichnet (II, 23).

Der Unterschied der Bolzanoschen Grundbegriffe zu ihrem scheinbaren *Platonischen* Äquivalent zeigt sich an zwei Punkten besonders deutlich: 1. Zwar läßt sich der Platonische Ideebegriff dem Begriff der Vorstellung an sich zuordnen, doch fehlt ein Platonisches Äquivalent zum Satz an sich. 2. Die Entsprechung von Ideen und Vorstellungen an sich ließe sich allenfalls für einen Teilbereich der Vorstellungen an sich, für die *Begriffe* im Bolzanoschen Sinn behaupten; den *Anschauungen* in der von Bolzano aufgestellten Bedeutung steht kein entsprechender Platonischer Ideenbereich gegenüber. Hier sind zunächst Bolzanos Bestimmungen von „Begriff" und „Anschauung" zu erläutern und ins Verhältnis zum Platonischen Ideebegriff zu setzen: Unter „Anschauungen" versteht Bolzano (§ 72) einfache Einzelvorstellungen an sich, d. h. Vorstellungen an sich, die sich nicht als Zusammensetzung anderer Vorstellungen an sich erklären lassen und unter die nur ein einziger Gegenstand fällt („Dies Haus"). Zusammengesetzte Vorstellungen, die weder selbst Anschauungen sind noch Anschauungen als Bestandteile enthalten, heißen „Begriffe" (§ 73). Der (eine) Gegenstand einer Anschauung ist nach Bolzano nicht durch begriffliche Merkmale ausschöpfbar. Jede als Kennzeichnung nur dieses Gegenstandes gemeinte Aufzählung von Merkmalen zu einer zusammengesetzten Vorstellung hat es an sich, daß weitere unter diese Kennzeichnung fallende Gegenstände denkbar sind (§ 73, 3.). Die Anschauungen sind das einmalige Besondere, letztlich für Bolzano auch Definiens aller Erfahrung (§§ 133, 294), im Gegensatz zur Allgemeinheit des Begriffs. Der Charakter der Platonischen Ideen — als allen Einzelnen eines bestimmten Typos zugrunde liegendes Wesen, das frei von den Verunreinigungen der besonderen Erscheinung in den Blick gebracht werden muß — kann der Bolzanoschen Anschauung nicht zugesprochen werden. Letztlich handelt es sich für Bolzano bei der Einführung der Vorstellungen und Sätze an sich gar nicht darum, die Welt in Erscheinungen (φαντασίαι) und einen von deren Bestimmungen zu reinigenden Bereich des Allgemeinen (der νοήσεις, εἴδη) als An-sich-sein aufzuspalten. Die Platonische Trennlinie hat den Bereich des Bolzanoschen An sich nicht auf einer ihrer Seiten, vielmehr läßt sie sich durch ihn noch hindurchlegen.

Daß die eigentümliche Funktion der Vorstellungen und Sätze an sich im Sinne Bolzanos bei Platon noch nicht deutlich in den Gesichtskreis tritt, läßt sich im Anschluß an eine bestimmte Phase des Dialogs *Kratylos* (429 b ff.) entwickeln. Kratylos insistiert hier gegen alle Einwände des *Sokrates* und sicherlich gegen den Sprachgebrauch hartnäckig darauf, daß es unsinnig sei, Bezeichnungen in Hinsicht ihrer Bedeutung das Prädikat „falsch" zu verleihen. Er argumentiert etwa so: Selbst wenn der Name „Hermogenes" (Sohn des Hermes, des Gottes der Kaufleute und Diebe) einem Manne beigelegt wird, dessen geringes kaufmännisches Geschick stadtbekannt ist, so rechtfertigt dies nicht, hier von einer „falschen" Bezeichnung zu sprechen. Der Name „Hermogenes" hat auch dann seine „richtige" Bedeutung, wenn sein zufälliger Träger diesem Namen keine Ehre macht; denn wir müssen diesen Namen „richtig" verstehen, um zu folgern, daß der Träger die durch den Namen gegebene Charakterisierung nicht verdient. Ein Wort führt in jedem Falle eine „richtige" Bedeutung mit sich, selbst wenn es in üblicher Redeweise eine „falsche" Bezeichnung ist. Sokrates und Kratylos können sich an dieser Stelle deswegen nicht einigen, weil sie durch die von ihnen verwendeten Prädikate „wahr" und „falsch" in Bezug auf Worte ganz Verschiedenes intendieren[18]. Was Sokrates meint, läßt sich etwa so fassen: Worte oder Namen sind dann „richtig", wenn sie im aktuellen Sprachvollzug tatsächlich den Gegenständen beigelegt werden, denen sie herkömmlich oder von Natur zukommen oder

---

[18] Die Klarheit des Dialoges leidet überdies von Anfang an darunter, daß das Verhältnis des „wahren Satzes" (λόγος ἀληθής) zum „richtigen Wort" (ὄνομα ἀλγθές, ὀϱθόν) ungenügend bestimmt wird: Sokrates führt ohne Kritik seiner Gesprächspartner die Voraussetzung ein, daß bei einem wahren Satz auch seine elementaren Teile, die Wörter, „wahr" sind.

(bei aus mehreren Bedeutungseinheiten zusammengesetzten Worten; dieser Fall betrifft auch das Wort „Hermogenes") von denen sie eine richtige Beschreibung liefern. Die Richtigkeit eines Wortes ist also für Sokrates durch richtige Beziehung auf die Wirklichkeit gegeben. Kratylos dagegen versteht darunter die Identität des Wortes mit seinem Sinn, die immer gegeben ist, weil ein Wort ohne wohlbestimmten Sinn (ein sinnloses Wort) eben kein Wort zu nennen wäre (429 d ff.). Dieser *Sinn* haftet den Worten und Wortverbindungen auch dann an, wenn sie gar nicht mit der Intention irgendeiner Beziehung auf Wirkliches genommen werden, in logischen Beispielen oder dichterischen Kontexten etwa: „Goldberg" hat einen identifizierbaren Sinn, auch wenn es keinen Gegenstand gibt, den dieses Wort „richtig" bezeichnen könnte; wir „verstehen" den in den logischen Erörterungen Bolzanos vorkommenden Satz: „Die Rose ist rot", auch wenn keine Rede davon sein kann, daß dieser Satz hier irgendeine bestimmte Rose oder einen alle Rosen betreffenden Sachverhalt meint. Bei Sokrates wie bei Kratylos wird der Sinn der Worte und Sätze allerdings noch nicht zu einem besonderen Gegenstand philosophischer Erörterung. Beide ziehen für ihre Argumentationen nur die empirische Spracherscheinung und die von ihr abzubildende Wirklichkeit in Betracht. Der Sprachsinn bleibt ständig mit dem Wesen der Dinge in eins gesetzt und tritt nicht als ein eigenständiges Phänomen hervor. Diese Verwechselung führt zu der von Kratylos folgerichtig herausgearbeiteten und für Sokrates nicht überzeugend widerlegbaren Konsequenz, daß eine nach dem Platonischen Modell als Abbildung des Wesens der Dinge aufgebaute Sprache im Gebrauch nur die Alternative von *wahrer* oder *sinnloser* Rede bietet: Entweder ich gebrauche die Worte in ihrem natürlichen, mit dem Wesen der Dinge identischen Sinn, d. h. ich rede sinnvoll und zugleich wahr; oder ich distanziere mich von dieser Bedeutung der Worte, nehme meinen Aussagen damit zugleich aber überhaupt jeden möglichen Sinn. Im Sprachmodell des *Kratylos* haben daher falsche Repräsentationen der Wirklichkeit keinen Platz: die Sprache weiß schon alles. Die Platonische Erklärung der Wissenschaft wird schon hier in ihrer Grundstruktur unausweichlich: Wissenschaft ist nur so möglich, daß ein Vorwissen, hier der Sprache, nachvollzogen, erinnert wird.[19]

Die sprachlogische Differenzierung, die hier nötig ist und von Platon an dieser Stelle und auch später nicht vollzogen wird, ist nun gerade definierendes Moment der Bolzanoschen Ausgangsposition. Die Bolzanoschen Grundbegriffe „Satz an sich" und „Vorstellung an sich" meinen - mit den Worten einer *Husserlschen* Gegenüberstellung - das, „was ein Ausdruck besagt", im Gegensatz zu dem, „worüber er etwas sagt"[20]. Daher hat J. *Berg* Bolzano mit Recht in die Entwicklungslinie der *intensionalen Logik* gestellt[21], wie sie sich im Anschluß an die von *Frege* gemachte Unterscheidung von *Sinn* und *Bedeutung* entwickelt hat. Das Wort „Bedeutung" beschränkt Frege auf den Ausdruck der Wirklichkeits- und Gegenstandsbezogenheit sprachlicher Gebilde. Die Worte „Abendstern" und „Morgenstern" z. B. haben dieselbe *Bedeutung*, weil sie denselben Gegenstand (den Planeten „Venus") bezeichnen, jedoch ist der *Sinn* beider Bezeichnungen verschieden.[22] Frege gibt dazu die Erläuterung, daß derselbe Gegenstand durch verschiedene Bezeichnungen auf verschiedene Weise

---

[19] Diese Konsequenzen diskutiert der Dialog *Kratylos* nicht aus. Ob eine Sprache die richtige Repräsentation der Wirklichkeit leistet oder nicht, erscheint Sokrates nämlich am Ende unkontrollierbar, solange nicht ein Wissen über die Struktur der Wirklichkeit möglich ist, das ohne Vermittlung durch die Sprache zustande kommt. Dieses Wissen wird später durch die *Anamnesislehre* begründet. Sie behält das Modell einer vollkommenen täuschungsfreien Repräsentation der eigentlichen Wirklichkeit bei. An die Stelle des Mythos vom idealen Sprachschöpfer im *Kratylos* tritt der Mythos vom vorweltlich erworbenen Wissen der Seele. Eigentümliche Methode der platonisch verstandenen Wissenschaft bleibt die Erinnerung des bereits Gewußten.

[20] Cf. E. Husserl, *Logische Untersuchungen* II, 1 (²1913), S. 46.

[21] a. in Anm. 7 a. O. S. 48 ff.

[22] *Sinn und Bedeutung*, in: *Ztschr. f. Philos. und philos. Kritik*, NF 100 (1892), S. 25—50. (Wiederabdruck in G. Frege: *Funktion, Begriff, Bedeutung — Fünf logische Studien*, hrsg. von G. Patzig, Kl. Vandenhoek-Reihe 144/145, 1962).

„gegeben" sei[23]). Unter das Schema einer Bezeichnung, der eine *Bedeutung* (ein Gegenstand, den sie bezeichnet) und ein *Sinn* (eine bestimmte Gegebenheitsweise dieses Gegenstandes durch die Bezeichnung) zugeordnet sind, bringt Frege auch die Behauptungssätze, d. h. Sätze, die sinnvoll behauptet werden können, weil auf sie die Alternative „wahr oder falsch" zutrifft. Frege ordnet diesen Sätzen als ideale *Gegenstände* ihre jeweiligen Wahrheitswerte „wahr" oder „falsch" zu, als *Sinn* ihre jeweiligen *objektiven* Inhalte, oder in der Fregeschen Terminologie: die „durch sie ausgedrückten Gedanken".[24]) Auf die Objektivität der mit der Kategorie des Sinns beschriebenen Inhalte legt Frege wie Bolzano den größten Wert. Vom Sinn eines Ausdrucks sind die mit ihm verbundenen *Vorstellungen* als subjektive Auffassungsweisen scharf zu trennen.[25])

Die Bolzanosche *Vorstellung an sich* und der Fregesche *Sinn* einer Bezeichnung bzw. der Bolzanosche *Satz an sich*

---

[23] a. a. O. S. 26.

[24] Auch für „Begriffswörter" hält Frege die Unterscheidung von *Sinn* und *Bedeutung* durch, wie sich zwar nicht aus seinen Schriften, wohl aber aus einem Brief an *Husserl* vom 24. Mai 1891 ergibt (Orig. in Husserl-Archiv, Louvain, Abschrift im Frege-Archiv, Münster). Es ist interessant, daß Frege bei Begriffswörtern nicht etwa den Umfang als Bedeutung und den Inhalt als Sinn bezeichnet. Vielmehr faßt er die Begriffe selbst (allgemeiner die Funktionen, unter die er die Begriffe zählt) als den Gegenständen ontologisch gleichrangig auf und unterscheidet wie bei diesen den Begriff selbst als Bedeutung seiner Bezeichnungen vom Sinn als der Gegebenheitsweise des Begriffs durch die jeweilige Bezeichnung. Das Frege-Archiv der Universität Münster bereitet eine Edition der nachgelassenen Schriften und Briefe Freges vor, in der der genannte Brief veröffentlicht werden wird.

[25] Frege verwendet also im Gegensatz zu Bolzano das Wort „Gedanke" nur in objektiver, das Wort „Vorstellung" nur in subjektiver Bedeutung. — Das Wort „Sinn" verwendet Bolzano i. a. wie Frege (cf. etwa I, 121); im Zusammenhang der *Erkenntnislehre* (§ 285) allerdings macht er einen von der Fregeschen Differenzierung abweichenden Vorschlag, zwischen *Sinn* und *Bedeutung* einer Bezeichnung zu unterscheiden, „so zwar, daß *Bedeutung* eines Zeichens nur diejenige Vorstellung hieße, zu deren Erweckung es bereits bestimmt ist, die es auch in der Tat zu erwecken pfleget; *Sinn* und *Verstand* desselben aber diejenige, deren Erweckung wir in einem einzelnen Falle damit beabsichtigen" (III, 66).

und der Fregesche *Gedanke* stimmen zwar in vielen Eigenschaften überein, jedoch sind auch wesentliche Unterschiede unverkennbar: Frege beschränkt die Sinnkategorie auf selbständige Bezeichnungen (von Gegenständen oder Begriffen) und muß daher selbst Sätze als derartige Bezeichnungen deuten. Bolzano dagegen faßt als Vorstellung an sich jeden nicht selbst satzartigen Bestandteil eines Satzes an sich auf und schließt somit nicht aus, daß auch lediglich konnotativen Ausdrücken eine eigene Vorstellung an sich als Sinn zukommt. Dies liegt daran, daß Bolzano von einer atomistischen Auffassung der Vorstellungen und Sätze an sich ausgeht. Diese sind nach dem Modell einer zusammensetzenden Anordnung aus jeweils einfacheren Bestandteilen gedacht. Offenbar orientiert sich Bolzano an der äußeren Erscheinung der Sprache, in der die Worte als letzte Einheiten zu immer komplexeren Gebilden zusammengefügt werden.[26])

Ein zweiter Unterschied in den Begriffsbildungen Freges und Bolzanos liegt darin, daß Frege im Gegensatz zu Bolzano auch solchen Sätzen einen *Sinn* zuspricht, die keinen Behauptungscharakter haben, z. B. Sätzen in dichterischer Rede („Odysseus wurde tief schlafend in Ithaka an Land gesetzt"); entsprechend haben für Frege auch Bezeichnungen Sinn, die nur in dichterischer Rede vorkommen („Odysseus")[27]). Der Übergang von einer ledig-

---

[26] So entspricht z. B. der Kopula im Satz eine eigene Vorstellung an sich. Allerdings ist die Zusammensetzung der Sprachzeichen nicht unbedingt ein Spiegel der Zusammensetzung der Vorstellungen an sich. Man vgl. etwa die Bemerkungen zu den Zusätzen „an sich" und „überhaupt" und zum Alloperator in § 57 der *Wissenschaftslehre*. — In welchem Ausmaß konnotative Ausdrücke als Bezeichnung von Funktionen (d. h. als „ungesättigte" Ausdrücke) gedeutet werden könnten, bleibt bei Frege unklar. Jedoch besteht hier zweifellos eine Möglichkeit, den Fregeschen Sinnbegriff durch eine Ausdehnung auf Funktionsbezeichnungen allgemein (nicht nur auf Begriffswörter, cf. Anm. 24) dem Begriff der Vorstellung an sich noch weiter anzunähern.

[27] *Sinn und Bedeutung*, a. a. O. S. 32 f. Frege schlägt für „Zeichen, die nur einen Sinn haben sollen", die Benennung „Bilder" vor (ibid. Anm. 6). Einen ähnlichen Bildbegriff erwähnt auch Bolzano beiläufig in der *Wissenschaftslehre* (§§ 284, 4. Anm.).

lich *sinnvollen* zu einer sinn- *und bedeutungsvollen* Rede ist für Frege gleichbedeutend mit dem Übergang zur *Wissenschaft*. Bolzano dagegen schränkt seine der Fregeschen Sinnkategorie parallelen Begriffsbildungen getreu der Zielsetzung der *Wissenschaftslehre* von vornherein auf die wissenschaftliche Betrachtung ein: Sätze an sich haben im Unterschied zu den Gedanken im Fregeschen Sinn allgemein die Eigenschaft, wahr oder falsch zu sein; auch Vorstellungen an sich kommen als Teile der Sätze an sich nur in *bedeutungs*vollem Zusammenhang (mit Frege gesprochen) vor.

Endlich ist der *Sinn* eines Zeichens bei Frege als *Gegebensein* eines Gegenstandes oder Begriffs durch die Bezeichnung im Grunde sprachabhängig eingeführt. Bolzano dagegen hypostasiert den Sprachsinn zu einer ontologisch selbständigen Welt. Obwohl die Bolzanosche An-sich-Sphäre, wie sich oben gezeigt hat, nicht mit dem Platonischen Ideenreich in eins gesetzt werden kann, ist beiden Konzeptionen gerade diese wesentliche Eigenschaft gemeinsam: Dem Platonischen Begriff wie dem Vorstellungs- und Satzsinn Bolzanos wird ein Gegebensein unabhängig von Sprache und Wirklichkeit zugesprochen. Meint man nicht mehr als dies, so bezeichnet man daher Bolzano mit Recht als „logischen Plato"[28].

Der *Platonismus* Bolzanos, in diesem allgemeinen Sinne verstanden, bringt ihn in einen grundsätzlichen Gegensatz zum wissenschaftstheoretischen Standpunkt des *logischen Empirismus* ebenso wie zu allen Wissenschaftstheorien, die in der durch die *Transzendentalphilosophie Kants* eröffneten Entwicklungslinie liegen[29]. Bolzanos

---

[28] Diese Kennzeichnung wird zuerst, allerdings in anderer Zuspitzung, von Franz B. *Kvet*, einem Schüler des Bolzano-Schülers R. *Zimmermann*, für *Leibniz* vorgeschlagen (cf. von Kvet: *Leibnizens Logik*, Prag 1857, § 44), gilt aber dann folgerichtig auch für Bolzano, den Kvet als Leibnizianer interpretiert (a. a. O. S. V, S. 15). Vgl. zu Bolzano als „logischem Plato" auch die kritischen Bemerkungen von H. *Bergmann* a. in Anm. 10 a. O., S. 17.

[29] Bolzano selbst gibt eine kurze Übersicht seiner Kantkritik in dem von seinen Schülern 1834 nach Vorlesungsheften herausgegebenen *Lehrbuch der Religionswissenschaft*, §§ 60—62. Den ersten aus-

Standpunkt steht daher genau dann nicht zur wissenschaftstheoretischen Diskussion, wenn diese eine vollständige Disjunktion in kantische und antikantische Denkansätze zeigt und die Position der Kantgegner darin überdies vom logischen Empirismus beherrscht wird.

Von diesen Bedingungen wird man im Blick auf die wissenschaftstheoretischen Auseinandersetzungen der letzten Jahrzehnte die erste Voraussetzung zugestehen: Rudolf *Carnap*, nicht Bolzano, ist der Antikant dieser Zeit geworden; weniger einsichtig scheint die These, wer sich in dieser Diskussion nicht zum logischen Empirismus bekenne, sei auf die eine oder andere Weise in die Kantnachfolge zu rechnen. Das Grundproblem der *Kantischen Transzendentalphilosophie* bezieht sich auf die exakten empirischen Wissenschaften. Das Problem der *hermeneutischen* Methode und im Zusammenhang damit das Problem der Geschichtlichkeit der geisteswissenschaftlichen Inhalte und Begriffe — wissenschaftstheoretische Grundprobleme neuerer Philosophie, soweit sie nicht wissenschaftstheoretischer Positivismus ist — entstammen aber den seit dem 19. Jahrhundert, also nachkantisch, sich entfaltenden Geisteswissenschaften. Dennoch liegen auch die beherrschenden Thesen der geschichts- und sprachphilosophischen Diskussion der Gegenwart in der Konsequenz der Kantischen Umorientierung des Denkens, wenn man diese nicht nur im Zusammenhang einer Befragung der exakten empirischen Wissenschaften auf apriorische Grundvoraussetzungen hin betrachtet, sondern ihre allgemeine Struktur herauslöst. Es gibt eine von *Kant* zu Begriff gebrachte Figur des Denkens, die in allen diesen so weit außerhalb des Feldes Kantischer Überlegung liegenden Theorien nur variiert wird. Dieses Allgemeine des Kantischen Ansatzes ist hier zunächst zu bestimmen. Dazu geben wir dem Kantischen Grundproblem die folgende allgemeine Form: Wie

---

führlichen Vergleich der Systeme Kants und Bolzanos enthält eine Schrift des Bolzanoschülers F. *Prishonsky: Neuer Anti-Kant oder Prüfung der Kritik der reinen Vernunft nach den in Bolzano's Wissenschaftslehre niedergelegten Begriffen* (Bautzen 1850).

kann das Wissenschaftssubjekt von einem wissenschaftlichen Gegenstand Bestimmungen wissen, die ihm nicht durch eine Erfahrung von diesem Gegenstande vermittelt werden? — Die Kantische Antwort lautet: Dieses ist dann möglich, wenn das Wissenschaftssubjekt diese Bestimmungen selbst hervorbringt. Der Bedingungssatz dieser Antwort wird von Kant in Angleichung an das methodische Vorbild der theoretischen Physik als *Hypothese* eingeführt, die ihre Rechtfertigung dadurch erhält, daß sie die *Tatsachen* — als solche gilt Kant das Vorhandensein apriorischer Bestimmungen der erfahrungswissenschaftlichen Gegenstände — abzuleiten gestattet. Um diese Folge seiner Hypothese geht es Kant zunächst. Die Struktur gerade dieser Anwendung ist jedoch nicht unwichtig, um die Besonderheit der allgemeinen Überlegung Kants herauszuarbeiten. Auch eine Mathematik, die ihre Axiome als formale Setzungen oder Regeln in Kalkülspielen betrachtet (*Hilbert, Curry, Lorenzen*), bringt ihre Gegenstände und deren Bestimmungen selbst hervor und ist so in einsichtiger Weise erfahrungsunabhängig. Der Unterschied zu dem Fall, den Kant vor Augen hat, ist der, daß wir es bei den Gegenständen der formalistischen Mathematik überhaupt nicht mit Gegenständen der Erfahrung zu tun haben. Die Anstößigkeit der Kantischen Hypothese resultiert gerade daraus, daß sie auf Fälle anwendbar sein soll, bei denen Bestimmungen, über die das Wissenschaftssubjekt verfügt, mit Bestimmungen, nach denen es sich richten muß (Erfahrung), eine Synthese als „Gegenstand" eingehen. Die Zumutung der Transzendentalphilosophie Kants ist: es müßten Inhalte gedacht werden, in denen von vornherein Perzeption und Konzeption in einer Einheit seien, weil wir, wie es sich für den Fall der reinen Naturwissenschaft als nötig erweist, sonst nicht erklären könnten, wie wir von *jeder* Wahrnehmung sogleich etwas wissen, was *keine* Wahrnehmung als solche selbst geben kann. Daß Kant solches gerade und zuerst für die Inhalte der Naturwissenschaft behauptet, stellt sich als eine Ironie der Geistesgeschichte dar, wenn man bedenkt, daß sich die Geisteswissenschaften inzwischen mit einer genau für **Inhalte der** von Kant ans Licht gehobenen Struktur gebildeten Methode vor dem an die exakten Naturwissenschaften angelehnten wissenschaftstheoretischen Denken in schärfster Auseinandersetzung zu verantworten haben. Die Struktur, die Kant von den Gegenständen der naturwissenschaftlichen Erfahrung aussagte, findet sich — einsichtiger sogar — in den geistesgeschichtlichen Fakten, z. B. Texten und ihren Aussagen, und den allgemeinen Bedeutungsgegebenheiten der Sprache wieder. Auch hier tritt der Fall auf, daß der durch den Text, die Aussage vermittelte Inhalt nicht von den Bestimmungen, unter die ihn der Autor im Rahmen eines von ihm entworfenen Gesamtkontextes bringt, getrennt werden kann, ohne daß er überhaupt verschwindet. Das Gesagte steht unter begrifflichen Bedingungen, die es überhaupt erst sagbar machen und ihm so *notwendig* zugehören. Dem Begriff, der so eine Sache auf bestimmte Weise spiegelt, liegt diese Sache nicht mehr als eine unabhängige gegenüber, von der man sich auch ein direktes Bild machen könnte; jedes andere Bild hat notwendig wiederum Spiegelungscharakter. Objektivität, Wahrheit läßt sich daher nur als das Allgemeine im Kreuzungspunkt aller Bilder, nicht als ein Tatsachenbereich jenseits aller Entwürfe des Denkens konstituieren, auf den jeweils zur Prüfung zurückgegangen werden könnte; Irrtum wird ein Phänomen der Beschränktheit, des zu engen Bewußtseins. Die hermeneutische Kategorie des Verstehens leitet ihr Pathos gerade daraus her, daß in ihrem Sinne der Text zunächst nicht an einem besseren, „richtigen" Wissen um die Sache — zu der es dann einen unabhängigen und allgemein möglichen Zugang gäbe — gemessen werden oder auf dieses hin umgedeutet werden soll, sondern vielmehr seine je eigene Sicht der Sache ungestört entfalten darf. — Ähnliche Strukturen lassen sich auch für den umfassenden „Text" der Sprache selbst nachweisen, wenn man davon ausgeht, daß sich die Bedeutungen der Worte nicht durchgängig als von diesen abzulösende Gegenstände, die Worte also nicht als bloße „Zeichen für ..." bestimmen lassen. Auch die Sprache als Ganzes läßt sich dann nicht nachträglich zu einer grundsätzlich auch ohne den Durchgang durch die Sprache, unmittelbar erfahrbaren Welt in Beziehung bringen; vielmehr stehen Sprache und Sprachwirklichkeit im Zusammenhang eines Sinnganzen, aus dem Worte und Sachen nur unter Verlust der Einsicht in ihre notwendige Zuordnung vollständig gegeneinander isoliert werden können.

Die in unendlichem Reichtum sich entfaltende system- und begriffsgeschichtliche philosophische Forschung und das Ethos einer gewaltigen Editionsarbeit stützt sich auf dieses Fundament. Sie gewinnen in der durch Kants „kopernikanische Wende" eingeleiteten Tradition Sinn, wenn anders man unter der Grundvoraussetzung eines Philosophierens im kantischen Sinn eben dies versteht: daß die Gegenstände des Denkens und Sprechens nicht reduzierbar sind auf ein von diesen Aktionen des Geistes unabhängiges Material; daß sie vielmehr universell oder in bestimmten Zusammenhängen von vornherein als ein durch Sprache und Gedanke Vorentworfenes, Ausgelegtes auftreten. Auf dieser Grundposition hat das begriffsgeschichtliche Denken ein Bewußtsein strenger Wissenschaftlichkeit entwickelt, es konnte sich vom Vorwurf des *Historismus* befreien: Die Argumente, mit denen dieser Vorwurf begründet wurde, konnten den „monumentalischen" und „antiquarischen" Typ geschichtlicher Methode treffen; der *transzendentale* Begriff der Geschichtlichkeit war nicht unter die Kategorien *Nietzsches* zu bringen. Weder Zeugnisse individueller Subjektivität auszugraben und als „groß" vorzustellen, noch in „blinder Sammelwut", nichts zu verlieren, alles je Gedachte „sinnlos zusammenzuscharren", noch das Vergangene kritisch vor das „Gericht" der Gegenwart zu ziehen und fortschrittlich zu verurteilen, braucht das Telos einer Begriffs- und Gedankengeschichte zu sein, die die Kantische Wende für sich in Anspruch nimmt; sie kann sich den Begriffen und Systemen in ihrer geschichtlichen Entfaltung ohne Affekt und ohne Resignation widmen, in dem Bewußtsein, den Zugang zu den Sachen selbst nicht *neben*, sondern nur *durch* Deutungen haben zu können. Das, was gesagt ist, ist ein sinnvoller wissenschaftlicher Gegenstand geworden, weil das, was ist, nicht von dem, was gesagt ist, zu trennen ist. So hat sich etwa das phänomenologische Ethos mit der historischen Methode und der Konzeption der Geschichtlichkeit verbunden und eine Phänomenologie der philosophischen Probleme und Begriffe in ihrer Geschichte erbracht, die als Wissenschaft an die Seite der exakten logistischen Wissenschaftstheorie getreten ist; während sich ein anderer Teil der Philosophie in jenen Bereich der Weltanschauungspoesie und in die Subjektivität des persönlichen Ausdrucks zurückzog, den auch Rudolf *Carnap* noch als Möglichkeit zugestanden hatte, und „Wissenschaftliche Philosophie" eher als uneigentliche Form der Philosophie begriff.

Selbst die formale Logik und der logische Empirismus haben aus immanenter Kritik Positionen entlassen, die das Verhältnis von Denken, Sprache — und Wirklichkeit der Struktur nach *transzendental* interpretieren: z. B. die *analytische Philosophie* Ludwig *Wittgensteins* (die gerade in dem hier hervorgehobenen Punkt von der Schulphilosophie, die sich daran angeschlossen hat, abweicht) und den an Hugo *Dinglers* Wissenschaftstheorie angelehnten *Operativismus* (Paul *Lorenzen*). — Bei Wittgenstein kennzeichnet diesen Zusammenhang am deutlichsten das Bemühen (etwa in seiner Theorie des Sehens[30]) der Vorstellung, die Dinge würden stets mit einer Deutung behaftet erfahren und durch Deutungen als Erfahrung überhaupt erst ermöglicht, ihre Absurdität zu nehmen. — Lorenzens operative Wissenschaftstheorie zeigt ihr kantisches Element am reinsten in einer neuen inhaltlichen Interpretation der euklidischen Geometrie, die dieser wieder einen synthetisch-apriorischen Charakter zugesteht: so nämlich, daß die geometrischen Axiome ihre erfahrungsunabhängige und dennoch nicht formale Gültigkeit dem technischen Verstande verdanken, der die geometrischen Grundbegriffe und ihre Eigenschaften (für Lorenzen sind im Anschluß an *Euklid* und Dingler Homogeneitätseigenschaften wesentlich) in die Wirklichkeit, vor allem in die jedem Experiment zugrunde liegende physikalische Gerätewelt hineinproduziert[31]).

[30] Cf. *Philosophische Untersuchungen* II, 1.
[31] Cf. *Das Begründungsproblem der Geometrie als Wissenschaft der*

Bolzanos wissenschaftstheoretische Grundbegriffe haben in keiner der beiden entgegengesetzten Theorien über die Sprach- und Erkenntnisinhalte einen Ort: Als ein von ihrem sprachlichen Ausdruck und ihrer Bewußtwerdung als Gedanke unabhängiges Gebilde sind die Vorstellungen und Sätze an sich gerade nicht Synthese von Gegenstand und Bestimmung durchs Wissenschaftssubjekt oder die Sprache in einem *transzendentalen* Sinn, sondern ein davon unberührtes Drittes (cf. S. XIV f.). Bolzano sieht zwar (wie *Frege*), daß das Gegensatzpaar der „Existenz"-Formen: Gegenstand — Bewußtsein (Sprache) nicht ausreicht für eine Beschreibung des Phänomens, daß eine Aussage, ein Gedanke *Sinn* hat; er löst die Schwierigkeit jedoch nicht so, daß er Gegenstand und Gedanke, Wort nur als Momente (isoliert betrachtet: unverständlich gewordene Teile) eines Ganzen ansieht, dem die Sinnvermittlung zufällt, sondern führt dazu Inhalte an sich als einen dritten ontologischen Bereich unabhängig von Sprache und Wirklichkeit ein.[32]) Diese Theorie entfernt ihn jedoch ebenso weit von *empiristischen* Ansätzen, insofern diese alles Inhaltliche letztlich auf *unmittelbare,* begriffsunabhängige Erfahrungsdaten reduzieren, die erst nachträglich sprachlicher Verarbeitung als *Material* dienen. Zwischen der Wirklichkeit der Sprachzeichen und ihrer Verknüpfungsgesetze und der Wirklichkeit des Erfahrungsgegebenen ist auch hier kein Raum für den

---

räumlichen Ordnung; in: *VI. Deutscher Kongreß für Philosophie, München 1960, Das Problem der Ordnung,* hrsg. von H. Kuhn und F. Wiedmann, Meisenheim am Glan 1962, S. 58 ff.; auch in: *Philosophia Naturalis VI* (1961), H. 4.

[32] Wo der *Neukantianismus* in eine Diskussion des Sinnproblems eintrat, suchte er, in der Konsequenz der Transzendentalphilosophie, Hypostasierungen zu vermeiden. Symptomatisch ist hier etwa die Umbildung des platonistischen Sinnbegriffs von *Lotze* durch F. *Lask.* Nicht immer jedoch waren die Formulierungen unmißverständlich gewählt. Man vgl. etwa H. *Rickerts* Konzeption eines „dritten Reiches" des *Sinns* zwischen Wirklichkeit und urteilender Aussage *(System der Philosophie* I: *Allgemeine Grundlegung der Philosophie,* Tübingen 1921, S. 254 ff.). Auch *Husserls* Weg führt seit den *Logischen Untersuchungen* in eine *transzendentale* intensionale Logik, für die Bolzano nicht mehr als Vorläufer in Anspruch genommen werden kann. Cf. S. IX.

Kosmos der Bolzanoschen Vorstellungen und Sätze an sich. So kann sich keine der Seiten, die die Dialektik der gegenwärtigen Wissenschaftstheorie bestimmen, mit Bolzano identifizieren. Seine Wissenschaftslehre bleibt nur der formalen Logik ein Steinbruch bemerkenswerter und scharfsinniger Begriffsbildungen, die große Gesamtkonzeption wird — vorläufig — nirgends gebraucht.

Man hat Bolzano für einen Leibnizianer gehalten, ihn gar den „böhmischen Leibniz" genannt. Dies mag gerechtfertigt sein auf Grund der Seelenlehre, die er in seiner Trostschrift *Athanasia oder Gründe für die Unsterblichkeit der Seele* (1827) für seine mütterliche Freundin Anna *Hoffmann* entwickelt hat, und angesichts der ähnlich universalen Tätigkeit auf mathematischem, wissenschaftstheoretischem und religionsphilosophischem, ja selbst politischem Gebiet, wie sie *Leibniz* ausübte. Für die *Wissenschaftslehre* verbietet die Nähe der Leibnizschen Monadologie zur Kantischen Transzendentalphilosophie eine solche Kennzeichnung. Das Phänomen des Gegenstandes unter notwendigen Bedingungen von der Subjektivität her hat in universalem Rahmen, für den Gegenstand: „Welt", seine Theorie schon bei *Leibniz* gefunden: Es gibt keinen für alle Monaden als *miroirs de l'univers* gleichermaßen ausgezeichneten *point de vue*, von dem aus sich die Welt so betrachten ließe, wie sie „eigentlich" ist. Der Begriff „Welt" hat nur Sinn als das Ganze, als Harmonie aller Spiegelbilder. Der *Standpunkt* der Weltbetrachtung erfährt so schon bei Leibniz einen höheren Wert durch die Tatsache, daß er niemals ein „bloßer" Standpunkt im Vergleich zu einer aspektunabhängigen Ansicht des Universums werden kann[33]). Ein Zusammenhang des Bolzanoschen An sich-Universums mit dem Weltbegriff von Leibniz ergibt sich allerdings aus einer von Bolzano häufig erwähnten Eigenschaft der Vorstellungen und Sätze an sich: Sie alle sind zwar nicht im

---

[33] Daß sich gerade durch die Kategorie des „Standpunktes" eine große Nähe des Denkens von Leibniz zu *Kant* aufweisen läßt, geht aus einer Untersuchung von F. *Kaulbach* über den *Begriff des Standpunktes im Zusammenhang des Kantischen Denkens (Archiv für Philosophie 12,* 1963, S. 14 ff.) hervor.

menschlichen, wohl aber im göttlichen Geiste *stets* und *vollständig* gegenwärtig (I, 78, 218). Im göttlichen Geist wird der ganze Bereich möglicher Inhalte des Denkens und Sprechens bis in jeden dem menschlichen Gedanken verborgenen Winkel dauernd bewußt. Der Satz, der die Blätterzahl eines bestimmten Baumes im Frühling vor der Niederschrift des § 25 der *Wissenschaftslehre* angibt, kann von keinem Menschen gedacht oder in Worte gefaßt werden (I, 112; cf. I, 218). Dennoch hat dieser Satz nicht nur einen Ort im Bereich der Sätze an sich, sondern außerdem unter den Gedanken Gottes. Auch bei Leibniz ist die ganze Welt in der obersten Monade in vollkommener Bewußtheit gegenwärtig, während die unteren Geister, darunter der menschliche, nur von Ausschnitten ein deutliches Bewußtsein entwickeln. Jedoch ist, wenigstens in einer Vorstellungseinheit vollständig bewußt, cogitatio Dei zu sein, hier wesentliche ontologische Charakteristik des Weltinhalts[34]). Bolzano betont dagegen, daß sich Vorstellungen und Sätze an sich nicht als Gedanken Gottes erklären lassen, daß diese Eigenschaft ihnen vielmehr nur als ein äußeres Kennzeichen anhaftet[35]). So bleibt auch hier die entscheidende ontologische Differenz bestehen.

Die logische Grundposition
der Bolzanoschen Wissenschaftslehre
Ableitbarkeit und Abfolge

Bolzano nennt seine Wissenschaftslehre auch *Logik* und stellt sie in die Tradition dieser Disziplin von *Aristoteles* an (§ 6 ff.). Es sei hier zunächst die Frage erörtert: Wie

---

[34] Cf. etwa die *Metaphysische Abhandlung* von 1686 (*Gerh.* IV, S. 427 ff.), Nr. 14.
[35] Cf. I, 113. Bolzano rückt Leibniz stellenweise auch in diesem Punkte in die Traditionslinie der eigenen *Wissenschaftslehre* (z. B. I, 85, 120 f.). Jedoch beruft er sich dabei zumeist auf den frühen *Dialogus de connexione inter res et verba* (*Gerh.* VII, 190 ff.), in den monadologische Voraussetzungen noch nicht eingehen.

verhält sich der Bolzanosche Logikbegriff zu den Bestimmungen des Logischen, die die neuere (mathematisierte) formale Logik beherrschen?

Die Diskussion um die Logik, die sich in *Husserls Logischen Untersuchungen* widerspiegelt, ist geprägt von der Antithese: Logik ist die Theorie der allgemeinen Gesetze des (richtigen) Denkens — Logik hat es nicht mit bloßen Tatsachen des Bewußtseins zu tun, sondern mit den allgemeinsten Gesetzen der Beziehungen zwischen den sich immer identischen Inhalten selbst, die den wechselnden Gedanken und Vorstellungen im Bewußtsein als objektive Bedeutung zugrunde liegen. Husserls Gegnerschaft zur Denkpsychologie ist die genaue Reprise der Bolzanoschen Auseinandersetzung mit dem Psychologismus der nachkantischen Schulphilosophie. Das hat Husserl begriffen und seine objektive Logik in eine Linie mit dem zweiten Teil der Bolzanoschen Wissenschaftslehre, der *Elementarlehre,* gestellt[36]). Die formale, mathematisierte Logik hat diesen die philosophische Logik des 19. Jahrhunderts weithin bestimmenden, am Anfang und Ende dieses Zeitraumes deutlicher hervortretenden Gegensatz nur in veränderter Form übernommen. Die Grundpositionen im Streit um das Wesen des Logischen, die jetzt sichtbar werden, lassen sich als sogenannte „klassische" („ontologische") und „syntaktische" Standpunkte einander gegenüberstellen. Der klassische Standpunkt, für den Heinrich *Scholz* weithin hörbar eingetreten ist[37]), behauptet, die aus formallogischen Gründen gültigen Sätze hätten ihren Geltungsgrund darin, daß sie in jedem nur denkbaren Gegenstandsbereich (in jeder nur „möglichen Welt" — wie Scholz im Anschluß an *Leibniz* formuliert) Gültiges aussagen[38]). Die so verstandene Logik spiegelt die allgemeinste und schlechthin not-

---

[36] Cf. S. VII.

[37] Cf. u. a. die Aufsätze *Leibniz* (1942), *Was ist Philosophie?* (1940), *Logik, Grammatik, Metaphysik* (1944), sämtlich auch in dem schon in Anm. 2 genannten Sammelband *Mathesis Universalis,* ferner Vorrede und Einleitung des Lehrbuches *Grundzüge der mathematischen Logik* von H. *Scholz* und G. *Hasenjaeger* (Berlin u. a. 1961).

[38] Cf. S. XXXIX f., insbes. auch Anm. 48 und 49.

wendige ontologische Struktur des Universums wider und wird von Scholz konsequenter Weise als Verwirklichung der *Aristotelischen* Metaphysikintention gefeiert[39]). — In der syntaktischen Auffassung der Logik, für die Rudolf *Carnaps* Thesen repräsentativ sind, wird für die Logik jeder Aussagecharakter im Sinn einer Theorie über Reales, und sei es auch allgemeinster Natur, negiert. *Formal* verdient die Logik hier nicht deswegen genannt zu werden, weil sie die allgemeine *ontologische* Form, unter der jede Realität wird auftreten müssen, beschreibt — vielmehr, weil sie die *sprachliche* Form, unter der sich Realitätsbeschreibung als exakte Wissenschaft vollzieht, also die Form der exakten Wissenschaftssprachen zum Gegenstand hat; die Form der Wissenschaftssprachen, d. h. im syntaktischen Sinn: diejenigen Eigenschaften dieser Sprache, die sich nur auf deren Kalkülcharakter — auf Regeln der Zeichenzusammensetzung und Zeichenfolge stützen, welche lediglich von der Zeichengestalt, nicht von deren eventuellem Bezug auf Wirkliches (Bedeutung) abhängen. — Eine Mittelstellung nimmt hier, was noch wenig bemerkt worden ist, *Lorenzens operative Logik* ein. Einerseits führt Lorenzen als *Protologik* eine Anzahl von Prinzipien auf, die in dem Sinne *allgemeingültig* sind, daß sie für *alle Kalküle* als Systeme des Operierens nach Regeln gelten. Diese Prinzipien gestatten es, das System der Kalkülregeln in jedem Fall so zu erweitern, daß der Bereich der in einem Kalkül ableitbaren „Ergebnisse" nicht mitvergrößert wird. (Die logische Bedeutung dieser Tatsache wird deutlich, wenn man bedenkt, daß ein Satz, der in einer axiomatisch-deduktiven Theorie logisch folgt, als ein solcher Satz bestimmt werden kann, um den sich das System der Axiome dieser Theorie erweitern läßt, ohne daß sich die Zahl der daraus folgenden Sätze dabei erhöht.) Auf der andern Seite treten formallogische Strukturen in Lorenzens System der operativen Logik und Mathematik auch als syntaktische

---

[39] Cf. *Metaphysik als strenge Wissenschaft* (Köln 1941), ferner in dem Sammelband *Mathesis Universalis* S. 411 ff., dort auch den 1. Teil der Vorrede von J. *Ritter,* insbes. S. 10 ff.

Kalküle auf (Konsequenzenkalküle sowie Sprachkalküle, die Mengenlehre, Eigenschafts- und Kennzeichnungslogik u. a. ersetzen). Während die Protologik im Lorenzenschen Sinn noch allgemeine ontologische Aussagen, nämlich Aussagen über jeden möglichen Kalkül macht und so als eine Modifikation des klassischen Standpunktes gedeutet werden könnte, kommen andererseits weite Gebiete der klassischen Logik nur in ihrer syntaktischen Reduktionsstufe vor.[40])

Vergleicht man die in der gegenwärtigen Logik zutage getretene Dialektik mit dem Gegensatz, der die logischen Argumentationen *Husserls* und *Bolzanos* bestimmt, so wird man im ontologischen (klassischen) Standpunkt einen Nachfahren der objektiven Logikauffassung, im syntaktischen Logikbegriff eine der Denkpsychologie äquivalente Position annehmen müssen. Syntaktischer Standpunkt wie Denkpsychologie stimmen nämlich darin überein, daß sie der Logik eine durch die theoretische Tätigkeit des Menschen (Sprechen und Denken) erzeugte Wirklichkeit zugrunde legen. Damit rückt Bolzano in die Traditionslinie des klassischen Standpunktes, die *Scholz* von *Aristoteles* über *Leibniz* bis zu *Frege* und der modernen formalen Logik gezogen hat. Gleichwohl bleibt ein grundlegender Unterschied bestehen: Die exakte Basis des klassischen Standpunktes ist die vor allem von Alfred *Tarski* in den dreißiger Jahren entwickelte Disziplin der logistischen *Semantik*. Diese Theorie beschäftigt sich mit formalen Sprachen, nicht insofern diese bloße (bedeutungsleere) Zeichenkalküle sind, sondern insofern sie auf Gegenstandsbereiche bezogen (interpretiert) werden. Wesentlich für den Aufbau der Semantik ist dabei, daß zwei voneinander unabhängige Bereiche, Sprachzeichen und Zeichenreihen auf der einen, Gegenstände und ihre Eigenschaften und Beziehungen auf der anderen Seite, angenommen werden, die sich dann nach wohlbestimmten Regeln auf die verschiedenste Weise einander zuordnen lassen. Die semantischen Grundbegriffe, insbesondere der Begriff der *Allgemeingültigkeit* von Aus-

---

[40] Cf. P. Lorenzen: *Einführung in die operative Logik und Mathematik* (Berlin u. a. 1955).

drücken formaler Sprachen[41]), werden so als diejenigen Eigenschaften *sprachlicher Gebilde* eingeführt, für die deren Sachverhaltsbezogenheit konstitutiv ist. Der von Scholz im Anschluß an *Leibniz* geprägte Begriff der „Gültigkeit in jeder möglichen Welt" ist an den semantischen Begriff der Allgemeingültigkeit angeschlossen und drückt ebenfalls eine Eigenschaft formalsprachlicher Ausdrücke aus. Die exakte Ausführung des klassischen Standpunktes ist so von dem semantischen Sprachmodell, das nur Zeichen- und Gegenstandsbereiche kennt, nicht zu trennen. Der Sprachsinn, wie ihn *Bolzano, Frege* und *Husserl* verstehen, wird in die Semantik auf dieser Stufe nicht einbezogen. Die Bolzanosche *Elementarlehre* dagegen ist nicht als eine Theorie der Beziehungen zwischen sprachlichen Zeichen und Ausdrücken — und Gegenständen und Sachverhalten, also auf einer *semantischen* Basis entworfen; vielmehr behandelt sie allgemeinste Eigenschaften und Beziehungen, die sich an den Vorstellungen und Sätzen *an sich* vorfinden. Zu welchen Modifikationen gegenüber der Semantik dieser Ansatz, die „semantischen" Grundbegriffe nicht über *sprachlichen* Gebilden (Aussagen und Aussageformen) sondern über „Inhalten" zu definieren, führt, läßt sich im Zusammenhang eines bestimmten Lehrstückes der *Wissenschaftslehre* noch näher erläutern, das schon aus dem Grunde hier einer Erörterung bedarf, weil es zum in der formalen Logik meist- und fast alleindiskutierten Teil der *Wissenschaftslehre* gehört: Es handelt sich um die Überlegungen zu den Begriffen „Ableitbarkeit" und „Abfolge".

Die für die Logik wichtigste Beziehung zwischen Sätzen ist, daß gewisse Sätze aus anderen Sätzen *erschlossen* werden können. So hat auch Bolzano in einem Brief an *Romang*, in dem er dem Freunde für seine Lektüre der *Wissenschaftslehre* eine Auswahl empfiehlt[42]), vor allem auf die Paragraphen aus dem zweiten und dritten Hauptstück der *Elementarlehre* hingewiesen, die die Grundlagen des Schließens betreffen (§§ 154—158, 162, 179, 198, 201, 202,

---

[41] Cf. unten S. XL.
[42] Cf. unten S. LVI f.

214, 221). Auch die heutige formale Logik hat, wie gesagt, aus dem Begriffsmaterial, das die Bolzanosche Wissenschaftslehre bereitstellt, bisher wesentlich nur die Schluß- und Folgebegriffe herausgegriffen und eingehender untersucht[43]). Das Verdienst, entdeckt zu haben, daß Bolzano in diesem großen Thema der Logik über ein Jahrhundert hinweg unmittelbar an die begrifflichen Klärungsversuche der mathematischen Logik heranreicht, gebührt Heinrich *Scholz*[44]).

Bolzanos Begriff der *Ableitbarkeit* läßt sich am einfachsten über ein von Bolzano selbst (§ 223 — II, 392) gegebenes Beispiel einführen. Wir betrachten die drei Sätze:

(1) „Cajus ist ein Mensch",

(2) „Alle Menschen sind der Seele nach unsterblich",

(3) „Cajus ist der Seele nach unsterblich".

Satz (3) läßt sich aus den Sätzen (1) und (2) „schließen"; er „folgt" aus (1) und (2); er gilt *notwendig*, wenn (1) und (2) gelten. Bolzano knüpft in seiner Analyse der *Aristotelischen* Syllogismusdefinition nach *Anal. pr.* I 1 an diese mit dem Schlusse verbundene Notwendigkeit (συμβαίνειν ἐξ ἀνάγκης) an (§ 155, 1. Anm. Bolzanos — II, 128 f.). Er glaubt, daß hier die *Notwendigkeit* auf einen Charakter der *Allgemeinheit* zurückzuführen ist. Daß die conclusio aus den Prämissen mit Notwendigkeit folgt, meine eigentlich, „daß der Schlußsatz *jedesmal* wahr werde, *sooft* es nur die Vordersätze werden". Dieses „jedesmal, ... sooft" bedinge, daß man sich an den Sätzen etwas *Veränderliches* denke. Für ein Urteil über die Richtigkeit eines Schlusses ist nicht nur die Satzfolge des Schlusses selbst relevant, sondern auch jede aus ihr durch bestimmte Abänderungen gewonnene Satzfolge. Um Veränderungen an Sätzen zu beschreiben, prägt Bolzano den Begriff der *veränderlichen Vorstellung*. Er erreicht damit ein begriffliches Äquivalent zu den *Aussageformen* und den in ihrem

---

[43] Cf. Anm. 7. — J. *Bergs* umfassende Darstellung bildet eine Ausnahme. Dort findet man u. a. auch eine ausführliche Darstellung des Bolzanoschen Äquivalents zu einer *Klassenlogik*, der Lehre *von den Vorstellungen an sich*, die hier nicht näher erörtert werden kann.

[44] Cf. die in Anm. 2 genannte Abhandlung von 1937.

Aufbau vorkommenden (freien) *Variablen* der späteren mathematischen Logik. Allerdings besteht der schon im allgemeinen erwähnte Unterschied: Die Aussageformen werden als sprachliche Gebilde (Zeichenreihen) eingeführt, bei denen die Bedeutung gewisser Zeichen (eben der Variablen) offen bleibt, so daß diesen Zeichen als einer Art Leerstellen in bestimmten Grenzen nach Belieben Gegenstände, Eigenschaften oder Beziehungen als Bedeutungen zugeordnet werden können. Soweit die gewählten Bedeutungen Bezeichnungen haben, lassen sich diese Bezeichnungen für die freien Variablen in den Aussageformen einsetzen, so daß aus einer Aussageform eine ganze Klasse bedeutungsvoller Zeichenreihen (Aussagen) entsteht. So kann etwa die Aussageform „X ist weise" zu der Aussage „Gott ist weise" oder „Sokrates ist weise" usf. werden. Da Bolzano die Logik als Theorie eines An sich-Bereiches entwickelt, ist ihm der Rückgriff auf die Sprache zur Definition von Sätzen mit „veränderlichen" Bestandteilen versagt. Die Welt der Vorstellungen an sich ist jedoch nicht, wie ein formaler Sprachkalkül in bestimmten Grenzen, in die Beliebigkeit des Logikers gestellt. Man kann ihr also veränderliche Elemente nicht einfach adjungieren; man kann sie nur in ihr vorfinden, wenn sie unabhängig von den Operationen des Logikers in ihr da sind. Dies ist aber nicht der Fall: Vorstellungen an sich sind nach Bolzano „nichts Existierendes" und können daher „auch keiner eigentlichen Veränderung unterliegen". So ist der Begriff der „veränderlichen Vorstellung", wörtlich genommen, ein „gegenstandsloser" Begriff im Bolzanoschen Sinn. Zu sagen, an einer gegebenen Vorstellung oder an einem gegebenen Satz sei ein Bestandteil als veränderlich anzusehen, hat für Bolzano nur die Bedeutung, man solle sein Augenmerk auf alle Vorstellungen (Sätze) richten, die sich von der gegebenen Vorstellung (dem gegebenen Satz) nur durch diesen Bestandteil unterscheiden (§ 69, 2. Anm. Bolzanos — I, 314). Vorstellungen und Sätze an sich mit veränderlichen Bestandteilen sind daher eigentlich *Klassen* von Vorstellungen oder Sätzen an sich (cf. I, 48). Wenn wir auf das oben angegebene Beispiel zurückgehen, so kann man sich nach

Bolzano in den Sätzen (1), (2), (3) etwa die Bestandteile „Cajus", „Mensch" und „der Seele nach unsterblich sein" (genauer gesagt: die durch diese Worte wiedergegebenen *Sinn*elemente in den durch (1), (2), (3) ausgedrückten Sätzen an sich) als veränderlich denken und dafür andere Vorstellungen der Art setzen, daß aus (1), (2), (3) wiederum sinnvolle Sätze entstehen. Für *jede* Satzfolge (1'), (2'), (3'), die man auf diese Weise erhält, gilt: Falls (1') und (2') wahr sind, ist auch (3') wahr. Diese Tatsache ist für Bolzano Rechtfertigung, den Übergang von (1), (2) zu (3) einen *Schluß* und das Verhältnis zwischen (1), (2) auf der einen und (3) auf der anderen Seite ein Verhältnis der *Ableitbarkeit* zu nennen. Seine Definition der Ableitbarkeit läßt sich so zusammenfassen:

Die Sätze A', B', C', ... heißen ableitbar aus den Sätzen A, B, C, ... in Bezug auf die nicht leere Menge der Vorstellungen i, j, ..., die in diesen Sätzen als veränderlich betrachtet werden, wenn

(a) jede für i, j, ... eingesetzte Folge von Vorstellungen i', j', ..., die A, B, C, ... zu wahren Sätzen werden läßt, auch A', B', C', ... wahr macht.

(b) A, B, C, ... und A', B', C', ... miteinander verträglich sind in Bezug auf i, j, ... (d. h. wenn die Vorstellungen i, j, ... so durch andere Vorstellungen ersetzt werden können, daß A, B, C, ...; A', B', C', ... sämtlich zugleich wahr werden.[45])

Daß die Ableitbarkeit nach Bedingung (b) von Bolzano als ein Verhältnis der *Verträglichkeit* erklärt wird, hat zur Folge, daß aus Prämissen, die kontradiktorisch in Bezug auf die Vorstellungen i, j, ... sind (in dem Sinne, daß sie bei keiner Ersetzung der i, j, ... durch andere Vorstellungen sämtlich wahr werden) kein Schlußsatz ableitbar ist[46]).

---

[45] Legt man Bolzanos aristotelische Interpretation des Alloperators zugrunde, so folgt Bedingung (b) aus (a). Cf. § 57, 2. und Anm. 1 des Hrsgs. zu § 154.

[46] Diese Bedingung wird für den semantischen Folgerungsbegriff (cf. unten S. XL) i. a. nicht gefordert. Hier kann aus Kontradiktionen Beliebiges gefolgert werden.

Die Schwierigkeit, mit der diese Definition der Ableitbarkeit behaftet ist, liegt auf der Hand: Ob ein Schlußsatz aus bestimmten Prämissen ableitbar ist oder nicht, hängt davon ab, welche Vorstellungen ich in Prämissen und Schlußsatz als veränderlich betrachte. Bolzanos Ableitbarkeitsbegriff impliziert z. B., daß der Satz

(4) „In München war es am 24. September 1962 wärmer als in Hamburg"

aus dem Satz

(5) „In München stand das Thermometer am 24. September 1962 höher als in Hamburg"

ableitbar ist in Bezug auf die in beiden Sätzen vorkommenden Orts- und Zeitvorstellungen als veränderliche Vorstellungen[47]). Betrachte ich zusätzlich noch die Vorstellungen „wärmer" und „Thermometer" als veränderlich, so ist (4) aus (5) nicht ableitbar. Sei T dann nämlich ein Tag, an dem es in München tatsächlich wärmer war als in Hamburg, so kann man durch ein und dieselbe Veränderung von Vorstellungen den Satz (5) überführen in den wahren Satz

(5') „In München stand das Thermometer am Tage T höher als in Hamburg"

und den Satz (4) überführen in den falschen Satz

(4') „In München war es am Tage T kälter als in Hamburg".

Die mathematische Logik umgeht eine derartige Relativierung des Folgerungsbegriffes. Sie gründet den semantischen Folgerungsbegriff auf Aussageformen, bei denen mit Ausnahme einer genau übersehbaren Zahl *logischer* Symbole alle „inhaltlichen" Zeichen den Charakter von Variablen haben. Auch Bolzano nimmt letztlich zu Beginn seiner *Lehre von den Schlüssen* (§ 223) eine äquivalente Einschränkung vor. Er begrenzt die zu behandelnden Schlüsse auf „solche Ableitungsarten", „deren Richtigkeit sich aus bloß logischen Begriffen einsehen läßt; oder was ebensoviel heißt, die sich durch Wahrheiten aussprechen

---

[47] Bolzano diskutiert ein analoges Beispiel in allgemeiner Form in § 162 (II, 192).

lassen, in denen von nichts anderem als von Begriffen, Sätzen und andern logischen Gegenständen die Rede ist" (II, 392), und nennt diese Ableitungsarten in Einklang mit der Tradition die eigentlich *„logischen* Schlüsse". Beispiel eines logischen Schlusses ist der oben S. XXXIV genannte Schluß. Dieses Ableitbarkeitsverhältnis nämlich „kann eingesehen werden, ohne etwas von der Natur des Menschen, von dem, was Sterben heißt u. dgl., zu wissen" (II, 392). Kurz darauf (II, 394) kommt Bolzano dem Ansatz der mathematischen Logik sehr nahe (ohne allerdings die wesentlichen Unterschiede aufzugeben), wenn er anführt, daß er „eigentlich nie die Sätze selbst, die im Verhältnis einer Ableitbarkeit zueinander stehen, sondern nur die *Form,* die diese Sätze haben müssen, und somit auch nicht die Schlüsse selbst, sondern nur ihre *Formen* (die Regeln, nach welchen sie zu bilden sind) durch die gebrauchten Worte darstellen" werde. Bolzano bringt seinen Definitionsansatz des „logischen Schlusses" allerdings nirgends auf die genaue Form, daß es sich dabei um einen Schluß handelt, bei dem alle inhaltlichen Vorstellungen als veränderlich betrachtet werden, nicht aber Vorstellungen, die zum logisch-grammatischen Gerüst der Sätze des Schlusses gehören. Das mag daran liegen, daß Bolzanos *Wissenschaftslehre* noch keine systematische Handhabe bietet, Vorstellungen, die die logische Struktur eines Satzes betreffen, vor anderen, „inhaltlichen" Vorstellungen auszuzeichnen. So bleibt ihm ein Äquivalent zum Weg der mathematischen Logik letztlich versagt. Wenn Bolzano als früher Vorläufer der logistischen Semantik in der von *Tarski* begründeten Form genannt wird, muß daher angemerkt werden:

1. Die Bolzanoschen Äquivalente der späteren semantischen Grundbegriffe sind nicht konzipiert für die Beschreibung der Beziehungen sprachlicher Gebilde zu einem Wirklichkeitsgegenüber als „Bedeutung", in diesem Sinne sind sie gar nicht semantisch; ihre ganz andere ontologische Bedeutung mag durch den Bolzanoschen Veränderlichkeitsbegriff illustriert worden sein.

2. Die genaue Trennung logischer und inhaltsbezogener Elemente (Symbole) der Sprache, wie sie in der Semantik durch die Beschränkung auf übersehbar aufgebaute formale Sprachen möglich wurde, ist von Bolzano noch nicht vollzogen.
3. Bolzanos Ableitbarkeitsbegriff ist daher nicht über Aussageformen ohne inhaltliche Konstanten definiert.
4. Die Bolzanoschen Äquivalente der semantischen Grundbegriffe sind abhängig davon, welche Bestandteile jeweils in den betrachteten Sätzen als veränderlich angesehen werden.

Nur unter diesen wesentlichen Einschränkungen kann man davon sprechen, daß die wichtigsten Grundbegriffe der Semantik, „Erfüllbarkeit", „Allgemeingültigkeit", „Folgerung" im semantischen Sinn, in der *Wissenschaftslehre* strukturell vorgeformt sind. Die semantischen Definitionen dieser Begriffe seien hier kurz skizziert, auf die entsprechenden Begriffsbestimmungen Bolzanos ist in Klammern hingewiesen.

Unter einer *Interpretation* eines Systems von Aussageformen $\alpha_1, \alpha_2, \ldots$ ohne inhaltliche Konstanten (*Ausdrücken* einer formalen Sprache) werde eine Zuordnung von geeigneten Bedeutungen zu allen freien Variablen von $\alpha_1, \alpha_2, \ldots$ verstanden.[48]

---

[48] Diese Definition gibt nur das Wesentliche genau wieder. In der mathematischen Logik werden die zu interpretierenden Ausdrücke i. a. durch einen wohldefinierten Grundzeichenbestand und ein System von Aufbauregeln gegeben. Den Grundzeichenbestand beschränkt man dabei meistens so, daß er als „inhaltlich" interpretierbare Symbole nur zwei Sorten von Variablen enthält, nämlich Variable, die sich auf Gegenstände, und Variable, die sich auf Eigenschaften von bzw. Relationen zwischen Gegenständen beziehen. Diese Beschränkung macht es möglich, den Interpretationsbegriff zu relativieren: Man spricht von „Interpretationen in einem Gegenstandsbereich (Scholz: einer möglichen Welt) ω" und meint damit, daß für diese Interpretationen als Bedeutungen nur Gegenstände aus ω und Eigenschaften von bzw. Relationen zwischen Gegenständen aus ω zugelassen sind. Zur genaueren Orientierung vgl. man hier und im folgenden etwa H. *Scholz* und G. *Hasenjaeger: Grundzüge der mathematischen Logik* (Berlin u. a. 1961), insbesondere die Einleitung.

Z. B. erhält man eine Interpretation des Ausdrucks „x hat die Eigenschaft P und y hat die Eigenschaft Q", wenn man x den Mond, y die Venus und sowohl P wie Q die Eigenschaft, ein Planet zu sein, zuordnet. Es ist einsichtig, wie Interpretationen nicht nur Variablen Bedeutungen, sondern auch den gesamten Ausdrücken Sachverhalte zuordnet, die bestehen (gelten) oder nicht bestehen können.

Ein Ausdruck α oder ein System von Ausdrücken α_1, α_2, ... heißt *erfüllbar* genau dann, wenn es eine Interpretation von α bzw. α_1, α_2, ... gibt, die α bzw. α_1, α_2, ... sämtlich gültige Sachverhalte zuordnet. (Cf. bei Bolzano den Begriff der *Verträglichkeit:* § 154.) Von einer Interpretation mit der genannten Eigenschaft sagt man, daß sie α bzw. α_1, α_2, ... *erfüllt* oder *Modell* von α bzw. α_1, α_2, ... ist.

Ein Ausdruck heißt *allgemeingültig* genau dann, wenn er durch jede mögliche Interpretation erfüllt wird[49]). (Cf. Bolzanos Begriff der Allgemeingültigkeit: § 147 — II, 82[50]).)

Ein *Ausdruck* α heißt eine *Folgerung* (im semantischen Sinne) aus den Ausdrücken α_1, α_2, ... genau dann, wenn jede Interpretation, die α_1, α_2, ... sämtlich erfüllt, auch α erfüllt. Eine *Aussage* A heißt eine Folgerung (im semantischen Sinne) aus den Aussagen A_1, A_2, ... genau dann, wenn sich A, A_1, A_2, ... durch Einsetzung von Variablen für die inhaltlichen Konstanten in Ausdrücke α, α_1, α_2, ... überführen lassen, derart daß α eine Folgerung aus α_1, α_2, ... im gerade definierten Sinne ist.

---

[49] Legt man den in Anm. 48 angedeuteten relativierten Interpretationsbegriff zugrunde, so erhält man entsprechend einen relativierten Allgemeingültigkeitsbegriff. Scholz spricht in diesem Zusammenhang von der „Allgemeingültigkeit eines Ausdrucks in einer möglichen Welt ω". Die unrelativierte Allgemeingültigkeit eines Ausdrucks läßt sich dann als „Allgemeingültigkeit (oder Gültigkeit) in *jeder* möglichen Welt" einführen.

[50] Es sei hier noch hervorgehoben, daß Bolzano bei der Definition der Allgemeingültigkeit nur solche Veränderungen der als veränderlich angesehenen Vorstellungen zuläßt, die zu *gegenständlichen* Sätzen führen, d. h. zu Sätzen, unter deren Subjektvorstellung wenigstens ein Gegenstand fällt.

(Zu den beiden letzten Definitionen cf. Bolzanos Begriff der Ableitbarkeit: § 155; Bolzano trifft seine Definition gleich für den allgemeinen Fall mehrerer Schlußsätze, weicht aber bei dieser Verallgemeinerung von der von G. Gentzen vorgeschlagenen Ausdehnung auf den Fall, daß die conclusio nicht nur aus einer Aussageform besteht, ab: Nach Gentzen[51]) hätte man ein System von Ausdrücken a_1', a_2', ... genau dann eine Folgerung aus den Ausdrücken a_1, a_2, ... zu nennen, wenn jede Interpretation, die a_1, a_2 ... erfüllt, wenigstens einen der Ausdrücke a_1', a_2', ... erfüllt. Im Bolzanoschen Sinne müßte hier stehen: ... wenn jede Interpretation, die a_1, a_2, ... erfüllt, auch a_1', a_2', ... erfüllt.)

Dem semantischen Folgerungsbegriff und dessen Äquivalent bei Bolzano, dem Begriff des „logischen Schlusses" (cf. S. XXXVII f.), steht eine andere sehr natürliche Möglichkeit gegenüber, die Folgebeziehung unabhängig von der Wahl der veränderlichen Elemente in Sätzen bzw. Satzformen zu definieren. Dieser Weg besteht, in den Begriffen Bolzanos gedacht, darin, *Sätze (an sich) genau dann als ableitbar schlechthin auseinander zu bezeichnen, wenn es überhaupt veränderliche Vorstellungen in ihnen gibt, in Bezug auf die sie ableitbar sind.* Bolzano selbst hat diesen nichtrelativierten Folgerungsbegriff in § 164 der *Wissenschaftslehre* als sinnvoll erwähnt, ohne jedoch eine eigene Bezeichnung dafür einzuführen[51a]). Er schreibt dort (II, 199): „Da es aber nach § 155, Nr. 20, mit dem Verhältnisse der Ableitbarkeit keineswegs ebenso ist, wie mit dem Verhältnisse der bloßen Verträglichkeit, daß sich ein jeder gegebene Inbegriff von Sätzen A, B, C, ... einer- und M, N, O, ... andrerseits in dies Verhältnis nur dadurch bringen ließe, daß wir nach unserem Belieben bestimmen, welche Vorstellungen darin als veränderlich gelten sollen: so ist es schon eine hinlänglich merkwürdige Aussage, wenn wir

---

[51] *Untersuchungen über das logische Schließen*, in: *Mathem. Ztschr.* 39 (1934/35), S. 176 ff., 405 ff.

[51a] Allerdings gebraucht er das Wort „ableitbar" häufig in diesem und nicht im relativierten Sinne; cf. etwa II, 347.

von gewissen Sätzen *M, N, O,* ... behaupten, daß sie zu anderen *A, B, C,* ... in ein Verhältnis der Ableitbarkeit gebracht werden können, sobald man nur die gehörigen Vorstellungen in ihnen als veränderlich annimmt." Ein so bestimmter *allgemeiner Bolzanoscher Folgerungsbegriff* würde den Begriff des „logischen Schlusses" im Sinne Bolzanos, sein semantisches Äquivalent den semantischen Folgerungsbegriff als Spezialfall einbegreifen. Der Unterschied zum „logischen Schluß" und zum semantischen Folgerungsbegriff läßt sich an dem S. XXXVII gebrachten Beispiel erläutern. Satz (4) ist hier aus Satz (5) ableitbar *schlechthin* im oben definierten Sinn ebenso wie auch Satz (5) aus Satz (4), weil in beiden Fällen eine Ableitbarkeit *relativiert* auf gewisse in (4) und (5) als veränderlich angesehene Vorstellungen besteht. Voraussetzung dieser Ableitbarkeitsbeziehungen ist, daß höherer Thermometerstand stets mit höherer Temperatur einhergeht und umgekehrt. Da die Begriffe „wärmer" und „kälter" auch ohne Festlegung durch Thermometerstände einen *phänomenalen* Sinn haben (der hier gemeint sein soll), ist die Voraussetzung nicht per definitionem richtig, sondern stellt einen allgemeinen physikalisch-phänomenalen Sachverhalt dar, den wir auf Grund der Erfahrungen etwa über die Ausdehnung von Stoffen bei Erwärmung annehmen. Die Schlüsse von (4) auf (5) und von (5) auf (4) sind daher auf ein Naturgesetz gegründet. Geht man die Aufgabe, eine Definition des „Schließens" zu finden, einmal nicht unter dem Gesichtspunkt formallogischer Untersuchungen an, denen es von vornherein um *logische* Deduktion geht, sondern als ein phänomenologisches Sujet, mit dem Ziel also, das alltägliche Phänomen „Schließen", den Schlußbegriff der natürlichen Sprache in seiner ganzen Allgemeinheit zu bestimmen — so könnte der skizzierte unrelativierte Bolzanosche Folgerungsbegriff eine adäquatere Beschreibung bieten als der engere semantische Folgerungsbegriff. Neben logischen Schlußregeln können auch physikalische Gesetze, Definitionen von Allgemeinbegriffen, ethische Maximen u. a. universelle Geltungsformen Grundlage für Ableitbarkeitsverhältnisse schlechthin im oben definierten Sinne sein.⁵²) Die formale Logik hat den Schlüssen gegenüber, in denen sich das natürliche Denken vollzieht, immer ein Verfahren der Einebnung beobachtet. Sie bringt die natürlichen Schlüsse, sofern sie sie als solche anerkennen will, auf wohlbestimmte Normalformen. In dem oben angegebenen Beispiel läßt sich etwa der Schluß von (4) auf (5) dadurch zu einem auch im Sinne des semantischen Folgerungsbegriffs gültigen Schluß erweitern, daß man eine weitere Prämisse, eine Teilaussage des schon erwähnten Erfahrungsgesetzes, hinzufügt:

(6) „Für alle Orte x und y und jede Zeit t gilt: Wenn das Thermometer in x zur Zeit t höher steht als in y, so ist es in x zur Zeit t wärmer als in y".

Daß zwischen (5), (6) als Prämissen und (4) als conclusio ein Verhältnis der Folgerung im semantischen Sinn besteht, läßt sich dann so begründen: Man fasse die Tatsachen, daß das Thermometer an einem Orte x zur Zeit t höher steht als an einem Orte y bzw. daß es an dem Orte x zur Zeit t wärmer ist als an dem Orte y, als *Relationen* zwischen x, y und t auf. Dann erhält man bei Ersetzung sämtlicher inhaltlichen Bestandteile in (4), (5), (6) durch freie Variable *(a, b, c; P, Q)* die folgenden Aussage*formen:*

(4°) „Zwischen a, b und c besteht die Relation P",

(5°) „Zwischen a, b und c besteht die Relation Q",

(6°) „Für alle x, y und t gilt: Wenn zwischen x, y und t die Relation Q besteht, so besteht zwischen x, y und t auch die Relation P".

Nun ist einsichtig, daß jede Interpretation der freien Variablen a, b, c; P, Q, die (5°) und (6°) gültige Sachverhalte zuordnet, auch (4°) einen gültigen Sachverhalt zuordnet, d. h. daß (4°) eine Folgerung im semantischen Sinn aus (5°) und (6°) ist. Der auf inhaltlichen Voraussetzungen

---

⁵² Cf. hier und im folgenden auch *Wittgensteins* wiederholte Kritik am formallogischen Schlußbegriff. So heißt es etwa in den *Bemerkungen über die Grundlagen der Mathematik,* I 8: „Der Ofen raucht, also ist das Ofenrohr wieder verlegt" … *so* wird dieser Schluß gezogen! Nicht so: „Der Ofen raucht, und wenn immer der Ofen raucht, ist das Ofenrohr verlegt; also …".

beruhende Schluß im Sinne der Bolzanoschen Ableitbarkeit ist damit in ein formales Schlußschema im Sinne des semantischen Folgerungsbegriffes überführt worden. Dies geschieht so, daß der inhaltliche Sinn bestimmter Vorstellungen in dem *zwei*gliedrigen Schlußschema Bolzanos (die bei Bolzano *nicht* als veränderlich angesehen werden dürfen, wenn zwischen (5) und (4) Ableitbarkeit herrschen soll) für die semantische Interpretation der Folgerung gleichgültig wird, nachdem eine weitere geeignete Prämisse — (6) — hinzugekommen ist.

Der diskutierte allgemeine Bolzanosche Ableitbarkeitsbegriff verhält sich zur relativierten Ableitbarkeit wie Bolzanos Begriff des analytischen Satzes zum Begriff des relativiert auf gewisse veränderliche Vorstellungen allgemeingültigen oder allgemein ungültigen Satzes, wie er im § 147 (II, 82) der *Wissenschaftslehre* entwickelt wird. Im § 148 nennt Bolzano nämlich einen Satz *analytisch* genau dann, wenn darin mindestens eine Vorstellung vorkommt, „welche sich willkürlich abändern läßt, ohne die Wahr- oder Falschheit desselben zu stören; d. h. wenn alle Sätze, die durch den Austausch dieser Vorstellung mit beliebigen andern zum Vorscheine kommen, entweder insgesamt wahr oder insgesamt falsch sind, vorausgesetzt, daß sie nur Gegenständlichkeit haben" (II, 83). Das heißt aber gerade: Ein Satz ist genau dann analytisch, wenn es veränderliche Vorstellungen in ihm gibt, in Bezug auf die er allgemeingültig oder allgemein ungültig ist. Auch die Analytizität eines Satzes ist also bei Bolzano nicht, wie es in der Semantik üblich ist, dadurch definiert, daß sich dieser Satz bei Ersetzung *aller* inhaltlichen Konstanten durch geeignete Variablen in eine allgemeingültige Aussageform verwandelt. Vielmehr läßt Bolzanos Definition (abgesehen davon, daß sie auch allgemein ungültige Sätze einbegreift) wie beim Bolzanoschen Ableitbarkeitsbegriff zu, daß *inhaltliche* Sätze die Analytizität begründen. Der Satz etwa: „Wenn es in Hamburg wärmer ist als in München, so steht das Thermometer in Hamburg höher als in München" ist nach Bolzano analytisch, weil er bei jeder Änderung der Ortsvorstellungen „Hamburg" und „München" wahr bleibt. Seine Negation ist analytisch, weil sie bei jeder Änderung der Ortsvorstellungen falsch bleibt. In beiden Fällen ist ein Naturgesetz der Grund für die Analytizität. *Synthetisch* heißen nach Bolzano alle nicht analytischen Sätze. — Von dem *Kantischen* Begriffspaar „analytisch-synthetisch" ist die Bolzanosche Einteilung grundlegend unterschieden. Bei Kant ist der Wahrheitscharakter der analytischen Urteile allein durch *logische* Kriterien (Kant: den Satz des Widerspruchs) bestimmt. Die Kantische Definition des analytischen Urteils ist daher eher an den semantischen Begriff der Allgemeingültigkeit oder an einen syntaktischen Ableitbarkeitsbegriff anschließbar. Die synthetischen Urteile werden von Kant nicht wie bei Bolzano (und auch zumeist in der Wissenschaftstheorie des logischen Empirismus) lediglich als Komplement der analytischen Urteile eingeführt, sondern eigenständig aus einer konstruktiven, nicht nur zergliedernden Tätigkeit der Wissenschaftsvernunft erklärt. Bolzano steht eine solche Erklärung nicht zur Verfügung, weil er den Begriff „synthetisch" als eine Eigenschaft von Sätzen *an sich*, d. h. unabhängig von urteilenden Operationen einführen will.

In der mathematischen Logik gilt schon der semantische Folgerungsbegriff als ein letztlich inhalt-, weil ontologiebezogener Schlußbegriff; im Gegensatz zu einem *syntaktischen* Ableitbarkeitsbegriff, der Operationen in *Sprachkalkülen* beschreibt, die nur von der *Gestalt*, nicht von *Bedeutungs*bezügen der Zeichen abhängig sind.[53] Die vorhergehenden Überlegungen mögen deutlich gemacht haben, daß Bolzanos Ableitbarkeitsbegriff noch weitergehend in-

---

[53] Die Terminologie gibt hier leicht zu Verwechselungen Anlaß. Der *syntaktische* Ableitbarkeitsbegriff ist auf *Bolzanos* Ableitbarkeitsbegriff nicht einmal, wie der semantische Folgerungsbegriff, strukturell beziehbar. Es hat so wenig Sinn, wie *Beth* auf Grund einer zufälligen Homonymie zu vermuten, Bolzano habe auch schon den syntaktischen Ableitbarkeitsbegriff im Auge gehabt, ihn aber von der Intention des semantischen Folgerungsbegriffes noch nicht deutlich unterschieden; cf. E. W. Beth: *Une contribution à l'histoire de la logique mathématique*, in: *Actes du VIIIe Congrès International d'Histoire des Sciences*, Bd. 3 (Paris 1958), S. 1104 ff.; dazu ferner die kritische Bemerkung bei *Buhl* (cf. Anm. 7), S. 18 f.

haltbezogen ist als der semantische Folgerungsbegriff, daß er nämlich nicht nur, wie dieser in der Scholzschen Interpretation, *allgemeinste* ontologische Gesetzmäßigkeiten beschreibt, sondern auch eine Fülle spezieller Zusammenhänge (Erfahrungsgesetze, moralische Maximen u. a.) in sich aufnimmt. Gleichwohl hat Bolzano einen noch näher an inhaltliche Zusammenhänge der wissenschaftlichen Satzsysteme angeschlossenen Folgebegriff konzipiert, die *Abfolge*beziehung, und gemessen daran der Ableitbarkeitsbeziehung in seinem Sinne das Prädikat „formal" zuerteilt[54]).

Auf den Bolzanoschen Begriff der *Abfolge* werden wir am einfachsten gelenkt, wenn wir das S. XXXVII untersuchte Beispiel einer weiteren Analyse unterziehen: Es sind sowohl Satz (5) aus Satz (4), als auch (4) aus (5) ableitbar. Gleichwohl ist, worauf man durch Bolzano aufmerksam gemacht wird, eine Schlußrichtung ausgezeichnet. Wir zögern nicht zu sagen, daß Satz (4) den Grund für den Satz (5) enthält, d. h. daß die höhere Temperatur für den höheren Thermometerstand verantwortlich ist; nehmen aber ein ähnliches Verhältnis in entgegengesetzter Richtung nicht an. Eben dieses Folgeverhältnis, nach dem ein Satz A eine *Folge* aus Sätzen $A_1, A_2, \ldots$ sein kann, weil $A_1, A_2, \ldots$ die *Gründe* für A sind, nennt Bolzano *Abfolge* (§§ 162, 198). Gehen wir auf die S. XXXIV erörterte Formulierung Bolzanos zurück, so lassen sich Ableitbarkeitsverhältnisse in der Form: „*Immer wenn* $A_1, A_2, \ldots$ wahr sind, *sooft* ist auch A wahr", Abfolgeverhältnisse in der Form: „*Weil* $A_1, A_2, \ldots$ wahr sind, ist auch A wahr" ausdrücken. Die Abfolgebeziehung wird von Bolzano wie das Ableitbarkeitsverhältnis als eine Relation zwischen Sätzen *an sich* bestimmt: Daß bestimmte Sätze $A_1, A_2, \ldots$ den Grund für einen Satz B abgeben, ist also nicht ein Verhältnis, das diesen Sätzen nur in Rücksicht auf das menschliche *Erkenntnis*vermögen zukommt. Daher spricht Bolzano auch vom „*objektiven* Grund" und führt den „*Real*grund" der

---

[54] Dies ergibt sich aus Bolzanos Definition der *formalen Abfolge* (II, 193).

logischen Schultradition (im Gegensatz zum „*Erkenntnisgrund*") als eine ähnliche Begriffsbildung an (II, 342 f.). Weitere Eigenschaften der Abfolgebeziehung sind: Während Ableitbarkeitsverhältnisse auch zwischen falschen Sätzen an sich oder zwischen falschen Prämissen und einer wahren conclusio bestehen können, vermag (materiale) Abfolge nach Bolzano nur zwischen *wahren* Sätzen zu bestehen (II, 192 f., § 203). — Ableitbarkeit zwischen Sätzen *kann* ein wechselseitiges Verhältnis sein; bei Abfolgebeziehungen jedoch ist stets eine Richtung ausgezeichnet: Folgen können nicht als Gründe ihrer Gründe auftreten (§ 209). Diese wie viele seiner Behauptungen über Eigenschaften der Abfolge zwischen Wahrheiten spricht Bolzano allerdings mit großer Vorsicht aus, als begründete Vermutungen. Zu diesen Vermutungen zählt auch, daß es Sätze geben müsse, die auseinander im Sinne der Abfolge, nicht aber im Sinne der Ableitbarkeit folgen; ein Beispiel hierzu kennt Bolzano allerdings nicht (§ 200).

Das Verhältnis der Abfolge gibt Anlaß, bei den Darstellungen wissenschaftlicher Theorien zwei Arten zu unterscheiden: solche, bei denen die Wahrheiten (gültigen Sätze) auseinander in einem Fortschreiten von Gründen zu Folgen, nach ihrem „objektiven Zusammenhang" (§ 222) erschlossen werden, und solche, bei denen der Beweisgang den objektiven Zusammenhang stellenweise auch zuwiderlaufen kann, weil es nur auf „bloße Gewißmachung" der Wahrheiten ankommt, wie Bolzano in seiner kleinen Schrift *Was ist Philosophie?*[55]) formuliert. Ebendort hat Bolzano die zuerst genannte Darstellung einer Wissenschaft als die eigentlich *philosophische* bezeichnet und gefordert, wenigstens an einer Stelle in der wissenschaftlichen Literatur müßte für jede Wissenschaft eine in diesem Sinne philosophische Darstellung geleistet werden, soweit sie schon möglich sei. Bolzano nimmt hier die alte *Aristotelische* Bestimmung des theoretischen Weisen (σοφός) auf, das Wissen von den Gründen (αἰτίαι) zu besitzen (*Metaph.*

---

[55] geschrieben 1839, postum ediert von M. J. *Fesl* 1849, Neudruck als Beiheft zu den *Grundlagenstudien aus Kybernetik und Geisteswissenschaften 1*, Stuttgart 1960.

I 17 ff.). Auch die *Wissenschaftslehre* verweist (II, 341) auf die in diesen Zusammenhang gehörige Aristotelische Unterscheidung der Beweise, die nur das ὅτι, daß etwas ist, — von solchen, den eigentlich wissenschaftlichen Beweisen im Aristotelischen Sinn, die das διότι, das Warum angeben (*Anal. post.* I 13).

In Parallele zum objektiven Zusammenhang zwischen Wahrheiten an sich läßt sich auch für Vorstellungen an sich ein objektives asymmetrisches Abhängigkeitsverhältnis in der Bolzanoschen Wissenschaftslehre nachweisen. Dieses gibt Anlaß, auch unter den *Definitionen,* wie durch die Abfolge unter den Beweisen, eine bestimmte Art auszuzeichnen: Bolzano spricht davon, daß eine Vorstellung i durch andere Vorstellungen i_1, i_2, ... *erklärt* wird. Unter einer *Erklärung* einer Vorstellung i versteht Bolzano „die Angabe der Teile, aus denen sie zusammengesetzt ist" (§ 23, I, 91), genauer: einen Satz, welcher bestimmt, „ob eine gewisse Vorstellung ... einfach oder aus Teilen zusammengesetzt sei, und in dem letzteren Falle, aus was für Teilen, und in welcher Verbindung derselben sie bestehe" (§ 554, IV, 330). Ein Beispiel einer einfachen Vorstellung, die also nicht weiter erklärt werden kann, ist nach Bolzanos Vermutung z. B. der Begriff des Satzes (an sich); ein Beispiel einer Erklärung im Bolzanoschen Sinne findet man in der in § 28 gegebenen Wahrheitsdefinition. Aus einer Stelle dieses Paragraphen (I, 122) lassen sich drei notwendige Bedingungen für das Vorliegen einer Erklärung herauslesen: Eine Vorstellung i', die eine Erklärung der Vorstellung i enthalten soll, muß mit i gleichgeltend sein (extensionale Gleichheit); sie darf keinen näheren oder entfernteren Bestandteil (cf. § 58, 1.) haben, der i „auf eine versteckte Weise schon in sich schließt" (Ausschluß von Zirkeldefinitionen); außerdem muß es uns „bei längerem Nachdenken immer einleuchtender" werden, daß wir uns durch die Vorstellung i' „wirklich nichts anderes, als was hier (durch i) angegeben wird, denken" (Adäquatheit). Der Begriff der Erklärung setzt voraus, daß jede Vorstellung in eindeutiger Weise aus anderen Vorstellungen zusammengesetzt ist. Auf diese Weise ergibt sich auch für die Vorstellungen ein objektiver Zusammenhang, der der *Zusammensetzung*, der durch Definitionen im Sinne der Bolzanoschen *Erklärung* ähnlich adäquat widergespiegelt wird wie der objektive Zusammenhang der Abfolge unter den Wahrheiten durch die Anlage der Beweise in der *philosophischen* Darstellung einer Wissenschaft. Eine Mehrdeutigkeit enthält Bolzanos Begriff der Erklärung zunächst: Im allgemeinen wird sich eine zusammengesetzte Vorstellung i in Bestandteile zerlegen lassen, die selbst wieder zusammengesetzt sind. Dann sind i. a. im Sinne der bisherigen Bestimmung auch mehrere „Erklärungen" von i möglich, je nachdem, wie weit die Analyse von i getrieben wird. Man kann annehmen, daß Bolzano darunter diejenige Analyse von i als Erklärung auszeichnen wollte, die die „nächsten" Bestandteile von i angibt. — Aus § 61 u. a. geht hervor, daß Bolzano eine Zusammengesetztheit jeder Vorstellung, die nicht schon selbst einfach ist, aus letzten, *einfachen*, d. h. unzerlegbaren Bestandteilen, deren Zahl u. U. allerdings unendlich groß ist, voraussetzt, ja sogar für sicher beweisbar hält. Sätze sind, als aus Vorstellungen zusammengesetzte Gebilde, an diesen Aufbau angeschlossen.

Wichtig ist nun, daß das Zusammengesetztsein der Vorstellungen und Sätze an sich für Bolzano mehr ist als nur eine strukturelle Parallele zur Abfolgebeziehung zwischen Wahrheiten an sich. Vielmehr vermutet Bolzano einen tieferen Zusammenhang. Dieser Zusammenhang ergibt sich zunächst nur für *Begriffswahrheiten*, d. h. „Wahrheiten, die bloß aus reinen Begriffen bestehen, ohne irgendeine Anschauung zu enthalten" (§ 133), so:

(a) Der objektive Grund einer Begriffswahrheit kann ebenfalls nur aus Begriffswahrheiten bestehen. (§ 221, 1.)

(b) Die Sätze, die den objektiven Grund einer Begriffswahrheit bilden, dürfen jeder für sich nicht mehr einfache Teile als diese Begriffswahrheit selbst enthalten. (§ 221, 2.)

Nimmt man zu den Behauptungen (a) und (b) einen dritten Satz hinzu, den Bolzano ebenfalls für richtig hält:

(c) Es gibt nur endlich viele einfache Begriffe,

so folgt, wie Bolzano in § 221, 3. mit großer Genauigkeit zeigt, daß es reine Begriffswahrheiten geben muß, die nicht mehr als Folge in einem Abfolgeverhältnis auftreten können, von Bolzano so genannte *Grundwahrheiten*. Damit rückt für die *reinen Begriffswissenschaften* (Mathematik, rationale Theologie, apriorische Teile der Ethik u. a., wie sich aus Bolzanos Beispielen für reine Begriffswahrheiten ergibt) die Möglichkeit in den Blick, sie von gewissen Grundwahrheiten und einfachen Begriffen aus aufzubauen, wobei Erklärungen und Ableitungen im Sinne der Abfolge in fortschreitender Differenzierung ineinandergreifen.

Und nun gewinnt Bolzano noch eine denkwürdige Verbindung zum Begriff der Ableitbarkeit: Er betrachtet in reinen Begriffswissenschaften geschlossene Systeme σ von Wahrheiten und darin Teilsysteme τ von σ, die der folgenden Bedingung genügen: Jede Wahrheit aus σ läßt sich aus den Wahrheiten von τ in einem normierten Sinne ableiten, so nämlich, daß bei diesen Ableitungen niemals eine Wahrheit aus Vordersätzen abgeleitet wird, die jeder für sich zusammengesetzter als diese Wahrheit sind, d. h. mehr einfache Teile enthalten. Mit modernen Begriffen gesagt, handelt es sich hier um in bestimmter Weise *normierte Axiomatisierungen* von „Teiltheorien" σ der betrachteten Begriffswissenschaft. Es läßt sich die Frage stellen, wann eine solche Axiomatisierung *minimal* ist in dem Sinne; daß das zu Grunde gelegte Axiomensystem weniger als oder höchstens genau so viele Axiome enthält wie jedes der sonst bei einer normierten Axiomatisierung möglichen Axiomensysteme. Die angekündigte denkwürdige Vermutung Bolzanos lautet nun so:

(d) Baut man eine reine Begriffswissenschaft so auf, daß die Sätze in der durch den objektiven Zusammenhang gegebenen Abfolge auseinander abgeleitet werden, so sind alle in einem solchen Aufbau auftretenden normiert axiomatisierten Teiltheorien stets minimal axiomatisiert.[56])

---

[56] Die Bolzanosche Ausdrucksweise ist in diesem Falle nicht ganz

Bolzano selbst faßt diese Behauptung in den folgenden Worten zusammen: „Das Verhältnis der Abfolge hat also, meine ich, das eigene, daß sich nach ihm aus der *kleinsten Anzahl* von Vordersätzen die größte Anzahl von Schlußsätzen ableiten läßt, die nur nicht einfacher sind als ihre Vordersätze." (§ 221, 3., II, 386.) Weitere Einfachheitskriterien, die Bolzano nicht nur für Begriffswahrheiten, sondern allgemein formuliert, schließen sich an: Prämissen in einem Abfolgeverhältnis sind immer die einfachsten unter gleichgeltenden Prämissen. (§ 221, 4.) — Die Prämissen in einer Abfolgebeziehung, die zugleich Ableitbarkeitsverhältnis in Bezug auf bestimmte veränderliche Vorstellungen ist, sind der *„einfachste Inbegriff* von Wahrheiten"[57], aus denen die conclusio in Bezug auf dieselben veränderlichen Vorstellungen so ableitbar ist, daß dabei „keiner der Vordersätze einzeln schon zusammengesetzter als der Schlußsatz" wird. (§ 221, 5.)

Die These, daß der objektive Zusammenhang zwischen den Sätzen einer reinen Begriffswissenschaft ein Aufstieg vom Einfachen zum Zusammengesetzten sei, hat von der Platonischen Diairesislehre an in der Logik eine lange Tradition, die in den Regeln der *Descartesschen* Methode einen besonderen Höhepunkt erreicht. Descartes auf der einen, und Bolzano (und *Platon*) auf der anderen Seite trennt allerdings ein bedeutsamer Unterschied: Die Descartessche Reihung der Gegenstände und Probleme vom Einfacheren zum Zusammengesetzteren bezieht sich nicht auf eine Hierarchie im Bereich des „Seins" (ad aliquod genus entis); vielmehr geschieht sie lediglich, „sofern die einen aus den anderen erkannt werden können" (*Regulae ad directionen ingenii* VI, 1.; *Oeuvres* ed. Adam & Tannéry, X 381). Bei Bolzano dagegen ist die Art der Zusammensetzung eine den Vorstellungen und Sätzen an sich anhaftende, also unabhängig vom menschlichen Denken und

deutlich. Die gegebene Darstellung muß daher, genau genommen, als eine mögliche Interpretation betrachtet werden. Vgl. auch G. *Buhls* in Anm. 7 genannte, für den ganzen hier erörterten Zusammenhang sehr aufschlußreiche Studie, insbesondere S. 62 ff.

[57] Dieser Ausdruck wird von Bolzano nicht näher erläutert.

seinen Erkenntnisbedingungen zukommende Eigenschaft und die „philosophische" Darstellung der Wissenschaften von Darstellungen in erkenntnispragmatischer Absicht wohl abzuheben. Noch deutlicher tritt hier die Grundanlage der *Wissenschaftslehre* wieder hervor, wenn man die Pascalsche Methodenlehre zum Vergleich heranzieht. *Pascal* hat wiederholt erklärt, daß er keinen Wissenschaftsaufbau als absolut ausgezeichnet ansehen kann. Eine vollständige Einsicht in den „objektiven Zusammenhang" des Weltinhalts ist dem Menschen als einer auch in Hinsicht auf seine Erkenntnismöglichkeiten gefallenen Kreatur verwehrt. Zwar hat ihm Gott eine gewisse Menge selbstevidenter Axiome und Ausgangsterme als Erkenntnisbehelfe belassen, um auf dieser Grundlage Wissenschaften in pragmatischer Absicht zu entwickeln; jedoch sind diese Grundsätze und -begriffe auf ihre Funktion als relative *Erkenntnis*gründe beschränkt, die *Real*grundeigenschaft muß ihnen abgesprochen werden. Welcher Erkenntnisbehelf unter verschiedenen gleich möglichen dann gewählt wird, ist nach Pascal schließlich gleichgültig, wenn nur die Einsichtigkeit der Grundlagen und der Ableitungsoperationen gewährleistet ist. Die Naturwissenschaft hat, von der zweiten Hälfte des 19. Jahrhunderts an, die Pascalsche These gewissermaßen säkularisiert, d. h. von ihren theologischen Voraussetzungen befreit, und radikalisiert. Danach sind alle physikalischen Theorien über einen bestimmten Phänomenbereich prinzipiell gleichberechtigt, wenn sie nur mit allen experimentellen Tatsachen übereinstimmen. Auf das Evidenzpostulat für die Axiome läßt sich in diesem Zusammenhang verzichten und als Ersatzkriterium „Bewährung" einführen, d. h. Übereinstimmung der aus den Axiomen ableitbaren Sätze mit der Erfahrung. Das Idealbild eines ausgezeichneten, am „objektiven Zusammenhang der Wahrheiten" orientierten Wissenschaftsaufbaues verschwindet als „leere", weil prinzipiell unerreichbare metaphysische Hypothese aus dem Gesichtskreis und mit ihm die Notwendigkeit, zu erklären — wie es Pascal aus dem Faktum der Erbsünde tat — warum die Wissenschaft diesem Ideal nicht genügen kann. — *Scholz* hatte recht, wenn er Pascal im Gegensatz zu Bolzano einen Vorläufer der *modernen* Wissenschaftstheorie genannt hat[58]). Gleichwohl ist diese in einigen ihrer Vermutungen Bolzano wieder sehr nahe gekommen. Heinrich *Hertz* und Ernst *Mach* schon sahen die theoretische Aufgabe, unter den verschiedenen prinzipiell gleichberechtigten physikalischen Theorien eines Phänomenbereichs (etwa verschiedenen Theoretisierungen der Mechanik) jeweils *eine* Theorie zu bevorzugen, — nicht weil sie mit dem objektiven Zusammenhang der Wahrheiten übereinstimmen; ein solcher Rückgang ist hier wie gesagt nicht zugelassen — sondern aus pragmatischen Gründen. Die Kriterien, die diesem Zweck gerecht werden sollten, sind als Postulat der *Einfachheit* (Hertz) und als *Ökonomie*prinzip (Mach) in die Wissenschaftsgeschichte eingegangen. Ein vergleichsweise präzises Einfachheits- und Ökonomieprinzip enthält aber auch Bolzanos *Wissenschaftslehre* mit dem oben S. L angeführten Minimalkriterium (d) für diejenigen unter den verschiedenen Darstellungen einer Wissenschaft, die einen Aufbau im Einklang mit dem objektiven Zusammenhang unter den Wahrheiten liefert. Ein wesentlicher Unterschied ist zunächst wieder dieser: Während Machs Prinzip den vollständigen Grund für die Auszeichnung einer bestimmten Theorie unter allen gleichberechtigten angibt, ist Bolzanos Kriterium *zusätzliches Kennzeichen* eines schon durch die Übereinstimmung mit dem objektiven Zusammenhang selbst ausgezeichneten Aufbaus.[59]) Jedoch hat sich Bolzano in einer Anmerkung zu § 221 der *Wissenschaftslehre* vermutungsweise noch anders geäußert: daß ihm „zuweilen der Zweifel aufsteige, ob der Begriff der Ab-

---

[58] Cf. *Pascals Forderungen an die mathematische Methode* (1945), in: *Mathesis Universalis* (cf. Anm. 2), S. 119 ff., die hier gemeinte Stelle S. 124 f.

[59] Das Machsche und das Bolzanosche Kriterium sind, worauf hingewiesen werden muß, auch darin voneinander logisch getrennt, daß Mach verschiedene Theorien desselben Phänomenbereichs, Bolzano verschiedene Darstellungen derselben Theorie im Auge hat. Da sich Bolzano beim Aufbau einer Wissenschaft stets auf Wahrheiten an sich bezieht, wird der für Mach wichtige Fall in der *Wissenschaftslehre* noch nicht relevant.

folge, welchen ich oben für einen einfachen erklärt, nicht vielleicht doch zusammengesetzt, und am Ende eben kein anderer sei, als der Begriff einer solchen Anordnung unter den Wahrheiten, vermöge deren sich aus der geringsten Anzahl einfacher Vordersätze die möglich größte Anzahl der übrigen Wahrheiten als bloßer Schlußsätze ableiten lassen". — Die hier angedeutete Möglichkeit würde das Bolzanosche Einfachheitskriterium noch näher an die entsprechende Machsche Forderung heranrücken. Der Geist des Bolzanoschen Prinzips wäre jedoch auch dann noch ein anderer: Es wäre immer noch mehr als ein pragmatisches Postulat unter der Kategorie des „Herrschaftswissens" *(Scheler)*, es hätte Gültigkeit im objektiven Sinne aus jenem Geiste, in dem die Leibnizschen Extremalprinzipien für die wirkliche Welt gedacht worden sind und aus dem heraus *Kepler* seine Theorie der Planetenbewegung für richtiger hielt als die astronomischen Systeme seiner Vorläufer, weil sie die *einfachste* Lösung darstelle und — es die Kunst des Schöpfers lobe, die Mannigfaltigkeit der Welt auf möglichst einfache Weise hervorzubringen[60]).

Zur Einführung in die vorliegende Auswahl

1. Textgeschichte der Wissenschaftslehre

Schon 1812 findet sich in den wissenschaftlichen Tagebüchern *(Adversarien)* Bolzanos die später durchgestrichene Eintragung: „Ich habe beschlossen (März 1812), eine Logik herauszugeben unter dem Titel: Versuch einer neuen Logik, zufolge der eine gänzliche Umgestaltung aller Wissenschaften stattfinden müßte. Allen Freunden zur Prüfung vorgelegt."[1]) Auch der Inhalt der späteren *Wissen-*

---

[60] Cf. Einleitung zum *Mysterium cosmographicum*, übers. von M. Caspar (München u. a. 1936), S. 31, ferner Kap. 2, a. a. O., S. 45 f.

[1] zitiert nach E. *Winter: Bernhard Bolzano und sein Kreis* (Leipzig 1933), S. 127.

schaftslehre wird schon im Grundriß konzipiert:„ 1. Kapitel. Es gibt Wahrheiten... 2. Kapitel. Wir sind im Besitz der Erkenntnis gewisser Wahrheiten. 3. Kapitel. Wir irren aber auch zuweilen. 4. Kapitel. Gewißmachung — Zweck der gemeinen (nichtwissenschaftlichen) Methode. 5. Kapitel. Es gibt unter den Wahrheiten einen objektiven Zusammenhang... 6. Kapitel. Es ist möglich, diese objektiven Zusammenhänge zuweilen anzugeben. 7. Kapitel. Wissenschaftliche Methode. 8. Kapitel. Von den verschiedenen Arten der Wahrheiten oder Urteile."

Zur Ausführung seines Planes kommt Bolzano jedoch erst von 1820 an, nachdem ihm sein Amt als ordentlicher Professor der Religionswissenschaft an der Universität Prag im Kampf der katholischen Kirche gegen die von ihm geführte sogenannte „böhmische Aufklärung" genommen ist. Vorarbeiten zur *Wissenschaftslehre* finden sich schon vor 1820 mannigfach in den *Adversarien,* ferner u. a. in der Einleitung zum Entwurf einer Schrift: „Versuch einer neuen Deduktion des obersten Sittengesetzes". Bolzano hatte geplant, seine *Logik* noch im Jahre 1820 zu Ende zu bringen. Jedoch zieht sich die Arbeit an der ersten Fassung, bedingt durch den immer größer werdenden Umfang des Werkes und den schlechten Gesundheitszustand des Autors, bis in das Jahr 1830 hin. Weitere sechs Jahre vergehen, bis endlich in der J. E. v. Seidelschen Buchhandlung, Sulzbach, ein Verlag für das umfängliche Werk gefunden ist. Auch diese Zeit nutzt Bolzano zu einer steten Überarbeitung der Wissenschaftslehre, die schließlich 1837 vierbändig, mit insgesamt 718 Paragraphen erscheint. Im Jahre 1914 kam ein verbesserter Nachdruck der ersten beiden Bände, besorgt von *A. Höfler* in Leipzig bei Felix Meiner heraus. Der Nachdruck des 3. und 4. Bandes verzögerte sich durch den ersten Weltkrieg und den Tod von Höfler im Jahre 1922. Für *Höfler* übernahm sein Schüler *W. Schultz* die Herausgeberschaft. Vor allem ergänzte er das schon der Originalausgabe beigegebene Sachregister durch einen Nachweis der in der *Wissenschaftslehre* „genannten *Verfasser, Werke* und daraus angeführten, oder behandelten *Stellen".* So konnte von 1929 bis 1931 in Fortführung der Arbeit von Höfler ein weiterer Nachdruck, diesmal der gesamten *Wissenschaftslehre,* wiederum im Verlag F. Meiner erscheinen.

2. Auswahlprinzipien

Schon bald nach Erscheinen der *Wissenschaftslehre* stellte sich heraus, daß der große Umfang und die Weitschweifigkeit des vierbändigen Werkes nicht dazu angetan waren, ihm eine größere Leserzahl und Beachtung zu gewinnen. Der Theologe M. J. *Fesl,* ein Freund Bolzanos, regte daher, um das Interesse zu fördern, ein Preisausschreiben an, das die „gründlichste Bestreitung" des Bolzanoschen Systems prämiieren sollte. Es gelang jedoch nicht einmal, das vorgesehene Preisrichterkollegium, dem *Herbart, Beneke* und *I. H. Fichte* angehören sollten, zusammenzubringen, so daß das Unternehmen im Sande verlief.[2]) Bolzano sah sich so gezwungen, seine philosophischen Thesen der gelehrten Öffentlichkeit noch einmal in einer Kurzfassung vorzustellen. Diese erschien 1841 in Sulzbach unter dem Titel: „Bolzanos Wissenschaftslehre und Religionswissenschaft in einer beurteilenden Übersicht. Eine Schrift für alle, die dessen wichtigste Ansichten kennenzulernen wünschen". Diese Auswahl konnte für den vorliegenden Band nicht als Vorbild dienen, da sie weniger ein einführender Auszug der wichtigsten Teile der *Wissenschaftslehre* und des *Lehrbuches der Religionswissenschaft* ist, als vielmehr eine kritische Erörterung, die die Kenntnis dieser Werke eigentlich schon voraussetzt. Auszüge wurden später von Schülern Bolzanos versucht, kamen jedoch nicht zur Veröffentlichung. Bolzano selbst macht in einem Brief an J. P. *Romang* vom 1. Mai 1847 Vorschläge für eine das Wesentliche auswählende Lektüre der *Wissenschaftslehre.* Er schreibt hier:

„Erschrecken Sie nicht vor dem dickleibigen Buche, wenn es vor Ihnen erscheint! Sie brauchen lange nicht alles

---

[2] Zur genaueren Orientierung cf. hier und im folgenden *Winter,* a. a. O., S. 165 ff.

darin zu lesen. Den ganzen vierten Band können Sie getrost beiseitelegen. Das ganze Buch mit der Überschrift Erfindungskunst im dritten Bande, das ganze weitläufige Hauptstück von den Schlüssen im zweiten sind für Sie überflüssig. Es wird genug sein, wenn Sie aus dem ersten Bande etwa die §§ 19, 25 und 26 (über den Begriff von Sätzen und Wahrheiten an sich), die §§ 48, 49, 50 (über den Begriff einer Vorstellung an sich), die §§ 55, 56, 57, 58, 63, 64, 66, 67, 68, 70, 72, 73, 79 (Zeit und Raum), § 85 (Reihe), § 87 (wo die Begriffe des Unendlichen, welche ich an die Stelle des sich selbst widersprechenden des Hegelschen Absoluten setze); aus dem zweiten Bande §§ 125, 127, 133, 137, 148 (analytische und synthetische Sätze), §§ 154—158 (Sätze mit veränderten Bestandteilen, wo das Verhältnis der Ableitbarkeit: wenn $A, B, C \ldots$ wahr sind, so ist auch M wahr, erklärt wird), § 170 (Sätze von der Form: ein gewisses a hat b), § 179 (Sätze mit wenn — so), § 182 (die wichtigen Begriffe Notwendigkeit und Möglichkeit), § 183 (Zeitbestimmungen), § 197 (analytische und synthetische Wahrheiten), § 198 (Begriffe der Abfolge zwischen Wahrheiten), § 201, 202, 214, 221 (Grundwahrheiten). Aus dem dritten Bande endlich möge nur das, was über die Begriffe der Klarheit und Deutlichkeit selbst (§§ 280, 281) gesagt ist, nachgelesen, und die ganze Logik dann getrost aus den Händen gelegt werden, nur mit dem Vorbehalt, bei vorkommendem Anlasse wieder ein und das andere nachzuschlagen, wobei der Index im vierten Bande das Auffinden erleichtert."[3]

Die von Bolzano an dieser Stelle selbst angegebenen Paragraphen sind, mit wenigen Ausnahmen (§§ 85, 87, 137, 170, 183, 202, 280, 281) als Grundstock für die vorliegende Auswahl übernommen, die ausgenommenen Paragraphen i. a. bei den Zusammenfassungen ausführlich berücksichtigt worden. §§ 280, 281 entfielen aus Gründen der Beschränkung auf die ersten beiden Bände der *Wissenschaftslehre*.[4]

---

[3] zitiert nach *Winter*, a. a. O. S. 139 f.
[4] Für die restlichen drei Teile der *Wissenschaftslehre* sind beson-

Für die Ergänzung des so gewonnenen Kernes waren u. a. die folgenden, allerdings ohne Pedanterie angewandten Gesichtspunkte maßgebend:

1. *Immanente Vollständigkeit:* Der ungekürzt wiedergegebene Teil enthält nach Möglichkeit alle diejenigen Paragraphen, welche die in ihm vorausgesetzten Grundbegriffe definieren oder erläutern. Die Auswahl ist daher i. a. auch unabhängig von den eingeschobenen Kleindrucktexten durchgehend lesbar.

2. *Homogenität:* Bei einander entsprechenden Paragraphen im 1. und 2. Hauptstück der *Elementarlehre* sind i. a. jeweils beide Paragraphen berücksichtigt worden.

Der § 42, ein Meisterstück philosophischer Argumentation, ist, obwohl er zweifellos eher in eine Auswahl der Bolzanoschen *Erkenntnislehre* gehört, ungekürzt abgedruckt worden, jedoch des Umfanges wegen im Kleindruck der Zusammenfassungen. Überhaupt boten die Einschiebungen im Kleindruck häufig Gelegenheit, noch viele wichtige Partien wörtlich wiederzugeben. Die nachgestellten Anmerkungen Bolzanos zu den in den Haupttext aufgenommenen Paragraphen konnten z. T. nur referiert oder auszugsweise zitiert werden.

Bei der Planung der Auswahl wurde darauf verzichtet, die von H. *Scholz* einmal besonders hervorgehobenen §§ 164—168[5]) in den Haupttext aufzunehmen. Diese Paragraphen sind mit Recht schon im Auswahlvorschlag Bolzanos nicht erwähnt. Sie enthalten im wesentlichen die Angabe der Bolzanoschen Normalformen zu den Sätzen, welche die in den §§ 154 ff. behandelten Verhältnisse zwischen Sätzen an sich aussprechen. Scholz ist hier wahrscheinlich einer Verwechslung mit den parallel geordneten, aber inhaltlich weit bedeutenderen §§ 154—158 zum Opfer gefallen.

---

dere Auswahlbände denkbar und wünschenswert. Auch könnte man unter enger begrenzten Sachgesichtspunkten, z. B. zur Wahrscheinlichkeitslehre, Material aus der gesamten *Wissenschaftslehre* zu eigenen Studientexten zusammenstellen.

[5] Cf. S. VII.

Die Referate und die ausgewählte Wiedergabe der im Haupttext fehlenden Teile sind im vorliegenden Umfang eine Neuerung für die Philosophische Bibliothek. Vorbilder standen dem Hrsg. hier nicht zur Verfügung. Sicherlich liegt das Erreichte nicht an der Grenze des Wünschbaren. Jedoch mußte die hierfür aufzuwendende nicht geringe Mühe im Rahmen des für einen Studientext Vertretbaren gehalten werden.

3. Textgestalt und Apparat

Schon aus *Höflers* Neuausgabe ergibt sich, daß der Originaltext der *Wissenschaftslehre* eine Fülle von Fehlern enthält. Über das dem ersten Band schon 1837 beigegebene Druckfehlerverzeichnis hinaus arbeitet Höfler 53 weitere Textverbesserungen ein. *Schultz* vergrößert diese Liste auf 290 wesentliche Änderungen in der gesamten *Wissenschaftslehre*. Für den Text dieser Ausgabe wurden die bisher nachgewiesenen Textverbesserungen im wesentlichen übernommen, ohne daß dies jeweils besonders erwähnt ist[6]. Ausnahmen sind in den Anmerkungen des Herausgebers bezeichnet. Jedoch ergab sich, daß auch Schultz noch nicht alle Fehler der Erstausgabe beseitigt hat. Vor allem die teilweise sehr formalen Erörterungen und Beweise im zweiten Band bedürfen hier bei einer neuen Gesamtausgabe wohl noch einmal einer genauen Durchsicht. Schon bei den in diese Auswahl aufgenommenen Textteilen waren eine Reihe weiterer Berichtigungen nötig. In diesen Fällen ist jeweils der anderslautende Text des *mit A bezeichneten Originals* in den Anmerkungen des Herausgebers nachgewiesen, so daß die Änderungen als Vorarbeiten für einen künftigen Neudruck der gesamten *Wissenschaftslehre* nutzbar werden können. Für die Paragraphenüberschriften wurden vereinzelt die abweichenden Titel im Inhaltsverzeichnis der Originalausgabe gewählt.

---

[6] J. *Berg* führt in seiner Bolzano-Bibliographie (*Bolzano's Logic*, pp. 182 ff.) unter Nr. 82 ein Druckfehlerverzeichnis zu Bd. II der *Wissenschaftslehre* von Bolzanos eigener Hand an. Die von Berg an dieser Stelle zitierten Verbesserungen sind berücksichtigt worden.

Zitate Bolzanos wurden, soweit sie in der Auswahl (unter Einschluß der Zusammenfassungen) vorkommen, nachgeprüft und ggf. stillschweigend berichtigt. Schon *Schultz* weist darauf hin, daß Bolzano gelegentlich sehr frei zitiert. Soweit der Sinn nicht gestört war, wurde hier nicht eingegriffen. Auch die Stellenangaben Bolzanos sind häufig unvollkommen oder fehlerhaft, so daß eine große Zahl von Verbesserungen nötig wurde. Schultz hat offenbar bei der Anfertigung seines Stellennachweises zur Wissenschaftslehre die Angaben Bolzanos nur zusammengestellt, nicht aber durchgängig kontrolliert. Dazu kommt, daß Schultz in seinem Nachweise stellenweise andere als die von Bolzano benutzten Ausgaben angibt, ohne jedoch die Seitenangaben Bolzanos entsprechend zu ändern. So bezieht Bolzano Kantzitate i. a. nicht auf die Erstauflage der *Kritik der reinen Vernunft*, obwohl die Art, wie der Nachweis von Schultz die Stellen verzeichnet, dies nahelegt. Bei einem Neudruck der Wissenschaftslehre müßte daher das Schultzsche Register in diesem Sinne überarbeitet werden. Für die vorliegende Auswahl wurde der Weg gewählt, die Stellenangaben z. T. auf gebräuchliche Ausgaben umzustellen, wo Bolzano schwerer zugängliche Ausgaben benutzt, und auch sonst die *dem Hrsg. zur Kontrolle zugänglichen* Ausgaben anzugeben. Bei Bolzano fehlende Stellenangaben wurden soweit möglich angemerkt oder hinzugefügt.

Die Rechtschreibung ist dem heutigen Gebrauch angepaßt worden. So wurden etwa altertümliche Formen wie „Seyn", „Theil", „mehre" in „Sein", „Teil" und „mehrere" umgeändert und auch die Groß- und Kleinschreibung vorsichtig modernisiert. Nicht eingegriffen ist dagegen in Bolzanos vom heute Üblichen abweichende Verwendung des Konjunktivs und des unbetonten „e" bei der Beugung u. a. (Z. B. „denket" statt „denkt"). Auch die Zeichensetzung blieb großenteils ungeändert, insbesondere, von wenigen Ausnahmen abgesehen, Bolzanos Gebrauch von Komma, Semikolon und Doppelpunkt. Vereinheitlicht wurde dagegen die Setzung von Anführungsstrichen: Bolzano trennt Sätze und Vorstellungen, *über* die er spricht, vom

Kontext, *in* dem er spricht, auf zweierlei Weise: a) durch vor- und nachgesetzte Anführungsstriche und ein nachgesetztes Komma, b) nur durch ein nachgesetztes Komma. Da die erste Bezeichnungsweise übersichtlicher und seit Frege in der Logik gebräuchlich geworden ist, wurde ihr, unter Weglassung des nachgestellten Kommas, der Vorzug gegeben und das Bolzanosche Original in diesem Sinne vereinheitlicht, ohne jedoch, wo die Deutlichkeit nicht gestört ist, einen überflüssigen Purismus walten zu lassen.

Hervorhebungen im Text geschehen nicht, wie im Original, durch Sperrung, sondern durch Kursivschrift.

Während die Anmerkungen Bolzanos, soweit sie nicht am Ende der Paragraphen stehen, wie im Original durch einen Stern gekennzeichnet sind, werden die Anmerkungen des Herausgebers paragraphenweise mit arabischen Ziffern durchnumeriert. Hinweise auf Anmerkungen beziehen sich auf die Anmerkungen des Herausgebers, wenn nicht anderes erwähnt ist. Auch Seitenverweise beziehen sich i. a. auf die vorliegende Auswahl; Ausnahmen davon sind vermerkt.

In der Inhaltsübersicht sind die in den Haupttext aufgenommenen Paragraphen durch einen nachgesetzten Stern gekennzeichnet, im Anschluß an die Gewohnheit Bolzanos bei den von ihm für besonders wichtig gehaltenen Paragraphen.

Die Paginierung am inneren Seitenrand bezieht sich auf die Erstausgabe von 1837. Bei den Textzusammenfassungen war es, im Falle übergreifender Referate und dort, wo nicht die Gedankenfolge des Originaltextes eingehalten wurde, nötig, stellenweise ein f oder ff dazuzusetzen. Ob sich die Paginierung auf den 1. oder 2. Band der *Wissenschaftslehre* bezieht, läßt sich aus dem linken Kolumnentitel entnehmen.

Das Sachregister der Erstausgabe und der Schultzsche Nachweis wurden durch neu für diesen Text hergestellte Personen- und Sachregister ersetzt.

Der Herausgeber dankt Herrn Professor Dr. Friedrich Kaulbach, Herrn Dr. Karlfried Gründer und Herrn Dr. Heinrich Schepers für wertvolle Hinweise, Herrn stud. phil.

Walter Kambartel, der die Register bearbeitete, sowie Herrn Dr. Dr. h. c. Felix Meiner und Herrn Richard Meiner, die alle Wünsche großzügig behandelten, vielfältigen Rat gaben, und dem schwierigen Text ihre bewährte Sorgfalt angedeihen ließen.

Münster i. W., im August 1963   Friedrich Kambartel

Vorbemerkung zur 2. Auflage

Für die 2. Auflage wurden eine Reihe von Druckfehlern berichtigt, ferner Verbesserungsvorschläge der Rezensenten berücksichtigt. Insbesondere bin ich Herrn Prof. Jan Berg (München) für die Hinweise in seiner 1967 im *Archiv für Geschichte der Philosophie* erschienenen Besprechung der 1. Auflage dankbar. Mein besonderer Dank gilt außerdem Herrn Wolfgang Mayer, der mir bei den Verbesserungen und Korrekturen wesentlich geholfen hat, und dem Verlage Meiner, der auch die 2. Auflage mit bewährter Sorgfalt hergestellt hat.

Konstanz, 8. Juni 1978   Friedrich Kambartel

Inhaltsübersicht zur „Wissenschaftslehre" Band I u. II

Inhalt des 1. Bandes

EINLEITUNG

§
1* Was der Verfasser unter der Wissenschaftslehre verstehe
2 Rechtfertigung dieses Begriffes und seiner Bezeichnung
3 Des Verf. Wissenschaftslehre ist eine unter verschiedenen Namen schon längst gekannte und bearbeitete Wissenschaft
4 Warum man diese Erklärung doch niemals aufgestellt habe
5 Was der Verf. von diesen Gründen denke
6 Der Verf. wird seine Wissenschaftslehre gewöhnlich Logik nennen
7 Prüfung anderer Erklärungen
8 Verschiedene mit dem der Logik verwandte Begriffe
9 Nutzen der Logik
10 Zeit dieses Studiums und Vorbereitung dazu
11 Ob die Logik Kunst oder Wissenschaft sei
12 Ob die Logik eine bloß formale Wissenschaft sei
13 Ob die Logik eine unabhängige Wissenschaft sei
14 Allgemeine und besondere Logik
15* Plan des Vortrages der Logik nach des Verf. Ansicht
16 Einiges über den Plan, der in den wichtigsten neueren Lehrbüchern befolgt wird

ERSTER TEIL

Fundamentallehre

17 Zweck, Inhalt und Abteilungen dieses Teiles
18 Wegräumung einiger Bedenklichkeiten, die gegen das Beginnen des Verf. in diesem Teile bei einigen Lesern obwalten dürften

ERSTES HAUPTSTÜCK

Vom Dasein der Wahrheiten an sich

19* Was der Verf. unter einem Satze an sich verstehe
20 Rechtfertigung dieses Begriffes sowohl als seiner Bezeichnung
21 Daß auch schon andere diesen Begriff gebraucht

§
22 Bisheriges Verfahren in betreff dieses Begriffes
23 Prüfung verschiedener Erklärungen dieses Begriffes
24 Verschiedene Bedeutungen der Worte: Wahr und Wahrheit
25* Was der Verf. unter Wahrheiten an sich verstehe
26* Unterscheidung dieses Begriffes von einigen mit ihm verwandten
27 Dieser Begriff einer Wahrheit an sich ist auch von andern schon aufgestellt worden
28 Wahrscheinliche Bestandteile dieses Begriffes
29 Wie man den Begriff der Wahrheit bisher aufgefaßt habe
30 Sinn der Behauptung, daß es Wahrheiten an sich gebe
31 Beweis, daß es wenigstens Eine Wahrheit an sich gebe
32 Beweis, daß es der Wahrheiten mehrere, ja unendlich viele gebe
33 Hebung verschiedener Einwürfe

ZWEITES HAUPTSTÜCK
Von der Erkennbarkeit der Wahrheit

34* Was der Verf. unter einem Urteile verstehe
35 Prüfung verschiedener Erklärungen dieses Begriffes
36 Was der Verf. unter einem Erkenntnisse verstehe
37 Rechtfertigung dieses Begriffes
38 Andere Bestimmungen dieses Begriffes
39 Sinn der Behauptung, daß auch wir Menschen einige Wahrheiten erkennen
40 Wie man beweisen könne, daß wir wenigstens Eine Wahrheit erkennen
41 Wie man erweisen könne, daß wir der Wahrheiten unbestimmt viele zu erkennen vermögen
42 Hebung mehrerer Bedenklichkeiten
43 Eines der sichersten und brauchbarsten Kennzeichen der Wahrheit
44 Einiges über die bisher gewöhnliche Behandlung dieses Gegenstandes
45 Einiges über die in andern Lehrbüchern vorkommenden obersten Denkgesetze

ZWEITER TEIL
Elementarlehre

46* Zweck, Inhalt und Abteilungen dieses Teiles

ERSTES HAUPTSTÜCK
Von den Vorstellungen an sich

47 Inhalt und Unterabteilungen dieses Hauptstückes

ERSTER ABSCHNITT
Von dem Begriffe einer Vorstellung an sich

§
- 48* Was der Verf. unter Vorstellungen an sich und gehabten Vorstellungen verstehe
- 49* Unterscheidung des Begriffes einer Vorstellung an sich von einigen mit ihm verwandten Begriffen
- 50* Rechtfertigung dieses Begriffes
- 51 Daß dieser Begriff auch schon bei andern angetroffen werde
- 52 Mißlungene Versuche einer Erklärung dieser Begriffe
- 53 Bisheriges Verfahren mit diesen beiden Begriffen

ZWEITER ABSCHNITT
Innere Beschaffenheiten der Vorstellungen an sich

- 54* Vorstellungen an sich haben kein Dasein
- 55* Vorstellungen an sich sind weder wahr noch falsch
- 56* Teile und Inhalt einer Vorstellung an sich
- 57* Von einigen Fällen, in denen eine bloß scheinbare Zusammensetzung einer Vorstellung stattfindet
- 58* Nähere Betrachtung der merkwürdigsten Arten, wie Vorstellungen zusammengesetzt sind
- 59 Auslegung einiger grammatischer Formen, insonderheit der Form: Dies A
- 60* Konkrete und abstrakte Vorstellungen
- 61* Es muß auch einfache Vorstellungen geben
- 62 Kein Inhalt einer Vorstellung ist der größte
- 63* Ob die Teile einer Vorstellung einerlei sind mit den Vorstellungen der Teile ihres Gegenstandes
- 64* Ob die Teile einer Vorstellung einerlei sind mit den Vorstellungen von den Beschaffenheiten ihres Gegenstandes
- 65 Vergleichung des §§ 56—64 Gesagten mit der bisherigen Lehre
- 66* Begriff des Umfanges einer Vorstellung
- 67* Es gibt auch gegenstandlose Vorstellungen
- 68* Es gibt auch Vorstellungen, die eine nur endliche Menge von Gegenständen haben, ingleichen Einzelvorstellungen
- 69 Überfüllte Vorstellungen
- 70* Reale und imaginäre Vorstellungen
- 71 Zwei Folgerungen
- 72* Was der Verf. unter Anschauungen verstehe
- 73* Was der Verf. Begriffe und gemischte Vorstellungen nenne
- 74 Betrachtungen, die vornehmlich ein noch besseres Verständnis der eben aufgestellten Begriffsbestimmungen bezwecken
- 75* Einige Bemerkungen über den Unterschied in der Bezeichnungsart zwischen Anschauungen und Begriffen

§
76 Rechtfertigung dieser Begriffsbestimmungen
77 Andere Darstellungsarten
78 Verschiedenheiten unter den Begriffen in Hinsicht auf Inhalt und Umfang
79° Ob die Vorstellungen von Zeit und Raum zu den Anschauungen oder Begriffen gehören
80 Eigenschafts- und Verhältnisvorstellungen
81 Vorstellungen von Materie und Form
82 Mehrere Arten von Vorstellungen, in denen die eines Inbegriffes vorkommt, und zwar zuerst Vorstellungen von einem Inbegriffe genannter Gegenstände
83 Noch ein Paar Vorstellungen, welche aus diesen zusammengesetzt sind
84 Begriffe von Mengen und Summen
85 Begriff einer Reihe
86 Begriffe der Einheit, Vielheit und Allheit
87 Begriff der Größe, der endlichen sowohl als unendlichen
88 Ausnahmsvorstellungen
89 Bejahende und verneinende Vorstellungen
90 Symbolische Vorstellungen

DRITTER ABSCHNITT

Verschiedenheiten unter den Vorstellungen nach ihrem Verhältnisse untereinander

91 Es gibt nicht zwei einander völlig gleiche Vorstellungen. Ähnliche Vorstellungen
92 Verhältnisse unter den Vorstellungen in Hinsicht ihres Inhaltes
93 Verhältnisse unter den Vorstellungen in Hinsicht ihrer Weite
94° Verhältnisse unter den Vorstellungen hinsichtlich ihrer Gegenstände
95°—98° Besondere Arten der Verträglichkeit unter den Vorstellungen, und zwar a) des Umfassens, b) der Gleichgültigkeit, c) der Unterordnung und d) der Verschlungenheit oder Verkettung
99 Unbedingt weiteste und höchste, engste und niedrigste Vorstellungen
100 Vorstellungen, welche einander in Absicht auf Weite oder Höhe zunächst stehen
101 Ob es zu jeder beliebigen Menge von Gegenständen einen sie alle umfassenden Gemeinbegriff gebe
102 Keine endliche Menge von Maßen genügt, die Weite aller Vorstellungen zu messen
103 Besondere Arten der Unverträglichkeit unter den Vorstellungen
104 Beigeordnete Vorstellungen

"Wissenschaftslehre" Bd. I und II   LXVII

§
105 Aufzählung einiger hierher gehöriger Lehrsätze
106 Vorstellungen von Arten, Gattungen usw.
107 Entgegengesetzte Vorstellungen
108 Wie die §§ 93 ff. betrachteten Verhältnisse auch auf gegenstandlose Vorstellungen ausgedehnt werden können

VIERTER ABSCHNITT
Verschiedenheiten unter den Vorstellungen, die erst aus ihrem Verhältnisse zu anderen Gegenständen entspringen

109 Richtige und unrichtige Vorstellungen von einem Gegenstande
110 Vollständige und unvollständige Vorstellungen von einem Gegenstande
111 Wesentliche und außerwesentliche Beschaffenheitsvorstellungen
112 Gemeinsame und eigentümliche Beschaffenheitsvorstellungen. Kennzeichen, Merkmale
113 Ursprüngliche und abgeleitete Beschaffenheitsvorstellungen
114 Unterschiedsvorstellungen

ANHANG
Über die bisherige Darstellung der Lehren dieses Hauptstückes

115 Einige allgemeine Bemerkungen über die Verschiedenheit der hier gewählten und der gewöhnlichen Darstellung
116 Über die Einteilungen der neuern Logiker in diesem Hauptstücke
117 Über die fünf sogenannten Universalien der Alten
118 Über die Kategorien und Postprädikamente der Alten
119 Über die Kategorien und Reflexionsbegriffe der Neuern
120 Über den Kanon, daß Inhalt und Umfang in verkehrtem Verhältnisse stehen

Inhalt des 2. Bandes

ZWEITES HAUPTSTÜCK
Von den Sätzen an sich

121 Inhalt und Abteilungen dieses Hauptstückes

ERSTER ABSCHNITT
Allgemeine Beschaffenheit der Sätze

122 Kein Satz an sich ist etwas Seiendes
123 Jeder Satz enthält notwendig mehrere Vorstellungen. Inhalt desselben

§
- 124 Jeder Satz läßt sich auch selbst noch als Bestandteil in einem anderen Satze, ja auch in einer bloßen Vorstellung betrachten
- 125* Jeder Satz ist entweder wahr oder falsch, und dies für immer und allenthalben
- 126* Drei Bestandteile, die sich an einer großen Anzahl von Sätzen unleugbar vorfinden
- 127* Welche Bestandteile der Verf. bei allen Sätzen annehme
- 128 Versuchte Erklärungen
- 129 Andere Darstellungsarten
- 130 Der Umfang eines Satzes ist immer einerlei mit dem Umfang seiner Unterlage
- 131 Ob auch die Prädikatvorstellung im Satze nach ihrem ganzen Umfange genommen werde

ZWEITER ABSCHNITT

Verschiedenheit der Sätze nach ihrer inneren Beschaffenheit

- 132 Einfache und zusammengesetzte Sätze
- 133* Begriffs- und Anschauungssätze
- 134 Abstrakte und konkrete Sätze
- 135 Sätze mit Inbegriffsvorstellungen
- 136 Sätze mit verneinenden Vorstellungen
- 137 Verschiedene Sätze, die von Vorstellungen handeln, und zwar a) Aussagen der Gegenständlichkeit einer Vorstellung
- 138 b) Verneinungen der Gegenständlichkeit einer Vorstellung
- 139 c) Noch andere Sätze, welche den Umfang einer Vorstellung näher bestimmen
- 140 d) Sätze über Verhältnisse zwischen mehreren Vorstellungen
- 141 Sätze, in welchen von anderen Sätzen gehandelt wird
- 142 Daseinssätze
- 143 Sätze, die eine psychische Erscheinung aussagen
- 144 Sittliche Sätze, und einige verwandte
- 145 Fragesätze
- 146 Gegenstandslose und gegenständliche, Einzel- und allgemeine Sätze
- 147* Begriff der Gültigkeit eines Satzes
- 148* Analytische und synthetische Sätze
- 149 Reziprokable oder umkehrungsfähige Sätze

DRITTER ABSCHNITT

Verschiedenheit der Sätze nach ihren Verhältnissen untereinander

- 150 Es gibt nicht zwei einander völlig gleiche Sätze. Ähnliche Sätze

"Wissenschaftslehre" Bd. I und II LXIX

§
151—153 Verhältnisse unter den Sätzen hinsichtlich ihres Inhaltes, ihres Umfanges, des Umfanges ihrer Prädikatvorstellung
154° Verträgliche und unverträgliche Sätze
155°—158° Besondere Arten der Verträglichkeit, und zwar a) Verhältnis der Ableitbarkeit; b) der Gleichgültigkeit; c) der Unterordnung; d) der Verschlungenheit
159° Besondere Arten der Unverträglichkeit
160 Verhältnisse unter den Sätzen, hervorgehend aus der Betrachtung, wie viele wahre oder falsche es in einem Inbegriffe gebe.
161 Verhältnis der vergleichungsweisen Gültigkeit oder der Wahrscheinlichkeit eines Satzes in Hinsicht auf andere Sätze
162° Verhältnis der Abfolge
163 Fragen und Antworten

VIERTER ABSCHNITT

Verschiedene Arten der Sätze, welche Verhältnisse zwischen anderen Sätzen aussagen

164—168 Sätze, die ein Verhältnis der Verträglichkeit, der Unverträglichkeit, der Ergänzung, der Wahrscheinlichkeit, der Abfolge aussagen

FÜNFTER ABSCHNITT

Noch einige Sätze, die ihres sprachlichen Ausdrucks wegen einer besonderen Erläuterung bedürfen

169 Zweck dieses Abschnittes
170 Sätze, deren sprachlicher Ausdruck von der Form ist: Nichts hat (die Beschaffenheit) b
171 Sätze von der Form: Ein gewisses A hat b
172 Sätze, in deren sprachlichem Ausdrucke die Wörtlein Es oder Man oder auch gar keine erste Endung erscheint
173 Sätze von der Form: Einige oder viele A sind B
174 Sätze von der Form: n A sind B
175 Sätze der Form: A hat (die Beschaffenheit) b in einem gleichen, größeren oder geringeren Grade als C
176 Sätze der Form: „Nur A allein ist B" und: „A ist nur B allein"
177 Sätze der Form: A ist, weil B ist
178 Sätze der Form: A, als ein C, ist B
179° Sätze mit Wenn und So
180 Sätze der Form: A bestimmt B
181 Sätze mit Entweder Oder und einige ähnliche
182° Sätze, die den Begriff einer Notwendigkeit, Möglichkeit oder Zufälligkeit enthalten

§
183 Sätze, die Zeitbestimmungen enthalten
184 Ausdrücke, die als ein Inbegriff mehrerer Sätze zu deuten sind

ANHANG
Über die bisherige Darstellungsart der Lehren dieses Hauptstückes
185—194

DRITTES HAUPTSTÜCK
Von den wahren Sätzen

195 Inhalt und Zweck dieses Hauptstückes
196 Einige Beschaffenheiten, die allen Wahrheiten gemeinschaftlich zukommen
197° Es gibt analytische sowohl als auch synthetische Wahrheiten
198° Begriff des Verhältnisses einer Abfolge zwischen den Wahrheiten
199° Ob auch die Schlußregel mit zu den Teilgründen einer Schlußwahrheit gezählt werden könne
200° Ob das Verhältnis der Abfolge jenem der Ableitbarkeit untergeordnet sei
201° Ob die Begriffe des Grundes und der Folge wohl jene der Ursache und Wirkung in sich schließen
202 Aus welchen Bestandteilen die Begriffe des Grundes und der Folge bestehen mögen
203 Daß es nur Wahrheiten sind, die sich wie Grund und Folge verhalten
204 Ob etwas Grund und Folge von sich selbst sein könne
205 Ob der Grund und die Folge jederzeit nur eine einzige oder ein Inbegriff mehrerer Wahrheiten sei
206 Ob Ein Grund mehrerlei Folgen, oder Eine Folge mehrerlei Gründe habe
207 Ob man die Folge eines Teils als Folge des Ganzen ansehen könne
208 Ob eine Wahrheit oder ein ganzer Inbegriff mehrerer Wahrheiten nicht in verschiedener Beziehung Grund und auch Folge sein könne
209 Ob eine Wahrheit oder ein ganzer Inbegriff mehrerer Wahrheiten in einer und eben derselben Beziehung Grund und auch Folge sein könne
210 Ob man den Inbegriff mehrerer Gründe als Grund des Inbegriffes ihrer mehreren Folgen ansehen könne
211 Ob die Teile des Grundes oder der Folge in einer Rangordnung stehen
212 Ob sich die Teilgründe einer Wahrheit nicht auch untereinander als Gründe und Folgen verhalten können

§
213 Ob die Folge der Folge auch als eine Folge des Grundes betrachtet werden könne
214* Ob eine jede Wahrheit nicht nur als Grund, sondern auch noch als Folge von andern angesehen werden könne
215 Ob es der Grundwahrheiten mehrere gebe
216 Ob das Geschäft des Aufsteigens von der Folge zu ihrem Grunde bei jeder gegebenen Wahrheit ein Ende finden müsse
217 Was der Verf. unter Hilfswahrheiten verstehe
218 Keine Wahrheit kann eine Hilfswahrheit von sich selbst sein
219 Ob dieselbe Wahrheit mehrmals als Hilfswahrheit erscheinen könne
220 Wie das Verhältnis, das zwischen Wahrheiten hinsichtlich ihrer Abfolge herrscht, bildlich vorgestellt werden könne
221* Einige Kennzeichen, wonach sich abnehmen läßt, ob gewisse Wahrheiten in dem Verhältnisse einer Abhängigkeit zueinander stehen
222 Was der Verf. Bedingungen einer Wahrheit und Zusammenhang zwischen den Wahrheiten nenne

VIERTES HAUPTSTÜCK
Von den Schlüssen

223—253

ANHANG
Über die bisherige Darstellungsart der Lehren dieses Hauptstückes

254—268

Dr. B. Bolzanos
Wissenschaftslehre.

Versuch
einer ausführlichen und größtentheils neuen Darstellung
der
Logik
mit steter Rücksicht auf deren bisherige Bearbeiter.

Herausgegeben
von
mehren seiner Freunde.

Mit einer Vorrede
des
Dr. J. Ch. A. Heinroth.

Erster Band.

Sulzbach,
in der J. E. v. Seidelschen Buchhandlung.
1837.

So wandle du — der Lohn ist nicht gering —
nicht schwankend hin, wie jener Sämann ging,
daß bald ein Korn, des Zufalls leichtes Spiel,
hier auf den Weg, dort zwischen Dornen fiel:
Nein! streue klug wie reich, mit männlich stäter Hand,
den Segen aus auf ein geackert Land;
dann laß es ruhn: die Ernte wird erscheinen,
und dich beglücken, wie die Deinen.

Goethe

EINLEITUNG

§ 1. Was der Verfasser unter der Wissenschaftslehre verstehe

1. Wenn ich mir vorstelle, es wären alle Wahrheiten, welche nur irgend ein Mensch kennt oder einst gekannt hat, in ein Ganzes vereinigt; z. B. in irgendeinem einzigen Buche zusammengeschrieben: so würde ich einen solchen Inbegriff derselben *die Summe des ganzen menschlichen Wissens* nennen. So klein diese Summe auch wäre, verglichen mit dem ganz unermeßlichen Gebiete aller Wahrheiten, die es an sich gibt, die ihrem größten Teile nach uns völlig unbekannt sind; so wäre sie doch im Verhältnisse zu der Fassungskraft jedes einzelnen Menschen eine sehr große, ja für ihn *zu große* Summe. Denn sicher ist selbst der fähigste Kopf unter den günstigsten Umständen, und mit dem angestrengtesten Fleiße außerstande, sich — ich will nicht sagen Alles, sondern auch nur das wahrhaft Wissenswürdige, das jener Inbegriff enthält, das die vereinigte Bemühung aller Menschen bis auf den heutigen Tag entdecket hat, anzueignen. Wir müssen uns deshalb zu einer *Teilung* verstehen; wir müssen, da wir ein jeder bei weitem nicht alles, was uns in irgendeinem Betrachte wissenswert scheinen mag, erlernen können, der eine sich nur auf das eine, der andere auf ein anderes, ein jeder auf dasjenige verlegen, was nach der Eigentümlichkeit unserer Verhältnisse für uns das Nötigste oder das Nützlichste unter dem Nützlichen ist. Sowohl um diese Auswahl des für uns Wissenswürdigsten und die Erlernung desselben uns zu erleichtern, als auch für manche andere Zwecke dürfte es zuträglich sein, das gesamte Gebiet des menschlichen Wissens, oder vielmehr jenes der Wahrheit überhaupt in mehrere einzelne Teile zu zerlegen, und die einer jeden einzelnen Gattung zugehörigen Wahrheiten, so viele es durch

ihre Merkwürdigkeit verdienen, in eigenen Büchern so zusammenzustellen, und nötigenfalls auch noch mit so viel anderen, zu ihrem Verständnisse oder Beweise dienlichen Sätzen in Verbindung zu bringen, daß sie die größte Faßlichkeit und Überzeugungskraft erhalten. Es sei mir also erlaubt, jeden Inbegriff von Wahrheiten einer gewissen Art, der so beschaffen ist, daß es der uns bekannte und merkwürdige Teil derselben verdient, auf die soeben erwähnte Weise in einem eigenen Buche vorgetragen zu werden, eine *Wissenschaft* zu nennen. Jenes Buch selbst aber, oder vielmehr ein jedes Buch, welches nur so beschaffen ist, als wäre es von jemand in der bestimmten Absicht geschrieben, um alle bekannten und für den Leser merkwürdigen Wahrheiten einer Wissenschaft darzustellen, wie sie auf's leichteste verstanden und mit Überzeugung angenommen werden könnten, soll mir ein *Lehrbuch* dieser Wissenschaft heißen. So werde ich also z. B. den Inbegriff aller Wahrheiten, welche Beschaffenheiten des Raumes aussagen, die Wissenschaft vom Raume oder die Raumwissenschaft (Geometrie) nennen; weil diese Sätze eine eigene Gattung von Wahrheiten bilden, die es unwidersprechlich verdient, daß wir die uns bekannten und für uns merkwürdigen Teil derselben in eigenen Büchern vortragen, und mit Beweisen versehen, die ihnen die möglichste Verständlichkeit und Überzeugungskraft gewähren. Dergleichen Bücher selbst werde ich Lehrbücher der Raumwissenschaft nennen.

2. Ich gestehe selbst, daß die Bedeutungen, die ich den beiden Worten *Wissenschaft* und *Lehrbuch* hier gebe, nicht eben die allgemein üblichen sind; allein ich darf auch beisetzen, daß es gar keine allgemein angenommene Bedeutung für diese beiden Worte gebe, und daß ich nicht ermangeln werde, diese Begriffsbestimmungen tiefer unten eigens zu rechtfertigen. Vor der Hand sei es genug, nur noch zwei andere Bedeutungen des Wortes *Wissenschaft* aus dem Grunde hier in Erwähnung zu bringen, weil ich mich ihrer / wohl selbst an Orten, wo kein Mißverstand zu besorgen ist, bediene. Gar viele nämlich verstehen unter dem Worte: *Wissenschaft* nicht eine bloße Summe von Wahrheiten einer gewissen Art, gleichviel in welcher Ord-

nung sie stehen, sondern sie denken sich unter der Wissenschaft ein Ganzes von Sätzen, in welchem die merkwürdigsten Wahrheiten einer gewissen Art schon so geordnet und mit gewissen anderen dergestalt verbunden vorkommen, wie es bei einer schriftlichen Darstellung derselben in einem Buche geschehen muß, damit der Zweck der leichtesten Auffassung und der festesten Überzeugung erreicht werde. In dieser Bedeutung kommt das Wort vor, wenn wir z. B. von einem *echt wissenschaftlichen Vortrage* sprechen; denn da wollen wir durch den Beisatz: *wissenschaftlich* ohne Zweifel nur andeuten, daß dieser Vortrag eine solche Ordnung der Sätze befolge, solche Beweise liefere, kurz solche Einrichtungen habe, wie wir sie etwa von einem recht zweckmäßigen *Lehrbuche* verlangen. Überdies nehmen wir das Wort *Wissenschaft* zuweilen auch gleichgeltend mit dem Worte *Kenntnis*, und also in einer Bedeutung, die im Gegensatz mit den beiden bisherigen, welche man *objektiv* nennt, eine *subjektive* genannt werden könnte. Dieses geschieht, wenn wir z. B. sagen: ich habe Wissenschaft von dieser Sache; denn da heißt Wissenschaft offenbar nur soviel als Kenntnis.

3. Begreiflich ist es nichts Gleichgültiges, auf welche Weise wir bei dem Geschäfte der Zerlegung des gesamten menschlichen Wissens, oder vielmehr des gesamten Gebietes der Wahrheit überhaupt, in solche einzelne Teile, denen ich Nr. 1. den Namen der Wissenschaften gab, und bei der Darstellung dieser einzelnen Wissenschaften in eigenen Lehrbüchern zu Werke gehen. Denn auch ohne den Wert, welchen das bloße *Wissen* hat, nur im geringsten zu überschätzen, muß doch jeder einsehen, daß es zahllose Übel gebe, welche nur Unwissenheit und Irrtum über unser Geschlecht verbreiten; und daß wir ohne Vergleich besser und glücklicher auf dieser Erde wären, wenn wir ein jeder uns gerade diejenigen Kenntnisse beilegen könnten, die uns in unsern Verhältnissen die ersprießlichsten sind. Wäre nun erst das gesamte Gebiet der Wahrheit auf eine zweckmäßige Weise in einzelne Wissenschaften / zerlegt, und wären von jeder derselben gelungene Lehrbücher vorhanden und in hinreichender Anzahl überall anzutreffen: so

wäre zwar dadurch der Zweck, von dem ich rede, noch eben nicht erreicht, aber wir wären doch seiner Erreichung, besonders wenn sich auch noch einige andere Einrichtungen hinzugesellten, bedeutend näher gerückt. Denn nun würde a) jeder, der nur die gehörigen Vorkenntnisse hat, sich über jeden Gegenstand, worüber ihm Belehrung notwendig ist, am sichersten und vollständigsten unterrichten, und alles, was man bisher darüber weiß, erlernen können. Und b) wenn alles, was er in jenen Lehrbüchern fände, so faßlich und überzeugend als möglich dargestellt wäre: so stände zu erwarten, daß selbst in denjenigen Teilen des menschlichen Wissens, wo sich die Leidenschaft gegen die Anerkennung der besseren Wahrheit sträubet, namentlich in den Gebieten der Religion und Moral, Zweifel und Irrtümer eine viel seltnere Erscheinung würden. Zumal da c) durch eine allgemeinere Verbreitung des Studiums gewisser Wissenschaften nach Lehrbüchern, die einen höheren Grad der Vollkommenheit hätten, auch eine viel größere Fertigkeit im richtigen Denken hervorgebracht würde. Da endlich d) die Entdeckungen, die wir bisher gemacht haben, wenn sie erst allgemeiner bekannt unter uns würden, uns sicher noch zu vielen andern Entdeckungen führen würden; so begreift man, daß der Segen solcher Anstalten, statt im Verlaufe der Zeiten sich zu vermindern, je länger je ausgebreiteter werden müßte.

4. Durch einiges Nachdenken muß es wohl möglich sein, die Regeln, nach denen wir bei diesem Geschäfte der Zerlegung des gesamten Gebietes der Wahrheit in einzelne Wissenschaften und bei der Abfassung der für eine jede gehörigen Lehrbücher vorgehen müssen, kennenzulernen. Auch ist nicht zu bezweifeln, daß es der Inbegriff dieser Regeln verdiene, selbst schon als eine eigene Wissenschaft angesehen zu werden; weil es gewiß seinen Nutzen haben wird, wenn wir die merkwürdigsten dieser Regeln in einem eigenen Buche zusammenstellen und hier so ordnen und mit solchen Beweisen versehen, daß sie ein jeder verstehen und mit Überzeugung annehmen könne. Ich erlaube mir also, dieser Wissenschaft, weil sie diejenige ist, welche uns andere Wissenschaften / (eigentlich nur ihre Lehrbücher)

darstellen lehret, im Deutschen den Namen *Wissenschaftslehre* zu geben; und so verstehe ich denn unter der Wissenschaftslehre den Inbegriff aller derjenigen Regeln, nach denen wir bei dem Geschäfte der Abteilung des gesamten Gebietes der Wahrheit in einzelne Wissenschaften und bei der Darstellung derselben in eigenen Lehrbüchern vorgehen müssen, wenn wir recht zweckmäßig vorgehen wollen. Da es sich aber im Grunde schon von selbst verstehet, daß eine Wissenschaft, welche uns lehren will, wie wir die Wissenschaften in Lehrbüchern darstellen sollen, uns auch belehren müsse, wie wir das ganze Gebiet der Wahrheit in einzelne Wissenschaften zerlegen können, indem es nur dann erst möglich wird, eine Wissenschaft in einem Lehrbuche gehörig darzustellen, wenn man die Grenzen des Gebietes dieser Wissenschaft richtig bestimmt hat: so könnten wir unsere Erklärung der Wissenschaftslehre kürzer auch so fassen, daß sie diejenige Wissenschaft sei, welche uns anweise, wie wir die Wissenschaften in zweckmäßigen Lehrbüchern darstellen sollen.

§ 2. *Rechtfertigung dieses Begriffes und seiner Bezeichnung*

8   B. fragt nach der *Möglichkeit* der Wissenschaftslehre (Wl) als Wissenschaft: „Da die Wl ... lehren soll, wie Wissenschaften erst dargestellt werden können, und dabei doch selbst eine Wissenschaft sein soll: so dürfte man fragen, wie sie zustande kommen könne, wenn man, solange sie noch nicht da ist, nicht weiß, wie eine Wissenschaft dargestellt werden müsse?" B. löst den scheinbaren methodischen Zirkel mit dem Hinweis, man könne „nach den Regeln der Wl vorgehen" und u. a. auch die Wl wissenschaftlich darstellen, „ohne sich dieser Regeln deutlich bewußt zu sein", d. h. „ohne sie gleichwohl so geordnet und verbunden zu haben, wie es in einem wissenschaftlichen Lehrbuche derselben geschehen muß".

9   Anschließend macht sich B. den Einwand, der Wl sei in der von ihm gegebenen Begriffsbestimmung als Wissenschaft ein zu enges Gebiet angewiesen, u. a. weil a) sie die Frage der *Wahrheitsfindung* nicht behandele, b) der *„mündliche Unterricht"* nicht berücksichtigt werde. — Zu b) weist B. auf eine „bereits bestehende Wissenschaft", die *„Unterrichtskunde"* oder *„Didaktik"*, hin, die sich dieser Aufgabe annehme und auf Grund der Verschiedenheit der beiden Geschäfte:

„schriftliche Darstellung einer Wissenschaft" und „mündlicher Vortrag" von der Wl getrennt bleiben sollte. — Zu a) macht B. geltend, es sei berechtigt, die Wahrheitsfindung auch bei dem von ihm gegebenen Begriff der Wl in dieser zu behandeln, „weil man Wahrheiten nicht eher darstellen kann, als bis man sie gefunden" (cf. § 15).

Zur Wahl der Bezeichnung ‚Wissenschaftslehre' beruft sich B. gegen *Fichte* und *Bouterweck* auf die „natürliche Bedeutung" dieses Wortes. (Cf. § 7, Zus.fassg. der Anm. B.'s, sowie F. Bouterweck: *Lehrbuch der philosophischen Wissenschaften*, 1. Teil (2. Aufl. 1820), I: *Apodiktik oder allgemeine Wahrheits- und Wissenschaftslehre.*)

§ 3. Des Verfassers Wissenschaftslehre ist eine unter verschiedenen Namen schon längst gekannte und bearbeitete Wissenschaft

B. verweist u. a. auf die *Kanonik* des *Epikur,* die antike *Dialektik,* das *Organon* des *Aristoteles,* Bacons *Novum Organon* und die verschiedenen unter dem Titel ‚Logik' auftretenden wissenschaftlichen Unternehmungen. Er bringt eine Fülle von Belegen für die Ähnlichkeit der Zielsetzungen, die diesen Wissenschaften gegeben wurden, mit den Zwecken seiner Wl.

§ 4. Warum man diese Erklärung doch niemals aufgestellt habe

Als Gründe dafür, daß „man die einfache Erklärung, daß die Logik die Lehre vom wissenschaftlichen Vortrage sei, noch nirgends aufgestellt hat", nennt B.:

1. Hinter „einer großen Menge von Lehren anderer Art", die zum Verständnis der Wl vorausgeschickt werden müssen (cf. § 15), trete diese als „kleinster Teil des Buches" leicht zurück.

2. Überdies führe die Beschränkung der Logik auf einen „Unterricht für junge Leute" in den meisten Darstellungen dazu, daß gerade die mehr auf die Zwecke des „Gelehrten, der ... als Schriftsteller auftreten will", abgestimmte eigentliche Wl dann sogar ganz weggelassen werde.

3. Eine Bestimmung der Wl, die auf dem allgemeinen Begriff der Wissenschaft fuße, werde gern umgangen, „weil der Begriff der Wissenschaft zu den noch strittigen und in der Logik selbst erst zu bestimmenden Begriffen gehöre".

4. Unter dem Einfluß *Kants* sei die Bestimmung der Logik als *Organon* „in der neueren Zeit ... in Deutschland" ver-

pönt. Die gegebene Definition der Logik (WI) habe aber mit einer solchen Bestimmung „gar so viel Ähnlichkeit".

§ 5. Was der Verfasser von diesen Gründen denke

Zu 1. und 2.: B. wendet ein, quantitative und didaktisch-praktische Erwägungen dürften der Begriffsbestimmung einer Wissenschaft nicht zugrunde liegen.

Zu 3.: Auch „die Rechtswissenschaft z. B. ist ihrem Begriffe nach gewiß nichts anderes als die Wissenschaft vom Rechte ...; gleichwohl ist es bekannt, daß man darüber, wie der Begriff des Rechtes selbst zu fassen sei, gar viel gestritten habe, und daß diese Frage erst eben in dieser Wissenschaft entschieden werden müsse".

Zu 4.: Die Auffassung der Logik als *Organon* sei nur dann „falsch, wenn man sich vorstellte, daß diese Wissenschaft die *ersten Grundsätze,* auf welche das Gebäude einer jeden anderen Wissenschaft aufgeführt werden muß, enthalte". Nicht von den „Grundsätzen, die einer jeden Wissenschaft zugrunde liegen", sei in der Logik die Rede, sondern von dem „Verfahren, daß man bei ihrer Darstellung zu beobachten hat".

§ 6. Der Verfasser wird seine Wissenschaftslehre gewöhnlich Logik nennen

§ 7. Prüfung anderer Erklärungen

Die Erklärung, Logik sei „die Lehre oder *Wissenschaft vom Denken*" (B. nennt hierzu u. a. *Kants Logik* ed. *Jäsche,* A 4; ferner *Kiesewetter, Krug, Sigwart),* hält B. für zu weit. Auch das im Irrtum befangene oder spielerisch beschäftigte Denken verfahre „nach gewissen *Gesetzen* oder *Regeln*". Daher bedürfe die Bestimmung der Logik als „*Lehre ... von den Gesetzen und Regeln des Denkens*" zumindest des Zusatzes: „welche *dem Zwecke unseres Erkenntnisvermögens entsprechen*". Dann aber müsse dieser Zweck genannt werden. Z. B. sei „*Erkenntnis der Wahrheit*" als ein solcher Zweck angegeben worden (u. a. von *Wolff, Log.,* 2. Aufl. 1732, *Disc. pr.* § 61). B. weist demgegenüber auf das Eigenrecht hin, das die Aufgabe der „Verbindung der schon gefundenen Wahrheiten in ein wissenschaftliches Ganze" (Kommunikationsfunktion wird genannt) gegenüber dem Zweck „Erfindung der Wahrheit" in der Logik haben sollte.

Gegen die Erklärung der Logik als „*Lehre des Vortrags überhaupt*" (*Cicero* u. a.) macht B. das schon § 2 zu Einwand b) Gesagte geltend.

Große Aufmerksamkeit widmet er S. *Maimons* Bestimmung der Logik als „Wissenschaft des Denkens eines durch innere Merkmale unbestimmten und bloß durch das Verhältnis zur Denkbarkeit bestimmten Objektes überhaupt" (*Vers. einer neuen Log. oder Theorie des Denkens*, 1794, S. 1). B. hält es zunächst für nötig, in dieser Definition den Ausdruck „*Denkbarkeit*" durch „*innere Möglichkeit* (oder Widerspruchslosigkeit)" zu ersetzen, da auch das Widerspruchsvolle, z. B. ein viereckiger Kreis, denkbar sei; die Regeln jedoch, durch die das Denken vor Widersprüchen bewahrt werde, machten, so wendet B. gegen Maimon ein, nicht den ganzen Inhalt der Logik aus. Weiter kritisiert er die Behauptung, daß die Objekte in der Logik „ganz unbestimmt nach ihren inneren Merkmalen" gedacht seien. In dem Syllogismus: „Alle A sind B, alle B sind C, also sind alle A auch C" könnten die Zeichen A, B, C nicht vollkommen beliebig interpretiert werden: „Sie müssen Vorstellungen, und zwar B eine Vorstellung, die sich von allen A, C eine, die sich von allen B prädizieren läßt, bezeichnen."

Die Auffassung der Logik als eine „durchaus empirische und subjektive Wissenschaft (eine Art von Erfahrungsseelenlehre)", wie sie u. a. bei *Destutt de Tracy* (*Eléments d' idélogie*) zu finden sei, bringt B. auf die Formel: Logik als „*die Wissenschaft von der Art, wie wir zu unseren Erkenntnissen gelangen*". Er führt dann aus, die „Untersuchung über den Ursprung unserer Erkenntnisse" sei zwar „ein in der Logik sehr verdienstliches Geschäft", könne aber weder „zum einzigen Zweck der Logik erhoben werden", noch sei sie notwendige Voraussetzung für eine Theorie der Darstellung von Wahrheiten (den ersten Zweck der Logik im B.'schen Sinn). B. zitiert *Krug*: „Es ist gar nicht notwendig, zu wissen, wie Gedanken erzeugt werden, um zu erfahren, wie sie in ihrer Beziehung aufeinander behandelt werden müssen." (*Syst. d. theoret. Philos.* I, 2. Aufl. 1819, § 8, Anm. 1.)

Hegels Erklärung, daß die Logik „den Gedanken enthält, soferne er ebensosehr die Sache, und die Sache, soferne sie ebensosehr der reine Gedanke ist" (cf. *Wissensch. d. Logik* I, 3. Aufl. 1841; *Werke,* hrsg. durch einen Verein der Freunde des Verewigten, Bd. 3, S. 33) scheint B. ohne „vernünftigen Sinn": „Der Gedanke einer Sache, und sie, die Sache selbst, welche durch diesen Gedanken gedacht wird, sind meines Erachtens immer verschieden; sogar in dem Falle noch, wenn die Sache, worüber wir denken, selbst ein Gedanke ist."

In einer *Anm.* zu § 7 geht B. auf *Fichtes* Begriff der Wissenschaftslehre ein. Fichte habe die Wl (cf. *Nachgel. Werke* I (1834), S. 106) als „Lehre vom Wissen überhaupt, vom ganzen Wissen, welches aus *Anschauen* und *Denken* bestehe", bestimmt, „während die Logik nach ihm das bloße *Denken* zum Objekt

habe". B. erklärt dazu, er könne diesen Unterschied zwischen Wl und Logik „keineswegs gelten lassen", da schon für die Heuristik „der Unterschied von Anschauungen und Begriffen, Erfahrungen und Wahrheiten a priori ... von größter Wichtigkeit" sei und also diese Grenze durch die Logik selbst hindurch-
33 gehe. — Der „eigene *ganz neue Sinn*" zu Fichtes Wl (a. a. O. S. 4) sei ihm „bis jetzt nicht in Erfüllung gegangen"[1]). Er „glaube zwar, daß Fichte Unrecht habe", müsse aber gestehen, „er zweifle, ob er auch nur den rechten Sinn verstehe", der in den Äußerungen von Fichte, Schelling, Hegel „und anderen in ähnlicher Weise philosophierenden Schriftstellern" liege.

§ 8. *Verschiedene mit dem der Logik verwandte Begriffe*

B. hebt sein Verständnis der Logik als eine „Wissenschaft an sich (in *objektiver* Bedeutung)", „die keiner Veränderung unterliegt, ja überhaupt als bloßer Inbegriff von Wahrheiten nichts Existierendes ist", u. a. gegen „*Logik*" im Sinn von „*Lehrbuch*
34 *der Logik*" oder „Inbegriff von Meinungen, die ein bestimmter Mensch *(ein gewisses Subjekt)* über die Gegenstände der Logik heget", ab.

§ 9. *Nutzen der Logik*

36 Gegen *Hegel* (cf. *Wissensch. d. Log.* I, *Vorr.* zur 1. Aufl. 1812, loc. § 7 cit., S. 4 f.) meint B., zwar *lerne* man durch Logik nicht allererst *denken*, wohl aber „*vollkommener denken*". Er ver-
37 weist u. a. darauf, daß man Sicherheit vor Trugschlüssen erreicht. Außerdem hofft er auf einen Nutzen seiner Logik für die Bearbeitung der Metaphysik. Er vermute, „daß die fast grenzenlose Verwirrung ... in dieser und einigen anderen, streng philosophischen Wissenschaften ... nur daher rühre, weil wir noch keine vollkommen ausgebildete Logik besitzen".
39 *2. Anm.* zu § 9: Gegen *Kants* „Behauptung, *die Logik sei eine*
f *seit Aristoteles Zeiten bereits vollendete und beschlossene Wissenschaft*" (cf. B VIII), hält B. eine wesentliche „*Vervollkommnung der Logik*" für möglich. Er beruft sich dazu u. a. auf *Baco von Verulam, Leibniz* und *Condillac.*

---

[1] B. selbst ändert diese Formulierung in seinem Druckfehlerverzeichnis zum 1. Band der Wl in: „bis jetzt nicht aufgegangen". Da Fichte das Wort „Sinn" im angegebenen Zusammenhang nicht im Sinne von „Bedeutung", sondern wie etwa in dem Ausdruck „einen Sinn haben für etwas" gebraucht, dürfte die ursprüngliche Formulierung B.'s besser sein.

§ 10. Zeit dieses Studiums und Vorbereitung dazu

B. hält das „reifere Alter des Jünglings" für die rechte Zeit und „einen zusammenhängenden Unterricht in einigen leichteren Wissenschaften" (Naturbeschreibung, Mathematik) für eine nützliche Vorbereitung.

§ 11. Ob die Logik Kunst oder Wissenschaft sei

Nach B. „ist zwischen *Kunst* und *Wissenschaft* ... kein Gegensatz". Er nennt „jede Wissenschaft, deren wesentlicher Inhalt in Regeln für unser Verhalten bestehet", „eine *praktische* (... *technische*) Wissenschaft oder auch eine Kunst in der *weiteren* (und *objektiven*) Bedeutung". Sei „eine eigene Übung" für die Beherrschung einer solchen Wissenschaft nötig, so nenne er „die wissenschaftliche Beschreibung dieses Verfahrens eine Kunst im *engeren* Sinne". In beiderlei Sinne könne die Logik eine Kunst heißen.

§ 12. Ob die Logik eine bloße formale Wissenschaft sei

B. kritisiert zunächst, daß die Gelehrten, die die Logik als eine bloß *formale* Wissenschaft ansehen, „von der stillschweigenden Voraussetzung ausgegangen sind", daß die Gesetze der Logik nur für „gedachte Sätze", nicht aber für „Sätze an sich" gelten. Er werde dies als einen Irrtum erweisen.

B. stimmt zu, die Logik eine bloß *formale* Wissenschaft zu nennen, unter der Bedingung, daß folgendes darunter verstanden werde: Die Logik hat es „nie mit einzelnen völlig bestimmten Sätzen" zu tun, vielmehr nur mit „ganzen Gattungen von Sätzen". Er führt aus: „Will man nun solche Gattungen von Sätzen allgemeine *Formen* von Sätzen nennen (obwohl eigentlich nur die Bezeichnung, d. h. der mündliche oder schriftliche *Ausdruck* derselben, z. B. der Ausdruck: ‚Einige A sind B' eine solche Form heißen sollte): so kann man sagen, die Logik betrachte nur Formen von Sätzen, nicht aber einzelne Sätze. Will man dasjenige, was an einer solchen Gattung von Sätzen noch unbestimmt ist, wie in dem vorigen Beispiele das A und B, die *Materie* in diesen Sätzen nennen (obgleich die übrigen, schon festgesetzten[1]) Bestandteile in gewisser Hinsicht einen gleichen Anspruch auf diesen Namen hätten), so kann man auch sagen, die Logik betrachte nur die Form, nicht die Materie der Sätze." (Cf. § 81, ferner S. 358.)

---

[1] A: obgleich die übrigen schon festgesetzten.

49 Nicht einverstanden erklärt sich B. jedoch mit der Interpretation, daß die Logik „*von allem Unterschiede der Gegenstände abstrahieren müsse*". Die Logik müsse nämlich „wenigstens insofern auf jene Unterschiede, die zwischen den möglichen Objekten des Denkens obwalten, reflektieren, als dieses nötig ist, um brauchbare Regeln für das Nachdenken über dergleichen Gegenstände aufzustellen. B. führt als Beispiel die Unterscheidung zwischen empirischen und von der Erfahrung unabhängigen Wahrheiten an.

51 Eine andere mögliche Deutung der Eigenschaft ‚formal' äußert B. als die „etwas gewagte Vermutung", „man habe Arten von Sätzen und Vorstellungen *formal* genannt, wenn man zu ihrer Bestimmung nichts anderes, als der *Angabe* gewisser in diesen Sätzen oder Vorstellungen vorkommender *Bestandteile* bedurfte, während die übrigen Teile, die man sodann den *Stoff* oder die *Materie* nannte, willkürlich bleiben sollten". So heiße es, „daß die Einteilung der Sätze in bejahende und verneinende die bloße Form betreffe, weil zur Bestimmung dieser Arten von Sätzen nichts anderes nötig ist, als die Beschaffenheit Eines Bestandteiles (nach der gewöhnlichen Ansicht, der Kopula) anzugeben, während die übrigen Teile ... beliebig sein können". Dagegen erkläre man „die Einteilung in Sätze a priori und a posteriori" für „*material*". B. möchte aber das Problem der Unterscheidung von apriorischen und aposteriorischen Sätzen in der Logik nicht missen und hält „die Beschränkung des Gebietes der Logik auf die bloße Form" (in der letztgenannten Bedeutung) für „willkürlich und für die Wissenschaft nachteilig".

Die Aussage, „die Lehren der Logik seien sämtlich nur *analytische* Wahrheiten" (B. nennt *Fries, Syst. d. Metaph.*, 1824,
52 § 10, u. a.) hält B. für falsch. Die analytischen Wahrheiten (als Beispiel nennt er u. a.: „Ein gleichseitiges Dreieck ist ein Dreieck") seien „viel zu unwichtig, um in irgendeiner Wissenschaft als eine ihr eigentümliche Lehre aufgestellt zu werden". (Dies gilt nicht für B's weiteren Begriff des analytischen Satzes — § 148, 1.)

§ 13. Ob die Logik eine unabhängige Wissenschaft sei

53 B. hält die Logik für eine abhängige Wissenschaft, ‚abhängig' dabei in dem Sinne verstanden, daß Hilfssätze benötigt werden, „die zu den wesentlichen Wahrheiten einer andern, bereits für sich bestehenden Wissenschaft gehören". Der eigentliche Gegenstand der Logik, nämlich „die Art, auf welche wir unsere Erkenntnisse in ein echt wissenschaftliches Ganzes vereinigen können", und die Methoden der Wahrheitsfindung und Irrtumsauf-
54 deckung seien nicht zu behandeln, „ohne genaue Rücksicht zu nehmen auch auf die Art, wie gerade der menschliche Geist zu

seinen Vorstellungen und Erkenntnissen gelange", d. h. „die Logik ... sei wenigstens von der Psychologie abhängig".¹)

§ 14. Allgemeine und besondere Logik

B. trennt Regeln, die bei der Bearbeitung jeder Wissenschaft befolgt werden (*allgemeine* Logik), von den nur bestimmten Wissenschaften zugeordneten Regeln (*besondere* Logik). Seine Wissenschaftslehre sei vornehmlich der allgemeinen Logik gewidmet. Er *merkt* an: „Der von *Kant* eingeführte Unterschied zwischen der *gemeinen* oder *historischen* und *transzendentalen* oder *philosophischen* Logik, wenn wir ihn so verstehen, wie er von *E. Reinhold, Bachmann, Krause* u. a. erklärt worden ist, beträfe nicht sowohl die Wissenschaft an sich, als ihre bloße Darstellung. Die philosophische Logik wäre nichts anderes als eine Logik, die man recht wissenschaftlich vorträgt, darin man sich also bemüht, die Gesetze des Denkens nicht bloß aufzustellen, sondern auch ihre Gründe, wie möglich, nachzuweisen."

§ 15. Plan des Vortrages der Logik nach des Verfassers Ansicht

1) Die Logik soll meinem Begriffe nach eine *Wissenschaftslehre*, d. h. eine Anweisung sein, wie man das ganze Gebiet der Wahrheit auf eine zweckmäßige Art in einzelne Teile oder Wissenschaften zerlegen, und eine jede derselben gehörig bearbeiten und schriftlich darstellen könne.

2) Diese ganze Anweisung würde uns offenbar überflüssig sein, wenn wir nicht die Geschicklichkeit hätten, uns erst mit einer bedeutenden Menge von Wahrheiten, welche in diese oder jene Wissenschaften gehören, bekannt zu machen. Denn bevor wir uns nicht in dem Besitze eines beträchtlichen Vorrates von Wahrheiten befinden, kommt die Frage, in welche wissenschaftliche Fächer wir diese Wahrheiten einreihen, auf welche Weise, in welcher Ordnung und mit welchen Beweisen wir diejenigen derselben, welche in eine gewisse, von uns zu bearbeitende Wissen-

---

¹ Diese Erklärung B.'s steht nicht im Widerspruch zu seinem sonst geäußerten antipsychologistischen Standpunkt, da dieser wesentlich für die logische *Elementarlehre* gilt, nicht jedoch für die *Heuristik*, *Erkenntnislehre* und *Wissenschaftslehre* im engeren Sinne; cf. § 16, unten S. 19 f., zur Einteilung der Wl ferner § 15.

schaft gehören, in ihrem Lehrbuche vortragen sollen, zu frühe. Da nun das erstere, ich meine, die Auffindung gewisser Wahrheiten, kaum ein Geschäft von geringeren Schwierigkeiten sein dürfte, als das zuletzt Ge- / nannte, oder die Abteilung der schon gefundenen Wahrheiten in einzelne Wissenschaften und die Abfassung tauglicher für diese Wissenschaften bestimmter Lehrbücher: so wäre es gewiß ein Übelstand, wenn man uns nur zu diesem, und nicht auch zu jenem Geschäfte eine eigene Anleitung gäbe. Solange man es also nicht für gut findet, uns diese Anleitung in einer eigenen, für sich bestehenden Wissenschaft[1]) zu erteilen, wird es der Logik zukommen, uns diese Anleitung selbst zu erteilen. Bevor wir demnach die Regeln, die bei der Bildung und Bearbeitung der einzelnen Wissenschaften zu beobachten sind, d. h. die Regeln, welche den wesentlichen Inhalt der Logik ausmachen, zu lehren anfangen, wird es geziemend sein, erst in gedrängter Kürze die Regeln abzuhandeln, welche bei dem Geschäfte des Nachdenkens befolgt sein wollen, sooft es die Auffindung gewisser Wahrheiten bezwecket. Wenn ich für denjenigen Teil meines Buches, in welchem die Regeln der ersten Art vorkommen, den Namen der *eigentlichen Wissenschaftslehre* aufspare; so wird dagegen der Teil, welcher die Regeln der zweiten Art liefert, nicht unschicklich den Namen einer *Erfindungskunst* oder *Heuristik* tragen können.

3) Allein leicht zu erachten ist es, daß nicht nur die Regeln der Erfindungskunst, sondern auch jene der eigentlichen Wissenschaftslehre, nicht nur die Regeln, die bei der Aufsuchung einzelner Wahrheiten, sondern auch jene, die bei der Verteilung derselben in bestimmte Wissenschaften und bei der schriftlichen Darstellung dieser letzteren beobachtet werden sollen, einem großen Teile nach von den Gesetzen abhangen, an welche die Erkenntnis der Wahrheit, wenn nicht bei allen Wesen, doch bei uns Menschen gebunden ist. Damit ich also mich in den Stand setze, jene Regeln auf eine Weise vorzutragen, dabei den Lesern auch ihre Richtigkeit und Notwendigkeit einleuchtend wird,

---

[1] A: eigenen für sich bestehenden Wissenschaft.

werde ich erst gewisse Betrachtungen über die eigentümliche Natur des menschlichen Erkenntnisvermögens vorausschicken müssen. Weil nun in diesem Teile von den Bedingungen gehandelt werden wird, auf welchen die Erkennbarkeit der Wahrheit — insbesondere für uns Menschen — beruhet; so sei es mir erlaubt, ihn mit dem kurzen Namen *Erkenntnislehre* oder dem noch bestimmteren: *menschliche* Erkenntnislehre zu bezeichnen.

4) Wenn aber die Regeln der *Heuristik* und Wissenschaftslehre von den Gesetzen abhangen, an welche die Erkennbarkeit der Wahrheit bei uns Menschen gebunden ist; so ist kein Zweifel, daß sie viel mehr noch von denjenigen Beschaffenheiten abhangen, welche den Sätzen und Wahrheiten an sich selbst zukommen. Ohne die mannigfaltigen Verhältnisse der Ableitbarkeit und der Abfolge, die zwischen Sätzen überhaupt stattfinden, kennengelernet zu haben; ohne je etwas gehöret zu haben von jener ganz eigentümlichen Weise des Zusammenhanges, die zwischen Wahrheiten allein obwaltet, wenn sie wie Gründe und Folgen sich zu einander verhalten; ohne von den verschiedenen Arten der Sätze, und ebenso auch von den verschiedenen Arten der Vorstellungen, als jener nächsten Bestandteile, in welche die Sätze zerfallen, einige Kenntnis zu haben: ist man gewiß nicht imstande, die Regeln zu bestimmen, wie aus gegebenen Wahrheiten neue erkannt werden, wie die Wahrheit eines vorliegenden Satzes zu prüfen, wie zu beurteilen sei; ob er in diese oder jene Wissenschaft gehöre, in welcher Ordnung und in welcher Verbindung mit anderen Sätzen er in einem Lehrbuche aufgeführt werden müsse, wenn seine Wahrheit jedem recht einleuchtend werden soll usw. Es wird also nötig sein, daß ich auch von den *Sätzen* und *Wahrheiten an sich* gar manches vortrage; es wird erforderlich sein, erst von den Vorstellungen, als den Bestandteilen der Sätze, dann von den Sätzen selbst, dann von den wahren Sätzen, endlich auch von den Schlüssen oder den Sätzen, die ein Verhältnis der Ableitbarkeit aussagen, zu handeln. Ich werde diesen Teil meines Buches *Elementarlehre* nennen, weil ich hier ohngefähr dieselben Gegenstände besprechen werde, die in

den neueren Lehrbüchern der Logik unter dem Titel der Elementarlehre insgemein verhandelt werden.

5) Da es jedoch nicht unmöglich wäre, daß einige meiner Leser sogar noch daran zweifelten, ob es auch überhaupt Wahrheiten an sich gebe, oder ob wenigstens uns Menschen ein Vermögen zustehe, dergleichen objektive Wahrheiten zu erkennen; so wird es nicht überflüssig sein, vor allem andern / erst noch dieses darzutun, d. h. zu zeigen, daß es Wahrheiten an sich gibt, und daß auch wir Menschen das Vermögen haben, wenigstens einige derselben zu erkennen. Um auch diesen Teil meines Buches mit einem eigenen Namen zu bezeichnen, wähle ich, — weil die hier vorkommenden Betrachtungen bei einem jeden Unterrichte den Anfang machen können, ja sogar müssen, wo man nicht darauf rechnen darf, Leser zu finden, die mit denselben bereits bekannt, oder durch sonst einen andern Umstand hinlänglich gesichert sind, nie in den Zustand eines alles umfassenden Zweifelns zu verfallen, — den Namen *Fundamentallehre*.

Hiernächst wird also der ganze folgende Vortrag in diese fünf, ihrem Umfange nach freilich nicht gleiche Teile zerfallen:

Erster Teil. *Fundamentallehre*, enthaltend den Beweis, daß es Wahrheiten an sich gebe, und daß wir Menschen auch die Fähigkeit, sie zu erkennen, haben.

Zweiter Teil. *Elementarlehre*, oder die Lehre von den Vorstellungen, Sätzen, wahren Sätzen und Schlüssen an sich.

Dritter Teil. *Erkenntnislehre*, oder von den Bedingungen, denen die Erkennbarkeit der Wahrheit, insonderheit bei uns Menschen, unterlieget.

Vierter Teil. *Erfindungskunst*, oder Regeln, die bei dem Geschäfte des Nachdenkens zu beobachten sind, wenn die Erfindung der Wahrheit bezwecket wird.

Fünfter Teil. *Eigentliche Wissenschaftslehre*, oder Regeln, die bei der Zerlegung des gesamten Gebietes der Wahrheit in einzelne Wissenschaften und bei der Darstellung der letzteren in besondern Lehrbüchern befolget werden müssen.²)

§ 16. Einiges über den Plan, der in den wichtigsten neueren Lehrbüchern befolgt wird

B. weist daraufhin, daß er von „*Vorstellungen, Sätzen* und *Wahrheiten an sich zu* sprechen unternehme, während in allen bisherigen Lehrbüchern der Logik ... von allen diesen Gegenständen nur als von ... Erscheinungen in dem Gemüte eines denkenden Wesens ... gehandelt" und „von den Gesetzen des Denkens" als dem Gegenstande der Logik gesprochen werde. Er führt dazu aus:

„Indem man sich vornimmt, in dem ersten oder reinen Teile der Logik bloß von solchen Gesetzen des Denkens zu handeln, die für *alle* Wesen (auch für Gott selbst) gelten; stellt man sich (und nicht mit Unrecht) vor, daß diese Gesetze in einer gewissen Hinsicht keine anderen sind, als die *Bedingungen der Wahrheit selbst*; d. h. daß alles dasjenige, was nach einem für alle vernünftigen Wesen geltenden Denkgesetze als wahr muß angesehen werden, auch objektiv wahr sei, und umgekehrt. Eben darum aber ist es ganz überflüssig, daß man von diesen Gesetzen der Denkbarkeit spreche; da man statt ihrer nur *von den Bedingungen der Wahrheit selbst* handeln könnte. Frage ich ferner, woher wir es wissen, daß ein gewisses Gesetz ein für alle vernünftigen Wesen geltendes Denkgesetz sei; so zeigt sich, daß wir dies immer nur daher wissen (oder zu wissen glauben), weil wir einsehen (oder doch einzusehen glauben), daß dieses Gesetz eine für alle Wahrheiten selbst stattfindende Bedingung sei. So behaupten wir z. B., daß der *Satz des Widerspruches* ein allgemeines und somit in den reinen Teil der Logik gehöriges Denkgesetz sei, bloß weil und inwiefern wir voraussetzen, daß dieser Satz eine *Wahrheit an sich,* und somit eine Bedingung, der alle anderen Wahrheiten gemäß sein müssen, enthalte. Erkennen wir nun, daß etwas ein allgemeingeltendes Denkgesetz sei, nur eben daraus, weil wir zuvor erkannt haben, daß es eine Wahrheit und ein Bedingungssatz für andere Wahrheiten sei; so ist es offenbar eine Verschiebung des rechten Gesichtspunktes, wenn man dort von den allgemeinen Gesetzen des *Denkens* zu handeln vorgibt, wo man im Grunde die allgemeinen Bedingungen der *Wahrheit* selbst aufstellt.

Allein von diesem Vorwurfe scheinen diejenigen Logiker sich befreiet zu haben, welche es ausdrücklich erklären, daß sie in

---

² Die vorliegende Auswahl beschränkt sich auf die ersten beiden Teile. Zur Begründung cf. oben S. LVI ff.

Einleitung. §§ 1—16

ihrer ganzen Wissenschaft, auch selbst in demjenigen Teile derselben, den man den *reinen* nennt, von nichts anderem sprechen und sprechen wollen, als von den Gesetzen, an welche nur unser *menschliches* Denken allein gebunden ist. Durch eine solche Erklärung glauben sie einen besonderen Vorteil für ihre Wissenschaft gewonnen zu haben; weil sie zu ihrem Vortrage nun fortschreiten können, ohne erst nötig zu haben, die äußerst schwierige Frage zu untersuchen, ob die Gesetze, die unser Bewußtsein uns wenigstens als *geltend für uns* angibt, auch alle anderen Wesen betreffen, ja objektive Bedingungen der Wahrheiten an sich sind? Mir deucht dieses anders; ich glaube, die Voraussetzung, daß wenigstens einige der Gesetze, an welche wir uns in unserem Denken gebunden finden, allgemeine in der Natur der Wahrheiten an sich gegründete Bedingungen sind, sei niemals ganz zu umgehen. Denn wie bloß subjektiv auch immer ein Logiker vorgehen mag, und wenn er z. B. auch selbst die beiden Grundsätze der Identität und des Widerspruches als bloß subjektive, nur für uns Menschen geltende Gesetze aufstellt: so erklärt er hiermit doch immer etwas, jetzt nämlich den Umstand, *„daß die genannten Gesetze uns Menschen wirklich binden"*, für eine Sache, die nicht bloß scheinen, sondern objektiv wahr sein soll. Er muß sich also doch immer die Fähigkeit zutrauen, wenigstens einige objektive Wahrheiten zu erkennen. Und ist es nun nicht sehr sonderbar, wenn man einerseits zugibt, daß die Behauptung, *wir seien in unserem Denken an diese und jene Gesetze gebunden,* objektiv wahr wäre; und wenn man unter die Zahl dieser Gesetze (in dem angewandten Teile der Logik) selbst einige solche aufnimmt, deren Vorhandensein durch sehr verwickelte Erfahrungen dargetan werden muß (z. B. die Gesetze der Ideenverknüpfung): ist es nicht sonderbar, sage ich, von der anderen Seite dann gleichwohl noch ein Bedenken zu tragen, Sätze, wie folgende: „Was ist, das ist; und was nicht ist, ist nicht" für etwas Mehres, als für eine bloße Notwendigkeit unseres menschlichen Denkens, für objektiv wahr zu erklären?

Wenn ich es aber an der jetzt üblichen Weise des Vortrages tadle, daß man die Vorstellungen, Sätze und Wahrheiten nirgends in objektiver Hinsicht betrachte; so trifft dieser Tadel nur jene Abteilung der Logik, der man den Namen der *Elementarlehre* zu geben pflegt. Der sogenannten *Methodenlehre* möchte ich gerade den entgegengesetzten Vorwurf machen, daß sie zuviel abstrahiere, wenn sie, nur stehenbleibend bei den für alle Wesen geltenden Denkgesetzen, ganz von demjenigen abgehen will, was für uns Menschen bloß gilt. In der Methodenlehre sollen bereits die Regeln angegeben werden, wie eine Wissenschaft oder vielmehr ein Lehrbuch derselben zustande komme. Ein Lehrbuch aber soll doch ein Buch sein, in welchem die zu einer bestimmten Wissenschaft gehörigen Wahrheiten gerade so durch Sprache dargestellt sind, wie es der Zweck der größten Faßlichkeit und Überzeugung nicht eben für *jedes* denkende Wesen (z. B. für Engel), wohl aber für uns Menschen erheischt. Um also die Regeln, nach welchen man hier vorgehen soll, vollständig angeben zu können, muß man nicht bloß auf die bei allen Wesen obwaltenden Bedingungen des Denkens und Erkennens, sondern auch auf diejenigen achten, die nur bei uns *Menschen* stattfinden. Die Methodenlehre sollte daher, wie ich meine, nicht als ein Teil der *reinen* Logik betrachtet, sondern schon mit der *angewandten* oder empirischen Logik vereiniget, und den Lehren, die man in dieser bisher vortrug, nicht vorgesetzt werden, sondern (als ihre Anwendung) erst auf sie folgen."

ERSTER TEIL

Fundamentallehre

69 *§ 17. Zweck, Inhalt und Abteilungen dieses Teiles*

Die große Verschiedenheit der menschlichen Meinungen zu fast allen Gegenständen führt nach B. die Gefahr herauf, daß wir „uns einem *alles umfassenden Zweifel* überlassen".
70 Derjenige, für den ein solcher Zweifel gar „zur herrschenden Gesinnung wird", müsse auf jeden Gebrauch „der Vernunft, dieser edelsten Gabe des Himmels", verzichten. Die Fundamentallehre habe den Zweck, vorzusorgen, „daß diese Verirrung nicht Platz greifen könne". Zum Inhalt der Fundamentallehre
71 führt B. das schon § 15 Gesagte aus und fügt hinzu, er werde dartun, daß es nicht nur einige, sondern sogar unendlich viele Wahrheiten an sich gebe. Dazu aber sei es notwendig, zunächst den Begriff *„Wahrheit an sich"* und, zuvor, den Oberbegriff
72 *„Satz an sich"* zu erläutern. Da er weiter beweisen wolle, „daß auch wir Menschen im Besitz der Erkenntnis wenigstens einiger von diesen Wahrheiten sind, d. h. daß nicht alle unsere Urteile falsch sind", müsse er sich auch „über die Bedeutung der Worte *Urteil* und *Erkenntnis* verständigen". Außerdem werde er Kriterien der Urteilswahrheit angeben.

73 *§ 18. Wegräumung einiger Bedenklichkeiten, die gegen das Beginnen des Verfassers in diesem Teile bei einigen Lesern obwalten dürften*

B. geht u. a. auf das Bedenken ein, „der vollendete Zweifler glaube weder an anderer, noch an sein eigenes Dasein". Man könne aber gar nicht „zu ihm sprechen, ohne diese Voraussetzung
74 zu machen". B.'s Lösung dieser Aporie ist: „Es ist etwas anderes, nach einer gewissen Voraussetzung beim Vortrage eines Beweises *handeln*, und etwas anderes, diese Voraussetzung als einen Vordersatz in dem Beweise selbst gebrauchen." Das Dasein des Zweiflers und der anderen sei nur Voraussetzung der Beweis*handlung*, durch die der Zweifler überzeugt werde, nicht aber Vordersatz des Beweises selbst.

Vom Dasein der Wahrheiten an sich[1]

§ 19. Was der Verfasser unter einem Satze an sich verstehe

Um meinen Lesern mit möglichster Deutlichkeit zu erkennen zu geben, was ich unter einem *Satze an sich* verstehe; fange ich damit an, erst zu erklären, was ich einen *ausgesprochenen* oder *durch Worte ausgedrückten Satz* nenne. Mit dieser Benennung bezeichne ich nämlich jede (meistens aus mehreren, zuweilen aber auch aus einem einzigen Worte bestehende) *Rede,* wenn durch sie irgend etwas ausgesagt oder behauptet wird, wenn sie mithin immer eines von beiden, entweder wahr oder falsch, in der gewöhnlichen Bedeutung dieser Worte, wenn sie (wie man auch sagen kann) entweder richtig oder unrichtig sein muß. So heiße ich z. B. folgende Reihe von Worten: „Gott ist allgegenwärtig" einen ausgesprochenen Satz; denn durch diese Worte wird etwas, und zwar hier etwas Wahres, behauptet. Ebenso heiße ich aber auch folgende Reihe von Worten: „Ein Viereck ist rund" einen Satz; denn auch durch diese Verbindung von Worten wird etwas ausgesagt oder behauptet, obgleich etwas Falsches und Unrichtiges. Dagegen würden mir nachstehende Verbindungen von Worten: „Der gegenwärtige Gott", „ein rundes Viereck" noch keine Sätze heißen; denn durch diese wird wohl etwas *vorgestellt,* aber nichts ausgesagt oder behauptet, so daß man

---

[1] In einem Brief an R. *Zimmermann* vom 9. März 1848 (Abschrift in M. J. *Fesls* Handexemplar der WI im Nationalmuseum Prag; ausschnittsweiser, verbesserungsbedürftiger Abdruck bei E. J. Winter: *Leben und geistige Entwicklung des Sozialethikers B. Bolzano 1781—1848* (Halle/Saale 1949 — *Hallische Monographien* 14), S. 89 f.) erklärt B., diese Überschrift sei „sehr anstößig" und „als eine ganz irreführende zu rügen". Cf. nämlich gleich unten B.'s Bemerkung c in § 19.

eben deshalb strenge genommen nicht sagen kann, weder, daß sie etwas Wahres, noch, daß sie etwas Falsches enthalten. Wenn man nun weiß, was ich unter ausgesprochenen Sätzen verstehe; so bemerke ich ferner, daß es auch Sätze gebe, die nicht in Worten dar-/gestellt sind, sondern die jemand sich bloß denkt, und diese nenne ich *gedachte Sätze*. Wie ich aber in der Benennung: „ein ausgesprochener Satz" den Satz selbst offenbar von seiner Aussprache unterscheide; so unterscheide ich in der Benennung: „ein gedachter Satz" den Satz selbst auch noch von dem Gedanken an ihn. Dasjenige nun, was man sich unter dem Worte *Satz* notwendig vorstellen muß, um diese Unterscheidung gemeinschaftlich mit mir machen zu können; was man sich unter einem Satze denkt, wenn man noch fragen kann, ob ihn auch jemand ausgesprochen oder nicht ausgesprochen, gedacht oder nicht gedacht habe, ist eben das, was ich einen *Satz an sich* nenne, und auch selbst dann unter dem Worte *Satz* verstehe, wenn ich es der Kürze wegen ohne den Beisatz: *an sich* gebrauche. Mit anderen Worten also: unter einem *Satze an sich* verstehe ich nur irgendeine Aussage, daß etwas ist oder nicht ist; gleichviel, ob diese Aussage wahr oder falsch ist; ob sie von irgend jemand in Worte gefaßt oder nicht gefaßt, ja auch im Geiste nur gedacht oder nicht gedacht worden ist. Verlangt man ein *Beispiel,* wo das Wort *Satz* in der hier festgesetzten Bedeutung erscheint, so gebe ich gleich folgendes, dem viele ähnliche zur Seite gestellt werden können. „Gott, als der Allwissende, kennt nicht nur alle wahren, sondern auch alle falschen Sätze; nicht nur diejenigen, die irgendein geschaffenes Wesen für wahr hält, oder von denen es sich nur eine Vorstellung macht, sondern auch jene, die niemand für wahr hält, oder sich auch nur vorstellt, oder je vorstellen wird." Damit der Leser den durch das Bisherige ihm, wie ich hoffe, verständlich gewordenen Begriff desto fester halte, und auch davon, daß er mich recht verstanden habe, desto gewisser überzeugt werde, mögen noch folgende Bemerkungen da stehen. a) Wenn man sich unter einem *Satze an sich* das vorstellen will, was ich hier verlange; so darf man bei diesem Ausdrucke nicht mehr an das, was seine *ursprüngliche* Bedeutung anzeigt, denken; also nicht an etwas *Gesetztes,* welches mithin das Dasein eines Wesens, durch welches es gesetzt worden ist, voraussetzen würde. Dergleichen sinnliche Nebenbegriffe, die der ursprünglichen Bedeutung eines Wortes ankleben, muß man ja auch von den Kunstworten, die in so / mancher anderer Wissenschaft vorkommen, wegdenken. So darf man z. B. in der Mathematik bei dem Begriffe einer Quadratwurzel an keine Wurzel, die der Botaniker kennt, auch an kein geometrisches Quadrat denken. b) Ebensowenig, als man sich vorzustellen hat, daß ein Satz an sich etwas von jemand Gesetztes ist, darf man ihn auch mit einer in dem Bewußtsein eines denkenden Wesens vorhandenen *Vorstellung,* ingleichen mit einem *Fürwahrhalten,* oder *Urteile* verwechseln. Wahr ist es allerdings, daß jeder Satz, wenn sonst von keinem anderen Wesen, doch von Gott gedacht oder vorgestellt, und, falls er wahr ist, auch für wahr anerkannt werde, und somit in dem göttlichen Verstande entweder als eine bloße Vorstellung oder sogar als ein Urteil vorkomme; darum ist aber doch ein Satz immer noch etwas anderes, als eine Vorstellung und als ein Urteil. c) Aus diesem Grunde darf man auch *Sätzen an sich* kein Dasein (keine Existenz oder Wirklichkeit) beilegen. Nur der gedachte oder behauptete Satz, d. h. nur der *Gedanke* an einen Satz, ingleichen das einen gewissen Satz enthaltende *Urteil* hat Dasein in dem Gemüte des Wesens, das den Gedanken denkt, oder das Urteil fället; allein der Satz an sich, der den Inhalt des Gedankens oder Urteiles ausmacht, ist nichts Existierendes; dergestalt, daß es ebenso ungereimt wäre zu sagen, ein Satz habe ewiges Dasein, als, er sei in einem gewissen Augenblicke entstanden, und habe in einem anderen wieder aufgehört. d) Endlich verstehet es sich von selbst, daß ein *Satz an sich,* obgleich er als solcher weder Gedanke, noch Urteil ist, doch von Gedanken und Urteilen handeln, d. h. doch den Begriff eines Gedankens oder Urteils in irgendeinem seiner Bestandteile enthalten könne. Dies zeigt ja selbst der Satz, den ich zuvor als Beispiel von einem Satze an sich aufgestellt habe.

Anmerkung: Wenn man nach allem, was bisher gesagt worden ist, schon recht gut weiß, was man sich unter einem Satze zu denken oder nicht zu denken habe; so kann man gleichwohl durch folgende Frage über ein vorgelegtes Beispiel in einige Verlegenheit geraten. In *Savonarolas* Compendio aureo totius Logicae. Lips.[1]) L. X. Nr. 18. kommt unter der Aufschrift: *Insolubile propositum* (h. e. propositio se ipsam destruens) *nec est / concedendum nec negandum* — dies Beispiel vor: Hoc est falsum, posito quod per subjectum demonstretur ipsamet propositio; d. h. *Dieses* (nämlich die Rede, die ich soeben führe) *ist falsch*. — Es fragt sich, ob diese Verbindung von Worten den Namen eines *Satzes* verdiene, und dann, ob dieser Satz wahr oder falsch sei? — S. sagt von solchen Wortverbindungen, daß man sie weder bejahen, noch verneinen dürfe. „Et si dicatur, omnis propositio est vera vel falsa: dicendum est, quod *non sunt* propositiones. Nam definitio propositionis, quod est oratio vera vel falsa, non competit eis in veritate. Habent tamen *figuram* propositionum. Sicut *homo mortuus* habet figuram et similitudinem hominis, non tamen est homo: ita et hae dicuntur *propositiones destruentes se ipsas*, vel *insolubiles*, non tamen propositiones simpliciter." — Was meinen wohl die Leser? Man sollte glauben, daß S. recht habe, und zwar besonders darum, weil das Subjekt eines Satzes doch nie er selbst sein kann, so wenig, als ein Teil das Ganze ausmachen kann. Ich wage es gleichwohl, mich zur entgegengesetzten Meinung zu bekennen; und glaube, daß auch der gemeine Menschenverstand für mich entscheide. Denn welcher Sprachlehrer wird einen Anstand nehmen, die Worte: „Was ich jetzt sage, ist falsch" einen Satz zu nennen, der seinen vollständigen Sinn gibt? — Was aber den Einwurf betrifft, daß dieser Satz zugleich sein eigenes Subjekt sein müßte, welches so ungereimt scheinet, als die Behauptung, daß der Teil eines Ganzen das Ganze selbst ausmache: dieser behebt sich, wie ich glaube, durch die Unterscheidung zwischen einem *Satz als solchem*, und zwischen der *bloßen Vorstellung* von ihm. Nicht der Satz selbst, als Satz, sondern nur die Vorstellung von ihm, macht die Subjektvorstellung in jenem Satze aus. Daß diese Unterscheidung begründet sei, beweiset der Umstand, daß man nicht etwa nur hier, sondern überall die Sache selbst von dem Begriffe derselben unterscheiden muß, will man sich nicht in die gröbsten Ungereimtheiten verwickeln. Erkläre ich aber die obige Rede für einen vollständigen Satz, so muß ich mich auch für eines von beiden entscheiden, diesen Satz entweder wahr oder falsch zu nennen. Ich tue, wie man vermuten wird, das letztere, und sage, der Satz: „Was ich soeben behaupte, ist falsch" — sei selbst ein falscher Satz, denn er ist gleichgeltend mit folgendem: „Was ich soeben behaupte, *erkläre ich* für falsch, und *behaupte es nicht*".

---

[1] Die von B. zitierte Stelle wurde gefunden und überprüft in: *Compendium Logices, Authore Fratre Hieronymo Savonarola* (Venedig 1542).

Und das ist allerdings unwahr! Daraus / folgt aber keineswegs, daß ich den nachstehenden aufstellen müsse: „Was ich soeben behaupte, ist wahr". Dies scheint S. geglaubt zu haben; und nur weil ihm dieser Satz fast ebenso ungereimt als der erste vorkam, mochte er seine Zuflucht lieber zu der Behauptung genommen haben, daß beide Wortverbindungen gar keine eigentlichen Sätze wären. Ich sage dagegen, daß der Satz: „Was ich soeben behaupte, ist falsch" nur das Besondere habe, daß sein kontradiktorisches Gegenteil nicht auf eben die Art, wie bei so manchen anderen Sätzen (deren Subjektvorstellung nur einen einzigen Gegenstand hat) gefunden werden kann; nämlich nicht dadurch, daß man seinem Prädikate „falsch" nur die Verneinung „Nicht" vorsetzt. Dies gehet bei unserm Satze nicht an, weil eine Änderung in seinem Prädikate auch eine Änderung in seinem Subjekte nach sich zieht. Denn dieses, oder der Begriff, welchen die Worte: „Was ich jetzt eben behaupte" ausdrücken, wird ein anderer, wenn ich sage: „Was ich jetzt eben behaupte, ist falsch"; als wenn ich sage: „Was ich jetzt eben behaupte, ist nicht falsch". — Eine ähnliche Erscheinung hat man bei allen Sätzen, in deren Subjekte oder Prädikate eine Beziehung auf sie selbst, oder nur auf irgendeinen ihrer Bestandteile vorkommt. So sind z. B. folgende zwei Sätze, die den Worten nach kontradiktorisch scheinen: „Das vorletzte Wort in der Rede, die ich jetzt eben führe, ist *ein* Geschlechtswort"; und: „Das vorletzte Wort in der Rede, die ich jetzt eben führe, ist *kein* Geschlechtswort" beide wahr. Folgende zwei dagegen sind beide falsch: „Die Anzahl der Worte, aus welchen der Satz, den ich so eben ausspreche, bestehet, ist siebenzehn"; und: „Die Anzahl der Worte, aus welchen der Satz, den ich so eben ausspreche, bestehet, ist nicht siebenzehn"; denn der letzte Satz besteht wirklich aus siebenzehn Worten, weil er um eines (nämlich das Wort Nicht) mehr hat, als der erste usw. Das kontradiktorische Gegenteil des Satzes: „Was ich soeben behaupte, ist — oder erkläre ich für — falsch" — ist also nicht der Satz: „Was ich soeben behaupte, ist wahr"; sondern: „Was ich soeben behaupte, behaupte ich". — Doch schon genug von dieser Spitzfindigkeit![2])

---

[2] Die logistische Semantik sucht den Schwierigkeiten, die sich aus der Antinomie des Lügners ergeben, seit A. *Tarskis* Untersuchung über den *Wahrheitsbegriff in den formalisierten Sprachen* (*Studia philosophica* I, 1934, S. 261—405) durch eine Sprachstufung in Objekt- und Metasprachen zu entgehen. Danach gehören z. B. Namen für die Ausdrücke einer bestimmten Sprache (oder Sprachstufe), genannt *Objektsprache*, nicht dieser Sprache selbst, sondern jeweils einer höheren Sprachstufe (*Metasprache*) an. Ein Satz der Form „p ist falsch", wobei an der Stelle von p eine Bezeichnung eben dieses Satzes steht, ist nach diesen Einschränkungen kein zulässiger sprachlicher Ausdruck mehr, sondern ein auf Vermischung zweier

§ 20. Rechtfertigung dieses Begriffes sowohl als seiner Bezeichnung

81 B. stellt u. a. die Frage nach der Zweckmäßigkeit der Bezeichnung ‚Satz' in der präzisierten Bedeutung ‚Satz an sich'. Er hält das Wort ‚Satz' gegenüber ‚Urteil', ‚Aussage', ‚Behauptung' für
82 geeigneter, weil sich bei jenem Worte „der ... Nebenbegriff eines *Gewordenen* am wenigsten vordrängt". Die anderen Worte ließen das Bezeichnete zu sehr mit dem Sinn einer Wirkung der Handlungen: *Urteilen, Aussagen, Behaupten* erscheinen. Das Wort ‚Setzen' dagegen werde selten im Sinn einer „Handlung, durch die ein *Satz* entsteht, genommen".

83 ## § 21. Daß auch schon andere diesen Begriff gebraucht

B. glaubt, daß die Griechen die Worte πρότασις, ἀπόφανσις, λόγος ἀποφαντικός wenigstens teilweise mit dem Sinn von ‚Satz an sich' verbanden. Er verweist auf die Unterscheidung zwischen *äußerer* und *innerer* Rede (λόγος ἔξω und λόγος ἔσω oder ἐν τῇ ψυχῇ) bei *Aristoteles* (*Anal. post.* I 10; 76b, 24f.), die zeige, daß man von der Bezeichnung λόγος (Rede) nicht schließen dürfe, die Griechen hätten nur „Sätze, die in Worten ausgedrückt sind, als echte Sätze angesehen".

84 Weiter führt B. an, daß die Logiker Vorstellungen an sich von den Gedanken, deren „Stoff" sie sind, unterscheiden, etwa in der Behauptung, es gebe nicht zwei völlig gleiche Vorstellungen, „weil ja dasjenige, was man hier für zwei Vorstellungen ansehen möchte, eigentlich nur eine und dieselbe Vorstellung zweimal *gedacht* sei". Was für Vorstellungen recht sei, sei für Sätze billig. Als ein weiteres Indiz für das Recht seiner Unterscheidung erwähnt B.: es werde allgemein angenommen, daß die Vordersätze eines Syllogismus „als bloße Glieder einer Summe, also ganz ohne Rangordnung" erscheinen, da ihre Vertauschung ja nicht Anlaß zu einem vom ursprünglichen Syllogismus verschiedenen Syllogismus gebe. Bei „gedachten Sätzen" „finde aber eine Zeitfolge unter denselben statt".

85 Deutlich werde der Begriff des Satzes an sich u. a. bei Leibniz gefaßt, der „ausdrücklich bemerke, daß nicht alle Sätze gedacht

---

Sprachstufen beruhender Scheinsatz. Die Semantik stimmt so im Ergebnis mit Savonarola überein. — B. geht bei der Auflösung der Lügner-Antinomie einen anderen Weg. Für die Konstruktion der Antinomie ist es wesentlich, daß von „nicht (p ist falsch)" auf „p ist nicht falsch" geschlossen werden kann. B. argumentiert, daß dieser Übergang für den Fall des *Lügners* unzulässig ist. Eine ausführliche Erörterung der Überlegungen B.'s gibt J. Berg in *Bolzano's Logic* (*Stockholm Studies in Philosophy* 2, 1962), S. 59 ff.

werden müssen" *(Dial. de connexione inter verba et res, Phil. Schr.* hrsg. v. *Gerh.* VII, S. 190; cf. die Übers. von *A. Buchenau* in *Hauptschr. zur Grundlegung d. Philos.* I, hrsg. v. *E. Cassirer* [*Philos. Bibl.* Bd. 107, 1904], S. 16) und „die beiden Ausdrücke *propositio* und *cogitatio possibilis* als gleichgeltend gebrauche".

§ 22. Bisheriges Verfahren in betreff dieses Begriffes

In den bisherigen Lehrbüchern der Logik habe meistens der Begriff des Urteils an dem Orte gestanden, „an welchem er (B.) den Begriff eines Satzes an sich zu sehen wünschte; unter dem Worte *Satz* aber will man bloß ausgesprochene Urteile verstanden wissen". Da „ein Urteil in eigentlicher Bedeutung ein Satz, den irgendein denkendes Wesen für wahr hält", sei, gerate man dann aber in Schwierigkeiten u. a. dabei, *Vorder-* und *Nachsatz* in einem hypothetischen Urteil richtig einzuordnen. Wenn das hypothetische Urteil „nicht in Worten ausgedrückt" sei, könne man jene im gerade angegebenen Sinn nicht *Sätze* nennen. Auch Urteile seien sie offenbar nicht, weil, wer z. B. das Urteil: „Wenn Cajus lasterhaft ist, so ist er unglücklich" ausspreche, „keineswegs urteilt, weder daß Cajus lasterhaft, noch daß er unglücklich sei". Auch wer das Wort *Urteil*, „in einer uneigentlichen Bedeutung", für „jeden gedachten (wenn auch nicht eben für wahr gehaltenen) Satz" gebrauche, könne dieser Inkonsequenzen nicht Herr werden und beraube außerdem den Begriff des Urteils in eigentlicher Bedeutung seines „bestimmten Zeichens".

B. wendet sich der Frage zu, „ob aus dem Gebiete der Sätze oder Urteile alles dasjenige auszuschließen sei, was eine bloße Frage, einen bloßen Wunsch, eine Ausrufung, einen Befehl u. dgl. ausdrückt". *Aristoteles* etwa „behaupte, eine Bitte (εὐχή) sei kein Satz (λόγος ἀποφαντικός), weil sie weder wahr noch falsch sei" (*De interpr.* 4). B. möchte auch Fragen usf. als Sätze deuten. Auch eine Frage z. B. sage etwas aus: „unser Verlangen nämlich, über den Gegenstand, wonach wir fragen, die Belehrung zu erhalten"; deshalb könnten ihr auch die Eigenschaften ‚wahr' und ‚falsch' zugesprochen werden, je nachdem dieses Verlangen durch die Frage richtig oder unrichtig angegeben werde.

Gegen *Kant* (*Log.* ed. *Jäsche* § 30, Anm. 3) behauptet B., daß auch die *problematischen* Urteile Sätze seien, da entweder die „Möglichkeit einer Sache" oder die „Unentschiedenheit des urteilenden Wesens" dadurch „gesetzt" werde.

Hegels Unterscheidung des Urteils vom Satz (cf. *Wissensch. d. Log.* II, 2 (3. Aufl. 1841), loc. § 7 cit. Bd. 5, S. 67): „im Urteil müsse sich das Prädikat zum Subjekte, wie etwas Allgemeines zum Besonderen oder Einzelnen verhalten", hält B. für unnötig, da dieser Fall „immer vorhanden ist".

§ 23. Prüfung verschiedener Erklärungen dieses Begriffes

Zu der Frage, warum er den Begriff des Satzes an sich nur mit „vielen Worten" umschreibe, nicht aber eine „kurze *Erklärung*[1]) dieses Begriffs" gegeben habe, äußert B., daß er „sich wirklich nicht gewiß" sei, „wie der Begriff eines Satzes an sich zu erklären sei". Alle von anderen vorgelegten Erklärungen beträfen zumeist nur „verwandte Begriffe, namentlich den eines Urteils", und seien allesamt „mangelhaft". Dies sucht B. an den verschiedensten Definitionen (vor allem zeitgenössischer Logiker) zu zeigen. Einige Ausschnitte dieser Auseinandersetzung seien hier gegeben: Als erster Bestimmung wendet sich B. *Leibniz*' Begriff der *cogitatio possibilis* (cf. § 21) zu. Er gibt diesem Terminus den Sinn: „etwas solches, das gedacht werden ... *kann*" und führt aus, daß nicht nur jedem Satze an sich, sondern auch den Vorstellungen an sich die Beschaffenheit, denkbar zu sein, zukomme. — Die *Aristotelische* und *stoische* Bestimmung des Satzes als etwas, „was entweder wahr oder falsch ist" (*De interpr.* 4 bzw. *Sext. Emp., Adv. Log.* II, § 12), nennt B. ein „zweckmäßiges Verständigungsmittel", jedoch keine „Erklärung ...", welche uns die Bestandteile des zu erklärenden Begriffes angibt", weil im Begriff des Satzes die Einteilung nach ‚wahr' und ‚falsch' nicht enthalten sei. — *Chr. Wolffs* Definition: „Iudicium est actus mentis, quo aliquid a re quadam diversum eidem tribuitur, aut ab ea removetur" (*Log.*, 2. Aufl. 1732, § 39) scheint B. deswegen ungeeignet, weil die Begriffe „Beilegen" und „Aussagen" den Begriff des Satzes schon enthalten: Man könne sie als „Folge (oder Wirkung), die ein Satz hat", bestimmen. — Den Erklärungen des Urteils oder der Erkenntnis als eine Verbindung (oder Aussage einer Verbindung) von Vorstellungen (u. a. *Locke, Essay* IV, 1, § 2) hält B. mit *Leibniz* vor, daß es eben darum gehe, das Besondere dieser Verbindung usf. zu bestimmen. Leibniz (*Nouv. Ess.* IV 1, § 7) u. a. hätten zwar diese Verbindung als Verhältnis (*rapport, relation*) erklärt; es gebe aber offenbar auch Verhältnisse zwischen Vorstellungen, die nicht Sätze seien.

§ 24. Verschiedene Bedeutungen der Worte: Wahr und Wahrheit

An Bedeutungen dieser Worte, „die der *gewöhnliche* Sprachgebrauch kennt", zählt B. auf:
1. *abstrakte objektive* Bedeutung: Wahrheit als *„Beschaffen-*

---

[1] B. gebraucht das Wort „Erklärung" für Definitionen, die bestimmten Bedingungen genügen; cf. dazu oben S. XLVIII.

heit von Sätzen", „vermöge deren sie etwas so, wie es *ist*, aussagen";

2. *konkrete objektive* Bedeutung: Wahrheit verstanden als „*der Satz selbst*", dem Wahrheit im Sinne von 1 zukommt (Gegenteil: falscher Satz);

3. *subjektive* Bedeutung: Wahrheit als „Urteil", das eine Wahrheit im Sinne von 2 enthält (Gegenteil: Irrtum; B. schlägt für Wahrheiten in diesem Sinne den Terminus: „*richtige* Urteile" vor);

4. *kollektive* Bedeutung: Wahrheit im Sinne eines „*Inbegriffs mehrerer Wahrheiten* in einer der eben beschriebenen Bedeutungen (2 und 3)";

5. *uneigentliche* Bedeutung: das Adjektiv „wahr" werde auch oft im Sinne von „*wirklich*", „*echt*" gebraucht; Beispiel: „Das ist der wahre Gott".

§ 25. *Was der Verfasser unter Wahrheiten an sich verstehe*

Unter dem Ausdrucke: *Wahrheiten an sich*, den ich zur Abwechslung zuweilen auch mit dem Ausdrucke: *objektive Wahrheiten* vertauschen werde, verstehe ich / nur eben das, was man auch sonst schon unter dem Worte *Wahrheiten* verstehet, wenn man dasselbe in der zweiten soeben angeführten (d. i. in der konkreten objektiven) Bedeutung nimmt, welche auch wirklich die gewöhnlichste sein dürfte.

Ich verstehe also, um es nochmals zu sagen, unter einer Wahrheit an sich jeden beliebigen Satz, der etwas so, wie es ist, aussagt, wobei ich unbestimmt lasse, ob dieser Satz von irgend jemand wirklich gedacht und ausgesprochen worden sei oder nicht. Es sei das eine oder das andere, so soll mir der Satz doch immer den Namen einer Wahrheit an sich erhalten, wenn nur dasjenige, was er aussagt, so ist, wie er es aussagt; oder mit anderen Worten, wenn nur dem Gegenstande, von dem er handelt, das wirklich zukommt, was er ihm beilegt. So ist z. B. die Menge der Blüten, die ein gewisser, an einem bestimmten Orte stehender Baum im verflossenen Frühlinge getragen, eine angebliche[1]) Zahl, auch wenn sie niemand weiß; ein Satz also, der diese Zahl angibt, heißt mir eine objektive Wahrheit, auch wenn ihn

---

[1] bei B. für „angebbare".

niemand kennt usw. Damit meinen Lesern bei einem so wichtigen Begriffe, als es der gegenwärtige ist, nicht der geringste Zweifel zurückbleibe, ob sie mich auch völlig verstanden haben, mögen noch folgende Bemerkungen, die eigentlich nur gewisse, leicht einzusehende Lehrsätze über die Wahrheiten an sich enthalten, da stehen.

a) Alle Wahrheiten an sich sind eine Art von Sätzen an sich.

b) Sie haben kein wirkliches Dasein, d. h. sie sind nichts solches, das in irgendeinem Orte, oder zu irgendeiner Zeit, oder auf sonst eine Art als etwas Wirkliches bestände. Wohl haben *erkannte,* oder auch nur *gedachte* Wahrheiten in dem Gemüte desjenigen Wesens, das sie erkennt oder denkt, ein wirkliches Dasein zu bestimmter Zeit; nämlich ein Dasein als gewisse Gedanken, welche in einem Zeitpunkte angefangen[2]), in einem andern aufgehört haben. Den Wahrheiten selbst aber, welche der *Stoff* dieser Gedanken sind, d. h. den Wahrheiten an sich, kann man kein Dasein zuschreiben. Legt man zuweilen gleichwohl auch einigen Wahrheiten an sich, z. B. den Wahrheiten der Religion, moralischen, mathematischen oder metaphysischen Wahrheiten das Prädikat der Ewigkeit bei; wie wenn man spricht, „es bleibe doch ewig wahr, daß das Laster unglücklich macht, oder daß die gerade Linie die kürzeste zwischen zwei Punkten ist" u. dgl.: so will man hiermit nur sagen, dies wären Sätze, die ein beständig (ewig) fortwährendes Verhältnis ausdrücken; inzwischen andere Sätze, z. B. der Satz: „das Scheffel Korn kostet 3 Rtlr.", oder: „es schneit" u. dgl. nur ein vorübergehendes (in einer gewissen Zeit, auch wohl an einem gewissen Orte nur stattfindendes) Verhältnis aussagen; daher sie denn auch, um wahr zu sein, der Beifügung einer solchen Zeit- (oft wohl auch Orts-) Bestimmung bedürfen. „Heute, in diesem Orte schneit es."

c) Aus der Allwissenheit Gottes folgt zwar, daß eine jede Wahrheit, sollte sie auch von keinem anderen Wesen gekannt, ja nur gedacht werden, doch ihm, dem Allwissenden, bekannt sei, und in seinem Verstande fortwährend

---

[2] A: welche, in Einem Zeitpunkte angefangen.

vorgestellt werde. Daher gibt es eigentlich nicht eine einzige, durchaus von niemand erkannte Wahrheit. Dies hindert uns aber doch nicht, von Wahrheiten an sich als solchen zu reden, in deren Begriffe noch gar nicht vorausgesetzt wird, daß sie von irgend jemand gedacht werden müßten. Denn wenn dies Gedachtwerden auch nicht in dem Begriffe solcher Wahrheiten liegt: so kann es gleichwohl aus einem anderen Umstande (nämlich aus Gottes Allwissenheit) folgen, daß sie, wenn sonst von niemand, wenigstens von Gott selbst erkannt werden müssen. Es verhält sich in dieser Hinsicht mit dem Begriffe einer Wahrheit an sich, wie mit sehr vielen (eigentlich allen) Begriffen, bei denen man das, was ihren Inhalt ausmacht, oder dasjenige, was man sich denken muß, um sie gedacht zu haben, sehr wohl von dem, was ihrem Gegenstande als bloße Beschaffenheit zukommt (und was man sich gar nicht zu denken braucht, um gleichwohl nur sie selbst gedacht zu haben) unterscheiden muß. So ist der Gedanke einer Linie, welche die kürzeste zwischen ihren Endpunkten ist, gewiß ein anderer Gedanke, als der einer Linie, deren jedes Stück dem andern ähnlich ist; und wie wir diese zwei Gedanken unterscheiden, so unterscheiden sich auch die Begriffe an sich, die wir uns / denken, wenn wir uns diese Gedanken denken. 114
Der Begriff der Linie, welche die kürzeste zwischen ihren Endpunkten ist, ist also ein ganz anderer, als der Begriff der Linie, deren jedes Stück dem andern ähnlich ist. Gleichwohl ist außer Zweifel, daß eine Linie, die unter dem ersten Begriffe stehet, d. h. eine Linie, welche die kürzeste zwischen ihren Endpunkten ist, zugleich die Eigenschaft habe, welche der zweite Begriff bezeichnet, d. h. daß jedes Stück derselben dem andern ähnlich sei; und so auch umgekehrt. Aus diesem Beispiele sehen wir, daß man bloß darum, weil zwei Begriffe Wechselbegriffe sind, ihre Verschiedenheit noch nicht bestreiten dürfe. Obwohl also alle Wahrheiten an sich zugleich auch erkannte (nämlich von Gott erkannte) Wahrheiten sind: so ist doch der Begriff einer Wahrheit an sich von dem einer erkannten Wahrheit, oder (wie man auch sagt) eines Erkenntnisses sehr wohl zu unterscheiden. Somit muß es auch dem Logiker freistehen, von

Wahrheiten an sich zu sprechen, ganz mit demselben Rechte, mit dem (um noch ein zweites Beispiel zu geben) der Geometer von Räumen an sich (d. h. von bloßen Möglichkeiten gewisser Orte) spricht, ohne an eine Erfüllung derselben durch die Materie zu denken; obwohl sich vielleicht aus Gründen der Metaphysik beweisen ließe, daß es gar keinen leeren Raum gebe und geben könne.

d) Wenn ich mich oben ausdrückte, daß eine Wahrheit an sich „ein Satz sei, der etwas aussagt, so wie es wirklich ist"; so sind die hier gebrauchten Worte alle nicht etwa in ihrer ursprünglichen, nicht einmal in der gewöhnlichen, sondern vielmehr in einer gewissen höheren, abstrakteren Bedeutung zu nehmen. In welcher, ergibt sich (wie ich glaube) aus dem hierbei gemachten Zusatze: „Daß ich es unbestimmt lassen wolle, ob ein solcher Satz von irgend jemand wirklich gedacht und ausgesprochen worden sei, oder nicht". Die meisten meiner Leser werden sich also dasjenige, was ich soeben noch über die Bedeutung eines jeden der obigen Worte im einzelnen zu bemerken gedenke, schon von selbst vorgestellt haben. Das gebrauchte Wort *Satz* erinnert freilich durch seine Abstammung von dem Zeitwort Setzen an eine Handlung, an etwas, welches von jemand gesetzt (also auf irgendeine Art hervorgebracht oder verändert) worden ist[3]). Daran aber muß bei Wahrheiten an sich in der Tat nicht gedacht werden. Denn diese werden von niemand, selbst von dem göttlichen Verstande nicht gesetzt. Es ist nicht etwas wahr, weil es Gott so erkennet; sondern im Gegenteile Gott erkennet es so, weil es so ist. So gibt es z. B. nicht darum einen Gott, weil Gott sich denkt, daß er ist; sondern nur, weil es einen Gott gibt, so denkt sich dieser Gott auch als seiend. Und ebenso ist Gott nicht darum allmächtig, weise, heilig usw., weil er sich vorstellt, daß er es sei; sondern umgekehrt, er denkt sich allmächtig usw., weil er es wirklich ist u. dgl. — Das Zeitwort *Aussagen* ist, wie jeder von selbst begreift, gleichfalls nur uneigentlich zu nehmen; denn Aussagen (Sprechen) im eigentlichen Sinne kann freilich keine Wahrheit.

[3] Cf. jedoch Zus.fassg. zu § 20.

Leichter zu übersehen wäre es, daß auch die Redensart, eine Wahrheit sage „*etwas, so wie es wirklich ist*", aus, nur uneigentlich verstanden werden dürfe. Dies, weil nicht alle Wahrheiten etwas, das wirklich *ist* (d. h. ein Dasein hat), aussagen; namentlich nicht alle diejenigen, welche von Gegenständen handeln, die selbst keine Wirklichkeit haben, z. B. von andern Wahrheiten, oder ihren Bestandteilen, den Vorstellungen an sich. So sagt der Satz: „Eine Wahrheit ist nichts Existierendes" gewiß nichts Existierendes aus, und ist doch eine Wahrheit.

§ 26. *Unterscheidung dieses Begriffes von einigen mit ihm verwandten*

Es wird zu einer noch schärferen Auffassung des Begriffes, den ich hier aufgestellt habe, dienen, wenn ich auch noch den *Unterschied* zwischen ihm und einigen andern, *verwandten*[1]) Begriffen, die eben deshalb leicht mit ihm verwechselt werden können, eigens hervorhebe.

1) Zuvörderst also muß man, wie ich schon mehrmals gesagt habe, den Begriff einer *Wahrheit an sich* wohl unterscheiden von dem Begriffe einer *erkannten Wahrheit*. Mag auch (was ich schon zugegeben) jede Wahrheit zugleich eine erkannte (wenigstens eine von Gott erkannte) sein: so bleibt doch darum der *Begriff* einer Wahrheit an sich immer / von jenem einer erkannten Wahrheit verschieden. Der letztere ist aus dem ersteren und aus dem Begriffe eines Urteils zusammengesetzt; erkannte Wahrheit oder Erkenntnis ist ein Urteil, welches wahr ist[2]).

2) Man unterscheide ferner den Begriff der Wahrheit von jenem der *Gewißheit*. Die Wahrheit an sich ist eine Beschaffenheit, die Sätzen zukommt, indem sich diese in wahre und falsche einteilen lassen. Die Gewißheit dagegen ist eine Beschaffenheit, die sich auf Urteile bezieht, indem nur Urteile in gewisse und ungewisse eingeteilt werden können.

3) Man verwechsle weiter den Begriff der Wahrheit an sich auch nicht mit dem der Wirklichkeit. Es gibt wohl

---

[1] A: andern verwandten.
[2] Cf. § 34 und Zus.fassg. zu § 36.

1. Vom Dasein der Wahrheiten an sich. §§ 19—33

Wahrheiten, die sich auf etwas Wirkliches *beziehen*, d. h. Beschaffenheiten von etwas Wirklichem aussagen; aber darum ist die Wahrheit doch nie dieses Wirkliche selbst; vielmehr hat, wie ich schon (§ 25. litt. b.) sagte, keine einzige Wahrheit, als solche, Wirklichkeit oder Dasein.

4) Endlich verwechsle man den Begriff einer Wahrheit an sich weder mit dem Begriffe der *Denkbarkeit*, d. i. der Möglichkeit eines Gedankens, noch mit jenem der *Erkennbarkeit*, d. i. der Möglichkeit eines Erkenntnisses. Denkbar ist ein offenbar weiterer Begriff als wahr; denn alles Wahre muß wohl denkbar, aber nicht umgekehrt muß alles Denkbare wahr sein. Erkennbarkeit dagegen ist ein Begriff, den man zwar weder weiter, noch enger als den Begriff der Wahrheit nennen kann; der aber gleichwohl von diesem zu unterscheiden ist, weil er (wie eine nähere Betrachtung zeigt) diesen als einen Bestandteil in sich schließt. Denn habe ich anders den Sprachgebrauch des Wortes Erkennen richtig beobachtet: so wird Erkenntnis immer nur von wahren, nie von falschen Sätzen gebraucht; und der Ausdruck: „Erkenntnis der Wahrheit", und noch mehr der: „wahre Erkenntnis", ist somit eigentlich ein Pleonasmus, weil man doch irrige Ansichten gar nicht Erkenntnisse nennt. Dasjenige aber, was das Nächsthöhere von der Erkenntnis und vom Irrtume ist, oder die Gattung, von welcher Erkenntnis und Irrtum die beiden Arten sind, nennen wir Urteil, auch Ansicht, oder Meinung, wenn von den letztern Worten die Nebenvorstellung von einer Ungewißheit entfernt wird.[3]) Aus dem Begriffe des Urteiles läßt sich nun jener der Erkenntnis sowohl, als jener der Erkennbarkeit ableiten. Erkenntnis ist nämlich (wie ich schon Nr. 1. sagte) ein Urteil, welches wahr ist; Erkennbarkeit eines Gegenstandes aber ist die Möglichkeit, ein Urteil, welches wahr ist, über ihn zu fällen. Sind diese Erklärungen richtig: so ist es außer Zweifel, daß der Begriff der Erkennbarkeit jenen der Wahrheit schon als Bestandteil enthalte, und also wesentlich von ihm verschieden sei. Die Notwendigkeit einer Unterscheidung dieser beiden Begriffe

---

[3] Cf. hier und im folgenden die in Anm. 2 angegebenen §§.

bestätiget übrigens auch der Umstand, daß Wahrheit, wie jedermann zugibt, keine Grade, kein Mehr oder Weniger zuläßt, während doch das Erkennen unendlich viele Grade (nämlich in seiner Verlässigkeit sowohl, als auch in seiner Lebhaftigkeit) annehmen kann. Hat aber das Erkennen eine Größe: so muß man (deucht mir) auch der Möglichkeit des Erkennens, d. h. der Erkennbarkeit (wenigstens in denselben Rücksichten) einen Grad zugestehen.

§ 27. *Dieser Begriff einer Wahrheit an sich ist auch schon von andern aufgestellt worden*

B. verweist u. a. auf den Bericht des *Sextus Empiricus* über die Wahrheitsdefinition der *Epikuräer* und *Stoiker* (*Adv. Log.* II, §§ 9 u. 88), — auf das „*Verum et ens* convertuntur" der *Scholastik* („Durch solche Behauptungen wollte man offenbar nur sagen, das Wahre sei ein Satz, der etwas so, wie es *wirklich* ist, aussagt. Man enthielt sich aber der Worte: ‚Satz' und ‚Aussagen' (wie es scheint) eben nur, um nicht den Gedanken an ein Wesen, das diese Wahrheiten sich *vorstellen* müßte, herbeizuführen; woraus erhellet, daß man nicht wahre Erkenntnisse, sondern Wahrheiten an sich erklären wollte."), — auf den Dialog „De connexione inter res et verba" von *Leibniz* (cf. § 21) und dessen Kritik der *Lockeschen* Einteilung der Wahrheiten in gedachte und ausgesprochene (*mental and verbal*) in den *Nouv. Ess.* IV 5, — sowie auf die Wahrheitsbegriffe einiger zeitgenössischer Logiker (besonders *K. L. Reinhold* habe in der Schrift: *Die alte Frage: Was ist die Wahrheit?*, 1820, „auf die Wiedereinführung des Begriffs einer *Wahrheit an sich* gedrungen").

118

120 f

§ 28. *Wahrscheinliche Bestandteile dieses Begriffes*

B. untersucht die Behauptung, „eine Wahrheit (an sich) sei ein Satz, der von seinem Gegenstande etwas aussagt, welches demselben wirklich zukommt". Er glaubt, daß es sich hierbei um eine „Erklärung" (cf. oben S. XLVIII) des Begriffs der Wahrheit an sich handle: denn 1. lasse sich die Behauptung umkehren, 2. sei der Begriff der Wahrheit nicht schon „auf eine versteckte Weise" im definiens enthalten (mit Ausnahme des Wortes ‚wirklich'; dieses aber sei dort überflüssig), 3. denke man sich beim Begriff der Wahrheit tatsächlich genau das Angegebene.

122 ff

Auch andere seien schon auf diese Erklärung gekommen: u. a. habe *Aristoteles* „die beiden Redensarten: ‚Dieses kommt jenem zu' (τὸ ὑπάρχειν τόδε τῷδε) und: ‚Dieses läßt sich von jenem

124

1. Vom Dasein der Wahrheiten an sich. §§ 19—33   37

in Wahrheit aussagen (τὸ ἀληθεύεσθαι τόδε κατὰ τοῦδε) als identisch behandelt" (*Anal. prior.* I 37).

§ 29. Wie man den Begriff der Wahrheit bisher aufgefaßt habe

Wer den Begriff der Wahrheit an sich „zu deutlicherem Bewußtsein bei sich erhoben" habe, sage häufig, „das Wahre wäre das *Seiende*". B. verweist dazu u. a. auf *Aristoteles* (*Anal. prior.* I 46, 52a 32f.; *Metaph.* II 1, 993b 30f.), *Epikur*, die *Stoa* und die *Scholastik* (verum et ens convertuntur), gibt aber kritisch zu bedenken, daß „Wahrheit nicht nur an sich nichts Existierendes sei, sondern nicht einmal sich immer auf etwas Existierendes beziehe" (Beispiel B.'s: Aussagen über $\sqrt{-1}$).

Gewöhnlich sei aber in den Lehrbüchern der Logik nur der Begriff der „gedachten" oder „erkannten" Wahrheit anzutreffen. Daneben spreche man neuerlich von einer so genannten *objektiven* oder *logischen, realen, materialen, äußerlichen, metaphysischen, transzendentalen* Wahrheit (cf. auch Zus.fassg. der 1. Anm. B.'s zu § 29) und verstehe darunter „die Übereinstimmung unserer Urteile und Vorstellungen mit ihren Gegenständen". B. findet diesen Wahrheitsbegriff schon bei den Gegnern der Stoa (z. B. bei *Karneades*; cf. *Sext. Emp.*: *Adv. Log.* I, 166ff.) und deutet auch *Lockes* Erklärung: „Wahrheit ist die Verbindung oder Trennung der Zeichen, je nachdem die *Sachen* übereinstimmen oder nicht" (*Essay* IV 5, § 2) in diesem Sinn. Er zitiert weiter *Leibniz*: „Contentons nous de chercher la vérité dans la correspondance des propositions, qui sont dans l'esprit, avec les choses, dont il s'agit" (*Nouv. Ess.* IV 5, § 11), stellt auch *Kants* Definitionen (B 82, 296, 848) in diesen Zusammenhang und verweist ausführlich auf zeitgenössische Logiker. Er kritisiert, daß der Begriff der Übereinstimmung sehr unbestimmt sei, und gibt folgende mögliche Deutung: „Wahrheit ist in unseren Vorstellungen, wenn wir dieselben auf Gegenstände beziehen, die durch sie wirklich vorgestellt werden können." Das laufe aber auf die von ihm oben (gemeint ist wohl § 28) gegebene Erklärung hinaus.

Der Glaube, „daß Wahrheit in dieser Bedeutung gar nicht erreichbar für uns wäre", habe noch „ganz andere Erklärungen" hervorgebracht: z. B.

a) wahr sei das „*allgemein Geltende*" (er nennt u. a. *Aenesidemus* nach *Sext. Emp., Adv. Log.* II 8; sowie *H. Chr. W. Sigwart, Hdb. d. Log.*, 3. Aufl. 1835, § 476: „Die *objektive* Wahrheit ist eine Einstimmung mit dem ewigen und unveränderlichen Wesen des Menschen-Geistes"); B. sagt dazu, zwar sei ein „von *allen* denkenden Wesen (also auch von Gott) gefälltes Urteil" stets *wahr*, jedoch gebe es sicher auch „Wahrheiten, die nicht von *allen* denkenden Wesen angenommen werden".

b) „das Wesen der Wahrheit" sei *in einer Angemessenheit zu den Regeln des Denkens oder Erkennens* zu finden; B. wendet dagegen ein, die „Regeln des Denkens" könnten nicht definiert werden, ohne daß der Wahrheitsbegriff in diese Definition eingehe.

c) „wahr" sei ein Urteil, wenn „ihm ein Wesen fortwährend beipflichten kann"; dagegen argumentiert B. ähnlich wie bei Definition a.

Scharf wendet sich B. gegen die Einteilung des Wahren in das *„subjektiv* oder ... *relativ Wahre"* („was nur diesem oder jenem als wahr *erscheint")* und das *„objektiv* oder *absolut Wahre".* Die „beiden Arten", in die die Wahrheit hiernach „zerfallen soll", seien allzu verschiedenartig. Wie „gemalte Fische uns nicht eine Art von Fischen" seien, so seien uns auch „scheinbare Wahrheiten nicht eine Art von Wahrheiten".

Ausführlich diskutiert B. den Begriff der *formalen (logischen)* oder *analytischen* Wahrheit, wie er sich bei *Kant (Log.* ed. Jäsche, A 72 ff.) und in der nachkantischen Schulphilosophie (z. B. *Krug: System der theoretischen Philosophie* I: *Denklehre oder Logik* (1806), § 22) findet. Er spricht sich zunächst dafür aus, ‚formal wahr' als ‚widerspruchsfrei' zu bestimmen, und fragt dann, wie die Widerspruchsfreiheit eines Satzes zu fassen sei. Er geht davon aus, daß *„Widerspruch* nur eintreten kann, wenn ein gegebener Satz mit einem anderen verglichen wird". Wenn ein angeblich formal wahrer Satz X vorgelegt werde, „komme es daher darauf an, die Gattung der Sätze zu bestimmen", unter denen ein ihm widersprechender zu suchen sei, „um entscheiden zu können, ob jener formal wahr zu nennen sei oder nicht". Wenn der Begriff der formalen Wahrheit nicht ein „bloßer Verhältnisbegriff" (relativiert in Bezug auf die Sätze, unter denen ein Widerspruch jeweils zu suchen ist) sein solle, so dürfe das „Gebiet der Sätze", denen ein Satz X nicht widersprechen dürfe, nicht beliebig wählbar sein, sondern müsse entweder „durch die Beschaffenheit von X selbst bestimmt" oder „ein für allemal gegeben" sein. B. führt dazu aus: „Im ersten Fall könnte man etwa sagen, daß ein Satz formal wahr heißen solle, wenn alle diejenigen Sätze, die sich aus ihm *bloß seiner Form nach ableiten lassen* (d. h. ableiten lassen, sofern man alle diejenigen Teile in ihm als veränderlich ansieht, welche die Logiker nicht zu der *Form* desselben zählen) sich untereinander vertragen[1]). Im

---

[1] Legt man B.'s eigene Präzisierungen der Begriffe der *Verträglichkeit* (§ 154), *Ableitbarkeit* (§ 155) und *formalen Ableitbarkeit* (§ 223) zugrunde, so ist diese Definition nicht ganz verständlich. Nach diesen Präzisierungen sind nämlich die aus einem Satz A formal ableitbaren Sätze (wenn es solche überhaupt gibt, d. h. wenn A nicht „durchaus ungültig" ist — cf. § 147) stets miteinander verträglich. Der gleich unten als Beispiel einer formalen Unwahrheit angegebene Satz:

1. Vom Dasein der Wahrheiten an sich. §§ 19—33

zweiten Fall könnte man etwa verlangen, daß ein Satz formal wahr heißen soll, wenn er mit allen *rein apriorischen,* d. h. bloßen Begriffswahrheiten[2]) verträglich ist. In der ersten Bedeutung wären nur Sätze, wie folgender: „*A,* welches *B* ist, ist nicht *B*", formale Unwahrheiten; weil sich aus eben diesem Satze bloß seiner Form nach auch der ihm widersprechende: „*A,* welches *B* ist, ist *B*" ableiten läßt. Die Sätze dagegen: „Lügen ist keine Sünde, sobald es dir Vorteile bringt"; „Es kann auch Dreiecke mit drei rechten Winkeln geben"; u. dergl. wären formale Wahrheiten zu nennen; denn so falsch sie auch sind, so widersprechen sie doch keinem derjenigen Sätze, die sich bloß ihrer Form nach aus ihnen ableiten lassen. In der zweiten Bedeutung aber wären auch schon die letzten Sätze formale Unwahrheiten; weil es gewisse rein apriorische Wahrheiten gibt, denen sie widersprechen. Der Satz dagegen: „Cajus hat eine Tochter" wäre ein Beispiel einer formalen Wahrheit in dieser Bedeutung, selbst in dem Falle, wenn Cajus in der Tat kinderlos wäre; denn jener Satz widerspricht ja doch keiner reinen Begriffswahrheit."

Für B. resultiert daraus, daß so auch falsche Sätze ,formal wahr' sein können, eine „Verdunkelung" des Wahrheitsbegriffs. B. empfiehlt daher, es bei dem Wort ,widerspruchsfrei' bewenden zu lassen.

In einer *1. Anm.* zu § 29 beschäftigt sich B. mit dem Sinn, den die Unterscheidung zwischen *logischer* und *metaphysischer* oder *transzendentaler* Wahrheit „in der Epoche, die der Erscheinung der kritischen Philosophie unmittelbar vorherging", gehabt habe. Zu dieser Zeit habe man die *logische* Wahrheit mit der von B. so genannten „*gedachten* oder *erkannten* Wahrheit" identifiziert und die *metaphysische* Wahrheit, wie es scheine, „nur auf *existierende* Dinge bezogen, und bald als eine *ihnen selbst* zukommende Beschaffenheit (die Übereinstimmung ihrer sämtlichen Eigenschaften), bald wieder als eine Beschaffenheit jener *Sätze,* die diese Eigenschaft der Dinge aussagen, angesehen, bald auf noch andere Weise bestimmt". Er nennt dazu u. a. den Satz: *Omne ens est verum* und verweist auf *Chr. Wolffs* Begriff der *veritas transcendentalis* (*Ontol.,* 2. Aufl. 1736, § 495). In seinem Urteil über diesen Wahrheitsbegriff neige er (B.) *Leibniz* zu, der ihn „un attribut bien inutile et presque vide de sens" genannt habe (*Nouv. Ess.* IV 5, § 11).

In der *2. Anm.* zu § 29 kritisiert B. die Aussage von *Hobbes* (*De corpore* I 3, Nr. 7), „die Wahrheit bestehe nicht in den

---

„A, welches B ist, ist nicht B" ist durchaus ungültig im Sinne von § 147. Anscheinend hat also B. hier in § 29, wie auch dieses Beispiel zeigt, einen weiteren Ableitbarkeitsbegriff als in § 155. — Entsprechendes gilt auch für den hier gebrauchten Widerspruchsbegriff. Cf. nämlich § 159, 4.

[2] Cf. § 133.

Dingen, sondern nur in den *Worten*". Hier liege, so meint B., eine „Verwechslung der Vorstellungen mit den Worten, deren wir uns zu ihrer Bezeichnung bedienen", zugrunde: „Hobbes kennet nur Sachen und Zeichen der Sachen, nicht aber Vorstellungen von ihnen."

§ 30. Sinn der Behauptung, daß es Wahrheiten an sich gebe

Die Behauptung: „Es gibt Wahrheiten an sich" bedeute nicht: „Wahrheiten an sich haben Dasein (Existenz)", sondern: „Gewisse Sätze haben die Beschaffenheit von Wahrheiten an sich". „Über die *Zahl* dieser Sätze" solle dabei noch „nichts bestimmt werden". Es genüge daher zu zeigen, „daß es eine einzige Wahrheit gebe, oder was ebensoviel heißt, daß die Behauptung, es gebe keine Wahrheit, falsch sei".

§ 31. Beweis, daß es wenigstens Eine Wahrheit an sich gebe

B. führt u. a. aus: „Wenn nämlich jeder Satz falsch wäre: so wäre auch dieser Satz selbst, daß jeder Satz falsch sei, falsch. Und also ist nicht jeder Satz falsch, sondern es gibt auch wahre Sätze; es gibt Wahrheiten, wenigstens Eine."
Schon *Aristoteles* (*Metaph.* IV 8), *Sextus Empiricus* (*Adv. Log.* II 55) u. a. hätten diesen Schluß gekannt, merkt B. an. Ferner weist er in der *Anm.* noch auf andere Beweismöglichkeiten hin: so könne man z. B. einen beliebigen Satz „A ist B" wählen und „die Bemerkung machen, daß — sofern dieser Satz falsch ist, die Behauptung, daß er es sei, eine wahre Behauptung sein werde".

§ 32. Beweis, daß es der Wahrheiten mehrere, ja unendlich viele gebe

B. widerlegt die Annahme, es gebe nur eine endliche Menge von Wahrheiten: „Setzen wir nämlich, daß jemand nur n Wahrheiten zugeben wollte: so würden sich diese *(cf. § 127, d. Hrsg.)*, wie sie auch immer lauten (auch wenn eine derselben womöglich eben in der Aussage, daß es nur n Wahrheiten gibt, bestände) durch folgende n Formeln darstellen lassen: A ist B, C ist D, ... Y ist Z. Indem nun der Gegner will, daß wir außer diesen n Sätzen sonst gar nichts als wahr annehmen sollen, behauptet er etwas, das wir in folgende Form einkleiden können: „Außer den Sätzen: ‚A ist B', ‚C ist D', ... ‚Y ist Z' ist sonst kein anderer Satz wahr." Aus dieser Form aber leuchtet deutlich ein, daß dieser Satz ganz andere Bestandteile hat, und somit ein ganz anderer ist, als jeder von den n Sätzen: ‚A ist B', ‚C ist D', ...

‚Y ist Z' für sich. Da nun unser Gegner diesen Satz gleichwohl für wahr hält: so hebt er hiermit die Behauptung, daß es nur n wahre Sätze gebe, selbst auf, indem dies der $(n+1)$te Satz wäre, der wahr ist."

Ein anderer Beweis, der „die apagogische Form" vermeide (direkter Beweis), bestehe darin, aus der Wahrheit *eines* bereits gesicherten Satzes: „*A* ist *B*" auf die Wahrheit des Satzes: „Der Satz: ,*A* ist *B*' ist wahr" zu schließen usf.

§ 33. *Hebung verschiedener Einwürfe*

148 B. läßt den Zweifler einwenden: a) um sich überhaupt „durch ... einen ... Beweis überzeugen zu lassen", „müßte er sich ... das Vermögen, *Wahrheiten zu erkennen*, zuschreiben, und somit ..., daß es ... Wahrheiten an sich gebe, voraussetzen";

b) der Beweis setze die Gültigkeit der verwendeten Schlußart voraus;

c) weiter müsse von vornherein zugestanden werden, daß „die Verbindung von Begriffen, die in den Worten: ,*Alle Sätze sind falsch*' ausgedrückt wird, ein wirklicher Satz sei".

149 Ad a) argumentiert B. u. a.: „Daß ein Erkenntnisvermögen allerdings *notwendig* sei, um durch den obigen Beweis überzeuget zu werden, ist freilich wahr; aber ein anderes ist, daß man ein Erkenntnisvermögen *haben*, und etwas anderes, daß man von der *Voraussetzung*, man habe es, ausgehen müsse." (Cf. § 18.)

150 Auch ad b) bringt B. zunächst ein ähnliches Argument vor: Es sei zwar für einen Beweis notwendig, daß die darin verwendeten Schlußarten richtig sind, weiter, daß man nicht gerade an dieser Richtigkeit zweifle, d. h. „nicht soeben das Urteil, daß sie vielleicht unrichtig sein dürften, fälle"; „daß wir aber das entgegengesetzte Urteil, sie seien richtig, zuvor gefällt haben müßten, werde durchaus nicht erfordert". Wenn der Skeptiker nun *vorgebe*, er zweifle gerade im Augenblick des Beweises an dem verwendeten Schlußverfahren, so dürfe man ihm nicht glauben: „Diese Schlußart" nämlich „ist eine so einfache und uns Menschen so geläufige, daß dieser Fall wirklich bei niemand eintreten kann, der nicht ganz blöde oder geistesverrückt ist".

151 Ad c) Die Wahrheit dieser Voraussetzung sei „einem jeden so einleuchtend, daß er sie unmöglich bezweifeln kann".

153 In einer *Anm.* zu § 33 setzt sich B. u. a. mit dem Argument des *Sextus Empiricus* auseinander, es sei unmöglich, irgend etwas zu beweisen, weil man zu jedem Beweis einer Behauptung einen Beweis der Richtigkeit jenes Beweises fordern müsse usf. (*Adv. Log.* II 15 f.). B. entgegnet, die Richtigkeit eines richtigen Beweises ergebe sich aus seiner Überzeugungskraft (aus der Überzeugung als seiner „Wirkung") und bedürfe „nicht eigens wieder erwiesen zu werden".

Von der Erkennbarkeit der Wahrheit

§ 34. *Was der Verfasser unter einem Urteile verstehe*

Da ich in diesem Hauptstücke beweisen will, daß wir in dem Besitze gewisser Erkenntnisse sind: so werde ich den Begriff, den ich mit dem Worte *Erkenntnis* verbinde, bestimmen müssen. Da aber dieser Begriff, meiner Ansicht nach, den eines *Urteiles* in sich schließt: so ist es dieser, über den ich mich zuerst verständigen muß.

1) Ich erkläre aber, daß ich auch das Wort *Urteil* ganz in derselben Bedeutung nehme, in der wir es in dem gemeinen Sprachgebrauch, z. B. in folgendem Satze nehmen: „Gottes Urteile sind nicht, wie die Urteile der Menschen, fehlbar" u. dgl.

2) Wem dieses nicht hinreicht, dem sei noch folgendes gesagt. In den Begriffen, welche die Worte: *Behaupten, Entscheiden, Meinen, Glauben, Fürwahrhalten,* und andere ähnliche bezeichnen, liegt ein gewisser gemeinschaftlicher Bestandteil, der in jedem derselben nur noch mit einem eigenen Nebenbegriffe verbunden ist. Lassen wir nun diese Nebenbegriffe weg, und denken uns bloß, was die Bedeutungen jener Worte Gemeinschaftliches haben: so denken wir uns das, was ich *Urteilen* nenne.

3) Ein drittes Mittel endlich, wodurch man gewiß auf das genaueste erfahren wird, welchen Begriff ich mit dem Worte Urteil verbinde, wird die Betrachtung folgender Sätze gewähren: a) Jedes Urteil enthält einen Satz, der entweder der Wahrheit gemäß oder ihr nicht gemäß ist; und in dem ersten Falle heißet das Urteil ein richtiges, im zweiten ein unrichtiges. b) Jedes Urteil ist etwas Seiendes (d. h. etwas, / das Dasein hat). c) Doch hat das Urteil sein Dasein nicht für sich, sondern nur in dem Gemüte (oder wenn man so lieber spricht, in dem Geiste) eines gewissen

2. Von der Erkennbarkeit der Wahrheit. §§ 34—45

Wesens, das eben deshalb das *urteilende* genannt wird. d) Es ist ein wesentlicher Unterschied zwischen dem wirklichen *Urteilen* und dem bloßen *Denken* oder *Vorstellen* eines Satzes zu machen. So denke ich mir z. B. jetzt eben den Satz, daß es Zwergvölker gebe; aber ich denke dies bloß, und behaupte es nicht, d. h. ich urteile nicht so. e) In dem unendlichen Verstande Gottes ist jeder *wahre* Satz auch als ein *wirkliches Urteil* vorhanden; falsche Sätze dagegen erscheinen in Gottes Verstande zwar auch, aber nicht als Urteile, welche Gott fällt, sondern bloß als *Vorstellungen* von Gegenständen, worüber er urteilt. f) Das *Urteilen*, dessen *wir Menschen* uns bewußt sind, ist eine Handlung unseres Geistes, welche auf ein vorhergegangenes bloßes *Betrachten* von *Vorstellungen* folgt, und davon abhängig ist. Von unserem *Willen* hängt die Handlung des Urteilens nur *mittelbar*, nämlich nur insofern ab, als wir auf das Betrachten der Vorstellungen einen gewissen willkürlichen Einfluß haben. g) Wir vollziehen aber ein jedes unserer Urteile mit einer, nach Beschaffenheit der vorhergegangenen Betrachtung bald größeren, bald geringeren *Kraft*, die ich die *Zuversicht*, mit der wir urteilen, nenne. h) So wenig es unmittelbar in unserer Willkür steht, ein Urteil so oder anders (z. B. bejahend oder verneinend) einzurichten: so wenig steht der Grad der *Zuversicht*, mit dem wir urteilen, unmittelbar in unserer Willkür. i) Wenn uns ein Satz ebenso wahrscheinlich als sein Gegenteil vorkommt: so können wir weder *urteilen*, daß er wahr, noch daß er falsch sei, sondern wir *zweifeln*. Zweifeln an einem Satze heißt also sich diesen Satz vorstellen, aber aus Mangel eines hinreichenden Grundes weder ihn selbst, noch sein Gegenteil behaupten.*) Bei gewissen gegebenen Vorstellungen ist Zweifeln ebenso notwendig, als bei gewissen andern das Urteilen / notwendig ist. k) Sprechen wir gleichwohl zuweilen: „Du *solltest* nicht zweifeln, du *kannst* dies glauben, du *darfst* — ja *sollst* es glauben, du darfst dich

---

* Wer zweifelt, urteilt, insofern er zweifelt, noch gar nicht. Wer aber den Satz: „Ich zweifle" ausspricht, der fällt schon wirklich ein Urteil.

mit voller Zuversicht hierauf verlassen" u. dgl.: so sind dies uneigentliche Redensarten, die nur den Sinn haben, daß man bei einer gehörigen Aufmerksamkeit auf gewisse Vorstellungen so und mit diesem Grade der Zuversicht urteilen würde. — Diese Sätze werden ohne Zweifel hinreichen, um einen jeden meiner Leser über den Begriff, den ich mit dem Worte *Urteil* verbinde, auf das vollkommenste zu verständigen.

In den zwei *Anm.* zu § 34 geht B. u. a. auf die etymologische Herkunft des Wortes *Urteilen* ein und führt zwei Hypothesen an: „Recht erteilen" bzw. „ursprüngliche Teilung" als Ausgangsbedeutung. — Ferner erklärt er, die so genannten *problematischen* Urteile seien keine Urteile im eigentlichen Sinn, sondern nur „gedachte Sätze"; wie auch in Behauptungen der Form: „Wenn *A* ist, so ist *B*" Vorder- und Nachsatz keine Urteile seien, sondern „bloß darüber geurteilt" werde, „daß der Satz: ,*B* ist' eine Folge von der Wahrheit des Satzes, daß *A* ist, sei".

§ 35. Prüfung verschiedener Erklärungen dieses Begriffes

B. gesteht zunächst sein Unvermögen, eine „*Erklärung*"[1]) des Urteilsbegriffes zu geben und prüft dann die vorgelegten Erklärungen vor allem zeitgenössischer Logiker. U. a. wendet er sich gegen Bestimmungen, die auf „Wahrnehmung, Bemerkung, Bewußtsein, Einsicht, Erkenntnis oder ... ähnliches" rekurrieren (B. nennt hier auch *Kant*, B 93). Diese Begriffe enthielten den zu erklärenden des Urteilens schon, „und zwar noch überdies verbunden mit dem gar nicht hierher gehörigen Nebenbegriffe, daß dieses Urteil ein *wahres* und *richtiges* sei". Wer eine Rose *wahrgenommen* habe, müsse das *Urteil*: „Ich sehe eine Rose" gefällt haben. Wer Tieren ein „Wahrnehmungsvermögen" beilege, müsse ihnen auch „ein Vermögen zu urteilen ... zugestehen".

§ 36. Was der Verfasser unter einem Erkenntnisse verstehe

B. „versteht unter dem Worte *Erkenntnis* ein jedes Urteil, das einen wahren Satz enthält".

[1] Cf. oben S. XLVIII.

§ 37. Rechtfertigung dieses Begriffes

B. geht auf solchen Sprachgebrauch des Wortes ‚Erkenntnis' ein, der eine von seiner (B.'s) Definition abweichende Bedeutung anzuzeigen scheint (den Pleonasmus, nach B., „Erkenntnis der Wahrheit" und andere Bildungen), und interpretiert ihn so, daß sich letztlich eine Rechtfertigung für seine eigene Bestimmung daraus ergibt.

§ 38. Andere Bestimmungen dieses Begriffes

B. erwähnt zunächst Erkenntnisbegriffe, bei denen eine Einteilung in wahre und falsche Erkenntnisse zugrunde gelegt wird, und hält sich dann bei der u. a. von *Kant* gegebenen Bestimmung auf, „daß eine Erkenntnis eine mit *Bewußtsein* verbundene, auf ein *Objekt* sich beziehende Vorstellung sei".
Er wendet ein: „Wenn ich z. B. das falsche Urteil: ‚Die Erde ist ein Würfel' fälle; so habe ich die mit Bewußtsein verbundene Vorstellung: Würfel, und beziehe sie auf das Objekt: Erde; und gleichwohl wird niemand sagen, daß ich durch diese (so irrige) Beziehung etwas *erkenne*."

§ 39. Sinn der Behauptung, daß auch wir Menschen einige Wahrheiten erkennen

Der Ausdruck „wir Menschen" dürfe nicht ganz allgemein (auch in Bezug auf „Kinder, Blöd- oder Wahnsinnige") genommen werden. Vielmehr solle „jedem Leser, der daran zweifeln sollte, die Überzeugung beigebracht werden, daß wenigstens *er für seine eigene Person* in dem Besitze der Erkenntnis einiger Wahrheiten sei".

§ 40. Wie man beweisen könne, daß wir wenigstens Eine Wahrheit erkennen

B. definiert zunächst den „*vollendeten* oder *gänzlichen* Zweifler" als einen solchen, der „nicht bloß an diesen oder jenen bestimmten Wahrheiten . . ., sondern selbst daran zweifelt, ob es nur überhaupt etwas, das wahr ist, gebe, oder doch daran, ob er nur eine einzige dieser Wahrheiten zu erkennen vermöge". Ein vollendeter Zweifler könne daher „in dem Zeitraume, da er es ist, auch nicht ein einziges Urteil . . . fällen", da ein Urteil ein Satz sei, den der Urteilende für wahr hält. Es komme also darauf an, den angeblich vollendeten Zweifler dazu zu bringen, irgendein Urteil zu fällen. Zunächst biete sich die Möglichkeit an, dem Zweifler das Urteil, daß er an allem zweifle, zu entlocken. Dieses „Geständnis" habe jedoch die „Unbequemlichkeit", daß es „angewandt auf den Augenblick, in dem er (der Zweifler) es ausspricht, als ein unrichtiges Urteil erscheint". Die Aufdeckung dieses Irrtums könne der Zweifler dann nur als „einen neuen Beweis" für die „Unsicherheit seiner eigenen Urteile" ansehen. Aber auch das auf eine bestimmte Frage bezogene Urteil: *„Ich weiß das nicht"* könne der Zweifler „im Verfolge wieder zurücknehmen" und dahin abändern, daß er sich ausdrücke: „Es scheint mir, daß ich es nicht wisse", und auf dieses Urteil festgelegt: „Es scheint mir, daß es mir scheint, daß ich es nicht wisse" ... usf. B. sieht noch ein besseres „Mittel zur Heilung eines vollständigen Zweiflers". Es gebe „eine Wahrheit, von der es dem Zweifler offenbar sein muß, daß er in eben dem Augenblicke, da er sie leugnen oder bezweifeln wollte, sie bestätigen würde", nämlich die Wahrheit, „daß er Vorstellungen habe". Daher empfiehlt B., dem vollständigen Zweifler die Frage vorzulegen: „Ob denn nicht wenigstens das wahr sei, *daß er Vorstellungen habe?"* — B. fährt fort: „Er mag uns die Antwort, die auf diese Frage gehört, geben oder sie schuldig bleiben: so wird er doch sicher in seinem Innern fühlen, dieses sei allerdings wahr; er habe ja wirklich Vorstellungen, und unter andern sogar auch Vorstellungen von ganzen Sätzen, weil er sonst unmöglich daran zweifeln könnte, ob diese Sätze wahr oder nicht wahr sind usw. Fühlt er nun dieses, so haben wir schon gewonnen. Denn zweifelt er einmal nicht, daß es *wahr* sei, daß er Vorstellungen habe: so wird er auch nicht zweifeln, daß er diese Wahrheit erkenne und daß es somit wenigstens Eine Wahrheit gebe, welche von ihm erkannt wird."

§ 41. Wie man erweisen könne, daß wir der Wahrheiten unbestimmt viele zu erkennen vermögen

Wer zugestehe, daß er eine Wahrheit A erkenne, müsse auch zugestehen, daß er noch eine weitere, von A verschiedene Wahrheit erkenne, nämlich die Wahrheit, daß er die Wahrheit A erkenne usf.

§ 42. Behebung mehrerer Bedenklichkeiten

„Durch die Beweise, zu denen ich in den zwei vorigen §§ Anleitung gab, kann man im günstigsten Falle nichts Mehres zu erreichen hoffen, als den vollendeten Zweifler aus seinem Zustande des Zweifelns *auf einige Augenblicke* herauszureißen. Sobald sich die Vorstellungen, welche den Zustand des Zweifelns hervorgebracht hatten, entweder von / selbst wieder einstellen, oder von ihm — etwa weil dieser Zustand ihm einmal liebgeworden ist, absichtlich zurückgerufen werden, wird auch das Zweifeln wiederkehren. Soll dieses nicht erfolgen: so muß es uns durch Anwendung fernerer Mittel gelingen, jenen Vorstellungen die Kraft, welche sie vordem auf sein Gemüt geäußert hatten, zu nehmen: so müssen wir alles, was ihm als eine Rechtfertigung seiner Zweifel oder als Einwurf gegen unsere obigen Beweise erscheint, auf eine Art widerlegen, deren Richtigkeit auch ihm selbst einleuchtet, und die ihn je länger je mehr überzeugt, daß er das Vermögen, Wahrheit und Irrtum zu unterscheiden, doch wirklich habe. Ein leichtes wäre es zwar, dem Zweifler zu zeigen, daß er sich selbst widerspreche, sobald er nur sagt, daß er an allem zweifle, und daß er sich noch ärger widerspreche, wenn er sein Zweifeln sogar durch Gründe rechtfertigen, oder durch Gründe die Beweise, die wir geliefert, widerlegen wolle. Allein durch ein solches Verfahren würden wir, wie ich schon oben bemerkte, schwerlich viel für unsern eigentlichen Zweck, den Zweifler zu heilen, gewinnen. Zu diesem Zwecke ist es viel dienlicher, daß wir die Gründe, die er vorbringt, oder von denen wir auch nur vermuten können, daß sie in seinem Innern verborgen liegen, in eine nähere Erwägung ziehen, und ohne der Inkonsequenz, die er durch ihre Aufstellung begehet, zu erwähnen, sie durch Zergliederung ihres Inhaltes zu widerlegen suchen. Um nun in möglichster Kürze zu zeigen, wie ohngefähr dies meiner Ansicht nach geschehen könne, wähle ich die Form des Gespräches: A soll den Zweifler, B jemand, der ihn zu belehren versucht, vorstellen.

A. Wenn ich vorhin zugab, daß ich Vorstellungen habe: so gab ich mehr zu, als ich wohl hätte sollen. Denn indem ich dies zugab, setzte ich bereits mein eigenes Dasein voraus, und gleichwohl ist mir auch dieses ungewiß. — B. Es ist gar wohl möglich, daß du in manchen Augenblicken vergessest, daß du bist, d. h. es ist möglich, daß du an diese Wahrheit nicht denkst, weil deine Aufmerksamkeit soeben auf allerlei andere Gegenstände gerichtet ist. Allein daß dir die Frage: ob du bist? vorgelegt worden wäre, daß du sie in dein Bewußtsein aufgenommen, und nun gezweifelt hättest, ob sie bejahend zu beantworten sei, daß du somit in deinem / Innern das Urteil: „Ich weiß nicht, ob ich bin" ausgesprochen hättest: das dürfte sich wohl noch niemals zugetragen haben. Du kannst dir den Satz: „Ich weiß nicht, ob ich bin" wohl vorstellen, auch ihn mit Worten aussprechen, aber nicht in der Tat das meinen, was er aussagt. Wenn wir je Leute in aller Aufrichtigkeit gestehen hören, daß sie an ihrem eigenen Dasein zuweilen gezweifelt hätten: so verstanden sie darunter nicht ein Sein überhaupt, sondern ein Sein von gewisser Art, ein Sein mit dem Besitze von diesen und jenen Kräften, in diesen und jenen zeitlichen sowohl als räumlichen Verhältnissen, z. B. ob sie noch wirklich auf Erden oder in einer andern Welt sich befänden u. dgl. Übrigens ist es auch gar nicht notwendig, daß du dein eigenes Dasein erst *voraus-*

setzen müßtest, um das Urteil, daß du Vorstellungen habest, zu fällen; wenn anders Voraussetzen hier soviel heißen soll, als daß du erst jenes Urteil gefällt haben müßtest, um zu dem zweiten gelangen zu können. Denn nicht daraus, daß wir sind, erkennen wir, daß wir diese oder jene Vorstellungen haben, sondern umgekehrt erst daraus, daß wir Vorstellungen, Empfindungen u. dgl. haben, erkennen wir, daß wir auch Dasein haben. Wir schließen nämlich: Was Vorstellungen hat, das muß auch Dasein haben. Da wir nun Vorstellungen haben, so haben wir auch Dasein. Und so hast du denn also gar keinen Grund, dein Urteil, daß du Vorstellungen habest, wieder zurückzunehmen, und eben darum auch die Überzeugung, daß du auch eine und die andere Wahrheit erkennest, wieder fahren zu lassen.

A. So sehr ich auch geneigt wäre, dies alles wahr zu finden: so ungewiß wird es mir wieder, wenn ich die Möglichkeit bedenke, daß es vielleicht nur eine Eigentümlichkeit meiner Urteilskraft sei, zufolge der mir diese Sätze und Schlüsse wahrscheinlich vorkommen, ohne doch wirklich wahr zu sein. Denn da es Wesen gibt, die sich in einigen ihrer Urteile irren; sollte es nicht Wesen geben können, die sich in allen ihren Urteilen irren, d. h. die keine einzige Wahrheit erkennen? Was bürget mir nun dafür, daß ich nicht selbst ein Wesen solcher Art bin? — B. Ich lasse zu, daß es Wesen geben könnte, die wenigstens durch einen gewissen Zeitraum ihres Daseins eine so unvollkommene Urteilskraft haben, / daß auch kein einziges ihrer Urteile wahr ist. Dann ist es aber gewiß, daß sich unter den Urteilen, welche ein solches Wesen innerhalb dieses Zeitraumes bildet, niemals das Urteil, daß es urteile, ja auch nur dieses, daß es Vorstellungen habe, befinden dürfe. Denn dieses Urteil wäre nicht falsch, und das Wesen würde sonach wenigstens Ein wahres Urteil gebildet haben. Gerade daraus also, daß du dies Urteil zu bilden vermagst, kannst du gewiß sein, daß du nicht zu der Gattung der Wesen gehörest, die keine einzige Wahrheit erkennen.

A. Diese Beweise drehen sich alle in einem Kreise herum; denn sie verlangen von mir, daß ich aus Gründen, von denen ich höchstens weiß, daß sie mir wahr zu sein *scheinen,* schließen soll, daß einige meiner Urteile objektive Wahrheit haben. Um diesen Schluß machen zu dürfen, müßte ich erst wissen, ob jene Vordersätze selbst objektive Wahrheit haben. — B. Wir haben nur dann zu klagen, daß sich ein Beweis im Kreise drehe, wenn der Satz, von dessen Wahrheit wir eben erst durch ihn überzeugt werden sollen, in ihm bereits *vorausgesetzt,* d. h. angewandt wird, um diese Überzeugung bei uns hervorzubringen. Das tat ich aber in meinem vorigen Beweise nicht; denn diesen stützte ich nicht auf Sätze, von denen du noch nicht fest überzeugt bist, sondern auf lauter solche Sätze, deren Wahrheit du dich außerstand fühlst, zu bezweifeln. Was aber den Anschein, als ob ich einen solchen Zirkel beginge, verursacht, ist nur der

Umstand, daß unser hier zu beweisender Satz von einer solchen Art ist, daß ohne seine Wahrheit auch die Voraussetzungen, aus denen ich ihn beweise, nicht wahr sein könnten. Daraus folgt aber keineswegs, daß die *Wahrheit* dieser Voraussetzungen nicht *erkannt* werden könnte, ohne die Wahrheit des zu beweisenden Satzes zuvor erkannt zu haben. Es ist zwar freilich wahr, daß du nur darum imstande bist, das richtige Urteil, du habest Vorstellungen, zu fällen, oder (was ebensoviel heißt) daß du durch dieses Urteil eine Wahrheit erkennest, weil du überhaupt das Vermögen hast, Wahrheiten zu erkennen. Deshalb ist aber nicht nötig, daß du dich erst von dem Besitze dieses Vermögens überzeugt haben müßtest, bevor du / glauben könntest, daß jenes Urteil wahr sei. Denn nicht daraus, daß wir zuvor angenommen haben, ein Vermögen zu gewissen Verrichtungen zu haben, erkennen wir, daß diese Verrichtungen in der Tat von uns geleistet werden; sondern umgekehrt aus der gemachten Erfahrung, daß wir dieses oder jenes leisten, schließen wir, daß wir ein Vermögen dazu besitzen. So glauben wir nicht, zu sehen und zu hören, weil wir voraussetzen, Seh- und Gehörwerkzeuge zu haben; sondern wir schließen, daß wir dergleichen Werkzeuge oder wenigstens die Fähigkeit zu sehen und zu hören haben, weil wir in der Tat sehen und hören.

A. Ich gebe das zu; was versichert mich aber davon, daß ich mich nicht vielleicht schon in dem Urteile, daß ich Vorstellungen habe, täusche? — B. Diese Frage ist doppelsinnig. Sie kann den Sinn haben, daß du noch nicht fest genug überzeugt davon seiest, Vorstellungen zu haben, und eben darum ein Mittel zu erhalten wünschest, das dich zu dieser Überzeugung führe; oder sie kann auch den Sinn haben, daß du — von dieser Wahrheit zur Genüge versichert — nur wissen willst, *wodurch es geschehe,* daß du hiervon dich so versichert fühlest? Meinst du das erste: so erwidere ich, daß auch nur geringe Aufmerksamkeit auf dich selbst ein hinreichendes Mittel sei, um dir das lebhafteste Gefühl der Überzeugung davon, daß du Vorstellungen hast, zu verschaffen, und sooft du es willst, immer von neuem wieder zu verschaffen. Denn sicher wirst du bei einer jeden Richtung der Aufmerksamkeit auf dich selbst inne werden, daß du Vorstellungen habest, wie auch einsehen, daß du dich hierin unmöglich *täuschen* könntest, sobald du erwägest, daß eine jede *Täuschung* selbst abermals schon *Vorstellungen* voraussetzt. Willst du aber das zweite, d. h. nur wissen, *wodurch es geschehe,* daß du dich von dieser Wahrheit so überzeugt fühlest; so dienet hierauf zur Antwort: das komme, weil du *Erkenntniskraft* hast. Durch die Erkenntniskraft geschieht es, daß du gewisse Wahrheiten aus der Betrachtung anderer, einige aber auch ohne sie erst aus andern herzuleiten, sondern (wie man sagt) *unmittelbar* erkennest. Woher es aber kommt, *daß* du Erkenntniskraft / besitzest, weiß ich dir freilich nicht zu sagen; das brauchst du aber auch gar nicht zu wissen, um an den Besitz dieser Kraft glauben zu können.

A. Allein was ist wohl gewonnen mit der Erkenntnis einer so unfruchtbaren Wahrheit, wie die, daß ich Vorstellungen überhaupt habe? Über ganz andere Gegenstände, über Gott, Unsterblichkeit usw. wünschte ich etwas entscheiden zu können mit Wahrheit und Gewißheit. — B. Sehr wohl, aber wenn du erst Eine Wahrheit erkennest: so kannst du schon hieraus allein entnehmen, wie unrichtig alle diejenigen Einwürfe gegen dein Erkenntnisvermögen sind, welche, sofern sie richtig wären, erweisen würden, daß du nicht eine einzige Wahrheit, also auch jene nicht zu erkennen vermögest.

A. Wenn ich nur aus diesem Grunde, d. h. nur, um mir nicht selbst zu widersprechen, mir die Fähigkeit beilegen will, gewisse Gegenstände auf eine der Wahrheit gemäße Art zu beurteilen: so werde ich mir wohl vielleicht ein System von Urteilen bilden, die untereinander in keinem Widerspruche stehen. Daraus folgt aber noch lange nicht, daß diese Urteile auch eine objektive Wahrheit haben. Zu dieser würde gehören, daß meine Vorstellungen mit den sie betreffenden Gegenständen an und für sich übereinstimmen. Um aber von einer solchen Übereinstimmung mich zu versichern, müßte ich meine Vorstellungen mit den Gegenständen, wie sie an sich sind, zusammenhalten und vergleichen können. Allein dieses ist eine Unmöglichkeit, weil ich die Gegenstände nicht anders kenne, als nur durch meine Vorstellungen von ihnen. Ich kann nie über die Bilder, in denen sie mir erscheinen, hinaus auf sie selbst blicken, um zu sehen, ob diese Bilder mit ihnen übereinstimmen oder nicht. — B. Eben daraus, daß dieses etwas an sich selbst Unmögliches ist, kannst du schließen, daß es unbillig sei, es zu fordern. Wirklich wirst du zu dieser Forderung auch nur durch einen mißverständlichen Ausdruck, dessen man sich in der Erklärung des Begriffes der *Wahrheit* zu bedienen pflegt, verleitet. Man hat dir vermutlich gesagt, daß die Wahrheit (nämlich die transzendentale[1]) in einer gewissen Übereinstimmung unserer Vorstellungen mit jenen Gegenständen, auf welche sie sich beziehen, bestände. Dieses / war aber kein völlig richtiger Ausdruck, sondern man hätte sagen sollen, daß unsere Urteile wahr sind, wenn wir mit unserer Vorstellung von einem gewissen Gegenstande die Vorstellung von einer solchen Beschaffenheit verknüpfen, welche er wirklich hat. Um dich sonach von der Wahrheit deiner Urteile zu überzeugen, hast du nicht notwendig, deine Vorstellungen von den Gegenständen mit diesen selbst zu vergleichen; was auch offenbar ganz überflüssig wäre, weil du im voraus wissen kannst, daß deine Vorstellungen von den Gegenständen mit ihnen selbst übereinstimmen. Denn wenn eine deiner Vorstel-

---

[1] Cf. Zus.fassg. zu § 29.

lungen mit einem gewissen Gegenstande nicht übereinstimmet, so ist sie eben deshalb nicht eine Vorstellung von diesem, sondern von irgendeinem anderen Gegenstande, nämlich demjenigen, mit dem sie übereinstimmt. Erinnern muß ich dich jedoch, daß du dir diese *Übereinstimmung* zwischen einer Vorstellung und dem Einen oder den mehreren Gegenständen, auf welche sie sich bezieht, oder deren Vorstellung sie ist, keineswegs als eine Art von *Ähnlichkeit* zu denken habest. Die Vorstellung: „Etwas", und die Dinge, auf welche sie sich beziehet (d. h. alle, die es überhaupt nur gibt) stehen nichts weniger als in dem Verhältnisse einer gewissen Ähnlichkeit miteinander. Nicht in der Ähnlichkeit, sondern in einer ganz andern eigentümlichen Beschaffenheit einer gegebenen Vorstellung liegt es, daß sie gerade diesen und jenen, oder auch gar keinen Gegenstand vorstellt. Um also dich von der Wahrheit eines gegebenen Satzes zu überzeugen, hast du ganz andere Mittel nötig, als eine jeder Zeit unmögliche Vergleichung der Vorstellungen mit den Dingen, auf welche sie sich beziehen, oder welche sie vorstellen. Die vollständige Aufzählung dieser Mittel kann erst in der Folge vorkommen; von einigen derselben aber will ich dir gleich jetzt nur so viel sagen, als ohngefähr hinreichen dürfte, um ihre Möglichkeit zu begreifen, vorausgesetzt, daß dir die Bedeutung der etlichen Kunstworte, deren ich mich hierbei bedienen muß, nicht unbekannt ist. Wenn der gegebene Satz aus bloßen *Begriffen* bestehet, wie z. B. der Satz, daß Tugend Achtung verdiene, oder daß je zwei Seiten eines Dreiecks zusammengenommen größer sind als die dritte u. dgl.; dann hängt die Wahrheit oder Falschheit desselben bloß von der Beschaffenheit dieser / Begriffe ab; und es wird also, wenigstens in sehr vielen Fällen, um dich von seiner Wahrheit zu überzeugen, nichts anderes erfordert, als daß du die Begriffe selbst, aus denen er zusammengesetzt ist, aufmerksam betrachtest. So ist es dir möglich, die Wahrheit, daß Tugend Achtung verdiene, zu erkennen schon darum, weil du die Begriffe von Tugend, von Achtung und von Verdienen wirklich besitzest. Man könnte nicht sagen, daß du einen gewissen Begriff besitzest, wenn du denselben nicht von andern unterschiedest, d. h. nicht wüßtest, daß sich mit ihm gewisse andere zu einem wahren Satze vereinigen lassen, welche mit einem anderen Begriffe sich nicht vereinigen lassen. Wahrheiten dieser Art also (reine *Begriffswahrheiten*) erkennest du kraft dessen, daß du die Begriffe, aus welchen sie zusammengesetzt sind, kennest. Ein anderes ist es bei Urteilen, die *Anschauungen* von gewissen, außerhalb deiner Vorstellung bestehenden Gegenständen enthalten. Diese sind entweder von der Art, wie folgendes: *Dies* (was ich hier eben sehe) *ist etwas Rotes;* wo die Subjektvorstellung des Satzes eine einfache Anschauung (Dies), die Prädikatvorstellung ein Begriff (Rot) ist; oder es sind Sätze von folgender Art, wie: „*Derselbe Gegenstand, der die Anschau-*

ung A in mir hervorbringt, ist auch die Ursache von der Anschauung B, die ich habe". Von dieser letztern Art ist z. B. das Urteil: „Der angenehme Geruch, den ich soeben empfinde, wird von dem roten Gegenstande, den ich hier vor mir sehe (der Rose), bewirkt".[2]) — Urteile solcher Art, wie jenes erstere, unterliegen gar keiner Möglichkeit eines Irrtums; und du bildest sie unmittelbar kraft der zwei Vorstellungen, aus denen sie bestehen. Was aber die Sätze der zweiten Art (ich nenne sie eigentliche *Erfahrungssätze*) anlangt: so hängt ihre Wahrheit freilich nicht lediglich von deinen Vorstellungen (von den Vorstellungen: rot, Rosengeruch u. dgl.), sondern auch von der Beschaffenheit der äußern Gegenstände, die durch sie vorgestellt werden, selbst ab. Gleichwohl ist es zur Überzeugung auch von der Wahrheit *solcher* Sätze nicht nötig, daß du nebst den Vorstellungen, welche die Gegenstände in dir hervorbringen, noch eine Kenntnis davon, wie sie an sich sind, erhieltest, d. h. erführest, was für Wirkungen sie außer / denjenigen, die sie in dir erzeugen, noch sonst hervorbringen können. Denn da du nichts anderes behauptest, als daß der Gegenstand, der die Anschauung A in dir hervorbringt, auch eben derselbe sei, der die Anschauung B in dir verursacht hat: so redest du nur von Wirkungen, welche gewisse Gegenstände auf *dich*, nicht aber von solchen, die sie auf andere Wesen äußern. Um dich nun von der Wahrheit eines solchen Satzes, wenn auch nicht mit der völligsten Gewißheit, doch mit genügender Wahrscheinlichkeit zu versichern, brauchst du nichts anderes, als vielfältig wahrgenommen zu haben, daß die Anschauungen *A* und *B* gleichzeitig eintreten. In der Folge wirst du erkennen, daß alle deine Urteile zu den jetzt aufgezählten Arten von Sätzen gehören, und daß es somit niemals nötig werde, über deine Vorstellungen hinauszugehen, um dich von der Wahrheit deiner Urteile versichern zu können.

A. So vieles Vertrauen ich auch zu meinen Urteilen zu fassen willens wäre, so wird mir doch immer wieder alles von neuem zweifelhaft, wenn ich erwäge, wie überaus oft wir Menschen in unsern Urteilen, selbst in denjenigen, die wir mit größter Zuversicht fällen, uns widersprechen und also sicher irren. Wie oft schon habe ich etwas für eine unumstößliche Wahrheit gehalten, und hinterher doch es als einen Irrtum erkannt! — B. Weil du kein Mißtrauen in die Erfahrung setzest, daß du dich öfters schon in deinen Urteilen geirrt: so überlege doch, woher dies gekommen? Es kann gewiß nur auf eine von folgenden drei Arten geschehen, daß sich ein Irrtum in unsere Urteile einschleicht. Entweder unsere Seele ist so eingerichtet, daß sich selbst unter den Urteilen, welche sie *unmittelbar*, d. h. nicht erst durch Ableitung aus anderen erzeugt, einige falsche befinden; oder es sind einige der *Schlußweisen*, deren wir uns zur Ablei-

---

[2] Zum Unterschied von Begriffs- und Anschauungssätzen cf. § 133.

tung der gefolgerten Urteile aus den unmittelbaren bedienen, unrichtig; oder endlich einer der Sätze, die wir nach einem bloßen Schlusse der *Wahrscheinlichkeit* ableiten, die somit nicht gewiß, sondern nur wahrscheinlich sind, ist falsch. Wolltest du einen der beiden ersteren Fälle als möglich gelten lassen, d. h. als möglich gelten lassen, daß irgendeines deiner unmittelbar gefällten Urteile falsch sei, oder daß eine der Schlußarten, deren du dich unmittelbar bedienest, unrichtig / sein könne: dann müßtest du nicht bloß einigen, sondern *allen* deinen unmittelbaren Urteilen und Schlußweisen mißtrauen; denn alle haben nur eine und dieselbe Bürgschaft für sich, dein unmittelbares Bewußtsein. Um so mehr müßtest du dann auch allen Urteilen, die du aus andern ableitest, mißtrauen, du müßtest also dein gesamtes Urteilen überhaupt aufgeben. Weil du dies nicht vermagst; weil du im Gegenteil gewiß bist, wenigstens einige Wahrheiten zu erkennen: so mußt du schließen, daß mindestens in demjenigen Teile deiner Urteile, welche du unmittelbar bildest, ingleichen auch in denjenigen Schlußweisen, die du nicht erst aus andern ableitest, gewiß nichts Irriges liege. Daß aber auf die dritte oben bezeichnete Weise, nämlich indem du Sätze, welche bloße Wahrscheinlichkeit haben, mit einem dieser Wahrscheinlichkeit angemessenen Grade der Zuversicht annimmst, Irrtümer sich in deine Urteile einschleichen können: das allerdings darfst du dir nicht verhehlen. Du handelst vielmehr vernünftig, wenn du bei Gegenständen, wo der Zweifel entweder gar keine, oder doch eine viel geringere Unbequemlichkeit hat, als ein sehr zuversichtliches Urteil, wenn es doch unrichtig sein sollte, — der Möglichkeit dieses Irrtums fleißig eingedenk bist, um so den Grad deiner Zuversicht gehörig herabzustimmen. Doch ebenso vernünftig handelst du auch, wenn du in Fällen, wo das Gegenteil statthat, d. h. wo der Zweifel einen entschieden größeren Schaden verursacht, als selbst der Irrtum verursachen könnte, dein Urteil nicht zurückhältst; ja, um nicht ohne Not dich zu beunruhigen, deine Aufmerksamkeit von dem Umstande, daß auch hier noch ein Irrtum nicht schlechterdings unmöglich sei, lieber ganz abziehest. Du handelst, sage ich, dann vernünftig; weil es vernünftig ist, wenn wir einer Gefahr auf keinen Fall ganz entgehen können, dasjenige zu wählen, wobei wir weniger gefährden. So mögen es z. B. immerhin bloße Schlüsse der Wahrscheinlichkeit sein, nach denen du urteilst, daß eine gewisse Speise nicht Gift sei: demungeachtet, da — wenn du wegen dieser Möglichkeit einer Vergiftung gar keine Speise genießen wolltest, du mit derselben, ja mit noch größerer Wahrscheinlichkeit erwarten müßtest, daß du dein Leben einbüßen werdest; so handelst du gewiß vernünftig, wenn du, auf jene Möglichkeit nicht achtend, / die Speise wohlgemut zu dir nimmst. Im allgemeinen also soll die Erfahrung, daß du dich öfters schon geirrt, und die Einsicht in den Umstand, daß du auch für die Zukunft dich dieser Gefahr, zu irren, nicht ganz entziehen könnest, wohl dich in deinen Urteilen *vorsichtig* machen, nicht aber dir ein Mißtrauen gegen *alle* deine Urteile einflößen, oder, was ebensoviel heißt, dich von allem Urteilen überhaupt abhalten.

A. Es gibt aber Irrtümer, denen man durch keine, auch noch so große Vorsicht ausweichen kann; wie die Zustände des Traumes, der Verrücktheit und andere ähnliche beweisen. Im Traume glaubt auch der besonnenste Mensch Dinge zu sehen und zu hören, welche er nach seinem Erwachen für eine bloße Ausgeburt seiner Einbildungskraft erklären wird. Ein Gleiches begegnet dem Fieberkranken, dem Wahnsinnigen u. a. — B. Bemerke zuerst, daß alle Irrtümer, in welche der Träumende oder der Wahnsinnige verfällt, nicht zu derjenigen Art von Urteilen gehören, welche ich vorhin als ganz irrtumslos bezeichnete, welche wir nämlich *unmittelbar* erzeugen; sondern daß es immer nur Urteile sind, die aus gewissen andern gefolgert, und zwar durch einen *bloßen* Schluß der Wahrscheinlichkeit gefolgert sind. Wenn z. B. der Fieberkranke über den hohen Hitzegrad in seiner Stube klagt, während es doch sehr kalt darin ist: so irret er nicht in dem unmittelbaren Wahrnehmungsurteile, daß er Hitze empfinde; sondern lediglich in der (immer nur mit Wahrscheinlichkeit möglichen) Beurteilung der Ursache dieser Empfindung, die er im Ofen sucht, während sie eigentlich in seinem Körper liegt. Wahr bleibt es aber freilich, daß dergleichen Irrtümer uns manchen wichtigen Nachteil zuziehen können, besonders wenn wir — wie dieses nicht im gewöhnlichen Traume, wohl aber in der Fieberhitze oder im Wahnsinne geschieht, — durch unsere Einbildungen zu Taten fortgerissen werden. Allein daß wir uns ebensooft und -sosehr, wie es in diesen außerordentlichen Fällen geschieht, auch im gesunden und wachen Zustande irren und schaden werden, haben wir keineswegs zu besorgen. Denn wie es in jenen außerordentlichen Fällen geschehe, daß wir so irrige Urteile fällen, das wissen wir uns im allgemeinen / genügend zu erklären. Wir glauben in solchen Zuständen nur darum diese und jene Dinge vor unsern Sinnen zu haben, weil in unserm Leibe Veränderungen von einer solchen Art vor sich gehen, dergleichen im gesunden und wachen Zustande nur eintreten, wenn solche Gegenstände in der Tat vor uns sind. Im Schlafe ist es überdies die Geschlossenheit unserer Sinne, die eine doppelte Veranlassung zu solchen Irrungen darbeut. a) Aus Mangel frischer Eindrücke ersteigen einige der Vorstellungen, welche die bloße sogenannte Assoziation der Ideen herbeigeführt, einen so hohen Grad der Lebhaftigkeit, wie er im wachen Zustande sich nur bei Vorstellungen findet, welche ein wirklicher äußerer Gegenstand durch seine Einwirkung hervorbringt. b) Solange wir wach sind, belehren uns die mannigfaltigsten Eindrücke der uns umgebenden Außenwelt mit jedem Augenblicke davon, daß jene Gegenstände, die unsere bloße Einbildungs-

2. Von der Erkennbarkeit der Wahrheit. §§ 34—45

kraft uns vormalt, nur ihre Erzeugnisse sind, weil die Empfindungen, welche wir nebenbei haben, zu ihrem wirklichen Dasein nicht stimmen. Im Schlafe aber fällt diese Belehrung hinweg, und wir können somit nicht füglich unterscheiden, ob die uns vorschwebenden Bilder durch einen äußeren Eindruck, oder durch die bloße Tätigkeit unserer Einbildungskraft erzeugt sind. Da wir sonach uns zu erklären wissen, woher es im Traume und in gewissen andern außergewöhnlichen Zuständen komme, daß wir die bloßen Spiele der Einbildungskraft für Bilder der Wirklichkeit halten; da wir uns aber nicht ebensogut zu erklären wissen, wie es geschehen könnte, daß wir auch selbst im wachen und gesunden Zustande, und bei Beobachtung aller Regeln der Vorsicht getäuscht werden sollten: so ist wohl kein gleicher Grund für die Besorgnis eines Irrtums in diesem letzteren Falle, wie in dem ersteren vorhanden.

A. Ich gebe zu, daß die Gefahr des Irrens im wachen Zustande und bei gesundem Verstande für den Menschen geringer sei, als wenn er schläft oder wahnsinnig ist; allein wie können wir uns davon versichern, daß wir nicht eben jetzt nur träumen oder im Irrwahne sind? Glaubt nicht ein jeder Träumende zu wachen, und weiß der Verrückte davon, daß er es ist? — B. Weder der Schlafende, noch der Verrückte besitzen, solange sie sich in diesem Zustande befinden, / die Fähigkeit, zu erkennen, daß sie in einem solchen Zustande sind: wohl aber demjenigen, der in der Tat wach und bei gesundem Verstande ist, wohnet eben deshalb das Vermögen bei, sich auch davon, daß er in einem solchen, für die Erkenntnis der Wahrheit günstigen Zustande sei, befriedigend zu versichern. Denn was erstlich das *Wachen* belangt, besorgest du etwa im Ernste, daß du jetzt eben vielleicht nur schlafen mögest? Du bist dir vielleicht nicht deutlich bewußt, aus welchen *Kennzeichen* du es entnehmest, daß du wach seiest; aber du hast darum doch dergleichen Kennzeichen, und bist in der Tat imstande, dieses mit so viel Sicherheit zu unterscheiden, daß es dir nicht einmal möglich wäre, Dich selbst, wenn du wolltest, zu überreden, daß du jetzt schlafest, schlafest in dem Sinne, in welchem du etwa diese vergangene Nacht geschlafen. Nur in höchst seltenen Fällen, wenn uns etwas ganz Unerklärliches zustößt, geraten wir für einen Augenblick in die Versuchung, zu zweifeln, ob wir nicht eben jetzt träumen, oder vielmehr geträumet haben? Doch ein paar Augenblicke der Besinnung, und wir sind uns schon wieder völlig gewiß, daß wir — jetzt wenigstens wach sind.*) Ich glaube dir auch die Zeichen angeben zu können, aus welchen wir dies entnehmen. Wir erkennen es aus jener eigentümlichen Art, wie die Vorstellungen der uns umgebenden äußeren Gegenstände,

---

* Darüber, ob wir nicht etwa *vorhin* geträumet, kann in gewissen Fällen wohl ein Zweifel übrig bleiben.

sooft wir wach sind, aufeinander folgen. Die Erfahrungen nämlich, welche wir täglich in unserm wachen Zustande machen, setzen uns innerhalb weniger Jahre schon in den Stand, aus der jeweiligen Beschaffenheit der Anschauungen, die wir soeben haben, zu beurteilen, was für Anschauungen nachfolgen werden, wenn wir so oder anders uns betragen, namentlich diese oder jene Bewegungen mit den Gliedmaßen unseres Leibes vornehmen werden. Tritt nun das wirklich ein, was wir zufolge dieser Erfahrungsgesetze erwarten: so erkennen wir hieraus, daß wir nicht träumen, sondern wach sind. Wenn du z. B. die Anschauungen hast, die eine Rose durch Einwirkung auf das Gesichtsorgan hervorzubringen pflegt: so erwartest du bei mehrer Annäherung an / diesen Gegenstand auch jenen eigentümlichen Geruch, den eine Rose hat, zu verspüren; und bei Berührung der Teile, die deinem Auge sich als Dornen darstellen, einen gewissen Schmerz zu empfinden. Erfolgt nun alles dies in der Tat: so weißt du, daß du jetzt nicht von einer Rose bloß träumest, sondern sie wachend vor dir hast. — Doch es gibt, ich gestehe es dir, auch für den Wachenden noch manche fehlerhafte Zustände, die eine nähere Veranlassung zum Irrtume enthalten. Es kann sich erstlich ereignen, daß ein und das andere Sinneswerkzeug bei uns eine andere Einrichtung hat, als bei den übrigen Menschen; ein Umstand, der uns Veranlassung zum Irrtume geben kann, sofern wir aus der Art, wie ein gewisser sinnlicher Gegenstand *uns* erscheinet, sofort den Schluß ziehen wollen, daß er auch andern so erscheinen müsse. Es kann sich ferner auch die Beschaffenheit eines unserer Sinneswerkzeuge allmählich selbst verändern; und wenn dies ohne unser Wissen geschieht, so wird es Anlaß zu Irrungen geben, sofern wir bloß daraus, weil ein Gegenstand *ehedem* so oder so von uns empfunden wurde, erwarten, daß er auch *jetzt noch* dieselben Empfindungen in uns hervorbringen werde. Es kann sich endlich durch Krankheiten, Leidenschaft, vieljährige Gewohnheit u. dgl. ein Zustand in unserm Gemüte erzeugen, der es uns mehr oder weniger unmöglich macht, bestimmte Gegenstände auf eine der Wahrheit gemäße Art zu beurteilen, bloß darum, weil gewisse Vorstellungen unserer Einbildungskraft eine solche Stärke erreichten, daß wir sie für Anschauungen eines wirklich vorhandenen Gegenstandes halten, oder weil uns gewisse irrige Ansichten schon so geläufig geworden sind, daß sie sich immer wieder uns aufdrängen, oder weil wir die Kraft verloren haben, die unserm Irrtume entgegenstehenden Gründe mit Unbefangenheit zu betrachten und abzuwiegen. Unter den Zuständen, welche ich hier beschrieb, sind die Verrücktheit, der Wahnsinn und andere ähnliche nur als besondere Arten enthalten. Ich behaupte aber, daß es für jemand, bei welchem keiner dieser Zustände statthat, ja zuweilen sogar für jemand, der sich in einem derselben befindet, durch Nachdenken und Beobachtung möglich

2. Von der Erkennbarkeit der Wahrheit. §§ 34—45   57

sei, zur Gewißheit darüber zu kommen, was bei ihm selbst der Fall sei. Denn was zuerst den Zustand unserer Sinneswerkzeuge/ belangt: so ist es eben nicht schwer, uns zu unterrichten, ob irgendeine Eigenheit bei denselben, die uns zu irrigen Urteilen veranlassen könnte, entweder ursprünglich obwalte, oder erst mit der Zeit entstanden sei. Wir brauchen nur die Eindrücke (Anschauungen und Empfindungen), die ein und derselbe Gegenstand zu verschiedenen Zeiten auf unsere Sinne macht, miteinander zu vergleichen, wie auch darauf zu merken, ob andere den Gegenstand auf eine ähnliche Weise, wie wir, beurteilen, und wir werden uns hinlänglich überzeugen können, ob und inwiefern sich die Einrichtung unserer Organe geändert habe, und mit der Einrichtung anderer einstimme. Wenn ferner unser Bewußtsein uns sagt, daß wir für keine unserer Meinungen, wenigstens nicht für die eben in Rede stehende, eine leidenschaftliche Vorliebe haben; daß wir auf alle Gründe, die unserer Ansicht entgegenzustehen scheinen, aufmerksam sind; wenn der Gegenstand, worüber wir anders als andere denken, zu seiner richtigen Beurteilung gewisser Beobachtungen bedarf, zu deren Anstellung jene keine Gelegenheit hatten; wenn sich ihr abweichendes Urteil daraus erklären läßt, daß sie dem Gegenstande noch keine so genaue Aufmerksamkeit geschenkt; wenn alle, die sich mit unsern Gründen bekannter gemacht, auf unsere Seite treten; wenn uns selbst andere und unverdächtige Menschen das Zeugnis geben, daß wir nicht zu der Klasse der verblendeten, von ihrer allzu lebhaften Einbildungskraft beherrschten Menschen gehören: dann haben wir wohl keinen Grund, zu besorgen, daß wir, wie man zu sagen pflegt, nicht bei gesundem Verstande wären.

A. Wohl, aber sind wir auch selbst in dem Zustande, den wir einen gesunden und wachen nennen, sicher genug vor Täuschung? Könnten wir uns nicht auch noch hier in einem Traume von anderer Art befinden; in einem Traume, aus dem wir erst im Tode oder auch nie erwachen? — B. Wenn du durch dieses letztere nur sagen willst, daß uns die äußeren Gegenstände vielleicht ganz anders erscheinen werden, wenn wir nach unserem Tode in einen ganz andern Zustand geraten, oder erscheinen *würden*, falls wir, wann immer, in einen andern Zustand versetzt würden: so ist dies freilich wahr; es ist dies aber gar kein Beweis, daß wir uns gegenwärtig irren, wenn wir z. B. den Zucker süß, die Galle bitter/nennen usw.; soferne wir uns nur eingedenk bleiben, daß Süß, Bitter usw. Verhältnisse sind, in welchen die äußeren Gegenstände zu unserem Leibe, und beide zu unserer Seele stehen; Verhältnisse, in welchen mit der Zeit gar wohl eine Veränderung vorgehen kann, ja muß. Soll aber deine Vergleichung unsers gegenwärtigen Zustandes mit einem Traume den Sinn haben, daß wir auch wachend und bei gesundem Verstande uns ebensooft, wie im Traume, irren könnten, auch selbst in solchen Urteilen, die wir mit aller uns möglichen Vorsicht bilden: so muß ich dir mit Beziehung auf die schon früher angedeuteten Gründe widersprechen. Wir sind nicht irrtumslos, aber es gibt eine ganze Klasse unserer Urteile, in denen gar kein Irrtum Platz greifen kann, und es gibt andere, die einen so hohen Grad der Verlässigkeit haben, und eines solchen Inhaltes sind, daß wir vernünftig handeln, wenn wir uns durch den Gedanken an die Möglichkeit einer Irrung gar nicht beunruhigen lassen."

§ 43. Eines der sichersten und brauchbarsten Kennzeichen der Wahrheit

Ein solches hat man nach B. in der „Behauptung": „*Wenn sich ein Urteil, sooft wir es prüfen* (d. h. sooft wir unsere Aufmerksamkeit auf alle ihm scheinbar entgegenstehenden Vorstellungen richten) *immer von neuem bewährt*, d. h. immer von neuem uns aufdringt: *so verdient es wirklich unser Vertrauen,* d. h. so irren wir nicht, wenn wir uns durch die Betrachtung dieses Umstandes bestimmen lassen, es um so zuversichtlicher zu fällen."

§ 44. Einiges über die bisher gewöhnliche Behandlung dieses Gegenstandes

Schon *Augustinus* habe sich des Satzes: ‚*Ich habe Vorstellungen*' „zur Heilung des Skeptizismus" bedient; und auch das ‚*Cogito, ergo sum*' *Descartes*' „gehet auf dasselbe hinaus". B. rechtfertigt den „Cartesianischen Schluß" u. a. gegen den Einwand, daß „der Begriff des Seins schon in dem Vordersatze *Cogito* vorkommen solle". Zwar könne der Satz: „Ich denke" auch: „Ich *bin* denkend" ausgedrückt werden; aber hier komme das Wort *bin* als Kopula vor und enthalte nicht den Begriff eines Seins, wie in dem Satze: *Ich bin;* man gebrauche die Kopula *Ist* nämlich „auch in Sätzen, deren Subjekt nichts Existierendes ist, z. B.: das Unmögliche ist auch nichts Wirkliches".

Im Folgenden setzt sich B. mit „Weltweisen", die den „völligen Skeptizismus ... für unwiderleglich erklärten", auseinander (er nennt u. a. *L. Euler, Briefe an eine dtsche Prinzessin* Nr. 97). Er unterscheidet zwei Widerlegungsbegriffe: 1. ‚widerlegen' im Sinne von: „jemanden zwingen, daß er uns seinen Irrtum *eingestehe*"; 2. ‚widerlegen' in der Bedeutung: „machen, daß jemand seinen Irrtum *innerlich* fühle, und zwar erst, wenn er auf unsere Worte *aufgemerkt* hat". Seine Behauptung, der Skeptiker sei zu widerlegen, schränkt B. auf eine Widerlegung in der zweiten aufgeführten Bedeutung ein. B. führt dazu auch

2. Von der Erkennbarkeit der Wahrheit. §§ 34—45

an, der Skeptiker verlasse sich nur „in den Stunden müßigen Nachdenkens" nicht auf seine Urteile. Der Zweifel an einer Wahrheit sei nicht ins Belieben des Menschen gestellt: „Ob wir ... dieses *Vertrauen* zu einer Wahrheit fassen oder nicht fassen, das kommt nicht immer auf unseren *freien Willen* an ...", sondern auf die Beschaffenheit jener Vorstellungen, aus deren Verbindung diese Wahrheit besteht, auf die Art unserer Betrachtung derselben, und auf die Vorstellungen, die sich zu eben der Zeit in unserem Bewußtsein noch nebenbei einfinden."

B. geht u. a. noch auf das Verhältnis der *kritischen Philosophie* zum Skeptizismus ein. Zwar habe *Kant* mehrfach „den Skeptizismus ausdrücklich für einen Irrtum erklärt, und die Unfähigkeit, ihn zu widerlegen, ein Skandal der Philosophie und allgemeinen Menschenvernunft genannt" (cf. B XXXIX, Anm.), gleichwohl habe man z. T. den „kritischen Idealismus für etwas nicht viel Besseres als Skeptizismus" angesehen. B. fährt fort: „Die Kritik lehrt nämlich mit dürren Worten, daß man nur *Erscheinungsdinge* oder *Phänomena*, d. h. nur Gegenstände einer entweder wirklichen oder doch möglichen *Erfahrung* — nicht aber *Dinge überhaupt* oder *an sich* oder *Noumena* synthetisch beurteilen, d. h. etwas über sie aussagen könne, was nicht schon in dem Begriffe derselben gedacht wird. Billig fragen wir da, was wir uns unter den Ausdrücken: *„Ding überhaupt", „Ding an sich"* oder *„Noumenon"* vorstellen sollen? Gewöhnlich pflegt man sonst durch den Beisatz: *„Überhaupt"* oder *„An sich"* anzudeuten, daß der Begriff des Wortes, das man mit diesem Beisatze verbindet, in seiner völligen Allgemeinheit, ohne irgendeine stillschweigend hinzuzudenkende Beschränkung genommen werden soll[1]); und so wäre denn der Begriff eines *Dinges überhaupt* der höchste aller Begriffe, der eines Gegenstandes oder Etwas. Dann aber wäre es sehr ungereimt zu sagen, daß wir wohl von Erscheinungsdingen, d. h. von einer besonderen *Art* von Dingen, nicht aber von Dingen überhaupt etwas zu erkennen vermöchten. Denn wer gewisse Arten kennt, von dem kann man nicht sagen, daß ihm die ganze Gattung, zu der diese Arten gehören, unbekannt sei. So kann man von demjenigen, der mehrere Eigenschaften der ebenen Figuren kennt, nicht sagen, daß er von Figuren überhaupt nichts wisse. Notwendig also müssen die kritischen Philosophen unter den *Dingen an sich* oder *Noumenen* etwas anderes als Dinge überhaupt verstehen. Aus jenem Gegensatze, den sie zwischen ihnen und den Phänomenen machen, muß man vielmehr schließen, daß Dinge an sich ihnen nur alle die übrigen Dinge, die es noch nebst den Phänomenen gibt, d. h. nur alle solchen Dinge heißen, die nicht *erfahren*, d. i. nicht von uns angeschaut werden können. Sie behaupten sonach, daß wir über keinen Gegenstand, der nicht von

---

[1] Cf. § 57, 1.

uns *angeschaut* werden kann, synthetisch urteilen können, und folgern hieraus, daß es uns unmöglich sei, zur Erkenntnis irgendeiner — Gott, unsere Seele, und jeden andern übersinnlichen Gegenstand betreffenden Wahrheit, von welcher Wichtigkeit sie auch für uns sein möchte, zu gelangen. Das ist nun freilich kein gänzlicher, aber doch solcher Skeptizismus, der uns gerade dort zweifeln macht, wo es am nötigsten für uns wäre, nicht zu zweifeln."

Den *Subjektivismus* und *Relativismus* (*Abicht, Krug* u. a.) glaubt B. nur darin vom Skeptizismus unterschieden, „daß man sich noch das Recht, zu urteilen, obgleich es bei dieser Ansicht nur als ein Recht, methodisch zu irren, erscheint, aus dem Grunde vorbehält, weil unsere Irrtümer nie eine Widerlegung zu besorgen haben". 198

„Einen ganz eigenen Weg zur Widerlegung des Skeptizismus" schlage die *Identitätsphilosophie* (*Schelling* u. a.) ein, die zu bemerken glaube, „daß keine vollkommene Wahrheit stattfinden könnte, wenn nicht das Subjektive und das Objektive, die Vorstellung und ihr Gegenstand in einer gewissen Rücksicht ein und dasselbe wären". B. meint, „daß diese Verirrung durch die bisher gewöhnliche Erklärung der Wahrheit begünstigt worden sei". Er begründet dies so: „Denn wenn man die Wahrheit für's erste schon nicht als ein Prädikat bloßer Vorstellungen, sondern nur ganzer Sätze, ferner nicht als eine nur den gedachten, sondern als eine auch objektiven Sätzen zukommende Beschaffenheit betrachtet, endlich nicht durch das vieldeutige Wort *Übereinstimmung,* sondern nur dadurch erklärt hätte, daß sie diejenige Beschaffenheit eines Satzes sei, zufolge der er gewissen Gegenständen eine Beschaffenheit beilegt, die ihnen wirklich zukommt[2]): gewiß dann würde es unsern Identitätsphilosophen, wenn nicht unmöglich, doch bei weitem schwerer geworden sein, ihr Identifizieren hier anzubringen." 199 200

§ 45. Einiges über die in andern Lehrbüchern vorkommenden obersten Denkgesetze

B. wendet sich gegen Theorien, nach denen im Widerspruchsprinzip, in dem Satz vom ausgeschlossenen Dritten, dem Identitätsprinzip oder anderen ähnlichen so genannten „obersten Denkgesetzen" der „Grund aller Wahrheit im Denken" zu finden sei. Aus ihnen seien keine „der Rede werten" Wahrheiten abzuleiten. B. erscheint es auch unangemessen, sie als „formelle" oder „negative" Kriterien der Wahrheit zu bezeichnen. Zwar dürfe ihnen keine Wahrheit widersprechen; das gelte aber für jeden wahren Satz. Auch daß diese Sätze „etwas aussagen, das 201 202 203

---

[2] Cf. § 28, ferner § 42, oben S. 50.

2. Von der Erkennbarkeit der Wahrheit. §§ 34—45

sich auf alle Wahrheiten *anwenden* läßt", hätten sie mit vielen anderen Sätzen der Logik gemein. Die Redeweise „oberste Denkgesetze" hält B. ferner deswegen für ungeeignet, „weil dieser Name Veranlassung gibt, sich vorzustellen, als ob es Gesetze wären, an welche sich bloß unser (menschliches) *Denken* gebunden findet". Nach seiner Meinung „drücken diese Sätze eine den Dingen an sich selbst zukommende Beschaffenheit aus" und gehören daher in die Ontologie („worin sie bereits *Wolff* vortrug").

ZWEITER TEIL

Elementarlehre

§ 46. *Zweck, Inhalt und Abteilungen dieses Teiles*

Da uns die Logik Anweisung geben soll, wie wir das ganze Gebiet der Wahrheit in mehrere einzelne Wissenschaften zerlegen, und diese in eigenen Lehrbüchern darstellen können: so muß sie uns notwendig erst mit gewissen Beschaffenheiten, welche den Wahrheiten oder auch nur den Sätzen überhaupt zukommen, bekannt machen. Die gute Ordnung fordert, daß die Beschaffenheiten, welche den *Sätzen* überhaupt zukommen, früher als jene, die nur an *wahren* Sätzen sich finden, abgehandelt werden. Da aber jeder Satz aus gewissen, noch einfacheren Teilen, nämlich aus bloßen *Vorstellungen* bestehet: so wird es zweckmäßig sein, bevor wir die Beschaffenheiten der Sätze abhandeln, erst von den bloßen Vorstellungen zu reden. Da es sich ferner schon bei Betrachtung der Sätze überhaupt, mehr aber noch bei Betrachtung der wahren Sätze oder der Wahrheiten zeigen wird, daß es eine ganz eigene Gattung der letzteren gebe, deren Wesen darin bestehet, daß sie bald das Verhältnis einer bloßen *Ableitbarkeit,* bald sogar das einer eigentlichen *Abfolge* zwischen gegebenen Sätzen aussagen, und daß die Kenntnis dieser Wahrheiten, welche man insgemein *Schlüsse* zu nennen pflegt, für die Zwecke der Logik von großer Wichtigkeit sei: so wird es sich geziemen, auf die Lehre von den wahren Sätzen noch eine eigene Abhandlung folgen zu lassen, die mit den *brauchbarsten Schlußarten* bekannt macht. Und so wird also der Teil, an dessen Eingange wir jetzt stehen, / in folgende vier Abteilungen, die ich *Hauptstücke* nennen will, zerfallen:

Erstes Hauptstück: Die Lehre von den Vorstellungen an sich.
Zweites Hauptstück: Die Lehre von den Sätzen an sich.
Drittes Hauptstück: Die Lehre von den wahren Sätzen.
Viertes Hauptstück: Die Lehre von den Schlüssen.

Solange es noch keine für sich bestehende Wissenschaft gibt, in welcher die jetzt genannten Gegenstände gesondert abgehandelt werden, darf man es unserer Wissenschaft zu einem Verdienste anrechnen, wenn sie in der Abhandlung dieser Gegenstände auch ein und das andere aufnimmt, was für die Zwecke der Logik zwar eben von keiner sehr großen Brauchbarkeit ist, aber doch in irgendeiner anderen Hinsicht etwas Merkwürdiges hat.

Der Name *Elementarlehre,* den ich für diesen Teil von andern angenommen habe, paßt auf die Untersuchungen, die darin vorkommen sollen, insofern, als sie die einzelnen *Bestandteile* (Elemente) betreffen, aus deren Verbindung der Vortrag einer Wissenschaft in einem Lehrbuche entstehet. Denn aus Vorstellungen, Sätzen, insonderheit wahren Sätzen und Schlüssen, ist freilich alles, was man in einem Lehrbuche antrifft, zusammengesetzt.

Von den Vorstellungen an sich

§ 47. *Inhalt und Unterabteilungen dieses Hauptstückes*
Cf. Inhaltsverzeichnis S. LXV ff.

Erster Abschnitt

Von dem Begriffe einer Vorstellung an sich

§ 48. *Was der Verfasser unter Vorstellungen an sich und gehabten Vorstellungen verstehe*

1) Zwar habe ich mich des Wortes *Vorstellung* in dem Vorhergehenden schon öfters, und zuweilen selbst in Paragraphen bedient, die auch für Anfänger verständlich sein sollten. / Bei solchen Gelegenheiten nahm ich aber dies Wort entweder in einer Bedeutung, die ich als hinlänglich bekannt schon aus dem gemeinen Sprachgebrauch voraussetzen konnte, oder wenn es zuweilen in der mir eigenen Bedeutung vorkam, so geschah es in einem Zusammenhange und unter Beisätzen von einer solchen Art, daß man doch ungefähr erraten konnte, was ich darunter verstehe. Dieses ungefähre Erraten kann jedoch für die Zukunft nicht genügen; vielmehr fordert es die Wichtigkeit dieses Begriffes sowohl als seine Schwierigkeit, meine Leser durch eine eigends für diesen Zweck bestimmte Betrachtung so genau als möglich über ihn zu verständigen. Da sich indessen die Auffassung des Begriffes einer *Vorstellung an sich* gar sehr erleichtern läßt, wenn man den einer *Vorstellung* in der *gewöhnlichen* Bedeutung, die ich auch eine *gehabte* oder *subjektive* Vorstellung nenne, daneben stellt: so wollen wir hier um so lieber beide gleich in Vereinigung betrachten, je

1. Von den Vorstellungen an sich. §§ 47—114

gewisser es ist, daß beide gleiche Ansprüche haben, in den Vortrag der Logik aufgenommen zu werden.

2) Wer gehörig begriffen hat, was ich einen Satz an sich nenne, dem kann ich das, was eine *Vorstellung an sich,* oder zuweilen auch nur schlechtweg eine *Vorstellung,* auch eine *objektive* Vorstellung mir heißt, am besten und kürzesten dadurch verständlich machen, daß ich sage, es sei mir alles dasjenige, was als Bestandteil in einem Satze vorkommen kann, für sich allein aber noch keinen Satz ausmacht. So wird z. B. durch die Verbindung folgender Worte: „Cajus hat Klugheit" ein ganzer Satz ausgedrückt, durch das Wort Cajus allein aber wird etwas ausgedrückt, das, wie man eben sieht, einen Bestandteil in Sätzen abgeben kann, ob es gleich für sich allein noch keinen ganzen Satz bildet. Dies Etwas also nenne ich eine Vorstellung. Gleicherweise nenne ich auch dasjenige, was das Wort: „hat" bezeichnet, endlich auch, was das Wort Klugheit in jenem Satze anzeigt, Vorstellungen.

3) Hätte ich jemand vor mir, der den Begriff eines Satzes an sich noch nicht kennt: so würde ich ihm den einer Vorstellung an sich durch eine Ableitung von dem Begriffe, den dieses Wort in dem gemeinen Sprachgebrauch bezeichnet, / beizubringen suchen. Jeder weiß doch, oder wir können es ihm wenigstens leicht verständlich machen, was eine *Vorstellung* in der gewöhnlichen Bedeutung heiße. Sooft wir nämlich irgend etwas sehen, hören, fühlen, oder durch was immer für einen äußeren oder inneren Sinn wahrnehmen; sooft wir uns auch nur etwas einbilden oder denken, — ohne doch über dies alles zu urteilen, und etwas davon zu behaupten: so läßt sich allemal sagen, daß wir uns etwas *vorstellen.* Vorstellung also in dieser Bedeutung ist der allgemeine Name für die Erscheinungen in unserem Gemüte, deren besondere Arten wir mit den Benennungen: Sehen, Hören, Fühlen, Wahrnehmen, Sich einbilden, Denken u. dgl. bezeichnen, sofern es nur keine Urteile oder Behauptungen sind. So ist das, was ich sehe, wenn mir jemand eine Rose vorhält, eine Vorstellung, nämlich die Vorstellung von einer roten Farbe. Aber auch das, was ich bei mehrer Annäherung an diesen Gegenstand rieche, ist

eine Vorstellung, nämlich die von dem eigenen Geruche, den wir Rosengeruch nennen usw. Jede Vorstellung in dieser Bedeutung des Wortes setzt irgendein lebendiges Wesen als das *Subjekt*, in welchem sie vorgehet, voraus; und deshalb nenne ich sie *subjektiv*, oder auch *gedacht*. Die subjektive Vorstellung ist also etwas *Wirkliches;* sie hat zu der bestimmten Zeit, zu der sie vorgestellt wird, in dem Subjekte, welches dieselbe sich vorstellt, ein wirkliches Dasein; wie sie denn auch allerlei *Wirkungen* hervorbringt. Nicht also[1]) die zu jeder subjektiven Vorstellung gehörige *objektive* oder *Vorstellung an sich*, worunter ich ein nicht in dem Reiche der Wirklichkeit zu suchendes Etwas verstehe, welches den nächsten und unmittelbaren *Stoff* der subjektiven Vorstellung ausmacht. Diese objektive Vorstellung bedarf keines *Subjektes*, von dem sie vorgestellt werde, sondern bestehet — zwar nicht als etwas *Seiendes*, aber doch als ein gewisses *Etwas*, auch wenn kein einziges denkendes Wesen sie auffassen sollte, und sie wird dadurch, daß ein, zwei, drei oder mehr Wesen sie denken, nicht vervielfacht, wie die ihr zugehörige subjektive Vorstellung nun mehrfach vorhanden ist. Daher die Benennung *objektiv*. Die objektive Vorstellung, die irgendein *Wort* bezeichnet, ist, sofern dies Wort nur kein mehr- / deutiges ist, eben deshalb nur eine einzige; der subjektiven Vorstellungen aber, die dieses Wort erweckt, gibt es unzählige, und mit jedem Augenblicke wächst durch den Gebrauch dieses Wortes ihre Menge zu. Wir pflegen aber alle diejenigen subjektiven Vorstellungen, die einerlei objektive zu ihrem *Stoffe* haben, einander *gleich* zu nennen, wiefern wir auf die Unterschiede, welche sie etwa in ihrer Lebhaftigkeit usw. haben, nicht achten. So dürften z. B. die subjektiven Vorstellungen, die in dem Gemüte meiner Leser beim Anblick des hier folgenden Wortes *Nichts* entstehen, alle einander so ziemlich gleich sein; aber es sind derselben doch immer mehrere: die objektive Vorstellung dagegen, die dieses Wort bezeichnet, ist eine einzige. Hingegen bei dem Worte *Tor* sind selbst der objektiven Vorstellungen, die es bezeichnet, zwei, die wir

---

[1] „Nicht also ..." hier im Sinne von „Dies gilt nicht für ...".

lateinisch durch die Worte *porta* und *stultus* unterscheiden. Endlich kann es objektive Vorstellungen geben, welche — mit Ausnahme Gottes — von keinem einzigen denkenden Wesen in das Bewußtsein aufgenommen werden. Die Anzahl der Weinbeeren, welche im nächst vergangenen Sommer auf Italiens Boden gereift, ist eine Vorstellung an sich, wenn es auch niemand gibt, der diese Zahl sich wirklich denket usw.

§ 49. *Unterscheidung des Begriffes einer Vorstellung an sich von einigen mit ihm verwandten Begriffen*

Um nichts zu unterlassen, wodurch ich meinen Lesern die Auffassung des wirklich schwierigen Begriffes einer Vorstellung an sich erleichtern kann, muß ich auf seinen Unterschied von einigen andern, mit ihm verwandten Begriffen aufmerksam machen.

1) Wenn ich § praec. Nr. 3 aus Mangel eines besseren Wortes den Ausdruck gebrauchte, daß eine Vorstellung an sich der *Stoff* desjenigen sei, was eine Vorstellung in der gewöhnlichen oder subjektiven Bedeutung heißt: so könnte dies bald so ausgelegt werden, als ob ich unter der Vorstellung an sich nichts anderes, als den *Gegenstand,* auf den sich eine (gedachte) Vorstellung *beziehet,* verstände. Dies meine ich aber nicht, sondern den Gegenstand, auf den sich eine Vorstellung beziehet, oder (wie man ihn kürzer nennen kann) den *Gegenstand einer Vorstellung* will ich gar sehr von ihr selbst, nicht nur von einer gedachten, sondern auch von der ihr zu Grunde liegenden Vorstellung an sich, unterschieden wissen, dergestalt, daß ich verlange, wenn eine gedachte Vorstellung einen oder keinen, oder mehrere Gegenstände hat, auch der ihr zugehörigen objektiven Vorstellung einen oder keinen, oder mehrere Gegenstände, und zwar dieselben, beizulegen. Ich verstehe aber unter dem Gegenstande einer Vorstellung jenes (bald existierende, bald nicht existierende) Etwas, von dem wir zu sagen pflegen, daß sie es *vorstelle,* oder daß sie die Vorstellung *davon* sei. Am leichtesten faßt man, was der zu einer Vorstellung gehörige Gegenstand sein soll, wenn er ein wirklicher (existie-

render) Gegenstand ist. So wird mich gewiß jeder verstehen, wenn ich sage, daß *Sokrates, Plato* u. a. die Gegenstände wären, auf die sich die Vorstellung: Griechischer Weltweiser beziehet. Aus diesem Beispiele begreift man aber auch, wieviel Ursache man habe, den Gegenstand einer Vorstellung von ihr selbst, der gedachten nicht nur, sondern auch der ihr zugehörigen objektiven Vorstellung zu unterscheiden. Denn diese letztere ist, wie ich schon § praec. erinnerte, nie etwas *Existierendes;* der Gegenstand aber, auf den sich eine Vorstellung beziehet, kann allerdings, wie in dem gegenwärtigen Beispiele (Sokrates, Plato usw.) etwas Wirkliches sein. Hierzu kommt als ein weiterer Unterschied, daß es zu einer und derselben Vorstellung der Gegenstände, auf welche sie sich beziehet, zuweilen *mehrere* gibt, wie dieser Fall bei der nur angeführten Vorstellung: Griechischer Weltweiser stattfindet. — Nicht völlig so leicht ist es, die objektive Vorstellung und ihren Gegenstand (sofern sie einen hat) zu unterscheiden, wenn dieser nichts Existierendes ist. Inzwischen wird doch kaum jemand leugnen, daß ganz in demselben Sinne, in welchem gesagt werden kann, daß sich die Vorstellung: „Weltweiser" auf die Gegenstände: Sokrates, Plato usw. beziehet, auch die Vorstellung: „Satz" sich auf die Dinge beziehet, die man den pythagoräischen Lehrsatz, den Satz vom Hebel, den Satz vom Kräfteparallelogramm usw. nennt. Der einzige Unterschied ist, daß Sokrates, Plato etwas Existierendes, die / hier genannten Sätze aber, als Sätze an sich, nichts Existierendes sind. Endlich gibt es auch Vorstellungen, die gar keinen Gegenstand haben, wie die Vorstellungen: Nichts, $\sqrt{-1}$ usw. Eine Vorstellung (eine subjektive) ist doch dasjenige, was wir uns bei dem Worte Nichts denken, zuverlässig. Also muß es auch eine dieser subjektiven Vorstellung entsprechende objektive geben; aber an einen Gegenstand, den diese Vorstellungen hätten, ist freilich nicht zu denken. Wenn also eine Vorstellung an sich mehrere oder gar keinen, oder nur einen einzigen, aber existierenden Gegenstand hat, so ist der Unterschied zwischen ihr und ihrem Gegenstand wohl leicht genug zu erkennen. Am meisten kann man sich aber versucht fühlen, die objektive Vorstellung und ihren Gegenstand für ein und dasselbe zu halten, wenn eine subjektive Vorstellung nur einen einzigen Gegenstand hat, der überdies nichts Existierendes ist, z. B. die Vorstellung: oberstes Sittengesetz. Indessen wird man doch auch hier den Unterschied einsehen, wenn ich erinnere, der dieser subjektiven Vorstellung zu Grunde liegende *Stoff* müsse eine *Vorstellung* sein, während der *Gegenstand*, auf den sich diese Vorstellung (die subjektive sowohl als objektive) bezieht, ein *Satz* ist.

2) Noch weniger als den Gegenstand, auf den sich eine Vorstellung beziehet, darf man das *Wort*, welches zu ihrer Bezeichnung eingeführt ist, für sie selbst (für eine Vorstellung an sich) ansehen wollen. Ein Wort ist immer nur irgendein sinnlicher (zu bestimmter Zeit, an bestimmtem Orte vorhandener) Gegenstand, z. B. eine Verbindung von Tönen oder von Schriftzeichen u. dgl.; eine Vorstellung an sich aber ist, wie gesagt, nichts Existierendes. Auch gibt es Vorstellungen, und zwar nicht bloß objektive, sondern selbst subjektive Vorstellungen (Gedanken), für die wir gar keine Worte haben; und im Gegenteile haben wir oft mehrere Worte, welche nur eine und dieselbe objektive Vorstellung bezeichnen, z. B. die Worte Dreieck und Triangel. Unterschiede genug, um Worte und Vorstellungen nicht zu verwechseln.

3) Endlich ist noch zu bemerken, daß man das Wort Vorstellung nicht nur im Sprachgebrauche des gewöhnlichen Lebens, sondern auch in den Lehrbüchern der Logik oft in einer so weiten Bedeutung nimmt, daß man auch ganze Sätze und Urteile darunter begreift. Dieses geschieht z. B., sooft man von wahren oder falschen Vorstellungen spricht; denn nicht die Vorstellungen an sich, sondern nur Sätze oder Urteile können wahr oder falsch sein. Dies tun wir zuweilen, selbst wenn wir einen scheinbaren Gegensatz zwischen Urteil und Vorstellung machen; wie etwa in folgender Rede: „Die harten Urteile, die Cajus über mich ausspricht, sind eine Folge der Vorstellungen, die man ihm von mir beigebracht hat." Unter den Vorstellungen, die man dem Cajus von mir beigebracht hat, verstehe ich hier nichts anderes, als gewisse Urteile, deren Gegenstand *ich* bin. In einer so weiten Bedeutung soll nun das Wort Vorstellung,

wie ich schon § 48. Nr. 2 erinnerte, hier nicht genommen werden; daher dürfen wir auch Vorstellungen an sich nie als Sätze an sich, sondern immer nur als (wirkliche oder mögliche) Teile von solchen Sätzen ansehen. Dies wird uns jedoch nicht hindern, Vorstellungen zuzugestehen, die einen ganzen Satz, ja auch wohl mehrere Sätze selbst noch als Teile einschließen. Denn auch vollständige Sätze können mit gewissen anderen Vorstellungen auf eine solche Art verbunden werden, daß durch das Ganze, welches aus dieser Verbindung entstehet, nichts ausgesagt wird, wenn nicht noch etwas Mehres hinzukommt. Ein solches Ganze wird demnach noch nicht den Namen eines Satzes führen, sondern nur eine bloße Vorstellung genannt werden dürfen. So drücken z. B. die Worte: „Gott ist allmächtig" gewiß einen vollständigen Satz aus; und dieser Satz kommt auch in folgender Verbindung von Worten: „Die Erkenntnis der Wahrheit, daß Gott allmächtig ist" — vor. Gleichwohl ist dasjenige, was durch diese letztere Verbindung von Worten ausgedrückt wird, kein vollständiger Satz mehr, sondern kann dieses erst durch einen noch ferneren Beisatz werden, z. B. wenn wir sagen: „Die Erkenntnis der Wahrheit, daß Gott allmächtig ist, kann uns viel Trost gewähren". Das also, was die Worte: „Die Erkenntnis der Wahrheit, daß Gott allmächtig ist" — für sich allein ausdrücken, ist eine bloße Vorstellung zu nennen, obgleich eine solche, die einen ganzen Satz als Bestandteil in sich schließt. /

§ 50. *Rechtfertigung dieses Begriffes*

Ich kann im voraus vermuten, daß der hier aufgestellte Begriff einer Vorstellung an sich bei vielen einen sehr schweren Eingang finden werde. Ich kann mir denken, man werde mir vorwerfen, daß es sehr sonderbar, ja ungereimt sei, von Vorstellungen, welche sich niemand vorstelle, zu sprechen. Dennoch glaube ich nicht nur die *Gegenständlichkeit* (Realität) dieses Begriffes, sondern auch die *Notwendigkeit* seiner Einführung in die Logik behaupten zu dürfen.

1) Ich verstehe aber unter der *Gegenständlichkeit* einer Vorstellung an sich nichts anderes, als daß es Gegenstände, die unter ihr stehen, gebe; wobei ich das *gebe* ganz auf dieselbe Weise, wie in der Redensart, daß es Wahrheiten *gebe* (§ 30.) ausgelegt sehen will. Wodurch ich mich nur bewogen gefunden, den Begriff einer Vorstellung an sich gerade so, wie er oben dargestellt wird, zu bestimmen, ist eben nichts anderes als der Begriff, den ich mir von Sätzen und Wahrheiten an sich gebildet habe. Es deucht mir nämlich unwidersprechlich, daß jeder auch noch so einfache Satz aus gewissen Teilen zusammengesetzt sei; daß sich nicht etwa (wie dieses die Meinung einiger scheint) nur in dem wörtlichen Ausdrucke eines Satzes erst gewisse Teile, als Subjekt und Prädikat, hervortun, sondern daß diese Teile schon in dem Satz an sich enthalten sind, und wenn sie es nicht wären, nie in den Ausdruck desselben hinein kommen könnten. Es scheint mir ferner offen am Tage zu liegen, daß die Bestandteile, aus denen ein Satz an sich, der nichts Gedachtes ist, bestehet, auch selbst nichts Gedachtes, und somit nicht gedachte, sondern nur solche Vorstellungen sein können, wie ich oben die objektiven beschrieb. Fühlt man sich also gedrungen, zuzugestehen, daß es Sätze an sich, d. h. Sätze gebe, durch deren Erfassung im Gemüte erst gedachte Sätze entstehen: so muß man, glaube ich, auch Vorstellungen an sich als solche zugeben, durch deren Auffassung in dem Gemüte eines denkenden Wesens erst gedachte Vorstellungen oder Gedanken zum Vorschein kommen. /

2) Hat aber der Begriff einer Vorstellung an sich Gegenständlichkeit: so wird er es schon um seiner Merkwürdigkeit wegen verdienen, in der Logik aufgestellt zu werden. Und wenn die Gründe, aus denen ich oben (§ 15 u. 16.) zu erweisen gesucht, daß es der Logik gezieme, Sätze und Wahrheiten an sich — geschieden von bloß gedachten Sätzen und erkannten Wahrheiten zu betrachten, nicht durchaus unrichtig und verwerflich sind: so wird es notwendig sein, auch über Vorstellungen an sich eigends und gesondert von gedachten Vorstellungen zu sprechen. Denn ohne jene von diesen genau zu unterscheiden, kann man auch die Be-

schaffenheiten der Sätze und Wahrheiten an sich nicht gehörig auffassen.

3) Daß es übrigens befremdend klinge, von Vorstellungen, welche sich niemand vorstellt, zu sprechen, leugne ich eben nicht. Das Befremdende rührt aber meines Erachtens nur von dem Mangel einer recht schicklichen Benennung her. Denn daß der Name *Vorstellung* etwas Unpassendes habe, weil wir gewohnt sind, bei einer Vorstellung immer nur an eine gewisse Veränderung in dem Gemüte eines geistigen Wesens zu denken, ist allerdings wahr. Dieser Name eignet sich also wohl sehr gut für subjektive (gedachte) Vorstellungen, aber nicht ganz für das, was ich objektive Vorstellungen nenne. Meines Wissens gibt es aber kein anderes Wort in unserer Sprache, das passender wäre; es müßte denn etwa das Wort *Begriff* sein, bei dem es uns freilich viel leichter als bei dem Worte Vorstellung wird, an etwas zu denken, das nirgends, selbst nicht in dem Gemüte eines denkenden Wesens ein Dasein hat. Allein es ist Sitte geworden, unter dem Wort Begriff nur eine eigene, sehr der Bezeichnung werte Gattung von Vorstellungen (nämlich diejenigen, die nicht Anschauungen sind) zu verstehen. Wollten wir also dies Wort für Vorstellung überhaupt gebrauchen, so würde uns wieder ein Name für diese Gattung mangeln.

§ 51. *Daß dieser Begriff auch schon bei andern angetroffen werde*

B. führt eine schon § 21 erwähnte „Gelegenheit" an, bei der der Unterschied von Vorstellungen an sich und gedachten Vorstellungen in der Logik notwendig zu Bewußtsein komme. Er zitiert dazu ausführlich zeitgenössische Logiker. — Ferner erinnert er u. a. an *Lockes* Bestimmung der „idea" als „the object of the understanding, when a man thinks" (cf. *Essay* II 1, § 1). *Leibniz* habe darauf hingewiesen (cf. *Nouv. Ess.* II 1, § 1), „daß die Vorstellungen, weil sie nur das Objekt der Gedanken wären, weder entstehen, noch vergehen könnten"; a. a. O. III 4, § 17, sage er sogar von den Vorstellungen: „Si quelqu'un les veut prendre pour des pensées *actuelles* des hommes, cela lui est permis; mais il s'opposera sans sujet au langage reçu."

§ 52. Mißlungene Versuche einer Erklärung dieser Begriffe

228

B. weist darauf hin, daß die von ihm gegebene Begriffsbestimmung der „Vorstellung an sich" („ein solcher Teil eines Satzes an sich ..., der für sich allein noch keinen ganzen Satz darstellt") keine „Erklärung"[1], sondern nur eine „äußere Beschaffenheit" („nur ein Verhältnis, das man sich eben nicht notwendig denkt, wenn man sich den Begriff einer *Vorstellung* denkt") gebe. Auch die Bestimmung der „Vorstellung an sich" als „Stoff" der „gedachten Vorstellung" hält B. nicht für eine „Erklärung", weil die Vorstellung an sich nicht „durch ein bloßes Verhältnis" zur gedachten Vorstellung erklärt werden dürfe.

229 Die Definition der „gehabten oder subjektiven Vorstellung" als „die Erscheinung einer objektiven in dem Gemüte eines denkenden Wesens" enthält nach B. „den hier zu erklärenden Begriff noch ganz in dem Wort Erscheinung".

Auch andere hätten bisher keine befriedigenden „Erklärungen" der beiden Vorstellungsbegriffe gegeben. Die Bestimmungen der Vorstellung bei *Locke* und *Leibniz* (Vorstellung als Objekt des Denkens, cf. § 51) hätten u. a. den Fehler, daß auch ganze Sätze darunter fielen.

Ausführlich geht B. auf die Deutung der Vorstellung von
230 einem Gegenstande als *Bild* (imago, pictura, repraesentatio, expressio, exemplar) von diesem ein. Nach B. heißt „ein Gegenstand ... ein Bild von einem anderen, wiefern er mit diesem eine so große Ähnlichkeit hat, daß es unter gewissen Umständen und zu gewissen Zwecken dienlich wird, ihn statt des letzteren
231 zu betrachten". Die „Vorstellung von einem Gegenstande" sei aber „eigentlich kein Gegenstand, den wir statt seiner betrachten, sondern ... dasjenige, was in unserm Gemüte entsteht, wenn wir ihn selbst betrachten". Die Erklärung der Vorstellung als Bild von einem Gegenstand sei außerdem nicht allgemein genug: es gebe gegenstandslose Vorstellungen (cf. § 67). Schließlich müsse man, um das Medium des Bildes zu bestimmen, auf den Begriff der Seele zurückkommen. Die Vorstellungen seien jedoch nicht die einzigen als Bilder zu deutenden „Veränderungen der Seele"; auch die Empfindungen u. a. könnten so angesehen werden.

§ 53. Bisheriges Verfahren mit diesen beiden Begriffen

234

235 B. zählt Vorstellungsbegriffe auf, die nicht das von ihm Gemeinte intendieren (z. B. habe *Hegel* Anschauungen und Begriffe

---

[1] Cf. oben S. XLVIII.

von den Vorstellungen getrennt). Er gesteht das Recht zu, das Wort ‚Vorstellung' in einem anderen Sinne zu verwenden, als es von ihm bestimmt wurde, macht aber auf die Notwendigkeit aufmerksam, „solche Teile eines Satzes, die selbst noch keine Sätze sind", nicht ohne Bezeichnung zu lassen, „gleichviel, ob diese Teile sind, was man im engeren Sinne Anschauung oder Begriff nennt, und gleichviel, ob die Kraft, durch welche ihre Erscheinung im Gemüte bewirkt wird, Sinnlichkeit, Einbildungskraft, Gedächtnis, Verstand oder gar Vernunft sei".

Ferner setzt sich B. mit Autoren auseinander, die den *Vorstellungsbegriff* ohne jede Bestimmung lassen, weil er „an sich klar" oder „durchaus unerklärlich" sei. U. a. diskutiert er *Kants* Argument, „man müßte, was Vorstellung sei, doch immer wiederum durch eine andere Vorstellung erklären" (*Logik*, ed. Jäsche, A 41f.), und wendet ein: 1. Analoges müßte dann auch für „die Erklärung dessen, was ein *Begriff* sei", gelten; 2. eine Bestimmung des Vorstellungsbegriffes müsse zwar auf andere Vorstellungen, nicht aber auf „den ganzen Begriff einer Vorstellung selbst" rekurrieren.

Zweiter Abschnitt

Innere Beschaffenheiten der Vorstellungen an sich

§ 54. *Vorstellungen an sich haben kein Dasein*

Nachdem wir uns über den Begriff einer Vorstellung an sich zur Genüge verständiget haben, gehen wir zu der Betrachtung ihrer *Beschaffenheiten*, und zwar erstlich der *inneren* über. Den Anfang machen wir billig mit der Erwähnung einiger, die allen gemeinschaftlich zukommen, worauf wir solche folgen lassen, die nur einzelnen, besonders merkwürdigen Arten der Vorstellungen eigen sind, oder, was ebensoviel heißt, durch die sich einige von andern unterscheiden. Um auch hier noch einige Ordnung zu befolgen, will ich erst von solchen Arten der Vorstellungen sprechen, die sich begreifen lassen, ohne irgendeinen ihrer Bestandteile anders als nur der *Art* nach zu bestimmen; dann noch von einigen, zu deren Begriffe es notwendig wird, gewisse Teile derselben *namentlich* anzugeben.

Eine Beschaffenheit nun, die durchaus *allen* Vorstellungen gemeinschaftlich zukommt, ist, daß sie kein *wirkliches Dasein* haben. Obgleich ich dies schon § 48. bemerkte: so geziemt es sich doch, diese Beschaffenheit hier nochmals zur / Sprache zu bringen; denn dort wurde ihrer bloß gelegentheitlich erwähnet. Die Richtigkeit dieser Behauptung wird übrigens niemand bezweifeln, der aus dem Sprachgebrauche weiß, welchen Begriff wir mit den Worten: *Dasein, Wirklichkeit*, auch *wirkliches Dasein (Existenz)* verbinden. Wer uns versteht, wenn wir sagen, daß Gott ein wirkliches Dasein habe, daß auch die Welt etwas Wirkliches sei, daß aber ein rundes Viereck nichts Existierendes sei u. dgl.; der wird ohne Widerspruch einräumen, daß Vorstellungen an sich zu der Klasse derjenigen Dinge gehören, die keine Wirklichkeit haben. *Gedachten* Vorstellungen nämlich, d. i. Gedanken, kommt allerdings ein Dasein in dem Gemüte dessen, welcher sie denkt, zu; und inwiefern alle Vorstellungen von dem unendlichen Verstande Gottes aufgefaßt werden, gibt es nicht eine einzige Vorstellung an sich, der in dem göttlichen Verstande nicht eine gedachte, und also wirkliche, und ewig wirkliche Vorstellung entspräche. Aber diese gedachten Vorstellungen müssen wir nicht mit den Vorstellungen an sich, die nur ihr *Stoff* sind, verwechseln. Die letztern haben kein Dasein.

§ 55. *Vorstellungen an sich sind weder wahr noch falsch*

Eine zweite Beschaffenheit, die allen Vorstellungen an sich zukommt, ist, daß ihnen weder Wahrheit, noch Falschheit beigelegt werden kann.

Wahr oder falsch sind nämlich nur ganze *Sätze*, unter Vorstellungen aber verstehen wir Teile von Sätzen, die selbst noch keine Sätze sind; ihnen kann also auch weder Wahrheit, noch Falschheit beigelegt werden. Wenn gleichwohl im gemeinen Sprachgebrauche zuweilen von *wahren* und *falschen* Vorstellungen die Rede ist: so geschieht dies nur in einem von folgenden zwei Fällen:

a) Entweder, inwiefern diese Vorstellungen als Teile in gewissen Sätzen betrachtet werden; und zwar pflegt man da eine Vorstellung A eine wahre oder auch richtige zu nennen, wenn sie durch einen Satz von der Form: „Dies ist A" auf einen Gegenstand bezogen wird, welchen sie wirklich vorstellt, d. h. wenn der Satz: „Dieses ist A" selbst wahr ist, und im entgegengesetzten Falle, wenn dieser Satz falsch ist, nennt man die Vorstellung falsch oder auch unrichtig. So sagt man z. B., daß die Vorstellung „von einem Wesen, das Schöpferkraft hat", eine wahre oder richtige, — dagegen die Vorstellung „von einem Wesen, das nur auf vorhandene Substanzen einwirken, aber nicht einer Substanz selbst erst das Dasein geben kann", eine falsche oder unrichtige Vorstellung von Gott sei. Es ist sichtbar, daß man hier die Benennungen wahr oder richtig, falsch oder unrichtig nicht den Vorstellungen an und

1. Von den Vorstellungen an sich. §§ 47—114

für sich, sondern nur ihrer Anwendung auf gewisse Gegenstände, die mittelst Sätzen geschieht, also den Sätzen beilege; daher man denn auch die in dem Beispiele erwähnten Vorstellungen nicht schlechtweg wahre oder falsche Vorstellungen, sondern nur wahre oder falsche Vorstellungen von Gott nennt; also sie nur insofern für wahr oder falsch erkläret, als sie Vorstellungen von Gott sein sollen, d. i. als jemand meint, daß sie die Stelle des A in einem Satze von der Form: „Gott ist A" ausfüllen können. Dieser Sprachgebrauch widerlegt also unsere Behauptung, daß Vorstellungen an und für sich weder Wahrheit, noch Falschheit haben, so wenig, daß er sie vielmehr noch bestätiget.

b) Doch es gibt auch einen Fall, wo man von wahren oder falschen Vorstellungen spricht, ohne sie erst in Anwendung auf einen bestimmten Gegenstand zu betrachten. Man nennt nämlich zuweilen auch eine Vorstellung wahr, wenn man bloß sagen will, daß diese Vorstellung nicht nur die Form und das Aussehen einer solchen Vorstellung hat, die einen Gegenstand vorstellt, sondern daß es auch wirklich einen Gegenstand, der durch sie vorgestellt wird, gebe; und man nennt eine Vorstellung im Gegenteil falsch, wenn sie nur die Gestalt einer Gegenstandsvorstellung hat, ohne doch wirklich einen Gegenstand zu haben, ja auch nur haben zu können. So sagt man z. B., die Vorstellung eines Körpers, der mit vier gleichen Seitenflächen begrenzt ist (Tetraeder), sei eine wahre, dagegen die Vorstellung eines Körpers, der mit fünf gleichen Seitenflächen begrenzt wäre, eine falsche Vorstellung; wodurch man nichts anderes sagen will, als daß die erste Vorstellung allerdings gewisse, ihr entsprechende Gegenstände habe, was bei der zweiten nicht sei. Hier also werden die Worte: „wahr" und „falsch" nicht in der eigentlichen, sondern in der § 24. Nr. 5. beschriebenen entlehnten Bedeutung[1]) genommen; und so gibt denn auch dieser Sprachgebrauch keinen Einwurf gegen die obige Behauptung ab.

---

[1] Cf. Zus.fassg. zu § 24. Wie allerdings die von B. so genannte „uneigentliche Bedeutung" des Wortes „wahr" das hier Gemeinte trifft, ist nicht offenbar.

Anmerkung: So lehrte schon *Aristoteles*, in dessen Buche von den Kategorien es Cap. 4 ausdrücklich heißt: ἄπασα γὰρ δοκεῖ κατάφασις καὶ ἀπόφασις ἤτοι ἀληθὴς ἢ ψευδὴς εἶναι· τῶν δὲ κατὰ μηδεμίαν συμπλοκὴν λεγομένων οὐδὲν οὔτε ἀληθές οὔτε ψεῦδός ἐστιν, οἷον ἄνθρωπος, λευκόν, τρέχει, νικᾷ.[2]) Dieser Meinung war im Grunde auch *Locke,* wenn er (*Ess.* B. 2. Ch. 32.[3])) bemerkte, daß die Vorstellung eines Zentaurs so wenig etwas Falsches enthalte, als das Wort, wenn es ausgesprochen wird; indem die Wahrheit oder Falschheit jederzeit ein Bejahen oder Verneinen voraussetzt. Indessen erlaubte er (§§ 21—26.) doch, Vorstellungen falsch oder lieber unrichtig zu nennen, wenn einer von folgenden Fällen eintritt: „1) wenn wir *glauben,* daß die Vorstellung, die wir mit einem Worte verbinden, dieselbe sei, welche auch andere damit verbinden, während dies nicht ist; 2) wenn wir gewisse einfache Vorstellungen in einen Begriff verbinden, die in der Natur nicht vereinigt angetroffen werden, und gleichwohl *meinen,* daß dieser Begriff einem existierenden Dinge entspreche; 3) wenn wir gewisse Vorstellungen, die in einem existierenden Dinge angetroffen werden, verbinden, und andere weglassen, und diesen Begriff doch für vollständig halten; 4) wenn wir uns *einbilden,* daß diese zusammengesetzten Begriffe das reale Wesen eines existierenden Dinges enthalten". — Auch *ich* habe nichts dagegen, wenn man in solchen Fällen von unrichtigen, oder auch falschen Vorstellungen spricht; nur muß man sich bewußt bleiben, daß die Vorstellungen, von denen man hier redet, als Teile in ganzen Sätzen betrachtet werden, und daß es eben die Falschheit dieser Sätze ist, weshalb man jene falsch nennt. Ein einziger Rückblick auf die vier angezogenen Fälle genüget, um sich zu überzeugen, daß der Begriff des Urteilens, mithin auch der eines Satzes, in einem jeden derselben erscheine. ... [4]) — Viele andere Logiker älterer sowohl als neuerer Zeit dagegen erklären sich über diesen Gegenstand auf eine Art, die mir / bald mehr, bald weniger unrichtig erscheint; indem sie behaupten, daß Wahrheit und Falschheit ein Prädikat nicht nur von Sätzen, sondern auch von bloßen Vorstellungen und Begriffen sein könne.

a) *Baco von Verulam* will die falschen Begriffe sogar als die Quelle aller Irrtümer angesehen wissen. Syllogismus ex propositionibus constat, propositiones ex verbis, verba notionum tesserae sunt. Itaque si notiones ipsae (id quod basis rei est) confusae sint, et temere a rebus abstractae: nihil in iis, quae superstruuntur, est firmitudinis. (*Organ.* L. I. Aphor. 14.) Ich würde dagegen sagen, daß Vorstellungen, sie mögen beschaffen

---

[2] 2a 7ff.
[3] § 3.
[4] Hier wurde ein Hinweis B.'s auf einen zeitgenössischen Logiker (Beck) ausgelassen.

sein, wie sie wollen, an und für sich nie einen Irrtum erzeugen. Denn sollten dies irgend einige: so müßten es die sich widersprechenden oder imaginären. Nun denken wir uns jemand, der sich eine imaginäre Vorstellung, z. B. die „von einem Rade, das sich mit der größtmöglichen Geschwindigkeit umdrehen soll", gebildet habe: können wir wohl deshalb schon sagen, daß er in einem Irrtume stecke, wenn er nicht überdies glaubt, daß dieser Vorstellung ein wirklicher Gegenstand entspreche; d. h. wenn er nicht überdies noch das Urteil, daß es dergleichen Räder gebe, fället? Zu diesem falschen Urteile kann nun zwar jene Vorstellung wohl *Veranlassung* geben, aber sie muß nicht notwendig dazu verleiten, sondern man kann sich ihrer auch zur Erkenntnis der entgegengesetzten Wahrheit, nämlich, daß ein solches Rad unmöglich sei, weil keine Geschwindigkeit so groß ist, daß es nicht eine noch größere gebe, und zu noch manchen andern, nützlichen Erkenntnissen bedienen.

b) Selbst *Leibniz* (*Nouv. Ess.* L. II. Ch. 32.) nahm die Einteilung der Begriffe in wahre und falsche in Schutz; weil sich bei Aufstellung eines jeden Begriffes eine stillschweigende Behauptung seiner *Möglichkeit* (Gegenständlichkeit?) gleichsam von selbst verstehe. Ich bekenne, daß ich von einem jeden Begriffe, den man mir als den Gegenstand einer eigenen Untersuchung ankündigt, oder zu dessen Bezeichnung man einen eigenen Namen einführt, vermute, es sei ein realer, ja auch wohl gegenständlicher Begriff; weil es sich im entgegengesetzten Falle selten der Mühe, von ihm zu handeln, verlohnet. Diese Vermutung kann aber auch trügen; und es gibt Fälle, wo man es der Mühe wert finden kann, sich auch mit einer bloß imaginären Vorstellung sehr lange zu beschäftigen; wie dies z. B. in der Mathematik mit den imaginären Vorstellungen O, $\sqrt{-1}$ u. a. mit großem Vorteile geschieht. Man kann also keineswegs sagen, daß die Möglichkeit oder Realität eines Begriffes jederzeit schon gleich bei Aufstellung desselben stillschweigend vorausgesetzt werde; und man würde eben deshalb sehr unrecht tun, einen mathematischen Vortrag, in welchem imaginäre Größen vorkommen, einen falschen oder die Leser täuschenden Vortrag zu nennen.

...[5])

§ 56. *Teile und Inhalt einer Vorstellung an sich*

Eine sehr merkwürdige Beschaffenheit, die, wenn nicht allen, doch den meisten Vorstellungen an sich zukommt, ist die *Zusammengesetztheit* derselben aus Teilen. Unser Be-

---

[5] Hier wurden Hinweise B.'s vor allem auf zeitgenössische Logiker ausgelassen.

wußtsein lehrt es uns nämlich, daß wir beinahe an einer jeden gedachten Vorstellung gewisse Teile, aus deren Verbindung sie eben bestehet, unterscheiden. Ein Beispiel mag uns die Vorstellung geben, welche der Ausdruck Erdengeschöpf bezeichnet. Denn gewiß denken, und sollen wir uns bei diesem / Ausdrucke eben dasselbe denken, was wir uns bei den mehreren Worten: „Ein Geschöpf, das auf der Erde wohnt" denken. Bei diesem letzteren Ausdrucke aber machen es schon die mehreren Worte, aus denen er zusammengesetzt ist, unverkennbar, daß auch die Vorstellung, zu deren Bezeichnung sie alle notwendig sind, aus mehreren Teilen zusammengesetzt sei. Sicher kommt nämlich in der Vorstellung: „Erdengeschöpf" die Vorstellung eines Geschöpfes, und der Gedanke, daß dieses Geschöpf auf der Erde wohnt, vor. Ist aber die *gedachte* Vorstellung aus gewissen Teilen zusammengesetzt, die wir mit deutlichem Bewußtsein unterscheiden: so ist kein Zweifel, daß auch die Vorstellung *an sich,* welche den Stoff dieser gedachten Vorstellung ausmacht, aus wenigstens ebenso vielen Teilen zusammengesetzt sein müsse. Auch Vorstellungen an sich sind also zusammengesetzt aus Teilen. Die Summe[1]) der Teile nun, aus denen eine gegebene Vorstellung an sich bestehet, pflegen wir mit Einem Worte auch ihren *Inhalt* zu nennen. Jede zusammengesetzte Vorstellung hat also ohne Widerspruch auch einen Inhalt.

Da unter diesem Inhalte nur die *Summe* der Bestandteile, aus denen die Vorstellung bestehet, nicht aber die *Art, wie* diese Teile untereinander verbunden sind, verstanden wird: so wird durch die bloße Angabe ihres Inhaltes eine Vorstellung noch nicht ganz bestimmt, sondern es können aus einerlei gegebenem Inhalte zuweilen zwei und mehr verschiedene Vorstellungen hervorgehen. So haben die beiden Vorstellungen: „Ein gelehrter Sohn eines ungelehrten Vaters" und „Ein ungelehrter Sohn eines gelehrten Vaters" sichtbar denselben Inhalt, und sind doch sehr verschieden. Ein Gleiches gilt von den Vorstellungen: 3^5 und 5^3 u. a. m.

---

[1] Zu B.'s Begriff der Summe cf. Zus.fassg. zu § 84.

1. Anmerkung: Indem ich behaupte, daß eine jede Vorstellung *an sich* aus *wenigstens* ebenso vielen Teilen zusammengesetzt sei, als wir in der *gedachten* Vorstellung, der sie als Stoff unterliegt, zu unterscheiden uns bewußt sind: gebe ich hierdurch stillschweigend zu verstehen, daß jene leicht auch noch mehr Teile enthalten könne, als an der letzteren von uns mit Deutlichkeit unterschieden werden. So wahr es nämlich auch ist, daß wir uns eine gewisse Vorstellung an sich nur dann erst denken, d. h. nur dann erst die ihr entsprechende gedachte Vorstellung haben, wenn wir uns auch / die sämtlichen Teile, aus denen sie bestehet, denken, d. h. auch von ihnen gedachten Vorstellungen haben; so ist es doch nicht immer nötig, daß wir uns alles dessen, was wir uns denken, deutlich bewußt sind, und es auch anzugeben vermögen. Und daher kann es geschehen, daß wir uns eine aus[2]) mehreren Teilen zusammengesetzte Vorstellung an sich denken, auch dieses Denkens derselben uns bewußt sind, ohne uns doch des Denkens der einzelnen Teile derselben bewußt zu sein, und diese angeben zu können. Wohl dürfen wir also aus dem Bewußtsein, daß eine gewisse *gedachte* Vorstellung aus mehreren Teilgedanken bestehe, schließen, daß auch die ihr entsprechende Vorstellung an sich aus mehreren Teilen bestehe; aber nicht umgekehrt wäre es sicher geschlossen, daß eine Vorstellung an sich aus keinen Teilen bestehe, weil wir in der ihr zugehörigen gedachten Vorstellung keine Bestandteile unterscheiden.

2. Anmerkung: Bekanntlich hängt das Erscheinen oder Nichterscheinen gewisser Gedanken in unserm Bewußtsein nicht völlig von unserer Willkür ab, sondern erfolgt größtenteils nach gewissen notwendigen Gesetzen, deren wichtigstes dies ist, daß Gedanken, die einmal zu gleicher Zeit in unserm Bewußtsein vorhanden waren, wechselseitig der eine den anderen wieder zu wecken pflegen. Aus diesem Grunde ist es noch nicht genug, daß wir nur wissen, was für eine Vorstellung jemand durch ein gewisses Wort oder Zeichen bezeichne, um sofort zu bewirken, daß uns nur sie allein einfalle, sooft wir dies Zeichen wahrnehmen. Vielmehr ist nichts gewöhnlicher, als daß die Vorstellung, die ein auch seiner Bedeutung nach uns wohl bekanntes Zeichen in unserm Bewußtsein hervorbringt, bald mehr, bald weniger von der verschieden ist, zu deren Ausdrucke das Zeichen eigentlich bestimmt ist. Bald denken wir uns gewisse Teile, die in dem Inhalte der bezeichneten Vorstellung nicht vorkommen, hinzu, bald lassen wir einige weg. So mögen wir z. B. immerhin hören, daß jemand mit dem Worte Kugelfläche nichts anderes ausdrücken wolle, als den Begriff „desjenigen Raumdinges, das alle und nur alle jene Punkte enthält, die von Einem gegebenen gleichweit abstehen"; und daß wir die Vorstellungen, „daß die-

---

[2] A: eine, aus.

ses Ding eine Fläche sei, und zwar eine krumme und durchaus geschlossene Fläche, und eine Fläche, die in allen ihren Punkten von einer gleichartigen Krümmung ist" usw., in unsern Begriff nicht aufnehmen sollen; wir werden es darum doch nicht sogleich bewirken, daß sich in jener Vorstellung, die das Wort Kugelfläche in userm Bewußtsein anregt, nicht / einige der zuletzt erwähnten Gedanken mit einfinden. Hieraus ersieht man, daß es notwendig sei, zwischen den durch ein gewisses Zeichen bedeuteten Vorstellungen *an sich*, und zwischen den durch die Wahrnehmung eben dieses Zeichens in uns erregten *gedachten* Vorstellungen, also auch zwischen den Teilen, aus welchen[3]) jene und diese zusammengesetzt sind, zu unterscheiden. Nicht nur kann es sich, wie schon die vorige Anmerkung zeigte, ereignen, daß wir in dieser subjektiven Vorstellung gewisse Teile nicht mit einem deutlichen Bewußtsein unterscheiden, die wir doch wirklich denken, sondern es kann sich auch fügen, daß ihr gewisse Teile, aus denen die angedeutete objektive Vorstellung bestehen soll, in der Tat abgehen, und daß sie dagegen andere hat, die in jener mangeln.

§ 57. Von einigen Fällen, in denen eine bloß scheinbare Zusammensetzung einer Vorstellung stattfindet

Wenn eine Zusammensetzung bei Vorstellungen in der Tat stattfindet: so wird es der Logik geziemen, uns mit den merkwürdigsten Arten derselben (denn es dürfte deren wohl verschiedene geben) bekannt zu machen. Zuvörderst wird es aber, wie mir deucht, schicklich sein, auf einige Fälle von solcher Art aufmerksam zu machen, wo es bloß *scheint,* daß eine Vorstellung aus gewissen Teilen zusammengesetzt sei, ohne es wirklich zu sein. Da nämlich jedes Wort in der Sprache zur Bezeichnung einer eigenen Vorstellung, einige auch wohl zur Bezeichnung ganzer Sätze dienen: so ist es eine freilich natürliche Vermutung, daß eine jede Vorstellung aus wenigstens ebenso vielen Teilen zusammengesetzt sei, als Worte in ihrem Ausdrucke vorkommen. So gegründet aber diese Vermutung in den gewöhnlichsten Fällen ist: so erleidet sie doch in einigen auch eine Ausnahme, wie uns die nachstehenden Beispiele zeigen werden.

---

[3] A: welcher.

1. Von den Vorstellungen an sich. §§ 47—114

1) Wenn die Vorstellung A, zu deren Bezeichnung ein gewisses Wort 𝔄 (z. B. das Wort Tier) eigentlich bestimmt ist, sehr vielerlei Gegenstände umfaßt (z. B. Pferde, Hunde, Vögel, Fische, Infusionstierchen u. dgl.): so ist es nicht zu wundern, daß wir dies Wort nicht immer nach seinem ganzen Umfange nehmen, sondern es öfters gebrauchen, wenn wir / uns nur einen *Teil* der Gegenstände, die unter dasselbe gezählt werden können (z. B. nur die vierfüßigen Tiere, oder die Haustiere u. dgl.), soeben vorstellen. Wir tun dies häufig, ohne die eigentümlichen Nebenvorstellungen, die mit der Vorstellung A in einem solchen Falle verknüpft sind (z. B. daß es nur Haustiere sind, an die wir jetzt denken), immer durch eigene, dem Worte 𝔄 angehängte *Beisätze* zu bezeichnen. Dadurch geschieht es denn, daß sich dergleichen Nebenbestimmungen, besonders diejenigen, welche am öftesten mit A zusammengedacht worden sind, in unserer Einbildungskraft mit dem Worte 𝔄 auf eine solche Art verbinden, daß sie uns einfallen, sooft wir dasselbe aussprechen hören. Wir denken also jetzt bei dem Worte 𝔄 nicht mehr *alle*, sondern nur *einige* der Gegenstände, welche es seiner Bestimmung zufolge vorzustellen vermag (bei dem Worte Tier z. B. nur an Haustiere u. dgl.), d. h. wir haben diesem Worte irgendeine engere und zusammengesetztere Vorstellung unterschoben. Will also jemand, daß wir dies nicht tun, und die Vorstellung A einmal ohne alle willkürlich zugesetzte Nebenbestimmungen denken: so wird es nötig, uns eigends zu erinnern, daß wir uns diesmal bei Vernehmung des Wortes 𝔄 keine von jenen Nebenvorstellungen, die wir sonst damit zu verbinden pflegen, hinzudenken. Diese Erinnerung geschieht nun gewöhnlich dadurch, daß man dem Worte 𝔄 den Beisatz: *überhaupt* oder *an sich* oder sonst einen ähnlichen beifügt. Dieser Beisatz hat sonach nicht den Zweck, zu der Vorstellung, die das Wort 𝔄 bezeichnet, noch etwas hinzuzusetzen, sondern im Gegenteile, er hat den Zweck, zu verhüten, daß wir nicht eigenmächtig etwas hinzudenken, was nach der eigentlichen Bestimmung dieses Wortes unter demselben nicht gedacht werden soll. Die Ausdrücke: „𝔄 *überhaupt*" oder „𝔄 *an sich*" bezeichnen also die bloße Vorstellung A, und

nicht etwa eine aus ihr und noch einer anderen zusammengesetzte Vorstellung. So will z. B. der Ausdruck: „Viereck überhaupt" nichts anderes andeuten, als was auch das Wort „Viereck" allein zu bezeichnen vermag, und seiner eigentlichen Bedeutung nach wirklich bezeichnet. Bloß weil wir dieses Wort oft auch in einer engeren Bedeutung nehmen, und dabei nur an ein Viereck, welches gleichseitig und gleichwinklig ist, (an ein / Quadrat) zu denken pflegen: findet man vielleicht nötig, den Beisatz „überhaupt" zu machen, um zu bewirken, daß wir uns zu der Vorstellung Viereck jetzt nichts anderes hinzudenken, als was dazu wesentlich gehöret. Eine gleiche Bewandtnis hatte es mit dem § 25. betrachteten Ausdrucke: „Wahrheit an sich", worin der Beisatz „an sich" nur erinnern sollte, daß wir uns den Begriff „Wahrheit" rein, d. h. ohne alle Beimischung gewisser Nebenbegriffe denken, also nicht etwa nur erkannte Wahrheiten darunter uns vorstellen sollen usw.

2) Zu einem gleichen Zwecke, wie die Beisätze: „überhaupt" und „an sich" dienen in manchen Fällen auch die Beiwörter: *Jeder* und *Alle;* das letztere nämlich, wenn es, wie man sagt, nicht collective, sondern distributive[1]) genommen wird. Diese Beiwörter unterscheiden sich von den Zusätzen: „überhaupt" und „an sich" meines Erachtens nur darin, daß wir sie anzuwenden pflegen, wenn es uns insbesondere darum zu tun ist, daß man ein Wort befreit von jener Art Nebenvorstellungen denke, die das merkwürdige Beiwort *Einige* (dessen Bedeutung später genauer bestimmt werden soll[2])) mit sich führt. Der Ausdruck „jeder Mensch" bedeutet, wie ich glaube, nichts anderes, als was wir uns schon unter dem Ausdrucke „Mensch" allein denken und denken müssen, wenn wir ihn nicht willkürlich einschränken, und z. B. nur auf diese oder jene einzelne Gattung von Menschen beziehen. Das Beiwort „Jeder" hat bloß den Zweck, eine solche Einschränkung zu verhindern; und kann in die-

---

[1] Im Gegensatz zur hier entwickelten distributiven Bedeutung des Ausdruckes „alle A" versteht B. darunter im kollektiven Sinn den „Inbegriff aller A" (cf. Zus.fassg. zu § 86).

[2] Cf. Zus.fassg. zu §§ 137, 173.

ser Hinsicht um so notwendiger werden, je mehr wir gewohnt sind, uns ein gewisses Wort verbunden[3]) mit allerlei einschränkenden Nebenvorstellungen zu denken, die durch das beigefügte Wort *Einige*, oder was immer für andere Beiwörter ausgedrückt, zuweilen sogar nur stillschweigend hinzugedacht werden. So sind wir z. B. gewohnt, mit dem Worte Mensch verschiedene Nebenvorstellungen zu verbinden, die wir bald ausdrücklich bezeichnen, wie in den Sätzen: „Einige Menschen glauben noch immer an Gespenster"; „Tugendhafte Menschen sind nie ganz unglücklich" u. dgl., bald aber nur im Sinne behalten, wie in dem Satze: „Der Mensch hat fünf Sinneswerkzeuge" (wo sich das Beiwort: „der Gesunde" verstehet) u. dgl. Sollen wir also das Wort Mensch einmal ohne alle solche beschränkende Zusätze denken: so ist es notwendig, dieses durch ein eigenes, dem Worte beigesetztes Zeichen zu erinnern; und um anzudeuten, daß wir den Beisatz „Einige" nicht hinzudenken möchten, wird das Beiwort *Jeder*, oder auch das (minder bestimmte) *Alle* vorgesetzt. So sagt man z. B.: „alle Menschen sind, oder jeder Mensch ist — von Gott abhängig"; wenn man gerade so viel sagen will, als: „der Mensch überhaupt", oder nur schlechtweg: „der Mensch ist von Gott abhängig". — Daher kommt es denn auch, daß wir bei Worten, die wir nie oder selten in einer engeren Bedeutung brauchen, bei Worten, die eine Vorstellung bezeichnen, von der wir keine untergeordnete Arten zu unterscheiden pflegen, die Beiwörter „Jeder" oder „Alle" insgemein weglassen. So sagen wir z. B. wohl: „In jedem Dreiecke beträgt die Summe der Winkel zwei rechte"; weil man von Dreiecken mehrere Arten kennt, und wir also besorgen, daß jemand, wenn das Beiwort „Jeder" nicht ausdrücklich beigesetzt wäre, vielleicht nur an eine gewisse Art der Dreiecke, etwa die gleichseitigen allein denken würde. Wenn wir dagegen von rechtwinkligen Dreiecken sprechen; so sagen wir nicht: „In jedem rechtwinkligen Dreiecke", sondern nur schlechtweg: „Im rechtwinkligen Dreiecke ist das Quadrat der Hypotenuse usw.". Wir finden

---

[3] A: Wort, verbunden.

nämlich den Beisatz „Jeder" hier überflüssig; eben weil wir es nicht gewohnt sind, mehrere Arten von rechtwinkligen Dreiecken zu unterscheiden, und daher nicht besorgen, daß sich jemand nur eine einzige Art derselben (etwa die gleichschenklig rechtwinkligen) denken werde. — Daß der Beisatz „Jeder" nichts an dem wesentlichen Inhalte einer Vorstellung ändere, beweiset auch der Umstand, daß wir ihn selbst solchen Begriffen beisetzen können, die eigentlich nur einen einzigen Gegenstand vorstellen. So kann man z. B. sagen: „Ein jedes allmächtige Wesen ist auch allwissend"; obgleich es bekanntlich nur ein einziges Wesen gibt, auf das sich der Begriff eines allmächtigen Wesens beziehet.[4])

3) Auch die *Geschlechtswörter*, deren sich mehrere Sprachen bedienen, das *bestimmte* sowohl, als das *unbestimmte*, bilden meistenteils keine wahre Zusammensetzung mit dem Begriffe, dessen Benennung sie vorgesetzt sind, sondern stehen nur da, um deutlicher anzuzeigen, von welcher Art der Begriff sei, der durch das Wort bezeichnet werden soll. Daher kommt es, daß Sätze, die dem grammatikalischen Ausdrucke nach so verschieden wie folgende lauten: „Der Mensch ist sterblich; die Menschen sind sterblich; jeder Mensch ist sterblich; alle Menschen sind sterblich" — dem Sinne nach alle gleichgeltend sind oder doch sein können; ein Umstand, der ein deutlicher Beweis ist, daß die Ausdrücke: „Der Mensch, die Menschen; ein Mensch, jeder Mensch, alle Menschen" — hier nur dasselbe bezeichnen, was auch der Ausdruck „Mensch überhaupt" anzeigt.

In einer *1. Anm.* zu § 57 stützt B. seine Bedeutungsanalyse der Worte „jeder" und „alle" auch auf sprachwissenschaftliche Argumente: die Einzahleigenschaft der Worte „jedes", „πᾶς", „omnis" in distributiver Bedeutung und ihre Sinngleichheit mit „ein beliebiges", „ἐπιτυχών", „quilibet".

In der *2. Anm.* zu § 57 führt B. aus, daß das Beiwort: „ein gewisser" im Gegensatz zu „jeder" die Bedeutung des Hauptwortes, dem es vorgesetzt wird, ändert (cf. § 137).

[4] Cf. zur Nr. 2 auch B.'s Analyse des Existenzquantors, Zus.fassg. zu § 137.

§ 58. *Nähere Betrachtung der merkwürdigsten Arten, wie Vorstellungen zusammengesetzt sind*

1) Zuvörderst können wir, wie ich dafürhalte, bei einer jeden Vorstellung, die aus mehr als zwei Teilen bestehet, sehr füglich *nähere* und *entferntere* Teile derselben unterscheiden. An und für sich genommen ist es zwar bei einem jeden Ganzen, welches aus mehr als zwei Teilen bestehet, möglich, nähere und entferntere Teile zu unterscheiden; denn wenn man dasselbe zuerst in eine Anzahl von Teilen, die kleiner als die Zahl aller ist, zerleget: so werden mehrere derselben oder vielleicht auch alle selbst noch aus Teilen / zusammengesetzt sein, und man kann also die zuerst gebildeten Teile die *nächsten,* die Teile dieser Teile aber die *entfernteren* Teile des Ganzen nennen. Allein wenn es ganz willkürlich wäre, in wie viele und was für Teile man das Ganze zuerst zerlegt, und wenn sich die nächsten Teile, die man auf diese Art erhält, von den entfernteren durch keinen merkwürdigen Umstand unterscheiden: so wäre es zwecklos, sie durch diese Benennungen unterscheiden zu wollen. Wir müssen also erst zeigen, daß sich bei Vorstellungen nähere und entferntere Teile auf eine solche Art unterscheiden lassen, die einen wirklichen Nutzen gewährt. Dies wäre nun schon der Fall, wenn wir diejenigen Teile einer Vorstellung, für deren Bezeichnung die Sprache eigene Worte besitzt, durch deren Angabe also die Vorstellung selbst leicht wieder dargestellt werden kann, ihre *nächsten;* diejenigen aber, in welche diese noch weiter zerlegt werden können, ihre *entfernteren* Teile nennen würden. In dieser Bedeutung wären z. B. die nächsten Teile der Vorstellung: „Erdengeschöpf" jene, die durch die einzelnen Worte des folgenden Ausdruckes: „Ein Geschöpf, das auf Erden wohnt" ausgedrückt werden; die entfernteren aber wären jene, in welche sich auch die Vorstellungen: Geschöpf, wohnen usw. noch auflösen lassen. Man erachtet leicht, daß diese Unterscheidung so aufgefaßt ihre Brauchbarkeit haben werde, wenn es sich um die Bestimmung der Art und Weise handelt, wie man es einem andern zu erkennen ge-

ben könne, was für eine Vorstellung man durch ein gewisses Wort oder Zeichen verstehe.

2) Ein noch merkwürdigerer Unterschied zwischen den Teilen einer Vorstellung aber dürfte es sein, daß einige aus ihnen selbst wieder Vorstellungen, andere dagegen ganze Sätze sind. Betrachten wir nämlich, um ein Beispiel zu geben, die Vorstellung Erdengeschöpf: so deucht es mir, daß der Eine Teil derselben, der durch das Wort Geschöpf ausgedrückt wird, für sich allein genommen selbst eine Vorstellung sei; der andere, noch übrige Teil dagegen, „daß dieses Geschöpf auf der Erde wohne", deucht mir ein völliger Satz, der jedoch mit der Vorstellung Geschöpf auf eine so eigene Art verbunden ist, daß das Ganze, welches aus dieser Verbindung entsteht (der Gedanke eines Geschöpfes, welches auf Erden / wohnet), nichts aussagt, und somit keinen Satz, sondern nur eine bloße Vorstellung liefert. Daß es Teile der Vorstellungen gebe, die selbst wieder Vorstellungen sind, hat man von jeher angenommen; und es bedarf sonach keiner weiteren Rechtfertigung. Denn auf den Einwurf, daß eine Vorstellung, wenn sie aus mehreren Teilen, die selbst wieder Vorstellungen sind, bestände, eben darum nicht Eine, sondern ein Inbegriff mehrerer Vorstellungen wäre, findet sich leicht die Antwort, daß dieses so wenig folge, als etwa daraus, weil die einzelnen Teile einer Maschine selbst schon Maschinen sind, gefolgert werden könnte, daß sie nicht in gewisser Rücksicht sehr wohl den Namen einer einzigen Maschine verdiene. Wie nämlich diese nur Eine ist in Hinsicht auf die Wirkung, die nur sie selbst, und nicht ihre einzelnen Teile für sich hervorbringen: so ist auch die aus mehreren einzelnen Vorstellungen zusammengesetzte Vorstellung nur Eine, hinsichtlich auf die Gegenstände, die durch sie vorgestellt werden, oder auch hinsichtlich auf die Stelle, die sie in einem Satze vertreten kann u. dgl. Streitiger ist es, ob auch ganze Sätze als Teile in Vorstellungen vorkommen können. Zwar werden uns alle Sprachlehrer beipflichten, wenn wir die obigen Worte: „welches auf Erden wohnt" für den Ausdruck eines ganzen (obgleich nicht selbständigen) Satzes erklären. Denn dieses tun auch sie, und weisen uns alle zu einem

Satze erforderlichen Bestandteile, eine erste Endung (d. i. ein Subjekt), ein Zeitwort (d. h. eine Kopula) usw., in jenen Worten nach. Gleichwohl ist folgendes, schon § 49. angeführte Beispiel ein noch einleuchtenderer Beweis, daß bloße Vorstellungen auch ganze Sätze in sich fassen können. Niemand wird nämlich leugnen, daß der Gedanke, den die Worte: „die Erkenntnis der Wahrheit: Gott ist allmächtig" ausdrücken, eine bloße Vorstellung sei; und doch ist sichtbar, daß in diesen Gedanken ein ganzer Satz, nämlich die Wahrheit, daß Gott allmächtig ist, als ein Bestandteil vorkomme.

3) Ist es nun richtig, daß die Teile einer Vorstellung bald wieder Vorstellungen, bald ganze Sätze sein können: so gibt es noch eine zweite Art, wie sich die Unterscheidung zwischen nächsten und entfernteren Teilen einer Vorstellung auffassen läßt. Die Teile nämlich, welche nur darum Teile einer gewissen Vorstellung sind, weil sie Teile eines in ihr enthaltenen Satzes sind, kann man recht schicklich entferntere Teile derselben, alle anderen dagegen die nächsten nennen. Nach dieser Begriffsbestimmung wären die nächsten Teile der Vorstellung: „Erdengeschöpf" die Vorstellung: „Geschöpf" und der Satz: „welches auf Erden wohnt". Denn diese Teile sind in der genannten Vorstellung nicht bloß insofern enthalten, als sie in einem Teile derselben, der ein Satz ist, vorkommen. Die Vorstellung Erde dagegen, oder die Vorstellung Wohnen wären entfernte Teile zu nennen.

4) Sehen wir auf das Verhältnis, in welchem die Teile einer Vorstellung *untereinander* stehen: so bemerken wir, daß einige derselben unmittelbar, andere nur mittelbar miteinander verknüpft sind. Daß jeder Teil einer Vorstellung mit einem jeden andern, wenn er nicht unmittelbar mit ihm zusammenhängt, wenigstens mittelbar verbunden sein müsse, erhellet von selbst; denn beide sind Teile eines und eben desselben Ganzen, nämlich der Einen Vorstellung, in der sie vorkommen. Ebenso gewiß ist aber auch, daß es Teile geben müsse, die miteinander unmittelbar verknüpft sind; denn überall, wo ein mittelbarer Zusammenhang herrschet, muß auch irgendein unmittelbarer an-

zutreffen sein, weil jener nur erst durch diesen stattfinden kann. So sind, um ein paar Beispiele eines unmittelbaren Zusammenhanges zu geben, die beiden Vorstellungen: „Nicht" und „Etwas" in der zusammengesetzten Vorstellung: „Nichts" (=„Nicht etwas") unmittelbar verknüpfet. So, deucht mir, sind auch die Begriffe des Habens und der Pflicht in der zusammengesetzten Vorstellung des Habens einer Pflicht unmittelbar verknüpfet. Ein Beispiel einer nur mittelbaren Verbindung dagegen hätten wir an den Begriffen Mensch und Rechtschaffenheit, die in der Vorstellung eines Menschen, welcher Rechtschaffenheit hat — nur durch die Begriffe Welcher und Haben zusammenhängen.

5) Aus diesem Beispiel ersehen wir zugleich, daß sich in den zusammengesetzten Vorstellungen zuweilen eigene Teile, Vorstellungen nämlich, befinden, durch welche der Zusammenhang zwischen gewissen anderen Teilen vermittelt wird. Ein solcher Teil ist der soeben erwähnte Begriff des beziehenden Fürwortes *Welcher*, der die Vorstellung Mensch mit dem / Satze: „welcher Rechtschaffenheit hat" zu einer einzigen Vorstellung verbindet. Ein solcher Teil ist aber auch der Begriff des Habens, durch den die Vorstellung jenes beziehenden Fürwortes mit der Vorstellung: „Rechtschaffenheit" zu dem Satze: „der Rechtschaffenheit hat" vereinigt, und dadurch mittelbar auch mit den übrigen Teilen der ganzen Vorstellung in Verbindung gesetzt wird.

6) Von solchen Vorstellungen, welche, wie der Begriff des *Habens,* zwei andere Vorstellungen zu einem ganzen Satze verbinden, werden wir in der Folge bei der Lehre von den Sätzen umständlicher handeln. Hier also nur noch ein paar Worte über die Natur der Verbindung, die das beziehende Fürwort *Welcher* vermittelt. Bei dieser Verbindung scheint es ein wesentlicher Umstand, daß die verbundenen Glieder jederzeit, so wie in dem vorliegenden Beispiele, eine Vorstellung und ein Satz sind. Die erstere nimmt in der Vorstellung, welche aus ihrer Verbindung mit dem nachfolgenden Satze entsteht, einen so wichtigen Platz ein, daß man sie nicht unschicklicher Weise den *Hauptteil* derselben nennen könnte. Was endlich den Satz

anbelangt, den das beziehende Fürwort an diese Vorstellung verknüpft: so ist es offenbar, daß dieses Fürwort selbst einen Bestandteil in ihm abgebe. Ohne jedoch die Lehre von den verschiedenen Teilen, in die ein jeder Satz zerfällt, hier schon als bekannt vorauszusetzen, können wir die Stelle, die das beziehende Fürwort in einem solchen Satze einnimmt, nicht näher bestimmen. Es genüge hier also bloß zu bemerken, daß diese Stelle nicht immer dieselbe sei. Denn von dieser Wahrheit können wir uns, auch ohne noch eine genauere Kenntnis von jenen Teilen zu haben, durch die Betrachtung einiger Beispiele hinlänglich überzeugen. Schon die verschiedenen Endungen nämlich, in denen das beziehende Fürwort in folgenden Vorstellungen erscheint: „Ein Raum, *der* leer ist"; „Ein Dreieck, *dessen* Seiten einander gleich sind"; „Ein Mann, *dem* niemand traut" usw., verraten, daß der Begriff dieses Fürwortes ein sehr verschiedenes Verhältnis zu den übrigen Teilen in diesen Sätzen hat.

7) Aus dem Bisherigen erhellet, daß die Bestandteile, aus welchen eine Vorstellung besteht, öfters in einer gewissen, / gar nicht willkürlichen *Aufeinanderfolge* erscheinen, durch deren Abänderung auch eine andere Vorstellung erzeugt wird, wie wir dies schon § 56. [1]) bemerkten. Es verstehet sich aber von selbst, daß wir uns unter dieser öfters so wesentlichen Ordnung der Teile einer Vorstellung keine Aufeinanderfolge derselben in einer *Zeit* denken müssen. Denn eine Vorstellung an sich ist ja nichts Wirkliches; und somit können wir auch von ihren Teilen nicht sagen, weder daß sie zu gleicher Zeit nebeneinander bestehen, noch daß sie in verschiedenen Zeiten einander nachfolgen. Ein anderes ist es mit der *gedachten* Vorstellung; diese ist etwas Wirkliches, und bei uns Menschen folgen die Teile derselben allerdings in der Zeit aufeinander. Derjenige, der in der objektiven Vorstellung der erste ist, wird von uns auch der Zeit nach etwas früher als derjenige zu denken angefangen, der in der objektiven Vorstellung der zweite ist usw.

[1] A: § praec.

8) Behaupte ich aber, daß die in einer zusammengesetzten Vorstellung vorkommenden Teile zuweilen in einer bestimmten Ordnung und Aufeinanderfolge erscheinen, vermöge deren wir den einen derselben den ersten, einen andern den zweiten nennen können: so behaupte ich darum noch nicht, daß dies bei *allen* der Fall sei. Könnte es nicht Teile geben, bei denen die Ordnung willkürlich ist, oder vielmehr, die in der Vorstellung an sich in gar keiner Ordnung und Aufeinanderfolge, sondern so wie die Glieder in einer *Summe*[2]) erscheinen? So ist es, wenn ich nicht irre, wirklich. Wenn wir, um nur ein Beispiel anzuführen, die Vorstellung von einem A, das die Beschaffenheiten $b, b', b'', \ldots$ hat, uns denken: so sind wir zwar wegen der Eigentümlichkeit unserer beschränkten Natur meistenteils außerstande, uns jene mehreren Beschaffenheiten $b, b', b'', \ldots$ alle zu gleicher Zeit zu denken; wir denken sie die eine nach der andern, und also in einer gewissen Zeitfolge, die einmal diese, und einmal jene sein kann: aber wir fühlen doch deutlich, daß diese Zeitfolge nicht zu den Vorstellungen an sich gehört, daß sich an diesen[3]) nichts ändere, ob wir uns die Beschaffenheiten $b, b', b'', \ldots$ in der soeben angegebenen, oder in einer anderen Folge, z. B. $b'', b', b, \ldots$ vorstellen. In der objektiven Vorstellung also bilden die einzelnen Vorstellungen der Beschaffenheiten $b, b', b'', \ldots$ / Bestandteile, die hier in keiner verschiedenen Ordnung, etwa die eine in der 4ten, die andere in der 5ten Stelle erscheinen usw., sondern sie alle zusammen stehen nur an einer Stelle (nämlich der letzten).

§ 59. *Auslegung einiger grammatischer Formen, insonderheit der Form: Dies A*

Die Ausführungen B.'s zur Form: „Dies A" seien hier vollständig wiedergegeben: „Eine besonders merkwürdige Gattung von Vorstellungen ist es, zu deren Ausdrucke wir uns der Form: *„Dies* (oder *jenes*) A" bedienen. Ich glaube aber, daß wir diesen Ausdruck in zwei verschiedenen Bedeutungen nehmen. In der einen, welche ich die *genauere* nenne, heißt uns *Dies A* ohn-

---

[2] Zu B.'s Begriff der Summe cf. Zus.fassg. zu § 84.
[3] A: dieser.

gefähr ebensoviel als Dies, welches ein A ist. Die Vorstellung, welche wir durch das Wort *Dies* bezeichnen, ist hier eine solche, daß sie für sich allein schon auf keinen anderen Gegenstand als nur den einzigen sich beziehet, den auch die ganze Vorstellung: „Dies A" vorstellen soll. Der Beisatz: *„welches ein A ist"* sagt also hier eine Beschaffenheit aus, welche dem Gegenstande, den wir uns unter dem *Dies* denken, schon ohnehin zukommt, und ist bloß der mehren Deutlichkeit wegen gewählt. In diesem Sinne nehmen wir unsern Ausdruck, wenn wir z. B. sagen: „Dieser Duft (den ich soeben verspüre) ist wohlriechend." Hier nämlich verstehen wir unter dem Worte *„Dies"* jene bestimmte Empfindung, die wir soeben haben; und daß diese ein Duft sei, ist eine Beschaffenheit, welche dem unter Dies vorgestellten Gegenstande schon von selbst zukommt. Unsere Vorstellung wird also nicht erst durch den in ihr vorkommenden Bestandteil A, oder „welches ein A ist", auf jenen einzigen Gegenstand, welchen sie hat, beschränket. Nicht also ist es, wenn wir den Ausdruck Dies A in seiner *zweiten* Bedeutung nehmen, wo wir darunter jedes beliebige A verstanden wissen wollen, welchem nur eine gewisse, mit unserm *Dies* bezeichnete nähere Bestimmung nicht fehlt. Diese nähere Bestimmung ist aber insgemein, daß es dasjenige A sein solle, das wir uns unmittelbar vorher vorgestellt hatten. So hat z. B. der Ausdruck: „Diese Behauptungen" keinen anderen Sinn als den: alle diejenigen Behauptungen, auf die wir unsere Aufmerksamkeit nur eben jetzt gerichtet, oder von denen soeben die Rede gewesen u. dgl. In dem ersten Falle ist also die Vorstellung, die das Wort *Dies* bezeichnet, der Hauptteil, und die Vorstellung A (oder vielmehr der Satz: welches ein A ist) bildet den Nebenteil; doch mit der Eigentümlichkeit, daß nicht erst durch diesen Beisatz der Umfang unserer Vorstellung auf jenen einzigen Gegenstand, welchen sie hat, eingeschränkt wird, weil schon das *Dies* allein sich nur auf diesen Gegenstand beziehet. In dem zweiten Falle ist es gerade umgekehrt, die Vorstellung A bildet den Hauptteil; die Vorstellung aber, die das Wort *Dies* bezeichnet, kommt in dem Nebenteile vor, und beschränket den Umfang der ganzen Vorstellung nur auf den einen oder die mehreren Gegenstände, denen die mit dem Dies bezeichnete Bestimmung zukommt."

§ 60. *Konkrete und abstrakte Vorstellungen*

Zu der Art Vorstellungen, die wir § 58.[1]) betrachteten, gehört auch die eines *Etwas, das* (die Beschaffenheit) *b hat;* wo an der Stelle der Hauptvorstellung die allgemeinste aus

---

[1] A: § praec. B. will sich offenbar auf Vorstellungen der Art: „A, welches B ist" beziehen (cf. § 58, 5 f.).

allen, nämlich die eines *Etwas* oder Gegenstandes überhaupt stehet. Eine solche Vorstellung nenne ich eine *konkrete*, auch schlechtweg ein *Concretum*. Die hier vorkommende Vorstellung b dagegen, die als die Vorstellung einer bloßen Beschaffenheit schicklich den Namen einer *Beschaffenheitsvorstellung* trägt, mag in der Rücksicht, daß sie als ein Bestandteil in jener konkreten erscheint, das *Abstractum* derselben, oder die von ihr *abgezogene* Vorstellung heißen. So nenne ich z. B. die Vorstellung Tier, d. h. die Vorstellung eines Etwas, das die Beschaffenheit der Tierheit hat, eine konkrete Vorstellung; die bloße Beschaffenheitsvorstellung Tierheit selbst aber nenne ich das Abstractum von jenem Concreto. Zu jeder beliebigen Beschaffenheitsvorstellung b läßt sich, wie leicht zu erachten, ein sie enthaltendes Concretum, zu welchem sie sonach das zugehörige Abstractum bilden wird, auffinden; es ist die Vorstellung: „Etwas, das (die Beschaffenheit) b hat". Ich erlaube mir, die letztere Vorstellung kurz durch B zu bezeichnen.[2]) — Jeder wird einsehen, daß die Bestimmung der Frage, ob eine gegebene Vorstellung konkret oder abstrakt oder keines von beiden sei, eine bloß *innere* Beschaffenheit derselben betreffe. Denn an der gegebenen Vorstellung selbst, ohne Vergleichung mit einer anderen, kann man es abnehmen, ob sie unter der Form: „Etwas, das (die Beschaffenheit) b hat" stehe, oder die Vorstellung einer bloßen Beschaffenheit sei. Ob aber eine Vorstellung B das zu der b gehörige Concretum, und somit b das der B zugehörige Abstractum sei; das allerdings ist eine Frage, die man nur nach Betrachtung beider Vorstellungen B und b zu beantworten vermag; oder (was ebensoviel heißt) die Bestimmung dieser Frage drückt ein *Verhältnis* zwischen den beiden Vorstellungen aus. Offenbar gibt es aber auch Vorstellungen, die weder Abstracta, noch Concreta sind. So ist z. B. die Vorstellung „Etwas" selbst keine konkrete Vorstellung zu nennen; denn sie ist nicht von der Form: „Etwas, das (die Beschaffenheit) b hat". Ebensowenig aber kann sie abstrakt genannt werden, weil sie ja keine Beschaffenheitsvorstellung ist. Ein

---

[2] Cf. auch § 127, 1.

gleiches gilt von den Vorstellungen: Nichts, Dies A, Sokrates u. a. m., die weder Beschaffenheiten bezeichnen, noch von der Form sind, die ich soeben für eine jede konkrete Vorstellung festgesetzt habe. Abstrakte Vorstellungen können auch einfach sein; eine konkrete Vorstellung aber ist immer zusammengesetzt; denn sie bestehet aus der Vorstellung „Etwas", und aus dem Satze: „welches *b* hat". / Obgleich aber die Concreta jedesmal aus den ihnen zugehörigen Abstractis zusammengesetzt sind: so pflegt doch ihr sprachlicher Ausdruck (z. B. Tier) meistens der kürzere, — und der des Abstractums („Tierheit") aus jenem des Concretums zusammengesetzt zu sein. Dieses kommt nämlich daher, weil wir bei der Erfindung der Sprachen die Concreta insgemein früher als ihre Abstracta mit eigenen Worten bezeichneten, und uns noch gegenwärtig viel öfter von jenen als von diesen zu sprechen veranlaßt finden. Endlich ist noch zu bemerken, daß es nicht immer an einem sprachlichen Ausdrucke ganz deutlich abzunehmen sei, ob die Vorstellung, die man mit ihm verbindet, eine abstrakte oder konkrete Vorstellung ist. Öfters wird ein und dasselbe Wort hier zur Bezeichnung des Abstractums, dort zur Bezeichnung des Concretums angewendet; so daß man also erst aus dem Zusammenhange, in dem es soeben vorkommt, erraten muß, in welcher Bedeutung es genommen werde. So ist die Vorstellung, die das Wort Tugend eigentlich bezeichnet, die Vorstellung einer Beschaffenheit, und somit ein Abstractum; oft aber nimmt man dies Wort auch in konkreter Bedeutung, und verstehet darunter Etwas (nämlich ein Wesen), das Tugend hat; wie in dem Satze: „Die Tugend kann wohl zuweilen verkannt werden, aber sie bleibt darum doch niemals unbelohnt" u. dgl.

In der *1. Anm.* zu § 60 hebt B. die gegebene Bestimmung des Begriffes „abstrakt" gegen eine andere ab, „die sich auf die *Entstehungsart* einer Vorstellung (einer subjektiven nämlich) in dem Gemüte beziehet". B. führt aus: „In dieser Bedeutung heißt auch eine Vorstellung, die ich konkret nenne, z. B. Mensch, abstrakt, sobald sie ihre Entstehung einer Bemerkung dessen verdankt, was mehrere Gegenstände miteinander gemein haben, bei Weglassung dessen, wodurch sie sich unterscheiden. Man mag mit Recht behaupten, daß jeder allgemeine Begriff (jede

Vorstellung, die sich auf mehrere Gegenstände beziehet) in dieser Bedeutung abstrakt zu nennen sei. Allein man wird begreifen, daß ich an diesem Orte, wo ich von Vorstellungen nicht als Erscheinungen im Gemüte, sondern nur von Vorstellungen an sich zu sprechen habe, keinen Unterschied unter ihnen berücksichtigen könne, der einzig nur die Entstehung, welche sie als Erscheinungen im Gemüte haben, betrifft." Seinen eigenen Begriff der Abstraktheit findet B. bei *Locke, Leibniz (Ess.* bzw. *Nouv. Ess.* III, 3), *Knutzen (Logik = Elementa philosophiae rationalis sive logica*, 3. Aufl. 1771, § 81) und *Crusius* (*Weg zur Gewißheit der menschl. Erk.*, 1747, § 155). Crusius habe a. a. O. die abstrakten Vorstellungen im B.'schen Sinn als *abstracta qualitativa* von den abstrakten Vorstellungen im oben ferner angegebenen Sinn als den *abstracta latitudinis* unterschieden.

Zu seinem Gebrauch des Wortes „konkret" bemerkt B.: „Das Wort konkret aber habe ich so bestimmt, daß die konkrete Vorstellung immer eine Vorstellung sein muß, die aus der ihr zugehörigen abstrakten und dem Begriffe eines Etwas zusammengesetzt ist. Man könnte fragen, warum ich nicht auch eine jede Gegenstandsvorstellung, insonderheit diejenigen, die von der Form Dies A (z. B. dieser Mensch) sind, den konkreten beigezählt habe? Der Sprachgebrauch verlangt, unter dem Konkreten etwas Zusammengesetztes, und zwar etwas aus demjenigen, was man abstrakt nennt, Zusammengesetztes zu verstehen. Nun ist zwar nicht zu leugnen, daß die Vorstellung „Dies A" aus der Vorstellung A zusammengesetzt sei; allein sie ist es (wie wir später sehen werden[3])) nur dadurch, daß sie überfüllt ist. Denn „Dies A" heißt eigentlich: Dies, welches ein A ist; und wenn wir unter dem Dies wirklich dasjenige verstehen, was wir verstehen sollen, so ergibt sich die Beschaffenheit, daß es ein A sei, schon von selbst. Lassen wir aber die Vorstellung A und jede andere ebenso überflüssige Bestimmung weg: so bleibt bloß noch die einfache Vorstellung Dies zurück, die man denn eben deshalb nur äußerst unschicklich eine konkrete nennen würde. Einige sehr angesehene Logiker, z. B. *Kant (Log.* § 16) . . ., haben die Sache so dargestellt, als ob der Unterschied zwischen abstrakten und konkreten Vorstellungen nicht ihre innere Beschaffenheit, sondern nur ihren *Gebrauch* beträfe. Dieser Ansicht kann ich nicht beitreten, sondern mir deucht der konkrete Begriff: „Tier" seinen Bestandteilen nach ein anderer, als der abstrakte: „Tierheit". Jener enthält diesen als einen Teil in sich; denn Tier ist Etwas, das Tierheit hat. Wohl gebe ich aber zu, daß die abstrakte, und die ihr zugehörige konkrete Vorstellung nicht immer ebenso, wie es in diesem Beispiele der Fall ist, ihre verschiedenen Zeichen in der Sprache haben,

---

[3] Cf. Zus.fassg. zu §§ 59, 69.

sondern daß viele Worte bald in abstrakter, bald konkreter Bedeutung gebraucht werden. Dann ist es aber nur dasselbe *Zeichen*, nicht dieselbe *Vorstellung*, die man in zwei verschiedenen Fällen vor sich hat. Man kann also keineswegs sagen, daß der Unterschied zwischen abstrakten und konkreten Vorstellungen bloß den Gebrauch derselben betreffe; sondern das Wahre ist nur, daß wir es oft erst aus dem Gebrauche eines Wortes *ersehen*, ob die Vorstellung, die es soeben bezeichnet, eine abstrakte oder konkrete Vorstellung sei."

2. Anm. zu § 60: „Auch den Unterschied, der zwischen Abstractis und den ihnen zugehörigen Concretis hinsichtlich auf ihren *Umfang* obwaltet, scheinen gewisse Logiker nicht beachtet zu haben; indem sie jenen, wie diesen dieselben Gegenstände zuweisen, während es meinem Dafürhalten nach ganz andere Gegenstände sind, welche z. B. dem Abstracto: ‚Tugend', und ganz andere, welche dem zugehörigen Concreto: ‚ein Tugendhafter' unterstehen. Das Abstractum ist eine Beschaffenheitsvorstellung, ihm also kann nichts anderes unterstehen, als was abermals eine bloße Beschaffenheit ist; der Tugend z. B. unterstehen die Beschaffenheiten: Wahrheitsliebe, Wohltätigkeit u. dgl. Dem Concreto: ‚ein Tugendhafter' dagegen unterstehen die Personen Sokrates, Aristides usw."

§ 61. Es muß auch einfache Vorstellungen geben

Unter einer *einfachen* Vorstellung verstehe ich, wie schon das Wort anzeiget, eine solche, die durchaus keine Teile, sie mögen selbst wieder bloße Vorstellungen oder ganze Sätze sein, in sich faßt. Daß es nun solche einfache Vorstellungen gibt, glaube ich auf folgende Art erweisen zu können. Von einem jeden, auch noch so zusammengesetzten Gegenstande gilt / es, daß er auch Teile, die nicht mehr wieder zusammengesetzt, sondern schon durchaus einfach sind, enthalten müsse. Ist die Menge der Teile, aus welchen ein Ganzes bestehet, endlich: so ist die Wahrheit dieser Behauptung einleuchtend. Denn hier müssen wir nach einer endlichen Menge von Einteilungen, z. B. von Halbierungen, immer zu Teilen, die nicht weiter zerlegbar und also einfach sind, geraten. Allein es kann auch Ganze geben, die eine unendliche Menge von Teilen in sich fassen, wie wir ein Beispiel hiervon an jeder räumlichen Ausdehnung, an jeder Linie, Fläche und an jedem Körper haben. Bei solchen Gegenständen gelangt man durch keine, auch noch so oft wiederholte Zerlegung, wenn sie immer nur eine endliche Menge von Teilen erzeugt, wie dieses z. B. bei fortgesetzten Halbierungen, Dreiteilungen u. dgl. geschieht, zu Teilen, die nicht mehr wieder zusammengesetzt, sondern einfach wären. Daraus entsteht nun der Anschein, als ob ein solches Ganze aus gar keinen einfachen Teilen bestände. Gleichwohl behaupte ich, daß auch dieses Ganze Teile, die einfach sind, haben müsse. Zusammengesetztheit nämlich ist eine Eigenschaft, die offenbar nicht bestehen kann, ohne daß Teile, die sie hervorbringen (d. h. die den Grund oder die Bedingung derselben enthalten), vorhanden wären. Sind diese Teile selbst wieder zusammengesetzt, so erklären sie uns nur die Zusammengesetztheit einer *bestimmten* Art (nämlich aus so und so beschaffenen Teilen), nicht aber die *Zusammengesetztheit,* die an dem Ganzen *überhaupt* stattfindet. Um also diese zu erklären, und zwar genügend zu erklären, d. h. als eine Bedingung zu ihr, die keiner weiteren Bedingung bedarf, muß es Teile geben, die nicht mehr wieder zusammengesetzt, sondern einfach sind.*) So enthalten z. B. auch Linien, Flächen und Körper Teile, die nicht mehr weiter geteilt werden können, sondern einfach sind, nämlich die Punkte, die aber freilich dem Ganzen, das sie bilden, eben darum, weil sie dasselbe erst in unendlicher Menge erzeugen, nicht gleichartig sind, und daher von den Geometern, die das Wort Teil in einer engeren Bedeutung nur von gleichartigen Teilen nehmen, nicht Teile genannt zu werden pflegen. — / Auch eine jede Vorstellung also, wäre sie noch so zusammengesetzt, und enthielte sie selbst, wenn es sonst möglich ist, unendlich viele Teile, muß doch auch solche haben, die keine weitere Zerlegung zulassen. Diese können eben darum nicht *Sätze* sein, weil jeder Satz, als solcher, noch zusammengesetzt ist. Sie müssen sonach, da die Teile einer Vorstellung gewiß nichts anderes als entweder Sätze oder abermals Vorstellungen sind, *Vorstellungen* sein. Und somit ist erwiesen, daß es einfache Vorstellungen gebe. Da es nun nach § 56. gewiß

---

*So hat auch *Hegel* (*Log.* B. 1. S. 142.) geurteilt. (*Die Seitenzahl bezieht sich auf die Erstausg. von 1812. Anm. d. Hrsg.*).

auch *zusammengesetzte* Vorstellungen gibt: so ist kein Zweifel, daß man auf diesen Unterschied zwischen den Vorstellungen, ob sie nämlich einfach oder zusammengesetzt sind, eine rechtmäßige *Einteilung* derselben gründen könne. Denn daß dieser Unterschied von großer Wichtigkeit sei, läßt sich im voraus erachten, und wird in der Folge noch deutlicher erhellen.

§ 62. *Kein Inhalt einer Vorstellung ist der größte*

B. behauptet und begründet, daß jede Vorstellung „durch Zusatz anderer Vorstellungen oder auch ganzer Sätze in eine neue Vorstellung verwandelt werden" könne: „Die Vermehrung des Inhaltes der Vorstellungen oder ihre Zusammensetzbarkeit geht also in das Unendliche."

§ 63. *Ob die Teile einer Vorstellung einerlei sind mit den Vorstellungen der Teile ihres Gegenstandes*

Man hat sich häufig des Ausdruckes bedient, daß die *Vorstellung von einem Gegenstande,* wenn sie anders richtig ist, d. h. nicht bloß für eine Vorstellung von ihm gehalten wird, sondern es wirklich ist, eine gewisse *Übereinstimmung mit demselben haben müsse**). Die Dunkelheit dieses Ausdruckes gab Anlaß, daß einige sich die Übereinstimmung, die zwischen einer Vorstellung und ihrem Gegenstande stattfinden müsse, als eine Art von Ähnlichkeit in der Zusammensetzung beider dachten, und somit annahmen, daß die Teile, aus denen eine Vorstellung besteht, wohl nur die Vorstellungen der Teile, aus denen ihr Gegenstand besteht, sein müßten. So heißt es in *Abichts Log.*[1]) S. 362: „So viel Besonderes das *Objekt* eines Begriffes zu unterscheiden gibt: so viel Teile von Vorstellungen muß auch der *Begriff* von diesem Objekte in sich unterscheiden lassen." Und S. 363.: „Die Vollständigkeit eines zusammengesetzten Begriffes ist als wahr erkannt, wenn aus Gründen

---

* Wie man auf diese Redensart gekommen sein möge, habe ich schon § 29. zu erklären versucht. (*Cf. oben* S. 37, *d. Hrsg.*)

[1] *Verbesserte Logik oder Wahrheitswissenschaft auf den einzig gültigen Begriff der Wahrheit erbaut* (Fürth 1802).

zu ersehen ist, daß sein Gegenstand *solche* und *nur so viele Teile* vorzuweisen habe." Eine Folge von dieser Meinung war es, wenn man häufig dafür hielt, daß ein ganz einfacher Gegenstand auch nur durch eine einfache Vorstellung aufgefaßt werden könne u. dgl.

Diese Ansicht deucht mir nun unrichtig; erstlich schon darum, weil es (wie ich wenigstens meine) auch Vorstellungen gibt, die gar keinen Gegenstand haben; z. B. die Vorstellung Nichts, oder die eines runden Vierecks u. a. Bei solchen Vorstellungen ist es offenbar, daß man die Teile, aus denen sie bestehen, nicht für Vorstellungen von den Teilen ihres Gegenstandes ausgeben könne. Man müßte also die obige Behauptung höchstens nur auf Vorstellungen, die einen Gegenstand haben, beschränken wollen. Wenn es aber wahr ist, daß unter den Teilen, aus denen Vorstellungen zusammengesetzt sind, öfters auch ganze Sätze erscheinen (§ 58. Nr. 2.[2])): so wird man abermals nicht sagen können, ein jeder Teil einer Vorstellung sei die Vorstellung eines in ihrem Gegenstande enthaltenen Teiles. Doch man bescheidet sich gerne, daß es in einem solchen Falle nicht der ganze Satz, sondern nur eine in ihm vorkommende Vorstellung sei, welche auf einen, auch in dem Gegenstande anzutreffenden Teil hindeutet. Dieses ist wirklich zuweilen der Fall; so bietet die Vorstellung eines rechtwinkligen Dreieckes, d. i. die Vorstellung eines Dreiecks, das einen rechten Winkel hat, in dem Satze: „das einen rechten Winkel hat" die Vorstellung von einem rechten Winkel dar, die in der Tat auf einen in dem rechtwinkligen Dreiecke vorkommenden Teil hindeutet. Ein Ähnliches gilt von den Vorstellungen: „ein bergiges Land", „ein Buch mit Kupfern", und vielen andern. Daß dieses aber nicht immer der Fall sei, oder daß nicht ein jeder unter den Teilen einer Vorstellung vorkommende Satz eine Vorstellung darbietet, die sich auf einen, an dem Gegenstande befindlichen Teil beziehet, kann man aus Vorstellungen von einer solchen Art, wie folgende, ersehen. „Ein Land, das keine Berge hat"; „Ein Buch, das ohne Kupfer ist" u. dgl. Denn diese weisen

[2] A: § 57. Nr. 2.

durch die in ihnen vorkommenden Vorstellungen: „Berge", „Kupfer" offenbar nicht auf Teile hin, welche der ihnen unterstehende Gegenstand hat, sondern vielmehr auf solche, die ihm mangeln. Noch unwidersprechlicher zeigt sich dieses bei Vorstellungen, wie: „das Auge des Menschen", „der Giebel des Hauses" u. dgl. Wer könnte nämlich leugnen, daß in der ersten dieser Vorstellungen die Vorstellung Mensch, in der zweiten die Vorstellung Haus als ein Bestandteil vorkomme? Wäre also die Ansicht, die wir bestreiten, richtig: so müßte der ganze Mensch ein Teil von seinem Auge, das ganze Haus ein Teil von seinem Giebel sein u. dgl. Endlich gibt es auch Gegenstände, die als durchaus einfach gar keine Teile haben, während doch ihre Vorstellung sichtbar aus mehreren Teilen zusammengesetzt ist. So ist ein jedes geistige Wesen ein durchaus einfacher Gegenstand; und der Begriff desselben ist gleichwohl aus mehreren Teilen zusammengesetzt. Man wird also wohl den Gedanken aufgeben müssen, daß jeder einzelne Teil, aus welchem eine Vorstellung bestehet, auf einen ihm entsprechenden Teil in ihrem Gegenstande hinweist. Nun könnte man aber noch meinen, daß, wenn auch nicht jeder Bestandteil, in den sich die Vorstellung auflösen läßt, einen eigenen Teil in ihrem Gegenstand verrät, doch umgekehrt jeder der letzteren durch einen oder einige, in der Vorstellung vorkommende Bestandteile angedeutet sein müsse. Doch man sieht augenblicklich, dieses könne wenigstens nicht von denjenigen Teilen eines Gegenstandes erwartet werden, die er nicht notwendig hat, um ein der gegebenen Vorstellung unterstehender Gegenstand zu sein. So wird gewiß niemand erwarten, daß in der Vorstellung Blume, der dieser Rosenstock untersteht, Bestandteile vorkommen sollten, die zu erkennen geben, wie viele Rosen, Knospen und Blätter gerade dieser Rosenstock / habe. Ein anderes aber ist es vielleicht mit Teilen, welche ein Gegenstand notwendig haben muß, um Gegenstand einer gegebenen Vorstellung heißen zu können? Wenn es begründet sein sollte (wie es die Meinung vieler scheint), daß die Vorstellung einer jeden Beschaffenheit, welche ein Gegenstand notwendig hat, sofern er der Gegenstand einer gewissen Vorstellung sein soll, in dieser Vorstellung als Bestandteil vorkomme: so unterläge es wohl keinem Streite mehr, daß sich für jeden Teil, der einem Gegenstande notwendig zukommt, um einer gewissen Vorstellung unterzustehen, auch irgendein eigener Teil, der ihn vorstellt (eine auf ihn sich beziehende Vorstellung), in dieser vorfinden müsse. Denn daß ein Ding aus diesen und jenen Teilen bestehe, gehöret mit zu den Beschaffenheiten desselben. Da ich aber aus Gründen, die der gleich folgende Paragraph entwickeln wird, jene Meinung für unrichtig halte: so habe ich auch gar keinen Grund, zu glauben, daß die Vorstellung von einem Gegenstande aus den Vorstellungen aller derjenigen Teile, die diesem notwendig zukommen, um unter sie zu gehören, zusammengesetzt sein müsse.

§ 64. *Ob die Teile einer Vorstellung einerlei sind mit den Vorstellungen von den Beschaffenheiten ihres Gegenstandes*

Die zu Anfang des vorigen Paragraphs erwähnte *Übereinstimmung* zwischen einer Vorstellung und dem ihr entsprechenden Gegenstande, welche sich einige als eine Art von Ähnlichkeit in der Zusammensetzung beider dachten, glaubten andere vielmehr darin zu finden, daß die Vorstellung von einem Gegenstande die Vorstellungen von seinen sämtlichen Beschaffenheiten als ihre Teile in sich schließen müsse. Wie nämlich jeder Gegenstand gleichsam nichts anderes als ein Inbegriff seiner sämtlichen Beschaffenheiten ist: so müsse, glaubte man, auch die Vorstellung, die ihm entspricht, nichts anderes als ein Inbegriff der sämtlichen Vorstellungen dieser Beschaffenheiten sein.

Daß dieses jedoch nicht von denjenigen Beschaffenheiten eines Gegenstandes gelte, die er nicht haben *muß*, um der Gegenstand einer gegebenen Vorstellung zu sein, wird man uns ohne Widerrede einräumen, und dadurch schon gestehen, daß die soeben ausgesprochene Behauptung auf folgende Art bestimmter ausgedrückt werden müßte: Jede Vorstellung von einem Gegenstande ist ein bloßer Inbegriff von den Vorstellungen aller derjenigen Beschaffenheiten, die er als Gegenstand derselben notwendig hat. Ist der Satz nun so wahr? Daß manche Beschaffenheit eines Gegenstandes in der Vorstellung, die wir uns von ihm bilden, wirklich mitgedacht werde und werden müsse, ist wohl nicht zu leugnen. So ist z. B. die Gleichheit aller Seiten eine Beschaffenheit des gleichseitigen Dreieckes, deren Vorstellung in dem Begriffe desselben als ein Bestandteil allerdings vorkommt; denn wir verstehen ja unter einem gleichseitigen Dreiecke eben nichts anderes als „ein Dreieck, dessen Seiten alle einander gleich sind". Die Betrachtung solcher Beispiele, verbunden mit dem Umstande, daß sich am leichtesten begreifen läßt, wie man die Notwendigkeit, daß ein gegebener Gegenstand eine gewisse Beschaffenheit habe, behaupten könne, wenn diese Beschaffenheit schon als ein Bestandteil in der Vorstellung von ihm gedacht wird, ist wohl die vornehmste Ursache, daß die Meinung, von der wir eben sprechen, so viele Anhänger gewonnen hat. Denn wirklich scheinen die meisten Logiker zu glauben, daß die Vorstellung eines jeden Gegenstandes aus nichts anderem, als aus den bloßen Vorstellungen seiner Beschaffenheiten (von ihnen *Merkmale* genannt) zusammengesetzt sei. Ich wage es gleichwohl, dieser fast allgemein herrschenden Meinung zu widersprechen, und behaupte nicht nur, daß es verschiedene Bestandteile einer Vorstellung gebe, welche nichts weniger als Beschaffenheiten des ihr entsprechenden Gegenstandes ausdrücken, sondern daß es an einem jeden Gegenstande auch Beschaffenheiten gebe, die — ob sie ihm gleich notwendig zukommen — sofern er einer gewissen Vorstellung als Gegenstand unterstehen soll, in dieser doch keineswegs als Bestandteile mitgedacht werden.

1) Den ersten Teil dieser Behauptung wird man mir, wie ich hoffe, ohne Schwierigkeit zugeben, sobald man erwogen hat, daß es, um eine Vorstellung von einem Gegenstande aus — so viel es möglich ist — lauter Vorstellungen seiner / Beschaffenheiten b, b', b'', ... zusammenzusetzen, doch immer noch einiger anderer Vorstellungen bedarf, die zur Verbindung dieser dienen. Um nämlich den Gegenstand, der die Beschaffenheiten b, b', b'', ... an sich hat, vorzustellen, muß man die Vorstellung von einem

„Etwas, welches (die Beschaffenheiten) b, b', b'', ... hat", bilden. In dieser Vorstellung aber kommt nebst den Vorstellungen von den Beschaffenheiten b, b', b'', ... noch manche andere Vorstellung, namentlich noch die Vorstellung eines *Etwas*, die Vorstellung des beziehenden Fürwortes *Welches*, und die Vorstellung des *Habens* vor. Hierzu kommt noch, daß die Vorstellung mancher Beschaffenheit eines Gegenstandes aus einer Menge anderer Vorstellungen zusammengesetzt ist, welche nichts weniger als Beschaffenheiten dieses Gegenstandes vorstellen, ob sie gleich als Bestandteile in seiner Vorstellung erscheinen. So ist die Vorstellung Gleichseitigkeit, die eine Beschaffenheit des gleichseitigen Dreiecks ausspricht, und zwar eine solche, die im Begriffe desselben als ein Bestandteil erscheint, selbst aus den Vorstellungen Gleichheit und Seite zusammengesetzt; und diese Vorstellungen kommen sonach in dem Begriffe eines gleichseitigen Dreiecks als (entfernte) Bestandteile vor; dennoch wird niemand sagen, daß diese Vorstellungen Beschaffenheiten des gleichseitigen Dreieckes selbst ausdrücken. Ein gleichseitiges Dreieck ist weder eine Art von Seiten, noch hat es die Beschaffenheit der Gleichheit, sondern diese letztere Beschaffenheit findet sich nur an dem Verhältnisse, in welchem die Längen seiner Seiten untereinander stehen.

2) Um nun den zweiten Teil meiner Behauptung darzutun, könnte ich mich a) auf gar viele Beispiele berufen, in welchen es sichtbar ist, daß wir einem gewissen Gegenstande eine Beschaffenheit als notwendig folgend aus dem Begriffe desselben beilegen, obgleich wir uns nicht im geringsten bewußt sind, daß wir uns diese Beschaffenheit in jenem Begriffe wirklich gedacht hätten, ja daß sie uns nur überhaupt früher bekannt gewesen wäre. So können wir z. B. durch einiges Nachdenken entdecken, daß ein jedes Quadrat die Beschaffenheit habe, daß die Seite desselben zu seiner Diagonale in dem Verhältnisse von $1 : \sqrt{2}$ steht; obgleich wir uns gar nicht bewußt sind, daß die Vorstellung dieser Beschaffenheit / in unserem Begriffe vom Quadrate schon als Bestandteil liege u. dgl. b) Ein zweiter Beweis

ließe sich aus dem Dasein der sogenannten *Wechselvorstellungen*[1]) führen. Es gibt nämlich unleugbar Vorstellungen, die wir mit größter Deutlichkeit voneinander unterscheiden, ob wir gleich einsehen, daß sie dieselben Gegenstände haben, und daß die Beschaffenheiten, welche sich aus der einen herleiten lassen, auch aus der anderen folgen. Von der Art sind z. B. die beiden Vorstellungen: „gleichseitiges Dreieck" und „gleichwinkliges Dreieck". Wer sollte diese zwei Vorstellungen nicht als verschieden ansehen? Und gleichwohl haben sie gewiß dieselben Gegenstände; und die nämlichen Beschaffenheiten, die aus der einen folgen, lassen sich auch aus der anderen ableiten. Ein Ähnliches gilt von den zwei Vorstellungen „eines Raumdinges, das alle Punkte enthält, die von Einem gegebenen gleichweit abstehen", und „einer Fläche, die bei gegebener Größe den größten körperlichen Inhalt einschließt"; zwei Vorstellungen, die so verschieden sind, daß die eine kaum an die andere erinnert, obwohl jeder Mathematiker weiß, daß sie denselben Gegenstand haben. Wenn nun die Vorstellung jeder Beschaffenheit eines Gegenstandes in der Vorstellung desselben als ein Bestandteil vorkommen müßte: so müßten alle dergleichen Wechselvorstellungen, weil sie dieselben Gegenstände haben, auch dieselben Bestandteile haben, und somit eigentlich *einerlei Vorstellung* sein. c) Einen dritten, noch entscheidenderen Beweis für meine Behauptung finde ich in folgendem Umstande. Es gibt Vorstellungen, aus denen eine nicht nur sehr große, sondern wirklich *unendliche* Menge von Beschaffenheiten für ihren Gegenstand folgt. Eine solche ist z. B. die Vorstellung $\sqrt{2}$; denn diese stellt eine Größe vor, die bekanntlich aus unendlich vielen Teilen $1 + \frac{4}{10} + \frac{1}{100} + \frac{4}{1000} + \frac{1}{10000} + \ldots$ zusammengesetzt ist, und die Beschaffenheit eines jeden dieser Teile (was für ein Zähler zu jedem Nenner gehöre) ist durch die Vorstellung $\sqrt{2}$ bestimmt. Da wir nun die Beschaffenheiten dieser einzelnen Teile zugleich als Beschaffenheiten der Größe selbst ansehen können: so haben wir an $\sqrt{2}$ das Beispiel einer Vorstellung, aus der sich

[1] Cf. § 96.

unendlich viele, voneinander ganz verschiedene Beschaffenheiten ihres Gegenstandes kundtun. Denn offenbar gibt die / Bestimmung eines jeden der Brüche $\frac{4}{10}$, $\frac{4}{100}$, $\frac{4}{1000}$, $\frac{2}{10000}$, . . . eine eigene (nicht bloß in unserer Art, sie aufzufassen, sondern objektiv verschiedene) Beschaffenheit der ganzen Größe ab. Sollte es also wahr sein, daß eine jede Beschaffenheit eines Gegenstandes, welche aus seiner Vorstellung notwendig folgt, schon als Bestandteil in ihr gedacht werden müsse: so müßte die Vorstellung $\sqrt{2}$, und jede ihr ähnliche aus einer unendlichen Menge verschiedener Teile zusammengesetzt sein. Um daher sagen zu können, daß wir uns eine solche Vorstellung *denken*, müßten wir uns die unendlich vielen Teile, aus denen sie bestehet, wenigstens dunkel vorstellen; wir müßten also imstande sein, mit unserer endlichen Denkkraft eine unendliche Menge von Vorstellungen zu gleicher Zeit zu umfassen. d) Doch so viel Gewicht auch schon diese drei Gründe haben mögen: so will ich sie gleichwohl nicht als entscheidend angesehen wissen. Denn da wir bloß daraus, daß wir uns einer Vorstellung, als eines Bestandteils in einer andern, nicht bewußt sind, nie sicher schließen können, daß sie auch wirklich nicht als Bestandteil an ihr vorkomme: so erhebt sich gegen den Beweis lit. a. immer der Zweifel, daß die Beschaffenheiten, die man aus dem Begriffe eines Gegenstandes erst durch ein langes Nachdenken herleitet, und also allerdings in diesem Begriffe nicht deutlich gedacht hatte, doch dunkel vorgestellt sein konnten. Gegen lit. b. ließe sich sagen, daß der Unterschied, welchen wir zwischen sogenannten Wechselvorstellungen machen, vielleicht nur darin bestehe, daß wir uns in der einen diese, in der andern jene Bestandteile deutlich, die übrigen aber nur undeutlich denken. Zur Entkräftung von lit. c. endlich könnte man einwenden, es sei kein offenbarer Widerspruch, daß eine endliche Denkkraft in einer endlichen Zeit eine unendliche Menge von Vorstellungen habe, wenn, wie es hier der Fall ist, nicht gefordert wird, daß sie sich dieser Vorstellungen deutlich bewußt werde. Ich habe daher diese drei Beweise nicht sowohl darum angeführt, damit sich der Leser durch sie bewogen fühle, über die Unrichtigkeit der hier bestrittenen Ansicht einen entscheidenden Ausspruch zu tun, als nur, damit er die Folgen, welche die Annahme dieser Ansicht hat, vollständiger kennenlerne. Entscheidend sind meiner Meinung nach nur die Beweise, die jetzt folgen sollen. Zuvor / erinnere ich doch, daß ich meinen Satz, ob er gleich auch von gedachten Vorstellungen gilt, hier doch nur von Vorstellungen an sich darzutun habe, da ich ja überhaupt hier nur von solchen handle. Zu einer Vorstellung an sich sind aber offenbar diejenigen Vorstellungen keineswegs beizuzählen, die bei dem Denken derselben sich zufällig mit einfinden. So gehört zu der objektiven Vorstellung Dreieck gewiß nicht die Vorstellung von dem Laute der Buchstaben *D* und *k*, die mir beim Denken dieses Begriffes vorschweben können. Bloß aus dem Umstande also, daß eine gewisse Beschaffenheit uns unwillkürlich einfällt, daß wir die Vorstellung derselben haben, sooft wir die Vorstellung eines gewissen Gegenstandes haben, d. h. daß unsere subjektive Vorstellung des Gegenstandes von der Vorstellung jener Beschaffenheit begleitet ist, folgt noch eben nicht, daß auch die *objektive* Vorstellung desselben die Vorstellung jener Beschaffenheit als einen Bestandteil enthalte. Wäre es also auch, daß uns z. B. bei dem Begriffe eines gleichseitigen Dreieckes die Beschaffenheit der Gleichwinkligkeit desselben schon von selbst einfalle; doch würde hieraus allein noch keineswegs folgen, daß auch der objektive Begriff eines gleichseitigen Dreieckes den Begriff der Gleichwinkligkeit als einen Bestandteil in sich schließe. Dieses vorausgesetzt, wird es nun leicht, zu zeigen, daß es Beschaffenheiten gibt, welche dem Gegenstande einer Vorstellung notwendig zukommen, ohne doch als Bestandteile in derselben vorgestellt zu werden. Denn daß ein solcher Fall bei dem Begriffe: „gleichseitiges Dreieck", und wie bei diesem, auch bei unzähligen andern stattfinde, erhellet aus folgender Betrachtung. Allen gleichseitigen Dreiecken kommt bekanntlich die Beschaffenheit der Gleichwinkligkeit zu; und doch muß jeder gestehen, daß der Begriff dieser Gleichwinkligkeit in dem Begriffe eines gleichseitigen Dreieckes, an und für sich genommen, nicht liege. Denn dieser Begriff entsteht, wenn der Begriff

Dreieck noch mit dem Satze: „welches gleichseitig ist" verknüpft wird. Nun ist es offenbar, daß der Begriff der Gleichwinkligkeit weder in dem Begriffe „Dreieck", noch in dem Satze: „welches gleichseitig ist" vorkomme. Also gewiß auch nicht in dem Ganzen, welches ja aus nichts anderem, als aus diesen beiden Teilen zusammengesetzt ist. Sofern es wahr ist, daß sich beim / *Denken* dieses Begriffes, also bei jeder Entstehung der *gedachten* Vorstellung eines gleichseitigen Dreieckes die Vorstellung der Gleichwinkligkeit mit einstellt: so gehet dies doch die Vorstellung an sich nichts an, und diese bestehet gewiß aus keinen anderen Teilen, als nur denjenigen, die man ihr gibt; oder man müßte nur sagen, daß es an sich selbst unmöglich sei, den Begriff Dreieck, und den Satz: „welches gleichseitig ist" zu verbinden, ohne noch eine Menge anderer Teile hinzuzufügen, unter anderen auch solche, die den Begriff der Gleichwinkligkeit enthalten. Dies wäre aber gewiß sehr falsch; da die Bildung der Vorstellungen an sich etwas ganz Willkürliches ist, so zwar, daß wir auch solche Bestandteile verknüpfen können, welche auf Merkmale, die einander widersprechen, deuten. So bietet z. B. selbst die Verbindung folgender Vorstellungen: „ein Dreieck, das gleichseitig und auch nicht gleichseitig ist" einen Begriff dar, obgleich nur einen solchen, der keinen Gegenstand hat. Vielleicht daß dieser Beweis manchem noch einleuchtender wird, wenn wir den Begriff eines gleichseitigen Dreiecks mit dem eines gleichseitigen Vierecks zusammenstellen. Wie der Begriff eines gleichseitigen Dreiecks entsteht, wenn wir zu dem Begriffe Dreieck noch den Satz: „welches gleichseitig ist" beisetzen; so der Begriff eines gleichseitigen Vierecks, wenn wir zu dem Begriffe Viereck noch den Satz: „welches gleichseitig ist" hinzutun. Sollte der erste Begriff jenen der Gleichwinkligkeit in seinen Teilen enthalten: so müßte eben dies auch von dem zweiten gelten. Von diesem letzteren aber wird niemand sagen wollen, daß er den Begriff der Gleichwinkligkeit in seinen Teilen enthalte, da es bekanntlich nicht einmal wahr ist, daß jedes gleichseitige Viereck auch gleichwinklig sei.

e) Nach § 61.[2]) muß es auch einfache Vorstellungen geben. Wenn nun a eine solche einfache Vorstellung ist, so gilt der Satz: „Die Vorstellung a ist einfach"; und der Begriff der Einfachheit drückt somit eine Beschaffenheit aus, welche dem Gegenstande, den der Begriff: „die Vorstellung a" hat, nämlich dem a *notwendig* zukommt[3]). Wenn also die Voraussetzung, die ich bestreite, richtig wäre: so müßte der Begriff der Einfachheit in dem soeben genannten Begriffe als ein Bestandteil vorkommen. So ist es aber nicht; denn dieser Begriff kommt gewiß weder / in dem Begriffe einer *Vorstellung*, noch in der Vorstellung a selbst vor. f) Auch die einfachen Vorstellungen müssen — vielleicht mit Ausnahme einiger — irgend Etwas vorstellen. Dies Etwas sei nun beschaffen, wie es will: so muß es die Eigenschaft, „daß es Etwas sei", haben. Müßte nun jede Eigenschaft eines Gegenstandes, die ihm mit Notwendigkeit zukommt, sobald er der Gegenstand einer gewissen Vorstellung sein soll, auch als Bestandteil in ihr selbst vorkommen: so müßten alle einfachen Vorstellungen die Vorstellung Etwas enthalten. Um aber einfach zu bleiben, müßten sie dann nebst dieser einen sonst keine andere enthalten. Mithin wären alle einfachen Vorstellungen (mit Ausnahme einiger, die sich auf gar keinen Gegenstand beziehen) einander gleich, oder besser zu sagen, es gäbe nur eine einzige einfache Vorstellung, nämlich die Vorstellung Etwas. Wer sieht nicht, daß dieses ungereimt sei? — g) Gibt man uns aber *mehrere* und voneinander verschiedene einfache Vorstellungen (wie man muß) zu: so läßt sich von einer jeden aus diesen a behaupten, daß sie die andere b nicht sei. Da aber schon diese Behauptung eine Beschaffenheit der Vorstellung a ausspricht: so müßte sie in der Vorstellung von ihr, d. h. in der Vorstellung: „die Vorstellung a" als ein Bestandteil liegen; was abermals ungereimt ist. h) Endlich

---

[2] A: § 58.
[3] richtiger wohl: nämlich der Vorstellung a *notwendig* zukommt. — Dies ist nicht unmittelbar einsichtig. Nach B's eigenen Bemerkungen zum *Notwendigkeitsbegriff* (cf. Zus.fassg. zu § 119, vgl. auch § 182, 1.) hätte man etwa zu zeigen, daß der Satz: ‚Die Vorstellung a ist einfach' aus „bloßen Begriffswahrheiten" folgt.

wenn man berechtigt wäre, bloß aus dem Grunde, weil ein Gegenstand die Beschaffenheit b hat[4]), zu schließen, daß die Vorstellung A, die sich ausschließlich nur auf ihn bezieht, die Vorstellung von b als einen Teil enthalte: so müßte A von der Form: „X, welches b hat" sein; und man müßte eines von beidem zugeben, entweder daß die Beschaffenheit b einem *jeden* der unter X stehenden Gegenstände, oder daß sie nur einigen zukommt. Im ersten Falle müßte man zugeben, daß auch selbst X noch den Bestandteil b enthalte[5]), und somit von der Form sei: „Y, welches b hat". Hieraus würde sich aber für die Vorstellung A ergeben, daß diese den Bestandteil b doppelt, und wenn man dieselbe Art zu fragen und zu antworten fortsetzen wollte, auch mehrfach, ja unendliche Male enthalte. Immer müßte jedoch eine Vorstellung angeblich sein, welche mit Weglassung des, wäre es auch unendliche Male wiederholten Bestandteils b, sonst alle übrigen Teile von A enthält, und / von dieser Vorstellung, die ich durch Z bezeichnen will, müßte nun eben dasselbe gelten, was ich vorhin von X behauptete; nämlich daß die Beschaffenheit b entweder *allen,* oder doch sicher *einigen* der unter Z stehenden Gegenstände zukommt. Nimmt man das erste an: so ist Z selbst das Beispiel einer Vorstellung, deren sämtliche Gegenstände eine gewisse Beschaffenheit haben, ohne daß diese Beschaffenheit durch irgendeinen ihrer Bestandteile ausgedrückt wird. Im zweiten Falle läßt sich doch wenigstens behaupten, daß die Vorstellung von einem Z, das die Beschaffenheit b hat, eine *gegenständliche* Vorstellung sei, d. h. einen Gegenstand habe[6]). Diese Behauptung aber spricht eine Beschaffenheit der hier erwähnten Vorstellung aus, welche ihr notwendig zukommt; und gleichwohl in der Vorstellung von ihr, d. h. in der Vorstellung: „eine Vorstellung von einem Z, das die Beschaffenheit b hat" nicht

---

[4] Gemeint ist wieder: „notwendig die Beschaffenheit b hat".

[5] Offenbar schließt B. von Allgemeinheit auf Notwendigkeit und kann damit auf die anfänglich gemachte Voraussetzung rekurrieren.

[6] Diese Aussage und damit die sich anschließende Argumentation gilt analog auch für den zweiten Teil der anfänglich für „X, welches b hat" aufgestellten Alternative; was B. nicht mehr eigens betont.

als Bestandteil erscheint. Denn der Gedanke, daß diese Vorstellung Gegenständlichkeit habe, liegt gewiß weder in dem Begriffe von einer Vorstellung überhaupt (denn es gibt auch imaginäre Vorstellungen); noch würde es etwas nützen, wenn dieser Gedanke in den Vorstellungen Z oder b wirklich enthalten wäre. Denn daraus, daß die Vorstellungen Z und b für sich allein gegenständlich sind, folgt gar nicht, daß die Vorstellung eines Gegenstandes, der diese Beschaffenheiten Z und b in Vereinigung hat, gegenständlich sei. Wir sehen also auf jeden Fall, daß es Beschaffenheiten gebe, die aus der Vorstellung von einem Gegenstande folgen, obgleich sie durch keinen Bestandteil derselben vorgestellt werden.

277 ff   Die *Anm.* zu § 64 enthält eine subtile Auseinandersetzung mit *Herbart*, die an dessen Satz: „Die Qualität des Seienden ist schlechthin einfach" *(Allg. Metaph.* II § 207) anschließt.

281

§ 65. Vergleichung des §§ 56—64. Gesagten mit der bisherigen Lehre

B. geht zunächst kritisch auf zeitgenössische Äußerungen zum Problem der Zusammensetzung von Vorstellungen ein. Wiedergegeben sind hier nur B.'s Argumentation gegen *Kants* Schluß, daß die Vorstellung des Raumes kein Begriff sein könne, weil „der Raum in das Unendliche teilbar ist" und „kein Begriff, als ein solcher, so gedacht werden kann, als ob er eine unendliche Menge von Vorstellungen in sich enthielte" (B 39f.): „Meines Erachtens", äußert B. dazu, „ist es durchaus nicht notwendig, daß ein Begriff, aus welchem folgen soll, daß der ihm entsprechende Gegenstand aus soundso vielen Teilen zusammengesetzt sei, aus ebenso vielen Bestandteilen (etwa den Vorstellungen dieser einzelnen Teile) zusammengesetzt sein müsse. Der Begriff: ‚das All der Wahrheiten' bestehet aus einer sehr mäßigen Anzahl von Teilen, nämlich nur denjenigen, in welche die Begriffe des Alls und der Wahrheit zerfallen. Der Gegenstand aber, den dieser Begriff vorstellt, nämlich das All der Wahrheiten selbst, ist ein Ganzes, das erweislicher Maßen eine unendliche Menge von Teilen begreift."

286

287

Das durch die Unterscheidung von *Bestandteil* einer Vorstellung und *Merkmal* eines Gegenstandes Gemeinte (cf. § 64, S. 103; zum Begriff des Merkmals cf. auch § 112) findet B. bei *Baumgarten* (*Acroasis logica,* ed. J. G. Töllner, 1765, § 61) als *conceptus ingrediens* und *conceptus conveniens latius. Lambert* habe *(Anlage*

288

zur *Architektonik* I, 1771, § 7) als „*innere* Merkmale eines Begriffes" bezeichnet, was er (B.) „Bestandteile des Begriffes" nenne. Anschließend führt B. aus: „Doch wer in den hier besprochenen Unterschied wohl am tiefsten eindrang, dem es auch der Verfasser dieses Buches verdankt, wenn seine eigene Ansicht über diesen Gegenstand richtig sein sollte, ist *Kant*. Er ist es, der den Unterschied zwischen analytischen und synthetischen Wahrheiten, wenn nicht zuerst gewahr wurde, doch zu einem Gegenstande der allgemeinen Aufmerksamkeit erhob; und nur diesen Unterschied braucht man gehörig zu fassen, um einzusehen, daß es Beschaffenheiten gebe, die einem Gegenstande zukommen, und nach dem Begriffe, den wir uns von ihm bilden, notwendig zukommen, ohne doch als Bestandteile in diesem Begriffe vorgestellt zu werden. *Kant* lehrte nämlich, es gebe Wahrheiten (analytische), in welchen dem Subjekte ein Prädikat beigelegt wird, welches schon als Bestandteil in dem Begriffe dieses Subjektes liegt; es gebe aber auch andere Wahrheiten (synthetische), die dem Subjekte ein Prädikat beilegen, welches in den Bestandteilen, aus denen die Subjektvorstellung zusammengesetzt ist, noch gar nicht erscheint; ja er behauptete, daß es nur diese synthetische Wahrheiten wären, um deren Erkenntnis es sich in einer jeden Wissenschaft vornehmlich handle; daß alle Lehrsätze der Mathematik, Physik usw. nur solche synthetische Wahrheiten seien. Wer dieses als richtig erkennt, dem liegt auch nahe die Einsicht, daß es unzählige Beschaffenheiten eines Gegenstandes gebe, die sich aus dem Begriffe desselben mit Notwendigkeit ableiten lassen, obgleich wir sie gar nicht als Bestandteile in diesem Begriffe denken."

289

Später merkt B. kritisch an: „Da es sich *Kant* so angelegen sein ließ, den Unterschied zwischen analytischen und synthetischen Urteilen in Aufnahme zu bringen: so hätte man erwarten mögen, er werde auch einen Unterschied zwischen Merkmalen und Bestandteilen einer Vorstellung machen; indem das Prädikat in einer synthetischen Wahrheit wohl allenfalls ein Merkmal des Subjektes, aber durchaus nicht ein Bestandteil der Subjektvorstellung sein darf. Allein *Log.* A 85[1]) wird ein Merkmal vielmehr als eine „Partialvorstellung", sofern sie als Erkenntnisgrund der „ganzen" Vorstellung betrachtet wird, erkläret. Obgleich nun *Log.* A 86 diese Merkmale in *analytische* und *synthetische* eingeteilt werden; je nachdem sie Teile des wirklichen (die ich darin schon denke), oder des bloß möglichen Begriffes sind: so wird doch auch dieser Unterschied (wenn er auf solche Art ja richtig ausgedrückt sein sollte) nicht fest gehalten. In der Logik selbst kommt er nicht wieder vor, sondern hier wird (§ 7.)

292

---

[1] A = Erstauflage. B. bezieht sich auf eine spätere Auflage der von Jäsche edierten Vorlesung und gibt hier S. 78, bei der folgenden Stelle S. 79 an.

das Merkmal bloß als ein Teilbegriff erkläret, und der gewöhnliche Lehrsatz, daß Inhalt und Umfang eines Begriffes in verkehrtem Verhältnisse stehen; weil ein Begriff, je mehr er *unter* sich enthält, um so weniger *in* sich enthalten müsse, noch immer beibehalten." (B. gibt später Gründe für die Falschheit des erwähnten Lehrsatzes an; cf. § 120.)

§ 66. *Begriff des Umfanges einer Vorstellung*

1) Ich habe schon mehrmals erwähnt, daß sich, wenn auch nicht alle, doch die meisten Vorstellungen auf ein gewisses, / von ihnen selbst sehr wohl zu unterscheidendes *Etwas* beziehen, das ich den *Gegenstand* derselben in dieses Wortes weitester Bedeutung nenne; und über den Begriff, den ich mit diesem Ausdrucke verbinde, wurde bereits § 49. eine Verständigung gegeben. Um aber jeden hier möglichen Mißverstand zu vermeiden, wird es dienlich sein, zu dem Gesagten noch hinzuzufügen, daß man die Redensart: „eine gewisse Vorstellung *beziehe* sich auf einen Gegenstand", welche ich immer so nehme, daß dieser Gegenstand ein solcher sei, den die erwähnte Vorstellung vorstellt, in einer ganz andern Bedeutung gebrauche, wenn man von einem Satze der Form: „X hat (die Beschaffenheit) *b*" zu sagen pflegt, daß man die Vorstellung *b durch diesen Satz* auf den Gegenstand X *beziehe*. Hier nämlich heißt das Wort *Beziehen* nichts anderes als *Aussagen*, und die Vorstellung *b*, oder vielmehr die Beschaffenheit, welche sie anzeigt, wird dem durch X vorgestellten Gegenstande in diesem Satze bloß *beigelegt*. Ist er nun wahr (wie z. B. der Satz: „Gott hat Allwissenheit"): so können wir allerdings sagen, daß der durch X (durch den Begriff Gott) vorgestellte Gegenstand zu gleicher Zeit auch, nicht zwar durch das Abstractum *b* selbst, wohl aber durch das Concretum desselben, d. h. durch die Vorstellung eines „Etwas, das die Beschaffenheit *b* hat", *vorgestellt* werde. Haben wir aber einen falschen Satz vor uns (z. B. den Satz: „der Mensch hat Allwissenheit"): so ist es nicht einmal wahr, daß jeder unter X enthaltene Gegenstand (nämlich ein Mensch) zugleich ein Gegenstand sei, den auch die Vorstellung: „Etwas, das *b* hat (Etwas, das Allwissenheit hat)" begreift,

obgleich man ihm die von dieser Vorstellung angedeutete Beschaffenheit *b* in dem gedachten Satze *zuschreibt,* d. h. sie auf ihn *beziehet.*

2) Vorstellungen, die einen oder mehrere Gegenstände haben, nenne ich *gegenständliche* oder *Gegenstandsvorstellungen;* solche dagegen, die keinen ihnen entsprechenden Gegenstand haben, *gegenstandlos.* Weiß man von einer Vorstellung einmal, daß sie gewisse Gegenstände vorstellt: so kann man noch fragen, welche und wie viele derselben sie vorstelle? Wer diese Frage beantwortet, oder wer uns die Gegenstände, auf die sich eine gewisse Vorstellung beziehet, angibt, der gibt uns das *Gebiet*, den *Umfang* oder die *Sphäre* der Vorstellung an. Unter diesen Ausdrücken nämlich verstehe ich diejenige Beschaffenheit einer Vorstellung, vermöge deren sie eben nur diese und keine andern Gegenstände vorstellt. Nur bei Vorstellungen also, die einen Gegenstand haben, finde ich auch ein Gebiet; und dies zwar sowohl, wenn sie nur einen einzigen, als auch wenn sie der Gegenstände mehrere haben. Dieses Gebiet derselben gibt man uns an, wenn man (es verstehet sich durch die Vermittlung gewisser anderer Vorstellungen) den Einen oder die mehreren Gegenstände, welche sie haben, im einzelnen angibt. So gibt man uns z. B. das Gebiet der Vorstellung Mensch an, wenn man uns alle Wesen, welche durch diese Vorstellung vorgestellt werden, im einzelnen angibt. Von jedem einzelnen aus diesen Gegenständen, ingleichen auch von jedem Inbegriff mehrerer, der gleichwohl nicht die Summe aller ausmacht, sagen wir, daß er ein *Teil* des Gebietes der gegebenen Vorstellung sei, oder zu ihrem Gebiete *gehöre,* oder *unter ihr stehe, enthalten, ihr untergeordnet* oder *subordiniert* sei, oder *unter sie subsumiert werden könne,* oder *von ihr umfasset* oder *eingeschlossen* werde. So sprechen wir z. B., daß Julius Cäsar unter das Gebiet der Vorstellung Mensch, die Pflicht der Wahrhaftigkeit unter das Gebiet der Vorstellung einer Pflicht überhaupt gehöre u. dgl.

3) Um das Gebiet einer Vorstellung, welche der Gegenstände mehrere hat, vollständig zu bestimmen, müßte man, der soeben gegebenen Erklärung (Nr. 2) zufolge, nicht nur

die Menge der Gegenstände, die unter sie gehören, bestimmen, sondern auch angeben, welche im einzelnen es sind. Die Menge dieser Gegenstände besitzt, wie jede Menge, eine gewisse *Größe*, die man die *Weite des Gebietes* nennt. Bei vielen Vorstellungen ist die Menge der Gegenstände, die unter sie gehören, unendlich. So schließen z. B. die Vorstellungen: „Linie" und „Winkel" der Gegenstände, die sich auf sie beziehen, unendlich viele ein, indem es bekanntlich unendlich viele Linien und Winkel gibt. Da nun das Unendliche in eben der Rücksicht, in der es unendlich ist, keine Bestimmung zuläßt: so kann die Weite des Umfanges solcher Vorstellungen nie an sich selbst und völlig, sondern nur im Vergleiche mit / anderen und in gewisser Rücksicht bestimmt werden, z. B. dadurch, daß man sagt, das Gebiet der Vorstellung A habe dieselbe Weite, wie das einer anderen B, oder ihr Gebiet sei ein Teil von dem Gebiete dieser, oder umgekehrt u. dgl. Von diesen Bestimmungsarten wird, da sie auf dem Verhältnisse einer Vorstellung zu einer anderen beruhen, erst in der folgenden Abteilung gesprochen werden.

4) Aus dem bisherigen aber kann man schon zur Genüge ersehen, daß die Bestimmung des Gebietes einer Vorstellung, oder die Beantwortung der Frage, ob eine gegebene Vorstellung eine Gegenstandsvorstellung sei oder nicht, und im ersteren Falle, welche und wie viele Gegenstände sie habe, nicht immer aus der Betrachtung derselben an und für sich erkannt werden könne, sondern der Berücksichtigung gar vieler anderer Dinge, und oft einer Kenntnis der zufälligsten Ereignisse bedürfe. Denn daß z. B. die Vorstellung: „Reichserben des Dschingis-Khan" gerade nur vier Gegenstände habe, muß die Geschichte uns lehren. Dennoch gehört der Umfang einer Vorstellung nicht zu den Verhältnissen derselben, sondern zu ihren inneren Beschaffenheiten[1]). Denn dasjenige, worauf wir sehen müssen, wenn wir den Umfang einer gegebenen Vorstellung bestimmen wollen, ist nicht irgendein beliebiger Gegenstand,

---

[1] Zum Unterschied von „Verhältnis" und „innerer Beschaffenheit" cf. Zus.fassg. zu § 80.

so daß wir, je nachdem unsere Wahl bald auf diesen, bald jenen fällt, bald diesen, bald jenen Umfang derselben Vorstellung fänden; sondern wir müssen nachsehen, welche und wie viele Gegenstände es in dem ganzen Inbegriffe der Dinge überhaupt gibt, die durch sie vorgestellt werden. Da es nun nur einen einzigen solchen Inbegriff gibt, so gibt es für jede gegebene Vorstellung auch nur einen einzigen Umfang; und somit wird dieser Umfang nicht zu den Verhältnissen gezählet. Auch ist der Umstand, ob eine gegebene Vorstellung einen und welchen Umfang sie habe, etwas ganz Unveränderliches, und keineswegs etwas, das mit der Zeit zu- oder abnehmen kann. So hat z. B. die Vorstellung *Mensch,* wenn wir so jedes mit Vernunft und Sinnlichkeit begabte Wesen nennen, welches zu irgendeiner Zeit auf Erden gelebt hat oder leben wird, ihren bestimmten Umfang, an dem sich nie etwas geändert hat oder noch ändern wird. Auch die Vorstellung: „*ein jetzt lebender Mensch*" verändert / ihre Gegenstände nur, wenn wir die Bedeutung des *Jetzt,* d. h. einen in ihr vorkommenden Bestandteil, und somit sie selbst verändern.

5) Schon aus den *bildlichen* Benennungen, welche wir dem Begriffe des Gebietes einer Vorstellung geben, wenn wir es bald ihren *Umfang,* bald ihre *Sphäre* nennen, Worte, mit deren Bedeutung auch die Benennungen des *Umfassens, Einschließens* und der *Weite* einstimmen, verrät sich, daß wir uns diesen Begriff durch die Vergleichung mit einem *Raume* versinnbildlichen. Wir denken uns nämlich bei dem Gebiete einer Vorstellung den Umfang, oder vielmehr die Größe irgendeiner räumlichen Ausdehnung; und bei den einzelnen Gegenständen, welche in das Gebiet dieser Vorstellung gehören, denken wir an einzelne Teile dieses Raumes. Der Ausdruck *Sphäre* beweiset, daß wir uns das Gebiet einer Vorstellung oft als einen körperlichen, und zwar wie eine Kugel begrenzten Raum denken. Es ist aber keineswegs nötig, daß wir bei dieser Vorstellung bleiben, sondern wir könnten wohl auch das Bild einer Fläche, ja einer bloßen Linie gebrauchen....[2])

---

[2] Ein Hinweis auf bildliche Darstellungen von Umfangsverhältnissen in den §§ 94 ff. wurde weggelassen.

In der *3. Anm.* zu § 66 findet sich eine Auseinandersetzung mit der Erklärung „einiger Logiker" (*Fries, Krug, Herbart* u. a), „der Umfang einer Vorstellung sei der Inbegriff aller der Gegenstände, in deren Vorstellung sie als eine Teilvorstellung vorkommt". B. hält diese Bestimmung für „zu eng" und führt als Gegenbeispiel an: „So kommt die Beschaffenheit: ‚eine gleichwinklige Figur zu sein' einem jeden gleichseitigen Dreiecke zu, und man kann also sagen, daß das gleichseitige Dreieck in den Umfang des Begriffes einer gleichwinkligen Figur gehöre. Dennoch ist dieser letztere Begriff keineswegs als Bestandteil in dem Begriffe des gleichseitigen Dreiecks enthalten, sondern in diesem liegt nur der Begriff der Gleichseitigkeit, aus welchem die Eigenschaft der Gleichwinkligkeit bloß folgt."

Die *4. Anm.* zu § 66 gibt eine Erläuterung zum Begriff der *Weite* einer Vorstellung: Es sei „ungenügend", die Weite einer Vorstellung „als die Menge der sämtlichen unter ihr enthaltenen Gegenstände" zu bestimmen. Der Begriff der Weite habe „Verwandtschaft" mit dem Begriff der „Größe einer räumlichen Ausdehnung". Für diese aber gelte: „sie sei eine Größe, die aus dem ausgedehnten Dinge nach einem solchen Gesetze abgeleitet wird, daß die Größe des Ganzen immer die Summe von den Größen seiner einzelnen Teile werde". B. fährt daher fort: „Auf eine ähnliche Art werde ich nun auch die Weite einer Vorstellung erklären als eine Größe, die aus der Menge der sämtlichen Gegenstände dieser Vorstellung nach einem solchen Gesetze abgeleitet wird, daß sie die Summe der Größen ist, die nach demselben Gesetze aus den einzelnen Teilen, in welche jene Menge etwa zerlegt wird, abgeleitet werden.³) Wie die Größe einer räumlichen Ausdehnung, ebenso kann auch die Weite einer Vorstellung verschiedentlich ausgedrückt werden, je nachdem man die Einheit annimmt. Nimmt man z. B. die Weite jener Vorstellung, die einen einzigen Gegenstand umfaßt, zur Einheit an: so wird die Weite einer Vorstellung, welche 10 Gegenstände hat, durch 10, und überhaupt die Weite jeder Vorstellung durch die Anzahl der unter ihr stehenden Gegenstände ausgedrückt werden müssen. Vorstellungen also, welche der Gegenstände unendlich viele umfassen, werden dann eine unendlich große Weite haben. Nehmen wir aber die Weite einer Vorstellung, die selbst unendlich viele Gegenstände enthält, zur Einheit an, so wird es unter gewissen Umständen möglich, die Weite auch mancher anderen Vorstellung, die unendlich viele Gegenstände hat, bald nur ohngefähr, bald auch genau durch Zahlen zu bestimmen."

---

³ Zu B.'s Größenbegriff cf. Zus.fassg. zu § 87, zu B.'s Summenbegriff Zus.fassg. zu § 84.

§ 67. *Es gibt auch gegenstandlose Vorstellungen*

So wahr es ist, daß die meisten Vorstellungen gewisse, ja selbst unendlich viele Gegenstände haben: so behaupte ich, daß es doch auch Vorstellungen gebe, welche ich oben *gegenstandlos* genannt, d. h. welche gar keinen Gegenstand, und somit auch gar keinen Umfang haben. Am unwidersprechlichsten deucht mir dieses der Fall zu sein bei dem Begriffe, den das Wort *Nichts* bezeichnet; indem es mir ungereimt scheint, sagen zu wollen, daß selbst noch dieser Begriff einen Gegenstand, d. h. ein Etwas, das er vorstellet, habe. Wenn jemand Anstand nimmt, dieses für ungereimt zu erklären; sondern im Gegenteile ungereimt finden will, zu behaupten, daß eine Vorstellung gar keinen Gegenstand haben, und also nichts vorstellen soll: so kommt dies wohl nur daher, weil er unter Vorstellungen bloß gedachte Vorstellungen, d. i. Gedanken verstehet, und den *Stoff*, den diese haben (die Vorstellung an sich), für ihren *Gegenstand* ansieht. So mag man wohl sagen, daß auch der Gedanke Nichts einen Stoff hat, nämlich den objektiven Begriff des Nichts selbst. Daß aber auch diesem noch ein gewisser Gegenstand zu Grunde liege, ist eine Behauptung, die sich schwerlich rechtfertigen läßt. Ein Gleiches gilt von den Vorstellungen: rundes Viereck, grüne Tugend u. dgl. Wohl denken wir etwas bei diesen Ausdrücken und müssen es denken; das aber ist nicht der *Gegenstand* dieser Vorstellungen, sondern die Vorstellung *an sich*. Bei diesen Beispielen leuchtet es übrigens gleich von selbst ein, daß ihnen kein Gegenstand entsprechen könne, weil sie demselben Beschaffenheiten beilegen, welche einander widersprechen. Allein es dürfte auch Vorstellungen geben, die nicht / eben, weil sie ihrem Gegenstande widersprechende Bestimmungen beilegen, sondern aus irgendeinem anderen Grunde gegenstandlos sind. So sind die Vorstellungen: „goldener Berg", „ein eben jetzt blühender Weinstock" vielleicht ohne Gegenstand, obgleich sie eben nichts Widersprechendes enthalten.

In der *Anm.* zu § 67 fragt B., ob nicht auch gegenstandlosen Vorstellungen ein Umfang zugeordnet werden müsse. Z. B.

scheine doch der Begriff eines runden Vielecks in gewisser Weise „weiter" zu sein als der Begriff eines runden Vierecks, weil „aus der Unmöglichkeit runder Vielecke überhaupt jene der runden Vierecke geschlossen werden könne". Er bemerkt dazu: „... allein ich leugne, daß zu diesem Schlusse der Untersatz: „Runde Vierecke sind eine Art runder Vielecke überhaupt" erforderlich sei; und daß man mithin diesen beiden Begriffen erst einen Umfang zugestehen müsse, um jene Folgerung ziehen zu können. Die Behauptung nämlich, daß keine runden Vielecke überhaupt möglich sind, folgt auch schon aus dem Satze: „Kein Vieleck ist rund" (oder „Jedes Vieleck ist etwas, das nicht rund ist"); aus diesem Obersatze ergibt sich aber der Schlußsatz, daß auch kein Viereck rund sei, und somit auch der Satz, daß runde Vierecke unmöglich sind, durch den bloßen Untersatz, daß alle Vierecke (nicht eben nur runde, die es nicht gibt) auch Vielecke sind. Übrigens werden wir § 108 eine Bedeutung kennen lernen, nach der sich allerdings auch auf gegenstandlose Vorstellungen das Verhältnis der Unterordnung anwenden läßt." (Cf. Zus.fassg. zu § 108.)

§ 68. *Es gibt auch Vorstellungen, die eine nur endliche Menge von Gegenständen haben, ingleichen Einzelvorstellungen*

Daß es aber Vorstellungen gebe, die sich auf eine *unendliche Menge* von Gegenständen beziehen (§ 66. Nr. 3), hat meines Wissens noch niemand bestritten; daß es aber auch solche gebe, die nur einen *einzigen* Gegenstand oder nur eine *endliche* Menge von Gegenständen haben, ist schon nicht durchgängig anerkannt worden. Beides lasset uns also durch einige recht einleuchtende Beispiele dartun.

1) Muß man nicht zugestehen, daß die Vorstellungen, welche wir mit den Ausdrücken: der Weltweise Sokrates, die Stadt Athen, der Fixstern Sirius u. a. m. verbinden, ingleichen auch jede Vorstellung von der Form: „Dies A" in der *genaueren* Bedeutung (§ 59.) nur einen einzigen Gegenstand vorstellen? — Man wird vielleicht einwenden, daß wir bei jedem dieser Ausdrücke wohl nur an einen einzigen Gegenstand *denken,* daß aber die Vorstellung, die wir uns von diesem Gegenstande machen, in der Tat doch auf mehrere andere passe, oder daß es — wenn auch nicht in der *Wirklichkeit* mehrere Gegenstände vorhanden sein sollten, die alle in unserer Vorstellung gedachte Beschaf-

fenheiten haben, dergleichen wenigstens im Reiche der *Möglichkeit* gebe. Hierauf erwidere ich aber: Das, was wir unter einem Ausdrucke *denken,* ist auch die Vorstellung, die wir mit ihm / verbinden. Möchte es also auch sein, daß sich die *Worte:* der Weltweise Sokrates usw. so auslegen lassen, daß sie auch noch auf einen andern Gegenstand passen: die Vorstellung, die wir mit ihnen gegenwärtig verbinden, hat doch nur Einen Gegenstand, gerade darum, weil wir an Einen nur *denken.* Was aber vollends den Umstand belangt, daß es, wenn nicht in der Wirklichkeit, doch im Reiche der Möglichkeit vielleicht mehrere Gegenstände gebe, die alle in unserer Vorstellung gedachten Beschaffenheiten haben: so darf man nicht vergessen, daß in unserer Vorstellung von dem Weltweisen Sokrates die Wirklichkeit dieses Gegenstandes (vor etwa 2000 Jahren) gefordert werde; woraus folgt, daß etwas, das damals nicht in der Wirklichkeit bestand, schon eben darum kein Gegenstand dieser Vorstellung sein könne. Ein Gleiches gilt von allen Vorstellungen, die schon vermöge ihrer Beschaffenheit fordern, daß ihr Gegenstand etwas (zu einer bestimmten oder auch aller Zeit) Wirkliches sein sollte. Von solchen Vorstellungen dürfen wir niemals sagen, daß sie mehr Gegenstände umfassen, als es *wirkliche* Dinge gibt, die so beschaffen sind, wie sie dieselben beschreiben. Denn die bloß möglichen Dinge, die keine Wirklichkeit (zu der bestimmten Zeit) haben, gehören schon eben deshalb, weil ihnen diese Wirklichkeit mangelt, nicht unter sie. — Andere Beispiele von Vorstellungen, die nur einen einzigen Gegenstand haben, sind die Vorstellungen: oberstes Sittengesetz, pythagoräischer Lehrsatz, und ähnliche, deren Gegenstand (wie man sieht) ein bloßer Satz an sich, also ein Etwas ist, das weder Dasein hat, noch Dasein annehmen kann, d. h. weder den wirklichen, noch den bloß möglichen Dingen beizuzählen ist. An eine ganze Gattung von Vorstellungen, die offenbar nur einen einzigen Gegenstand haben und haben können, erinnern wir, wenn wir der Vorstellungen von der Form: „*das All der Dinge, welche* (die Beschaffenheit) *b haben*" erwähnen, z. B. das Weltall, das ganze Menschengeschlecht, der Inbegriff aller Wahrheiten u. dgl.

Bei solchen Vorstellungen liegt es nämlich schon in der Form, daß es, wofern sie anders gegenständlich sind (wofern es Dinge von der Beschaffenheit *b* in der Tat gibt, und mehrere), nur einen einzigen (immer aus Teilen, oft aus unendlich vielen, zusammengesetzten) Gegenstand geben könne, / der durch sie vorgestellt wird; denn der Inbegriff *aller* eine gewisse Beschaffenheit *b* habender Gegenstände kann doch nur Einer sein. — Einige Logiker haben dergleichen Vorstellungen, die nur einen einzigen Gegenstand haben, *einzelne* Vorstellungen genannt. Da aber jede Vorstellung als solche nur Eine ist, und mithin auch eine einzelne heißen kann: so wird es wohl richtiger sein, sie mit Hrn. *Krug (Fund.* § 79. A. 1.[1])) *Einzelvorstellungen* zu nennen. Jede andere Vorstellung, welche der Gegenstände mehrere (wenigstens zwei) vorstellt, wird dann im Gegensatze mit solchen Einzelvorstellungen eine *Gemeinvorstellung,* auch eine *allgemeine* Vorstellung genannt.

2) Daß es unter diesen auch einige gebe, die nur eine *endliche* Menge von Gegenständen umfassen, wird man uns, wenn man das Dasein von Einzelvorstellungen zugibt, nicht ferner abstreiten können. Denn wenn z. B. *A, B, C* Einzelvorstellungen sind: so wird die Vorstellung: „*Eines der Dinge A, B*" offenbar nur zwei; die Vorstellung: „*Eines der Dinge A, B, C*" offenbar nur drei, und die Vorstellung: „*Eines der Dinge A, B, C, ...*" überhaupt so viele Gegenstände haben, als viele voneinander verschiedene Dinge *A, B, C ...* wir hier zusammenfassen. Ein anderes, hierher gehöriges Beispiel liefert die Vorstellung: „ein geometrischer Lehrsatz, den schon Euklides kannte"; denn diese Vorstellung kann sicher nur eine endliche Menge von Gegenständen haben, indem kein menschlicher Verstand eine unendliche Menge von Wahrheiten auffaßt. Ebenso offenbar ist, daß die Vorstellung: „eine zwischen 1 und 10 liegende ganze Zahl" nicht mehr und weniger als acht Gegenstände habe usw.[2])

[1] *Fundamentalphilosophie* (2. Aufl. Züllichau 1819). Das *Wort* „Einzelvorstellung" ist allerdings bei Krug an dieser Stelle nicht zu finden.

[2] Eine Anm. zu § 68, in der sich B. mit Kiesewetter auseinandersetzt, wurde fortgelassen.

§ 69. Überfüllte Vorstellungen

„Überfüllt" nennt B. eine Vorstellung, wenn sie „mehr Teile vereinigt, als zur Vorstellung der Gegenstände, welche die Vorstellung darstellt, notwendig sind"; wenn sich „mithin eine Vorstellung angeben läßt, die, obgleich weniger, nämlich nur einige von den Teilen der gegebenen, mit Weglassung anderer enthaltend, doch eben dieselben Gegenstände, wie jene, darstellt". Als Beispiel führt B. u. a. die Vorstellung: „ein Viereck, dessen gegenüberstehende Seiten gleichlaufend und gleichlang sind" an, in der als überflüssiger Teil „und gleichlang" auftritt.

„Ein besonders merkwürdiges Beispiel überfüllter Vorstellungen" habe man an den „Vorstellungen von der Form: *Dies A* in der *genaueren* Bedeutung" (cf. § 59).

Den Begriff der Überfüllung dehnt B. in der folgenden Weise auf gegenstandlose Vorstellungen aus: „Auch eine Vorstellung, die, wie sie vorliegt, gegenstandlos ist, nennen wir überfüllt, und zwar in den Teilen α, β, γ, ...", wiefern wir gewisse andere Teile i, j, ... in ihr *als veränderlich* ansehen, und gewahren, daß — sooft wir diese Teile mit beliebigen andern auf die Art vertauschen, daß eine gegenständliche Vorstellung hervorgehet, diese in den Teilen α, β, γ, ... überfüllt ist" in der oben angegebenen Bedeutung.

Die *1. Anm.* zu § 69 beschäftigt sich mit dem Einwand, die Überfüllung sei bloß ein Phänomen der Sprache; nur in *Worten* lasse sich „wiederholen", was schon durch andere Worte „gesetzt ist": „Man kann wohl (sagt man vielleicht) die Worte: „Ein A, welches A ist" aussprechen; der *Gedanke* aber, und um so gewisser die *Vorstellung an sich*, die diese Worte bezeichnen, ist immer keine andere als die Vorstellung A allein." B. entgegnet zunächst, daß überfüllte Vorstellungen i. a. nicht vom Typ „Ein A, welches A ist", also durch bloße Wiederholungen gekennzeichnet seien: „So heißt der Begriff: „ein allwissend und allmächtig Wesen" überfüllt; nicht als ob Allmacht und Allwissenheit dieselbe Vorstellung wären; sondern weil aus der Bestimmung, daß ein Wesen allmächtig ist, schon jene, daß es auch allwissend sei, und umgekehrt folgt." Ferner sei selbst die Vorstellung „A, welches A ist" zwar *gleichgeltend* mit der Vorstellung A, aber nicht einerlei mit ihr. — Weiter wendet sich B. dagegen, die überfüllten Vorstellungen mit S. *Maimon (Versuch einer neuen Logik oder Theorie des Denkens,* 1794, Abschn. 3, § 8) deswegen *notwendige* Vorstellungen zu nennen, „weil die Bestandteile, die man hier miteinander verbindet, notwendig verbunden werden müßten". Hier liege eine „Verwechslung der Merkmale eines Gegenstandes mit den Bestandteilen seiner Vorstellung" vor. — B. legt außerdem dar, daß Überfüllung eine innere Beschaffenheit einer Vorstellung ist, und nicht erst durch die Beziehung auf einen Gegenstand erklärt zu werden braucht, so etwa, daß überfüllte Vorstellungen ihren Gegenständen eine mehr als hinreichende Anzahl von Merkmalen beilegen.

Die 2. *Anm.* zu § 69 gibt eine Erläuterung zu B.'s Begriff der Veränderlichkeit: „Wenn ich sage, daß man an einer gegebenen Vorstellung, z. B. „ein weiser Mensch", einen Bestandteil, z. B. Mensch, als veränderlich ansehen, und diesen mit beliebigen andern vertauschen möge: so hat diese Redensart keinen andern Sinn, als den, man solle sein Augenmerk auf alle Vorstellungen richten, die sich von der gegebenen nur durch den einzigen Bestandteil Mensch unterscheiden; d. h. die alle übrigen Bestandteile mit ihr gemein und in denselben Verbindungen haben, nur daß statt des Teiles Mensch irgendeine andere Vorstellung vorkommt. Hier ist denn also von einer *Veränderung* im eigentlichen Sinne des Wortes keine Rede."

§ 70. Reale und imaginäre Vorstellungen

Wie bei zusammengesetzten Vorstellungen der Fall einer Überfüllung eintreten kann, indem man Bestandteile in ihren Inhalt aufnimmt, die von dem Gegenstande, auf welchen sich die Vorstellung bezieht, Beschaffenheiten aussagen, welche schon eine Folge der übrigen Bestandteile sind: so kann es auch umgekehrt geschehen, daß man Bestandteile in eine Vorstellung aufnimmt, welche dem Gegenstande, den sie zufolge derselben vorstellen könnte, Beschaffenheiten beilegen, die jenen, die sich aus den übrigen ergeben, widersprechen. Von einer solchen Vorstellung können wir eben deshalb nicht sagen, daß sie in Wahrheit einen Gegenstand vorstelle; sondern wir dürfen nur sagen, daß ihre einzelnen Teile und die Art ihrer Verbindung so sei, wie bei Vorstellungen, die einen Gegenstand haben, daß er ihr aber mangele; weil die Beschaffenheiten, welche sie angibt, einander widersprechen, und mithin nirgends vereinigt angetroffen werden. Ein Beispiel gibt die zusammengesetzte Vorstellung „eines Dreiecks, das viereckig ist". Denn der Hauptteil dieser Vorstellung: „Dreieck" deutet auf einen gewissen Gegenstand hin, und der Beisatz: „das viereckig ist" knüpft sich an jenen Hauptteil gerade so an, wie wenn er eine Beschaffenheit, die dieser Gegenstand hat, angeben sollte. Gleichwohl kann etwas, das unter die Vorstellung „Dreieck" gehört, nie die Beschaffenheit: „viereckig zu sein" haben; und folglich gibt es im Grunde keinen einzigen Gegenstand, der durch die ganze Vorstellung: „ein Dreieck, welches viereckig ist" dargestellt würde. Ein anderes Beispiel einer / solchen Vorstellung, wobei der Widerspruch nur minder einleuchtet, wäre die Vorstellung „eines mit fünf gleichen Seitenflächen begrenzten Körpers"; denn erst ein längeres Nachdenken zeigt uns, daß ein solcher Körper unmöglich sei. Es gibt also, wie wir aus diesen Beispielen sehen, allerdings Vorstellungen, die, obgleich ihre einzelnen Teile und die Art ihrer Verbindung so beschaffen ist, wie bei Vorstellungen, die sich auf einen Gegenstand beziehen, doch keinen Gegenstand haben, bloß darum, weil die Beschaffenheiten, die sie ihm beilegen wollten, einander widersprechen; oder noch deutlicher: es gibt Vorstellungen von der Form: *„ein A, das zugleich B und P ist"*, wobei *B* und *P* so geartet sind, daß die zwei Sätze: *„Jedes B ist M"*, und: *„Jedes P ist ein Nicht M"* gelten. Wenn es nun schon notwendig ist, auf überfüllte Vorstellungen zu merken: so erachtet man leicht, daß Vorstellungen von der Art, wie diejenigen, die wir jetzt kennenlernten, eine noch größere Aufmerksamkeit verdienen. Sie könnten (wie ich glaube) nicht unschicklich den Namen *sich widersprechender* Vorstellungen führen. Bisher war es aber gewöhnlich, sie bald *leere*, bald *unmögliche*, bald auch *imaginäre* Vorstellungen zu nennen. Allen übrigen gab man dagegen den Namen *möglicher*, *wirklicher* oder auch *realer* Vorstellungen. Diese Benennungen werde ich denn, so wenig zweckmäßig sie auch sein möchten, wegen des einmal erhaltenen Bürgerrechts auch hier noch beibehalten; und somit nur vor gewissen Mißverständnissen, die eine unrichtige Auslegung veranlassen könnte, warnen. a) Den Ausdruck *leer* darf man nicht auf den Inhalt dieser Vorstellungen beziehen, und also nicht sie für inhaltsleer halten. Denn einen Inhalt, d. h. gewisse Bestandteile haben alle Vorstellungen, welche, wie die gegenwärtigen, zu der Klasse der zusammengesetzten gehören. Heißen sie also leer, so heißen sie das nur in Beziehung auf ihren Umfang, d. h. auf die Summe der Gegenstände, die durch sie vorgestellt werden, oder auf welche sie sich beziehen; weil es nämlich gar keinen Gegenstand gibt, der durch eine Vorstellung dieser

Art vorgestellt würde. Hierbei ist jedoch nicht zu vergessen, daß die widersprechenden Vorstellungen gar nicht die einzigen sind, welche in dieser Bedeutung des Wortes *leer* heißen können; denn / es gibt noch verschiedene andere Vorstellungen, die, obwohl gar nicht widersprechend, doch keinen Gegenstand haben, z. B. gleich die Vorstellung Nichts. Das Eigentümliche der widersprechenden Vorstellungen bestehet nur darin, daß sie bloß deshalb keinen Gegenstand haben, weil sie dem Gegenstande, auf den man sie beziehen wollte, widersprechende Beschaffenheiten beilegen. b) Noch leichter zu mißverstehen sind die Beiworte: *unmöglich, möglich, wirklich* und *notwendig* (§ praec.[1])), wenn sie auf bloße Vorstellungen angewandt werden. Vorstellungen an sich haben und können kein Dasein haben; und darum sollte man ihnen weder Notwendigkeit (die immer Dasein voraussetzt), noch Wirklichkeit, noch bloße Möglichkeit, aber auch nicht Unmöglichkeit zuschreiben, wenn anders man unter der letzteren nicht die bloße Verneinung einer Möglichkeit verstehet, sondern (wie es gewöhnlich der Fall ist) sich vorstellt, daß die Sache, der man sie beilegt, wohl existieren könnte, würde ihr Dasein nur nicht durch das Dasein gewisser anderer Dinge gehindert. Daß man den sich selbst widersprechenden Vorstellungen den Namen der *unmöglichen* gab, kam wohl nur daher, weil man entweder bedachte, daß es nicht möglich sei, einen Gegenstand, auf den sich eine solche Vorstellung beziehet, anzugeben, oder weil man sogar das bloße Denken einer solchen Vorstellung schon für etwas Unmögliches hielt. Was nun den ersten Grund anlangt: so ist er zwar ganz richtig; doch gilt dieselbe Bemerkung, die wir schon unter a machten, auch hier; daß nämlich diese Unmöglichkeit, für eine solche widersprechende Vorstellung einen Gegenstand aufzufinden, keineswegs eine nur dieser Art von Vorstellungen ausschließlich zukommende Beschaffenheit sei. Ganz unrichtig aber deucht mir, von einer sich widersprechenden Vorstellung zu sagen, daß der Gedanke an sie, d. h. die subjektive Vorstellung von ihr unmöglich sei. Denn wirklich haben wir ja

---

[1] Cf. Zus.fassg. der 1. Anm. B.'s zu § 69.

solche Vorstellungen, sooft wir die Wortverbindungen: „ein rundes Quadrat", „ein reguläres Pentaeder" und andere ähnliche aussprechen hören; oder man müßte nur sagen, daß wir bei solchen Wortverbindungen uns entweder gar nichts, oder nur eben so viel, als bei dem ganz bedeutungslosen Worte Abrakadabra denken. Daß aber dies nicht der Fall sei, beweiset schon der Umstand, daß wir dergleichen Sätze, wie: „ein reguläres Pentaeder, eine negative Quadratzahl kann es nicht geben", als Wahrheiten aufstellen, und um diese Wahrheiten einzusehen, erst eines eigenen, bei jener auf einen ganz andern Gegenstand als bei dieser gerichteten Nachdenkens bedürfen. c) Auch die Ausdrücke *imaginär* und *real* muß man mit Vorsicht brauchen, wenn sie nicht irreleiten sollen. Vorstellungen an sich sind (wie schon öfters gesagt) nicht Gedanken, um so weniger Einbildungen; sie können daher niemals bloß *imaginär*, d. h. *bloß eingebildet* heißen. Legt man gleichwohl denjenigen, die sich selbst widersprechen, eine solche Benennung bei: so soll das anzeigen, daß sie bloß Stoff der Gedanken (der Imagination) werden können, daß aber nie auch außerhalb unsers Denkens ein existierender Gegenstand, der ihnen entspricht, angetroffen werden könne. Im Gegensatze mit ihnen hat man die übrigen Vorstellungen *real* genannt; vermutlich, weil man sich dachte, daß diesen jedesmal irgendein wirklicher (realer) Gegenstand entspreche. Dieses ist aber, wie ich schon mehrmals erinnerte, unrichtig; weil es auch Vorstellungen gibt, die sich auf gar nichts Wirkliches beziehen, und darum doch keinen Widerspruch in sich schließen, folglich auch nicht imaginär heißen können.

In der *1. Anm.* zu § 70 setzt sich B. mit dem von *Wolff* (*Log.*, 2. Aufl. 1732, § 135) u. a. vorgebrachten Argument auseinander, bei den von B. so genannten imaginären Vorstellungen handle es sich nur scheinbar um Vorstellungen, es „gebe" sie daher eigentlich nicht. B. erinnert zunächst daran, daß das „es gebe" in Bezug auf Vorstellungen an sich kein „wirkliches Dasein" bedeute. Imaginäre Vorstellungen *gebe* es in einem analogen Sinne, wie es auch falsche Sätze gebe. Auch irrige Behauptungen oder Aussagen über Unmögliches seien verständlich. Das impliziere die Denkbarkeit gewisser imaginärer Vorstellungen, als „Stoff" dieser gedachten Vorstellungen müsse es dann auch imaginäre Vorstellungen an sich geben. — Allerdings könne man imaginäre Vorstellungen „gewöhnlich nicht durch Bekleidung mit einem sinnlichen Bilde beleben". Das sei aber auch bei realen Vorstellungen nicht immer der Fall (Zehntausendeck).

Die 2. Anm. zu § 70 weist darauf hin, daß imaginäre Vorstellungen sogar in wahren Sätzen vorkommen: „Von einer jeden imaginären Vorstellung nämlich kann man mit Wahrheit aussagen, daß sie imaginär sei, und eben der Satz, der diese Wahrheit ausspricht, muß die imaginäre Vorstellung enthalten."[2]

In der 3. Anm. zu § 70 rechtfertigt B. seine Definition der imaginären Vorstellung: Der Umstand, gegenstandlos zu sein, gebe allein noch keinen Anlaß, eine Vorstellung imaginär zu nennen, denn die Vorstellung Nichts z. B. habe keinen Gegenstand, heiße aber nicht imaginär. „Die imaginäre Vorstellung", so führt B. weiter aus, „also muß so beschaffen sein, daß es wohl scheint, sie habe irgendeinen Gegenstand, während sie ihn doch wirklich nicht hat. Fragt man nun, woraus dieser Schein, daß sie einen Gegenstand habe, entspringen soll: so ist offenbar, daß er aus einer der objektiven Vorstellung (nicht ihrer bloßen Erscheinung im Gemüte) anklebenden Beschaffenheit hervorgehen müsse, soll anders die ganze Einteilung in imaginäre und reale Vorstellungen auf Vorstellungen an sich anwendbar sein. Es müssen also, weil nicht die Vorstellung selbst (die ganze) einen Gegenstand vorstellen soll, wenigstens ihre einzelnen Teile und die Art ihrer Verbindung so beschaffen sein, wie bei Vorstellungen, die sich auf einen Gegenstand beziehen."

Die 4. Anm. zu § 70 enthält u. a. B.'s Zustimmung zu der Erklärung von *Leibniz* (*Nouv. Ess.* II 30, § 5), „daß eine Vorstellung erst dann durch die Abwesenheit jedes ihr entsprechenden wirklichen Gegenstandes imaginär (oder chimärisch) werde, wenn seine Wirklichkeit in dieser Vorstellung ausdrücklich vorausgesetzt wird". — Außerdem hält es B. für zweckmäßig, solche imaginären Vorstellungen, „bei denen der Widerspruch, auf den die Annahme eines ihnen entsprechenden Gegenstandes führt, aus bloßen reinen Begriffswahrheiten; und andere, bei denen er auf eine andere Weise erfolgt", zu unterscheiden.

§ 71. *Zwei Folgerungen*

1. Imaginäre Vorstellungen sind notwendig zusammengesetzt.
2. „Nicht eine jede Vorstellung, die eine imaginäre als Bestandteil enthält, muß darum selbst imaginär sein." Beispiel: „der Mathematiker, der den Begriff $\sqrt{-1}$ zuerst anwendete". (Cf. auch Anm. 2 des Hrsg. zu § 70.)

---

[2] Allerdings enthält er sie nur als entfernteren Teil (cf. § 58, 1.), als Teil nämlich der Subjektvorstellung, die selbst als Vorstellung, welche eine imaginäre Vorstellung zum Gegenstand hat, sogar gegenständlich ist.

§ 72. *Was der Verfasser unter Anschauungen verstehe*

Jeder wird zugeben, daß unter den mancherlei Vorstellungen, die wir in dem bisherigen kennengelernt, in Hinsicht des Inhaltes die *einfachen*, in Hinsicht ihres Umfanges aber diejenigen die merkwürdigsten sind, die nur einen *einzigen* Gegenstand vorstellen. Um wieviel merkwürdiger müßten nicht erst Vorstellungen sein, die diese beiden Beschaffenheiten in sich vereinigten, d. h. die einfach wären und dabei doch auch einen einzigen Gegenstand hätten? Es fragt sich nur, ob es dergleichen gibt? Wenn man bedenkt, daß der Umfang einer Vorstellung gewöhnlich dadurch verengert werde, daß man den Inhalt derselben vergrößert, d. h. noch einige neue Bestimmungen aufnimmt, also die Vorstellung noch mehr zusammensetzt: so fühlt man sich wohl versucht, zu zweifeln, ob irgendeine Vorstellung, die durchaus einfach ist, von einem so engen Umfange sein könne, daß sie nur einen einzigen Gegenstand hat. So bekommt z. B. die Vorstellung Uhr einen bedeutend engeren Umfang, sobald wir zu ihrem Inhalte noch die Bestimmung, daß sie zum Tragen in der / Tasche geeignet sei, hinzutun, also die Vorstellung Taschenuhr bilden; einen noch engeren Umfang erhält diese Vorstellung, wenn wir den neuen Beisatz, daß diese Uhr ein goldenes Gehäuse haben soll, zufügen, oder die Vorstellung: „goldene Taschenuhr" erzeugen usw. Es gewinnt also den Anschein, daß wir, um eine Vorstellung zu erhalten, welche den kleinsten Umfang habe, d. h. nur einen einzigen Gegenstand vorstelle, eine sehr große Menge von Bestimmungen in ihren Inhalt aufnehmen müssen; und daß somit eine solche nie einfach sein könne. Allein wenn ich erweisen würde, daß es selbst unter den Vorstellungen, welche wir Menschen besitzen, also unter der Klasse der *subjektiven* Vorstellungen gar viele gibt, die bei aller Einfachheit doch echte Einzelvorstellungen sind: so würde hieraus, weil es zu jeder subjektiven Vorstellung eine ihr entsprechende *Vorstellung an sich* gibt, unwidersprechlich folgen, daß es auch unter den objektiven Vorstellungen einfache Einzelvorstellungen gibt. Ich glaube auf folgende Art das hier Gesagte leisten zu können. Sooft wir die Aufmerksamkeit unseres Geistes auf die Veränderung richten, die irgendein äußerer, vor unsere Sinne gebrachter Körper, z. B. eine Rose, in unserer Seele hervorbringt: so ist *die nächste* und *unmittelbare* Wirkung dieses Aufmerkens, daß eine *Vorstellung* jener Veränderung in uns entstehet. Diese Vorstellung nun ist eine *gegenständliche;* ihr Gegenstand ist nämlich die Veränderung, welche in unserer Seele soeben vorgehet; und sonst nichts anderes, also ein einzelner Gegenstand; daher wir sagen können, daß diese Vorstellung eine *Einzelvorstellung* sei. Zwar werden bei dieser Gelegenheit und durch die fortgesetzte Tätigkeit unserer Seele noch manche andere Vorstellungen, mitunter auch solche, die keine Einzelvorstellungen sind, erzeuget; ingleichen auch ganze Urteile; namentlich über die soeben in uns vorgehende Veränderung selbst, indem wir z. B. sagen: Dies (was ich jetzt eben sehe) ist die Empfindung oder Vorstellung Rot; dies (was ich jetzt rieche) ist ein Wohlgeruch; dies (was ich soeben bei der Berührung eines Dornes in meinen Fingerspitzen verspüre) ist eine schmerzhafte Empfindung usw. In diesen Urteilen haben die Vorstellungen: Rot, Wohlgeruch, Schmerz usw. allerdings mehrere Gegenstände. Allein / die hier vorkommenden Subjektvorstellungen, welche wir durch die Worte *Dies* bezeichnen, sind gewiß echte Einzelvorstellungen. (§ 68.) Denn unter dem Dies verstehen wir ja eben nur diese einzige, soeben in uns vorgehende Veränderung, und keine andere, die noch sonst irgendwo stattfinden mag, so ähnlich sie auch der unsrigen wäre. Nicht minder gewiß ist ferner auch, daß diese Vorstellungen alle *einfach* sind. Denn wenn sie aus Teilen zusammengesetzt wären, so wären sie nicht die *nächste* und *unmittelbare* Wirkung, die aus Betrachtung der in unserer Seele soeben vor sich gehenden Veränderung entstehet; sondern die einzelnen Vorstellungen, welche die Teile jener zusammengesetzten bilden, wären früher und unmittelbarer erzeugt. Daß aber bloß daraus, weil wir uns zur *Bezeichnung* dieser Subjektvorstellungen mehrerer Worte bedienen: Dies (was ich jetzt eben sehe), Dies (was ich jetzt rieche) usw. — gar nicht zu schließen sei, daß auch sie selbst zusammengesetzt sein müßten, haben wir schon § 59 u. 69

erinnert. Es ist also dargetan, daß bei jeder Betrachtung einer in unserer Seele soeben vor sich gehenden Veränderung Vorstellungen in uns entstehen, die bei aller Einfachheit doch nur einen einzigen Gegenstand haben, nämlich die eben betrachtete Veränderung selbst, auf welche sie sich wie die nächste und unmittelbare Wirkung auf ihre Ursache beziehen. Es handelt sich also nur noch um eine schickliche Benennung für diese Art von Vorstellungen. Ich glaube aber, daß in Deutschland das Wort *Anschauung,* wenn nicht ganz in demselben, doch in einem sehr ähnlichen Sinne seit seiner Einführung in den logischen Sprachgebrauch durch *Kant* genommen werde. Da ich nun sonst kein anderes, das passender wäre, kenne: so bitte ich mir den Gebrauch des Wortes Anschauung nicht nur für subjektive Vorstellungen von der beschriebenen Art, sondern auch für die ihnen entsprechenden objektiven Vorstellungen zu verstatten. Ich werde also jede einfache Einzelvorstellung eine *Anschauung* nennen; eine *subjektive,* wenn die Vorstellung selbst subjektiv, eine *objektive,* wenn sie objektiv ist. Anfänger wären sonach zu erinnern, daß sie durch die ursprüngliche Bedeutung des Wortes sich nicht verleiten lassen, dabei nur ausschließlich an Vorstellungen zu denken, welche uns durch den Sinn des Gesichtes zugeführt / werden; auch Vorstellungen jedes anderen Sinnes, ja auch Vorstellungen, die uns von gar keinem äußeren Sinne kommen, heißen wir Anschauungen, sobald sie nur einfach sind, und einen einzigen Gegenstand haben.

Anmerkung: Daß die Behauptung, es könne Vorstellungen geben, die bei aller Einfachheit doch nur einen einzigen Gegenstand haben, vielen schwer eingehen werde, kann ich mir einbilden. Wer meint, daß eine jede Vorstellung aus so vielen Teilen (konstitutiven Merkmalen) zusammengesetzt sein müsse, als Teile oder Beschaffenheiten ihr Gegenstand hat; wird nimmer zugeben wollen, daß irgendein Gegenstand, er sei ein äußerer oder auch nur eine gewisse in unserer Seele vorgehende Veränderung, durch eine ausschließlich nur auf ihn passende Vorstellung aufgefaßt werden könne, wenn diese nicht aus sehr vielen Teilen zusammengesetzt ist. Allein wie irrig diese Meinung sei, glaube ich § 63 u. 64. gezeigt zu haben. Indessen wer auch von dieser Meinung zurückgekommen wäre, dürfte es immer noch unbegreiflich finden, wie eine einzige einfache Vorstellung so viele Eigentümlichkeiten besitzen könne, als dazu nötig ist, damit sie nur diesen einzigen, und sonst keinen anderen Gegenstand, also z. B. nur diese einzige, in unserer Seele jetzt eben vor sich gehende Veränderung, und sonst nichts anderes vorstelle? Wie soll man sich, dürfte er fragen, so viele Millionen einfacher und doch voneinander verschiedener Vorstellungen denken? Ist nicht vielmehr der Umstand, daß wir zwischen den beiden Vorstellungen: *Dies Rot* und *Jenes Rot*, die wir beim Anblicke dieses und jenes Rosenblattes haben, öfters nicht den geringsten Unterschied anzugeben vermögen, Beweises genug, daß beide Vorstellungen in der Tat mehrere Gegenstände haben? Ich erwidere, daß ja auch Dinge, die einfach sind, in unendlich vielen Hinsichten voneinander unterschieden sein können, ja (nach dem bekannten Grundsatze *Leibnizens*) sogar unterschieden sein *müssen*. Bloß daraus also, weil alle Anschauungen einfache Vorstellungen sein sollen, folgt durchaus nicht, daß es nicht eine unendliche Menge derselben geben könnte, dergestalt, daß auch nicht zwei unter ihnen einander völlig gleich sind. Ferner ist nichts begreiflicher, als daß zwei Vorstellungen, welche die *nächste* und *unmittelbare* Wirkung unsers Aufmerkens auf zwei verschiedene, in unserer Seele soeben vor sich gehende Veränderungen sind, bei all ihrer Einfachheit sich doch ebensogut, wie diese ihre Ursachen selbst unterscheiden. Denn / daß verschiedene Ursachen auch verschiedene Wirkungen haben, ist ja ganz in der Ordnung; unbegreiflich nur wäre es, wenn wir von gleichen Ursachen ungleiche Wirkungen verlangten. Daß wir jedoch nicht immer vermögend sind, den eigentlichen Unterschied, der zwischen einem Paare solcher Einzelvorstellungen, z. B. zwischen den Vorstellungen dieses und jenes Rot, besteht[1]), anzugeben: ist abermals gar nichts Befremdendes, und beweiset durchaus nicht, daß diese Vorstellungen wirklich keinen Unterschied haben. Denn um ihren Unterschied *angeben* zu können, wird ja mehr als das bloße Vorhandensein der beiden Vorstellungen, zwischen denen er stattfinden soll, erfordert; es wird erfordert, daß wir uns auch noch von ihnen selbst und ihren Beschaffenheiten eine, ja auch wohl mehrere Vorstellungen bilden und Urteile über sie fällen. Daß übrigens die beiden Vorstellungen: „dies Rot" und „jenes Rot" echte Einzelvorstellungen sind, und daß die eine nur diesen, die andere nur jenen Gegenstand hat, ist schon entschieden durch den alleinigen Umstand, daß wir uns durch die eine nur eben den einen, und durch die andere nur eben den anderen Gegenstand *vorstellen*. Denn hieraus allein folgt schon, daß jene nur jenen, und diese nur diesen Gegenstand hat. Die Behauptung nämlich, daß wir dieselbe Vorstellung in dem einen Falle nur eben auf den einen, in dem andern nur eben auf den andern

---

[1] „besteht" vom Hrsg. dazugesetzt.

Gegenstand *anwenden,* während sie doch an sich auf beide passet, würde stattfinden, sofern die Rede von einer *Prädikatvorstellung* wäre; wie etwa von der Vorstellung Rot in den zwei Urteilen: „Dieses ist Rot" und „Jenes ist Rot". Von einer Vorstellung aber, die als *Subjektvorstellung* in einem Urteile auftritt, wie die Vorstellungen: „Dieses" und „Jenes" in unserm Beispiele, kann man nicht sagen, sie werde nur auf Einen der mehreren Gegenstände, welche sie vorstellt, bezogen. Eine Vorstellung, die als Subjektvorstellung in einem Urteile auftritt, erscheint hier jederzeit in ihrem ganzen Umfange; und es ist ein Irrtum, zu glauben, daß in dem Urteile: „*Dieser* Mensch ist ein Gelehrter", oder auch in den Urteilen: „*Ein* Mensch war fehlerlos", „*einige* Menschen sind lasterhaft" die Vorstellung Mensch die wahre Subjektvorstellung bilde, wie dieses alles in der Folge mit mehren gezeigt werden soll[2]). Hier genüge nur noch zu bemerken, daß wenn die Vorstellung Dies in dem Urteile: „Dies ist etwas Rotes" keine Einzelvorstellung wäre, schlechterdings unerklärbar bliebe, wie wir doch gleichwohl dazu kommen, zu wissen, daß wir jetzt nur einen *einzigen* bestimmten Gegenstand, und wenn wir die / beiden Urteile: „Dieses ist Rot" und „Jenes ist Rot" fällen, daß wir dergleichen Gegenstände zwei vor uns haben.

§ 73. *Was der Verfasser Begriffe und gemischte Vorstellungen nenne*

1) Wer mir das Dasein und die Merkwürdigkeit solcher Vorstellungen, wie ich § praec. die *Anschauungen* beschrieben habe, zugibt, wird nicht in Abrede stellen, daß auch Vorstellungen, die keine Anschauungen sind, auch keine Anschauung als Bestandteil enthalten, merkwürdig genug sind, um eine eigene Benennung zu verdienen. Ich nenne sie also *Begriffe,* weil ich der Meinung bin, daß man dies Wort auch schon bisher in einer sehr ähnlichen Bedeutung nehme, seitdem man angefangen, Begriffe und Anschauungen einander entgegenzusetzen. So heißt mir also z. B. die Vorstellung *Etwas* ein bloßer Begriff; denn diese Vorstellung ist keine Anschauung, weil sie nicht einen, sondern unendlich viele Gegenstände hat; sie faßt auch keine Anschauung als Bestandteil in sich, denn sie ist überhaupt gar nicht zusammengesetzt. Ebenso nenne ich auch die Vorstel-

---

[2] Cf. schon Zus.fassg. zu §§ 59, 69, ferner zu § 137.

lung *Gott* einen bloßen Begriff; denn auch diese Vorstellung ist zuvörderst keine Anschauung, weil, obwohl sie nur einen einzigen Gegenstand hat, sie doch nicht einfach ist; denn ich verstehe unter Gott dasjenige Wesen, das keinen Grund seiner Wirklichkeit hat. Diese Vorstellung enthält ferner auch keine Anschauung als Bestandteil in sich, weil auch die Vorstellungen, aus denen sie bestehet, insgesamt keine Einzelvorstellungen sind usw.

2) Wenn eine Vorstellung, die zusammengesetzt ist, unter ihren Teilen auch Anschauungen enthält: so will ich sie, gesetzt auch, daß ihre Teile (wenn dieses möglich wäre) sämtlich nur Anschauungen sind, eine *gemischte* Vorstellung nennen. Sonach ist die Vorstellung: „Die Rose, die *diesen* Geruch verbreitet" eine gemischte Vorstellung; denn die Vorstellung: *„dieser* Geruch", die sie als Teil enthält, ist eine Anschauung.

3) Je nachdem der Bestandteil, den ich in einer gemischten Vorstellung als den *vorzüglichsten* (etwa der Hauptteil, § 58.) betrachte, bald eine Anschauung, bald ein / Begriff ist, nenne ich die ganze Vorstellung selbst bald eine gemischte *Anschauung,* bald einen gemischten *Begriff.* So werde ich die überfüllte Vorstellung *„Dies,* welches eine Farbe ist" eine gemischte Anschauung nennen, weil der Hauptteil dieser Vorstellung, „Dies", eine Anschauung ist[1]); dagegen die Vorstellung: „die in *diesem* Buche enthaltenen Wahrheiten" nenne ich einen gemischten Begriff, weil der Hauptteil dieser Vorstellung: „Wahrheiten", ein Begriff ist. Zur genaueren Unterscheidung von, oder im Gegensatze mit solchen gemischten Anschauungen und Begriffen nenne ich die übrigen auch *reine* Anschauungen und *reine* Begriffe.

§ 74. *Betrachtungen, die vornehmlich ein noch besseres Verständnis der eben aufgestellten Begriffsbestimmungen bezwecken*

B. glaubt, „daß der Gegenstand einer jeden uns Menschen erreichbaren (subjektiven) Anschauung irgendein wirkliches Ding

---

[1] A: weil der Hauptteil dieser Vorstellung Dies eine Anschauung ist.

sein müsse". „Denn", so fährt er fort, „wenn eine Vorstellung bei aller Einfachheit doch nur einen einzigen Gegenstand vorstellen soll: so muß sie etwas so Eigentümliches (etwas so ausschließlich nur auf diesen Gegenstand sich Beziehendes) haben, daß die Entstehung derselben in unserm Gemüte schwerlich auf eine andere Weise erklärlich wird, als durch die Annahme, daß sie zu diesem Gegenstande sich wie eine Wirkung zu ihrer Ursache verhalte. Hieraus ergibt sich aber sogleich, daß dieser Gegenstand, weil er als eine *Ursache* sich wirksam bezeugen soll, irgend etwas Wirkliches sein müsse."

Keineswegs aber lasse sich umgekehrt behaupten, „daß wir von einem *jeden* wirklichen Gegenstande uns eine Anschauung zu verschaffen vermöchten". Wohl allerdings sei der Gegenstand auch in solchen Fällen für uns häufig durch sein Verhältnis zu anderen „wirklichen und von uns angeschauten Dingen" charakterisiert und damit durch eine gemischte Vorstellung erfaßt. Insbesondere sei „nichts gewöhnlicher, als daß wir die *eigene, in unsrer Seele soeben gegenwärtige Vorstellung A* des Dinges, durch Richtung unserer Aufmerksamkeit auf sie, zum Gegenstande einer besondern Anschauung erheben, und dann uns dieser Anschauung von ihr statt ihrer selbst (einer ganz einfachen Vorstellung statt einer zusammengesetzten) bedienen, indem wir den Gegenstand uns „*als den durch diese jetzt eben in uns vorhandene Vorstellung vorstellbaren*" denken". 332

„Von Gott und von gewissen Kräften und Eigenschaften Gottes, z. B. von seiner Allwissenheit, Allmacht usw., vom ganzen Weltall und noch einigen andern wirklichen Gegenständen" abgesehen, sei kein wirkliches Ding einziger Gegenstand einer „*aus bloßen reinen Begriffen*" zusammengesetzten Vorstellung. I. a. gebe keine Zusammenfassung von Beschaffenheiten zur Kennzeichnung eines Gegenstandes die Gewähr, daß sich nicht „in irgendeiner uns völlig unbekannten Gegend des Weltalls" weitere Gegenstände befinden, „die alle diese Beschaffenheiten gemeinschaftlich haben". 333

334

§ 75. *Einige Bemerkungen über den Unterschied in der Bezeichnungsart zwischen Anschauungen und Begriffen*

Es wird den Unterschied zwischen Anschauungen und Begriffen in ein noch helleres Licht setzen, wenn wir zuletzt auch über die verschiedene Art, wie die *Bezeichnung* dieser Vorstellungen in der Wortsprache geschieht, einiges vorbringen.

1) Was nun die *Anschauungen* belangt: so bemerke ich, daß wir nicht eine einzige Anschauung, welche wir einmal

gehabt, noch ein zweites Mal in uns hervorzubringen vermögen; wenn dies soviel heißen soll, daß diese zwei subjektiven Vorstellungen einer und eben derselben objektiven Vorstellung entsprechen. Denn weil eine jede subjektive Anschauung ihren eigenen Gegenstand hat, nämlich diejenige außer oder in uns befindliche Veränderung, welche die unmittelbare Ursache ihrer Entstehung ist; eine solche Ursache aber immer nur einmal vorhanden ist, indem eine selbst in dem nämlichen Subjekt zu einer andern Zeit vorhandene Veränderung schon eine zweite ist: so folgt, daß je zwei subjektive Anschauungen auch zwei verschiedene Gegenstände haben, auf welche sie sich / beziehen; und sonach müssen sie notwendig auch zu zwei voneinander verschiedenen objektiven Anschauungen gehören. Die Farbe, der Wohlgeruch, das Schmerzgefühl, das ich jetzt eben wahrnehme, mag einem, das ich zu irgendeiner anderen Zeit empfunden, auch noch so ähnlich sein: es ist doch immer ein anderes; und die objektive Anschauung, welche sich ausschließlich auf das eine bezieht, kann eben deshalb nicht auch das andere zu ihrem Gegenstande haben. Wenn es aber unmöglich ist, daß zwei subjektive Anschauungen selbst in dem nämlichen Menschen zu einerlei objektiver Vorstellung gehören: so ist es um so weniger möglich, in einem *anderen* Menschen eine subjektive Anschauung zu wecken, welche derselben objektiven Vorstellung wie eine *in uns* vorhandene Anschauung entspräche. Verstehen wir also unter der *Mitteilung* einer Vorstellung an einen anderen die Erweckung einer subjektiven Vorstellung in ihm, die zu derselben objektiven[1]) Vorstellung, wie unsere eigene gehört: so muß behauptet werden, *daß sich Anschauungen durchaus nicht mitteilen lassen.* Ein anderes ist es mit *reinen Begriffen,* die wir durch allerlei Mittel, unter anderem auch durch bloße Worte einander mitteilen können. So werden z. B. alle, die deutsch verstehen, mit den Worten: Und, Nicht, Eins, Zwei, Drei usw. Vorstellungen verbinden, welche denselben Begriffen an sich entsprechen.

---

[1] A: subjektiven.

2) Sagen wir dennoch, daß wir uns über unsere Anschauungen einem andern *mitteilen:* so hat dies nur den Sinn, daß wir ihn mit verschiedenen *Beschaffenheiten* derselben bekannt machen. So ist es namentlich, wenn unsere Anschauungen durch die Einwirkung eines äußeren Gegenstandes auf unsere Sinneswerkzeuge hervorgebracht wurden, unsere Sorge, diesen äußeren Gegenstand anderen kenntlich zu machen. Ist es ein Gegenstand von Dauer, kommt er uns öfters vor, und ist er uns wichtig genug: so wird ihm ein eigens für ihn gebildetes Zeichen, ein *eigener Name* erteilt. Eigene Namen also bezeichnen insgemein nur *gemischte* Vorstellungen von der Form: „Der Gegenstand, der daran Ursache ist, daß ich einst diese und jene Anschauungen hatte". Dieses gilt nicht nur von solchen Eigennamen, die einen äußeren, auf unsere *eigenen* Sinne einwirkenden Gegenstand bezeichnen; sondern es gilt auch von Eigennamen, die einen Gegenstand bezeichnen, der lange schon aufgehört hat, auf unsere Sinne zu wirken, z. B. Sokrates. Wenn jemand fragte, von welcher Art doch die Anschauungen wären, welche in einem solchen Falle in unserer Vorstellung vorkommen: so würde ich erwidern, daß wir z. B. unter Sokrates uns den Weltweisen denken, „der vor soviel hundert Jahren in Griechenland unter dem Namen S. gelebt". Hier kommen nun, wenn keine anderen, wenigstens in den Lauten, aus welchen der *Name S.* zusammengesetzt ist, bestimmte Anschauungen vor. Doch Eigennamen werden nur zur Bezeichnung weniger Gegenstände gebraucht; bei weitem die meisten übrigen bestimmen wir durch die Beschreibung eines ihnen ausschließlich zukommenden Verhältnisses, in welchem sie zu gewissen andern, worüber wir uns bereits verständiget haben, stehen. Am brauchbarsten sind hier die Zeit- und Ortsverhältnisse, und meistenteils reicht schon eine ohngefähre Bestimmung derselben hin; etwa eine solche, wie sie die Worte: *Jetzt, vor kurzem, in Bälde, Hier* oder *Dort* u. dgl. enthalten; zumal wenn wir zu mehrer Sicherheit auch noch die *Art* oder *Gattung* der Dinge, welcher der von uns gemeinte Gegenstand zugehört, beifügen. So würde man z. B. allerdings, wenn ich bloß: *„Dies hier"* spräche, und

dabei auf einen, eben vor mir stehenden Rosenstock deutete, nicht wissen, ob ich den ganzen Rosenstock, oder nur diese an ihm befindliche Rose, oder nur dieses Blumenblatt, oder was sonst meine. Dieser Unbestimmtheit aber helfe ich ab, wenn ich die Gattung der Dinge, zu welcher der gemeinte Gegenstand gehört, und zwar diejenige Gattung, von der es in der bezeichneten Gegend und Zeit nicht eben mehrere gibt, durch ein beigefügtes gemeines Nennwort bestimme, und somit, statt „Dies hier" allein „Dies Blatt", „diese Farbe" u. dgl. spreche.

3) Es ist leicht einzusehen, wie wir uns dieses Mittels, das insgemein nur zur Bezeichnung *gemischter* Vorstellungen gebraucht wird, auch, wenn es für wissenschaftliche Zwecke erforderlich wird, bedienen können, um eine *reine Anschauung* zu bezeichnen. Wir dürfen nur erklären, daß die in unserm Ausdrucke vorkommenden Zeit- und Ortsbestimmungen, / ingleichen die Bestimmung jener Art oder Gattung, der unser Gegenstand zugehört, bloß zu dem Zwecke beigefügt sind, um unsere Vorstellung dem andern *kenntlich* zu machen; keineswegs aber, damit er diese Bestimmungen als eine Beschreibung der Bestandteile dieser Vorstellung selbst betrachte. Aus einer solchen Erklärung entnimmt der andere nicht nur, daß unsere Vorstellung eine einfache Einzelvorstellung, d. i. Anschauung sei; sondern wird auch beurteilen können, von welchem Gegenstande sie in uns hervorgebracht worden sei, und welche sonstige Beschaffenheiten sie etwa habe. Daß es uns aber nicht möglich sei, *dieselbe* Anschauung, welche wir haben, in einem andern zu erzeugen, wurde schon Nr. 1. gesagt.

4) Eine besondere Erwähnung verdient hier noch folgender Umstand, daß es in allen Sprachen Worte gibt, welche wir doppelsinnig gebrauchen, so nämlich, daß sie bald einen reinen *Begriff*, bald wieder eine *gemischte* Vorstellung bedeuten; und was das Schlimmste ist, wir springen oft von der einen dieser Bedeutungen zur anderen ab, ohne uns dessen deutlich bewußt zu werden. Der Fall, von dem ich spreche, findet vornehmlich bei den Benennungen statt, die wir gewissen Arten *natürlicher Gegenstände* (zumal den untersten Arten) erteilen, z. B. bei den

Wörtern: Mensch, Löwe, Gold usw. In der einen Bedeutung nämlich verstehen wir unter dergleichen Wörtern nichts anderes als Dinge, die diese und jene von uns entweder angegebenen oder doch angeblichen, durch bloße *reine Begriffe* vorstellbaren Beschaffenheiten haben; so zwar, daß wir bereit sind, einen jeden Gegenstand, sobald er nur diese Beschaffenheiten an sich hat, für ein Ding dieses Namens anzuerkennen, wie verschieden er auch in allen übrigen Stücken von den Dingen sein möchte, die wir bisher unter diesem Namen gekannt. In solcher Bedeutung nehmen wir z. B. das Wort *Mensch,* wenn wir beschließen, darunter nichts anderes zu verstehen, als ein Wesen, das eine vernünftige Seele mit einem organischen Leibe vereinigt; und sonach bereit sind, selbst die Bewohner des Mondes, falls man uns dartun könnte, daß sie vernünftige, mit einem organischen Leibe versehene Geschöpfe sind, Menschen zu nennen; so viel Verschiedenheiten sich übrigens in Rücksicht der Geisteskräfte sowohl als auch der Leibesbildung zwischen ihnen und uns / vorfinden möchten. Es leuchtet ein, daß die Vorstellung, die unser Wort bei einer solchen Bedeutung bezeichnet, ein *reiner Begriff* sei. Das bliebe nun zwar die Vorstellung „Mensch" auch selbst, wenn wir sie noch viel enger begrenzten, ja am Ende sogar erklärten, daß wir nur solche vernünftig sinnliche Wesen Menschen genannt wissen wollen, welche denjenigen, die auf Erden anzutreffen sind, in allen durch bloße Begriffe vorstellbaren Beschaffenheiten gleich sind. Denn weil es nur eine bestimmte, wenn gleich sehr große Anzahl solcher Beschaffenheiten gibt, die sich an allen auf Erden befindlichen vernünftig sinnlichen Wesen gemeinschaftlich befinden: so ließe sich aus den Vorstellungen dieser Beschaffenheiten, d. h. aus bloßen Begriffen eine Vorstellung zusammensetzen, welche das, was uns Mensch heißt, darstellen würde, ohne irgendeine Anschauung aufzunehmen. Ganz anders wird es dagegen, sobald wir festsetzen, daß der Name Mensch nicht (wie noch vorhin) *solche,* sondern nur eben *jene* vernünftig sinnlichen Wesen, die auf der Erde anzutreffen sind, und sonst keine andern, so ähnlich sie diesen auch immer sein möchten, bedeuten soll. Nun ist die Vorstellung, die dieser Name bezeichnet, nicht mehr ein reiner, sondern *gemischter* Begriff, der eine Anschauung einschließt. Denn auch nach Absonderung aller Bestandteile aus dieser Vorstellung, die nur gewisse, durch einen reinen Begriff vorstellbare Beschaffenheiten der Wesen, für welche sie passen soll, kundtun, d. h. die nur Begriffe sind, bleibt in der Forderung, daß es auf *Erden* befindliche Wesen sein sollen, noch immer die Anschauung zurück, welche der Name *Erde* in sich schließt. Und wie wir nun hier an dem Worte Mensch das Beispiel eines Ausdruckes haben, der einen reinen Begriff zu bezeichnen scheint, und zuweilen doch so gebraucht wird, daß er eine wirkliche Anschauung in sich schließt: so gibt es im Gegenteil auch Worte, die eine sehr gemischte Vorstellung zu bezeichnen scheinen, und gleichwohl zuweilen so genommen werden, daß sie nur einen reinen Begriff ausdrücken. Eine solche Bewandtnis hat es mit den Worten: Gold, Silber, Sauerstoff und andern ähnlichen Benennungen unorganischer Stoffe.°) Unsere Natur- / forscher nämlich sind gar nicht abgeneigt, dergleichen Benennungen auf einen jeden im Weltraume befindlichen Stoff anzuwenden, sobald er nur völlig dieselben innern Beschaffenheiten, die wir an diesen Stoffen auf Erden finden, an sich hat. Da wir jedoch die wenigsten dieser innern Beschaffenheiten anders, als aus den Einwirkungen dieser Stoffe auf gewisse andere Stoffe, zuletzt auf unsere eigenen Sinneswerkzeuge und auf uns selbst (d. h. auf unser Empfindungs- und Vorstellungsvermögen), also aus bloßen Verhältnissen zu gewissen, nur durch *Anschauung* gegebenen Gegenständen kennen: so drücken wir sie auch insgemein nur als solche Verhältnisse aus; und beschreiben also z. B. das Gold als einen Körper, der in unserm Gesichtsorgane die Vorstellung einer gelben Farbe hervorbringt, in dünneren Scheiben grün durchscheinend wird, 19mal schwerer als Wasser ist usw. Nehmen wir nun diese Beschreibung, wie sie da liegt, als die Erklärung unseres Begriffes vom Golde: so ist die Vor-

---

° Schon *Locke* (*Essay*. B. 4. Ch. 6. § 8.) hat die doppelte Bedeutung solcher Worte bemerkt.

stellung, die wir von diesem Stoffe haben, allerdings ein mit vielen Anschauungen vermischter und also unreiner Begriff. Aber die Sache läßt sich auch noch auf eine andere Weise betrachten; wir können die Wirkungen, welche das Gold in unsern Sinneswerkzeugen, und in andern, nur durch Anschauung uns gegebenen Gegenständen hervorbringt, nur als Bezeichnungen gewisser, durch bloße Begriffe bestimmbarer Beschaffenheiten des Goldes betrachten; die Worte, daß es uns gelb erscheine, z. B. nur als den Ausdruck einer gewissen innern Beschaffenheit des Goldes ansehen, welche der Grund davon ist, daß es in einem Organe, wie unser Auge, die Vorstellung Gelb hervorbringt usw. Verstehen wir dies alles nur so; dann dürften die Anschauungen, welche in unserm wörtlichen Ausdrucke von dem Begriffe des Goldes vorkommen, nicht zu dem Inhalte dieses Begriffes, sondern bloß zu den Mitteln gehören, wodurch wir die uns unbekannten innern und durch bloße Begriffe bestimmbaren Beschaffenheiten des Goldes, aus deren Vorstellungen der Begriff zusammengesetzt werden soll, *bezeichnen*. So wenig nun irgendeine *Anschauung* dadurch rein zu sein aufhört, daß wir, nur um sie kenntlich zu bezeichnen, einen und den andern *Begriff* in ihren Ausdruck aufnehmen: so wenig hört im umgekehrten Falle ein *Begriff* auf, rein zu sein, / bloß darum, weil wir, um einige seiner Bestandteile zu bezeichnen, unsere Zuflucht zu gewissen Anschauungen nehmen. Ja, wenn wir es genau betrachten, so geschieht dies bei *allen* Begriffen, deren Bestandteile wir andern durch *Worte* bezeichnen. Denn da verlangen wir ja im Grunde immer, daß sich unser Zuhörer diejenigen Begriffe denke, die bei Aussprache gewisser Worte in seiner Seele entstehen. Diese Worte selbst aber (die Laute) lernt er nur durch Anschauung kennen. Der Unterschied wäre hier höchstens der, daß wir bei einem Worte, dessen Bedeutung uns bekannt ist, den durch dasselbe bezeichneten Begriff selbst uns vorstellen können. Hingegen wenn jemand die Bestandteile, aus welchen der Begriff des Goldes zusammengesetzt werden soll, bloß dadurch bestimmt, daß er uns sagt, es wären dies die Begriffe jener innern Beschaffenheiten des Goldes, durch die es in unsern Gesichtswerkzeugen die Vorstellung gelb hervorbringt u. dgl.: so erfahren wir dadurch noch immer nicht, was für Begriffe das seien. Man kann also sagen, daß der Begriff, den das Wort Gold bei einer solchen Auslegung bezeichnet, im Grunde ein reiner, aber nur uns nicht vollständig bekannter Begriff sei; ohngefähr so wie jener des Wertes von X in einer Gleichung, solange wir sie noch nicht aufgelöst haben.

§ 76. *Rechtfertigung dieser Begriffsbestimmungen*

341   B. diskutiert hier insbesondere eine andere (engere) Definition der Anschauung: „*Anschauungen* ... sollen einfache Einzelvorstellungen nur erst in dem Falle heißen, wenn für den Gegenstand derselben kein reiner, ihn allein umfassender Begriff angeblich ist." Diese Definition hätte den Vorzug, daß *kein* Gegenstand einer Anschauung außerdem rein begrifflich bestimmt werden könnte, während nach der § 72 gegebenen Definition „Gott, das Weltall und einige andere Gegenstände, welche durch bloße Begriffe bestimmbar sind, insofern mit zu den *möglichen* Gegenständen einer Anschauung zählen, als es
342   noch unerwiesen ist, ob nicht auch sie der Gegenstand einer einfachen, sich nur auf sie allein beziehenden Vorstellung sein könnten" (cf. auch § 74). B. meint, daß diese mögliche Ausnahme die Definition von § 72 nicht eigentlich stören könne, weil sein Begriff der Anschauung eben nicht im Sinne subjektiver Anschauung (diese sei allerdings, „was uns die Theologen sehr richtig lehren", von Gott nicht möglich) aufgefaßt werden dürfte.

343   ## § 77. *Andere Darstellungsarten*

   B. verweist auf *Kants* „Verdienst", „den Unterschied zwischen
344   Anschauungen und Begriffen zu einer allgemeinen Anerkennung gebracht zu haben", nachdem man schon vorher den Unterschied zwischen Einzelvorstellung und Vorstellungen mit mehreren Gegenständen bemerkt habe, so *Aristoteles* (*Anal. post.* I 31) und *Wolff* (*Log.*, 2. Aufl. 1732, §§ 43, 49), am deutlichsten schließlich *Baumgarten* (*Acroasis logica*, ed. J. G. Töllner, 1765, § 51) in der Unterscheidung von *idea* und *notio*: „Objectum conceptus vel est ens singulare, seu individuum, vel universale, h. e. pluribus commune. Conceptus singularis sui individui *idea* (B.: „was wir jetzt Anschauung nennen"), conceptus communis, seu eiusdem in pluribus, *notio* (Begriff) est." Hier hält B. den „Ausdruck *individuum* einer Mißdeutung fähig": „weil man ihn

(wenn er nicht näher erklärt wird) auch so auslegen könnte, als ob der Gegenstand einer Anschauung einfach sein müßte, welches doch keineswegs zu sein braucht. Da ferner nicht beigesetzt ist, daß die Anschauung eine einfache Vorstellung sein müsse: so ist die Erklärung zu weit, indem es unter den zusammengesetzten Vorstellungen einige gibt, die gleichfalls nur einen einzigen (ja, wenn man will, sogar einfachen) und wirklichen Gegenstand vorstellen, und doch keine Anschauungen sind."

Mit den Erklärungen *Kants* für das Paar „Anschauung — Begriff" (*Logik*, ed. *Jäsche*, § 1; *Kr. d. r. V.* B 93) ist B. nicht zufrieden. Vor allem kritisiert er, daß sich Anschauung und Begriff nach der zitierten Stelle aus der Kr. d. r. V. „nur darin unterscheiden sollen, daß sich jene *unmittelbar*, dieser *mittelbar* auf einen Gegenstand beziehe". Das „Mittel, wodurch sich der Begriff auf einen Gegenstand beziehet", sei für K. die „ihm unterstehende Anschauung dieses Gegenstandes". Nach B. verhält es sich aber nicht so, daß z. B. „die Personen Sokrates, Plato u. a. nur mittelbar, und zwar dadurch unter die Vorstellung Mensch gehören, daß die Anschauungen von ihnen der Vorstellung Mensch unterstehen"; vielmehr: „nur die Personen (die Wesen) selbst, nicht aber die Anschauungen von ihnen stehen unter der Vorstellung Mensch". Daher „scheine der aufgestellte Unterschied zwischen unmittel- und mittelbarer Beziehung nicht zulässig". — Eine andere Erklärung Kants besage, daß „uns die Anschauung erst den Gegenstand *gebe,* den wir durch bloße Begriffe nur *denken*". Daß „die Anschauung den Gegenstand *gebe*", deutet B. so, daß wir von einer Anschauung auf einen sie verursachenden Gegenstand schließen können. Das sei zwar richtig, beziehe sich aber nur auf subjektive Vorstellungen, nicht auf Vorstellungen an sich.

Ausführlich setzt sich B. in diesem § ferner mit den Bestimmungen zeitgenössischer Logiker auseinander.

345

346

347

348 ff

§ 78. Verschiedenheiten unter den Begriffen in Hinsicht auf Inhalt und Umfang

353

B. sucht zu zeigen, daß es nicht nur *zusammengesetzte*, sondern auch *einfache* Begriffe gibt. Die gegenteilige Behauptung impliziere nämlich, daß alle zusammengesetzten Vorstellungen, ebenso alle Sätze „aus nichts als einer Aneinanderhäufung bloßer Anschauungen entstehen". Das sei „ungereimt". B. verweist dazu auf die zur Verbindung von Vorstellungen notwendige Vorstellung *Und,* ferner auf die Vorstellungen: *Haben, Sollen* usf.

354

Begriffe könnten sowohl unendlich viele (Beispiel: „eine geschaffene Substanz") als auch endlich viele Gegenstände („eine der vier Kardinaltugenden"), als auch nur einen einzigen („die Gesellschaft aller sittlich-gut-wollenden Wesen") oder keinen

Gegenstand („ein Mittel, um das Geschehene wieder ungeschehen zu machen") haben.

In einer *1. Anm.* zu § 78 erwähnt B. das Desiderat, ein Verzeichnis aller einfachen Begriffe aufzustellen.

In der *2. Anm.* zu § 78 führt B. die Meinungen anderer Logiker über das „Dasein der einfachen Begriffe" an. *Locke* habe ihr Dasein behauptet (z. B. habe er Einheit, Bewegung u. a. als einfache Vorstellungen angesehen), *Leibniz* allerdings gezeigt, daß die Lockeschen Beispiele weiterer Zerlegung fähig seien. Auch *Kant* scheine einfache Begriffe vorausgesetzt zu haben, da er eine Zerlegung von Begriffen in unendlich viele Teile ablehne. Dies ergebe sich aus dem Satz: „Kein Begriff, als ein solcher, kann so gedacht werden, als ob er eine unendliche Menge von Vorstellungen in sich enthielte." (B 40) — In der nun folgenden Auseinandersetzung B.'s mit den Ansichten zeitgenössischer Logiker sind folgende Sätze bemerkenswert: „Ich meine, daß wir, um einen Begriff (sei er nun einfach oder zusammengesetzt) zu denken, nie nötig hätten, seine Unterscheidungskennzeichen von andern Begriffen zu denken; denn diese sind nicht er selbst, sondern nur Beschaffenheiten desselben." „Eigentlich aber behaupte ich jetzt noch nicht, daß wir imstande sind, einfache Begriffe von zusammengesetzten zu unterscheiden, sondern nur, daß es einfache Begriffe *gebe.*"

§ 79. *Ob die Vorstellungen von Zeit und Raum zu den Anschauungen oder Begriffen gehören*

Obgleich die Vorstellungen von Zeit und Raum nicht nur den Gegenstand einer eigenen Wissenschaft (der Chrono- und Geometrie) bilden, sondern uns auch im gewöhnlichen Leben allenthalben begegnen, und in unseren meisten Begriffen und Urteilen als Bestandteile vorkommen: so ist man doch über die Frage, ob und aus welchen Teilen diese Vorstellungen zusammengesetzt sind, ja auch nur darüber, ob sie zu den Begriffen oder Anschauungen gehören, bis auf den heutigen Tag nicht einerlei Sinnes geworden. Da ich nun eben den Unterschied zwischen Begriffen und Anschauungen in meiner Bedeutung festgesetzt habe: so will ich versuchen, wie sich die letzterwähnte Frage nach den hier aufgestellten Ansichten beantworten lasse. Wird diese Untersuchung in einem Lehrbuche der Logik allerdings nur eine Abschweifung sein: so dürfte sie doch in der Wichtigkeit ihres Gegenstandes eine Entschuldigung finden.

1) Es gibt aber der Vorstellungen, die wir Zeit- oder Raumvorstellungen nennen, gar viele; und nicht von allen ist es zweifelhaft, ob sie zu den Begriffen, oder den Anschauungen gezählt werden müssen. Was nämlich diejenigen sich auf die Zeit oder den Raum beziehenden Vorstellungen anlangt, die mehr als Einen Gegenstand haben, z. B. die Vorstellungen: Augenblick überhaupt, Zeitlänge überhaupt, Punkte, Entfernungen, Linien, Flächen und Körper überhaupt, von allen diesen Vorstellungen dürfte es niemand in Abrede stellen, daß sie wenigstens keine *reinen Anschauungen* sind; denn daß die letzteren nur einen einzigen Gegenstand vorstellen müssen, darüber ist man einig. Jene aber stellen der Gegenstände unendlich viele vor; kein Zweifel also, daß sie Begriffe sind, wenn auch vielleicht nicht reine, sondern nur solche, die eine Anschauung als Bestandteil enthalten, etwa wie der Begriff eines Erdenbewohners. Gestritten wird eigentlich nur über solche Zeit- und Raumvorstellungen, wie die nachstehenden: die ganze unendliche Zeit, der ganze unendliche Raum, dieser bestimmte Augenblick (etwa derjenige, in dem ich jetzt eben / mich befinde), diese bestimmte Zeitlänge (z. B. einer Stunde), dieser bestimmte Punkt (z. B. der Mittelpunkt der Erde), diese bestimmte Entfernung (z. B. der Erde von der Sonne) u. dgl. Diese Vorstellungen haben jede nur einen einzigen Gegenstand. Wären sie also noch überdies einfach: so müßte ich selbst nach meiner Erklärung zugeben, daß sie den Namen reiner *Anschauungen* verdienen.

2) Erinnern wir uns aber, daß (§ 74.) eine jede in unserm Gemüt erscheinende (subjektive) Anschauung einen *existierenden* Gegenstand haben müsse: so bietet sich uns ein Mittel dar, zu erweisen, daß die erwähnten Vorstellungen keine Anschauungen sind; auch ohne noch über den Umstand, ob sie einfach oder zusammengesetzt sind, zu entscheiden; bloß aus dem Grunde, weil die Gegenstände, die durch sie vorgestellt werden, durchaus nichts Wirkliches (nichts Existierendes) sind. Ob ich dies letztere mit Recht oder Unrecht behaupte, läßt sich beurteilen, ohne noch über die Frage, ob die betreffenden Vorstellungen einfach, oder aus welchen Teilen sie zusammengesetzt sind, im reinen

zu sein; sondern dazu ist genug, daß man nur diese Vorstellungen *habe*, nur die Bedeutungen der angeführten Ausdrücke verstehe. Ich frage nämlich jeden, der weiß, was die Mathematiker unter den Worten Zeit und Raum verstehen, ob er nicht zugeben müsse, daß nur die *Gegenstände,* die sich in Zeit und Raum befinden, keineswegs aber die Zeiten und die Räume selbst etwas Wirkliches sind? Müßte er doch, wenn er die Zeit und den Raum für etwas Wirkliches erklären wollte, eben darum behaupten, daß sie auch etwas wirken. Und was wäre nun dieses? Zwar sagt man oft von der Zeit, daß sie dieses und jenes von selbst zustande bringe, z. B. daß es keinen Schmerz gibt, den sie nicht lindere u. dgl. Aber wer sieht nicht, daß dieses nur uneigentlich gesprochen sei, und daß man hierdurch nichts anderes ausdrücken wolle, als daß eine gewisse Veränderung (z. B. die Verminderung eines jetzt noch sehr heftigen Schmerzes) im Verlaufe der Zeit nicht ausbleiben werde, weil sich die Ursachen, die eine solche Veränderung bewirken, früher oder später gewiß einfinden werden? Nicht die Zeit selbst also hält man für etwas Wirkendes, sondern die Kräfte der Dinge sind es, die alle Wirkungen / und Veränderungen — doch nur in einer gewissen Zeit — hervorbringen. Und ebenso sagt man wohl auch vom Raume, daß er wirke, wenn man z. B. anmerkt, daß sich die Luft, wo sie Raum bekommt, ausdehne. Aber wer stellt sich vor, daß dieses Raumbekommen die eigentliche Ursache von der erfolgten Ausdehnung sei? Wer nimmt nicht in der Luft, die sich ausdehnt, eine gewisse ausdehnende Kraft an, die diese Ausdehnung hervorbringt, nachdem der Widerstand, der ihr entgegengesetzt war, aufgehört hat? Wären die Zeit und der Raum etwas Wirkliches: so müßte ihre Wirklichkeit eines von beiden, entweder unbedingt oder bedingt sein. Im ersten Falle wären sie Gott, im zweiten Geschöpfe, die der Veränderung unterliegen. Nun kann doch niemand sagen, weder daß Zeit und Raum Gott selbst wären, noch daß sie der Veränderung unterliegen, da nur die Dinge, die in der Zeit und im Raume sind, nicht aber Zeit und Raum selbst sich ändern. Wären die Zeit und der Raum etwas Wirkliches: so könnten, da es unter den wirklichen Dingen nicht zwei einander völlig gleiche gibt, auch nicht zwei Augenblicke oder zwei Zeitlängen, und ebenso auch nicht zwei Punkte oder zwei Entfernungen einander völlig gleich sein; welches ganz den Begriffen, welche die Mathematiker von diesen Gegenständen haben, zuwiderläuft. Sind aber zwei Augenblicke, oder auch zwei Punkte einander völlig gleich (wie dies von allen Mathematikern ewig behauptet werden wird): so müßte, wofern die Zeit und der Raum etwas Wirkliches wären, das Dasein eines Dinges zu dieser bestimmten Zeit, an diesem bestimmten Orte, etwas Wirkliches sein, das keinen Grund hat. Denn warum sich das Ding zu dieser und nicht zu einer andern Zeit, und an diesem und nicht an einem andern Orte gerade in diesem Zustande befindet: davon wäre durchaus kein Grund, nicht nur nicht für uns Menschen, angeblich, sondern auch an sich selbst nicht vorhanden, weil diese Orte und Zeiten innerlich völlig gleich sind. Sind aber die Vorstellungen: dieser Augenblick, diese Zeitlänge usw., ingleichen die Vorstellungen: dieser Punkt, diese Entfernung usw., keine Vorstellungen von etwas Wirklichem (wie man nach dem bisherigen zugeben wird): so sind sie auch keine reinen Anschauungen; wobei ich, wie schon gesagt, zugebe, daß sie / als zusammengesetzte Vorstellungen irgendeine Anschauung (namentlich die von einem Wirklichen, das sich in diesen Zeit- oder Raumverhältnissen befinden soll) enthalten.

3) Ist ferner kein einzelner Augenblick, und ebenso auch kein einzelner Punkt für sich etwas Wirkliches: so können wir auch weder den Inbegriff aller Augenblicke, d. h. die *ganze* unendliche Zeit, noch den Inbegriff aller Punkte, d. h. den ganzen unendlichen Raum für etwas Wirkliches halten. Und somit können auch diese beiden Vorstellungen, ob sie gleich jede nur einen einzigen Gegenstand haben (weil es nur Eine unendliche Zeit, und nur Einen schlechthin unendlichen Raum gibt), keine Anschauungen heißen. Wenn aber die Vorstellungen von der ganzen unendlichen Zeit und von dem ganzen unendlichen Raume keine Anschauungen sind: so sind sie reine *Begriffe*. Denn daß sie eine Anschauung nur als Bestandteil in sich schließen soll-

ten, wird man doch kaum vermuten. Oder was für ein einzelner wirklicher Gegenstand sollte das sein, den wir in diesen Vorstellungen, ohne es selbst zu wissen, anschauen?

4) Allein wer einmal zugibt, daß die Vorstellungen von der ganzen unendlichen Zeit und von dem ganzen unendlichen Raume reine Begriffe sind: der wird kaum mehr abgeneigt sein, zuzugestehen, daß auch die Vorstellungen eines Augenblicks, einer Zeitlänge, eines Punktes, einer Entfernung und die übrigen Nr. 1 erwähnten Vorstellungen insgesamt reine Begriffe seien. Denn gibt es schon keinen wirklichen Gegenstand, welchen wir anschauen, sooft wir uns die ganze unendliche Zeit oder den ganzen unendlichen Raum vorstellen, so gibt es noch weniger einen solchen Gegenstand, dessen Anschauung uns bei dem Gedanken an eine Zeitlänge oder an eine Entfernung, oder bei sonst einer ähnlichen allgemeinen Zeit- oder Raumvorstellung vorschwebt.

5) Wünscht aber jemand, die Bestandteile, aus welchen die Begriffe der Zeit und des Raumes zusammengesetzt sind, bestimmter kennenzulernen: so mag er noch folgendes erwägen. Bekanntlich setzen wir alles, was wirklich ist, etwa mit Ausnahme des einzigen Wesens der Gottheit, in eine gewisse Zeit; und wenn wir irgendeinem Wirklichen eine Beschaffenheit mit Wahrheit beilegen wollen, so müssen wir jedesmal eine gewisse *Zeit, in* welcher ihm diese Beschaffenheit zukommen soll, beifügen. Dies gilt so allgemein, daß wir selbst von den Beschaffenheiten, die wir Gott beilegen, sagen dürfen, daß sie demselben zu einer gewissen Zeit, ihm nämlich zu *aller* Zeit zukommen. Wir können also behaupten, daß jeder Satz von der Art: „Das Wirkliche A hat (die Beschaffenheit) *b*" nur insofern eine vollkommene Wahrheit ausdrückt, inwiefern wir in die Subjektvorstellung desselben die Bestimmung einer gewissen Zeit aufnehmen. So sind z. B. die Sätze: „Ich habe die Empfindung eines Schmerzes", oder: „Die Erde ist ein Planet" nicht vollkommen wahr, wenn wir in die Subjektvorstellungen derselben nicht die Bestimmung einer gewissen Zeit, z. B. „Ich, in diesem gegenwärtigen Augenblicke"; oder: „Die Erde, in diesem jetzigen Zeitraume" u. dgl.

hinzutun.¹) Und wenn wir die Sache näher erwägen: so zeigt es sich, wie mir deucht, daß wir uns unter dem Worte Zeit durchaus nichts anderes denken, als eben nur *diejenige Bestimmung an einem Wirklichen, die als Bedingung stattfinden muß, damit wir ihm eine gewisse Beschaffenheit in Wahrheit beilegen können.* Aus diesem Begriffe lassen sich in der Tat alle Beschaffenheiten der Zeit ableiten. Zu einem Beispiele wähle ich die, daß mehrere einander widersprechende Beschaffenheiten einer und eben derselben Substanz nur unter der Bedingung einer verschiedenen Zeit beigelegt werden können. Dies folgt unmittelbar daraus, weil Sätze mit einander widerstreitenden Prädikatvorstellungen nur dann wahr sein können, wenn sie verschiedene Subjektvorstellungen haben. Sollen also zwei einander widerstreitende Beschaffenheiten (z. B. unwissend und gelehrt) von einer und eben derselben Substanz (z. B. Cajus) mit Wahrheit ausgesagt werden: so kann dies nur dadurch geschehen, daß die Bestimmungen der Zeit, in welcher diese Substanz sich befindet, verschieden sind; indem, wenn diese Zeitbestimmung dieselbe wäre, zwei Sätze wahr sein müßten, welche bei widerstreitenden Prädikatvorstellungen durchaus dieselbe Subjektvorstellung haben.

6) Was den Begriff des *Raumes* belangt: so wird zuvörderst jeder zugeben, daß wir uns unter dem Raume überhaupt nichts anderes vorstellen, als den Inbegriff aller möglichen Orte; und so fragte es sich nur darum, was wir uns unter den Orten der Dinge denken? Gewiß ist es, daß jeder wirkliche Gegenstand wirke; und wenn er endlich ist, gewisse Veränderungen teils selbst erfahre, teils auch in andern endlichen Gegenständen, die ihn umgeben, bewirke. Die Beschaffenheit dieser Veränderungen hängt offenbar von nichts anderem ab, als von den beiden Umständen: a) von den Kräften, die er und alle übrigen haben, b) von den Orten, in welchen er und die übrigen sich befinden. Werden wir also wohl fehlen, wenn wir sagen, *die Orte der (wirklichen) Dinge seien diejenigen Bestimmungen an denselben, die wir zu ihren Kräften noch hinzudenken müssen,*

---

¹ Cf. § 127, 5.

um die Veränderungen, welche sie, das eine in dem andern, hervorbringen, zu begreifen? — Ich glaube in der Tat, dieser Satz spreche nicht nur eine dem Raume zukommende Eigenschaft aus, sondern er gebe uns den wirklichen *Begriff* des Raumes selbst an; abermals, weil sich die sämtlichen Beschaffenheiten des Raumes, wie sie die Geometrie uns lehrt, aus dieser einfachen Erklärung ableiten lassen.

In einer *Anm.* zu § 79 geht B. ausführlich auf *Kants Transzendentale Ästhetik* ein. Aus dem dort §§ 2 u. 4 Gesagten
367 ersehe man, „a) daß *Kant* nicht jede Raum- oder Zeitvorstellung, sondern nur die von dem ganzen unendlichen Raume und von der ganzen unendlichen Zeit für reine Anschauungen erkläret habe; b) in den *Beweisen* für diese Behauptung herrscht einige
368 Dunkelheit". Erstlich wendet sich B. gegen Kants Voraussetzung: „Die Vorstellung, die nur durch einen einzigen Gegenstand gegeben werden kann, ist aber Anschauung" (a. a. O. § 4). Es gebe auch Begriffe, die nur einen einzigen Gegenstand hätten, z. B. die Vorstellungen „Gott", „Weltall", „oberstes Sittengesetz". Weiter knüpft er an an den von Kant (a. a. O. § 2) in Bezug auf den Raum gemachten Unterschied zwischen „Teilen, die *vor* ihrem Ganzen gleichsam als dessen Bestandteile (daraus seine Zusammensetzung möglich sei) vorhergehen, und zwischen Teilen, die nur *in* dem Ganzen gedacht werden". B. gibt dazu die Auslegung, „daß unter den Teilen der einen Art solche verstanden werden sollen, die man sich denken kann, ohne das Ganze zu denken, unter den Teilen der anderen Art aber solche, in deren Vorstellung die Vorstellung des Ganzen als ein Bestandteil vorkommt". Als Beispiele führt er an: die Teile einer
369 Uhr, die Hälfte eines Maßstabes (Elle). Er sagt dann kritisch: „Es fragt sich also, ob jeder begrenzte Raum ein Teil von dieser zweiten Art sei, und ob ein jedes Ganze, dessen Teile von dieser Art sind, notwendig eine Anschauung sein müsse? Können wir zeigen, daß schon der erste Teil dieser Frage zu verneinen sei: so können wir es dahinstellen, wie etwa ihr zweiter Teil zu beantworten wäre. Ich glaube aber, auch jemand, der sich nicht eben zumutet, alle Bestandteile zu kennen, aus welchen die Vorstellungen von Punkt, Linie, Fläche, Dreieck, und anderen räumlichen Gegenständen zusammengesetzt sind, könne sich wenigstens davon, daß diese Vorstellungen jene des Raumes nicht als einen Bestandteil enthalten, überzeugen. Oder kann man im Ernste glauben, daß wir, um einen einzigen Punkt uns zu denken, den ganzen unendlichen Raum uns vorstellen müßten? Zwar hat man den Punkt zuweilen als dasjenige, was eine Linie, die Linie aber als dasjenige, was eine Fläche, die Fläche endlich als dasjenige, was einen Körper begrenzt,

erkläret; und wenn diese Erklärungen richtig wären: so würde folgen, daß wir, um einen Punkt uns vorzustellen, uns erst die Linie, die er begrenzt, und um dieser willen erst eine Fläche, um dieser willen endlich einen Körper vorstellen müßten. Aber wer fühlt nicht, daß dieses unrichtig sei? Wer hätte nur die geringste Ahnung davon, daß seine Seele so verfahre?°) Doch selbst auf den Fall, daß es sich so verhielte: so wäre zur Vorstellung eines Punktes wohl die eines Körpers, aber noch keineswegs die des unendlichen Raumes nötig. Meiner Ansicht nach ist es vielmehr gerade umgekehrt. Die Vorstellung von einem Punkte kommt in den Vorstellungen von Linie, Fläche und Körper als ein Bestandteil vor; und den unendlichen Raum insbesondere erklärt man, wie ich glaube, vollkommen richtig als den Inbegriff aller Punkte. Und so kann ich denn *Kant* nicht beipflichten, wenn er sich vorzustellen scheinet, daß die Begriffe von (begrenzten) *Räumen* (z. B. Dreiecken überhaupt u. dgl.) lediglich auf *Einschränkungen* (nämlich des unendlichen Raumes), etwa auf die Art und in dem Sinne beruhen, wie der Begriff einer halben Elle auf jenem der ganzen Elle beruhet (d. h. ihn als Bestandteil einschließt)."

Die Behauptung Kants, „daß alle geometrischen Sätze niemals aus allgemeinen Begriffen, sondern aus Anschauungen abgeleitet werden" (a. a. O. § 2), läßt B. wohl für „die bisherige Darstellungsart dieser Wissenschaft" gelten, glaubt aber, „daß es nicht unmöglich wäre, die sämtlichen Wahrheiten der Geometrie aus bloßen Begriffen abzuleiten". „Daß ... jeder Begriff als eine Vorstellung, die in einer unendlichen Menge von andern, als ihr gemeinschaftliches Merkmal enthalten ist, mithin sie unter sich faßt, gedacht werden könne" (*Kant*, a. a. O. § 2), möchte B. bezweifeln: „Nicht jeder Begriff muß nämlich mehrere, sogar unendlich viele Gegenstände haben; und wenn er diese nicht hat, wie soll es mehrere, wie unendlich viele Vorstellungen, die unter ihm enthalten sind, geben?" — „Daß kein Begriff so gedacht werden könne, als ob er eine unendliche Menge von Vorstellungen *in sich* enthielte; wenn dies heißen soll, daß kein (von einem endlichen Verstande gedachter) Begriff aus einer unendlichen Menge von Teilvorstellungen zusammengesetzt sein könne: das meine ich selbst; nur gilt dies, dächte ich, nicht bloß von Begriffen, sondern von jeder Vorstellung. Keine Vorstellung, die aus einer unendlichen Menge von Teilen zusammengesetzt ist, kann von einer endlichen Vorstellungskraft aufgefaßt werden. Ob die Vorstellung ein reiner Begriff oder eine mit Anschauungen vermischte Vorstellung sei, macht hier keinen Unterschied." — „Darum glaube ich auch nicht, daß der Raum eine

---

° Gibt es doch Linien (von doppelter Krümmung), in betreff deren es uns ziemlich schwer würde, die Fläche, die sie begrenzen, anzugeben!

solche, aus unendlich vielen Teilen zusammengesetzte Vorstellung sei. Der Grund, warum dies beim Raume der Fall sein soll, „weil alle Teile des Raumes in's Unendliche zugleich sind", scheint mir das gar nicht zu beweisen. Denn um mir die Vorstellung „von einem Ganzen, das aus unendlich vielen Teilen zusammengesetzt ist", zu bilden, habe ich ja eben nicht nötig, mir diese Teile im einzelnen vorzustellen; sondern ich habe mir ein solches Ganze gedacht, sobald ich nur die Begriffe, die durch die einzelnen Worte: ein Ganzes, Teile desselben, Menge dieser Teile, unendlich usw., in der gehörigen Verbindung (nämlich in derjenigen, die durch die Worte angedeutet wird: ein Ganzes, das aus unendlich vielen Teilen zusammengesetzt ist) vorgestellt habe. (Vergl. § 63.)" — Die Möglichkeit synthetischer Sätze in der reinen Zeitlehre möchte B. nicht leugnen, hält jedoch Kants Beispiel, „daß verschiedene Zeiten *nicht zugleich sein können*" (a. a. O. § 4), für nicht glücklich gewählt": „Denn da *zugleich sein* nichts anderes heißt, als zu einerlei Zeit sein; *verschieden* aber dasjenige heißt, was nicht einerlei ist: so dürfte der Satz, daß verschiedene Zeiten nicht zugleich sein können, doch wohl nichts anderes aussagen, als daß Zeiten, die nicht einerlei sind, nicht einerlei sind; und folglich in der Tat identisch sein." Gegen Kants Behauptung, „daß alle bestimmte Größe der Zeit nur durch Einschränkungen einer einigen, zum Grunde liegenden (nämlich der unendlichen) Zeit möglich" (a. a. O. § 4) und „daher nicht durch Begriffe vorstellbar" sei, argumentiert B. ähnlich wie im Falle des Raumes: Die Vorstellung einer Zeitlänge oder eines Augenblicks ist von der Vorstellung der „ganzen unendlichen Zeit" unabhängig, weil „die unendliche Zeit eben nichts anderes ist, als der Inbegriff aller Augenblicke". Ferner greift er den *Obersatz* (des Kantischen Schlusses) an, „daß ein Gegenstand, dessen Teile nur durch Einschränkungen (desselben) vorgestellt werden können, nie durch Begriffe vorstellbar sei": „Was hier als Grund angeführt wird: „denn Begriffe enthalten nur Teilvorstellungen", verstehe ich nicht. Wohl aber meine ich, es gebe Gegenstände genug, deren Teile nur durch Beziehung auf das Ganze (Einschränkung desselben in eben dem Sinne, in welchem es von der Zeit gilt) vorgestellt werden können, und die wir doch gleichwohl durch reine Begriffe erkennen. Welche Vorstellungen der terminus major, minor und medius in einem gewöhnlichen Syllogismus sind, wird nur durch Betrachtung des Ganzen erkannt; wer wollte gleichwohl leugnen, daß die Vorstellung Syllogismus ein reiner Begriff sei?"

Im Folgenden setzt sich B. mit den die *Transzendentale Ästhetik* betreffenden Teilen von G. E. *Schulzes Prüfung der Kantischen Kr. d. r. V.* (I 1789, II 1792) auseinander. Er gesteht in diesem Zusammenhang zu, „daß uns niemand die Vorstellung von einem Körper, von einer Fläche und von einigen andern

geometrischen Gegenständen durch Erklärungen²) erst beibringen
könne", und fährt fort: „Wie aber dann behauptet werden
dürfe, daß eine jede Vorstellung, die uns in diesem Sinne nicht
durch Erklärungen beigebracht werden kann, eine Anschauung
sei, sehe ich durchaus nicht. Wie viele Vorstellungen, die man
bisher allgemein für Begriffe angesehen hat, müßte man nun zu
den Anschauungen zählen; z. B. die Vorstellungen von einer
Vorstellung selbst, von einem Urteile und tausend ähnliche.
Denn daß es unmöglich sei, uns diese Vorstellungen erst durch
Erklärungen zu geben, liegt doch am Tage. Soll es wahr sein,
daß eine jede Vorstellung, die uns durch keine Erklärung zuteil
werden kann, eine Anschauung sei: so muß man es so verstehen,
daß eine jede Vorstellung Anschauung ist, wenn sie kein einfacher Begriff ist, auch durch keine Verbindung von mehreren
einfachen Begriffen dargestellt werden kann. Daß nun die Vorstellungen: Punkt, Linie, Fläche, Körper usw. keine einfachen
Begriffe sind, will ich gern zugeben; daß es aber unmöglich sei,
sie durch Verbindung mehrerer einfacher Begriffe darzustellen,
würde wenigstens daraus, daß es bisher noch nicht gelungen ist,
nicht folgen." — „Am auffallendsten aber ist", findet B., „daß
Sch. gerade daraus, daß wir nicht einen einzigen Punkt im
Raume durch bloße Begriffe zu bestimmen vermögen, weil alle
einander vollkommen gleich sind, d. h. gerade aus einem Umstande, in welchem ich oben in Übereinstimmung mit *Leibniz*
einen Beweis fand, daß der Raum nichts Wirkliches, und seine
Vorstellung somit auch keine Anschauung sei, einen Beweis für
das Gegenteil entlehnet." Dazu Sch.: „Beruhte die Vorstellung
des Raumes auf einem Begriffe: so wäre es dem Geometer unmöglich, sich zwei kongruente Ausdehnungen vorzustellen; denn
sein Begriff von der einen wäre ganz einerlei mit dem von der
andern" (a. a. O. I, S. 61; B. zitiert hier sehr frei). B. entgegnet: „Hier wird vorausgesetzt, daß es unmöglich sei, sich von
zwei (oder mehreren) ganz gleichen Gegenständen einen Begriff
zu machen, daß solche Gegenstände nur durch Anschauungen
vorgestellt werden könnten. Dies deucht mir aber ein Irrtum,
den man schon widerlegt, indem man ihn ausspricht. Denn indem man sagt, daß mehrere einander völlig gleiche Dinge, die
durch Begriffe vorgestellt werden, unmöglich seien, spricht man
von solchen Dingen, stellt sie also sich vor, und diese Vorstellung
von denselben ist sicher keine Anschauung, sondern ein bloßer
Begriff; man beweist also durch die Tat, daß mehrere einander
völlig gleiche Dinge allerdings auch durch einen bloßen Begriff
vorstellbar seien. Wenn aber gefragt werden sollte, durch welch
ein Merkmal man diese mehreren, einander völlig gleichen
Dinge in seiner Vorstellung doch unterscheiden könne: so erwidere ich, durch die Verschiedenheit ihrer *Verhältnisse* unter-

² Cf. oben S. XLVIII.

einander. Wenn also Sch. verlangt, daß ihm derjenige, der die Vorstellung vom Raume für einen bloßen Begriff hält, „doch nur den einzigen Begriff angebe, durch welchen sich Ein Punkt in der Peripherie des Zirkels vom andern unterscheiden lasse" *(ib. S. 60, d. Hrsg.):* so glaube ich, daß man das wirklich leisten könne. Jeder Punkt in dieser Peripherie unterscheidet sich nämlich vom andern durch seine Verhältnisse zu ihm und andern Punkten; Verhältnisse, die man recht wohl durch bloße Begriffe vorstellen kann." — Gegen Sch.'s Behauptung, daß aus der Stetigkeit und unendlichen Teilbarkeit des Raumes sein Anschauungscharakter folge, weil der Verstand mit der Bestimmung dieser Eigenschaften Schwierigkeiten habe und Widersprüche

377 hervorbringe, wendet B. ein: Schwierigkeiten seien möglicherweise zu überwinden und daher kein Argument; die behaupteten Widersprüche sehe er als solche nicht ein: „daß etwas Endliches, wie eine von beiden Seiten begrenzte gerade Linie, aus einer unendlichen Menge von Teilen bestehe", z. B., sei kein Widerspruch. Auch der „Inbegriff aller Wahrheiten" und „die

378 Erkenntnis Gottes, da sie sich über alle Wahrheiten erstrecket", seien ein „Ganzes, daß unendlich viele Teile enthält", und nicht im mindesten widersprüchlich: „Daß jedes solche Ganze in einem gewissen Betrachte, nämlich in eben demjenigen, in dem es aus unendlich vielen Teilen besteht, etwas *Unendliches* zu nennen sei, ist freilich wahr; allein hieraus folgt nicht, daß es in *aller* Rücksicht etwas Unendliches vorstelle; daß es nicht irgendeine andere Rücksicht gebe, in welcher derselbe Gegenstand recht wohl als etwas Endliches, z. B. als eine endliche Größe betrachtet werden könnte. Die gerade Linie, die zwischen den Punkten a und b liegt, ist in Hinsicht auf die Menge der Punkte, die sie enthält, allerdings etwas Unendliches, in Hinsicht auf ihre Länge aber stellt sie nur etwas Endliches vor. — Auch was man weiter sagt, daß' eine unendliche Menge *nie vollendet* sein könne, ist nur insofern wahr, als man darunter verstehet, daß wir mit der *Zählung*[3]) einer solchen Menge nie an ein Ende gelangen. Daß aber eine solche Menge *gar nicht vorhanden* sein könne, läßt sich mit keinem hinreichenden Grunde behaupten. Die beiden Beispiele, welche ich angeführt habe, reichen hin, das Gegenteil zu beweisen."

§ 80. Eigenschafts- und Verhältnisvorstellungen

379 B. gibt zunächst seinen Begriff der *Beschaffenheit.* Er „verstehe unter dem Worte *Beschaffenheit* völlig dasselbe, was man auch im Gebrauche des gewöhnlichen Lebens darunter verstehet, wenn man es nicht in einer engern, sondern in jener weiteren Bedeutung nimmt, in der auch ein jeder vorübergehende Zu-

---

[3] A: mit *Zählung.*

stand, jede auch noch so schnell vorübereilende Veränderung eine wenigstens *zeitweilige Beschaffenheit* des betreffenden Gegenstandes abgibt". „Alles, was einem Gegenstande, sei es fortwährend, oder zu irgendeiner noch so kurzen Zeit, ja auch nur in einem einzigen Augenblicke *zukommt,* ist für eben diesen Zeitpunkt eine Beschaffenheit desselben." In Beziehung auf diesen allgemeinen Beschaffenheitsbegriff will er das Zeitwort *Haben* nicht in der engen Bedeutung des „*Besitzens*" eines gewissen Gegenstandes" gebrauchen, sondern „es durchgängig nur auf Beschaffenheiten beziehen", so daß er sagen könne, „*was immer gehabt werde, müsse eine Beschaffenheit sein*". B. macht eine Unterscheidung zwischen „Beschaffenheit" und „Bestimmung überhaupt": Es werde sich erweisen, daß jeder Satz „der Form: ‚A hat b' unterstehe" (§ 127). Dabei sei b stets eine *Beschaffenheitsvorstellung.* Umgekehrt müsse jede Beschaffenheitsvorstellung als „Prädikatvorstellung" b in einem wahren Satze auftreten können. Insofern könne man dann sagen, „sie bilde eine *Bestimmung,* nämlich des Gegenstandes, den die Subjektvorstellung (A) vorstellt". Es gebe aber auch „Vorstellungen, die zur *Bestimmung* eines Gegenstandes dienen, ohne *Beschaffenheiten* desselben zu sein": „Es sind dies Vorstellungen, die eben das Eigentümliche haben, daß sie nie in der Stelle der Prädikatvorstellung (b), sondern nur lediglich als Teile in der Subjektvorstellung (A) selbst auftreten können. Von dieser Art sind namentlich die *Zeit-* und *Raumbestimmungen* der existierenden Dinge. Die Zeit nämlich, in der sich irgendein wirkliches Ding befindet, während ihm eine gewisse Beschaffenheit mit Wahrheit beigelegt werden kann, ist keine Beschaffenheit dieses Dinges, und eben deshalb erscheint die Vorstellung dieser Zeit nicht in der Prädikat-, sondern vielmehr in der Subjektvorstellung des Satzes. Ein Ähnliches gilt auch von den Ortsbestimmungen der Dinge." (Cf. § 127, 5.)

Von dem Begriff einer Beschaffenheit hebt B. sodann den eines *Verhältnisses* ab: „Es ist leicht zu erachten, daß jeder eigene Gegenstand auch seine eigenen Beschaffenheiten habe. Da nun ein Ganzes, das aus mehreren Gegenständen $A, B, C, D, \ldots$ als seinen Teilen bestehet, als solches[1]) auch ein eigener, von seinen einzelnen Teilen wesentlich unterschiedener Gegenstand ist: so begreift sich, wie einem jeden Ganzen, gewisse Beschaffenheiten zukommen können, die nicht auch seinen Teilen zukommen. Solche Beschaffenheiten sind es nun, welche wir, wenn ich nicht irre, *Verhältnisse zwischen diesen Teilen* nennen; und zwar vornehmlich dann, wenn wir uns beides, sowohl die Gegenstände $A, B, C, D, \ldots$ einerseits, als auch die Beschaffenheit x des Ganzen andererseits als *veränderlich* denken, d. h. uns vorstellen, daß andere Gegenstände $A', B', C', D', \ldots$, welche nur von der *Art* der $A, B, C, D, \ldots$ wären, eine Beschaffen-

---

[1] A: als solcher.

heit hätten, die auch nicht einerlei, sondern nur von derselben Art mit x wäre. So ist es z. B. eine Beschaffenheit, die keiner der beiden Linien A und B für sich, wohl aber dem aus ihnen entstehenden Ganzen zukommt, daß die eine derselben A doppelt so lang als die andere B sei. Da ferner, wenn wir statt dieser Linien andere setzen, dem neuen Ganzen nicht immer dieselbe, sondern nur eine ähnliche Beschaffenheit, z. B. daß die eine Linie dreimal so lang als die andere ist, zukommen wird: so nennen wir dieses Doppelt so lange sein der einen Linie, als es die andere ist, ein zwischen diesen Linien obwaltendes Verhältnis. Ebenso nennen wir den Umstand, vermöge dessen gesagt werden kann, daß Alexander der Große ein Sohn Königs Philipp gewesen, ein zwischen jenem und diesem stattfindendes Verhältnis, weil dieser Umstand abermals eine Beschaffenheit ist, die weder dem einen, noch dem andern allein, sondern nur ihnen beiden zukommt, und sich verändern würde, wenn wir statt A. und Ph. was immer für andere Personen setzten."

Eine Beschaffenheit eines Gegenstandes, „welche bloß darin besteht, daß er in einem bestimmten Verhältnis zu einem gewissen anderen hat", nennt B. eine *äußere* Beschaffenheit desselben. Alle nicht äußeren Beschaffenheiten eines Gegenstandes heißen *innere* Beschaffenheiten.

Unter den Verhältnissen unterscheidet B. Verhältnisse der *Gleichheit* oder *gegenseitige* („die Gegenstände A, B, C, D, ... nehmen an der Beschaffenheit, welche dem aus denselben gebildeten Ganzen zukommt, alle einen gleichen Anteil"; Beispiel: die Entfernung zwischen zwei Raumpunkten) und Verhältnisse der *Ungleichheit* oder *ungleiche, einseitige* (Beispiel: die Richtung, in der ein Raumpunkt zu einem anderen liegt).

In einer *1. Anm.* zu § 80 führt B. zu der „Redensart, daß eine Sache *zu sich selbst* in einem gewissen Verhältnisse stehe", aus, daß „in diesen Fällen eigentlich zwei Gegenstände vorhanden sind, wobei nur das Besondere ist, daß wir den einen derselben als haftend an dem anderen, und insofern als verbunden oder einerlei mit ihm betrachten": „Wenn wir z. B. sagen, es sei ein merkwürdiges Verhältnis des Menschen zu sich selbst, daß er in seinem Gewissen seinen eigenen Richter finde: so sind die beiden Gegenstände, welche wir hier betrachten, der Mensch selbst und sein Gewissen, was wohl nicht mit dem Menschen selbst einerlei ist." — Schon *Leibniz* habe übrigens (*Nouv. Ess.* II, 25, § 6) daran erinnert, daß Verhältnisse nicht immer nur zwischen zwei Gegenständen statthaben. — Daß *„jede* Beschaffenheit, die einem aus mehreren Gegenständen A, B, C, ... bestehenden Ganzen als solchen zukommt, schon ein Verhältnis zwischen diesen Gegenständen heiße", scheint B. „nicht mit dem Sprachgebrauch übereinzustimmen". Er führt dazu aus: „Denn kaum wird jemand die Beschaffenheit der Zahl 13, daß sie eine Primzahl ist, für ein Verhältnis derselben erklären; und doch ist dies eigentlich eine Beschaffenheit, die nicht ihr allein, sondern dem Ganzen zukommt, welches aus ihr und dem Inbegriffe aller übrigen Zahlen bestehet. Wenn wir dagegen hören, daß Cajus den Sempronius kenne: so müssen wir zwar gestehen, daß „die Kenntnis des Sempronius" eine an Cajus befindliche Beschaffenheit sei, welche den Namen einer inneren so gut als irgendeine verdienet; (denn was ist mehr in unserm Innern, als unsere eigenen Vorstellungen?) gleichwohl wenn wir uns denken, daß gerade C. derjenige sei, der diese Kenntnis des S. hat, während es auch andere Wesen sein könnten, die diese Kenntnis haben; und daß die Kenntnis, die C. hat, gerade den S. betrifft, während sie auch andere Personen betreffen könnte: so erscheint uns eben diese in C. befindliche Kenntnis des S. als ein zwischen ihnen beiden obwaltendes Verhältnis. Dergleichen Beispiele leiteten mich auf den Gedanken, daß wir nur diejenigen einem Ganzen zukommenden Beschaffenheiten Verhältnisse nennen, bei denen wir uns beides, sowohl die Gegenstände $A, B, C, \ldots$ einer-, als auch die Beschaffenheit x andrerseits als veränderlich denken, d. h. uns vorstellen, daß es auch noch gewisse Gegenstände $A', B', C', \ldots$ geben könne, die nur von eben der Art mit $A, B, C, \ldots$ sind, und daß dann die Beschaffenheit x' ihres Inbegriffes gleichfalls verschieden von x sein werde. Daß die Zahl 13 eine Primzahl sei, nennen wir kein Verhältnis derselben, weil der Begriff, welchen wir uns von dieser Beschaffenheit bilden, es schon mit sich bringt, daß wir diese Zahl hier mit dem Inbegriffe *aller* noch übrigen Zahlen vergleichen. Da es nun nur einen einzigen solchen Inbegriff gibt: so kann die Frage, ob diese Beschaffenheit der Zahl 13 auch dann noch zukommen würde, wenn wir statt dieses Inbegriffes einen andern setzten, gar nicht erhoben werden. Das Gegenteil findet in dem andern Beispiele statt. Hiernächst glaubte ich mir auch erklären zu können, warum wir gewisse Beschaffenheiten der Dinge, wie ihre Farbe, ihren Geruch usw., welche dem reiferen Nachdenken als bloße Verhältnisse derselben zu unseren Sinneswerkzeugen erscheinen, gewöhnlich doch nur zu ihren inneren Beschaffenheiten zählen. Dies kommt nämlich, weil wir die Natur unserer Sinneswerkzeuge als etwas Unveränderliches betrachten. In dieser Ansicht bestärkten mich endlich auch die Erklärungen, die ich von dem Begriffe eines Verhältnisses bei andern antraf. Denn insgemein heißt es, daß ein Verhältnis diejenige Beschaffenheit eines Gegenstandes sei, welche an ihm nur durch *Vergleichung* mit einem andern erkannt, oder ihm nur in *Rücksicht* auf einen andern beigelegt werden könne. Siehe z. B. des *Aristoteles Categ.* cap. 7., *Lockes Ess.* B. 2. Ch. 25., *Wolffs Ontol.*, 2. Aufl. 1736, § 856, *Crusius' Weg zur Gewißheit d. menschl. Erk.*, 1747, § 130., *Baumgartens Metaph.*, 4. Aufl. 1757, § 37. ... u. m. a. *(Die Ausgaben sind vom Hrsg. hinzugesetzt, einige Hinweise auf die Schulphilosophie nach Kant weggefallen.)* Eine Beschaffenheit, die nicht den einzelnen Gegenständen A, B, C, D., ... sondern nur ihrer Vereinigung als solcher zukommt, kann freilich nicht erkannt werden, ohne daß wir die mehreren Gegenstände A, B, C, D, ... gemeinschaftlich betrachten. Warum ich übrigens keine dieser Erklärungen beibehalten habe, hat seinen Grund schon darin, weil die besondere Art, wie die Beschaffenheiten eines Dinges von uns erkannt werden können, nicht das Wesen dieser Beschaffenheiten, sondern ein bloßes Verhältnis derselben zu unserem Erkenntnisvermögen betrifft, und darum nicht zu dem Begriffe derselben gehört. Auch ist es meines Erachtens nicht *ohne Ausnahme* wahr, daß jede Beschaffenheit eines Gegenstandes, die wir nur durch Vergleichung mit einem andern entdecken können, ein bloßes Verhältnis sei. So können wir z. B. den Umstand, daß die drei Seiten in einem vorliegenden Dreiecke sich wie die Zahlen 3, 4, 5 verhalten, schwerlich entnehmen, ohne einen Maßstab, also ein fremdes, gar nicht zu diesem Dreiecke gehöriges Ding, zur Vergleichung anzuwenden; und doch ist das Verhältnis zwischen seinen Seiten nur eine innere Beschaffenheit des Dreiecks. Obgleich es also wahr ist, daß jedes Verhältnis von A zu B eine Beschaffenheit von A sei, die wir nicht durch Betrachtung von A allein, sondern nur durch Vergleichung (Gesamtbetrachtung) von A und B wahrnehmen können: so gilt doch nicht umgekehrt, daß eine jede Beschaffenheit von A, zu deren Wahrnehmung ein von A verschiedener Gegenstand notwendig ist, ein Verhältnis von A zu diesem andern Gegenstande sein müsse. Höchstens könnte man sagen, daß es bei einer inneren Beschaffenheit, wenn auch nicht uns, doch irgendeinem vollkommeneren Wesen möglich sein müsse, sie ohne Vermittlung eines fremden Gegenstandes (wie etwa eines Maßes) zu erkennen. Um aber einen Begriff zu erhalten, der sich für unsere gegenwärtige Abteilung der Logik, darin wir nur von Vorstellungen an sich reden, eignet, müssen wir statt der Mittel, durch die wir eine Vorstellung (eine bloß subjektive nämlich) in uns erzeugen können, von den Bestandteilen derselben an sich reden."

387   Die *2. Anm.* zu § 80 kritisiert die Auffassung des zeitgenössischen Logikers *Tetens*, daß nur die Eigenschaften etwas Objektives, die Verhältnisse dagegen bloße *entia rationis* seien (*Philos. Versuche über d. menschl. Natur* I, 1777, S. 275ff.): „Hat eine Rose Dasein", erklärt B. dazu, „so hat nicht nur die rote Farbe, die eine Eigenschaft an ihren Blättern heißt, Dasein (sie sind wirklich rot); sondern auch die Verhältnisse, die zwischen dieser Rose und andern wirklichen Gegenständen obwalten, z. B. daß sie in einem Blumentopfe an meinem Fenster steht u. dgl., haben ihre Wirklichkeit."

388   Die *3. Anm.* zu § 80 sei vollständig wiedergegeben: „*Locke* (a. a. O.) und noch deutlicher *Lambert* (*Neues Organon I: Dianoiologie*, 1764, § 95.) unterscheiden *reale* Verhältnisse, die sich

nicht ändern können, außer es ändere sich etwas an der Sache selbst, der diese Verhältnisse beigelegt werden; und *ideale,* die sich ändern können, ohne daß sich die Sache selbst zu ändern brauchte. Ein Beispiel der *ersteren* Art soll nach *Lambert* das Verhältnis einer Ursache zu ihrer Wirkung sein; ein Beispiel der letzteren das Verhältnis einer Sache zu unserem Erkenntnisvermögen, ob sie uns nämlich bekannt oder unbekannt ist. *Leibniz* (*Nouv. Ess.* L. 2. Ch. 25.) bezweifelt die Möglichkeit der bloß *idealen* Verhältnisse; car il n'y a point de dénomination *entièrement extérieure* (denominatio pure extrinseca) à cause de la connexion réelle de toutes choses. Ich meine so, damit sich das Verhältnis zwischen zwei Gegenständen *A* und *B* ändere, muß sich allerdings einer derselben notwendig ändern; und wenn nun beide Gegenstände existierende und endliche Dinge sind: so muß freilich, wenn wir auch annehmen wollten, daß sich ursprünglich nur *A* geändert habe, vermöge des sogenannten *Nexus cosmicus* auch in *B* eine gewisse Veränderung erfolgen; und sonach wäre zwischen existierenden und endlichen Dingen alles Verhältnis ein reales. Darum kann es aber gleichwohl *ideale* Verhältnisse geben. Denn ist der Gegenstand *A* ein an sich unveränderlicher, z. B. die Gottheit, oder irgendein nicht existierender Gegenstand, wie eine Wahrheit an sich: so sind wir gewiß, daß sein Verhältnis zu einem anderen *B* nur durch Veränderung des letzteren allein geändert worden sei. Wenn z. B. Gott zu uns Menschen bald in dem Verhältnisse eines strengen Bestrafers, bald wieder in dem eines barmherzigen Vergebers stehet: so rührt dies gewiß nicht von einer Veränderung auf seiner, sondern nur auf unserer Seite her. Ebenso ist es, wenn das Verhältnis einer Wahrheit an sich zu unserem Erkenntnisvermögen sich ändert, indem sie z. B. aus einer uns unbekannten in eine uns bekannte übergehet usw."

§ 81. *Vorstellungen von Materie und Form*

„Eine Beschaffenheitsvorstellung, die nur die Teile eines Gegenstandes angibt, kann man" nach B. „eine *Vorstellung von seiner Materie,* eine solche dagegen, welche die Art der Verbindung dieser Teile beschreibt, eine *Vorstellung von seiner Form* nennen". Zur Bestimmung der Materie eines Gegenstandes könnten sowohl innere als auch äußere Beschaffenheiten der Teile herangezogen werden, dagegen sei die Form in besonderen Fällen (z. B. Entfernung bei einem System von zwei Punkten) nur durch Verhältnisse ausdrückbar.

In einer *1. Anm.* zu § 81 weist B. darauf hin, daß Form im Gegensatz zu *Materie* und Form als *Art* (species) zu unterscheiden seien. *Aristoteles* habe nur ein Wort dafür gehabt (εἶδος). Weiter setzt B. seinen Formbegriff ab von Definitionen, die

Form mit Beschaffenheit überhaupt identifizieren, und betont, daß nach der von ihm gegebenen Definition nur zusammengesetzten Gegenständen eine Form beigelegt werden könne: „So hätte z. B. Gott wohl Beschaffenheiten, aber keine Form, wenigstens insofern, als wir uns in ihm keine Zusammensetzung aus mehreren Teilen (Substanzen nämlich) denken."

Die 2. Anm. zu § 81 unterscheidet von dem definierten Formbegriff eine andere bei B. selbst gebräuchliche Bedeutung des Wortes ‚Form': „Spreche ich nämlich von Vorstellungen, Sätzen und Schlüssen, die unter dieser oder jener *Form* enthalten wären: so verstehe ich unter der Form eine gewisse Verbindung von Worten oder Zeichen überhaupt, durch welche eine gewisse Art von Vorstellungen, Sätzen oder Schlüssen dargestellt werden kann."

§ 82. Mehrere Arten von Vorstellungen, in denen die eines Inbegriffes vorkommt, und zwar zuerst Vorstellungen von einem Inbegriffe genannter Gegenstände

Unter einen „Inbegriff gewisser Dinge" versteht B. „eine Verbindung oder Vereinigung dieser Dinge, ein Zusammensein derselben, ein Ganzes, in welchem sie als Teile vorkommen u. dgl., ...; so zwar, daß in der bloßen Vorstellung von einem Inbegriffe noch gar nicht festgesetzt sein soll, in welcher Ordnung und Aufeinanderfolge die hier zusammengenommenen Dinge erscheinen, ja ob es überhaupt nur eine solche Ordnung unter denselben gebe und geben könne". Die Vorstellung von einem Inbegriff gewisser Gegenstände könne u. a. durch namentliche Angabe der Gegenstände beschrieben werden. Dann enthalte sie als Teilvorstellungen die Vorstellungen dieser Gegenstände sowie den Begriff der Verbindung dieser Gegenstände.

§ 83. Noch ein paar Vorstellungen, welche aus diesen zusammengesetzt sind

B. diskutiert Vorstellungen der Form „Jeder der Gegenstände A, B, C, D, ..." (*distributive* oder *Teilvorstellungen*, von denen er „die Vorstellungen von einem Inbegriffe, in welchem nicht die einzelnen Teile des Inbegriffes, sondern er selbst nur vorgestellt wird" [§ 82], als *Kollektivvorstellungen* unterscheidet).

§ 84. Begriffe von Mengen und Summen

B. hebt Inbegriffe, bei denen nur *„die Art der Verbindung zwischen den Teilen als etwas Gleichgültiges angesehen werden soll"* (*Mengen*, z. B. Geldhaufen), ab von Inbegriffen, in denen außerdem „die Teile der Teile als Teile des Ganzen betrachtet werden dürfen" (*Summen*, z. B. Länge einer Linie, cf. § 66, Zus.fassg. zur 4. Anm. B.'s).

Eine *Anm.* zu § 84 verweist u. a. darauf, daß die Mathematiker bei unendlichen Reihen das Wort „Summe" nicht in der von B. gegebenen Bedeutung verwenden: „Dann, scheint es, denken sie sich unter der Summe einen gewissen, dem gegebenen Inbegriffe gleichgeltenden Ausdruck, der unter allen denkbaren andern der einfachste wäre."

§ 85. *Begriff einer Reihe*

B. nennt einen Inbegriff von Gegenständen ... $K, L, M, N, O, \ldots$ eine *Reihe*, „wenn sich zu einem jeden derselben, z. B. M, irgendein anderer, in diesem Inbegriffe vorkommender Gegenstand N vorfindet, von welchem eines von beidem gilt, entweder daß N sich aus M, oder daß M sich aus N nach einem für den ganzen Inbegriff *gleichlautenden* Gesetze, nämlich schon durch das bloße *Verhältnis*, in welchem der eine dieser Gegenstände zu dem andern stehet, bestimmen läßt". — Die Vorstellung einer Reihe brauche nicht die Vorstellungen aller einzelnen Glieder, aus denen sie bestehe, in sich zu schließen.

In der *Anm.* zu § 85 betont B. u. a., „daß wir auch dort von einer Reihe sprechen können, wo die in Rede stehenden Gegenstände mehrere oder gar alle einander gleich sind, oder wo es nicht einmal gewisse, unsern Vorstellungen entsprechende Gegenstände gibt: das alles erklärt sich sehr leicht aus der einfachen Bemerkung, daß es in solchen Fällen nicht diese Gegenstände selbst, sondern unsere bloßen *Vorstellungen* derselben sind, die wir als Glieder der Reihe betrachten". Weiter merkt er an, „daß es zum Begriffe einer Reihe nach der gegebenen Erklärung genüge, wenn das Verhältnis, in welchem ein Paar nächst aneinandergrenzender Glieder derselben steht, nur dadurch zur Bestimmung des einen aus dem andern hinreichend wird, daß ein gewisser Inbegriff von Dingen $A, B, C, \ldots X, Y, Z$ *gegeben* ist, aus welchem die Glieder der Reihe alle entnommen werden sollen. So würden z. B. die Sätze: A ist B, B ist C, C ist D, D ist E noch keine Reihe bilden, wenn als Bildungsgesetz bloß angegeben wäre, daß jedes folgende Glied aus dem nächstvorhergehenden dadurch gebildet werden solle, daß man das Prädikat derselben zum Subjekt des neuen Satzes macht. Denn dies Verhältnis allein reicht noch nicht hin, ein jedes folgende Glied aus dem vorhergehenden zu bestimmen, weil ja auf diese Art nur das Subjekt, nicht aber das Prädikat des neuen Satzes bestimmt wird. Die Bestimmung wird aber vollständig, sobald wir festsetzen, aus welchem Inbegriffe von Sätzen, nämlich aus den gegebenen vier: A ist B, B ist C, C ist D, D ist E, die Glieder der Reihe alle genommen werden müssen."

§ 86. *Begriffe der Einheit, Vielheit und Allheit*

„Jeder Gegenstand, der eine gewisse Beschaffenheit a hat, oder (was ebensoviel heißt) der Vorstellung: ‚*Etwas, das a hat*' (oder A) unterstehet", heißt nach B. „eine *Einheit von der Art A* in der *konkreten* Bedeutung des Wortes Einheit, oder eine *konkrete Einheit* von der Art A, oder noch kürzer: *Ein A*". „Die Eigenschaft eines Dinges, vermöge deren es sich als eine konkrete Einheit von der Art A ansehen, oder der Vorstellung A als Gegenstand unterstellen läßt", nennt B. „die *abstrakte Einheit von der Art A*".

Analog wird eine „*konkrete Vielheit von der Art A*" eingeführt als „ein Inbegriff, dessen Teile Einheiten (konkrete) von der Art A sind", und der Begriff der *abstrakten Vielheit* als Eigenschaft der konkreten Vielheit wie oben.

Der Inbegriff schließlich aller Gegenstände einer Vorstellung A wird zum Anlaß für eine Definition von *Allheit* in *konkreter* (das *All, Ganze* der A) und *abstrakter* Bedeutung *(abstrakte Allheit)* genommen *(kollektive* Bedeutung des Ausdrucks „alle A"; cf. § 57, 2.)

§ 87. *Begriff der Größe, der endlichen sowohl als unendlichen*

B. glaubt, „daß wir von einem Gegenstande sagen, er sei eine *Größe*, sofern wir uns vorstellen, er sei zu einer Art von Dingen gehörig, deren je zwei immer nur eins von folgenden zwei Verhältnissen gegeneinander an den Tag legen können: sie sind entweder einander *gleich*, oder das eine derselben erscheint als ein *Ganzes*, das einen dem andern *gleichen Teil* in sich faßt."

So ließen sich Vielheiten als Größen betrachten: „Sofern wir nämlich an einer gegebenen Vielheit nur eben diejenige Beschaffenheit derselben in's Auge fassen, die nicht geändert wird, wenn wir statt irgendeiner der in ihr vorkommenden Einheiten eine andere von derselben Art setzen, und die Verbindungsart der Teile als etwas Gleichgültiges ansehen: so behaupte ich, daß wir diese Vielheit oder Allheit als eine Größe betrachten. Unter dieser Voraussetzung werden wir nämlich bei je zwei Vielheiten derselben Art, welche wir miteinander vergleichen, immer nur eines von beidem antreffen: entweder daß sie einander gleichkommen, oder daß die eine derselben einen der andern gleichen Teil in sich faßt. Das erste wird sein, wenn wir bloß dadurch, daß wir jede einzelne Einheit, welche die eine dieser Vielheiten enthält, mit einer aus der andern vertauschen, imstande sind, die eine Vielheit in die andere zu verwandeln. Das andere wird sein, wenn wir, nachdem alle Einheiten, aus welchen die eine

dieser Vielheiten bestehet, mit Einheiten der andern ausgetauscht
worden sind, bei dieser letztern noch Einheiten antreffen." 410

Eine Vielheit von *endlicher Größe* oder *endliche Vielheit* von
der Art A nennt B. eine solche Vielheit von der Art A, „die als
ein Glied in der Reihe erscheint, die wir erhalten, wenn wir die
Vielheit: ,Zwei A' zum *ersten* Gliede machen, jedes nachfolgende
aber aus dem nächstvorhergehenden dadurch ableiten, daß wir
ein neues A zu demselben (oder vielmehr zu einer demselben
gleichen Vielheit) hinzutun". „Eine Vielheit von der Art A ...,
die so beschaffen ist, daß jede *endliche* Vielheit von der Art A
nur als ein *Teil* von ihr erscheint, d. h. daß es zu jeder endlichen
Vielheit von der Art A einen dieser gleichkommenden Teil in ihr
gibt", bezeichnet B. als „Vielheit von *unendlicher Größe,* oder
auch nur eine *unendlich große* oder *unendliche Vielheit* von der
Art A".

Ferner enthält der § 87 B.'s Begriff der Zahl: „Bilden wir uns
eine Reihe, deren erstes Glied eine Einheit beliebiger Art A,
jedes andere Glied aber eine Summe ist, welche zum Vorschein
kommt, indem wir ein Ding, daß dem nächstvorhergehenden
Gliede gleich ist, mit einer neuen Einheit verbinden: so heißt
mir jedes Glied dieser Reihe insofern eine *Zahl,* als ich es mir
durch eine Vorstellung aufgefaßt denke, die seine Entstehungsart
angibt. Man sieht von selbst, daß jede *endliche* Vielheit sich ihrer
Größe nach durch eine *Zahl* darstellen lasse, daß aber für die
unendliche Vielheit keine Zahl angeblich sei, daher wir sie auch
eine *unzählbare* nennen."

In einer Anm. zu § 87 wendet sich B. u. a. gegen die Rede von
der Unbestimmtheit des Unendlichen im Gegensatz zur Bestimm-
barkeit des Endlichen: „Da es verschiedene unendliche Mengen 412
gibt: so bestimmen wir eine Menge bloß dadurch, daß wir sie
für eine unendliche erklären, freilich noch nicht nach allen ihren
Beschaffenheiten, so wenig als wir eine andere Menge bloß
dadurch, daß wir sie für eine *endliche* erklären, bestimmen. Da
man nun gleichwohl alle unendliche Mengen durch einerlei Zeichen vorstellig machen wollte: so durfte und mußte man die

Gleichungen $\infty + 1 = \infty$, $2\infty = \infty$, $\dfrac{\infty}{2} = \infty$ usw. ansetzen,

und folgerte hieraus, daß das Unendliche unbestimmt sei; nicht
erwägend, daß man mit eben dem Rechte, wenn das Zeichen E
nichts anderes andeuten soll, als daß eine Menge endlich ist, die

ganz ähnlichen Gleichungen $E + 1 = E$, $2E = E$, $\dfrac{E}{2} = E$ usw.

ansetzen dürfte." — Ferner diskutiert er, ob es Unendlichkeit 413
bei *wirklichen* Dingen gebe: „Wenigstens in *Gott* müsse man eine
Wirklichkeit, die unendlich ist, zugeben." — Außerdem vertritt 414
er die Auffassung, „jede auch noch so kurze Zeit schließe eine

unendliche Menge von Augenblicken in sich", und daher lasse sich an „einer jeden auch noch so kurz dauernden Veränderung ... eine unendliche Menge von Zuständen unterscheiden".

§ 88. Ausnahmsvorstellungen

415 B. behandelt den Fall, „daß sich jemand den Inbegriff aller unter die Vorstellung A gehörigen Dinge denke, mit Ausnahme einiger a, α, ..., die wir ihm namentlich bezeichnen", und bestimmt die dann gedachte Vorstellung so: „Dasjenige, was verbunden mit a, α, ... den Inbegriff aller A ... ausmacht".

§ 89. Bejahende und verneinende Vorstellungen

Verneinend in der weiteren Bedeutung nennt B. Vorstellungen, in denen der durch das Wort Nicht bezeichnete Begriff der
416 Verneinung als Bestandteil vorkommt. Verneinend in der engeren Bedeutung jedoch heißen nach ihm nur Vorstellungen, „aus denen man durch keine Weglassung einiger ihrer Bestandteile eine neue, von dem Begriffe der Verneinung befreite und der gegebenen doch gleichgeltende Vorstellung bilden kann, kurz Vorstellungen, in denen der Begriff der Verneinung nicht in unmittelbarer Aufeinanderfolge, oder wenigstens nicht in gerader Zahl wiederholt wird". Alle im engeren Sinne nicht verneinenden Vorstellungen möge man zu den *bejahenden* zählen.

Unter den verneinenden Vorstellungen in engerer Bedeutung
417 unterscheidet B. solche der Form: „Nicht A" (*rein* oder *durchaus verneinend*) von den übrigen von ihm so genannten *teilweise* verneinenden Vorstellungen, z. B. solchen der Form: „A, welches nicht B ist".

418 In einer *1. Anm.* zu § 89 setzt sich B. mit der Ansicht *Lockes* auseinander, es *gebe* keine verneinenden Vorstellungen (*Essay* III 1, § 4): Unfruchtbarkeit z. B. bezeichne nach der Lockeschen Auffassung nicht eine verneinende Vorstellung, son-
419 dern bloß den *Mangel* einer Vorstellung. Nach B. müßten dann die verneinenden Worte bedeutungslos sein. Zwar sei es richtig, „daß sich eine rein verneinende Vorstellung nicht nur auf nichts Existierendes, sondern auch überhaupt auf gar keinen *Gegenstand* beziehet", aber mit diesem Kriterium müßte man auch „Vorstellungen, die keine Verneinung in sich schließen, ... aus der Reihe der Vorstellungen ausstreichen".

Die *2. Anm.* zu § 89 bekräftigt, daß nach B. Vorstellungen nicht nur „beziehungsweise" (d. h. im Vergleich untereinander) bejahend oder verneinend sind, sondern „an sich selbst"; die *3. Anm.*, daß man diesen Charakter nicht nach dem „*Ausdrucke*" der Vorstellungen beurteilen könne.

420 In der *4. Anm.* zu § 89 wendet sich B. gegen die Benennung
f der rein verneinenden Vorstellungen als *unbestimmte* oder *un-*

endliche Vorstellungen (conceptus infiniti), die wahrscheinlich auf eine unrichtige Übersetzung des Wortes ἀόριστος in der *Aristotelischen* Ausdrucksweise ὀνόματα ἀόριστα zurückgehe. Zwar sei es wahr, daß auch unendlich viele der rein verneinenden Vorstellungen einen Gegenstand „noch immer nicht völlig bestimmen". Das gelte aber nur deswegen, weil diese Vorstellungen „eigentlich gar keinen Gegenstand haben". Andererseits reichten schließlich auch bei einem „existierenden, endlichen Individuum" (z. B. Sokrates) unendlich viele bejahende Vorstellungen nicht zur Bestimmung hin. Selbst bei einem nicht existierenden Gegenstand (z. B. $\sqrt{2}$) sei es zwar leicht, ihn durch Angabe endlich vieler Beschaffenheiten völlig zu bestimmen, jedoch „ebenso leicht, unendlich viele Beschaffenheiten zu nennen, die ihn noch nicht bestimmen".

In der 5. *Anm.* zu § 89 erklärt B., daß der Begriff des Nichts nicht einen Wechselbegriff (cf. § 96) zu einer Verbindung aller möglichen Verneinungen: „Etwas, welches nicht *A*, nicht *B* usw. ist" darstellt, denn diese sei im Gegensatz zum Begriff des Nichts widersprüchlich, weil in der Reihe der Verneinungen auch „nicht Etwas" vorkommen müßte. — Ferner äußert sich B. zu *Hegels* Bestimmungen in der *Logik:* „Das Nichts ist seiner Natur nach dasselbe als das Sein. Das Nichts wird gedacht, vorgestellt, es wird von ihm gesprochen: es *ist* also. Das Nichts hat in dem Denken, Vorstellen usf. sein *Sein.*" (I, loc. § 7 cit., S. 97). B.'s Kommentar: „Meines Erachtens ist dasjenige, was durch das *Wort* Nichts zunächst und unmittelbar angezeigt wird, allerdings Etwas, nämlich die Vorstellung Nichts. Von dieser Vorstellung gilt, was Hr. H. sagt, daß sie gedacht, daß von ihr gesprochen werde usw. Aber diese Vorstellung hat das Besondere, daß sich — nicht so, wie bei den meisten anderen Vorstellungen, ein durch sie vorgestellter Gegenstand nachweisen läßt; und daher kann man nicht sagen, daß das Nichts selbst (gleichsam als Gegenstand) vorgestellt werde, sondern nur, daß der *Begriff* des Nichts vorgestellt werden könne." 422 f

424

Zu Einwänden, die sich gegen eine absolute Einteilung der Vorstellungen in bejahende und verneinende auf *Spinozas* Argument *Omnis determinatio est negatio* berufen, bemerkt B. in der 6. *Anm.* zu § 89: „Dies alles sind nur Folgen der einen unrichtigen Ansicht, der wir schon mehrmals begegnet und noch öfter begegnen werden, daß jede Beschaffenheit eines Gegenstandes in der Vorstellung von ihm mit vorgestellt werden müsse (§ 64.)."

In *Anm.* 8 zu § 89 bespricht B. Ausdrücke der Form „Kein *A*" und findet, daß sich ihr Sinn eigentlich erst im Zusammenhang von Sätzen der Form „Kein *A* hat *b*" ergebe. Diese Sätze nämlich bedeuteten: „Jedes *A* hat nicht *b*". So beziehe sich also die Verneinung in „kein" stets auf ein nachfolgendes Prädikat, und die Vorstellung: „Kein Mensch" sei analog unvollständig wie die Vorstellung: „Cajus und Titus haben". 425 f

§ 90. Symbolische Vorstellungen

Symbolische oder *Vorstellungsvorstellungen* nennt B. Vorstellungen der Form: „Eine Vorstellung, welche (die Beschaffenheit) *b* hat".

Das Wort „symbolisch" freilich, bemerkt B. in einer *Anm.* zu § 90, stelle es so dar, als handle es sich um Vorstellungen bloßer Zeichen.

Dritter Abschnitt

Verschiedenheiten unter den Vorstellungen nach ihrem Verhältnisse untereinander

§ 91. Es gibt nicht zwei einander völlig gleiche Vorstellungen. Ähnliche Vorstellungen

Objektive Vorstellungen seien nur dann einander gleich zu nennen, wenn sie in allen „bemerkbaren Eigenschaften" übereinstimmen, d. h. aber ununterscheidbar seien und also „nicht für mehrere an der Zahl" erklärt werden könnten.

Ähnliche Vorstellungen nennt B. „Vorstellungen, welche so viele gemeinschaftliche Beschaffenheiten haben, daß es sehr leicht ist, sie miteinander *zu verwechseln,* d. h. für eine und dieselbe zu halten".

Die *1. Anm.* zu § 91 diskutiert Gründe, die zur Behauptung des „Daseins mehrerer einander ganz gleicher Vorstellungen" führen: a) man meint subjektive Vorstellungen, die dieselbe Vorstellung an sich zum „Stoff" haben; b) man „unterscheidet die Vorstellung nicht gehörig von ihrem Zeichen oder Ausdruck in der Sprache"; c) man nennt Vorstellungen „gleich", die B. lediglich als „gleichgeltend" (§ 96) bezeichnet.

Die *2. Anm.* zu § 91 warnt vor der Verwechselung der Begriffe *Einerleiheit* oder *Identität* (Gegenteil: Mehrheit) und *Gleichheit* oder *Gleichartigkeit* (Gegenteil: Ungleichheit, Verschiedenheit). Im einen Fall wird „derselbe Gegenstand mehrmal" betrachtet und bemerkt, „daß es derselbe sei". Im anderen Fall betrachtet man „der Gegenstände mehrere" und findet dabei, „daß sie denselben objektiven Vorstellungen unterstehen", was nie in Bezug auf *alle* objektiven Vorstellungen gemeint sein könne. — Für den Begriff der Identität gibt B. noch die verschiedensten Bedeutungen an: u. a. Identität wesentlicher Teile („dieselbe Uhr", auch wenn das Uhrglas ersetzt wurde), Identität des Ortes („dasselbe Wasser, über das wir schon heute vormittag setzten").

In der *4. Anm.* zu § 91 hebt B. den oben gegebenen Ähnlichkeitsbegriff ab gegen den Ähnlichkeitsbegriff im Gebrauch des Mathematikers. Dieser nämlich „bedient sich" nach B. „des Ausdruckes *ähnlich* nur in dem Falle, wenn ein paar Gegenstände alle diejenigen *inneren* Beschaffenheiten, welche durch *reine Begriffe* aufgefaßt werden können, gemeinschaftlich haben".

§ 92. Verhältnisse unter den Vorstellungen in Hinsicht ihres Inhaltes

Inhaltsgleich nennt B. Vorstellungen, die dieselben Bestandteile enthalten. Bei inhaltsgleichen Vorstellungen kann also die Verschiedenheit nur aus einer Verschiedenheit der *Verbindung* herrühren. Beispiel: „das Dürfen des nicht Redens (Schweigendürfen)" und „das Nichtdürfen des Redens (Schweigensollen)". Inhaltsgleiche einfache Vorstellungen sind daher stets gleich.

§ 93. Verhältnisse unter den Vorstellungen in Hinsicht ihrer Weite

B. unterscheidet Vorstellungen *gleicher Weite* (z. B. „menschliche Seele" und „menschlicher Leib"), *ungleicher* Weite (z. B. „menschlicher Finger" und „menschliche Hand") und, was sich bei unendlicher Weite ergeben könne, *gar nicht vergleichbare* Vorstellungen (z. B. „Kugel" und „Tetraeder"). (Cf. § 66, 3.)

In der *Anm.* zu § 93 erwähnt B., daß zwei Vorstellungen auch dann in Bezug auf ihre Weite vergleichbar sein können, wenn beider Weite unendlich ist. Z. B. hätten die Begriffe „Kreislinie" und „Kreisfläche" gleiche Weite; die Weiten der Begriffe „Mittelpunkt einer Ellipse" und „Brennpunkt einer Ellipse" verhielten sich wie 1:2, die Weiten der Begriffe „Kreislinie" und „Kreisdurchmesser" wie 1:∞. B. rechtfertigt den Weitenvergleich in diesen Fällen im Anschluß an § 66, Anm. 4 folgendermaßen: „So heißet Weite eigentlich jede Größe, die aus der Menge der einer gewissen Vorstellung unterstehenden Gegenstände nach einem solchen Gesetze abgeleitet wird, daß sie der Summe derjenigen Größen gleichet, die nach demselben Gesetze aus den Teilen, in welche diese Menge zerlegt wird, abgeleitet werden können. ... Die Mengen der Gegenstände, welche die Begriffe Kreislinie und Kreisfläche enthalten, sind für sich selbst allerdings unbestimmbar; allein das Verhältnis, darin Kreislinien und Kreisflächen zueinander stehen, macht, daß wir beide Mengen, wenn sie verglichen werden sollen, einander gleichsetzen dürfen, weil zur Annahme einer Ungleichheit kein Grund vorhanden ist. Nehmen wir also die Weite des einen dieser Begriffe zur Einheit an, so dürfen wir auch die Weite des andern = 1 setzen. Nehmen wir ferner die Weite des Begriffes: „Mittelpunkt einer Ellipse" als Einheit an: so dürfen wir die Weite des Begriffes: „Brennpunkt einer Ellipse" = 2 setzen; weil die Menge der Gegenstände, die unter dem letzteren stehen, sich in zwei Teile zerlegen läßt, deren ein jeder der Menge der Gegenstände des ersteren Begriffes gleich ist usw."[1]

---

[1] Zum Weitenvergleich zwischen unendlichen Mengen cf. die sehr viel genaueren Ausführungen in B.'s postum (von Fr. *Prihonsky*) ver-

§ 94. Verhältnisse unter den Vorstellungen hinsichtlich ihrer Gegenstände

1) Richten wir unser Augenmerk bloß auf die *Gegenstände* selbst, auf die sich gewisse Vorstellungen beziehen: so zeigt sich entweder, daß sie gewisse gemeinschaftliche Gegenstände haben, oder es findet das Gegenteil statt. Beide Fälle sind merkwürdig genug, um eine eigene Bezeichnung zu verdienen. Ich nenne also Vorstellungen, die irgendeinen oder etliche Gegenstände miteinander gemein haben, *verträglich* oder *einstimmig* oder *einhellig;* solche dagegen, die auch nicht einen einzigen gemeinsamen Gegenstand haben, *unverträglich* oder *mißhellig*. So sind die Vorstellungen: „Etwas Rotes" und „Etwas Wohlriechendes" verträglich; denn beide stellen gewisse gemeinschaftliche Gegenstände, z. B. die Rose, vor. Dagegen die Vorstellungen: „Körper" und „Fläche" sind unverträglich; denn kein Gegenstand, welcher der einen derselben untersteht, untersteht auch der andern. Zuweilen tritt sogar das merkwürdige Verhältnis ein, daß unter / einer gegebenen Menge von Vorstellungen $A, B, C, D, \ldots$ nur eine bestimmte Anzahl derselben, z. B. je n verträglich sind. So gibt es unter den vier Vorstellungen: „Wurzeln der Gleichung $(x-a)(x-b) = o$", „W. d. G. $(x-b)(x-d) = o$",

---

öffentlichter Schrift *Paradoxien des Unendlichen* (*Philos. Bibl.* 99, mit dem vorzüglichen Kommentar von H. *Hahn*), § 20 ff. B. hat, dort wie oben, ersichtlich nicht den Kardinalzahlbegriff der *Mengenlehre* im Anschluß an G. *Cantor*. Legt man diesen zugrunde, so haben die Begriffe in den von B. genannten Beispielen nicht Kardinalzahlen, die sich wie 1:2 bzw. 1:∞ verhalten, sondern die gleiche Kardinalzahl, weil sich die Umfänge (in der B.'schen Bedeutung des Wortes) beider Begriffe jeweils eineindeutig einander zuordnen lassen. Im Sinne der Cantorschen Mengenlehre kann eine unendliche Menge mit einer echten Teilmenge von sich die gleiche Kardinalzahl haben. B. nimmt in den *Paradoxien des Unendlichen* gerade ein solches Beispiel zum Anlaß, die später in der Mengenlehre zugrunde gelegte Kardinalzahldefinition abzulehnen. An anderer Stelle kommt er allerdings den Überlegungen der Mengenlehre näher: cf. § 102, Anm. 1.

„W. d. G. *(x—a) (x—c) = o*", „W. d. G. *(x—c) (x—d) = o*" nur immer je drei[1]), welche sich miteinander vertragen.

2) Sollen die *mehren* Vorstellungen A, B, C, D, ... in dem Verhältnisse der Verträglichkeit untereinander stehen: so müssen auch die *wenigeren* A, B, ..., deren Inbegriff nur einen Teil des ersteren Inbegriffes bildet, in dem Verhältnisse der Verträglichkeit stehen. Denn wäre dies nicht, d. h. gäbe es keinen Gegenstand, der von den A, B, ... gemeinschaftlich vorgestellt wird: so könnte es um so weniger einen Gegenstand geben, welcher von allen A, B, C, D, ... gemeinschaftlich vorgestellt wird. Umgekehrt können, wenn auch die wenigeren Vorstellungen A, B, ... miteinander verträglich sind, doch die mehren A, B, C, D, ..., die jene ersteren alle in sich fassen, in dem Verhältnisse der Unverträglichkeit stehen. Denn wenn auch die Vorstellungen A, B, ... einen gemeinschaftlichen Gegenstand haben, muß er doch nicht auch den übrigen C, D, ... gemein sein.

3) Wenn ein Paar Beschaffenheitsvorstellungen *a* und *b* sich miteinander vertragen: so vertragen sich auch die Concreta A und B (§ 60) miteinander; allein nicht umgekehrt kann man bloß daraus, daß sich ein Paar Concreta A und B miteinander vertragen, schon schließen, daß sich auch ihre Abstracta *a* und *b* vertragen. Denn sind *a* und *b* einstimmig: so muß es irgendeine Beschaffenheit x geben, die sowohl *a* als *b* ist. Dann aber ist ein Gegenstand, der die Beschaffenheit x hat, sowohl ein A als ein B[2]); und mithin sind auch A und B einstimmig. Bloß daraus aber, daß A und B einstimmen, folgt nicht, daß *a* und *b* einstimmen. Denn obgleich der Gegenstand, der sowohl A als B ist, beide Beschaffenheiten *a* und *b* in sich vereinigen muß: so

---

[1] A: zwei.
[2] Daß x eine Beschaffenheit ist, zu der es überhaupt einen Gegenstand gibt, der sie hat (daß x also nicht etwa widerspruchsvoll ist), geht als nicht genannte Voraussetzung in dieses Argument ein. Ob B. den Begriff der Beschaffenheitsvorstellung so eng faßt, daß diese Voraussetzung immer erfüllt ist, geht aus den Erklärungen von §§ 60 und 80 nicht deutlich hervor. Cf. jedoch § 127, Anm. 6.

folgt doch gar nicht, daß dieselbe Beschaffenheit an ihm, die unter *a* gehört, auch unter *b* gehöre. So sind die Abstracta: „Klugheit" und „Vorsichtigkeit" einstimmig; und darum sind es auch / ihre Concreta: „klug" und „vorsichtig"; dagegen die Concreta: „fromm" und „gelehrt" sind einstimmig, ohne daß ihre Abstracta: „Frömmigkeit" und „Gelehrsamkeit" es wären; denn keine Art von Gelehrsamkeit ist eine Art von Frömmigkeit zu nennen.

4) Wie eine einzelne Vorstellung mit einer andern, so kann auch ein ganzer Inbegriff von Vorstellungen $A, B, C, D, \ldots$ mit einem andern Inbegriffe $M, N, O, \ldots$ oder auch nur mit einer einzelnen Vorstellung M in dem Verhältnisse einer Verträglichkeit oder Unverträglichkeit stehen; das erste, wenn es irgendeinen Gegenstand gibt, der unter einer der Vorstellungen $A, B, C, D, \ldots$ und auch zugleich unter der Vorstellung M oder einer der mehreren $M, N, O, \ldots$ steht; das zweite, wenn dieses nicht der Fall ist.

5) Wenn ein ganzer Inbegriff von Vorstellungen $A, B, C, D, \ldots$ mit einem ganzen Inbegriffe anderer Vorstellungen $M, N, O, \ldots$ in dem Verhältnisse der *Unverträglichkeit* steht: so muß auch jede einzelne der Vorstellungen $A, B, C, D, \ldots$ mit jeder einzelnen der $M, N, O, \ldots$ in diesem Verhältnisse stehen. Wenn aber beide Inbegriffe in dem Verhältnisse der *Verträglichkeit* stehen: so ist nicht notwendig, daß eine jede, sondern es genügt, wenn nur Eine der Vorstellungen $A, B, C, D, \ldots$ mit Einer der Vorstellungen $M, N, O, \ldots$ in diesem Verhältnisse stehet.

6) Wenn eine einzelne Vorstellung A, oder ein ganzer Inbegriff mehrerer Vorstellungen $A, B, C, \ldots$ mit einer oder mehreren $M, N, O, \ldots$; und diese wieder mit einer oder mehreren $R, S, \ldots$ verträglich sind: so folgt daraus gar nicht, daß auch die ersteren A oder $A, B, C, \ldots$ mit den letzteren $R, S, \ldots$ verträglich sein müssen. Denn die Gegenstände, welche $A, B, C, \ldots$ und $M, N, O, \ldots$ miteinander gemein haben, können andere sein, als die Gegenstände, die $M, N, O, \ldots$ und $R, S, \ldots$ miteinander gemein haben. Auch im entgegengesetzten Falle, wenn $A, B, C, \ldots$ mit $M, N, O, \ldots$ und $M, N, O, \ldots$

mit R, S, ... unverträglich ist, folgt daraus eben nicht, daß auch A, B, C, ... und R, S, ... unverträglich sein müßten.
...³)

§ 95. *Besondere Arten der Verträglichkeit, und zwar a) des Umfassens*

1) Wird der Begriff der Verträglichkeit so aufgefaßt, wie es im vorigen Paragraph geschehen: so gibt es mehrere Arten dieses Verhältnisses, die wir um ihrer Merkwürdigkeit wegen noch eigens auszeichnen müssen. Wenn ein Paar Vorstellungen A und B in dem Verhältnisse der Verträglichkeit zueinander stehen: so kann es sich ergeben, daß nicht nur einige, sondern alle der einen Vorstellung, etwa der A unterstehenden Gegenstände auch der andern B unterstehen. Wenn hierbei nicht vorausgesetzt wird, daß dies auch gegenseitig der Fall sei, d. h. daß auch alle der B unterstehenden Gegenstände der A unterstehen, wenn somit unentschieden bleiben soll, ob B nebst allen der A unterstehenden Gegenständen noch einige andere hat oder nicht: so erlaube ich mir, dieses Verhältnis zwischen A und B ein Verhältnis des *Umfassens* zu nennen; ich sage nämlich, daß das *Gebiet* der Vorstellung B, oder auch schlechtweg die Vorstellung B selbst die A *umfasse;* ich nenne B die *umfassende*, A die *umfaßte* Vorstellung. So sage ich, daß die Vorstellung Mensch von der Vorstellung Erdenbewohner umfasset werde, weil jeder Gegenstand, der unter der Vorstellung Mensch steht, auch unter der Vorstellung Erdenbewohner steht.

2) Wie dies Verhältnis auf den Fall auszudehnen sei, wo sich statt einer einzelnen Vorstellung ganze Inbegriffe derselben entweder nur von einer, oder von beiden Seiten befinden, erachtet man von selbst. Ich werde sagen, daß die Vorstellungen A, B, C, D, ... *umfasset werden* von den Vorstellungen M, N, O, ..., wenn jeder Gegenstand, der

---

³ Hier und bei den folgenden §§ wurden die letzten Abschnitte, die geometrischen Veranschaulichungen der Verhältnisse zwischen Vorstellungen diskutieren, weggelassen.

einer der Vorstellungen A, B, C, D, . . . unterstehet, auch einer der Vorstellungen M, N, O, . . . unterstehet.

3) Wird eine Vorstellung A von einer anderen B umfaßt, so darf sie wenigstens *nicht weiter* sein, als diese. Denn würde A mehr Gegenstände vorstellen als B: wie wäre es möglich, daß alle A auch von B vorgestellt werden? Ein Ähnliches gilt von ganzen Inbegriffen.

4) Wird die Vorstellung A umfaßt von der Vorstellung B, und die B umfaßt von der C: so wird auch die A umfasset von der C. Ein Ähnliches gilt bei ganzen Inbegriffen von Vorstellungen.

. . .[1])

§ 96. b) *Verhältnis eines wechselseitigen Umfassens, oder der Gleichgültigkeit*

1) Bei der Art, wie wir den Begriff des Umfassens im vorigen Paragraph bestimmten, kann dies Verhältnis zwischen einem Paare von Vorstellungen A und B auch gegenseitig bestehen; A kann von B und B von A umfasset werden. Dieses ist nämlich der Fall, wenn nicht nur alle der A unterstehenden Vorstellungen der B, sondern auch alle der B unterstehenden der A unterstehen; oder noch kürzer, wenn beide Vorstellungen durchaus dieselben Gegenstände haben. Ich nenne dieses Verhältnis zwischen Vorstellungen ein *wechselseitiges* oder *genaues Umfassen*, auch eine *Gleichgültigkeit;* und die Vorstellungen selbst *gleichgeltende* oder *Wechselvorstellungen*. Ein Beispiel sind die beiden Begriffe eines gleichseitigen und gleichwinkligen Dreiecks.

2) Da Wechselvorstellungen der gegebenen Erklärung zufolge Vorstellungen von einerlei Umfange sind: so entsteht die Frage, ob es auch solche Wechselvorstellungen gebe, die bei demselben Umfange auch noch *denselben Inhalt* haben, d. h. ob Vorstellungen noch verschieden sein können, wenn sowohl Inhalt als Umfang derselbe ist? Und diese Frage darf, wie ich glaube, bejahet werden;

---

[1] Cf. § 94, Anm. 3.

vorausgesetzt, daß man unter der Einerleiheit des Inhaltes, wie ich es schon § 56. tat, nur Einerleiheit der letzten Bestandteile, nicht aber auch ihrer *Verbindungsart* verstehe. Denn durch dieses beide würde die Beschaffenheit einer Vorstellung freilich schon ganz bestimmt. Daß aber Vorstellungen, deren entferntere Teile dieselben sind, sie auf verschiedene Weise verbunden haben, und dann doch nur dieselben Gegenstände vorstellen können, erhellet zur Genüge aus folgenden Beispielen. „Ein Tugendhafter, der zugleich klug ist" und „ein Kluger, der zugleich tugendhaft ist" sind ein Paar Vorstellungen, welche dieselben Bestandteile nur in verschiedener Ordnung enthalten; und sicher beziehen sich beide auch auf dieselben Gegenstände. Ein mathematisches Beispiel hat man an den zwei Begriffen 2^4 und 4^2.

3) Wenn man dagegen früge, ob auch Vorstellungen, die *beide einfach* sind, Wechselvorstellungen sein können: so dürfte dies wohl zu verneinen sein. Denn um zwei Dinge zu unterscheiden, muß man Verschiedenes von ihnen aussagen können. Alle Aussagen über eine Vorstellung aber können, so scheint es wenigstens, nur eines von beiden betreffen: entweder den Gegenstand, welchen sie vorstellt, oder sie an sich selbst; in dem letzteren Falle aber wohl nur die Fragen, ob diese Vorstellung einfach oder zusammengesetzt sei, und nun wieder, aus welchen Teilen sie etwa zusammengesetzt sei, wie diese Teile verbunden sind usw. Wechselvorstellungen nun kann man nicht durch verschiedene Aussagen über den Gegenstand derselben unterscheiden; denn sie beziehen sich auf einerlei Gegenstände. Man kann sie daher (wie es scheint) nur dadurch unterscheiden, daß man entweder die eine für einfach, und dagegen die andere für zusammengesetzt, oder die eine für bestehend aus diesen, die andere für bestehend aus jenen Teilen, oder wenn beide aus denselben Teilen bestehen, die eine für gebildet auf diese, die andere für gebildet auf jene Art erkläret. Sind aber beide Vorstellungen einfach, so wird sich auch hierin kein Unterschied zeigen; wir werden sie also kaum als verschiedene Vorstellungen ansehen können. Daß jedoch beide zusammengesetzt sein müßten, ist

allerdings nicht / nötig. So ist z. B. jede reine Anschauung eine einfache Vorstellung, und wenn wir durch Beisatz einiger von den Beschaffenheiten, welche ihr Gegenstand hat, eine überfüllte Vorstellung[1]) von diesem Gegenstande bilden: so haben wir eine Wechselvorstellung zu der ersten. Will man ein Beispiel von einem reinen Begriffe, der obgleich einfach, doch Wechselvorstellungen hat, so führe ich den Begriff „Etwas" an, der mit dem doppelt verneinenden Begriffe „Nicht Nicht Etwas", und mit jedem ähnlichen, der die Verneinung nach einer geraden Zahl enthält, Wechselbegriff ist. So gibt es auch zu jedem einfachen Begriffe *a*, der einen Gegenstand hat, unendlich viele zusammengesetzte Begriffe aus der Klasse der überfüllten nicht nur von der Form: „Nicht nicht *a*", sondern auch von der Form: „*a*, welches *a* ist" usw., die sämtlich als Wechselbegriffe von *a* selbst angesehen werden können.

4) Da aber auf diese Art nur lauter solche Wechselvorstellungen entstehen, deren die eine überfüllt ist: so lasset uns jetzt noch einige der einfachsten Fälle betrachten, in welchen Wechselvorstellungen, die keine Überfüllung haben, zum Vorschein kommen können. a) Es kann sich fürs erste fügen, daß alle Gegenstände, die unter einer gewissen Vorstellung *A* stehen, auch unter den beiden Vorstellungen *B* und *C* stehen, und daß diese sonst keinen gemeinschaftlichen Gegenstand haben; in diesem Falle hat also die Vorstellung *A*, die übrigens einfach sein kann, eine Wechselvorstellung an den Vorstellungen: „eines *B*, welches *C* ist", oder „eines *C*, welches *B* ist", oder „eines Etwas, das sowohl *B* als *C* ist". Ein Beispiel haben wir, wenn das *A* das Sittliche (oder das, was man soll), *B* das an sich Mögliche, und *C* das, was dem allgemeinen Wohle zusagt, bedeutet. b) Es kann sich zweitens ereignen, daß eine Vorstellung *A* gewisse Gegenstände mit *B*, und eben dieselben auch mit der von *B* verschiedenen Vorstellung *C* gemein hat; in diesem Falle werden dann die Vorstellungen: „eines *A*, welches *B* ist", und „eines *A*, welches *C* ist", abermals Wechselvorstellungen sein. Ein Beispiel erhalten

---

[1] Cf. Zus.fassg. zu § 69.

1. Von den Vorstellungen an sich. §§ 47—114

wir, wenn wir A einen Himmelskörper, B etwas, das 50mal kleiner als unsere Erde ist, C etwas, das unsere Erde zur Nachtzeit beleuchtet, bedeuten lassen; denn dann ist der einzige Gegenstand, auf den sich beide zusammengesetzte Vor- / stellungen beziehen, der Mond. c) Es kann sich drittens ergeben, daß die Vorstellungen A und B gewisse Gegenstände miteinander gemein haben, die gleicher Weise auch die übrigens[2]) von ihnen ganz verschiedenen Vorstellungen C und D miteinander gemein haben; und in diesem Falle wird man an den Vorstellungen: „eines A, welches B ist", und „eines C, welches D ist", Wechselvorstellungen erhalten. Zum Beispiel denke man sich unter A eine Weise zu leben, unter B etwas, welches dem Sittengesetze gemäß ist, unter C ein Mittel zur Glückseligkeit, und unter D etwas, das niemals trügt usw.

5) Dagegen ließe sich bloß aus dem Umstande, daß A und A' ein Paar Wechselvorstellungen sind, nicht sicher schließen, daß auch ein Paar Vorstellungen, deren die eine aus A, die andere aus A' auf eine gleiche Weise, d. h. durch die Verbindung aus denselben andern Vorstellungen entstehet, ebenfalls Wechselvorstellungen sein müßten. So sind 2^4 und 4^2 ein Paar Wechselvorstellungen; und die beiden Vorstellungen: „die Wurzel[3]) der Potenz 2^{4}", und „die Wurzel der Potenz 4^{2}" entspringen auf gleiche Weise aus beiden, und sind doch selbst keineswegs Wechselvorstellungen, indem die eine 2, die andere 4 zu ihrem Gegenstande hat.

6) Wenn die Vorstellung A eine Wechselvorstellung mit B, und die Vorstellung B eine Wechselvorstellung mit C ist: so sind auch A und C Wechselvorstellungen miteinander.

7) Wenn wir die Vorstellung eines „Etwas, das (die Beschaffenheiten) $a, b, c, d, \ldots$ hat", der Kürze wegen durch [Etwas] $(a + b + c + d + \ldots)$ bezeichnen, und die Vorstellung eines „Etwas, das (die Beschaffenheit) x hat",

---

[2] „übrigens" hier von B. in der Bedeutung „sonst" gebraucht.
[3] hier gleichbedeutend mit „Basis" einer Potenz im heutigen mathematischen Sprachgebrauch.

nach § 60.[4]), durch X ausdrücken: so sind die Vorstellungen, welche durch folgende Bezeichnungen[5]) ausgedrückt werden: [Etwas] $(a + b)$, [A] b und [B] a; ingleichen noch allgemeiner: [Etwas] $(a+b+c+ \ldots)$, [A] $(b+c+ \ldots)$, [B] $(a + c + \ldots)$, [C] $(a + b + \ldots)$, insgesamt Wechselvorstellungen untereinander, sofern sie nur überhaupt Gegenstandsvorstellungen sind.

8) Erweitern wir den Begriff der Gleichgültigkeit auf ganze Inbegriffe von Vorstellungen: so werden wir sagen müssen, daß der Inbegriff der Vorstellungen $A, B, C, D, \ldots$ / *gleichgeltend* sei mit dem Inbegriffe der Vorstellungen $M, N, O, \ldots$, wenn jeder Gegenstand, der unter irgendeiner der Vorstellungen $A, B, C, D, \ldots$ steht, auch unter einer der Vorstellungen $M, N, O, \ldots$ stehet, und wieder umgekehrt. So sind die beiden Vorstellungen: ein rechtwinkliges und ein schiefwinkliges Dreieck, zusammengenommen gleichgeltend mit den drei Vorstellungen: ein gleichseitiges, ein gleichschenkliges und ein ungleichseitiges Dreieck. Ebenso ist die einzelne Vorstellung Blume gleichgeltend mit folgenden mehreren Vorstellungen: Blumen, die bei uns wild wachsen; Blumen, die wir in Gärten auferziehen können; und Blumen, die nur in fremden Ländern gedeihen.

9) Damit ein Verhältnis der Gleichgültigkeit zwischen den Vorstellungen $A, B, C, D, \ldots$ von der einen, und $M, N, O, \ldots$ von der andern Seite eintreten könne, ist keineswegs nötig, weder daß irgendeine der Vorstellungen $A, B, C, D, \ldots$ mit einer von den Vorstellungen $M, N, O, \ldots$ für sich allein gleichgeltend sei, noch daß die Summe der Weiten[6]) der Vorstellungen $A, B, C, D, \ldots$ gleich sei der Summe der Weiten der Vorstellungen $M, N, O, \ldots$. Das erste ersehen wir aus den in Nummer 8. gewählten Beispielen. Das zweite wird folgendes Beispiel erweisen. Die beiden Vorstellungen: „ein Glied der Reihe $1, 2, 3, \ldots 10$", und „ein Glied der Reihe $2, 3, 4, \ldots 11$"

---

[1] A: § 78.
[5] A: Zeichnungen.
[6] A: Summen der Weiten. Zum Begriff der Weite einer Vorstellung cf. § 66, 3.

zusammengenommen sind sicher gleichgeltend folgenden beiden: „ein Glied der Reihe 1, 2, 3, . . . 5", und „ein Glied der Reihe 6, 7, . . . 11". Die Weite der ersten Vorstellung aber ist ohne Zweifel = 10, und ebenso groß auch jene der zweiten; die Summe beider Weiten ist also = 20; die Weite der dritten Vorstellung aber ist = 5, und die der letzten = 6; so daß die Summe beider nur 11 beträgt.

. . .[7])

§ 97. c) Verhältnis der Unterordnung

1) Der zweite Fall, der bei dem Verhältnisse der Umfassung (§ 95.) eintreten kann, ist der, wo dies Verhältnis *nicht gegenseitig* statthat. Wenn eine Vorstellung A von einer anderen B umfaßt wird, ohne daß diese auch wieder von jener umfaßt wird: so muß B nebst allen denjenigen Gegenständen, die A vorstellt, noch einen oder etliche andere vorstellen. Dieses Verhältnis nennt man die *Unterordnung*, und sagt, daß die Vorstellung B *höher*, die A *niedriger*, oder ihr *untergeordnet* oder *subordiniert* sei, oder *unter ihr stehe*. So stehen die Vorstellungen: „Mensch" und „lebendiges Wesen" in einem Verhältnisse der Unterordnung, und zwar ist „lebendiges Wesen" die höhere, „Mensch" aber die niedrigere Vorstellung; weil jeder Gegenstand, der unter der Vorstellung „Mensch" steht, wohl auch unter der Vorstellung: „lebendiges Wesen", aber nicht umgekehrt jeder der letztern auch unter der ersteren stehet.

2) Mehrere Vorstellungen A, B, C, D, . . . von der einen, stehen mit einer oder mit mehreren Vorstellungen M, N, O, . . . von der andern Seite in dem Verhältnisse der *Unterordnung*, wenn jeder Gegenstand, der durch eine der ersteren vorgestellt wird, auch durch eine der letztern, aber nicht um- / gekehrt jeder der letztern durch eine der erstern vorgestellt wird; und zwar werden wir dann den Inbegriff A, B, C, D, . . . den *niedern*, M, N, O, . . . aber den *höheren* heißen.

---

[7] Cf. § 94, Anm. 3.

3) Die höhere Vorstellung muß auch eine weitere, nicht aber umgekehrt muß jede weitere auch eine höhere sein. Ein Ähnliches gilt von ganzen Inbegriffen.

4) Wenn A niedriger als B, B niedriger als C; so ist A auch niedriger als C. Ein Gleiches bei ganzen Inbegriffen. ...[1])

§ 98. d) *Verhältnis der Verschlungenheit oder Verkettung*

1) Die § 95. betrachtete Art der Verträglichkeit, das Verhältnis des *Umfassens*, von welchem die beiden §§ 96. und 97. besprochenen Verhältnisse als bloße Unterarten angesehen werden können, kam zum Vorscheine, als wir voraussetzten, daß von beiden miteinander verträglichen Vorstellungen A und B wenigstens eine von einer solchen Beschaffenheit sei, daß die gesamten ihr unterstehenden Gegenstände auch der andern unterstehen. Wenn nun dies nicht ist, wenn also von keiner der beiden verträglichen Vorstellungen gesagt werden kann, daß ihre Gegenstände sämtlich der andern unterstehen: / so tritt ein Verhältnis ein, welches ich die *Verschlungenheit* oder *Verkettung*, oder mit einem schon von andern gebrauchten Worte, die *Disparation* nenne. So nenne ich die Vorstellungen: „gelehrt" und „tugendhaft" miteinander verschlungen, weil jede neben gewissen Gegenständen, die sie gemein haben, auch einige hat, welche der andern nicht unterstehen.

2) Bloß aus dem Umstande, daß ein Paar Vorstellungen A und B mit einer dritten M in dem Verhältnisse einer Verschlungenheit stehen, ergibt sich für das Verhältnis, in welchem sie selbst untereinander stehen, noch gar nichts; sie können einander ausschließen, oder sie können miteinander gleichfalls verschlungen, oder sie können einander untergeordnet, oder gar miteinander Wechselvorstellungen sein. Beispiele aller dieser Fälle erhalten wir, wenn wir M einen Menschen, A und B aber der Ordnung nach bald „sittlich gut" und „böse", bald „weise" und „krank", bald

---

[1] Cf. § 94, Anm. 3.

"mäßig" und "tugendhaft", bald "tugendhaft" und "der Glückseligkeit würdig" bedeuten lassen.

3) Der erste Fall, wo gewisse Vorstellungen A, B, C, D, ..., welche mit einer gewissen M verschlungen sind, einander ausschließen, hat, wie man leicht erachtet, schon darum etwas Merkwürdiges, weil zwischen den Vorstellungen A, B, C, D, ... durch die Vermittlung der M eine Art von *Verbindung* eintritt, die ohne sie nicht stattfinden würde, und deren Kenntnis gleichwohl zuweilen von Wichtigkeit sein kann. So ist es z. B. gewiß von Wichtigkeit, zu wissen, ob es zu zwei oder mehreren gelehrten Gesellschaften, die keine gemeinschaftlichen Mitglieder haben, nicht eine solche gebe, welche mit jeder derselben einige Glieder gemein hat; denn dadurch gelangen sie alle in eine Art von Zusammenhang miteinander. Wir könnten die Vorstellungen A, B, C, D, ... in einem solchen Falle durch die M *mittelbar verkettet* nennen. Wenn von den mehreren Vorstellungen A, B, C, D, ... jede folgende mit der nächstvorhergehenden verschlungen, mit allen noch früheren aber in dem Verhältnisse der Unverträglichkeit stehet: so können wir dieser Reihe von Vorstellungen den Namen einer *Kette* erteilen. Ein Beispiel geben die Vorstellungen: "Menschen, welche im ersten, im zweiten, im dritten Jahrtausende der Welt gelebt" usw. Denn sicher gibt es einige Menschen, die sowohl im ersten als auch im zweiten, und ebenso einige, die sowohl im zweiten als auch im dritten Jahrtausende gelebt; aber niemand, der im ersten gelebt, lebte auch noch im dritten usw. Wenn alles bleibt, wie bisher, nur daß die letzte Vorstellung abermals mit der ersten A verschlungen ist: so möchte ich den Inbegriff dieser Vorstellungen eine *in sich selbst zurückkehrende* oder *geschlossene* Kette nennen. Ein Beispiel sind die sieben Vorstellungen: Töne, die zu *c, d, e, f, g, a, h* gezählt werden können; ingleichen die Vorstellungen: rot, orange, gelb, grün, hellblau, dunkelblau, violett u. a. m.

4) Ein noch merkwürdigeres Verhältnis, das überdies auch viel öfter als die soeben betrachteten eintritt, herrscht zwischen den Vorstellungen A, B, C, D, ..., wenn jedes beliebige Paar derselben in dem Verhältnisse der Verschlun-

genheit stehet; so zwar, daß kein Paar völlig dieselben, wohl aber jedes einige gemeinsame Gegenstände hat. In diesem Falle ist nämlich die Vorstellung eines Etwas, das sowohl A, als B, als C usw., oder die Vorstellung [Etwas] $(a+b+c+\ldots)$[2]) eine gegenständliche Vorstellung, in welcher keiner der Teile $a, b, c, d, \ldots$ *überflüssig* (§ 69.) ist; indem die Vorstellungen, welche zum Vorschein kommen, sobald wir irgendeinen dieser Teile weglassen, z. B. [Etwas] $(b+c+\ldots)$, [Etwas] $(a+c+\ldots)$ usw., alle weiter sind, als die Vorstellung [Etwas] $(a+b+c+\ldots)$[3]). Diesem Verhältnisse könnte man den Namen einer *allseitigen Verschlungenheit* geben. Ein Beispiel haben wir an den Vorstellungen: „Vieleck", „gleichwinklig" und „gleichseitig", welche wir eben deshalb in den nicht überfüllten Begriff eines gleichwinkligen und gleichseitigen Vielecks vereinigen können.

5) Man erachtet bald, daß sich die hier beschriebenen Verhältnisse der Verschlingung, die wir jetzt nur als bestehend zwischen *einzelnen* Vorstellungen betrachteten, auch auf ganze *Inbegriffe* derselben ausdehnen lassen. So werden wir sagen, daß der Inbegriff der Vorstellungen $A, B, C, \ldots$ mit dem Inbegriffe der Vorstellungen $M, N, O, \ldots$ *verschlungen* sei, wenn es zwar Gegenstände gibt, die sowohl einer der Vorstellungen $A, B, C, \ldots$ als auch einer der Vorstellungen $M, N, O, \ldots$ unterstehen, aber auch andere, die jeder von diesen Inbegriffen für sich allein vorstellet usw.
$\ldots$[4])

---

[2] Zu dieser Bezeichnung cf. § 96, 7.

[3] Daß [Etwas] $(a + b + c + \ldots)$ eine *gegenständliche* Vorstellung ist, läßt sich aus dem von B. Vorausgeschickten nicht entnehmen. Die Voraussetzung, daß die Vorstellungen A, B, C, D, ... insgesamt miteinander verträglich sind, ist andererseits für die Behauptung B.'s wesentlich. Sonst würde diese nämlich nur für den Fall dreier Vorstellungen gelten. Ein Gegenbeispiel für den Fall schon von vier Vorstellungen hätte man etwa in den Vorstellungen: „eine der Zahlen von 1 bis 4", „eine der Zahlen von 4 bis 10", „eine der ungeraden Zahlen von 1 bis 9", „eine der Zahlen 1, 4, 7". Hier haben schon die ersten drei Zahlenmengen kein gemeinsames Element, viel weniger alle vier, obwohl sie paarweise miteinander verschlungen sind.

[4] Cf. § 94, Anm. 3.

§ 99. Unbedingt weiteste und höchste, engste und niedrigste Vorstellungen

„Eine Vorstellung, deren Weite größer als die einer jeden anderen wäre", kann es nach B. deswegen nicht geben, weil sich nach § 96 zu jener Vorstellung unendlich viele verschiedene gleichgeltende und also gleichweite Vorstellungen angeben lassen. Allerdings glaubt B., daß es Vorstellungen gibt, zu denen sich keine Vorstellung größerer Weite finden läßt (Vorstellungen *unbedingt größter Weite*), z. B. den Begriff eines *Etwas* oder eines *Gegenstandes überhaupt*. Vorstellungen, zu denen es keine Vorstellung geringerer Weite gibt, seien selbstverständlich die Einzelvorstellungen (die Weite 0 ist bei B. nicht zugelassen; cf. § 66, 2.). Vorstellungen von unbedingt größter und engster Weite seien stets auch *unbedingt höchste* und unbedingt *niedrigste* Vorstellungen (cf. § 97).

Es gebe auch *Gemeinvorstellungen* (Vorstellungen, die mehr als einen Gegenstand haben), zu denen keine engeren bzw. niedrigeren Gemeinvorstellungen existierten, nämlich die genau zwei Gegenstände umfassenden Vorstellungen (z. B. „Söhne Isaaks").

In der *1. Anm.* zu § 99 bemerkt B., daß bei *Aristoteles* der höchste Gattungsbegriff der Substanzbegriff sei und daher gerade nicht mit B.'s Begriff des Etwas übereinstimme, da Aristoteles „nur wirkliche Dinge (Substanzen) in Gattungen habe einteilen wollen". — Auch die Begriffe des *Denkbaren* und *Möglichen* seien von dem eines Etwas zu unterscheiden, nämlich ihm untergeordnet. Das Gebiet des Denkbaren enthalte nämlich keine wirklichen Dinge (sondern nur Vorstellungen und Sätze). Wiederum dürften Begriffe und Wahrheiten an sich nicht zu den möglichen Dingen gezählt werden, weil sie kein „Dasein annehmen" können, — allerdings „ebensowenig zu den Unmöglichkeiten".

Die *2. Anm.* zu § 99 fragt, warum *Leibniz* u. a. „die Möglichkeit absolut niedrigster Arten" („unbedingt niedrigster Gemeinbegriffe") geleugnet haben *(Nouv. Ess.* III 6, § 8). B. glaubt, Leibniz sei zu seiner Behauptung durch das *principium identitatis indiscernibilium* gekommen. Aus diesem folge aber höchstens, „daß kein Gemeinbegriff, der *mehr als zwei* Gegenstände umfaßt, ein niedrigster sein könne". Andere hätten sich auf den Umstand gestützt, daß man den Inhalt eines Begriffes stets noch vermehren könne (§ 62); jedoch könne man eben daraus nicht schließen, daß jeder Umfang noch zu verkleinern sei (cf. § 120).

§ 100. Vorstellungen, welche einander in Absicht auf Weite oder Höhe zunächst stehen

B. bildet auf eine sich natürlich ergebende Weise den Begriff von Vorstellungen, die der Höhe oder Weite nach *zwischen* zwei

Vorstellungen *A* und *B* liegen, ferner den Begriff von Vorstellungen, die ihrer Weite bzw. Höhe nach *unmittelbar aufeinander folgen*. — Interessant ist ein Beispiel dafür, „daß selbst Begriffe, deren jeder eine unendliche Menge von Gegenständen umfaßt, einander unmittelbar untergeordnet sein können": „Der Begriff: ‚Substanzen überhaupt' steht offenbar höher als der Begriff: ‚geschaffene Substanzen'. Gleichwohl ist es nur eine einzige Substanz, nämlich die unerschaffene der Gottheit, um welche der erstere reicher ist, als der letztere; es gibt also sicher keine Mittelvorstellung zwischen ihnen."

B. gibt ferner ein Beispiel dafür, daß zwischen zwei Vorstellungen (der Weite und Höhe nach) unendlich viele umfangsverschiedene Zwischenvorstellungen liegen: Zwischen dem Begriffe eines Winkels überhaupt und dem Begriffe eines rechten Winkels liegt für jede natürliche Zahl r der Begriff eines Winkels, der zu seinem Nebenwinkel ein Verhältnis der Form: $1:n^{2^r}$ hat. Die Begriffe dieser Winkel bilden eine der Weite und Höhe nach mit wachsendem r absteigende Reihe. Cf. dazu Anm. 1 zu § 102.

§ 101. Ob es zu jeder beliebigen Menge von Gegenständen einen sie alle umfassenden Gemeinbegriff gebe

B. formuliert die Frage genauer: Ob es ... einen sie alle (und sonst nichts) umfassenden Gemeinbegriff gebe? Die Frage sei zu bejahen, wenn man zur Zusammensetzung eines solchen Begriffes auch „Vorstellungen, die uns die Gegenstände α, β, γ, δ, ... im einzelnen vorstellen", verwenden dürfe. Man bilde dann eine sich nur auf α beziehende Vorstellung *A,* eine sich nur auf β beziehende Vorstellung *B* usf. und dann die Vorstellung: „Jeder Teil des Inbegriffs *A, B, C, D,* ...". Allerdings sei die so gewonnene Vorstellung i. a. kein reiner Begriff. Verlange man obendrein dies, so sei an einer allgemeinen Lösung der gestellten Aufgabe zu zweifeln. Wohl aber gebe es dann immer noch „eine Vorstellung oder einen Begriff *von* einem solchen Begriffe"; diese *symbolische* Vorstellung (cf. § 90): „ein Begriff, welcher die sämtlichen α, β, γ, δ, ... und sonst keine anderen Gegenstände umfaßt" könne man den *„symbolischen Gemeinbegriff* der Gegenstände α, β, γ, δ, ..." nennen.

§ 102. Keine endliche Menge von Maßen genüget, die Weiten aller Vorstellungen zu messen

B. bemerkt, es gebe unendliche Mengen von Vorstellungen (z. B. die durch $n, n^2, n^4, n^8, \ldots$ ausgedrückten Zahlbegriffe), „die so beschaffen sind, daß die eine derselben durch eine andere an

Weite immer unendliche Male übertroffen wird"[1]). Daher „genüge keine endliche Menge von Maßen, um die Weiten aller Vorstellungen zu messen", selbst wenn man unendliche Weiten als Maßeinheiten zuließe.

§ 103. Besondere Arten der Unverträglichkeit unter den Vorstellungen

Mehrere Vorstellungen $A, B, C, D, \ldots$ heißen nach B. *allseitig unverträglich*, wenn auch je zwei dieser Vorstellungen stets unverträglich sind. *Widersprechend* oder *kontradiktorisch* nennt B. zwei Vorstellungen, wenn beide überhaupt ein (nicht leeres) Gebiet (cf. § 66, 2.) haben und weiter *jeder* Gegenstand entweder im Gebiet der einen oder im Gebiet der anderen Vorstellung liegt. Unverträgliche Vorstellungen, die nicht widersprechend sind, nennt B. *widerstreitend* oder *konträr*.

B. erwähnt u. a. den Satz, daß alle Vorstellungen, die ein und derselben Vorstellung widersprechen, Wechselvorstellungen sein müssen.

---

[1] In dem schon S. 22 in der Anm. zur Überschrift des 1. Hauptstückes erwähnten Brief an *Zimmermann* schreibt B. kritisch zu dem hier genannten Beispiel: „Die Sache ist nicht nur unklar vorgetragen, sondern, wie ich soeben zu erkennen anfange, ganz falsch. Bezeichnet man durch n den Begriff *jeder beliebigen ganzen Zahl* oder, was besser gesagt ist, soll durch das Zeichen n jede beliebige ganze Zahl vorgestellt werden, so ist damit schon entschieden, *welche* (unendliche) Menge von Gegenständen dieses Zeichen vorstellt [gemeint ist wohl: welche *Weite* die durch eine solche Festsetzung bestimmte Zahlenmenge hat, d. Hrsg.]. An dieser ändert sich nicht das geringste dadurch, daß wir durch Zusätze eines Exponenten wie n^2, n^4, n^8, n^{16} ... verlangen, daß jede dieser Zahlen jetzt auf zweite, jetzt auf vierte Potenz ... erhoben werden soll. Die *Menge* [gemeint ist auch hier wohl: die *Weite* der Menge, d. Hrsg.] der Gegenstände, welche das n vorstellt, ist genau noch immer dieselbe wie vorhin, obgleich *die Gegenstände selbst*, die n^2 vorstellt, nicht eben die nämlichen sind, welche n vorstellte. Das falsche Ergebnis wurde nur durch den unberechtigten Schluß von einer *endlichen* Menge Zahlen, nämlich die Zahl N nicht übersteigende[n], *auf alle* herbeigeführt." — B. kommt in dieser späten Äußerung dem von ihm in der *Wissenschaftslehre* und den *Paradoxien des Unendlichen* noch nicht zugrunde gelegten Kardinalzahlbegriff der Mengenlehre sehr nahe (cf. § 93, Anm. 1). Der gleichen Kritik, wie sie B. an dem obigen Beispiel übt, ist auch das Beispiel von § 100, soweit es eine absteigende *Weitenfolge* illustrieren soll, auszusetzen.

In der *Anm.* zu § 103 geht B. auf die Behauptung ein, „daß 480 die kontradiktorischen Vorstellungen (Mensch und Nichtmensch) einander bloß *logisch,* die konträren aber (rot und blau) einander *real* ausschließen". Dies sei unrichtig, wenn die „logische Ausschließung" als „an der bloßen Form erkennbar", die „reale Ausschließung" als „nur aus der inneren Beschaffenheit (Materie) erkennbar" bestimmt werde. Um zu sichern, daß die Vorstellungen *A* und „Etwas, daß nicht *A* ist" kontradiktorisch sind, müsse man zeigen, daß beide Vorstellungen ein Gebiet haben und damit auf ihre innere Beschaffenheit zurückgehen; andererseits: wisse man, daß zwei Vorstellungen „*A,* welches *B* ist" und „*A,* welches nicht *B* ist" beide ein Gebiet haben, so könne man aus der bloßen Form darauf schließen, daß sie konträr sind.

§ 104. Beigeordnete Vorstellungen

B. nennt Vorstellungen *A, B, C, D,* ..., die einer anderen 481 Vorstellung *X* untergeordnet sind und einander ausschließen, einander *beigeordnet* oder *koordiniert unter der Vorstellung X.* Wenn die Gebiete von beigeordneten Vorstellungen zusammen das „ganze Gebiet der übergeordneten Vorstellung ausmachen", nennt B. diese Gebiete „die *ergänzenden Teile* (partes integrantes) von dem Gebiete der *X*".

Ein Gegenstand β heißt nach B. ein *Mittelding* oder *Mittel-* 483 *gegenstand* zwischen zwei Gegenständen α und γ, „wenn sich in irgendeiner Rücksicht sagen läßt, daß der Unterschied des Gegenstandes β von ... α und γ geringer sei, als der Unterschied derselben untereinander": „So kann man z. B. sagen, daß ein Fünfeck, welches bei ungleichen Seiten gleichwinklig ist, von einem Fünfecke, das sowohl gleichwinklig als gleichseitig ist, wie auch von einem Fünfecke, das weder gleichwinklig noch gleichseitig ist, weniger unterschieden sei, als beide letzteren Fünfecke 484 untereinander; insofern nämlich als jene *mehr* miteinander gemeinschaftliche Beschaffenheiten haben als diese." Ein Beispiel 485 dafür, daß „der Unterschied, der zwischen den beiden Gegenständen α und β obwaltet, durch unendlich viele Stufen vermindert werden kann", liefern B. die unendlich vielen Winkel zwischen 30° und 60°. „Nicht minder gewiß scheint es mir aber", 486 fährt B. fort, „daß es auch Paare von Gegenständen und ebenso von Vorstellungen gebe, die keinen Zwischengegenstand und keine Zwischenvorstellung mehr haben. So gibt es z. B. wohl nichts, was man als eine Art von Mittelgegenstand zwischen den beiden Gegenständen: einer Rose und der Wahrheit, daß ein Quadrat lauter rechte Winkel hat, ansehen könnte; indem die Unterschiede, die zwischen diesen zwei Dingen stattfinden, kein Mehr oder Weniger zulassen. Ebensowenig gibt es eine Mittelvorstellung zwischen den beiden Vorstellungen: ein rechter und ein spitziger Winkel. Denn so leicht es auch ist, zwischen jedem

1. Von den Vorstellungen an sich. §§ 47—114   185

einzelnen Winkel, der spitzig ist, und dem rechten Winkel einen andern einzuschalten; so kann dieser letztere doch nicht als ein Mittel zwischen den Gegenständen der beiden Begriffe: ein rechter und ein spitziger Winkel angesehen werden, indem er mit zu den spitzigen gehört. Solche Vorstellungen nun, zwischen welche sich gar keine Mittelvorstellung mehr einschalten läßt, kann man in dieser Rücksicht ein Paar *unmittelbar aneinander grenzende* Vorstellungen nennen."

491 ff
§ *105. Aufzählung einiger hierher gehöriger Lehrsätze*

B. führt eine Menge einfacher Lehrsätze über die in den §§ 93—104 definierten Begriffe an.

499
§ *106. Vorstellungen von Arten, Gattungen usw.*

Ist A eine Vorstellung, die mehrere Gegenstände umfaßt (Gemeinvorstellung), so nennt B. die Vorstellung: „das All (der Inbegriff aller Gegenstände) der A" Vorstellung von einer *Art*
500   oder *Gattung*. Diese Vorstellung habe im Gegensatz zu A nur einen Gegenstand, nämlich den Inbegriff aller Gegenstände der A.
501   Wenn die Vorstellung A höher ist als die Vorstellung B, pflegt man nach B. auch die Art der A *höher* als die Art der B zu nennen.
502 ff
Im Anschluß an diese Definitionen überträgt B. die Begriffe: zwischen-, Mittel-, einstimmig, verschlungen (disparat), widersprechend, widerstreitend, beigeordnet u. a. auf Arten.

506
§ *107. Entgegengesetzte Vorstellungen*

Zwei Gegenstände α und β heißen nach B. *entgegengesetzt,* „sofern es möglich ist, aus einer ausschließlich nur auf den einen derselben z. B. α passenden Vorstellung A *durch bloße Zutat einiger reinen Begriffe m, n, p, ...* eine Vorstellung [A, m, n, p, ...] zusammenzusetzen, die ausschließlich nur den andern Gegenstand β vorstellt, und dabei so beschaffen ist, daß, sobald wir die in ihr vorkommende Vorstellung A mit einer ausschließlich nur β vorstellenden B vertauschen, die neue Vorstellung [B, m, n, p, ...] nun ebenso ausschließlich nur den Gegenstand α vorstellt." B. gibt dazu folgendes Beispiel: „Zwei aus demselben

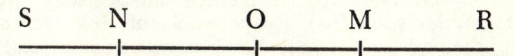

```
S          N         O         M         R
———————|————————|————————|————————
```

Punkte O ... ausgehende Richtungen OR, OS, wenn sie so liegen, daß zwei in denselben angenommene Punkte M, N eine

Entfernung *MN* voneinander haben, welche der Summe ihrer Entfernungen von dem gemeinschaftlichen Ausgangspunkte *O* gleichet, d. h. wenn *MN* = *OM* + *ON* ist, nennen die Mathematiker einander entgegengesetzt. Warum? Weil es in diesem Falle möglich ist, aus der Vorstellung von der einen dieser Richtungen, z. B. *OR*, durch bloße Verknüpfung mit einigen reinen Begriffen *m, n, p,* ... eine Vorstellung [*OR, m, n, p,* ...] zu bilden, die durchaus auf keinen andern Gegenstand, als auf die Richtung *OS* paßt, und überdies von einer solchen Beschaffenheit ist, daß, wenn wir in ihr nichts ändern, als nur die Vorstellung *OR* mit *OS* vertauschen, die neue Vorstellung [*OS, m, n, p,* ...] nun ebenso ausschließlich nur die Richtung *OR* vorstellt." Als eine Vorstellung dieser Art gibt B. an: "Eine Richtung, die aus demselben Punkte mit der *OR* ausgehend, zu dieser in einem solchen Verhältnisse stehet, daß die Entfernung eines in ihr angenommenen Punktes von einem in der *OR*, der Summe der Entfernungen gleichet, die eben diese Punkte von dem gegebenen Ausgangspunkte der Richtung *OR* haben". 507

Zwei Vorstellungen nennt B. *entgegengesetzt,* wenn sie Einzelvorstellungen sind und entgegengesetzte Gegenstände haben. Entgegengesetzte Vorstellungen sind *widerstreitend.* 508

In der *1. Anm.* zu § 107 bemerkt B., „daß wir so manche Gegenstände einander entgegengesetzt nennen", die es nach der gegebenen Definition nicht seien. Selbst dann aber „lasse sich immer ein Gesichtspunkt angeben, aus dem sie als entgegengesetzt erscheinen", so daß sich ihre Benennung als „entgegengesetzte" erkläre. Am „rätselhaftesten" sei es, daß Beschaffenheiten wie „weiß und schwarz", „süß und bitter" u. dgl. als entgegengesetzt bezeichnet würden. B. vermutet, „daß wir die gedachten Beschaffenheiten einander entgegengesetzt nennen, wiefern wir uns vorstellen, daß sie durch Kräfte, die einander aufheben (die also im strengen Sinne des Wortes entgegengesetzt sind), hervorgebracht werden. Das Weiße zum Schwarzen zugesetzt, vermindert dasselbe um etwas, und umgekehrt; Gelbes und Blaues dagegen erzeugen in Verbindung eine neue Farbe." 509 510

In der *Anm.* 2 zu § 107 geht B. auf andere Definitionen des Gegensatzes ein: Die *stoische* Erklärung des Entgegengesetzten als „dasjenige, ... was nebst allem, so etwas anderes auch hat, noch die Verneinung mehr hat" (*Sext. Emp., Adv. Log.* II 89) treffe „nicht den mathematischen Gegensatz, sondern den bloßen Widerspruch". — Die *Aristotelische* Erklärung, „daß wir überhaupt Dinge einander entgegengesetzt nennen, welche sich unter allen von dieser Art am meisten unterscheiden" (*Kat.* 6, 6a 17f.; cf. *Metaph.* X 4), passe „wohl auf viele Gegensätze, z. B. auf die im Raume); indem man von zwei einander entgegengesetzten Richtungen allerdings sagen kann, daß sie diejenigen sind, die unter allen Systemen zweier aus einem Punkte hervorgehender Richtungen am stärksten voneinander abweichen; weil 511 je zwei andere einander näher liegen". Allein es gebe „auch Gegensätze zwischen Dingen, deren Unterschied kein Mehr oder Weniger" zulasse (Vor und Nach in der Zeit, Vermögen und Schulden). — „Schärfer als alle vor ihm" habe Kant „das Wesen des (mathematischen) Gegensatzes aufgefaßt, in der Schrift: *Versuch, den Begriff der negativen Größen in die Weltweisheit einzuführen*". Allerdings könne man die Kantische Bestimmung (der *Realrepugnanz*) „auf solche Gegenstände nicht anwenden, die keine Wirkungen und Folgen haben".

§ 108. Wie die §§ 93 ff. betrachteten Verhältnisse auch auf gegenstandlose Vorstellungen ausgedehnt werden können

„Wir können sofort die sämtlichen, von § 93—107 erwähnten Verhältnisse auch auf gegenstandlose Vorstellungen ausdehnen, sobald uns nur erlaubt wird, gewisse in ihnen vorkommende Bestandteile als veränderlich zu betrachten. Dann nämlich ist nur nötig, daß wir unser Augenmerk auf die unendlich vielen neuen Vorstellungen richten, welche aus den gegebenen hervorgehen, wenn an die Stelle der veränderlichen Teile $i, j, \ldots$ was immer für andere Vorstellungen treten. Welches Verhältnis nun diese neuen Vorstellungen, *sooft sie gegenständlich sind*, gegeneinander beobachten, dasselbe legen wir auch den gegebenen gegenstandlosen Vorstellungen bei; es versteht sich, nur *bedingnisweise*, sofern es gerade die Teile $i, j, \ldots$ sind, die als veränderlich gelten."

Verschiedenheiten unter den Vorstellungen, die erst aus ihrem Verhältnisse zu anderen Gegenständen entspringen

§ 109. *Richtige und unrichtige Vorstellungen von einem Gegenstande*

Richtigkeit oder Unrichtigkeit von Vorstellungen „sei keine innere, sondern nur eine äußere oder beziehungsweise Beschaffenheit derselben; eine solche nämlich, die ihnen nur zukommt, wiefern sie als Vorstellungen von gewissen *Gegenständen*, oder was ebensoviel heißt, als Bestandteile in Sätzen von der Form: „α ist A" betrachtet werden". „*Richtig* ist eine Vorstellung nur, wiefern wir sie auf einen Gegenstand *richten,* auf den sich wirklich *beziehet;* und im entgegengesetzten Falle ist sie nicht *wohl gerichtet* oder *unrichtig.*" (*Anm.* zu § 109.)

§ 110. *Vollständige und unvollständige Vorstellungen von einem Gegenstande*

Eine richtige Vorstellung A von einem Gegenstande α heißt nach B. eine *vollständige* oder *erschöpfende* Vorstellung von α, wenn sich alle Beschaffenheiten von α aus Wahrheiten der Form: „*A* hat die Beschaffenheit *m*" herleiten lassen. Beispiele: „allmächtiges Wesen" ist eine vollständige Vorstellung von Gott, „Vater Alexanders des Großen" eine vollständige Vorstellung vom Könige Philipp von Macedonien.[1])

Einzelvorstellungen sind nach B. stets vollständig: „Denn wenn es einige Beschaffenheiten des Gegenstandes α gäbe, die aus der Vorstellung A auf die besagte Art nicht abgeleitet werden könnten: so ließe sich noch ein zweiter Gegenstand β den-

---

[1] „*A* hat die Beschaffenheit *m*" darf hier nicht als eine Aussage über die Vorstellung A gedeutet werden, vielmehr ist A gegenstandsbezogen gebraucht. „Das allmächtige Wesen hat die Beschaffenheit *m*", nicht jedoch: „Die Vorstellung eines allmächtigen Wesens hat die Beschaffenheit *m*", ist also die von B. gemeinte Prämissenform im Falle etwa des erstgenannten Beispieles.

ken, der, ohne diese Beschaffenheiten zu haben, alle die übrigen, die sich aus A herleiten lassen, hätte. Auch dieser Gegenstand β würde demnach der Vorstellung A unterstehen; und sie wäre somit nicht eine Einzelvorstellung zu nennen."

519 Weiter gilt: „Wenn es ferner unter denjenigen Gegenständen, welche ein wirkliches Dasein besitzen, nicht zwei gibt, die ganz dieselben Beschaffenheiten haben: so ist auch umgekehrt ... keine Vorstellung von einem wirklichen Gegenstande erschöpfend, solange sie noch auf mehrere andere paßt, d. h. nicht eine Einzelvorstellung von ihm ist. Denn um auf mehrere Gegenstände zu passen, muß sie diejenige Beschaffenheit, durch die sich ein jeder von den anderen unterscheidet, unbestimmt lassen."

§ 111. Wesentliche und außerwesentliche Beschaffenheitsvorstellungen

520 Ist A ein reiner Begriff und ist der Satz: „A hat die Beschaffenheit b" wahr, so nennt B. die durch b ausgedrückte Beschaffenheit eine *wesentliche* Beschaffenheit der unter A fallenden Gegenstände[1], im entgegengesetzten Fall eine *außerwesentliche*.

521 Ist A ein vollständiger reiner Begriff, so sind alle Beschaffenheiten seiner Gegenstände wesentlich.

522 In der *1. Anm.* zu § 111 erwähnt B., daß er die Begriffe ‚notwendig' und ‚zufällig' nur dort mit ‚wesentlich' und ‚außerwesentlich' synonym gebrauchen möchte, wo diese Begriffe sich auf das Wirkliche beziehen. (Cf. § 182.)

In der *3. Anm.* zu § 111 setzt sich B. mit dem Argument auseinander, man dürfe die wesentlichen Beschaffenheiten eines Gegenstandes nicht auf den „Begriff" relativieren, „unter dem wir ihn aufgefaßt haben": „Für unser *Wissen* ist kein Gegenstand etwas anderes, als was wir uns vorstellen, wenn wir uns *ihn* vorzustellen glauben; seine *Vorstellung* also macht in der Logik sein *Wesen* aus."

§ 112. Gemeinsame und eigentümliche Beschaffenheitsvorstellungen. Kennzeichen, Merkmale

523

Kommt eine Beschaffenheit A eines Gegenstandes α überhaupt keinem anderen Gegenstand oder in seiner Art nur ihm allein zu, so nennt B. A eine ihm *„schlechterdings"*, oder *„beziehungsweise"* (nämlich unter den Dingen jener Art) *eigentümliche* Beschaffenheit" (auch „unbedingtes oder bedingtes *Kennzeichen"*

524 des Gegenstandes α); sonst spricht er von „gemeinsamen Be-

[1] Cf. § 110, Anm. 1.

schaffenheiten". Kennzeichnen mehrere Beschaffenheiten zusammen einen Gegenstand, so nennt B. jede dieser Beschaffenheiten ein *Merkmal* desselben.

§ 113. Ursprüngliche und abgeleitete Beschaffenheitsvorstellungen

528

„Beschaffenheiten eines Gegenstandes, deren Vorstellungen schon als Bestandteile in der Vorstellung, unter die man ihn beziehet, vorkommen", heißen nach B. *„ursprüngliche* oder ... auch *konstitutive;* alle anderen ... *abgeleitete* oder *konsekutive* Beschaffenheiten".

§ 114. Unterschiedsvorstellungen

530

Ein Unterschied zwischen zwei Gegenständen α und β ist nach B. „eine Beschaffenheit *m,* welche dem einen derselben zukommt, dem anderen aber nicht zukommt".

B. stellt die Frage, ob zwischen zwei Gegenständen α und β („die *wirklich* zwei und nicht etwa einer bloß zweimal *vorgestellt* sind") stets ein *innerer* Unterschied bestehe, d. h. ob es stets eine innere Beschaffenheit gebe, „die dem einen zukommt und dem andern mangelt". B. möchte diese Frage mit *Leibniz* bejahen und gibt dazu die folgende Begründung: „Weil nämlich jede endliche Substanz Einwirkungen von einer jeden auch noch so weit entlegenen andern erfährt, so könnte selbst unter der günstigsten Voraussetzung, die wir hier machen wollten, daß die *ursprünglichen,* d. h. vom Schöpfer selbst herrührenden Beschaffenheiten zweier Substanzen einander vollkommen gleich wären, eine ungestörte innere Gleichheit derselben nur dadurch fortbestehen, daß beide fortwährend auch von gleichen, in gleichen Entfernungen auf sie einwirkenden Substanzen umgeben wären, oder wenn dort, wo eine Ungleichheit in einem dieser Stücke eintritt, die Verschiedenheit gerade von der Art wäre, daß sich die Wirkungen gleichen. Aber das eine sowohl als das andere ist eine Annahme, die wegen der unendlich vielen Fälle von anderer Art, die einen gleichen Grund der Möglichkeit haben, einen Grad der Unwahrscheinlichkeit hat, der unendlich groß ist."

532

533

In der 2. Anm. zu § 114 spricht B. die Vermutung aus, daß sich die Unterschiede, „die zwischen den Kräften und Vollkommenheiten aller bloß endlichen Substanzen obwalten", „auf bloße Größenunterschiede *zurückführen* lassen". B. möchte jedoch diese Behauptung nicht auf alle Gegenstände ausdehnen (z. B. nicht auf „das unendliche Wesen" und die „Dinge, die gar keine Wirklichkeit haben", wie Vorstellungen, Sätze u. dgl.).

536

Über die bisherige Darstellung der Lehren dieses Hauptstückes

§ 115. Einige allgemeine Bemerkungen über die Verschiedenheit der hier gewählten und der gewöhnlichen Darstellung

B. hebt hervor, daß er 1) nicht *subjektive* Vorstellungen, sondern Vorstellungen *an sich* behandelt und 2) sich dabei nicht auf die Klasse der *Begriffe* beschränkt habe.

§ 116. Über die Einteilungen der neueren Logiker in diesem Hauptstücke

I. a. unterscheide man in den „neueren Lehrbüchern" der Logik zunächst *Form* und *Materie* der Begriffe, um dann fortzufahren, daß sich die Logik nur um die Form zu kümmern habe (u. a. *Kants Logik*, ed. Jäsche, § 2 u. § 5). Die gegebenen Definitionen von Form und Materie seien aber sämtlich „dunkel". Außerdem habe es die Logik auch mit der *Materie* der Begriffe, nach der von ihm (B.) gegebenen Definition (§ 81), zu tun (insofern logische Bestandteile, etwa „der Begriff der Verneinung", von B. zur Materie einer Vorstellung gerechnet werden). Das Wahre, das in der Behauptung liege, Gegenstand der Logik sei die Form, sei „dieses, daß sich die Logik nicht so fast mit der Bestimmung einzelner Begriffe (obgleich mit der Bestimmung einiger doch auch) als vielmehr mit der Bestimmung ganzer Gattungen derselben zu befassen habe; solcher Gattungen nämlich, die ihrer eigentümlichen Beschaffenheit wegen auch eine eigentümliche Behandlung in den Wissenschaften erfordern".

Ferner befaßt sich B. mit den „*vier Gesichtspunkten* ...", aus denen die sämtlichen (formalen) Unterschiede, die zwischen Vorstellungen stattfinden können, zu entnehmen wären" („*Quantität*, d. i. Größe"; „*Qualität*, d. i. Beschaffenheit, und zwar die innere"; „*Relation*, d. h. ... Verhältnis zu anderen Vorstellungen"; „*Modalität*, worunter man ihr Verhältnis zum denkenden Subjekte selbst verstehet"). Nach B.'s Ansicht „gehört alles, was sich von einem Gegenstande (welcher Art er immer sei) aussagen läßt, zu den Beschaffenheiten desselben, die man in innere und äußere einteilen kann". Daher sei in den Gesichtspunkten der *Qualität* und der *Relation* schon alles erfaßt.

§ 117. Über die fünf sogenannten Universalien der Alten

B. vermutet, die fünf Universalien der älteren Logik, nämlich *Gattung* (γένος), *Art* (εἶδος), *Unterschied* (διαφορά), *Eigenschaft* (ἴδιον) und *Zufälligkeit* (συμβεβηκός), hätten die „Ehre", „der Erklärung aller übrigen Begriffe voranzugehen", „nur dem zufälligen Umstande zu danken, daß *Aristoteles* sich ihrer (wie noch vieler anderer) bediente, ohne sie früher erklärt zu haben; was seinem Kommentator (B. bezieht sich auf die von *Porphyrius* geschriebene Einleitung zum Aristotelischen Organon) die Veranlassung gab, sie als Begriffe, deren Kenntnis zum Verständnisse der organischen Schriften notwendig wäre, in einer eigenen Einleitung zusammenzustellen."

Ferner sehe man, daß die Alten unter den Universalien (φωναί oder τά καθόλου) das verstanden haben, was er (B.) *Gemeinbegriffe* nenne (§§ 68, 78). Die Behauptung, daß es nur fünf Universalien gebe, lasse sich dann so interpretieren, „daß es nur fünf verschiedene *Arten*, d. i. also (nicht fünf, sondern) *fünferlei* Universalien gebe". Bei der näheren Erörterung der Bestimmungen, die die älteren Logiker von den fünf Universalien gegeben haben, geht B. u. a. auf die *Aristotelische* Erklärung der *Gattung* „als dasjenige, worin Dinge, die voneinander in ihrem Wesen unterschieden sind, übereinstimmen" (*Metaph.* X 3, 1054b 30 f.; cf. X 7) ein: „Mir ist wahrscheinlich, daß *Aristoteles* unter dem Wesen eines Gegenstandes immer nur eben das verstanden habe, was auch ich § 111 andeutete; nämlich den Inbegriff aller derjenigen Beschaffenheiten eines Gegenstandes, die sich aus dem Begriffe, unter den wir ihn aufgefaßt haben, ergeben. Setzen wir nun voraus, er habe zugleich beschlossen, unter Gattungen nur solche Gemeinbegriffe zu verstehen, die ihre niedrigeren (ihre Arten) unter sich haben: so begreift sich wohl, wie er darauf kommen konnte, die Gattung als dasjenige zu erklären, was mehrere in ihrem Wesen verschiedene Dinge gemeinschaftlich haben. Denn ein Gemeinbegriff, der noch andere unter sich hat, stellt freilich nur das vor, was die unter den letzteren stehenden Gegenstände gemeinschaftlich haben; und da wir diese unter verschiedene Begriffe beziehen, so unterscheiden wir sie nach ihrem Wesen. Der Fehler ist nur, daß es nicht umgekehrt gilt; indem nicht jeder Begriff, der etwas vorstellt, was mehrere dem Wesen nach verschiedene Dinge miteinander gemein haben, ein Gemeinbegriff sein muß, der andere unter sich hat. Wenn nämlich die zwei Begriffe *A* und *B* Einzelbegriffe wären, und der Begriff M nur die zwei unter A und B stehenden Gegenstände allein umfaßte: so wäre M ein Begriff, der dasjenige, was zwei in ihrem Wesen verschiedenen Begriffen gemeinschaftlich unterstehet, vorstellt, und gleichwohl keine Gattung im Sinne der Alten zu nennen, weil A und B keine Arten sind."

§ 118. Über die Kategorien und Postprädikamente der Alten

Nach B.'s Ansicht kann man „mit ziemlicher Sicherheit annehmen", daß die Kategorien und Prädikamente in der älteren Logik „gewisse höchste Gattungen, die unter der absolut höchsten eines Etwas überhaupt stehen", bezeichnen. B. weist zum Beleg auf die Art hin, „wie diese Begriffe bei *Aristoteles* angekündigt werden" (*Kat.* 4), ferner auf die *scholastische* Erklärung: *Praedicamenta sunt summa rerum genera*, sowie *Leibnizens* Bestimmung der Kategorien als *des titres généraux des Etres* (*Nouv. Ess.* III 10, § 14). Der Begriff der Kategorien „habe etwas Schwankendes, indem nicht festgesetzt wird, wie viele Stufen man von dem absolut höchsten Begriffe des Etwas herabsteigen darf, damit die Gattung, zu der man gelangt, noch umfassend genug sei, um den Namen einer (relativ) *höchsten* zu verdienen". Zwischen den im Anhange der Aristotelischen Kategorienschrift vorkommenden, später (scholastisch) so genannten *Postprädikamenten* und den eigentlichen Prädikamenten sei daher „keine bestimmte Grenze".

§ 119. Über die Kategorien und Reflexionsbegriffe der Neueren

B. übt zunächst Kritik an der *Kantischen* Bestimmung der Kategorien als „reine Verstandesbegriffe" oder „Begriffe, welche die subjektiven Bedingungen alles Denkens enthalten". (Cf. B 102 ff.) Es müsse auch „ein gewisser innerer, nicht bloß auf unserem Denken beruhender Unterschied" gegenüber anderen Begriffen aufzuzeigen sein; „eben auf diesen, nicht aber auf ihr Verhältnis zu unserem Verstande wünschte ich ihre Erklärung gegründet zu sehen".

Ferner begründet B. im einzelnen, daß ihm die Kantische Ableitung der Kategorientafel aus der Urteilstafel nicht einsichtig ist. Auch könne er Kant darin nicht zustimmen, „daß in jeder von seinen vier Klassen der Kategorien die dritte aus den zwei andern auf eine gewisse Weise (nämlich durch eine gewisse Vereinigung derselben) entspringe". Bei der Diskussion dieser Behauptung geht er insbesondere auf die Begriffe ‚Notwendigkeit' und ‚Möglichkeit' ein: Zwar scheine es so, als ob „der Begriff der *Notwendigkeit* aus jenen der *Möglichkeit* und der *Wirklichkeit* bestehe, indem man das Notwendige sehr oft als jenes Wirkliche, dessen Nichtsein unmöglich ist, erkläret. Allein wenn wir bedenken, daß die Worte Notwendig und Möglich in einer weiteren Bedeutung auch auf Gegenstände angewendet werden, welche gar keine Wirklichkeit haben und annehmen können, z. B. auf Wahrheiten: so werden wir ahnen, daß diese Erklärung, die keiner solchen Erweiterung fähig ist, schwerlich die richtige sei. Vielmehr werden wir uns, wie ich hoffe, erst später[1]) überzeugen, daß die wahre Erklärung dieser Begriffe so laute: Notwendig ist, was aus bloßen Begriffswahrheiten folgt; möglich aber dasjenige, dessen Gegenteil aus keiner Begriffswahrheit folgt. Gibt man dieses zu: so ist der Begriff der Möglichkeit so wenig ein Bestandteil von jenem der Notwendigkeit, daß er vielmehr noch zusammengesetzter ist als dieser."

Zu den zweimal vier *Reflexionsbegriffen* der *Kritischen Philosophie*[2]) äußert B., daß sie „gar nicht die Eigenschaften haben, die man von ihnen rühmet": „Man schildert sie uns als Begriffe, die zur Vergleichung — nicht etwa der Dinge selbst, sondern nur unserer *Vorstellungen* von denselben, und also zur Bildung unserer Urteile dienen; und gibt ihrer folgende an: Die Begriffe der *Einerleiheit* und der *Verschiedenheit*, der *Einstimmung* und des *Widerstreites*, des *Innern* und des *Äußeren*, der *Form* und der *Materie;* wobei man bemühet ist, zu zeigen, daß diese vier Paare von Begriffen zum Vorscheine kommen, wenn man das Verhältnis, in welchem die Vorstellungen des Subjektes und Prädikates in einem Urteile stehen, aus den beliebten vier Gesichtspunkten der Quantität, Qualität, Relation und Modalität betrachtet." ‚Einerleiheit' und ‚Verschiedenheit', wendet B. ein, hätten jedoch nur mit dem Verhältnis zweier Vorstellungen zu einem *Gegenstande* zu tun, ‚Einstimmigkeit' und ‚Widerstreit' bezeichneten Verhältnisse zwischen *Sätzen*, die Begriffe des Inneren und Äußeren drückten zwei Arten von *Beschaffenheiten* aus, und ‚Form' und ‚Materie' endlich könne man außer auf Vorstellungen „auch noch auf tausend andere Dinge beziehen".

564 f

565

§ 120. Über den Kanon, daß Inhalt und Umfang in verkehrtem Verhältnisse stehen

568

Der genannte Kanon sei „seit dem Erscheinen der *Ars cogitandi*[1]) in beinahe allen Lehrbüchern der Logik" zu finden.

---

[1] Cf. § 182.
[2] Cf. *Kritik der reinen Vernunft* B 316 ff.

[1] Gemeint ist die als „Logik von Port Royal" bekannte, 1662 zuerst erschienene *L'Art de penser,* deren Verfasser A. *Arnauld* und M. *Nicole* sind.

B. präzisiert das Gemeinte so: „Jede Vorstellung, die einen größeren Inhalt als eine andere hat (so nämlich, daß sie aus dieser und noch gewissen anderen Teilen zusammengesetzt ist), hat einen kleineren Umfang als diese (so nämlich, daß ihr Umfang ein Teil ist vom Umfange dieser). Und umgekehrt jede Vorstellung, die einen kleineren Umfang hat als eine andere (so nämlich, daß ihr Umfang ein Teil ist vom Umfange dieser), hat einen größeren Inhalt als diese (so nämlich, daß ihr Inhalt aus dieser und noch gewissen anderen Teilen zusammengesetzt ist)." Keiner dieser beiden Sätze sei wahr. Denn a) lasse sich der Inhalt einer Vorstellung vermehren ohne Umfangsverminderung, z. B. durch Überfüllung eines Begriffs (§ 69); unter Umständen induziere sogar Vermehrung des Inhalts auch *Vermehrung* des Umfangs, wie es beim Übergang von der Vorstellung „eines Menschen, der alle europäischen Sprachen versteht", durch den Zusatz „lebenden" zu der Vorstellung „eines Menschen, der alle lebenden europäischen Sprachen versteht", der Fall sei; b) ergebe sich aus diesem Beispiel überdies, daß auch der zweite Satz des genannten Kanons nicht stimme. Der Grund für den irrigen Kanon liegt nach B. darin, daß „der Verfasser der *Ars cogitandi* ... (P. 1. c. 6.) den Begriff des Inhalts so darstellte, daß er eine jede Beschaffenheit, welche dem Gegenstande einer Vorstellung notwendig zukommt (jedes *attributum*) mit zu dem Inhalte dieser Vorstellung zählte". Setze man dies voraus, so sei der zweite Teil des Kanons generell, der erste bis auf seltene Ausnahmen (Überfüllung) richtig. Daß die genannte Voraussetzung falsch sei, diese Entdeckung habe er (B.) „nur der von Kant aufgestellten Unterscheidung zwischen analytischen und synthetischen Urteilen, welche nicht stattfinden könnte, wenn alle Beschaffenheiten eines Gegenstandes Bestandteile seiner Vorstellung sein müßten", zu verdanken.

Dr. B. Bolzanos
Wissenschaftslehre.

Versuch
einer ausführlichen und größtentheils neuen Darstellung
der
Logik
mit steter Rücksicht auf deren bisherige Bearbeiter.

Herausgegeben

von

mehren seiner Freunde.

Zweiter Band.

Sulzbach,
in der J. E. v. Seidel'schen Buchhandlung.
1837.

Ἑπόμενον δ' ἂν εἴη τοῖς εἰρημένοις εἰπεῖν πρὸς πόσα τε καὶ τίνα χρήσιμος ἡ πραγματεία. Ἔστι δὴ πρὸς τρία, πρὸς γυμνασίαν, πρὸς τὰς ἐντεύξεις, πρὸς τὰς κατὰ φιλοσοφίαν ἐπιστήμας. Ὅτι πρὸς γυμνασίαν χρήσιμος, ἐξ αὐτῶν καταφανές ἐστι· μέθοδον γὰρ ἔχοντες ῥᾷον περὶ τοῦ προτεθέντος ἐπιχειρεῖν δυνησόμεθα. Πρὸς δὲ τὰς ἐντεύξεις, διότι τὰς τῶν πολλῶν κατηριθμημένοι δόξας οὐκ ἐκ τῶν ἀλλοτρίων, ἀλλ' ἐκ τῶν οἰκείων δογμάτων, ὁμιλήσομεν πρὸς αὐτούς, μεταβιβάζοντες ὅ τι ἂν μὴ καλῶς φαίνωνται λέγειν ἡμῖν. Πρὸς δὲ τὰς κατὰ φιλοσοφίαν ἐπιστήμας, ὅτι δυνάμενοι πρὸς ἀμφότερα διαπορῆσαι ῥᾷον ἐν ἑκάστοις κατοψόμεθα τἀληθές τε καὶ τὸ ψεῦδος. Ἔτι δὲ πρὸς τὰ πρῶτα τῶν περὶ ἑκάστην ἐπιστήμην ἀρχῶν. Ἐκ μὲν γὰρ τῶν οἰκείων τῶν κατὰ τὴν προτεθεῖσαν ἐπιστήμην ἀρχῶν ἀδύνατον εἰπεῖν τι περὶ αὐτῶν, ἐπειδὴ πρῶται αἱ ἀρχαὶ ἁπάντων εἰσί. Διὰ δὲ τῶν περὶ ἕκαστα ἐνδόξων ἀνάγκη περὶ αὐτῶν διελθεῖν. Τοῦτο δ' ἴδιον ἢ μάλιστα οἰκεῖον τῆς διαλεκτικῆς ἐστίν. Ἐξεταστικὴ γὰρ οὖσα, πρὸς τὰς ἁπασῶν τῶν μεθόδων ἀρχὰς ὁδὸν ἔχει. Ἕξομεν δὲ τελέως τὴν μέθοδον, ὅταν ὁμοίως ἔχωμεν ὥσπερ ἐπὶ ῥητορικῆς, καὶ ἰατρικῆς, καὶ τῶν τοιούτων δυνάμεων. Τοῦτο δ' ἐστὶ τὸ ἐκ τῶν ἐνδεχομένων ποιεῖν ἃ προαιρούμεθα. Οὔτε γὰρ ὁ ῥητορικὸς ἐκ παντὸς τρόπου πείσει, οὔθ' ὁ ἰατρικὸς ὑγιάσει. Ἀλλ' ἐὰν τῶν ἐνδεχομένων μηδὲν παραλείπῃ, ἱκανῶς αὐτὸν ἔχειν τὴν ἐπιστήμην φήσομεν.

Arist. Topic. A. 2 f.

Zweites Hauptstück

Von den Sätzen an sich

§ 121. *Inhalt und Abteilungen dieses Hauptstückes*

Cf. Inhaltsverzeichnis.

Erster Abschnitt

Allgemeine Beschaffenheiten der Sätze

§ 122. *Kein Satz an sich ist etwas Seiendes*

Cf. § 19, Bemerkung c.

§ 123. *Jeder Satz enthält notwendig mehrere Vorstellungen. Inhalt desselben*

B. führt aus, daß *jeder* Satz (aus Vorstellungen) *zusammengesetzt* ist: Dies treffe auch zu für so einfache Sätze wie: „Komm!" (enthält die Begriffe des „Kommens", „eines gewissen Sollens", „einer gewissen Person, die kommen soll") und das lateinische „Sum" (enthält den Begriff des Seins und die Vorstellung Ich). Die „Summe aller ... näheren und entfernteren Teile" eines Satzes nennt B. seinen *Inhalt* (cf. § 56).

In der 2. *Anm.* zu § 123 erwähnt B., daß der Begriff des Inhalts in der gegebenen Bestimmung von dem Materiebegriff der bisherigen Logik abweiche. In dem Satz: „Gott ist allwissend" zähle man die zum Inhalt gehörige Vorstellung Ist nicht zur Materie, sondern zur Form. Cf. § 186.

§ 124. *Jeder Satz läßt sich auch selbst noch als Bestandteil in einem anderen Satze, ja auch in einer bloßen Vorstellung betrachten*

Z. B. bilde man nach B. zu einem gegebenen Satz *A* die Vorstellung eines Inbegriffs von Sätzen, der neben *A* noch einen beliebigen anderen Satz *B* enthält. Dann erhält man eine Vorstellung mit *A* als Bestandteil. Aussagen über diese Vorstellung liefern Sätze mit *A* als Bestandteil. Cf. § 62.

§ 125. *Jeder Satz ist entweder wahr oder falsch, und dies für immer und allenthalben*

Auch dieser Eigenschaft der Sätze wurde schon früher erwähnt[1], und sie kommt den Sätzen so ausschließlich und einleuchtenderweise zu, daß man sich ihrer, wenn nicht zur Erklärung, doch zur Verständigung über den Begriff eines Satzes bedienet[2]. Wenn wir nichtsdestoweniger zuweilen von einem Satze äußern hören, daß er beides zugleich, wahr sowohl als auch falsch, oder im Gegenteil keines von beidem, weder wahr noch falsch, oder nur halbwahr sei: so ist die Rede nie von einem Satze an sich, sondern von einem bloßen *sprachlichen Ausdrucke* eines Satzes, und man will sagen, daß dieser sprachliche Ausdruck eine Auslegung, nach der er einen wahren, und eine andere, nach der er einen falschen Sinn gibt, zulasse; oder so unbestimmt sei, daß man sich weder zu der einen, noch zu der andern dieser Auslegungen berechtiget finde; oder daß aus den vorliegenden Worten etwas, das wahr ist, aber auch etwas, das falsch ist, entnommen werden könne.

Wie es vollends komme, daß man von manchen Sätzen sage, sie wären nur wahr für eine gewisse Zeit oder für einen gewissen Ort, wurde schon § 25 erklärt; und somit hoffe ich, es werde niemand im Ernste behaupten, daß Wahrheit oder Falschheit der Sätze eine Beschaffenheit derselben sei, die sich nach Zeit und Ort verändere.

---

[1] Cf. § 19.
[2] Cf. Zus.fassg. zu § 23.

§ 126. Drei Bestandteile, die sich an einer großen Anzahl von Sätzen unleugbar vorfinden

1) Man wird mir zugestehen, daß es, wenn auch vielleicht nicht bei allen, doch bei vielen[1]), und insbesondere bei allen wahren Sätzen gewisse *Gegenstände* gebe, von welchen / sie handeln, d. h. in Betreff deren etwas in diesen Sätzen ausgesagt wird. So wäre z. B. bei dem Satze: „Gott ist allmächtig" offenbar Gott der Gegenstand, von dem derselbe handelt; der Satz dagegen: „Alle gleichseitigen Dreiecke sind auch gleichwinkelig" hat der Gegenstände, von denen er handelt, eine unendliche Menge. Gibt es aber gewisse Gegenstände, von welchen ein Satz handelt: so muß es auch eine auf diese Gegenstände sich beziehende, sie umfassende *Vorstellung* in demselben geben. Denn nur durch diese geschieht es, daß er von jenen, und sonst keinen andern Gegenständen handelt. So könnten wir nicht sagen, daß der Satz: „Gott ist allmächtig" von Gott handle, oder Gott zu seinem, und zwar ausschließlichen Gegenstande habe, wenn er nicht eine sich auf Gott, und zwar ausschließlich auf ihn beziehende Vorstellung enthielte. Und von dem Satze: „Alle gleichseitigen Dreiecke sind auch gleichwinkelig" sagen wir, daß er von allen gleichseitigen Dreiecken handle, nur weil er eine Vorstellung, die sich auf alle gleichseitigen Dreiecke bezieht, als einen Teil in sich schließt. Es sei mir nun erlaubt, die in einem Satze vorkommende Vorstellung von den Gegenständen, von welchen er etwas aussagt, die dem Satze zugehörige *Gegenstands-* oder *Subjektvorstellung*, auch seine *Unterlage* zu nennen.

2) Man wird mir ferner zugeben, daß, wenn nicht alle, doch sicher viele Sätze eine gewisse *Beschaffenheit* der Gegenstände, von denen sie handeln, aussagen; und von solchen ist offenbar, daß sie nebst der soeben betrachteten Vorstellung, die ihre Gegenstände darstellt, noch eine Vorstellung von der Beschaffenheit, welche sie ihnen beilegen, ingleichen auch noch eine eigene Vorstellung enthalten müssen, durch welche jene beiden erst miteinander *verbunden* werden, eine Vorstellung also, die anzeigt, daß die in dem

---

[1] A: doch vielen.

Satze betrachteten Gegenstände die darin angegebene Beschaffenheit *haben*. So kommt in dem Satze: „Gott ist allmächtig", oder vielmehr in dem: „Gott hat Allmacht", nebst dem Begriffe Gottes als desjenigen Gegenstandes, von welchem der Satz handelt, noch der Begriff einer gewissen Beschaffenheit, nämlich der Allmacht, als einer solchen, die jenem Gegenstande beigelegt wird, und endlich noch der Begriff des Habens selbst vor. Es wird mir erlaubt sein, die Vorstellung von der Beschaffenheit, die von den Gegenständen des Satzes ausgesagt wird, die in ihm vorkommende *Beschaffenheits-* oder *Prädikatvorstellung*, auch den *Aussageteil;* die Vorstellung aber, die diese beiden verbindet, oder den Begriff des Habens, den *Bindeteil* oder die *Kopula* des Satzes zu nennen. Eine *Unterlage* also, ein *Aussageteil* und ein *Bindeglied* sind drei Bestandteile, die sich bei einer großen Anzahl von Sätzen unleugbar vorfinden.

§ 127. Welche Bestandteile der Verfasser bei allen Sätzen annehme

So viele Sätze es auch gibt, in denen die eben erwähnten drei Teile *so sichtbar* vorliegen, daß selbst ihr sprachlicher Ausdruck sie *in gesonderten Zeichen* enthält: so ist doch nicht zu leugnen, daß eine noch viel größere Anzahl von Sätzen unter ganz andern sprachlichen Formen erscheine. Gleichwohl wenn wir uns die Gedanken, die man durch so verschiedenartige Formen eigentlich ausdrücken will, zu einem möglichst deutlichen Bewußtsein zu erheben suchen: so werden wir uns, deucht mir, je länger je mehr überzeugen, daß Folgendes von allen Sätzen gemeinschaftlich gelte. In allen Sätzen befindet sich der Begriff des *Habens*, oder bestimmter noch der Begriff, den das Wort *Hat* bezeichnet. Nebst diesem einen Bestandteile kommen in allen Sätzen noch zwei andere vor, die jenes *Hat* miteinander auf eine Weise verbindet, wie in dem Ausdrucke: „A *hat b*" angezeigt wird. Der eine dieser Bestandteile, nämlich der durch A angedeutete, stehet so, als ob er den *Gegenstand*, von welchem der Satz handelt, und der andere *b* so, als ob er die *Beschaffenheit*, die der Satz diesem

Gegenstande beilegt, vorstellen sollte. Daher erlaube ich mir, den einen dieser Teile A, worin er auch immer bestehe, die *Unterlage* oder *Subjektvorstellung:* den anderen *b* aber den *Aussageteil* oder die *Prädikatvorstellung* zu nennen. Um meine Leser von der Richtigkeit dieser Behauptungen zu überführen, kenne ich kein ausgiebigeres Mittel, als zu ersuchen, daß sie bei jedem ihnen vorkommenden Satze selbst den Versuch anstellen mögen, ob er in die genannten Teile zerlegt werden könne. Bei einer beträchtlichen Anzahl von Sätzen, oder vielmehr / von ganzen Gattungen derselben, nämlich bei allen denjenigen, auf die ich in der Folge zu sprechen komme, gedenke ich die Teile, aus denen sie nach meiner Vorstellung bestehen, selbst anzudeuten, und es wird darauf ankommen, ob die Leser meiner Zergliederung beipflichten können. Vor der Hand kann ich mich nur auf nachstehende Bemerkungen beschränken.

1) Alle Grammatiker gestehen, daß in jedem vollständigen Satze in ihrer Bedeutung, d. h. in jedem *sprachlichen Ausdrucke* eines Satzes an sich, ein bestimmtes *Zeitwort* vorkommen müsse; und schon hieraus allein läßt sich folgern, daß der Begriff des Habens in jedem Satze erscheine. Denn jedes Zeitwort, wenn es nicht selbst das Zeitwort *Haben* ist, schließet doch den Begriff des Habens als einen *Bestandteil* in sich. Dies zu beweisen, will ich mich auf eine Voraussetzung berufen, die man mir leichter zugestehen wird. Jedes bestimmte Zeitwort, das von dem Worte *Ist* verschieden ist, kann ohne alle wesentliche Veränderung des Sinnes, durch das Wort *Ist* verbunden, mit einem von dem gegebenen Zeitworte abgeleiteten Partizip vertauschet werden. „A tut" ist durchaus gleichgeltend mit: „A — *ist — tuend";* kommt aber das *Ist* in einem Satze vor: so hat derselbe entweder die Form: „A *ist",* oder: „A *ist B",* sofern wir die noch übrigen Teile des Satzes durch A oder durch A und B bezeichnen. In beiden Fällen ist es, wie mir deucht, nicht schwer, sich zu überzeugen, daß der Satz den Begriff des *Habens* enthalte. Ein Satz von der Form: „A *ist"* (ein Existenzialsatz), wie: „Gott ist", hat offenbar keinen anderen Sinn, als den : „A — *hat — Dasein";* und somit kommt in demselben der Begriff *Hat* allerdings vor;

sowie auch ein Gegenstand, nämlich der durch die Vorstellung A bezeichnete, von welchem der Satz handelt; und die Beschaffenheit, die diesem Gegenstande beigelegt wird, ist hier das Dasein. (Von einer Einwendung, die nicht der gemeine Verstand, sondern Gelehrte hiergegen erheben könnten, später § 142[1]).) Noch einleuchtender ist es, daß Sätze von der Form: „*A ist B*" nie einen anderen Sinn haben, als den auch der Ausdruck: „*A hat b*" andeutet, sofern *b* das zu dem Concreto *B* gehörige Abstractum vorstellt[2]). Daß nämlich das *Ist* in solchen Sätzen keineswegs diejenige Bedeutung habe, die es in den nur eben erwähnten Existenzial- / sätzen hat, wird jeder zugeben. Hier soll kein Dasein ausgesagt werden; wie schon daraus erhellet, weil ja ein solcher Satz wahr sein kann, auch wenn der Gegenstand *A* nicht einmal zu den Dingen, denen ein Dasein zukommt und zukommen kann, gehöret. So haben z. B. Begriffe an sich kein Dasein; und doch tragen wir kein Bedenken, das Urteil auszusprechen: „Der Begriff eines Dreiecks *ist* zusammengesetzt"; weil wir durch dieses *Ist* gar nicht die Absicht haben, zu erkennen zu geben, daß der Begriff eines Dreiecks etwas Existierendes sei. Vielmehr deucht es mir einzuleuchten, daß der erwähnte Satz keinen andern Sinn habe, als den: „Der Begriff eines Dreiecks — hat — Zusammengesetztheit". — Aus diesem letzteren Ausdruck aber gehet hervor, daß der Bindeteil in unserm Satze kein anderer sei, als der Begriff, den das Wort *Hat* anzeiget. Sätze von der Form: „*A ist B*" wären also jedesmal deutlicher und richtiger so auszusprechen: „*A* — hat — (die Beschaffenheit eines *B* oder) *b*"; und ihr gemeinsamer Bindeteil wäre sonach nur der Begriff des Habens. Warum wir gleichwohl die Form mit dem Zeitworte *Ist* soviel häufiger als die mit dem Worte *Haben* gebrauchen, warum wir fast immer sogar in einige Verlegenheit geraten, wenn wir die letztere anwenden wollen, erkläret sich zur Genüge daraus, weil in der Form: „*A hat b*" der Aussageteil *b* ein bloßes Abstractum (eine Beschaffenheitsvorstellung) sein muß, während in der Form: „*A ist B*" an der Stelle *B* ein

---

[1] Cf. Zus.fassg. der 1. Anm. B.'s zu § 142.
[2] Cf. § 60.

Concretum erscheinet. An Zeichen für Concreta aber ist jede Sprache ungleich reicher als an Bezeichnungen für die ihnen zugehörigen Abstracta, die überdies selbst, wo sie vorhanden sind, meistens in langen und unbequemen Worten, wohl gar in einer Zusammensetzung aus mehreren Worten bestehen. Fragt man nun wieder, was der Grund davon sei, daß in allen Sprachen die Concreta häufiger als die ihnen zugehörigen Abstracta ihr eigenes, und ein meistens einfacheres Zeichen erhalten: so erwidere ich, dies rühre nur daher, weil die konkreten Vorstellungen größtenteils Gegenstände haben, die in die Sinne fallen, und unsere Aufmerksamkeit stärker beschäftigen als die Abstracta; welches die doppelte Folge hat, daß uns einerseits ihre Bezeichnung ein um so dringenderes Bedürfnis wird, und daß wir ander- / seits uns auch viel leichter über den Sinn dieser Zeichen verständigen. So finden wir z. B. einen Körper, der durch seinen Glanz, seine schöne gelbe Farbe, sein ansehnliches Gewicht, seine ungemeine Dehnbarkeit usw. unsere Aufmerksamkeit so sehr auf sich ziehet, daß wir ihn alsbald für wichtig genug erachten, eine eigene Benennung Gold für ihn zu ersinnen. Daß wir dagegen auch den Begriff aller Beschaffenheiten, die diesen Körper zum Golde machen, in abstracto eigens bezeichnen sollten, scheint uns sehr überflüssig. Wir bleiben also bei dem Zeichen für das Concretum (Gold) stehen; für das Abstractum (die Goldheit) aber bilden wir entweder gar kein eigenes Wort, oder bezeichnen diesen Begriff nötigenfalls durch eine Verbindung mehrerer Worte, wie „die Beschaffenheit des Goldes". Und eben um dieses Zeichen für das Abstractum desto leichter entbehren zu können, mag es geschehen sein, daß wir uns statt der Form: „A hat b" die Form: *„A ist ein B"* erdachten; wo wir dasselbe Zeichen, das uns zum Ausdrucke der Subjektvorstellungen in einem Satze dient, auch zur Bezeichnung des Aussageteiles benützen können.

2) Allerdings gibt es aber noch Gründe genug, zu zweifeln, ob die soeben nachgewiesene Form *bei allen Sätzen* gelte. So gibt es erstlich Sätze, in denen nebst der Vorstellung des Gegenstandes, von dem sie uns etwas sagen, nur noch eine einzige, wie es scheint, ganz einfache Vorstellung

vorkommt, z. B. *A soll, A wirkt, A will, A empfindet* usw. Wären die Vorstellungen der Worte: *soll, wirkt, will, empfindet* usw. in der Tat einfach: dann wäre erwiesen, daß nicht alle Sätze den Begriff des Habens und noch zwei andere Vorstellungen enthalten. Allein ich meine, daß die erwähnten Vorstellungen alle zusammengesetzt sind, und daß in ihnen der Begriff des *Habens,* verbunden noch mit einem anderen, beziehungsweise dem einer *Pflicht,* einer *Wirksamkeit,* eines *Willens,* einer *Empfindung* usw. erscheine. Ich glaube nämlich, daß obige Sätze, wenn sie so ausgedrückt werden sollen, daß ihre Bestandteile am deutlichsten hervortreten, ohngefähr so gegeben werden müssen: A — hat — eine Pflicht, hat eine Wirksamkeit, einen Willen, eine / Empfindung usw. Überhaupt kann ich nur eine von zwei Meinungen festhalten: entweder die Begriffe: *soll, wirkt* usw. sind, wie ich eben gesagt, aus den Begriffen der Pflicht, der Wirksamkeit, des Willens, der Empfindung usw., oder umgekehrt diese sind aus jenen zusammengesetzt. Das erstere nun ist mir schon darum viel wahrscheinlicher, weil sich die Ableitung jener aus diesen auf die beschriebene Weise durch den Begriff des Habens leicht bewerkstelligen läßt; während der umgekehrte Fall viel Schwierigkeiten verursacht. Denn wenn man auch glauben könnte, daß der Begriff einer Wirkung recht gut erkläret werde als der Begriff eines Etwas, welches gewirket wird: so wäre es doch offenbar unrichtig, wenn man nach dieser Analogie auch den Begriff eines Willens als den Begriff eines Etwas, welches gewollt wird, ausgeben wollte; da doch dasjenige, was jemand will, eher der Gegenstand seines Willens, als dieser selbst heißen muß. Ja, wie mir deucht: so gibt auch die versuchte Erklärung der Wirkung nicht den abstrakten Begriff einer Wirkung (Wirksamkeit), sondern nur den konkreten des Gewirkten. Der scheinbarste Einwurf, der meiner Ansicht entgegenstehet, ist, daß eben dasselbe Verhältnis, welches sich zwischen den beiden Begriffen des *Habens* und einer *Beschaffenheit* befindet, auch zwischen den beiden Begriffen des *Wollens* und eines *Willens,* zwischen den beiden Begriffen des *Wirkens* und einer *Wirkung* usw. obwalte. Wären nun die Begriffe des

Wollens, Wirkens usw. nicht einfach, sondern aus jenem des Willens, der Wirkung usw. und dem Begriffe des Habens zusammengesetzt (wie ich soeben angenommen habe): so sollte, scheint es, wegen des ähnlichen Verhältnisses auch der Begriff des Habens nicht einfach, sondern aus dem einer Beschaffenheit und einem andern zusammengesetzt sein. Wenn Wollen soviel hieße, als einen Willen haben, Wirken soviel als eine Wirkung haben usw.: so müßte auch Haben soviel sagen, als eine Beschaffenheit haben. Da aber das letztere ungereimt ist; weil der Begriff des Habens mit dem des Habens einer Beschaffenheit unmöglich einerlei, sondern höchstens gleichgeltend sein kann: so sind wohl, möchte man schließen, auch die Begriffe: „will" und „hat einen Willen", „wirket" und „hat eine Wirkung" usw. nicht einerlei, sondern nur / gleichgeltend. — Ich erwidere, daß die Voraussetzung, von der man hier ausgehet, nämlich, daß sich die beiden Begriffe: Beschaffenheit und Haben gerade so zueinander verhalten müssen, wie die Begriffe: Wille und Wollen, Wirkung und Wirken usw., unrichtig sei. Denn während sich von dem Begriffe einer Beschaffenheit behaupten läßt, daß er, wo nicht einerlei, doch gleichgeltend sei mit dem Begriffe eines Etwas, welches gehabt wird: so kann man von den Begriffen eines Willens, einer Wirkung usw. gewiß nicht sagen, daß diese einerlei, ja nur gleichgeltend wären mit den Begriffen eines Etwas, welches gewollt, gewirket wird usw.

3) Es gibt aber Sätze, bei denen es noch viel weniger einleuchtet, wienach sie der Form: „A hat b" unterstehen sollten. Von dieser Art sind die sogenannten *hypothetischen* von der Form: „Wenn A ist, so ist B"; ingleichen die *disjunktiven* von der Form: „Entweder A oder B oder C usw.". Alle diese Satzformen werde ich erst in der Folge umständlicher betrachten[3]), und es wird dann dem Leser hoffentlich klar werden, daß sich hier keine Ausnahme von meiner Regel finde.

4) Eine neue Bedenklichkeit kann aber durch die Bemerkung veranlasset werden, daß das Wort *Haben,* selbst

---

[3] Cf. §§ 137, 169 ff., insbes. §§ 179, 181.

in denjenigen Sätzen, in denen es ausdrücklich vorkommt, nicht immer in derselben Form erscheinet, sondern nach der Person und Zahl (in manchen Sprachen auch nach dem Geschlechte) der ersten Endung (d. h. der Subjektvorstellung) verschiedentlich abgewandelt wird. Hieraus könnte jemand den Schluß ziehen wollen, daß auch der Begriff, den dieses Wort in seinen verschiedenen Formen bezeichnet, nicht immer derselbe sei. Diese Bedenklichkeit verschwindet jedoch, wenn man erwägt, wie jene Formänderungen der bloßen Willkür der Sprache angehören, und nur eingeführt sind, um eine größere Deutlichkeit im Ausdrucke, vielleicht auch mehr Abwechslung zu erreichen; daher es denn auch Sprachen gibt, die solche Abwandlungen nicht einmal haben. Die Sprache liebt nämlich eine Art Pleonasmus, bestehend darin, daß sie so manchen Begriff zu seiner desto gewisseren Auffassung in einem und eben demselben Satze *wiederholt* ausdrückt. Ein solcher / Pleonasmus ist es, wenn wir, statt: „Ich *hat b*" sprechen: „Ich *habe b*"; und also durch eine an dem Bindeworte vorgenommene Veränderung wiederholt anzeigen, daß das Subjekt des Satzes die redende Person sei, was doch im Grunde schon aus dem bloßen Zeichen Ich derselben erhellet.

5) Allein die Sprache drückt durch die Form, die sie dem Worte *Haben*, oder auch dem diesen Begriff einschließenden *Zeitworte* im Satze erteilet, nicht nur Person und Zahl des Subjektes, sondern auch *Zeitbestimmungen* aus, und dies so allgemein, daß dieses Wort nur eben daher seine Benennung *Zeitwort* erhielt. Sollte man hieraus nicht schließen, daß nicht der reine Begriff des Habens, sondern der mit der Bestimmung der Zeit, in welcher etwas gehabt wird, verknüpfte Begriff dieses Habens das wahre Bindeglied bilde? Ich antworte, eine Zeitbestimmung (nämlich jene der gegenwärtigen Zeit) drücken wir in dem Worte Haben aus, selbst wenn wir von Gegenständen reden, die gar nicht in der Zeit sind; indem wir z. B. sagen: „Jede Wahrheit — hat — einen Gegenstand, von dem sie handelt." — Schon hieraus ist zu ersehen, daß wir aus jener genauen Verbindung, in welche die Sprache die Zeitbestimmungen mit dem Begriff des Habens bringt, keineswegs

auf einen wesentlichen Zusammenhang derselben zu schließen berechtiget sind. Wohl aber haben wir schon §§ 45 u. 79 bemerkt[4]), und es wird uns in der Folge noch immer klarer werden, daß die erwähnten Bestimmungen wesentlich zu der Subjektvorstellung des Satzes gehören. Ein Satz der Form: „Der Gegenstand A — hat in der Zeit t — die Beschaffenheit b" muß, wenn seine Teile möglichst deutlich hervortreten sollen, immer so ausgedrückt werden: „Der Gegenstand A in der Zeit t — hat — (die Beschaffenheit) b". Denn nicht in der Zeit t geschieht es, daß die Beschaffenheit b dem Gegenstande A beigelegt wird; sondern dem Gegenstande A, wiefern er als etwas in der Zeit t Befindliches (also mit dieser Bestimmung versehen) gedacht wird, legen wir die Beschaffenheit b bei.

6) Haben wir uns einmal hiervon überzeugt, so werden wir schwerlich mehr anstehen, auch in Betreff anderer Bestimmungen, welche der sprachliche Ausdruck mit dem Zeit-/worte verknüpft, anzuerkennen, daß sie doch nicht zum Bindegliede gehören. Ich meine die Bestimmungen: *Oft, Selten, Immer* u. a. ähnliche; ingleichen die des Grades der *Wahrscheinlichkeit*, den wir dem Satze zugestehen wollen. Wir sagen: *A — hat wahrscheinlich — b; A — hat gewiß — b* usw. Und doch ist einleuchtend, daß diese Bestimmungen nichts weniger als die Art, wie das Prädikat b zum Subjekte A *gehöre*, sondern vielmehr nur das Verhältnis betreffen, in welchem der ganze Satz: „A hat b" selbst zu unserem Erkenntnisvermögen, oder zu anderen Sätzen stehet. „A hat wahrscheinlich b" heißt offenbar nichts anderes, als: „Der Satz, daß A b habe, hat — Wahrscheinlichkeit". Eine ganz ähnliche Bewandtnis hat es mit den Bestimmungen der *Notwendigkeit* oder *Zufälligkeit,* die wir gleichfalls sehr oft mit der Kopula des Satzes verbinden, indem wir sagen: *A — hat notwendig b* usw. Wir werden erst später (§ 182.) den wahren Sinn solcher Sätze erfahren, wo es sich dann von selbst zeigen wird, daß auch sie keine andere Kopula als die von mir allgemein angenommene

---

[4] Cf. § 79, 5. Die genannte Stelle in § 45 ist in der Zus.fassg. dieses § nicht referiert.

haben. An seinem Orte (§ 136.) soll gezeigt werden, daß selbst der Begriff der *Verneinung*, wie innig die Sprache ihn auch mit dem Zeitworte verbindet, doch kein Bestandteil der Kopula, sondern der Prädikatvorstellung sei; indem der Satz: „*A — non habet — b*" eigentlich nur den Sinn hat: „*A — habet — defectum* τοῦ *b*".

7) Kommt nun in jedem Satze als Bindeglied nur der Begriff vor, den das Wort *Hat* bezeichnet: so ist kein Zweifel, daß nebst diesem auch noch wenigstens *zwei* andere Teile zugegen sein müssen. Denn weder „*Hat*" noch „*A hat*", noch „*hat b*" allein sind Ausdrücke eines vollständigen Satzes. Aus der schon § 48. getroffenen Begriffbestimmung aber folgt, daß die Teile *A* und *b* nur eines von beiden, entweder bloße Vorstellungen, oder schon selbst ganze Sätze genannt werden dürfen. Wenn überdies der in Rede stehende Satz ein *wahrer* sein soll: so möchte sich wohl erweisen lassen, daß die beiden Teile *A* und *b Vorstellungen*, und zwar *gegenständliche* Vorstellungen sein müssen[5]), und daß die *b* insonderheit eine *Beschaffenheit* vorstellen müsse. Wenn aber nicht verlangt wird, daß der Satz: „*A* hat *b*" eine Wahrheit sei (wie wir denn gegenwärtig nur von den Beschaffenheiten sprechen, die allen Sätzen ohne Unterschied, auch den falschen zukommen müssen): dann sehe ich eben nicht, warum *A* und *b* nur eben Vorstellungen, und vollends gegenständliche Vorstellungen, und *b* insonderheit eine Beschaffenheitsvorstellung sein müßte? Sollte es denn nicht erlaubt sein, jede Verbindung der Form: „*A* hat *b*" einen Satz zu nennen, unangesehen, ob die Zeichen *A* und *b* bloße Vorstellungen und was für Vorstellungen, oder ob sie auch ganze Sätze bezeichnen? Doch selbst wenn wir (weil diese Sache in der Tat ziemlich gleichgültig ist) den Begriff eines Satzes nur auf den Fall beschränken, wo *A* und *b* bloße Vorstellungen sind, dürfen wir (meine ich) auf keinen Fall verlangen, daß diese Vorstellungen eben beide gegenständlich, und die letztere überdies eine eigentliche

---

Cf. § 154, Anm. 1.

Beschaffenheitsvorstellung[6]) sei. Denn warum dürfte nicht z. B. auch die Verbindung von Vorstellungen, die folgende Worte ausdrücken: „Ein mit fünf gleichen Seitenflächen begrenzter Körper ist nicht mit Dreiecken begrenzt", — ein Satz genannt werden; da wir von jedem, der diese Vorstellungen wirklich verbände, gewiß behaupten würden, daß er ein Urteil fälle, obgleich es einen mit fünf gleichen Seitenflächen begrenzten Körper nicht gibt? Nach § 66. hängt es oft von gewissen äußerst zufälligen Umständen ab, ob einer gegebenen Vorstellung ein Gegenstand entspreche oder nicht; wie bei der Vorstellung: „goldener Turm" davon, ob es jemand beliebt hat, einen Turm aus Gold in der Tat aufzuführen. Sollte es nun zu dem Wesen eines Satzes gehören, daß seine Unterlage eine eigentliche Gegenstandsvorstellung ist: so müßte die Beantwortung der Frage, ob eine gewisse Verbindung von Vorstellungen den Namen eines Satzes verdiene, von dem so zufälligen Umstande abhangen, ob die hier vorkommende Unterlagsvorstellung einen ihr wirklich entsprechenden Gegenstand habe. Die Worte: „Ein goldener Turm ist kostbar" würden einen Satz ausdrücken, wofern ein goldener Turm wirklich irgendwo aufgeführt worden ist: und wenn dies nicht geschehen, so würden sie nicht nur keinen wahren, sondern nicht einmal einen Satz überhaupt darstellen. /

§ 128. *Versuchte Erklärungen*

B. diskutiert die Vermutung, man habe in der Bestimmung des *Satzes* als „*Verbindung zweier beliebiger Vorstellungen durch den Begriff: Hat*" eine „Erklärung"[1]) des Satzes vorliegen. Er greift auf seine Kennzeichnung der Vorstellung als „Bestandteil eines Satzes, der selbst noch kein Satz ist", (§ 48) zurück: Manches spreche dafür, daß man hiermit die „eigentliche *Erklärung*" einer Vorstellung habe. Dann könne man sich aber „des Begriffes einer Vorstellung zur Erklärung des Begriffes eines Satzes nicht mehr bedienen".

---

[6] Cf. Zus.fassg. zu § 80. Aus einer Bemerkung B.'s in § 136 geht hervor, daß eigentliche Beschaffenheitsvorstellungen nach B. stets gegenständlich sind. Aus diesem Grunde nämlich ist die Vorstellung Nichts keine Beschaffenheitsvorstellung.

[1] Cf. S. XLVIII.

§ 129. Andere Darstellungsarten

„Sehr viele Logiker" nehmen nach B. „nur zwei wesentlich unterschiedliche Bestandteile in jedem Satze an, eine *Subjektvorstellung* nämlich und eine *Prädikatvorstellung*". Auch *Aristoteles* spreche nur von zwei Bestandteilen: τὸ ὑποκείμενον und τὸ κατηγορούμενον. Die Kopula werde häufig (u. a. von *Wolff, Log.*, 2. Aufl. 1732, § 201) so behandelt, als ob sie „nur in dem sprachlichen Ausdrucke der Sätze, nicht in den Sätzen an sich vorkomme". B. macht geltend, daß es zu einer Bezeichnung auch eine dieser Bezeichnung entsprechende Vorstellung geben müsse.

Ferner erörtert B. u. a. die Auffassung, „daß die logischen Formen des Subjekts und Prädikats u. dgl. etwas bloß Subjektives wären". Er wendet ein: „Nur wenn man glaubt, daß es außer den Dingen an sich und unserm Denken derselben kein Drittes, nämlich keine *Wahrheiten an sich*, die wir durch unser Denken bloß *auffassen*, gebe; dann wird begreiflich, wie man geneigt sein könne, die logischen Formen für etwas nur unserem Denken Anklebendes zu halten."

§ 130. Der Umfang eines Satzes ist immer einerlei mit dem Umfang seiner Unterlage

Unter dem *Umfang* (auch: dem *Gebiet*, der *Sphäre*) eines Satzes versteht B. diejenige Eigenschaft des Satzes, vermöge deren durch ihn über gewisse (und keine anderen) Gegenstände etwas ausgesagt wird. Die Gegenstände, von denen ein Satz handle, seien aber genau die Gegenstände, die durch die Satzunterlage (Subjektvorstellung) vorgestellt werden.

In der Anm. zu § 130 weist B. darauf hin, daß in „den bisherigen Lehrbüchern der Logik" die Umfangsidentität von Satz und Satzunterlage nur für die allgemeinen Urteile gelehrt würde. „In den besonderen Urteilen", so behaupte man, werde das „Prädikat nur auf einige, und in den einzelnen Sätzen vollends auf einen einzigen Gegenstand bezogen". B. führt dazu aus: „Meines Erachtens nimmt man, indem man so spricht, die Worte: *Subjekt* und *Subjektvorstellung* in einer andern Bedeutung, als in der ich diese Worte § 127 nahm, und in der sie immer genommen werden müssen, wenn es im Anfange heißen soll, daß die Subjektvorstellung eines Satzes die Vorstellung von den Gegenständen sei, worüber in demselben etwas ausgesagt wird. Denn in dieser Bedeutung darf man, wenn in dem Satze nur von einigen oder nur einem einzigen der unter der Gemeinvorstellung *A* enthaltenen Gegenstände etwas ausgesagt wird, eben deshalb nicht behaupten, daß *A* selbst die Subjektvorstellung sei, sondern man muß erklären, daß nur die Vorstellung eben derjenigen *A*, von denen der Satz redet, seine Subjektvorstellung bilde." Cf. §§ 171 ff.

§ 131. Ob auch die Prädikatvorstellung im Satze nach ihrem ganzen Umfange genommen werde

B. verneint diese Frage: „Indem wir z. B. das Urteil: ‚Cajus hat Verstand' aufstellen, sind wir nichts weniger als gesonnen zu behaupten, daß C. jeden gedenkbaren Verstand, den es nur überhaupt gibt, besitze."

27 In der *Anm.* zu § 131 verweist B. auf die *Aristotelische* Behauptung, „daß kein bejahendes Urteil wahr sei, wenn man das Prädikat desselben allgemein nimmt" (*De interpr.* 7, 17 b 12 ff.; *Anal. prior.* I 27, 43 b 20 ff.), ferner auf den scholastischen Lehrsatz: *Signum universalitatis non additur praedicato.* Als mögliches Gegenbeispiel gibt B. den Satz: „Jedes allwissende Wesen ist jedes allmächtige Wesen" zu bedenken.

Verschiedenheiten der Sätze nach ihrer inneren
Beschaffenheit

§ 132. *Einfache und zusammengesetzte Sätze*

Einfach nennt B. genau die Sätze, bei denen außer dem nach B. einfachen Begriff des Wortes *Hat* auch Unterlage und Aussageteil einfache Vorstellungen sind.

In der *1. Anm.* zu § 132 weist B. darauf hin, daß die Einteilung in einfache und zusammengesetzte Sätze sich auf Sätze an sich, nicht auf deren sprachlichen Ausdruck beziehe.

§ 133. *Begriffs- und Anschauungssätze*

Wie jemand auch über die Teile, aus welchen ein jeder Satz zusammengesetzt sein muß, denke; so wird er doch kaum in Abrede stellen, daß es auch Sätze, selbst wahre Sätze gebe, die bloß aus reinen Begriffen bestehen, ohne irgendeine Anschauung zu enthalten. Von dieser Art sind z. B. ganz offenbar die Sätze: Gott ist allgegenwärtig; Dankbarkeit ist eine Pflicht; die Quadratwurzel aus der Zahl Zwei ist irrational usw. Erst in der Folge werden wir sehen, wie Sätze von dieser Art, besonders wenn sie wahr sind, sich in sehr wesentlichen Stücken von andern, die auch Anschauungen enthalten, unterscheiden[1]). Ich finde deshalb eine Bezeichnung derselben mit einem eigenen Namen für die Zwecke der Wissenschaft unentbehrlich, und werde sie *Sätze aus reinen Begriffen, Begriffssätze* oder *Begriffsurteile*, und / wenn sie wahr sind, auch *Begriffswahrheiten* nennen. Alle übrigen Sätze, die also irgendeine oder etliche Anschauungen enthalten, mögen um eben dieses Umstandes willen *Anschauungssätze* heißen. Man nennt

[1] Cf. § 221.

sie auch wohl *empirische, Wahrnehmungssätze* u. dgl. So werde ich also z. B. die Sätze: „Dies ist eine Blume", „Sokrates war von Geburt ein Athener" Anschauungssätze nennen, weil sie ein jeder eine, ja auch wohl etliche Anschauungsvorstellungen enthalten.

Nach der *Anm.* zu § 133 hält B. die Einteilung in Begriffs- und Anschauungssätze deswegen für besonders wichtig, weil die Begründungsmethoden beider Satzarten verschieden sind: „Den Grund einer reinen Begriffswahrheit können wir immer nur in gewissen anderen Begriffswahrheiten suchen; der Grund einer Anschauungswahrheit aber kann wenigstens zum Teile auch in den Gegenständen liegen, auf welche sich die in ihr enthaltenen Anschauungen beziehen." Der behandelte Unterschied sei „schon von den ältesten Weltweisen erkannt und vielfältig besprochen worden". *Platon*, der schon den wichtigen Unterschied zwischen „reinen Begriffen" (νοήσεις) und „bloß empirischen Vorstellungen oder Anschauungen" (φαντασίαι) gemacht habe, sei nur deswegen nicht zum Schöpfer eines „eigenen Namens" für die Begriffs- und Anschauungssätze geworden, weil er „statt von Sätzen gewöhnlich nur von Begriffen und Vorstellungen sprach". Der Sache nach habe er die Begriffs- und Anschauungssätze bereits gekannt, so wenn er von der reinen Wissenschaft (ἐπιστήμη) verlange, „daß man ihre Lehrsätze nicht aus Erfahrungen, sondern aus bloßen Begriffen ableite". Von *Aristoteles* dagegen sei bekannt, „daß er die allgemeinen Sätze (προτάσεις καθόλου, und das sind wohl nur die Sätze aus reinen Begriffen) von anderen unterschieden (wie z. B. *Anal. post.* I 7), und darauf gedrungen habe, daß man nicht glauben möge, dergleichen Sätze aus solchen, die bloß Vergängliches (φθαρτόν, empirische Dinge, Anschauungen) zu ihrem Gegenstande haben, gehörig erweisen zu können". Auch *Locke* habe den Unterschied deutlich gedacht, darüber hinaus eine Einteilung der Wissenschaften in solche, denen nur Begriffsätze, und solche, denen nur Anschauungssätze zugehören, vorgenommen und behauptet, „daß die ersteren eine völlige Gewißheit, die letzteren immer nur Wahrscheinlichkeit gewährten"[2]. B. führt dazu aus: „Obgleich ich nun dieser Behauptung nicht unbedingt beipflichten kann; so deucht mir doch, daß sie eine sehr richtige Ansicht von der Natur des Unterschiedes zwischen Begriffs- und Anschauungssätzen verrate. Alle Erfahrungsurteile nämlich (und diese machen den größten und wichtigsten Teil aller Anschauungsurteile aus) sind kraft ihrer Herleitung nur Wahrscheinlichkeitsurteile, weil sie aus einem Obersatze, der nur Wahrscheinlichkeit hat, entspringen. Begriffsurteile dagegen können nur

---

[2] Cf. *Essay* IV, insbes. Kap. 2, sowie 3, § 31.

zufälliger Weise, nämlich insofern bloße Wahrscheinlichkeit haben, als wir nicht völlig sicher sind, daß wir in ihrer Ableitung nicht etwa geirrt, oder wiefern wir sie aus bloßen Erfahrungen schöpfen. ... Die zwar den Alten schon bekannte, aber von ihnen noch nicht genugsam beachtete Einteilung unserer Erkenntnisse in solche, von deren Richtigkeit wir uns (wie man zu sagen pflegt) nur durch Erfahrung allein überzeugen können, und in andere, die keiner Erfahrung bedürfen, wurde besonders durch *Leibniz* und *Kant*, als eine der wichtigsten hervorgehoben. Nun trifft es sich aber, daß diese Einteilung unserer Erkenntnisse mit jener der Sätze in Begriffs- und Anschauungssätze beinahe zusammenfällt; indem die Wahrheit der meisten Begriffssätze durch bloßes Nachdenken ohne Erfahrung entschieden werden kann, während sich Sätze, die eine Anschauung enthalten, insgemein nur aus Erfahrungen beurteilen lassen. Daher geschah es denn, daß man den wesentlichen Unterschied zwischen diesen Sätzen nicht sowohl in der Beschaffenheit ihrer Bestandteile, als vielmehr in der Art, wie wir von ihrer Wahrheit oder Falschheit uns überzeugen können, zu finden glaubte, und die erstern sonach als solche, die ohne alle Erfahrung erkannt werden können, die letztern aber als solche, die der Erfahrung bedürften, erklärte, und demgemäß ihnen auch die Benennungen: Urteile *a priori* und *a posteriori* erteilte. (Man sehe z. B. die Einleitung zu *Kants Kr. d. r. V.*) Auch ich finde die Unterscheidung, die man hier macht, wichtig genug, um für immer beibehalten zu werden; allein ich glaube, daß man um ihretwillen nicht eine andere verdrängen sollte, die nicht auf dem bloßen Verhältnisse der Sätze zu unserem Erkenntnisvermögen, sondern auf ihrer inneren Beschaffenheit beruhet, nämlich die Unterscheidung derselben in solche, die aus bloßen reinen Begriffen zusammengesetzt sind, und in andere, bei denen dies nicht der Fall ist; ja ich erlaube mir zu behaupten, daß es im Grunde wirklich nur diese Einteilung gewesen, die man bei jener im Sinne gehabt, sich dessen deutlich bewußt zu werden. Denn wenn dasjenige, was man sich unter der Benennung: „Urteile *a priori*" dachte, wirklich ganz richtig angegeben würde durch die Erklärung, daß es Erkenntnisse wären, welche von aller Erfahrung unabhängig sind: dann wäre es wohl kaum nötig gewesen, zu dieser Erklärung alsbald noch ein Paar Merkmale hinzuzufügen, an welchen Urteile *a priori* erkennbar sein sollten, die *Notwendigkeit* nämlich und die *Allgemeinheit*. Ob nun ein Satz streng allgemein sei oder nicht, und ob man sagen könne, daß jenes Prädikat, welches er dem Subjekte beilegt, diesem mit Notwendigkeit zukomme oder nicht, das alles sind Umstände, die von der inneren Beschaffenheit des Satzes selbst abhängen, und sein zufälliges Verhältnis zu unserem Erkenntnisvermögen ganz und gar nicht betreffen. Auch ist fast nicht zu zweifeln, daß *Kant*, da er ausdrücklich sagt, daß alle mathematischen Sätze zu den Urteilen *a priori* gehören, zu dieser Art von

Urteilen auch dergleichen mathematische Sätze gezählt haben würde, die wir bei unserer gegenwärtigen Beschränktheit nicht zu erkennen vermögen, z. B. eine Formel, nach der sich alle Primzahlen ableiten ließen; und daß er im Gegenteil gewisse andere Sätze, z. B. die Beantwortung der Frage, was die Bewohner des Uranus jetzt eben tun, den empirischen Sätzen beigezählt hätte, obgleich es keine Erfahrungen gibt, welche uns zur Entscheidung dieser Frage führen." Im gleichen Zusammenhang erwähnt B. ferner, daß Allgemeinheit und Notwendigkeit als Kennzeichen der apriorischen Urteile „untauglich" sind, weil sie sich nur auf wahre Sätze anwenden lassen. Auch gebe es nichtallgemeine apriorische Sätze, z. B. den partikulären Satz: „Einige Zahlen sind Primzahlen". In § 182 werde gesagt, „daß der Begriff der *Notwendigkeit,* wenn er erklärt werden soll, die Unterscheidung zwischen Wahrheiten *a priori* und andern schon voraussetze".

§ 134. *Abstrakte und konkrete Sätze*

Ist die Unterlage in einem Satz konkret bzw. abstrakt (cf. § 60), so nennt B. den Satz selbst *konkret* bzw. *abstrakt.*

§ 135. *Sätze mit Inbegriffsvorstellungen*

B. behandelt Sätze, in welchen Unterlage bzw. Aussageteil Vorstellungen sind, die den Begriff eines Inbegriffs enthalten. Er überträgt zunächst die §§ 82—88 getroffenen Unterscheidungen auf Sätze. Ferner definiert er als „Aussagen einer *Gleichheit,* auch wohl *Vergleichungen* oder *Gleichsetzungen*" (cf. § 91, Anm. 2) Sätze, „durch die wir aussagen, daß eine gewisse Beschaffenheit *m* mehreren Gegenständen *A, B, C, D,* ... gemeinschaftlich zukommt". Er vermutet, die „allgemeine Form" dieser Aussagen sei: „Das Verhältnis der Beschaffenheit *m* zu den Gegenständen *A, B, C, D,* ... ist das Verhältnis einer gemeinsamen Beschaffenheit zu ihren Gegenständen". Auf analoge Normalformen bringt er „Aussagen eines Unterschiedes" oder „*Unterscheidungssätze*", Aussagen, „daß eine gewisse Beschaffenheit *m* einem oder mehreren Gegenständen *A, B, C, D,* ... *m* ausschließlich zukomme", oder „*Bestimmungssätze*", und „Aussagen einer Ähnlichkeit" (im „mathematischen Sinn": cf. § 91, Zus.fassg. zur 4. Anm. B.'s).

In der *Anm.* zu § 135 erwähnt B., die Ausdrücke: „*A* gleichet dem *B*" und „*A* ist ähnlich dem *B*" hätten „den Anschein erzeugt, als ob in solchen Sätzen der Begriff der Gleichheit oder beziehungsweise der Ähnlichkeit das Bindeglied, die Vorstellungen *A* und *B* aber, die eine die Subjekt-, die andere die Prädikat-Vorstellung wären". B. macht dagegen geltend, daß diese Deutung des Gleichheits- bzw. Ähnlichkeitsbegriffs den Fall, daß Gleichheit und Ähnlichkeit auch von mehr als zwei Gegenständen ausgesagt werden, nicht berücksichtige; außerdem würden die (beiden) Glieder der Gleichheit hier ohne logischen Grund asymmetrisch behandelt.

§ 136. Sätze mit verneinenden Vorstellungen

Cf. § 89. B. erwähnt zunächst *Sätze mit verneinender Subjektvorstellung* und untersucht dann, ob „der Begriff der Verneinung, wie so viele Logiker glauben, auch mit der Kopula der Sätze eine Vereinigung eingehen" könne: Man dürfe hier nicht nach dem „Anschein" des Sprachgebrauchs gehen; wie die Bestimmungen der Wahrscheinlichkeit, Notwendigkeit und Zufälligkeit sage auch die Verneinung „nicht ein Verhältnis zwischen dem Subjekte und Prädikate des Satzes, sondern eine *dem Satze selbst* zukommende Beschaffenheit" aus. Das trete bei Sätzen, deren Subjektsvorstellung nur einen Gegenstand hat („Cajus hat nicht Witz"), noch nicht deutlich hervor, wohl aber bei Sätzen mit Subjektvorstellungen, die mehrere Gegenstände umfassen. In diesem Fall dürfe man nämlich Ausdrücke der Form: „Jedes A hat nicht b (Omne A non habet b)" nur als *Verneinung des Satzes:* „Jedes A hat b" auffassen, also in der Bedeutung, „daß nicht ein jedes A ein B sei, keineswegs aber, daß auch nicht ein einziges A ein B sei". „Omne A — non habet — b" müßte dagegen „den Sinn haben, daß die Beschaffenheit b *jedem A* abzusprechen sei". Selbst bei Sätzen der Art: „Cajus hat nicht Witz" werde die Verneinung bei deutlichem Ausdruck nicht zur Kopula, sondern ins Prädikat gestellt („Cajus — hat — keinen Witz"). B. fährt hier fort: „Dies Beispiel zeigt uns zugleich, in welchem Teile des Satzes wir den Begriff der Verneinung in allen den Fällen, wo man denselben bisher fälschlich zur Kopula bezogen hat, zu suchen haben: Im Aussageteile. Alle Sätze, bei deren Ausdrucke wir uns der Form: ‚A hat nicht b' zu bedienen pflegen, oder bedienen können, sagen nichts anderes als den *Mangel* der Beschaffenheit b aus, oder wir können sie, wenn die Bestandteile derselben deutlicher hervortreten sollen, auch so ausdrücken: A — hat — Mangel an b." Das „Absprechen einer Beschaffenheit" sei von dem „Beilegen" nur dadurch unterschieden, „daß es ein Beilegen einer solchen Beschaffenheit ist, die als der Mangel einer anderen vorgestellt wird". „Durch den Mangel des Mangels" komme „die ursprüngliche Beschaffenheit selbst wieder zum Vorscheine". B. vermutet, daß die Vorstellung: *Mangel an b* nicht nur „die Vorstellung b und die Vorstellung einer gewissen Verneinung", sondern außerdem den Begriff der Beschaffenheit enthalte und am besten durch die Worte: „Beschaffenheit Nicht b" wiedergegeben werde: Es gebe nämlich Vorstellungen (z. B. Nichts = Nicht Etwas), die aus anderen Vorstellungen „durch alleinige Verbindung mit dem Begriffe der Verneinung entstehen", aber gegenstandslos sind und daher auch keine Beschaffenheit vorstellen". Die *verneinenden* Sätze schlechthin bestimmt B. damit als Sätze der Form: „*A* — hat — die Beschaffenheit Nicht *b*"; alle anderen Sätze will er *bejahend* nennen.

In der *1. Anm.* zu § 136 fragt sich B., ob nicht die „allgemeine Form aller Sätze" im Gegensatz zu § 127 durch: „*A* — hat — die Beschaffenheit *b*" dargestellt werden müsse, hält jedoch den Zusatz „die Beschaffenheit" nicht für notwendig. Dies zeige sich etwa am Fall der *einfachen* Beschaffenheitsvorstellungen.

§ 137. *Verschiedene Sätze, die von Vorstellungen handeln, und zwar a) Aussagen der Gegenständlichkeit einer Vorstellung*

B. hebt die Sätze, die von *Vorstellungen* und von *ganzen Sätzen* handeln, als „eine höchst merkwürdige Gattung von Sätzen" hervor.[1]) Bei den Sätzen, die als Gegenstand „eine bloße *Vorstellung*" haben, so führt B. aus, müsse die Subjektvorstellung eine „Vorstellung *von* einer Vorstellung", d. h. eine *symbolische* Vorstellung sein (cf. § 90). Als wichtiges Beispiel erwähnt B. zunächst Sätze der Form: „*Die Vorstellung A* — hat — *Gegenständlichkeit*". Zu diesen zählt er auch diejenigen „Sätze, deren sprachlicher Ausdruck die Form: ,*Es gibt ein A*' hat"[2]). „Es gibt ein oberstes Sittengesetz" heißt nach B.: „Die Vorstellung des obersten Sittengesetzes hat Gegenständlichkeit". Ebenso stellt er Sätze der Art: „*Ein gewisses A hat b*" oder „Gewisse *A* sind *B*" oder „Einige *A* sind auch *B*" unter die Form: „Die Vorstellung eines *A*, das die Beschaffenheit *b* hat, — hat — Gegenständlichkeit". Cf. §§ 172 ff.

§ 138. *b) Verneinungen der Gegenständlichkeit einer Vorstellung*

Zu den Sätzen der Form: „Die Vorstellung *A* — hat — keine Gegenständlichkeit" zählt B. auch Sätze, die sprachlich als „*Es gibt kein A*" ausgedrückt sind. Bei Sätzen der Art: „*Kein A ist B*" gebe es i. a. zwei Möglichkeiten der Interpretation: 1. „Die Vorstellung eines *A*, das auch ein *B* ist, hat keine Gegenständlichkeit", 2. „Jedes *A* ist ein Nicht *B*". Für den Fall, daß *A* gegen-

---

[1] Auf die Begriffsbildung der logistischen Semantik projiziert, handelt es sich um „metasprachliche" Aussagen, mit dem Vorbehalt von S. XXXIII.

[2] Der Existenzquantor ist somit bei B. „metasprachlich" interpretiert. Daß B. den Allquantor für überflüssig hält, geht aus § 57 hervor.

standslos sei oder sein könne, scheide die zweite Interpretation wohl aus (cf. Anm. 1 u. 4 zu § 154).

§ 139. c) Noch andere Sätze, welche den Umfang einer Vorstellung näher bestimmen

B. führt Sätze der Art: *„Es gibt mehrere A"*, „Es gibt nur ein A" u. a. auf Aussagen der Gegenständlichkeit einer Vorstellung zurück.

§ 140. d) Sätze über Verhältnisse zwischen mehreren Vorstellungen

B. bespricht Sätze über *Verträglichkeit* (cf. § 94), *Umfassen* (cf. § 95), *Gleichgültigkeit* (cf. § 96), *Unterordnung* (cf. § 97), *Verkettung* (cf. § 98), *Ausschließung* (cf. § 103), *Widerspruch* (cf. § 103, 3) und *Beiordnung* (cf. § 104) von Vorstellungen und führt Bezeichnungen dafür ein.

§ 141. Sätze, in welchen von anderen Sätzen gehandelt wird

B. erwähnt zunächst, daß die von ihm auszuführenden Einteilungen nicht nur für Sätze im eigentlichen Sinn, sondern auch für „bloße satzähnliche Verbindungen, bloße *Satzformen*" gelten, wenn man eine „Verbindung von Vorstellungen von der Form: ‚A hat b'", bei der A gegenstandslos ist, nicht eigentlich als Satz bezeichnen möchte[1]). — Das „Wichtigste ..., was wir an einem uns vorliegenden Satze A untersuchen können", sei, „ob er auch Wahrheit habe". B. führt dazu aus: „Beantworten wir uns diese Frage bejahend: so will ich das Urteil, das wir da fällen, eine *Bejahung* von A oder einen *Bejahungssatz* nennen. Antworten wir verneinend: so mag dies eine *Verneinung* von A, oder ein *Verneinungs-* oder *Berichtigungssatz* heißen. Die allgemeine Form aller Bejahungssätze wird also sein: ‚Der Satz A — hat — Wahrheit'; die allgemeine Form aller Verneinungssätze aber: ‚Der Satz A — hat — keine Wahrheit'. Ausdrücke, aus denen man die Bestandteile, welche ich mir in dieser Art von Sätzen denke, deutlich genug abnehmen kann. Nach ... § 136[2]) ... pflegt man

---

[1] B. selbst führt allerdings in § 146 den Begriff eines „gegenstandslosen Satzes" ein. Cf. auch § 127, 7. — Die Satzform in dem hier angegebenen Sinne hat mit dem Begriff der *Aussage-* oder *Satzform* in der mathematischen Logik (cf. Einleitung, S. XXXV) nichts zu tun.
[2] A: § 135.

Verneinungssätze häufig nur dadurch auszudrücken, daß man der Kopula oder dem Zeitworte des Satzes das Wörtlein Nicht beifügt. Z. B. statt zu sagen: ‚Der Satz, daß jeder Mensch tugendhaft sei, hat keine Wahrheit', sagt man kurz: ‚Jeder Mensch ist nicht tugendhaft'. Bezeichnet A einen Satz, so werde ich seine Verneinung, oder den Satz, daß A falsch sei, in der Folge öfters nur durch *Neg. A* bezeichnen."

§ 142. Daseinssätze

B. versteht unter *Daseinssätzen* Sätze der Form: „*A* — hat — Dasein" (z. B. „Gott ist") oder „*A* — hat — kein Dasein" (z. B. „Wahrheiten an sich haben kein Dasein"). Cf. §§ 19, Bem. c; 127, 1.

In einer 1. *Anm.* zu § 142 erklärt B. gegen *Kants* Auffassung, daß der Begriff des Daseins kein Prädikat sei: „Ich halte *Sein* oder *Wirklichkeit* in der Tat für das, wofür die Sprache es ausgibt, für eine Beschaffenheit; und wer dies leugnet, der (glaube ich) verwechselt die *Wirklichkeit* mit der *Substanz*. Unter der Substanz verstehe auch ich ein Wirkliches, das keine Beschaffenheit ist an einem andern Wirklichen; und somit gebe auch ich zu, daß man von keinem Gegenstande ein seinsollendes *Abstractum von Substanz*, zu dessen Bezeichnung man sich etwa das Wort *Substanzialität* gebildet hätte, mit Wahrheit prädizieren könne. Denn es liegt eben in dem Begriffe der Substanz, daß es eine solche Eigenschaft, wie man sie hier sich denkt, nicht gebe. So ist es aber meines Erachtens nicht mit der Wirklichkeit, die ich als eine bloße Beschaffenheit ansehe, und zwar als eine Beschaffenheit nicht nur der Substanz selbst, sondern auch jeglicher ihrer Beschaffenheiten, weil jede Beschaffenheit eines Wirklichen selbst etwas Wirkliches ist. Kann aber jede Beschaffenheit eines Gegenstandes demselben in einem Urteile von der Form: „*A* hat *b*" beigelegt werden: warum sollte es nicht auch die Beschaffenheit des Daseins? — So viel ist wenigstens gewiß: in Sätzen, darin wir die Wirklichkeit eines Gegenstandes, statt zu behaupten, *leugnen*, erscheinet der Begriff dieser Wirklichkeit im Prädikate. Denn kaum wird jemand behaupten, daß in dem Satze: „Wahrheiten an sich haben kein Dasein" der Begriff des Daseins in einem anderen Teile des Satzes als in dem Aussageteile erscheine. Kommt aber dieser Begriff bei den *verneinenden* Existenzialsätzen im Prädikate vor: müssen wir da nicht zugestehen, daß er auch bei den *bejahenden* im Prädikate erscheine? Das leuchtet auch bei derjenigen Art von Existenzialsätzen sehr ein, in welchen der Gegenstand, dessen Dasein ausgesagt wird, durch eine bloße *Anschauung* vorgestellt wird. Denn wer sollte zweifeln, daß in dem Satze: „Dies ist oder hat Dasein" irgendeine andere Vorstellung, als die Anschauung Dies die Stelle der Unterlage vertrete? Bildet aber diese die Unterlage des Satzes:

so bleibt für den Begriff des Daseins schon nichts anderes übrig, als daß wir ihn in den Aussageteil beziehen. — Hierbei will ich gar nicht in Abrede stellen, daß es auch Sätze gebe, die wie Aussagen eines Daseins oder Existenzialsätze klingen, und doch viel richtiger aufgefaßt werden, wenn man nicht den Begriff der Wirklichkeit, sondern einen ganz andern zu ihrem Aussageteile annimmt. Von dieser Art sind alle diejenigen Sätze, die der gemeine Sprachgebrauch durch ein: „A ist", oder: „Es gibt ein A" ausdrückt, wenn in der Vorstellung A der Begriff eines Wirklichen schon als Bestandteil, und zwar als Hauptteil vorkommt. Verstehen wir nämlich unter A eben nichts anderes als ein gewisses Wirkliche, das die Beschaffenheiten a', a'', ... hat: so würde der Satz: „A ist", wenn er so ausgelegt werden sollte, wie ich die eigentlichen Existenzialsätze in diesem Paragraph ausgelegt habe, folgenden Sinn erhalten: „Das Wirkliche, das die Beschaffenheiten a', a'', ... hat, hat Wirklichkeit"; und dieses ist allerdings ein zwar nicht falscher, aber doch unzweckmäßiger Satz, den wir kaum meinen, wenn wir die Worte: „A ist" aussprechen. Denn weil wir diese Worte gleichgeltend mit: „Es gibt ein A", gebrauchen: so erhellet aus § 137[1]), daß unser Satz eigentlich zu den Aussagen einer Gegenständlichkeit gehöre, und mithin nur den Sinn habe: „Die Vorstellung eines Wirklichen, das die Beschaffenheiten a', a'', ... hat, hat einen Gegenstand"."

In der 2. Anm. zu § 142 spricht B. die Vermutung aus, daß der Begriff, der durch die Worte *Dasein, Sein* oder *Wirklichkeit* ausgedrückt werde, *einfach* sei. Das „Dasein eines Dinges" als „die Beschaffenheit desselben, durch die es *wirket*", zu definieren, hält B. nicht für sinnvoll, „weil der Begriff des Wirkens jenen der Wirklichkeit oder des Seins schon in sich schließt" (cf. §§ 168, 201).

§ 143. *Sätze, die eine psychische Erscheinung aussagen*

B. versteht unter „den *psychischen Erscheinungen* überhaupt Wirkungen, die eine Seele (irgendein einfaches Wesen als solches) hervorbringt". Er unterscheidet „sechs Arten derselben, von welchen fünf das Gemeinsame haben, daß sie in der Substanz, die sie hervorbringt, auch selbst *vorhanden* sind, während die letzte in einer Wirkung besteht, welche die Seele in andern sie nur umgebenden Substanzen hervorbringt": 1. *subjektive Vorstellung* (cf. § 48); 2. *Urteilen* (cf. § 34); 3. *Empfindung* (nach B.'s Vermutung eine „nur aus Vorstellungen" entspringende „gewisse sie begleitende Annehmlichkeit oder Unannehmlichkeit"); 4. *Wünschen, Verlangen* oder *Begehren* (entstehen aus der Vorstellung eines Gegenstandes, von dem wir urteilen, daß er „uns eine angenehme Empfindung verursachen würde"); 5. *Wollen*

---

[1] A: § 136.

(kann sich nicht nur, wie das Wünschen, auf Angenehmes, sondern auch auf Unangenehmes, lediglich *Gesolltes* beziehen);
6. *Handeln* oder *Tun* („jede Veränderung, die wir durch unser Wollen entweder in unserer eigenen Seele, oder in gewissen, auch von uns verschiedenen Substanzen, zunächst etwa in den Organen unseres Leibes, durch diese sodann in andern, uns umgebenden Gegenständen, bewirken").

Von Sätzen, die psychische Erscheinungen ohne Angabe eines bestimmten Bewußtseinssubjektes aussagen (z. B. der *„Aufgabesatz"*: „Es wird verlangt, eine Maschine zu erfinden, durch deren Hilfe der Mensch in der Luft fliegen könnte", nach B. gleichbedeutend mit: „Die Vorstellung eines Verlangens, daß jemand eine Maschine erfinde usf., hat Gegenständlichkeit"), unterscheidet B. Sätze, die er sich in der Form: „A — hat — die Vorstellung B", „A — hat (oder bringt hervor) — die Handlung G" usf. „logisch aufgefaßt denke".

§ 144. *Sittliche Sätze, und einige verwandte*

B. hält den Begriff des *Sollens* für einfach. Er könne sich daher „nicht durch eine Erklärung (Zerlegung desselben in seine Teile) ... über ihn verständigen". Der Begriff des Sollens in der B.'schen Bedeutung „erstreckt sich nur auf Handlungen, oder vielmehr auf bloße *Willensentschließungen* vernünftiger Wesen, auf diese aber auch ohne Ausnahme; so zwar, daß sich von einer jeden Willensentschließung eine gewisse Beschaffenheit, welche sie haben *soll,* angeben läßt". Das Sollen wird von B. „in einer so weiten Bedeutung" genommen, „daß sich von einer jeden Willensentschließung, die *sittlich gut* genannt wird, mag sie nun eine bestimmte Pflicht und Schuldigkeit, oder nur etwas Löbliches und Verdienstliches heißen, sagen läßt, daß sie gefaßt werden *solle"* (also nicht nur: „man soll nicht lügen", sondern auch: „man soll wohltätig sein"). Weiter führt B. aus: „Wenn es kein Sollen gibt, das uns eine gewisse Handlung zu unterlassen gebietet: so sagt man, daß wir sie *dürfen*. Das Dürfen einer Handlung ist also das Nichtsollen ihrer Unterlassung. Sätze, die aussagen, daß jemand etwas tun oder nicht tun, richtiger nur wollen oder nicht wollen soll, nenne ich *Aussagen eines Sollens,* auch *sittliche,* oder mit einer von *Kant* entlehnten Benennung *praktische* Sätze. Ihre allgemeine Form ist, wie ich glaube: *A* soll *B,* oder noch deutlicher: *A* — hat — ein Sollen des *B*. Zur Wahrheit eines solchen Satzes wird (wie sich von selbst versteht) erfordert, daß sich die Vorstellung *A* auf ein vernünftiges Wesen beziehe, und *B* die Vorstellung einer gewissen Handlung, oder vielmehr nur eines gewissen Willensentschlusses sei." Sätze, bei denen das Subjekt des Sollens nicht näher bestimmt ist, führt B. auf Sätze über die Gegenständlichkeit von Vorstellungen zurück: Cf. die Deutung der Aufgabensätze § 143.

In der *Anm.* zu § 144 erklärt B. u. a.: „Obgleich man das Sollen öfters eine Art sittlicher Notwendigkeit genannt hat: so darf doch niemand glauben, daß dieser Ausdruck als eine Erklärung jenes Begriffes angesehen werden könnte. Denn das Wort *Notwendigkeit* wird hier offenbar nur in einem uneigentlichen Sinne genommen; und in dem Worte ‚sittlich' liegt der Begriff des Sollens versteckt."

§ 145. Fragesätze

B. zählt auch die Fragen zu den Sätzen (cf. § 22) und versteht unter einer *Frage* „jeden beliebigen Satz, in welchem ausgesagt wird, daß man die Angabe einer Wahrheit verlange, die man durch eine gewisse Beschaffenheit, welche sie haben soll, näher bezeichnet hat". Demnach seien die Fragen „Sätze, die das Vorhandensein eines gewissen Verlangens oder Wunsches aussagen, ohne daß eben das Wesen, in welchem sich dieser Wunsch befindet, mit angegeben werden müßte", und den *Aufgaben* (cf. § 143) beizuzählen. Unter der *Angabe* der in der Frage verlangten Wahrheit kann man nach B. „wohl kaum etwas anderes als die Anregung dieses Satzes in dem Gemüte eines denkenden Wesens, etwa durch sprachlichen Ausdruck ... verstehen". „Denn ein Verlangen kann sich doch immer nur darauf, daß etwas werde, oder nicht werde, also auf etwas, das Wirklichkeit hat oder doch annehmen kann, beziehen. Sätze an sich aber haben bekanntlich und können kein Dasein annehmen; sondern nur ihre Erscheinung in dem Gemüte oder ihr Ausdruck durch Sprache kann zur bestimmten Zeit zur Wirklichkeit gelangen. — Gibt es keine Wahrheiten mit der in der Frage verlangten Beschaffenheit, so heißt die Frage für Bolzano „unmöglich", „imaginär" oder „ungereimt" (z. B. „Wer ist der Urheber Gottes?" ist ungereimt, wenn diese Frage Antworten der Form „*A* ist der Urheber Gottes" verlangt).

§ 146. Gegenstandslose und gegenständliche, Einzel- und allgemeine Sätze

B. macht die in der Überschrift genannten Unterscheidungen in Abhängigkeit davon, ob die Subjektvorstellung eines Satzes gegenstandslos, gegenständlich, Einzel- oder allgemeine Vorstellung ist.

§ 147. Begriff der Gültigkeit eines Satzes

Daß man die Sätze in *wahre* und nicht wahre, die man auch *falsche* nennt, einteilen könne, ist so bekannt und schon so oft auch in diesem Buche vorausgesetzt worden, daß wir uns hierorts begnügen können, es nur zu berühren. Unleugbar aber ist jeder gegebene Satz nur eines von jenen beiden allein und solches fortwährend; entweder wahr und dieses dann für immer, oder falsch und dieses abermals für immer (§ 125.); es sei denn, daß wir etwas an ihm *verändern*, also nicht mehr ihn selbst, sondern schon einen anderen Satz an seiner Statt betrachten. Dies letztere tun wir oft, ohne uns dessen deutlich bewußt zu sein; und eben hierin liegt eine der Ursachen, welche den Anschein erzeugen, als ob derselbe Satz bald wahr, bald falsch sein könne, je nachdem wir ihn auf verschiedene Zeiten, Orte und Gegenstände beziehen. So sagen wir, daß der Satz: „Der Eimer Wein kostet 10 Rtlr." an diesem Orte und zu dieser Zeit wahr, an einem andern Ort oder zu einer andern Zeit aber falsch sei; ingleichen daß der Satz: „Diese Blume riecht angenehm" wahr oder falsch sei, je nachdem wir das Dies auf eine Rose oder Stapelie beziehen usw. Allein wer sieht nicht, daß es nicht in der Tat ein und derselbe Satz sei, der dies verschiedene Verhalten zur Wahrheit an den Tag legt, sondern daß wir der Sätze mehrere betrachten, die nur das Eigene haben, daß sie aus einerlei gegebenem Satze entspringen, indem wir (völlig auf eben die Art, wie wir es §§ 69 u. 108 bei den Vorstellungen taten) gewisse Teile darin als veränderlich ansehen, und sie bald mit diesen, bald jenen Vorstellungen vertauschen? In dem ersten Beispiele ist es die stillschweigend hinzugedachte Bedingung der Zeit und des Ortes, welche, je nachdem sie bald diese, bald eine andere ist, bald einen wahren, bald einen falschen Satz erzeugt. In dem zweiten Beispiele ändern wir die durch das Wort *Dies* bezeichnete Vorstellung, wenn wir den Satz einmal auf eine Rose, einmal auf eine Stapelie beziehen, und haben sonach nicht denselben, sondern zwei wesentlich verschiedene Sätze vor uns. Wenn wir aber, wie diese Beispiele zeigen, oft ohne uns dessen selbst deutlich bewußt zu sein, gewisse Vorstellungen in einem gegebenen Satze als veränderlich annehmen, und dann das Verhalten betrachten, das dieser Satz gegen die Wahrheit befolgt, indem wir die Stelle jener veränderlichen Teile mit was immer für anderen Vorstellungen ausfüllen: so verlohnet es sich der Mühe, dies auch mit deutlichem Bewußtsein und in der bestimmten Absicht zu tun, um die Natur gegebener Sätze durch die Beobachtung dieses Verhaltens derselben gegen die Wahrheit desto genauer kennenzulernen. Betrachten wir nämlich an einem gegebenen Satze nicht bloß, ob er selbst wahr oder falsch sei, sondern welch ein Verhalten zur Wahrheit auch alle diejenigen Sätze befolgen, die sich aus ihm entwickeln, wenn wir gewisse, in ihm vorkommende Vorstellungen als veränderlich annehmen, und uns erlauben, sie mit was immer für andern Vorstellungen zu vertauschen: so leitet uns dies auf die Entdeckung mancher überaus merkwürdiger Beschaffenheiten der Sätze. Wenn wir z. B. in dem Satze: „Der Mensch Cajus ist sterblich" die Vorstellung Cajus als eine willkürlich abzuändernde ansehen, und somit an ihre Stelle was immer für andere Vorstellungen setzen, z. B. Sempronius, Titus, Rose, Dreieck usw.: so zeigt sich hier das Besondere, daß alle neuen Sätze, die so zum Vorscheine kommen, durchgängig wahr sind, sooft sie nur überhaupt Gegenständlichkeit haben, d. h. sooft die Vorstellung, welche die Unterlage in ihnen bildet, eine eigentliche Gegenstandsvorstellung wird[1]). Denn wenn wir an die Stelle der / Vorstellung Cajus Vorstellungen setzen, die wirkliche Menschen bezeichnen, z. B. Sempronius, Titus: so entsteht immer ein wahrer Satz; setzen wir aber eine andere Vorstellung, z. B. Rose, Dreieck, so kommt ein Satz zum Vorschein, der nicht nur keine Wahrheit, sondern nicht einmal Gegenständlichkeit hat. Daß dieser Erfolg nicht eintreten würde, wenn der gegebene Satz ein anderer wäre, läßt sich leicht einsehen. So würde z. B., wenn der Satz so lautete: „Der Mensch Cajus ist allwissend", das gerade Gegenteil eintreten; jeder der Sätze, die durch was immer für einen Austausch der Vorstellung Cajus mit einer andern zum Vorschein kommen, würde der Wahrheit ermangeln. Würde dagegen der Satz ursprünglich so lauten: „Das Wesen Cajus ist sterblich"; dann würde es unter den Sätzen, welche auf die beschriebene Weise erzeugt werden können,

---

[1] Cf. § 66, 2.

bald wahre, bald falsche, die gleichwohl gegenständlich sind, geben; je nachdem wir statt Cajus bald die Vorstellung von einem Wesen setzten, welchem das Prädikat der Sterblichkeit zukommt, bald eine andere. Hieraus erhellet nun deutlich, daß das Verhalten zur Wahrheit, das alle jene Sätze beobachten, die sich durch Annahme eines oder etlicher willkürlich abzuändernder Teile aus einem gegebenen Satze erzeugen lassen, als eine Beschaffenheit angesehen werden dürfe, durch die uns die Natur dieses Satzes selbst bekannter gemacht wird.

Bei weitem die meisten Sätze sind aber so beschaffen, daß die aus ihnen sich entwickelnden weder insgesamt wahr, noch insgesamt falsch, sondern daß nur einige derselben wahr und andere falsch sind. Hier kann man denn also die Frage aufwerfen, *wie viele* der wahren und wie viele der falschen es gebe, oder in welchem Verhältnisse die Menge der einen zur Menge der anderen oder zur Menge aller stehe? — Wenn es inzwischen erlaubt bleiben soll, an die Stelle der als veränderlich zu betrachtenden Vorstellungen was immer für andere zu setzen: so wird die Menge der wahren sowohl als jene der falschen Sätze, die sich aus dem gegebenen erzeugen lassen, sobald nur erst einer da ist, jedesmal eine unendliche sein. Denn setzen wir, i' sei eine Vorstellung, die an die Stelle der veränderlichen i in den Satz A gebracht, ihn wahr (oder falsch) macht: so wird auch jede mit i' gleichgeltende Vor- / stellung vielleicht nicht immer, doch gewiß in den meisten Fällen eben dasselbe tun. Solcher gleichgeltender Vorstellungen aber gibt es (nach § 96) unendlich viele. Wollten wir also die Art der Vorstellungen, die an die Stelle der als veränderlich zu betrachtenden gesetzt werden sollen, nicht auf gewisse Weise beschränken: so dürfte sich das Verhältnis, darin die Menge der wahren oder der falschen Sätze zur Menge aller stehet, welche hier überhaupt erzeugt werden können, selten bestimmen lassen. Wenn wir dagegen eine gewisse Beschränkung einführen, und z. B. festsetzen, daß an die Stelle der als veränderlich zu betrachtenden Vorstellungen $i, j, \ldots$ nie solche gesetzt werden sollen, welche einander gleichgelten (in der Bedeutung des § 96 oder in der noch weitern des § 108);

wenn wir noch überdies verlangen, daß immer nur solche Vorstellungen ausgewählt werden, die einen gegenständlichen Satz zum Vorscheine bringen: dann wird die Menge der Vorstellungen, die noch gewählt werden dürfen, mithin auch die Menge der Sätze, die sich erzeugen lassen, beträchtlich vermindert werden; und es wird uns viel öfter als vorhin möglich werden, das Verhältnis, in welchem die Menge der wahren oder der falschen Sätze zur Menge aller stehet, durch Zahlen zu bestimmen. Wenn wir z. B. in dem Satze, „daß sich die mit der Nummer 8 bezeichnete Kugel unter denjenigen befinden werde, die man beim nächsten Lotto herausziehen wird", — die einzige Vorstellung 8 als veränderlich ansehen, aber verlangen, daß sie mit keiner Vorstellung, die einer bereits gewählten gleichgeltend ist, und überhaupt nur mit lauter solchen vertauschet werde, die einen gegenständlichen Satz bilden: so wird die Anzahl der sämtlichen Sätze, die so erzeugt werden können, = 90 sein, wenn jenes Lotto aus 90 Nummern besteht. Denn nun werden wir an die Stelle der 8 in dem gegebenen Satze nur eine der Zahlen 1 bis 90 setzen dürfen, weil jede andere Zahl oder Vorstellung, die wir an diese Stelle setzten, die Unterlage des Satzes, oder die Vorstellung: „die mit der Nummer X bezeichnete Kugel", in eine gegenstandslose Vorstellung verwandeln würde. Dies Beispiel zeigt uns zugleich, daß die Beschränkung, durch die wir die Menge der Sätze, welche sich aus einem gegebenen erzeugen lassen, auf eine geringere herabsetzen, öfters so eingerichtet werden / könne, daß sie gerade nur die Sätze übrig läßt, die uns in einer gewissen Rücksicht merkwürdig sind, und die wir eben vereinigt und abgezählt wissen wollen. So liegt uns z. B. gar nichts daran, was für verschiedene Sätze sich aus dem eben angeführten bloß dadurch herausbringen lassen, daß wir an die Stelle der Vorstellung 8 allerlei ihr gleichgeltende setzen; wohl aber nützt es uns zu wissen, wie viele verschiedene Sätze zum Vorscheine kommen, wenn man mit der hier angenommenen Einschränkung vorgehet; und besonders in welchem Verhältnisse die Menge der wahren Sätze, die so erscheinen, zu der gesamten Menge stehe. Dieses

2. Von den Sätzen an sich. §§ 121—184

Verhältnis nämlich bestimmt den Grad der Wahrscheinlichkeit, den der gegebene Satz unter gewissen Umständen annimmt. Es sei mir also erlaubt, den Begriff des Verhältnisses, in welchem die Menge der wahren Sätze, die sich aus einem gegebenen dadurch erzeugen lassen, daß man gewisse, in ihm als veränderlich zu betrachtende Vorstellungen nach einer gewissen Regel mit andern vertauschet, zur Menge aller steht, die so zum Vorscheine kommen, mit einer eigenen Benennung zu bezeichnen. Ich will es die *Gültigkeit* des Satzes nennen. Wieviel ein Satz *gelte*, oder wieviele Gültigkeit er habe, soll also ebensoviel heißen, als wie sich die Menge der wahren Sätze, die sich aus ihm entwickeln, wenn man gewisse, in ihm als abänderlich zu betrachtende Vorstellungen nach einer gegebenen Regel mit andern vertauschet, zur Menge aller verhalte. Der Grad dieser Gültigkeit wird sich durch einen Bruch darstellen lassen, dessen Zähler sich zu dem Nenner, wie die erste Menge zur letzten verhält. So ist z. B. der Grad der Gültigkeit des vorigen Satzes $\frac{5}{90} = \frac{1}{18}$, wenn man der Kugeln fünf hervorzieht; denn dann gibt es unter den sämtlichen 90 Sätzen, die hier zum Vorschein kommen, nur eben 5, die wahr sind.

Es verstehet sich von selbst, daß die Gültigkeit eines und eben desselben Satzes verschieden ausfallen muß, je nachdem man bald diese, bald jene, bald nur eine einzige, bald mehrere Vorstellungen in ihm als veränderlich ansieht. So hat z. B. der Satz: „Dies Dreieck hat drei Seiten" die Beschaffenheit, daß er fortwährend wahr bleibt, sofern es die einzige Vorstellung Dies ist, die man in ihm als veränderlich ansieht, / vorausgesetzt, daß man nur solche Vorstellungen an ihre Stelle bringt, die einen gegenständlichen Satz erzeugen; sehen wir aber neben der Vorstellung Dies auch noch die Vorstellung Dreieck, oder statt beider die Vorstellung Seite allein als veränderlich an, dann wird der Grad seiner Gültigkeit ganz anders ausfallen. Um also den Grad der Gültigkeit eines Satzes gehörig beurteilen zu können, muß man uns jederzeit angeben, welche Vorstellungen in ihm als die veränderlichen betrachtet werden sollen.

Wenn der Satz A von einer solchen Beschaffenheit ist, daß die Sätze, die sich aus ihm entwickeln lassen, wenn nur die Vorstellungen $i, j, \ldots$ allein als veränderlich angesehen, und nur lauter gegenständliche Sätze gebildet werden dürfen, insgesamt wahr sind: so ist der Grad seiner Gültigkeit in Hinsicht auf $i, j, \ldots$ der größte, den es nur gibt, $= 1$; und wir können den Satz einen *allgemein-* oder *vollgültigen* nennen. Wenn im entgegengesetzten Falle die sich aus A entwickelnden Sätze insgesamt falsch sind: so ist der Grad seiner Gültigkeit der kleinste, den es nur geben kann, $= 0$; wir können deshalb sagen, daß es ein *allgemein* oder *durchaus ungültiger* Satz sei. Die vollgültigen Sätze könnte man auch Sätze, die ihrer *ganzen Art* oder *Form nach wahr*, die durchaus ungültigen, Sätze, die ihrer ganzen Art oder Form nach *falsch* sind, nennen, wenn man sich unter der *Art*, von welcher man hier spräche, den Inbegriff aller derjenigen Sätze dächte, die sich nur durch die Vorstellungen $i, j, \ldots$ unterscheiden.

Wenn der Satz A seiner ganzen Art nach wahr oder falsch ist, hinsichtlich auf die Vorstellungen $i, j, \ldots$: so stellt dagegen die Verneinung von A oder der Satz: „A ist falsch" einen Satz vor, der in derselben Hinsicht seiner ganzen Art nach falsch oder wahr ist.

Auf eine ähnliche Weise, wie § 66[1]) gezeigt wurde, daß der *Umfang der Vorstellungen* als eine innere Beschaffenheit derselben angesehen werden müsse, erhellet, daß auch die Gültigkeit eines Satzes eine innere Beschaffenheit desselben sei. /

§ 148. *Analytische und synthetische Sätze*

1) Aus dem vorigen Paragraph ist zu ersehen, daß es Sätze gibt, die ihrer ganzen Art nach wahr oder falsch sind, wenn man gewisse Teile derselben als veränderlich annimmt; daß aber derselbe Satz, dem diese Beschaffenheit zukommt, wenn es nur eben die Vorstellungen $i, j, \ldots$ sind, die man in ihm als veränderlich annimmt, sie nicht auch dann noch behalte, wenn man andere oder mehr

[1] Cf. dort Nr. 4.

Vorstellungen als veränderlich voraussetzt. Insonderheit ist leicht zu begreifen, daß kein Satz so gebildet sein könne, daß ihm die Beschaffenheit, von der wir jetzt sprechen, bliebe, auch wenn wir *alle* Vorstellungen, aus denen er bestehet, als veränderlich ansehen wollten. Denn dürften wir alle in einem Satze befindliche Vorstellungen nach Belieben abändern: so könnten wir ihn in jeden beliebigen andern verwandeln, und folglich gewiß bald einen wahren, bald einen falschen Satz aus ihm machen. Wenn es aber auch nur eine *einzige* Vorstellung in einem Satze gibt, welche sich willkürlich abändern läßt, ohne die Wahr- oder Falschheit desselben zu stören; d. h. wenn alle Sätze, die durch den Austausch dieser Vorstellung mit beliebigen andern zum Vorscheine kommen, entweder insgesamt wahr oder insgesamt falsch sind, vorausgesetzt, daß sie nur Gegenständlichkeit haben: so ist schon diese Beschaffenheit des Satzes merkwürdig genug, um ihn von allen, bei denen dies nicht der Fall ist, zu unterscheiden. Ich erlaube mir also, Sätze dieser Art mit einem von *Kant* entlehnten Ausdrucke *analytische*, alle übrigen aber, d. h. bei denen es nicht eine einzige Vorstellung gibt, die sich ihrer Wahr- oder Falschheit unbeschadet willkürlich abändern ließe, *synthetische Sätze* zu nennen. So werde ich z. B. die Sätze: „Ein Mensch, der sittlich böse ist, verdienet keine Achtung", und: „Ein Mensch, der sittlich böse ist, genießet gleichwohl einer fortwährenden Glückseligkeit" ein Paar analytische Sätze nennen; weil es in beiden eine gewisse Vorstellung, nämlich die Vorstellung Mensch gibt, die man mit jeder beliebigen andern, z. B. Engel, Wesen usw., dergestalt austauschen kann, daß der erste (sofern er nur Gegenständlichkeit hat) jederzeit / wahr, der zweite jederzeit falsch bleibt. In den Sätzen dagegen: „Gott ist allwissend", „ein Dreieck hat zwei rechte Winkel" wüßte ich nicht eine einzige Vorstellung nachzuweisen, welche in ihnen willkürlich abgeändert werden könnte, mit dem Erfolge, daß jener beständig wahr, dieser beständig falsch verbliebe[2]). Dies wären mir sonach Beispiele von synthetischen Sätzen.

---

[2] Offenbar ist gemeint: mit dem Erfolge, daß einer dieser Sätze beständig wahr oder beständig falsch verbliebe.

2) Einige sehr allgemeine Beispiele von analytischen Sätzen, die zugleich wahr sind, haben wir an folgenden Sätzen: „*A* ist *A*"; „*A*, welches *B* ist, ist *A*"; „*A*, welches *B* ist, ist *B*"; „Jeder Gegenstand ist entweder *B* oder Nicht *B*" usw. Die Sätze der ersten Art, oder die unter der Form: „*A* ist *A*", oder: „*A* hat (die Beschaffenheit) *a*" enthalten sind, pflegt man mit einem eigenen Namen *identische*, auch *tautologische* Sätze zu nennen.

3) Die Beispiele von analytischen Sätzen, die ich soeben anführte, unterscheiden sich von jenen der Nr. 1. darin, daß zur Beurteilung der analytischen Natur der erstern durchaus keine anderen als logische Kenntnisse notwendig sind, weil die Begriffe, welche den unveränderlichen Teil in diesen Sätzen bilden, alle der Logik angehören; während es zur Beurteilung der Wahr- oder Falschheit der Sätze von der Art der Nr. 1. ganz anderer Kenntnisse bedarf, weil hier Begriffe, welche der Logik fremd sind, einfließen. Dieser Unterschied hat freilich sein Schwankendes, weil das Gebiet der Begriffe, die in die Logik gehören, nicht so scharf begrenzt ist, daß sich darüber niemals einiger Streit erheben ließe. Zuweilen könnte es gleichwohl von Nutzen sein, auf diesen Unterschied zu achten; und so könnte man die Sätze der Art wie Nr. 2. *logisch* analytische oder analytische in der *engeren* Bedeutung; jene der Nr. 1. dagegen analytische in der *weitern* Bedeutung nennen.

1. Anm. zu § 148: „Die Beurteilung, ob ein in seinem sprachlichen Ausdrucke gegebener Satz analytisch oder synthetisch sei, fordert oft etwas mehr als einen bloß flüchtigen Hinblick auf seine Worte. Es kann ein Satz zu den analytischen, wohl gar zu den logisch analytischen, selbst den identischen gehören, ohne daß es sein wörtlicher Ausdruck gleich anzeigt; und wieder kann mancher Satz, der seinen Worten nach ganz wie ein analytischer, ja identischer lautet, dem Sinne nach doch synthetisch sein. So möchte man es dem Satze: „Jede Wirkung hat ihre Ursache" nicht auf der Stelle ansehen, daß er identisch, oder auf jeden Fall doch analytisch sei, wie er das wirklich ist. Denn da man unter einer Wirkung immer nur etwas, das durch ein anderes bewirket ist, und unter der Redensart: „eine Ursache haben" soviel als: „durch ein anderes bewirket sein" verstehet: so hat jener Satz eigentlich nur den Sinn: „Was durch ein anderes bewirket ist, ist durch ein anderes bewirket". — Ein Gleiches gilt von den Sätzen: „Wenn A größer ist als B, so ist B kleiner als A"; „wenn $P = M \cdot m$, so ist $M = \dfrac{P}{m}$" u. v. a. Von der anderen Seite gibt es manche im geselligen Leben sogar zum Sprichworte erhobene Sätze, die ganz analytisch oder selbst tautologisch lauten, ohne es doch wirklich zu sein. So heißt es z. B. gar oft: „Was schlecht ist, ist schlecht"; und seinem Buchstaben nach ist dieses allerdings eine leere Tautologie. Was man sich aber bei diesen Worten eigentlich denkt, und durch sie auch zu verstehen geben will, dürfte etwas ganz anderes, und in verschiedenen Verhältnissen auch sehr Verschiedenes sein. Der eine dürfte, indem er so spricht, andeuten wollen, daß er sich nicht entschließen könne, das, was er schlecht findet, für etwas anderes als für schlecht zu erklären; ein anderer dürfte die Absicht haben, uns zu Gemüte zu führen, daß die Bemühung, das Schlechte zu beschönigen, eine vergebliche Bemühung sei, weil man es über kurz oder lang doch immer als das, was es ist, erkenne; usw. Ebenso ist der Satz, den *Leibniz* (*Nouv. Ess.* L. IV. Ch. 8) als ein Beispiel identischer (oder vielmehr analytischer) Sätze, „die nicht unnütz wären", anführet: „Auch ein gelehrter Mensch ist ein Mensch", — in dem Sinne, in dem man ihn auslegt, wenn man ihn nützlich findet, nicht analytisch. Dann nämlich legt man ihn aus: Auch ein Gelehrter sei noch fehlbar. Ein Gleiches gilt von dem zweiten Beispiele Leibnizens: *Cuivis potest accidere, quod cuiquam potest.* So war auch des Pilatus: ὃ γέγραφα, γέγραφα keine Tautologie, sondern hatte den Sinn: Was ich geschrieben habe, will ich nicht abändern ...."

86 In der *4. Anm.* zu § 148 führt B. aus: „Einen Unterschied, demjenigen, den ich hier zwischen analytischen und synthetischen Sätzen mache, mehr oder weniger ähnlich, kannten schon alte Logiker. So gab es z. B. *Aristoteles* (*Soph.* c. 3) als einen Fehler an, in den uns die Kunst der Sophisten zu stürzen sucht:
87 τὸ πολλάκις ταὐτὸ λέγειν[3]). *Locke* (*Ess.* B. 4. Ch. 8.) stellt den Begriff *spielender* Sätze (*trifling propositions*[4])) auf, die er als solche erklärt, die uns nicht unterrichten, und zählet dahin a) alle identischen, b) alle diejenigen, in denen ein Teil einer zusammengesetzten Vorstellung von dem Gegenstande der letztern ausgesagt wird. Man sieht, daß hier die analytischen Urteile gemeint, und beinahe deutlicher, als wir es tiefer unten bei *Kant* selbst finden werden, erklärt sind. Ein wichtiger Irrtum folgt aber, wenn *Locke* weiter beifügt, dergleichen Sätze wären alle diejenigen, wo die Art das Subjekt, und die Gattung das Prädikat ist. Denn nicht jeder Artbegriff ist aus dem Begriffe der Gattung zusammengesetzt." — Im folgenden erwähnt B., daß

---

[3] 165 b 16 f.
[4] A: triflings.

schon *Crusius* (*Weg z. Gewißheit d. menschl. Erk.*, Leipzig 1747, § 260) „den Unterschied zwischen analytischen und synthetischen Urteilen beiläufig ebenso, wie *Kant*, aufgefaßt habe". „Allein wenn es auch wahr ist", fährt B. fort, „daß man diesen Unterschied früher zuweilen schon berührte: so ist er doch nirgends gehörig festgehalten und fruchtbar angewendet worden. Das Verdienst, dieses zuerst getan zu haben, gebühret unstreitig *Kant*. Gleichwohl dünken mir die Erklärungen, die man von diesem Unterschiede, es sei nun in *Kants* eigenen, oder in anderer Schriften, antrifft, der logischen Strenge noch nicht ganz zu entsprechen. Wenn man z. B. in *Kants Logik* (§ 36) liest: Analytische Sätze heißen solche, deren Gewißheit auf der Identität der Begriffe (des Prädikates mit der Notion des Subjektes) beruhet: so passet dies höchstens auf die identischen Sätze. Sagt man, wie in der *Kr. d. r. V.* (Einl. IV.) u. a. a. O. geschieht, daß in den analytischen Urteilen das Prädikat in dem Subjekte (verdeckter Weise) enthalten sei, oder nicht außerhalb desselben liege, oder schon als Bestandteil darin vorkomme; ... so sind dieses teils bloß bildliche Redensarten, die den zu erklärenden Begriff nicht zerlegen, teils Ausdrücke, die eine zu weite Auslegung zulassen. Denn auch von Sätzen, die niemand für analytische ausgeben wird, z. B.: „Der Vater Alexanders, des Königs von Mazedonien, war König von Mazedonien"; „Ein Dreieck, das einem gleichschenkligen ähnlich ist, ist selbst gleichschenklig" u. dgl., läßt sich alles, was hier gesagt worden ist, behaupten, nämlich, daß die Prädikatvorstellung nichts anderes als die Wiederholung eines von den Bestandteilen der Subjektvorstellung sei, in ihr enthalten sei, liege, gedacht werde usw. Dieser Übelstand dürfte vermieden werden, wenn man ... den Ausdruck gebraucht, daß in den analytischen Urteilen das Prädikat eines der wesentlichen Stücke von dem Subjekte oder (was ebensoviel heißen soll) eines von seinen wesentlichen Merkmalen ausmache, und unter diesen konstitutive, d. h. solche verstehet, die im Begriffe des Subjektes vorkommen. Aber diese Erklärung paßt nur auf Eine Art analytischer Urteile, nur auf die von der Form: „*A*, welches *B* ist, ist *B*". Sollte es aber nicht auch andere geben? Sollte man nicht auch das Urteil: „*A*, welches *B* ist, ist *A*"; ingleichen das Urteil: „Jeder Gegenstand ist entweder *B* oder Nicht *B*" zu den analytischen zählen? Überhaupt deucht es mir, daß alle diese Erklärungen das, was jene Art von Sätzen eigentlich *wichtig* macht, nicht genug hervorheben. Dieses bestehet, wie ich glaube, darin, daß ihre Wahr- oder Falschheit nicht von den einzelnen Vorstellungen, aus denen sie bestehen, abhängt, sondern dieselbe verbleibt, was für Veränderungen man auch mit einigen derselben vornimmt, vorausgesetzt, daß man nur nicht die Gegenständlichkeit des Satzes selbst zerstöret. Aus diesem Grunde eben erlaubte ich mir die obige Erklärung, obgleich ich weiß, daß sie den Begriff dieser

Sätze etwas weiter gibt, als man sich ihn gewöhnlich denkt; denn Sätze wie die Nr. 1. angeführten zählt man gewöhnlich nicht zu den analytischen. Ich hielt es überdies für dienlich, beide Begriffe, jenen der analytischen sowohl als den der synthetischen Sätze so weit zu fassen, daß nicht bloß wahre, sondern auch falsche Sätze darunter begriffen werden können.— Doch welche Erklärung man auch annehmen mag: so wird man, glaube ich, auf keinen Fall bemüßiget sein zuzugestehen, daß der Unterschied zwischen analytischen und synthetischen Urteilen bloß *subjektiv* sei, und daß dasselbe Urteil bald analytisch, bald synthetisch werde, je nachdem man sich von dem Gegenstande, auf den sich das Subjekt (oder eigentlicher die Subjektvorstellung) beziehet, bald diesen, bald jenen Begriff macht." So sage etwa J. G. E. *Maaß* in *Eberhards Philos. Mag.* II (1790) 2, Nr. 2[5]): „Man kann das Dreieck als eine Figur erklären, darin alle Winkel zwei rechte betragen; dann wird der Satz: Im Dreiecke betragen die sämtlichen Winkel zwei rechte, den man nach der gewöhnlichen Erklärung für einen synthetischen ansieht, ein analytischer." B.'s Stellungnahme dazu: „Hierüber denke ich anders. Da ich nämlich unter einem Satze nicht eine bloße Verbindung von *Worten*, die etwas aussagt, sondern den *Sinn* dieser Aussage selbst verstehe: so gebe ich nicht zu, daß der Satz: Im Dreiecke betragen usw. derselbe bleibe, wenn man mit dem Worte Dreieck bald diesen, bald einen andern Begriff verbindet; ohngefähr ebensowenig, als es dasselbe Urteil wäre, wenn wir die Worte aussprächen: „Euklides ist ein berühmter Mathematiker gewesen", und unter dem Namen Euklides uns einmal den Mann vorstellten, der unter Ptolemäus Soter die Geometrie zu Alexandrien lehrte, ein andermal wieder an Euklides von Megara, den Schüler des Sokrates, dächten. Wahr ist es, daß sich im vorigen Beispiele beide Vorstellungen auf einen, hier aber auf verschiedene Gegenstände beziehen; allein um Sätze als voneinander verschieden anzuerkennen, genügt es, daß sie nur aus verschiedenen Vorstellungen bestehen, wenn sie auch einerlei Gegenstand betreffen."

§ 149. *Reziprokable oder umkehrungsfähige Sätze*

B. nennt einen Satz in Bezug auf bestimmte seiner Bestandteile *reziprokabel* oder *umkehrungsfähig*, wenn sich diese Vorstellungen unbeschadet der Wahrheit oder Falschheit des Satzes vertauschen lassen.

---

[5] *Über den höchsten Grundsatz der synthetischen Urteile; in Beziehung auf die Theorie von der mathematischen Gewißheit*, a. a. O. S. 186 ff. Das von B. angeführte Zitat ist wohl eine etwas ungenaue Paraphrase einer Stelle auf S. 195.

Verschiedenheiten der Sätze nach ihren Verhältnissen untereinander

§ 150. Es gibt nicht zwei einander völlig gleiche Sätze. Ähnliche Sätze

B. stellt in Bezug auf *Sätze an sich* analoge Betrachtungen an wie in § 91 in Bezug auf Vorstellungen an sich.

§ 151. Verhältnisse unter den Sätzen hinsichtlich ihres Inhaltes

B. überträgt u. a. den Begriff der Inhaltsgleichheit von Vorstellungen auf *Sätze an sich*. Die Definition ist analog wie in § 92 für Vorstellungen.

§ 152. Verhältnisse unter den Sätzen hinsichtlich ihres Umfanges

Nach der in § 130 gegebenen Definition des Umfangs für Sätze sind diese Verhältnisse auf die Umfangsverhältnisse zwischen den Subjektsvorstellungen zurückzuführen.

§ 153. Verhältnisse unter den Sätzen hinsichtlich des Umfanges der Prädikatvorstellung

B. führt nichts aus, was sich nicht auf natürliche Weise ergibt.

§ 154. Verträgliche und unverträgliche Sätze

1) Die wichtigsten Verhältnisse unter den Sätzen kommen jedoch erst zum Vorscheine, wenn wir, wie es schon § 147. geschah, gewisse in ihnen enthaltene Vorstellungen als veränderlich ansehen, und auf das Verhalten merken, welches

die neuen Sätze, die durch den Austausch jener Vorstellungen mit was immer für andern hervorgebracht werden, in Hinsicht auf ihre Wahr- oder Falschheit beobachten.

2) Wir wissen bereits, daß fast ein jeder Satz, wenn wir an die Stelle gewisser in ihm als veränderlich angenommener Vorstellungen beliebige andere setzen, bald wahr, bald falsch gemacht werden könne. Vergleichen wir aber der Sätze mehrere A, B, C, D, . . . miteinander, und sehen wir gewisse Vorstellungen i, j, . . ., welche in ihnen gemeinschaftlich vorkommen (etwa in jedem derselben eine und die andere), als die willkürlichen an: so erhebt sich die Frage, ob es wohl einige an die Stelle der i, j, . . . gesetzte Vorstellungen gebe, die so beschaffen sind, daß jene Sätze dadurch *alle zugleich* wahr werden? Ist diese Frage zu bejahen: so will ich dieses unter den Sätzen A, B, C, D, . . . obwaltende Verhältnis ein Verhältnis der *Verträglichkeit* oder *Einstimmung* nennen, und die Sätze A, B, C, D, . . . selbst sollen mir *verträgliche, einstimmige* oder *einhellige* Sätze heißen. Ist jene Frage zu verneinen, d. h. gibt es keine Vorstellungen, die, an die Stelle der i, j, . . . gesetzt, die Sätze A, B, C, D, . . . insgesamt wahr machen: so nenne ich dieses Verhältnis der genannten Sätze ein Verhältnis der *Unverträglichkeit* oder *Mißhelligkeit*, und die Sätze selbst nenne ich *unverträgliche* oder *mißhellige*. So nenne ich folgende drei Sätze: „Diese Blume blühet rot", „Diese Blume ist wohlriechend", und „Diese Blume gehört in die zwölfte Klasse des Linnéschen Systems" — verträglich miteinander, wenn ich die Vorstellung: „diese Blume" als eine willkürlich abzuändernde in ihnen ansehen darf. Denn setze ich statt derselben die Vorstellung Rose, so werden alle drei Sätze wahr. Dagegen folgende drei Sätze: „Kein endliches Wesen hat Allwissenheit", „Der Mensch ist ein endliches Wesen", und „Ein Mensch hat Allwissenheit" — nenne ich unverträglich, wenn es die Vorstellungen: „endliches Wesen", „Mensch" und „Allwissenheit" allein sind, welche in ihnen als die veränderlichen angesehen werden sollen. Denn was man auch immer für Vorstellungen an die Stelle dieser zu setzen versuche: so gelingt es nie, jene drei Sätze zugleich in Wahr-

heiten zu verwandeln; sondern sooft zwei wahr gemacht sind, wird der dritte falsch.[1]

3) Aus der gegebenen Erklärung gehet von selbst hervor, daß das Verhältnis der Verträglichkeit sowohl als auch jenes der Unverträglichkeit ein wechselseitiges sei.

4) Auch leuchtete jedem die Ähnlichkeit ein, die zwischen diesem Verhältnisse unter den *Sätzen* und zwischen jenem, welches ich § 94. unter *Vorstellungen* mit einem gleichen Namen bezeichnete, besonders nach der § 108. gegebenen Erweiterung obwaltet. Was nämlich bei Vorstellungen der Umstand gilt, ob ein gewisser Gegenstand durch sie in der Tat vorgestellt werde oder nicht, das gilt bei Sätzen der Umstand, ob ihnen Wahrheit zukomme oder nicht. Und wie ich Vorstellungen miteinander verträglich oder unverträglich nannte, je nachdem es gewisse Gegenstände, die sie gemeinschaftlich vorstellen, gibt oder nicht gibt: so nenne ich jetzt Sätze miteinander verträglich oder unverträglich, je nachdem es gewisse Vorstellungen, durch welche sie insgesamt wahr gemacht werden können, gibt oder nicht gibt.

5) Wenn wir in einerlei Inbegriffe von Sätzen *A, B, C, D, . . .* bald diese, bald jene Vorstellungen als die veränderlichen ansehen; können sie bald als verträglich, bald als unverträglich erscheinen. So erscheinen die beiden Sätze: „Ein Löwe hat zwei Brüste", und „Ein Löwe hat zwei Flügel" als miteinander verträglich, wenn es die Vorstellung Löwe ist, die wir als die veränderliche ansehen. Denn wenn wir statt derselben die Vorstellung Fledermaus setzen: so werden beide Sätze zugleich wahr. Sollte es aber die Vorstellung Zwei / sein, die wir allein willkürlich ab-

---

[1] Für B. gilt, wie in der *Aristotelischen* Logik, der Grundsatz, daß eine Vorstellung nur dann Subjektvorstellung eines wahren Satzes sein kann, wenn sie nicht gegenstandslos ist. Sonst wäre nämlich das von B. genannte Beispiel für den Fall der Unverträglichkeit nicht unbedingt stichhaltig. In einer nicht-aristotelischen Logik können die drei genannten Sätze nämlich i. a. wahr gemacht werden, indem man für „endliches Wesen" und „Mensch" gegenstandslose Vorstellungen einsetzt. Der B.'sche Standpunkt ist im folgenden an vielen Stellen zu beachten. Cf. u. a. auch § 127, 7.; ferner § 156, 1.; § 159, 4.; Zus.fassg. zu § 196, 2.

ändern dürfen: so stellen sich die beiden Sätze als unverträglich dar; weil keine Vorstellung angeblich[2]) ist, die, an die Stelle dieser gesetzt, beide Sätze wahr macht. Insonderheit ist begreiflich, daß, wenn es uns erlaubt würde, die Anzahl der Vorstellungen, die in einem gegebenen Inbegriffe von Sätzen als veränderlich angesehen werden sollen, beliebig zu vermehren, diese Sätze sich jederzeit als miteinander verträglich darstellen würden. Denn dürfen wir nur beliebig viele, dürfen wir wohl gar alle in einem Satze vorkommenden Vorstellungen willkürlich abändern: so können wir jeden Satz in jeden andern, also auch ohne Zweifel in eine Wahrheit verwandeln[3]). Wir müssen also, wenn wir von einem gegebenen Inbegriffe von Sätzen $A, B, C, D, \ldots$ behaupten, sie seien verträglich oder sie seien unverträglich, um bestimmt zu sprechen, immer beisetzen, *in welcher Rücksicht*, d. h. in Beziehung auf welche beliebig abzuändernde Vorstellungen $i, j, \ldots$ wir dieses meinen.

6) Alle Wahrheiten sind miteinander verträglich, was man auch immer für Vorstellungen in ihnen als die veränderlichen betrachte. Denn schon die Vorstellungen, welche in ihnen ursprünglich vorkommen, haben ja die Beschaffenheit, sie alle wahr zu machen.

7) Unter jeder gegebenen Menge nicht miteinander verträglicher Sätze muß also wenigstens Ein falscher sein; es können aber auch mehrere, ja alle zugleich falsch sein.

8) Allein auch unter Sätzen, die miteinander verträglich sind, kann es falsche geben, ja alle zugleich können falsch sein. Denn der Umstand, daß gewisse Sätze bei den Vorstellungen, aus denen sie ursprünglich bestehen, falsch sind, hindert nicht, daß sie nicht bei gewissen andern Vorstellungen alle zugleich wahr werden könnten. Nur wird begreiflicherweise dann nötig, daß von den Vorstellungen, welche als willkürlich angesehen werden sollen, in jedem der gegebenen Sätze wenigstens Eine erscheine; weil die-

---

[2] bei B. für „angebbar".
[3] Damit ist die Behauptung B.'s allerdings noch nicht bewiesen, da *alle* Sätze des betrachteten Inbegriffs durch *ein und dieselbe* Ersetzung ihrer Bestandteile in wahre Sätze verwandelt werden müßten.

ser sonst gar nicht geändert, und mithin auch nicht in den Zustand der Wahrheit versetzt werden könnte.

9) Wenn die n Sätze $A, B, C, D, \ldots$ hinsichtlich auf die Vorstellungen $i, j, \ldots$ nicht miteinander verträglich sind: so kann doch zwischen jeder geringeren Anzahl von diesen Sätzen, z. B. zwischen je $(n—1), (n—2), \ldots$ derselben ein Verhältnis der Verträglichkeit hinsichtlich auf dieselben Vorstellungen $i, j, \ldots$ bestehen. Denn wenn auch keine Vorstellungen angeblich sind, die an der Stelle der $i, j, \ldots$ die sämtlichen n Sätze $A, B, C, D, \ldots$ wahr machen: so kann doch ein Teil dieser Sätze, z. B. $(n—1), (n—2)$ derselben auf einmal wahr gemacht werden. So sind die drei Sätze: „Alle A sind B", „Alle B sind C", „Kein A ist C" hinsichtlich auf die drei Vorstellungen A, B, C nicht miteinander verträglich[4]), allein je zwei derselben sind in Beziehung auf dieselben Vorstellungen gar wohl verträglich.

10) Wenn aber umgekehrt ein *Teil* der Sätze $A, B, C, D, \ldots$ z. B. die $A, B, \ldots$ nicht miteinander verträglich sind, hinsichtlich auf gewisse Vorstellungen $i, j, \ldots$: so ist auch der Inbegriff *aller* kein Inbegriff miteinander verträglicher Sätze, hinsichtlich auf dieselben Vorstellungen. Denn gäbe es Vorstellungen, die an der Stelle der $i, j, \ldots$ die sämtlichen $A, B, C, D, \ldots$ zugleich wahr machen, so wären auch $A, B, \ldots$ verträglich.

11) Wenn gewisse Sätze untereinander verträglich sind in Rücksicht auf die wenigeren Vorstellungen $i, j, \ldots$: so sind sie es auch in Rücksicht auf die mehren $i, j, k, l, \ldots$, in welchen die ersteren wiederholt sind; und wenn sie unverträglich sind in Rücksicht auf die mehren Vorstellungen $i, j, k, l, \ldots$: so sind sie es auch in Rücksicht auf die wenigeren $i, j, \ldots$. Daraus im Gegenteil, daß gewisse Sätze unverträglich sind in Rücksicht auf die wenigeren Vorstellungen $i, j, \ldots$, folgt nicht, daß sie es auch in Rücksicht auf die mehren $i, j, k, l, \ldots$ sind; und daraus, daß sie verträglich sind in Rücksicht auf die mehren Vorstellungen

---

[4] Cf. Anm. 1 und die Erläuterungen B.'s zu den Ausdrücken „alle A" und „kein A" in §§ 57, 138 (Zus.fassg.).

2. Von den Sätzen an sich. §§ 121—184

$i, j, k, l, \ldots$, folgt nicht, daß sie es auch in Rücksicht auf die wenigeren $i, j, \ldots$ sind.

12) Daraus, daß sich die Sätze $A, B, C, D, \ldots$ sowohl als auch die Sätze $G, H, I, K, \ldots$ vertragen mit den Sätzen $M, N, O, \ldots$ hinsichtlich auf die Vorstellungen $i, j, \ldots$, folgt keineswegs, daß sich die Sätze $A, B, C, D, \ldots$ und $G, H, I, K, \ldots$ auch *untereinander* vertragen, hinsichtlich auf dieselben Vorstellungen. Denn es könnte ja wohl / gewisse Vorstellungen geben, die an der Stelle der $i, j, \ldots$ die Sätze $A, B, C, D, \ldots$ zugleich mit den Sätzen $M, N, O, \ldots$; und gewisse andere, welche die Sätze $G, H, I, K, \ldots$ zugleich mit den Sätzen $M, N, O, \ldots$ wahr machen; und dabei könnte es ganz an Vorstellungen mangeln, welche die Sätze $A, B, C, D, \ldots$ zugleich mit den Sätzen $G, H, I, K, \ldots$[5] wahr machen. So ist jeder der Sätze: „Alle A sind B", und „Kein A ist B" verträglich mit dem Satze: „Alle A sind C", hinsichtlich auf die drei Vorstellungen A, B, C; gleichwohl sind jene zwei ersteren Sätze keineswegs untereinander verträglich, hinsichtlich auf dieselben Vorstellungen[6]).

13) Ebensowenig folgt daraus, weil sich die Sätze $A, B, C, D, \ldots$ sowohl als auch die Sätze $G, H, I, K, \ldots$ hinsichtlich auf gewisse Vorstellungen $i, j, \ldots$ mit den Sätzen $M, N, O, \ldots$ *nicht* vertragen, daß sich die Sätze $A, B, C, D, \ldots$ und $G, H, I, K, \ldots$ auch *untereinander* nicht vertragen sollten, hinsichtlich auf dieselben Vorstellungen. Denn wenn es auch keine Vorstellungen gibt, die an der Stelle der $i, j, \ldots$ die Sätze $A, B, C, D, \ldots$ zugleich mit den Sätzen $M, N, O, \ldots$; und ebenso keine, welche die $G, H, I, K, \ldots$ zugleich mit den Sätzen $M, N, O, \ldots$ wahr machen: so kann es doch immer Vorstellungen geben, welche die Sätze $A, B, C, D, \ldots$ zugleich mit den Sätzen $G, H, I, K, \ldots$ wahr machen. So sind die Sätze: „Die Erde drehet sich um ihre eigene Achse", und „Die Erde umkreiset die Sonne" beide gleich unverträglich mit dem Satze: „Die Erde stehet unbeweglich", wenn es die

---
[5] A: $M, N, O, \ldots$.
[6] Cf. Anm. 1 und 4.

einzelne Vorstellung Erde ist, die wir in ihnen als veränderlich ansehen sollen: gleichwohl sind die zwei erstern verträglich miteinander, hinsichtlich auf dieselbe Vorstellung.

14) Daraus, daß sich gewisse Sätze $A, B, C, D, \ldots$ hinsichtlich auf gewisse Vorstellungen $i, j, \ldots$ untereinander vertragen, folgt keineswegs, daß sich auch ihre *Verneinungen* oder die Sätze: *Neg. A, Neg. B, Neg. C, Neg. D,* ... (§ 141.) untereinander vertragen, hinsichtlich auf dieselben Vorstellungen. Denn es könnte ja sein, daß einer der Sätze $A, B, C, D, \ldots$, z. B. A, nicht nur durch einige derjenigen Vorstellungen, die auch alle die übrigen $B, C, D, \ldots$ wahr machen, sondern noch überdies durch alle diejenigen Vorstellungen wahr gemacht würde, durch welche Einer dieser Sätze, z. B. B, falsch, und also der Satz *Neg. B* wahr gemacht wird. In diesem Falle gäbe es keine Vorstellungen, welche die beiden Sätze *Neg. A* und *Neg. B* zugleich wahr machen. So sind die beiden Sätze: „Einige A sind B", und: „Falsch ist's, daß alle A B sind" recht wohl verträglich miteinander, hinsichtlich auf die Vorstellungen A und B; allein die beiden Sätze, die aus Verneinung derselben entspringen: „Falsch ist's, daß einige A B sind", und: „Alle A sind B" stehen offenbar in dem Verhältnisse der Unverträglichkeit miteinander hinsichtlich auf dieselben Vorstellungen wie vorhin[7]).

15) Daraus, daß die *Verneinung* jedes der einzelnen Sätze $A, B, C, D, \ldots$ mit den noch übrigen verträglich ist, hinsichtlich auf die Vorstellungen $i, j, \ldots$, folgt keineswegs, daß auch die Verneinung von *zwei* oder mehreren dieser Sätze mit den noch übrigen verträglich sei, hinsichtlich auf dieselben Vorstellungen. Denn daraus, daß es gewisse Vorstellungen gibt, die an der Stelle der $i, j, \ldots$ die Sätze *Neg. A, B, C, D,* ... zugleich wahr machen, und gewisse Vorstellungen, die ebenso die Sätze $A,$ *Neg. B, C, D,* ... zugleich wahr machen usw., folgt ja keineswegs, daß es auch Vorstellungen gebe, welche die Sätze *Neg. A, Neg. B, C, D,* ... zugleich wahr machen. Zu diesem

---

[7] Cf. Anm. 1 und 4.

letzteren Erfolge sind nämlich ganz andere Vorstellungen als zu den ersteren nötig; denn hier sollen die Sätze A, B beide falsch werden, dort aber wird es nur immer einer derselben. So bilden folgende drei Sätze: „Cajus ist ein Mensch"; „Cajus ist entweder auf dem Meere, oder in einem der drei Weltteile: Europa, Asien und Afrika geboren"; „Cajus ist entweder in Europa, Afrika, Amerika oder Australien geboren" — ein System von Sätzen, darin die Verneinung jedes einzelnen mit den zwei andern verträglich ist; vorausgesetzt, daß man die einzige Vorstellung Cajus als veränderlich ansieht. Die Verneinungen *zweier* von diesen Sätzen aber sind mit dem dritten unverträglich. Setzen wir nämlich statt der Vorstellung Cajus eine von folgenden Vorstellungen: Sokrates, Timur[8]), Washington, Seelöwe[9]): so werden bald alle Sätze zugleich, bald nur je zwei zugleich wahr. Es sind also je zwei dieser Sätze mit / der Verneinung des dritten verträglich. Setzen wir aber für Cajus eine Vorstellung, bei welcher die beiden letzteren Sätze zugleich falsch werden, z. B. Mond: so wird es jederzeit auch der erste, weil ein Wesen, das weder auf dem Meere, noch in einem der dort genannten Weltteile geboren ist, gewiß kein Mensch sein kann. Die Verneinungen von jenen beiden zugleich sind also mit dem ersten unverträglich.

16) Alle Sätze, in welchen der *Aussageteil* als veränderlich angesehen werden soll, sind miteinander verträglich, was sie auch immer für Unterlagen haben, wenn dies nur gegenständliche Vorstellungen sind. Denn hat ein jeder Satz seine eigene, von jener der übrigen verschiedene Prädikatvorstellung, die gleichwohl als veränderlich angesehen

---

[8] *Timur-Leng*, Mongolenherrscher.
[9] Es ist nicht ganz einsichtig, wie die Einsetzung von „Seelöwe" für „Cajus" den von B. gewünschten Zweck erfüllen kann. Wird das Wort „Seelöwe" als Bezeichnung eines Allgemeinbegriffes genommen, so ist zwar der erste Satz falsch, die beiden anderen Sätze aber ebenfalls, wenn man davon ausgeht, daß Seelöwen zumindest in Nordasien, Nordamerika und auf dem Meere geboren werden. Bezeichnet andererseits „Seelöwe" einen Einzelbegriff, so werden die beiden letzten Sätze nur zusammen wahr, wenn es sich um einen in Afrika oder Europa geborenen Seelöwen handelt.

werden soll: so wird es ein leichtes sein, jedem eine solche, die ihn wahr macht, zu geben. Wir brauchen nur für jeden die Vorstellung einer Beschaffenheit, welche den Gegenständen, auf die sich seine Unterlage beziehet, gemeinschaftlich zukommt. Wenn aber einige oder alle eine und dieselbe Prädikatvorstellung haben: so ist nur nötig, für sie die Vorstellung einer solchen Beschaffenheit zu wählen, welche den sämtlichen, durch ihre verschiedenen Unterlagen vorgestellten Gegenständen zukommt. Dergleichen gibt es aber immer; weil alle, auch die verschiedenartigsten Gegenstände gewisse gemeinschaftliche Beschaffenheiten haben.

17) Alle Sätze, welche gewisse voneinander verschiedene *Unterlagen* haben, die eben als die veränderlichen Vorstellungen in ihnen angesehen werden sollen, sind miteinander verträglich, was sie auch immer für Aussageteile haben, wenn es nur eigentliche *Beschaffenheitsvorstellungen*[10]) sind. Denn unter dieser Bedingung werden sich immer Vorstellungen auffinden lassen, die an der Stelle der gegebenen Unterlagen diese Sätze alle wahr machen. Wir brauchen für jeden Satz nur die Vorstellung eines derjenigen Gegenstände, denen die durch den Aussageteil angedeutete Beschaffenheit zukommt.

18) Sätze, welche *dieselbe Unterlage* haben, die eben als die veränderliche Vorstellung in ihnen angesehen werden soll, sind miteinander verträglich, wenn die ihren / Aussageteilen entsprechenden Concreta[11]) miteinander verträglich[12]) sind; und sie sind unverträglich, wenn diese es sind. Wenn nämlich die Concreta der Prädikatvorstellungen verträglich sind: so gibt es jedesmal gewisse Gegenstände, denen die sämtlichen Beschaffenheiten, welche in diesen Sätzen ausgesagt werden, vereinigt zukommen; wir werden daher diese Sätze alle wahr machen, wenn wir eine sich auf einen solchen Gegenstand ausschließlich beziehende Vorstellung zu der gemeinschaftlichen Subjektvorstellung

---

[10] Cf. Zus.fassg. zu § 80 und Anm. 6 zu § 127.
[11] Cf. § 60.
[12] Zur Verträglichkeit bei Vorstellungen cf. § 94.

erheben. Die Sätze sind also verträglich. Wenn im entgegengesetzten Falle jene Concreta sich nicht miteinander vertragen: so gibt es keinen Gegenstand, dem die Beschaffenheiten, welche in den gegebenen Sätzen ausgesagt werden, insgesamt zukämen; mithin auch keine Gegenstandsvorstellung, die, an die Stelle der gemeinsamen Unterlage gesetzt, sie alle wahr machen könnte.

19) Zu jedem beliebigen Satze lassen sich, wenn erst gewisse Vorstellungen in ihm uns als veränderlich angegeben sind, unendlich viele, die mit ihm unverträglich sind, und, falls er nur kein seiner ganzen Art nach falscher Satz ist (§ 147.), auch unendlich viele, die sich mit ihm vertragen, ausfindig machen. Denn unverträglich mit dem gegebenen Satze A sind offenbar alle Sätze, die nach der Regel, welche man an den nachstehenden bemerkt, in einer unendlichen Menge gebildet werden können: „Der Satz A ist falsch"; „Daß der Satz A falsch sei, ist wahr" usw. Denn sichtbar kann es keine Vorstellungen geben, die den Satz A zugleich mit den soeben gebildeten wahr machen. Ist ferner A nur nicht seiner ganzen Art nach falsch: so gibt es auch eine unendliche Menge von Sätzen, die sich mit ihm vertragen; denn jede Wahrheit, welche die veränderlichen Teile $i, j, \ldots$ gar nicht enthält, ist, weil sie während der Änderung dieser ungeändert bleibt, sicher verträglich mit A.

20) Ein Satz, der falsch ist, und keine der Vorstellungen $i, j, \ldots$, die wir in einem gewissen Inbegriffe von Sätzen als die veränderlichen ansehen, in sich schließt, stehet mit diesen, wie sie auch immer beschaffen sein mögen, in dem Verhältnisse der Unverträglichkeit. Denn da er keine der Vorstellungen $i, j, \ldots$ in sich schließt: so bleibt er unverändert, was wir auch immer für Vorstellungen an die Stelle der / $i, j, \ldots$ setzen; er wird also auch nie wahr, und ist sonach mit jenen übrigen Sätzen auch nicht verträglich.

21) Wenn also ein Satz F mit gewissen andern $A, B, C, D, \ldots$ in dem Verhältnisse der Verträglichkeit stehet, ob er gleich keine einzige der veränderlichen Vorstellungen $i, j, \ldots$ in sich schließt: so muß es ein wahrer Satz sein.

22) In welchem Verhältnisse die Sätze $A, B, C, D, \ldots$ hinsichtlich auf die Vorstellungen $i, j, \ldots$ miteinander stehen, in eben diesem Verhältnisse stehen auch die Sätze $A', B', C', D', \ldots$, welche aus jenen hervorgehen, wenn statt der $i, j, \ldots$ die $i', j', \ldots$ gesetzt werden, hinsichtlich auf die Vorstellungen $i', j', \ldots$. Denn weil die Sätze $A', B', C', D', \ldots$ aus den Sätzen $A, B, C, D, \ldots$ bloß dadurch hervorgegangen sind, daß man die Vorstellungen $i, j, \ldots$ mit den $i', j', \ldots$ vertauschte; und weil die Vorstellungen $i', j', \ldots$ in ihnen als veränderlich angesehen werden sollen: so kann man durch einen neuen Austausch der Vorstellungen $i', j', \ldots$ mit den $i, j, \ldots$ aus den Sätzen $A', B', C', D', \ldots$ wieder die Sätze $A, B, C, D, \ldots$ erhalten, und aus diesen mittelbar durch einen fortgesetzten Austausch der Vorstellungen $i, j, \ldots$ mit was immer für andern zu allen denjenigen Sätzen gelangen, welche die $A, B, C, D, \ldots$ dargeboten hätten[13]). In welchem Verhältnisse also diese stehen, in eben dem nämlichen stehen auch jene.

In der *Anm.* zu § 154 weist B. u. a. darauf hin, daß das Verhältnis, das er *Unverträglichkeit* nennt, „von verschiedenen Logikern auch ein Verhältnis der *Entgegensetzung*, der *Ausschließung*, des *Widerstreites* oder des *Widerspruches* genannt" wird. B. möchte diese Benennungen jedoch für besondere in § 159 behandelte Verhältnisse der Unverträglichkeit reservieren.

Gegen Behauptungen aus dem Kreis der „Kantischen Schule", „daß Sätze einstimmig wären, die sich zusammen in Ein Bewußtsein vereinigen lassen", erklärt B.: „Ob ein paar Sätze einstimmig sind oder nicht, muß sich aus ihrer inneren Beschaffenheit beurteilen lassen; die Betrachtung ihres Verhaltens zu unserem Erkenntnisvermögen aber ist dazu gar nicht nötig."

§ 155. *Besondere Arten der Verträglichkeit, und zwar a) das Verhältnis der Ableitbarkeit*

1) Die schon erwähnte Ähnlichkeit, welche die eben betrachteten Verhältnisse der Verträglichkeit und Unverträg-

---

[13] Zur Vervollständigung des Beweises müßte man etwa noch anschließen: ... und zu keinen anderen Sätzen, weil man auch von $A, B, C, D, \ldots$ aus durch Ersetzung der $i, j, \ldots$ zu allen aus $A', B', C', D', \ldots$ durch Ersetzung der $i', j', \ldots$ erhaltenen Satzreihen gelangen kann.

lichkeit unter den *Sätzen* mit gewissen gleichnamigen unter den *Vorstellungen* haben, erstrecket sich so weit, daß dieselben Unterabteilungen, die ich für diese Verhältnisse unter den Vorstellungen annahm, auch bei den Sätzen gemacht werden können. Laßt uns zuvörderst das Verhältnis der *Verträglichkeit* betrachten.

2) Wenn wir behaupten, daß gewisse Sätze A, B, C, D, ... M, N, O, ... in dem Verhältnisse der Verträglichkeit stehen, und zwar hinsichtlich der Vorstellungen i, j, ...: so behaupten wir der gegebenen Erklärung zufolge nichts Mehres, als daß es gewisse Vorstellungen gebe, die an der Stelle der i, j, ... jene Sätze sämtlich in wahre verwandeln. Ob es nicht außer diesen Vorstellungen, welche die Sätze A, B, C, D, ... M, N, O, ... sämtlich wahr machen, noch einige andere gebe, die nur den einen oder den andern Teil derselben allein, nicht aber alle wahr machen, und wenn dieses ist, welche von den gegebenen Sätzen sich öfter als die übrigen wahr machen lassen: das ist bisher ganz unentschieden geblieben; wohl läßt sich aber begreifen, daß diese Fragen von Wichtigkeit sind. Denken wir uns also zuerst den Fall, daß unter den miteinander verträglichen Sätzen A, B, C, D, ... M, N, O, ... das Verhältnis bestehe, daß alle Vorstellungen, die an der Stelle der veränderlichen i, j, ... einen gewissen Teil dieser Sätze, namentlich alle A, B, C, D, ... wahr machen, auch die Beschaffenheit haben, einen gewissen anderen Teil dieser Sätze, namentlich die M, N, O, ... wahr zu machen. Das besondere Verhältnis, das wir auf diese Art zwischen den Sätzen A, B, C, D, ... einerseits, und den M, N, O, ... andrerseits denken, wird schon aus dem Grunde von einer großen Merkwürdigkeit sein, weil es uns in den Stand setzt, sofern wir einmal wissen, daß es vorhanden sei, aus der erkannten Wahrheit der A, B, C, D, ... sofort auch die Wahrheit der M, N, O, ... zu / entnehmen. Ich gebe also dem Verhältnisse, das zwischen den Sätzen A, B, C, D, ... von der einen, und M, N, O, ... von der andern Seite bestehet, den Namen eines Verhältnisses der *Ableitbarkeit*; und sage, daß die Sätze M, N, O, ... *ableitbar* wären aus den Sätzen A, B, C,

$D, \ldots$ hinsichtlich auf die veränderlichen Teile $i, j, \ldots$, wenn jeder Inbegriff von Vorstellungen, der an der Stelle der $i, j, \ldots$ die sämtlichen $A, B, C, D, \ldots$ wahr macht, auch die gesamten $M, N, O, \ldots$ wahr macht. Zur Abwechslung, und, weil es bereits so gebräuchlich ist, werde ich zuweilen auch sagen, daß die Sätze $M, N, O, \ldots$ aus dem Inbegriffe der Sätze $A, B, C, D, \ldots$ *folgen, gefolgert* oder *erschlossen* werden können; die Sätze $A, B, C, D, \ldots$ werde ich die *Vordersätze* oder *Prämissen*, die $M, N, O, \ldots$ aber die sich aus ihnen ergebenden *Nach-* oder *Schlußsätze* nennen. Inwiefern endlich das hier beschriebene Verhältnis zwischen den Sätzen $A, B, C, D, \ldots$ und $M, N, O, \ldots$ die größte Ähnlichkeit hat zwischen dem Verhältnisse umfaßter und umfassender Vorstellungen, will ich mir selbst erlauben, die Sätze $A, B, C, D, \ldots$ umfaßte, die $M, N, O, \ldots$ aber die sie *umfassenden* zu nennen.

3) Die Annahme, daß alle Vorstellungen, die an der Stelle der $i, j, \ldots$ die Sätze $A, B, C, D, \ldots$ wahr machen, auch die Sätze $M, N, O, \ldots$ wahr machen, setzt noch gar nicht voraus, daß dieses auch umgekehrt sein müsse, d. h. daß alle Vorstellungen, welche die Sätze $M, N, O, \ldots$ wahr machen, auch die Sätze $A, B, C, D, \ldots$ wahr machen. Das Verhältnis der *Ableitbarkeit* muß also nicht notwendig ein wechselseitiges sein. So macht wohl jedes Paar Vorstellungen, das an der Stelle der A und B den Satz: „Alle A sind B" wahr macht, auch den Satz: „Einige A sind B" wahr[1]); und dieser ist also von jenem ableitbar; allein nicht umgekehrt macht jedes Paar Vorstellungen, das an der Stelle der A und B den Satz: „Einige A sind B" wahr macht, auch wahr den Satz: „Alle A sind B". Also ist nicht auch umgekehrt dieser von jenem ableitbar.

4) Wenn irgendeiner der Sätze $A, B, C, D, \ldots$, aus welchen die Sätze $M, N, O, \ldots$ ableitbar sein sollen, hinsichtlich auf die Vorstellungen $i, j, \ldots$, z. B. der Satz A, / nicht eine einzige der letztern in sich schließt: so können wir ihn auch weglassen, und von den noch übrigen Sätzen $B, C, D, \ldots$ behaupten, daß die Sätze $M, N, O, \ldots$ auch

---

[1] Cf. § 154, Anm. 1 und 4.

schon aus ihnen allein ableitbar seien, hinsichtlich auf die Vorstellungen $i, j, \ldots$. Denn unter diesen Umständen muß der Satz A wahr sein, und bleibt es jederzeit, was man auch immer für Vorstellungen an die Stelle der $i, j, \ldots$ setze: sooft also nur die Sätze $B, C, D, \ldots$ alle wahr werden, werden $A, B, C, D, \ldots$ und mithin auch $M, N, O, \ldots$ wahr.

5) Wenn gewisse Sätze $M, N, O, \ldots$ ableitbar sein sollen aus gewissen anderen $A, B, C, D, \ldots$, und unter jenen ist irgendein falscher befindlich: so muß auch unter diesen irgendein falscher stecken. Denn wären alle $A, B, C, D, \ldots$ wahr: so müßten es auch alle $M, N, O, \ldots$ sein; weil sonst nicht wahr wäre, daß jeder Inbegriff von Vorstellungen, der an der Stelle der $i, j, \ldots$ die $A, B, C, D, \ldots$ wahr macht (nämlich die Vorstellungen $i, j, \ldots$ selbst), auch die $M, N, O, \ldots$ wahr macht.

6) Wenn *alle* Sätze, die aus den Sätzen $A, B, C, D, \ldots$ in Hinsicht auf gewisse Vorstellungen $i, j, \ldots$ ableitbar sind, wahr sind: so müssen die Sätze $A, B, C, D, \ldots$ selbst wahr sein. Denn zu den verschiedenen Sätzen, die sich aus $A, B, C, D, \ldots$ ableiten lassen, was immer für Vorstellungen die $i, j, \ldots$ sein mögen, gehören gewiß auch die Sätze: A ist wahr, B ist wahr, C ist wahr usw. Sind also alle Sätze, die sich aus $A, B, C, D, \ldots$ ableiten lassen, wahr: so müssen auch diese es sein. Sind aber diese wahr, so sind auch die Sätze $A, B, C, D, \ldots$ selbst wahr.

7) Aus keinem Satze A ist seine *Verneinung* Neg. A, d. h. der Satz: „A ist falsch", ableitbar, was man auch immer für Vorstellungen $i, j, \ldots$, die nur in A allein vorkommen, als veränderlich ansehen möge. Denn kein Inbegriff von Vorstellungen, der den Satz A wahr macht, kann auch den Satz: „A ist falsch", wahr machen.

8) Alle Schlußsätze $M, N, O, \ldots$, die aus gewissen Sätzen $A, B, C, D, \ldots$ hinsichtlich auf die Vorstellungen $i, j, \ldots$ fließen, sind mit allen denjenigen Sätzen, mit denen die Vordersätze $A, B, C, D, \ldots$ hinsichtlich auf dieselben Vorstellungen $i, j, \ldots$ verträglich sind, gleichfalls verträglich, hinsichtlich auf dieselben Vorstellungen. Denn wenn die Sätze $A, B, C, D, \ldots$ verträglich sind mit den Sätzen $A', B', C', D', \ldots$, und dies zwar hinsichtlich auf die Vor-

stellungen $i, j, \ldots$, in betreff deren aus ihnen die Sätze $M, N, O, \ldots$ ableitbar sind: so gibt es gewisse Vorstellungen, die an der Stelle der $i, j, \ldots$ die Sätze $A, B, C, \ldots$ samt den Sätzen $A', B', C', \ldots$ wahr machen. Allein sooft die Sätze $A, B, C, \ldots$ wahr werden, werden es auch die $M, N, O, \ldots$; also gibt es gewisse Vorstellungen, die an der Stelle der $i, j, \ldots$ die Sätze $A', B', C', \ldots$ und $M, N, O, \ldots$ zugleich wahr machen.

9) Sätze, welche sich nicht vertragen, sind keine Schlußsätze aus Sätzen, welche sich vertragen, immer verstanden mit Hinsicht auf dieselben veränderlichen Vorstellungen. Denn würden sie Schlußsätze sein, so müßten sie sich nach Nr. 8 vertragen.

10) Wenn sich die Schlußsätze nicht vertragen, so müssen sich auch die Vordersätze nicht vertragen, immer verstanden mit Hinsicht auf dieselben veränderlichen Vorstellungen. Denn wären die Vordersätze verträglich: so müßten es nach Nr. 9 auch ihre Schlußsätze sein.

11) Wohl aber können sich Schlußsätze vertragen, wenn sich auch ihre Vordersätze nicht vertragen; immer verstanden mit Hinsicht auf einerlei veränderliche Teile. Denn dazu, daß die Sätze $M, N, O, \ldots$ Schlußsätze aus den Sätzen $A, B, C, \ldots$ hinsichtlich auf die Vorstellungen $i, j, \ldots$; und die Sätze $M', N', O', \ldots$ Schlußsätze aus den Sätzen $A', B', C', \ldots$ hinsichtlich auf dieselben Vorstellungen seien, wird nur erfordert, daß jeder Inbegriff von Vorstellungen, der an der Stelle der $i, j, \ldots$ die Sätze $A, B, C, \ldots$ wahr macht, auch die Sätze $M, N, O, \ldots$, und jeder, der die Sätze $A', B', C', \ldots$ wahr macht, auch die Sätze $M', N', O', \ldots$ wahr mache; nicht aber umgekehrt, daß, sooft die Sätze $M, N, O, \ldots$ einer-, und die Sätze $M', N', O', \ldots$ andrerseits wahr werden, auch die Sätze $A, B, C, \ldots$ einer-, und die Sätze $A', B', C', \ldots$ andrerseits wahr werden. Wenn nun die Sätze $M, N, O, \ldots$ öfter als $A, B, C, \ldots$ und die / Sätze $M', N', O', \ldots$ öfter als $A', B', C', \ldots$ wahr werden: so ist es möglich, daß es gewisse Vorstellungen gebe, die an der Stelle der $i, j, \ldots$ die Sätze $M, N, O, \ldots$ und $M', N', O', \ldots$ zugleich wahr machen, während für $A, B, C, \ldots$ und $A', B', C', \ldots$

keine dergleichen Vorstellungen anzutreffen sind. So sind die beiden Sätze: „Cajus ist geizig", und „Cajus ist ein Verschwender" nicht miteinander verträglich, wenn die einzige Vorstellung Cajus in ihnen als veränderlich angesehen werden soll. Doch läßt sich mit Hinsicht auf dieselbe Vorstellung aus dem ersten Satze der Schlußsatz: „Cajus ist nicht freigebig", aus dem zweiten der Schlußsatz: „Cajus wird über kurz oder lange nicht mehr freigebig sein können" herleiten; ein Paar Sätze, die sich recht wohl vertragen.

12) Ein Satz, der hinsichtlich auf die Vorstellungen $i, j, \ldots$ nicht etwa schon seiner *ganzen Art nach* wahr (§ 147.) ist, kann niemals ableitbar sein aus beidem, aus einem einzelnen Satze A, und auch aus seiner Verneinung *Neg. A*. Denn ist der Satz M nicht seiner ganzen Art nach wahr: so gibt es gewisse Vorstellungen, die an der Stelle der $i, j, \ldots$ ihn falsch machen. Jede Vorstellung aber, welche ihn falsch macht, muß, wenn er ableitbar sein soll aus A, nach Nr. 5 auch A, und wenn er ableitbar sein soll aus *Neg. A*, auch *Neg. A* falsch machen. Also müßte dieselbe Vorstellung A und *Neg. A* zugleich falsch machen, was ungereimt ist.

13) Wenn es aber der Vordersätze, aus welchen ein gewisser Satz M ableitbar sein soll, *mehrere* gibt, z. B. $A, B, C, D, \ldots$: so ist es immerhin möglich, daß sich derselbe auch aus der Verneinung einiger, ja vielleicht aller dieser Sätze ableiten lasse. Denn nun läßt sich aus der Falschheit dieses Satzes, d. h. aus *Neg. M*, nicht sofort die Verneinung jedes einzelnen der Sätze $A, B, C, D, \ldots$ schließen, sondern (nach Nr. 5) nur, daß sie nicht alle wahr sind. Ein Beispiel aber von einem Paare von Sätzen, die so beschaffen sind, daß sich derselbe Schlußsatz aus ihnen sowohl als auch aus den Verneinungen beider ergibt, ist folgendes. Aus den zwei Sätzen: „Jedes A ist ein B", und: „Es ist falsch, daß jedes A ein C sei" läßt sich, wenn nur die durch A, B, C angedeuteten Vorstellungen allein wandelbar sein sollen, mit aller Sicherheit der Schlußsatz ableiten, daß die Vorstellungen B und C keine Wechselvorstellungen[2])

---

[2] Cf. § 96. Auch zu diesem Beispiele sind die Hinweise von Anm. 1 und 4 zu § 154 zu beachten.

seien. Die Verneinung dieser zwei Sätze gibt: „Es ist falsch, daß jedes *A* ein *B* sei" und: „Jedes *A* ist ein *C*"; woraus offenbar derselbe Schlußsatz wie vorhin fließt.

14) Wenn ein Satz *M* hinsichtlich auf die Vorstellungen *i, j,* ... *verträglich* ist mit den Sätzen *A, B, C, D,* ... : so ist seine Verneinung *Neg. M* aus diesen Sätzen hinsichtlich auf dieselben Vorstellungen gewiß nicht ableitbar. Denn wäre *Neg. M* ableitbar aus *A, B, C, D,* ... hinsichtlich auf *i, j,* ... : so müßte jeder Inbegriff von Vorstellungen, der statt der *i, j,* ... die sämtlichen *A, B, C, D,* ... wahr macht, auch *Neg. M* wahr, und somit *M* falsch machen. Folglich könnte *M* nicht verträglich sein mit *A, B, C, D,* ... in Hinsicht auf dieselben Vorstellungen.

15) Wenn die Sätze *A, B, C, D,* ... hinsichtlich auf die Vorstellungen *i, j,* ... miteinander verträglich sind, mit dem Satze *M* aber in dem Verhältnisse der Unverträglichkeit stehen: so ist dagegen der Satz *Neg. M* ableitbar aus denselben hinsichtlich auf dieselben Vorstellungen. Denn sind die Sätze *A, B, C, D,* ... hinsichtlich auf die Vorstellungen *i, j,* ... miteinander verträglich: so muß es Vorstellungen geben, die an der Stelle der *i, j,* ... diese Sätze insgesamt wahr machen. Da aber *M* mit diesen Sätzen unverträglich sein soll: so muß durch eben die Vorstellungen, welche die sämtlichen *A, B, C, D,* ... wahr machen, der Satz *M* falsch und also der Satz *Neg. M* wahr gemacht werden. Mithin ist *Neg. M* ableitbar aus *A, B, C, D,* ....

16) Wenn wir aus den Vordersätzen *A, B, C, D,* ... eines Schlußsatzes *M* was immer für einen, z. B. *A*, weglassen, und statt desselben die Verneinung von *M, Neg. M*, falls sie vereinbarlich mit jenen ist, hinzutun: so läßt sich aus dem Inbegriffe der Sätze *B, C, D,* ... und *Neg. M* die Verneinung des fehlenden Satzes, d. i. *Neg. A*, ableiten. Denn wenn *Neg. A* nicht ableitbar aus den erwähnten Sätzen wäre: so müßte nicht jedesmal, wenn diese wahr werden, auch *Neg. A* wahr werden; d. h. es müßte Fälle geben, in denen die Sätze *B, C, D,* ... *Neg. M* und der Satz *A* zugleich wahr sind, was doch ungereimt ist. Denn sooft *B, C, D,* ... und *A* zugleich wahr sind, muß auch *M* wahr sein; und also kann nicht zugleich *Neg. M* wahr werden.

17) Wenn dieselben Sätze M, N, O, ... hinsichtlich auf dieselben Vorstellungen i, j, ... ableitbar sind sowohl aus dem Inbegriffe der Sätze A, B, C, D, ... und X, als auch aus dem Inbegriffe der Sätze A, B, C, D, ... und Neg. X: so sind sie auch ableitbar aus den Sätzen A, B, C, D, ... allein, hinsichtlich auf dieselben Vorstellungen. Denn jeder Inbegriff von Vorstellungen, der an der Stelle der i, j, ... nur die Sätze A, B, C, D, ... wahr macht, macht auch schon die Sätze M, N, O, ... wahr; gleichviel ob der Satz X durch ihn wahr oder falsch gemacht werde.

18) Ein anderes wäre es, wenn in dem Einen Inbegriff mehr als Ein Satz vorkäme, der die Verneinung eines aus dem andern ist. Daraus, daß sich sowohl aus dem Inbegriff der Sätze A, B, C, D, ... X, Y, als auch aus dem Inbegriff der Sätze A, B, C, D, ... Neg. X, Neg. Y der Satz M herleiten läßt, folgt noch keineswegs, daß sich M aus den Sätzen A, B, C, D, ... allein ableiten lasse. Denn es könnte ja gewisse Vorstellungen geben, welche die Sätze A, B, C, D, ..., und nur den Einen der beiden X und Y wahr machen. Bei diesen brauchte M nicht wahr zu werden, damit man sagen könne, daß er aus beidem, sowohl aus dem Inbegriffe der Sätze A, B, C, D, ... X, Y, als auch aus dem Inbegriffe der Sätze A, B, C, D, ... Neg. X, Neg. Y, ableitbar sei.

19) Wenn die Sätze M, N, O, ... ableitbar sind aus den A, B, C, D, ... hinsichtlich auf die *mehreren* Vorstellungen i, j, k, ... : so sind sie auch ableitbar aus denselben hinsichtlich auf die *wenigeren* Vorstellungen j, k, ... (die ein Teil der ersteren sind), falls die Sätze A, B, C, D, ... hinsichtlich auf diese wenigeren Vorstellungen j, k, ... in dem Verhältnisse der Verträglichkeit miteinander stehen. Denn ist dies letztere, so gibt es gewisse Vorstellungen, die an der Stelle der j, k, ... die Sätze A, B, C, D, ... insgesamt wahr machen; allein sooft diese wahr werden, werden es auch die Sätze M, N, O, ... : Also sind M, N, O, ... / ableitbar aus A, B, C, D, ... auch hinsichtlich auf die wenigeren Vorstellungen j, k, ...

20) Wenn im entgegengesetzten Falle die Sätze M, N, O, ... ableitbar sind aus den Sätzen A, B, C, D, ... hin-

sichtlich auf die wenigeren Vorstellungen $i, j, \ldots$: so müssen sie *nicht auch* ableitbar sein hinsichtlich auf die mehren Vorstellungen $i, j, k, \ldots$ (in denen die vorigen wiederkehren), obgleich die Sätze $A, B, C, D, \ldots$ unter dieser Voraussetzung gewiß verträglich miteinander bleiben. (§ 154. Nr. 11.) Denn wenn wir nebst den veränderlichen Vorstellungen $i, j, \ldots$ noch andere $k, \ldots$ annehmen: so kann sich die Menge der wahren Sätze, die sich aus den gegebenen $A, B, C, D, \ldots$ bilden lassen, gar sehr vermehren, und es ist also möglich, daß nicht mehr jederzeit, sooft $A, B, C, D, \ldots$ wahr werden, auch $M, N, O, \ldots$ wahr werden. So ist aus dem Satze: „Cajus ist ein Mensch" ableitbar der Satz: „Cajus ist sterblich"; wenn es die einzige Vorstellung Cajus ist, die wir in beiden als veränderlich betrachten. Wollten wir aber auch die Vorstellung Mensch als veränderlich ansehen: so stände der letztere Satz nicht mehr in dem Verhältnisse einer Ableitbarkeit zu dem ersten; wie gleich das Beispiel beweiset, wenn wir, statt „Cajus", „Gott", statt „Mensch", „ein einfaches Wesen" setzen.

21) Nicht jeder Satz M, um so weniger jeder beliebige Inbegriff mehrerer Sätze $M, N, O, \ldots$ läßt sich mit jedem beliebigen einzelnen Satze A oder auch mit jedem Inbegriff mehrerer $A, B, C, \ldots$ bloß dadurch in ein Verhältnis der Ableitbarkeit setzen, daß wir nach unserem Belieben annehmen dürfen, welche und wie viele Vorstellungen $i, j, \ldots$ in diesen Sätzen als veränderlich angesehen werden sollen. Denn setzen wir z. B., daß die zwei Sätze: „A hat b" und „C hat d" neben der Vorstellung Hat sonst keinen einzigen gemeinschaftlichen Bestandteil haben: so liegt am Tage, daß, welche Vorstellungen in diesen Sätzen wir auch für veränderlich erklären, doch niemals ein Verhältnis der Ableitbarkeit zwischen denselben eintreten werde; da die Vorstellungen, die in dem einen gesetzt werden, von den Vorstellungen, die in dem andern erscheinen, ganz unabhängig sind.

22) Wenn aus den Sätzen $A, B, C, D, \ldots$ hinsichtlich auf die Vorstellungen $i, j, \ldots$ die Sätze $M, N, O, \ldots$, und / aus den Sätzen $F, G, H, \ldots$ hinsichtlich auf dieselben Vorstellungen die Sätze $P, Q, R, \ldots$ ableitbar sind;

2. Von den Sätzen an sich. §§ 121—184

und die $A, B, C, D, \ldots$ sind mit den $F, G, H, \ldots$ hinsichtlich auf dieselben Vorstellungen verträglich: so ist aus dem Inbegriffe der Sätze $A, B, C, D, \ldots F, G, H, \ldots$ hinsichtlich auf dieselben Vorstellungen der Inbegriff der Sätze $M, N, O, \ldots P, Q, R, \ldots$ ableitbar. Denn sind die Sätze $A, B, C, D, \ldots$ und $F, G, H, \ldots$ hinsichtlich auf die Vorstellungen $i, j, \ldots$ verträglich: so gibt es Vorstellungen, die an der Stelle der $i, j, \ldots$ die Sätze $A, B, C, D, \ldots$ und $F, G, H, \ldots$ insgesamt wahr machen; aber eben diese Vorstellungen machen auch wahr die Sätze $M, N, O, \ldots$ und $P, Q, R, \ldots$. Also sind diese von jenen ableitbar.

23) Auch selbst in dem Falle, wenn die Sätze $M, N, O, \ldots$ aus den Sätzen $A, B, C, D, \ldots$ hinsichtlich auf gewisse Vorstellungen $i, j, \ldots$, die Sätze $P, Q, R, \ldots$ aber aus den Sätzen $F, G, H, \ldots$ hinsichtlich auf gewisse Vorstellungen $k, l, \ldots$, die von den $i, j, \ldots$ zum Teile oder auch gänzlich verschieden sein mögen, ableitbar sind: so ist der Inbegriff der Sätze $M, N, O, \ldots P, Q, R, \ldots$ ableitbar aus dem Inbegriffe der Sätze $A, B, C, D, \ldots F, G, H, \ldots$ hinsichtlich auf den Inbegriff der Vorstellungen $i, j, k, l, \ldots$; sofern nur keine der Vorstellungen $k, l, \ldots$, die von den $i, j, \ldots$ verschieden ist, in den Sätzen $A, B, C, D, \ldots, M, N, O, \ldots$[3]), und keine der Vorstellungen $i, j, \ldots$, die von den $k, l, \ldots$ verschieden ist, in den Sätzen $F, G, H, \ldots P, Q, R, \ldots$[3a]) erscheint, und sofern überdies der Inbegriff der Sätze $A, B, C, D, \ldots F, G, H, \ldots$ hinsichtlich auf die Vorstellungen $i, j, k, l, \ldots$ auch einen verträglichen Inbegriff darstellt. Denn ist dies letztere: so gibt es gewisse Vorstellungen, die an der Stelle der $i, j, k, l, \ldots$ die sämtlichen $A, B, C, D, \ldots F, G, H, \ldots$ wahr machen. Weil aber keine der Vorstellungen $k, l, \ldots$, die von den $i, j, \ldots$ verschieden ist, in den Sätzen $A, B, C, D, \ldots$, und keine der Vorstellungen $i, j, \ldots$, die von den $k, l, \ldots$ verschieden ist, in den Sätzen

---

[3] A: $A, B, C, D, \ldots$
[3a] A: $F, G, H, \ldots$

$F, G, H, \ldots$ vorkommt: so werden durch die Annahme der Veränderlichkeit der gesamten $i, j, k, l, \ldots$ aus den Sätzen $A, B, C, D, \ldots$ keine anderen wahren Sätze gebildet als diejenigen, die durch die bloße Annahme der Veränderlichkeit der $i, j, \ldots /$ entstehen; d. h. keine andern, als bei welchen auch die Sätze $M, N, O, \ldots$ wahr werden; und ebenso aus den Sätzen $F, G, H, \ldots$ keine anderen wahren Sätze als nur diejenigen, die auch die bloße Annahme der veränderlichen $k, l, \ldots$ hervorbringt, d. h. keine andern, als bei welchen auch die Sätze $P, Q, R, \ldots$ wahr werden. Also werden, sooft die sämtlichen $A, B, C, D, \ldots F, G, H, \ldots$ wahr werden, auch die sämtlichen $M, N, O, \ldots P, Q, R, \ldots$ wahr. Und diese sind folglich ableitbar aus jenen hinsichtlich auf die Vorstellungen $i, j, k, l, \ldots$.

24) Wenn aus den Sätzen $A, B, C, D, \ldots$ hinsichtlich auf gewisse Vorstellungen $i, j, \ldots$ die Sätze $M, N, O, \ldots$; aus den Sätzen $M, N, O, \ldots$ und $R, S, T, \ldots$ aber hinsichtlich auf dieselben Vorstellungen die Sätze $X, Y, Z, \ldots$ ableitbar sind: so sind die Sätze $X, Y, Z, \ldots$ auch ableitbar aus den Sätzen $A, B, C, D, \ldots R, S, T, \ldots$ hinsichtlich auf dieselben Vorstellungen. Denn wenn die Sätze $M, N, O, \ldots$ ableitbar sind aus den Sätzen $A, B, C, D, \ldots$ hinsichtlich auf die Vorstellungen $i, j, \ldots$: so macht ein jeder Inbegriff von Vorstellungen, der an der Stelle der $i, j, \ldots$ die sämtlichen $A, B, C, D, \ldots$ wahr macht, auch die sämtlichen $M, N, O, \ldots$ wahr. Jeder Inbegriff also, der die sämtlichen $A, B, C, D, \ldots R, S, T, \ldots$ wahr macht, macht auch die sämtlichen $M, N, O, \ldots R, S, T, \ldots$ und somit (wegen der Ableitbarkeit der $X, Y, Z, \ldots$ aus $M, N, O, \ldots R, S, T, \ldots$) auch $X, Y, Z, \ldots$ wahr.[4])

25) Auch wenn die Sätze $M, N, O, \ldots$ aus den $A, B, C, D, \ldots$ hinsichtlich auf die Vorstellungen $i, j, \ldots$; die Sätze $X, Y, Z, \ldots$ aber aus $M, N, O, \ldots R, S, T, \ldots$ hinsichtlich auf die Vorstellungen $k, l, \ldots$, die von den $i, j, \ldots$

---

[4] Genau genommen muß in den Satz der Nr. 24 noch die weitere Voraussetzung aufgenommen werden, daß $A, B, C, \ldots R, S, T, \ldots$ miteinander verträglich sind hinsichtlich auf die Vorstellungen $i, j, \ldots$. Erst dann nämlich sind auch $A, B, C, D., \ldots R, S, T, \ldots X, Y, Z, \ldots$ verträglich; eine Bedingung, die nachgewiesen werden

2. Von den Sätzen an sich. §§ 121—184

teilweise oder auch gänzlich verschieden sein mögen, ableitbar sind: so sind die Sätze $X, Y, Z, \ldots$ ableitbar aus den Sätzen $A, B, C, D, \ldots R, S, T, \ldots$, auch hinsichtlich auf den Inbegriff der sämtlichen Vorstellungen $i, j, \ldots k, l, \ldots$; sofern nur keine der Vorstellungen $k, l, \ldots$, die von den $i, j, \ldots$ verschieden ist, in den Sätzen $A, B, C, D, \ldots$, und keine der $i, j, \ldots$, die von den $k, l, \ldots$ verschieden ist, in den $M, N, O, \ldots R, S, T, \ldots$ vorkommt. Denn wenn keine der Vorstellungen $k, l, \ldots$, die von den $i, j, \ldots$ verschieden ist, in / den $A, B, C, D, \ldots$ vorkommt: so bringt die Annahme, daß die sämtlichen $i, j, k, l, \ldots$ veränderlich sein sollen, aus den Sätzen $A, B, C, D, \ldots$ [5]) keine anderen Wahrheiten heraus, als die Annahme, daß nur $i, j, \ldots$ veränderlich sein sollen; d. h. keine anderen, als bei denen auch die Sätze $M, N, O, \ldots$ alle wahr werden. Und wenn keine der Vorstellungen $i, j, \ldots$, die von den $k, l, \ldots$ verschieden ist, in den $M, N, O, \ldots R, S, T, \ldots$ vorkommt: so bringt die Annahme, daß die sämtlichen $i, j, \ldots k, l, \ldots$ veränderlich sein sollen, aus den Sätzen $M, N, O, \ldots R, S, T, \ldots$ keine andern Wahrheiten heraus, als die Annahme, daß nur $k, l, \ldots$ veränderlich sein sollen, d. h. keine andern, als bei denen auch die Sätze $X, Y, Z, \ldots$ wahr werden. Also sind $X, Y, Z, \ldots$ ableitbar aus $A, B, C, D, \ldots R, S, T, \ldots$, hinsichtlich auf $i, j, \ldots k, l, \ldots$ [6])

26) Wenn die Prämissen $A, B, C, D, \ldots$, aus welchen ein gewisser Satz M hinsichtlich auf die Vorstellungen $i, j, \ldots$ ableitbar ist, eine solche Beschaffenheit haben, daß es nicht möglich ist, einen der Sätze $A, B, C, D, \ldots$, ja auch nur einen in denselben vorkommenden Bestandteil wegzulassen, wenn aus dem Überreste noch immer M ab-

---

muß, weil das Ableitbarkeitsverhältnis von B. als eine „Unterabteilung" des Verhältnisses der Verträglichkeit eingeführt worden ist. Bei den vorhergehenden Aussagen zum Ableitbarkeitsverhältnis hat B. die Verträglichkeitsforderung genau beachtet. Hier und stellenweise auch im folgenden läßt er sie außer acht.

[5] A: $A, B, C, D, \ldots R, S, T, \ldots$.

[6] Aus dem schon bei Nr. 24 (Anm. 4) erwähnten Grunde muß auch hier unter die Voraussetzungen des Satzes die Forderung aufgenommen werden, daß $A, B, C, D, \ldots R, S, T, \ldots$ miteinander verträglich sind hinsichtlich auf die Vorstellungen $i, j, \ldots k, l, \ldots$.

leitbar bleiben soll hinsichtlich auf dieselben Vorstellungen $i, j, \ldots$: so nenne ich das Verhältnis der Ableitbarkeit des Satzes M aus den $A, B, C, D, \ldots$ ein *genaues, genau bemessenes* oder auch *adäquates*, im widrigen Falle ein *überfülltes*. So ist das Verhältnis der Ableitbarkeit zwischen den beiden Vordersätzen: „Alle α sind β", und „Alle β sind γ", und dem Schlußsatze: „Alle α sind γ", wenn die Vorstellungen α, β, γ als veränderlich angesehen werden sollen, genau; weil wir nicht einen einzigen in jenen beiden Sätzen vorkommenden Bestandteil, um so weniger einen dieser Sätze ganz weglassen dürfen, wenn aus dem Überreste noch immer der Satz: „Alle α sind γ" ableitbar sein soll, sofern die Vorstellungen α, β, γ fortwährend als die veränderlichen angesehen werden. Dagegen das Verhältnis der Ableitbarkeit zwischen denselben Vordersätzen und folgendem Schlußsatze: „Einige β sind α" nenne ich überfüllt, weil es bestehet, wenn wir auch nur den ersten der beiden Vordersätze behalten[7]). Ebenso überfüllt ist der Schluß, wenn aus den beiden Vordersätzen: „Alle α sind β", / „Alle β und γ sind δ" der Schlußsatz: „Alle α sind δ" abgeleitet wird; denn dieser ergibt sich auch, wenn statt der Prämisse: „Alle β und γ sind δ" die einfachere: „Alle β sind δ" gewählt wird.

27) Weder der Schlußsatz, noch einer der Vordersätze eines genauen Verhältnisses der Ableitbarkeit kann ein Satz sein, der seiner ganzen Art nach wahr ist. Nicht der Schlußsatz; denn ein Satz, der seiner ganzen Art nach wahr ist, bedarf zu seiner Wahrheit der Bedingung der Wahrheit seiner Vordersätze gar nicht. Auch keiner der Vordersätze; denn einen Vordersatz, der seiner ganzen Art nach wahr ist, können wir weglassen, ohne daß die Ableitbarkeit des Schlußsatzes aus den noch übrig gebliebenen Sätzen aufhört. (Nr. 4.)

28) Wenn das Verhältnis der Ableitbarkeit zwischen den Vordersätzen $A, B, C, D, \ldots$ und dem Schlußsatze M genau sein soll: so muß die Verneinung dieses Schlußsatzes, *Neg. M*, mit jedem beliebigen Teile der Vordersätze ver-

---

[7] Cf. § 154, Anm. 1 und 4.

träglich sein hinsichtlich auf dieselben Vorstellungen i, $j,\ldots$, welche in jenem Verhältnisse als veränderlich angesehen werden. Denn wäre *Neg. M* mit irgendeinem Teile der Sätze $A, B, C, D,\ldots$ z. B. mit $B, C,\ldots$ unverträglich: so wäre nach Nr. 15. der Satz *Neg. Neg. M*, und also gewiß auch der Satz M selbst ableitbar schon aus den Sätzen $B, C,\ldots$ allein. Das Verhältnis der Ableitbarkeit zwischen $A, B, C, D, \ldots$ und M wäre sonach nicht genau. (Nr. 26.)

29) Bei einem genauen Verhältnisse der Ableitbarkeit darf kein Vordersatz ableitbar sein aus den übrigen, hinsichtlich auf dieselben Vorstellungen, welche in jenem Verhältnisse selbst als veränderlich angesehen werden sollen. Denn wäre der Vordersatz A ableitbar aus den übrigen $B, C, D,\ldots$: so wäre auch der ganze Inbegriff der Sätze $A, B, C, D,\ldots$ ableitbar aus den Sätzen $B, C, D,\ldots$ in Hinsicht auf dieselben Vorstellungen; und folglich der Satz M, der aus den Sätzen $A, B, C, D,\ldots$ ableitbar ist, auch ableitbar aus den wenigeren $B, C, D, \ldots$ (Nr. 24.)[8]; also das Verhältnis der Ableitbarkeit des M aus den $A, B, C, D,\ldots$ sicher nicht genau.

30) Bei einem genauen Verhältnisse der Ableitbarkeit muß die Verneinung jedes Vordersatzes einzeln genommen / verträglich sein nicht nur mit allen übrigen zusammen, sondern auch noch mit der hinzugefügten Verneinung des Schlußsatzes M, und dies zwar hinsichtlich auf dieselben Vorstellungen, die in dem Verhältnisse als veränderlich angenommen werden. Denn wäre der Satz *Neg. A* nicht verträglich mit den Sätzen $B, C, D,\ldots$: so wäre A ableitbar aus ihnen, und mithin die Sätze $A, B, C, D,\ldots$ nach 29. zu keinem genauen Verhältnisse der Ableitbarkeit als Vordersätze tauglich. Wäre mit den Sätzen *Neg. A*, $B, C, D,\ldots$ nicht überdies auch noch die Verneinung des Schlußsatzes, d. i. *Neg. M* verträglich: so wäre nach 15. *Neg. Neg. M*, d. i. M selbst ableitbar aus *Neg. A*, $B, C, D,\ldots$. Da aber M auch ableitbar sein soll aus $A, B, C, D,\ldots$: so müßte die Wahrheit oder Falschheit von A ganz gleichgültig sein für M; und mithin wäre M gewiß auch ableitbar

---

[8] A: (Nr. 23.).

aus B, C, D, ... allein; folglich das Verhältnis der Ableitbarkeit zwischen A, B, C, D, ... und M nicht genau.

31) Auch bei einem genauen Verhältnisse der Ableitbarkeit kann die Verneinung von *zwei* oder mehreren Vordersätzen mit den noch übrigen in dem Verhältnisse der Unverträglichkeit stehen, hinsichtlich auf dieselben Vorstellungen, in betreff deren das Verhältnis obwalten soll. Wenn wir zur Abkürzung die drei Sätze: „Alle α sind β", „Alle β sind γ" und „Alle α sind γ" durch A, B und C bezeichnen: so ist das Verhältnis der Ableitbarkeit, in welchem die drei Sätze *Neg. A, Neg. B* und *Neg. C* als Vordersätze zu dem Schlußsatze: „Der Inbegriff der drei Sätze: *Neg. A, Neg. B, Neg. C* ist ein Inbegriff von lauter wahren Sätzen" stehen, wenn die Vorstellungen α, β, γ als veränderlich angesehen werden sollen, sicher genau; denn wir können keinen jener drei Vordersätze, auch keinen einzigen Bestandteil derselben fallen lassen, soll dieser Schlußsatz bleiben. Gleichwohl ist die Verneinung der zwei ersten Vordersätze, d. h. die Aufstellung der Sätze A und B mit dem dritten, d. h. mit *Neg. C* unverträglich.

32) Auch wenn das Verhältnis der Ableitbarkeit zwischen den Vordersätzen A, B, C, D, ... und dem Schlußsatze M, ingleichen das zwischen den Vordersätzen M, R, S, T, ... / und dem Schlußsatze X, beides hinsichtlich auf dieselben Vorstellungen i, j, ... genau ist: folgt doch nicht, daß das Verhältnis der Ableitbarkeit, welches nach 24. auch zwischen den Vordersätzen A, B, C, D, ... R, S, T, ... und dem Schlußsatze X bestehet[9]), ein genaues sein müsse. So ist das Verhältnis der Ableitbarkeit zwischen den Vordersätzen: „Alle α sind β", „Alle β sind γ"; und dem Schlußsatze: „Alle α sind γ"; und ebenso auch wieder das Verhältnis der Ableitbarkeit zwischen den Vordersätzen: „Alle α sind γ", „Alle γ sind β" und dem Schlußsatze: „Alle α sind β" ohne Zweifel genau. Allein das Verhältnis der Ableitbarkeit zwischen den drei Vordersätzen: „Alle α sind

---

[9] falls A, B, C, D, ... R, S, T, ... miteinander verträglich sind hinsichtlich auf die Vorstellungen i, j, ...

β", „Alle β sind γ", „Alle γ sind β" und dem Schlußsatze: „Alle α sind β" ist nicht genau.

33) Daß aber doch *zuweilen*, wenn der Schlußsatz M aus den Prämissen A, B, C, D,..., und der Schlußsatz X aus den Prämissen M, R, S, T,... genau ableitbar ist, auch das Verhältnis der Ableitbarkeit des Schlußsatzes X aus den Vordersätzen A, B, C, D,... R, S, T,... genau sein könne, unterliegt keinem Zweifel. Wenn wir im vorigen Beispiele statt der letzten Prämisse: „Alle γ sind β" die Prämisse: „Alle γ sind δ", und statt des Schlußsatzes: „Alle α sind β" den Schlußsatz: „Alle α sind δ" setzen: so werden alle drei daselbst betrachteten Schlüsse genau sein. Sooft nun nebst den beiden Verhältnissen der Ableitbarkeit, in welchem die Vordersätze A, B, C, D,... zu dem Schlußsatze M, und die Vordersätze M, R, S, T, ... zu dem Schlußsatze X stehen, auch das aus ihnen sich ergebende dritte Verhältnis der Ableitbarkeit zwischen den Vordersätzen A, B, C, D,... R, S, T,... und dem Schlußsatze X genau ist: so sage ich, daß das letzte Verhältnis *zusammengesetzt* aus den beiden ersteren sei. Ein Verhältnis der Ableitbarkeit, das nicht auf solche Weise zusammengesetzt ist, nenne ich ein *einfaches*.

34) Es muß auch einfache Verhältnisse der Ableitbarkeit geben. So dürfte z. B. gleich das Verhältnis der beiden Prämissen: „Alle α sind β", „Alle β sind γ" zu dem Schlußsatze: „Alle α sind γ" ein einfaches sein. Denn schwerlich wird jemand imstande sein, einen Satz anzugeben, der sich aus einer dieser Prämissen oder aus beiden genau ableiten ließe, und dabei so beschaffen wäre, daß man aus / ihm entweder allein, oder verbunden mit einem zweiten, den obigen Schlußsatz abermal genau ableiten könnte.

35) Wenn ein Paar Sätze: „A hat x", „B hat x" denselben Aussageteil haben, der eben als die einzige veränderliche Vorstellung in ihnen angesehen werden soll: so ist der zweite ableitbar aus dem ersten, wenn die Subjektvorstellung des ersten, A, zu der Subjektvorstellung des zweiten, B, in dem Verhältnisse des Umfassens (§ 95.) stehet; und wenn dieses nicht ist, so findet auch das Verhältnis der Ableitbarkeit nicht statt. Denn wenn die Vorstellung A die

Vorstellung *B* umfasset, wenn also jedes *B* ein *A* ist: so muß auch jede Vorstellung, die an der Stelle der *x* den Satz: „*A* hat *x*" wahr macht, auch den Satz: „*B* hat *x*" wahr machen. Wenn im entgegensetzten Falle *A* die *B* nicht umfaßt; wenn es also irgendein *B* gibt, welches kein *A* ist: so wird es auch irgendeine diesem *B* ausschließend zukommende Beschaffenheit geben. Nennen wir diese *b*': so ist die Beschaffenheit „Nicht *b*'" eine Beschaffenheit, die allen *A*, aber nicht allen *B* zukommt. Die Vorstellung: „Beschaffenheit Nicht *b*'" also wird an der Stelle der *x* den Satz: „*A* hat *x*" wahr, den Satz: „*B* hat *x*" aber falsch machen.

36) Wenn ein Paar Sätze: „*X* hat *a*", „*X* hat *b*" dieselbe Unterlage haben, die eben als die einzige veränderliche Vorstellung in ihnen angesehen werden soll: so ist der zweite ableitbar aus dem ersten, wenn die Vorstellung *B* (das dem *b* zugehörige Concretum[10])) die Vorstellung *A* umfasset; und wenn dieses nicht ist, so findet auch jenes Verhältnis der Ableitbarkeit nicht statt. Denn wenn die Vorstellung *B* die Vorstellung *A* umfasset; wenn also jedes *A* auch zugleich *B* ist: so wird jede Vorstellung, die an der Stelle der *X* den Satz: „*X* hat *a*" wahr macht, auch den Satz: „*X* hat *b*" wahr machen. Wenn aber im Gegenteil *B* die *A* nicht umfasset; wenn es also irgendein *A* gibt, das nicht zugleich auch ein *B* ist: so wird es auch irgendeine ausschließend nur auf dieses *A* sich beziehende Vorstellung geben. Ist diese *A*': so wird die Vorstellung *A*' an der Stelle der *X* den Satz: „*X* hat *a*" wahr, den Satz: „*X* hat *b*" aber nicht wahr machen. /

1. Anm. „Das hier beschriebene Verhältnis der *Ableitbarkeit* zwischen den Sätzen ist viel zu auffallend und zu wichtig für die Entdeckung neuer Wahrheiten, als daß es von den Logikern je hätte übersehen werden können; vielmehr macht die Entwicklung desselben (in dem Hauptstücke von den Schlüssen) den vornehmsten Inhalt der logischen Elementarlehre aus. Inzwischen deucht mir doch, man habe die Natur dieses Verhältnisses nicht immer ganz richtig aufgefaßt, oder, wo man dies auch getan, dasselbe wenigstens nicht in der gehörigen Allgemeinheit dargestellt, oder doch unterlassen, eine genaue Erklärung von die-

[10] Cf. § 60.

sem Begriffe zu geben. Mir nämlich deucht, daß die Ableitbarkeit der Sätze voneinander eines derjenigen Verhältnisse unter denselben sei, die ihnen *objektiv*, d. h. ganz abgesehen von unserem Vorstellungs- und Erkenntnisvermögen zukommen, und eben darum auch so dargestellt werden sollen. Das hat man aber bisher gewöhnlich nicht getan, sondern man hat dasselbe als ein Verhältnis beschrieben, das zwischen *Urteilen* (d. h. gedachten und als wahr angenommenen Sätzen) obwalte, und nur darin bestehe, daß das Fürwahrhalten des einen jenes des andern Satzes bewirket. Mir deucht es ferner, daß das Verhältnis der Ableitbarkeit nicht mit demjenigen zu verwechseln sei, welchem ich tiefer unten[11]) den Namen der *Abfolge* gebe, und das, wie ich glaube, ursprünglich nicht zwischen Sätzen überhaupt, sondern nur zwischen *Wahrheiten* stattfindet. Diese Unterscheidung hat man bisher noch nicht gemacht, da man es überhaupt nicht für nötig erachtet, Sätze und Urteile an sich von ihren Erscheinungen in dem Gemüte (von Urteilen und Erkenntnissen) zu trennen. Meistens stellte man ferner die Sache so vor, als ob ein unmittelbares Verhältnis der Ableitbarkeit nur zwischen zwei oder höchstens drei Sätzen bestehe, so zwar, daß man sich jederzeit nur einen einzigen Schlußsatz, der Vordersätze aber gewöhnlich zwei dachte; während es meiner Ansicht nach eine unbestimmt große Anzahl von beidem, von Vordersätzen sowohl als auch von Schlußsätzen gibt, und dies zwar selbst in demjenigen Verhältnisse der Ableitbarkeit, welches ich das *genau bemessene* nannte. Anlangend endlich die *Erklärungen*, die man von diesem Begriffe in den bisherigen Lehrbüchern antrifft: so ist wohl eine der besten diejenige, welche schon *Aristoteles* gab, wenn er sagte: Συλλογισμὸς δέ ἐστι λόγος, ἐν ᾧ τεθέντων τινῶν, ἕτερόν τι τῶν κειμένων, ἐξ ἀνάγκης συμβαίνει διὰ τῶν κειμένων (oder τῷ ταῦτα εἶναι). (*Anal. pr. L. 1. c. 1., Top. L. 1. c. 1 u. a.*) Da nicht zu zweifeln ist, daß *Aristoteles* ein Verhältnis der Ableitbarkeit (oder dasjenige, was wir in einem *Schlusse* aussprechen) auch unter falschen Sätzen zugab: so konnte er das συμβαίνειν ἐξ ἀνάγκης wohl kaum anders verstehen als so, daß der Schlußsatz *jedesmal* wahr werde, *sooft* es nur die Vordersätze werden. Nun ist es aber offenbar, daß man von einem und demselben Inbegriffe von Sätzen, wenn man sich an ihnen gar nichts Veränderliches denkt, unmöglich sagen könne, daß der eine aus ihnen *so oft* wahr werde, als es *die andern* werden. Denn Sätze, in denen sich nichts ändert, sind nicht zuweilen wahr, zuweilen wieder falsch; sondern sie sind nur eines von beidem für immer. Daraus wird klar, daß man bei jenen Sätzen, von denen man sprach, daß der eine derselben *so oft* wahr werden müsse, als es die übrigen werden, eigentlich nicht an sie selbst, sondern an das Verhältnis dachte, das die unendlich vielen Sätze, die

---

[11] Cf. §§ 162, 198.

aus ihnen hervorgehen können, wenn man gewisse, in ihnen vorkommende Vorstellungen mit beliebigen andern vertauscht, gegeneinander beobachten. Sooft es, wollte man sagen, durch die Verwechslung bestimmter Vorstellungen geschieht, daß die Prämissen wahr werden, muß auch der Schlußsatz wahr werden." Im Anschluß setzt B. sich mit den Bestimmungen zeitgenössischer Logiker auseinander.

Die 2. *Anm.* zu § 155 rechtfertigt die Bezeichnungen *Ableitbarkeit* und *Umfassen*.

§ 156. b) Verhältnisse der Gleichgültigkeit

1) Wenn das Verhältnis der Ableitbarkeit zwischen den Sätzen A, B, C, D, ... und M, N, O, ... wechselseitig bestehet, und dies zwar hinsichtlich auf dieselben Vorstellungen i, j, ...; d. h. wenn jeder Inbegriff von Vorstellungen, der an der Stelle der i, j, ... die sämtlichen A, B, C, D, ... wahr macht, auch die sämtlichen M, N, O, ... wahr macht, und wenn auch umgekehrt jeder Inbegriff von Vorstellungen, der an der Stelle der i, j, ... die sämtlichen M, N, O, ... wahr macht, auch die sämtlichen A, B, C, D, ... wahr macht: so sage ich, daß die Sätze A, B, C, D, ... und M, N, O, ... ein Verhältnis der *Gleichgültigkeit* untereinander haben, und nenne sie deshalb selbst *gleichgeltend*, nämlich hinsichtlich auf dieselben Vorstellungen i, j, ... So sage ich, daß der Satz: „Jedes A hat b" gleichgeltend sei mit den zwei Sätzen: „Die Vorstellung A hat Gegenständlichkeit" und „Die Vorstellung eines A, welches b nicht hat, hat keine Gegenständlichkeit", wenn man die Vorstellungen A und b als veränderlich ansieht; denn unter dieser Voraussetzung sind die zwei letztern aus dem ersten, und ist dieser umgekehrt wieder aus jenen beiden ableitbar.[1]

2) Nach dieser Erklärung wird dazu, daß man die Sätze A, B, C, D, ... *zusammen* als gleichgeltend ansehen könne mit den Sätzen M, N, O, ... *zusammen*, keineswegs erfordert, daß sich zu jedem einzelnen der Sätze A, B, C, D, ... auch unter den Sätzen M, N, O, ... irgendein einzelner, der ihm gleichgeltend ist, vorfinde; nicht ein-

[1] Cf. § 154, Anm. 1 und 4.

2. Von den Sätzen an sich. §§ 121—184

mal die Anzahl der Sätze A, B, C, D, . . . muß mit der Anzahl der Sätze M, N, O, . . . einerlei sein; wie schon das gegebene Beispiel beweiset.

3) Wenn die Sätze A, B, C, D, . . . alle wahr sind: so sind auch die ihnen gleichgeltenden M, N, O, . . . alle wahr; und sind im Gegenteile jene nicht alle wahr, so sind auch diese nicht alle wahr.

4) Wenn die Sätze A, B, C, . . . zusammen gleichgeltend sind mit den Sätzen A', B', C', . . . zusammen, hinsichtlich auf die Vorstellungen i, j, . . .; und die Sätze A, B, C, . . . stehen mit gewissen anderen M, N, O, . . . in irgendeinem der bisher betrachteten Verhältnisse nur immer hinsichtlich auf dieselben Vorstellungen: so stehen auch die ihnen gleichgeltenden A', B', C', . . . mit den M, N, O, . . . in eben diesem Verhältnisse hinsichtlich auf dieselben Vorstellungen; jenes Verhältnis sei nun ein Verhältnis der Verträglichkeit oder der Unverträglichkeit; eines der Ableitbarkeit, und zwar entweder so, daß M, N, O, . . . aus A, B, C, . . ., oder daß A, B, C, . . . aus M, N, O, . . . ableitbar sind, oder auch eines der Gleichgültigkeit. Denn weil die Sätze A, B, C, . . . mit den Sätzen A', B', C', . . . gleichgeltend sind hinsichtlich auf dieselben Vorstellungen i, j, . . ., welche auch in dem Verhältnisse zwischen den A, B, C, . . . und M, N, O, . . . als die veränderlichen angesehen werden sollen: so macht ein jeder Inbegriff von Vorstellungen, der, an die Stelle der veränderlichen in A, B, C, . . . und M, N, O, . . . gesetzt, die A, B, C, . . . insgesamt wahr macht, auch die A', B', C', . . . insgesamt wahr, und jeder Inbegriff, der dieses bei A, B, C, . . . nicht leistet, leistet es auch nicht bei A', B', C', ... Da nun bloß hierauf die Benennung des Verhältnisses beruhet, das zwischen A, B, C, . . . einer- und M, N, O, . . . andrerseits bestehet: so ist offenbar, daß eben dies Verhältnis auch zwischen A', B', C', . . . und M, N, O, . . . obwalte.

5) Wenn die Sätze A, B, C, . . . mit den Sätzen A', B', C', . . . und die Sätze D, E, F, . . . mit den Sätzen / D', E', F', . . . hinsichtlich auf dieselben Vorstellungen i, j, . . . gleichgeltend sind, und es sind überdies die Sätze A, B, C, . . . mit den Sätzen D, E, F, . . . verträglich hin-

sichtlich auf dieselben Vorstellungen: so sind auch die Sätze A, B, C, . . . D, E, F, . . . zusammen, gleichgeltend mit den Sätzen A', B', C', . . . D', E', F', . . . zusammen, hinsichtlich auf dieselben Vorstellungen. Denn wenn die Sätze A, B, C, . . . mit den Sätzen D, E, F, . . . verträglich sind hinsichtlich der Vorstellungen i, j, . . .: so gibt es Vorstellungen, die an der Stelle der i, j, . . . die sämtlichen Sätze A, B, C, . . . D, E, F, . . . wahr machen; aber eben diese Vorstellungen machen auch die sämtlichen A', B', C', . . . D', E', F', . . . wahr; weil alle Vorstellungen, die A, B, C, . . . wahr machen, auch A', B', C', . . ., und alle, die D, E, F, . . . wahr machen, auch D', E', F', . . . wahr machen. Auf ähnliche Art wird bewiesen, daß auch alle Vorstellungen, die an der Stelle der i, j, . . . die sämtlichen Sätze A', B', C', . . . D', E', F', . . . wahr machen, auch die sämtlichen Sätze A, B, C, . . . D, E, F, . . . wahr machen. Mithin sind beide Inbegriffe in dem Verhältnisse der Gleichgültigkeit.

6) Wenn die Sätze A, B, C, . . . gleichgeltend sind mit den Sätzen A', B', C', . . . hinsichtlich auf die Vorstellungen i, j, . . .; und aus den Sätzen A, B, C, . . . sind die Sätze M, N, O, . . . ableitbar hinsichtlich auf dieselben Vorstellungen: so stehen auch A, B, C, . . . M, N, O, . . . zusammen in dem Verhältnisse der Gleichgültigkeit zu den Sätzen A', B', C', . . . hinsichtlich auf dieselben Vorstellungen. Denn die gesamten Sätze A, B, C, . . . M, N, O, . . . werden durch eben dieselben, aber auch nicht durch mehr Vorstellungen wahr gemacht, als durch welche die Vorstellungen A, B, C, . . . wahr gemacht werden können.

7) Bloß daraus, daß die Sätze A, B, C, . . . gleichgeltend sind mit den Sätzen A', B', C', . . . hinsichtlich auf die Vorstellungen i, j, . . ., folgt keineswegs, daß auch die Sätze M, N, O, . . . und M', N', O', . . ., die sich aus jenen und aus diesen ableiten lassen, wäre es auch hinsichtlich auf dieselben Vorstellungen, gleichgeltend miteinander seien hinsichtlich auf dieselben Vorstellungen. Denn wenn M, N, O, . . . bloß ableitbar sind aus A, B, C, . . ., nicht aber gleichgeltend mit ihnen: so können M, N, O, . . . öfter wahr werden als A, B, C, . . .; M', N', O', . . . aber

könnten gleichgeltend sein mit A', B', C', ..., oder auch öfter, aber bei andern Vorstellungen, als A', B', C', ... wahr werden. Dann würden also M, N, O, ... und M', N', O', ... keineswegs gleichgeltend sein. So sind die beiden Sätze: „Diese Figur ist ein gleichseitiges Dreieck", und „diese Figur ist ein gleichwinkliges Dreieck" gleichgeltend miteinander, hinsichtlich auf die veränderliche Vorstellung Dieses; die beiden Sätze aber, die sich aus ihnen der Ordnung nach ableiten lassen: „Diese Figur ist gleichseitig", und „Diese Figur ist gleichwinklig" — sind nichts weniger als gleichgeltend miteinander, hinsichtlich auf die Vorstellung Dieses.

8) Also dürfen wir daraus, daß die Summe der Sätze A, B, C, D, ... gleichgeltend ist mit der Summe der Sätze A', B', C', D', ... hinsichtlich auf die Vorstellungen i, j, ..., daß ferner ein Teil jener ersteren Sätze, z. B. A, B, ..., für sich ebenfalls gleichgeltend ist mit einem Teile der letztern, z. B. A', B', ..., hinsichtlich auf dieselben Vorstellungen: nicht sofort schließen, daß auch die noch übrigen Teile C, D, ... und C', D', ... gleichgeltend miteinander seien, hinsichtlich auf dieselben Vorstellungen. Denn die Sätze C, D, ... könnten aus A, B, ..., und die Sätze C', D', ... aus A', B', ... auf irgendeine Weise bloß abgeleitet sein.

9) Wenn die zwei Sätze A und A' gleichgeltend miteinander sind hinsichtlich auf die Vorstellungen i, j, ..., und es ist keiner derselben seiner ganzen Art nach wahr: so sind auch die Sätze *Neg. A* und *Neg. A'* gleichgeltend miteinander, hinsichtlich auf dieselben Vorstellungen. Denn weil doch einer der beiden Sätze z. B. A nicht seiner ganzen Art nach wahr ist: so gibt es gewisse Vorstellungen, die an der Stelle der i, j, ... ihn falsch, und also den Satz *Neg. A* wahr machen. Eben diese Vorstellungen aber müssen auch den Satz A' falsch, und mithin *Neg. A'* wahr machen, weil sonst A nicht ableitbar wäre aus A'. Auf gleiche Weise folgt aber auch, daß jeder Inbegriff von Vorstellungen, der den Satz *Neg. A'* wahr macht, auch den Satz *Neg. A* wahr mache. /

10) Nicht ebenso ist es, wenn das Verhältnis der Gleichgültigkeit zwischen ganzen Inbegriffen von Sätzen stattfindet. Nicht immer muß, wenn der Inbegriff der Sätze *A, B, C*, . . . gleichgeltend ist mit dem Inbegriffe der Sätze *A', B', C'*, . . ., auch der Inbegriff der Sätze *Neg. A, Neg. B, Neg. C*, . . . gleichgeltend sein mit dem Inbegriffe *Neg. A', Neg. B', Neg. C'*, . . . hinsichtlich auf dieselben Vorstellungen. So sind die beiden Sätze: „Alle *A* sind *B*", und: „Alle *B* sind *A*" offenbar gleichgeltend mit folgendem einzigen: „Jeder Gegenstand einer der Vorstellungen *A, B* ist ein Gegenstand beider"; wenn wir die Vorstellungen *A, B* als die veränderlichen ansehen. Die zwei Sätze dagegen, die aus Verneinung der beiden erstern entstehen, nämlich: „Falsch ist's, daß alle *A B* sind", und: „Falsch ist's, daß alle *B A* sind", stehen mit dem Satze: „Falsch ist's, daß jeder Gegenstand einer der Vorstellungen *A, B* ein Gegenstand beider sei" keineswegs in dem Verhältnisse der Gleichgültigkeit. Denn der letztere wird wahr, ohne daß es die beiden ersteren zusammen werden, z. B. wenn die Vorstellung *A* höher[2]) als *B* ist, wo zwar der erste Satz wahr, allein der zweite falsch wird.

11) Wenn ein Paar Sätze: „*A* hat *x*", „*B* hat *x*" denselben Aussageteil haben, der eben als die einzige veränderliche Vorstellung in ihnen angesehen werden soll: so sind sie einander gleichgeltend, wenn auch ihre Subjektvorstellungen *A* und *B* einander gleichgelten (§ 96.); im widrigen Falle sind sie es nicht. Denn wenn die Vorstellungen *A* und *B* einander gleichgelten: so untersteht jeder Gegenstand, der einer derselben untersteht, beiden, und mithin muß dieselbe Beschaffenheitsvorstellung, die an der Stelle der *x* den einen Satz wahr macht, auch den andern wahr machen. Wenn aber *A* und *B* einander nicht gleichgelten: so muß eine derselben, z. B. *A*, einen Gegenstand vorstellen, welchen die andere *B* nicht vorstellt; es muß also auch eine diesem Gegenstande ausschließlich zukommende Beschaffenheit geben. Ist diese *a':* so wird die Beschaffenheit Nicht *a'* allen *B* zukommen. Die Vorstellung: „Beschaf-

[2] Cf. § 97.

fenheit Nicht a'"[3]) wird also an der Stelle der x den Satz: „B hat x" wahr, den Satz: „A hat x" aber nicht wahr machen. /

138 12) Wenn ein Paar Sätze: „X hat a", „X hat b" dieselbe Unterlage haben, die eben als die einzige veränderliche Vorstellung in ihnen angesehen werden soll: so sind sie einander gleichgeltend, wenn es die Vorstellungen A und B sind[°]), und im widrigen Falle sind sie es nicht. Denn wenn die Vorstellungen A und B gleichgelten; wenn also jeder Gegenstand der einen auch der anderen unterstehet: so muß jede Vorstellung, die an der Stelle der X den einen Satz wahr macht, auch den anderen wahr machen. Wenn aber A und B einander nicht gleichgelten: so gibt es irgendeinen der einen, z. B. der A unterstehenden Gegenstand, der nicht auch der andern B unterstehet; also auch eine sich nur auf ihn allein beziehende Vorstellung. Ist diese A': so wird die Vorstellung A' an der Stelle der X den Satz: „X hat a" wahr, den Satz: „X hat b" aber nicht wahr machen.

13) Bloß daraus, daß ein Paar Sätze A und A' aus Teilen (Sätzen oder einzelnen Vorstellungen), welche einander gleichgelten, auf gleiche Weise zusammengesetzt sind, folgt gar nicht, daß sie einander gleichgelten. So sind die beiden Sätze: „Ein gleichseitiges Dreieck ist auch gleichwinkelig", und „Ein gleichwinkeliges Dreieck ist auch gleichwinklig" nichts weniger als gleichgeltend[4]).

Die *Anm.* zu § 156 setzt sich mit anderen Definitionen (vor allem von zeitgenössischen Logikern) der *Gleichgültigkeit* auseinander.

[°] Daß auch die Abstracta *(cf. § 60, d. Hrsg.) a* und *b* selbst gleichgelten, wird nicht erfordert.

[3] A: „Beschaffenheit hat Nicht a' ".

[4] Gleichgeltend sind in diesem Beispiel die Vorstellungen „ein gleichseitiges Dreieck" und „ein gleichwinkeliges Dreieck". Offenbar behauptet B., daß sich in den beiden Sätzen des Beispiels keine Vorstellungen finden lassen, in Bezug auf die diese Sätze gleichgeltend sind.

§ 157. c) *Verhältnis der Unterordnung*

1) Wenn das Verhältnis der Ableitbarkeit zwischen den Sätzen A, B, C, D, ... und M, N, O, ... nicht, wie im vorigen Paragraph, wechselseitig, sondern nur von der Einen Seite bestehet, wenn also z. B. nur die Sätze M, N, O, ... aus den Sätzen A, B, C, D, ..., nicht aber auch diese aus jenen ableitbar sind, hinsichtlich auf gewisse veränderliche Vorstellungen i, j, ...; oder (was ebensoviel heißt) wenn jeder Inbegriff von Vorstellungen, der an der Stelle der i, j, ... die Sätze A, B, C, D, ... wahr macht, auch die Sätze M, N, O, ..., aber nicht umgekehrt jeder Inbegriff, der diese letzteren wahr macht, auch jene ersteren wahr macht: so nennt man dieses Verhältnis zwischen den Sätzen A, B, C, D, ... von der einen, und M, N, O, ... von der andern Seite ein Verhältnis der *Unterordnung;* und zwar erlaube ich mir (wegen der Ähnlichkeit dieses Verhältnisses mit jenem zwischen Vorstellungen, § 97.) die Sätze A, B, C, D, ... die *untergeordneten* oder die *niederen,* oder (wenn dieses allzu anstößig klingen sollte) die Sätze der *beschränkteren* oder *geringeren Gültigkeit,* oder die *mehr sagenden;* die Sätze M, N, O, ... dagegen die *übergeordneten* oder die *höheren,* oder die Sätze der *ausgebreiteteren* oder *größeren Gültigkeit,* oder die *weniger sagenden* zu nennen. Noch minder anstößig wäre es zu sagen, daß die Sätze M, N, O, ... *einseitig ableitbar* wären aus den Sätzen A, B, C, D, ...; diese die *einseitigen Vorder-,* jene die *einseitigen Schlußsätze* zu nennen. So ist z. B. aus den beiden Sätzen: „A ist B", „B ist C" ableitbar der Satz: „A ist C", wenn man die Vorstellungen A, B, C als die veränderlichen ansieht; nicht umgekehrt aber sind unter eben dieser Voraussetzung aus dem letzteren Satze: „A ist C" die beiden ersteren: „A ist B" und „B ist C" ableitbar; ich sage also, daß zwischen den Sätzen „A ist B", „B ist C" von der einen, und „A ist C" von der andern Seite ein Verhältnis der Unterordnung bestehe; und nenne die beiden ersteren Sätze die untergeordneten, den letzten den ihnen übergeordneten, lege den

2. Von den Sätzen an sich. §§ 121—184

ersteren eine beschränktere, dem letzten aber eine ausgedehntere Gültigkeit bei.

2) Wenn die Sätze $M, N, O, \ldots$ einseitig ableitbar sind aus den Sätzen $A, B, C, \ldots$ hinsichtlich der Vorstellungen $i, j, \ldots$: so gibt es jederzeit gewisse Sätze, welche mit $M, N, O, \ldots$ verträglich sind, ohne verträglich zu sein auch mit $A, B, C, \ldots$ hinsichtlich auf dieselben Vorstellungen $i, j, \ldots$ Denn weil es Vorstellungen gibt, die an der Stelle der $i, j, \ldots$ die sämtlichen $M, N, O, \ldots$ wahr machen, ohne auch die sämtlichen $A, B, C, \ldots$ wahr zu machen: so gibt es Vorstellungen, welche die sämtlichen $M, N, O, \ldots$ und dabei auch noch einen der Sätze *Neg. A, Neg. B, Neg. C*, ... wahr machen. Es sei *Neg. A* ein solcher; also sind $M, N, O, \ldots$ und *Neg. A* verträglich. Daß aber *Neg. A* und $A, B, C, \ldots$ nicht verträglich seien, leuchtet von selbst ein.

3) Wenn die Sätze $M, N, O, \ldots$ aus den Sätzen $A, B, C, D, \ldots$ nur einseitig[1]), und die Sätze $R, S, T, \ldots$ aus den Sätzen $M, N, O, \ldots$ abermals nur einseitig ableitbar sind, immer hinsichtlich auf dieselben Vorstellungen $i, j, \ldots$: so sind die Sätze $R, S, T, \ldots$ auch aus den Sätzen $A, B, C, D, \ldots$ nur einseitig ableitbar, hinsichtlich auf dieselben Vorstellungen. Daß nämlich $R, S, T, \ldots$ aus $A, B, C, D, \ldots$ ableitbar sind, erhellet aus § 155. Nr. 24.[2]); daß aber diese Ableitbarkeit nur eine einseitige sei, erhellet daraus, weil es gewisse Vorstellungen gibt, welche die sämtlichen $R, S, T, \ldots$ wahr machen, ohne die sämtlichen $M, N, O, \ldots$ wahr zu machen. Bei diesen Vorstellungen können aber nicht die sämtlichen $A, B, C, \ldots$ wahr werden; denn würden diese wahr, so müßten es auch $M, N, O, \ldots$ werden.

4) Wenn ein Paar Sätze: „*A* hat *x*", „*B* hat *x*" einerlei Aussageteil haben, der eben die veränderliche Vorstellung in ihnen abgibt: so ist der zweite einseitig ableitbar aus dem ersten, wenn die Subjektvorstellung des zweiten *B*

---

[1] Es genügt an dieser Stelle, wie der Beweis zeigt, die Voraussetzung, daß $M, N, O, \ldots$ aus $A, B, C, D, \ldots$ ableitbar sind.
[2] A: Nr. 23.

jener des ersten A untergeordnet ist; und wenn dieses nicht ist, so ist auch jenes nicht. Denn wenn die Vorstellung B untergeordnet ist der A: so ist nach § 155. Nr. 35. der Satz: „B hat x" ableitbar aus dem Satze: „A hat x", aber nicht umgekehrt dieser aus jenem. Und wenn der Satz: „B hat x" ableitbar sein soll aus dem Satze:„ A hat x", aber nicht umgekehrt dieser aus jenem: so muß nach eben dieser Nr. die Vorstellung A die B umfassen, aber nicht umgekehrt die Vorstellung B auch die A, also muß B der A untergeordnet sein.

5) Wenn ein Paar Sätze: „X hat a", „X hat b" einerlei Unterlage haben, die eben den einzigen veränderlichen Teil in ihnen bildet: so ist der zweite einseitig ableitbar aus dem ersten, wenn die Vorstellung A der Vorstellung B untergeordnet ist; und wenn dieses nicht ist, so ist auch jenes nicht. Erweiset sich aus § 155. Nr. 36.

§ 158. d) Verhältnis der Verkettung

1) Noch erübriget die Betrachtung des Falles, wenn zwischen den Sätzen A, B, C, ... und M, N, O, ... zwar ein Verhältnis der Verträglichkeit statthat, aber nur so, daß weder die Sätze M, N, O, ... aus den A, B, C, ..., noch diese aus jenen ableitbar sind, hinsichtlich auf dieselben Vorstellungen $i, j, \ldots$; mit anderen Worten, wenn es zwar Vorstellungen gibt, die an der Stelle der $i, j, \ldots$ die sämtlichen A, B, C, ... und M, N, O, ... wahr machen, aber auch andere, die nur die sämtlichen A, B, C, ... ohne die sämtlichen M, N, O, ..., ingleichen andere, die nur die sämtlichen M, N, O, ... ohne die sämtlichen A, B, C, ... wahr machen. Da dieses Verhältnis eine so große Ähnlichkeit mit dem Verhältnisse hat, das ich bei Vorstellungen eine *Verkettung* oder *Verschlungenheit* nannte (§ 98.): so mag auch dieses zwischen Sätzen stattfindende Verhältnis so heißen, wenn man nicht lieber es ein Verhältnis der *Unabhängigkeit* nennen will.

2) Jedes Paar Sätze von der Form: „Jedes X hat y", und „Jedes Y hat x"[1]), worin die Vorstellungen x und y als die

---

[1] A: Y hat z. Zum Unterschied der Symbole X und x cf. § 60.

veränderlichen betrachtet werden sollen, bildet ein Paar verschlungener Sätze. Denn sicher gibt es Vorstellungen, die an der Stelle der x und y diese zwei Sätze zugleich wahr machen; dies leisten nämlich je zwei Vorstellungen, bei welchen X und Y Wechselvorstellungen werden. Dann gibt es aber auch gewiß Vorstellungen, die an der Stelle x und y nur den Einen Satz allein wahr machen. Denn wählen wir für x und y ein Paar Beschaffenheiten, dabei Y höher[2]) als X wird: so ist der Satz: „Jedes X ist Y" wahr, und der Satz: „Jedes Y ist X" falsch. Wählen wir aber für x und y ein Paar Beschaffenheiten, wobei X höher als Y wird: so ist der Satz: „Jedes Y ist X" wahr, und der Satz: „Jedes X ist Y" falsch.

3) Wenn ein Paar Sätze: „A hat x", „B hat x" einerlei Aussageteil haben, der eben als die einzige veränderliche Vorstellung in ihnen angesehen werden soll: so stehen sie in dem Verhältnisse der Verschlungenheit, wenn die Vorstellungen A und B entweder verschlungen oder unverträglich miteinander sind; und wenn dieses nicht ist, so ist auch jenes nicht. Denn damit diese zwei Sätze beide zugleich wahr werden könnten, dazu wird (nach § 154. Nr. 16.) nichts anderes erfordert, als daß A und B gegenständliche Vorstellungen sind. Damit aber auch jeder für sich allein wahr werden könne, dazu ist nötig, daß die Vorstellungen A und B nicht im Verhältnisse der Unterordnung stehen, weil sonst (nach § 155. Nr. 35.) entweder der eine oder der andere Satz aus dem andern ableitbar wäre. Also müssen die Vorstellungen A und B entweder verschlungen oder unverträglich sein.

4) Wenn ein Paar Sätze: „X hat a", „X hat b" einerlei Unterlage haben, die aber als der einzige veränderliche Teil in ihnen angesehen werden soll: so stehen sie in dem Verhältnisse der Verschlungenheit miteinander, wenn die Vorstellungen A und B in dem Verhältnisse der Verschlungenheit stehen; und wenn dieses nicht ist, so ist auch jenes nicht. Denn sind die Vorstellungen A und B verschlungen: so gibt es Gegenstände, die beiden unterstehen; eine Vor-

---

[2] Cf. § 97.

stellung also, die sich ausschließlich nur auf dergleichen beziehet, an der Stelle des X, macht beide Sätze wahr. Dann gibt es aber auch Gegenstände, die nur der einen, und nicht der andern unterstehen; eine Vorstellung also, die sich ausschließlich nur auf solche beziehet, wird nur den einen und nicht den andern Satz wahr machen. Sind aber die Vorstellungen A und B nicht verschlungen: so sind sie entweder beide oder doch eine derselben ganz gegenstandslos, und dann sind entweder beide Sätze, oder es ist doch der eine seiner ganzen Art nach falsch; oder die Vorstellungen A und B sind miteinander unverträglich, und dann sind es (nach § 154. Nr. 18.) auch die Sätze; oder die eine ist der andern untergeordnet, und dann ist (nach § 155. Nr. 36.) auch einer von jenen beiden Sätzen aus dem andern ableitbar.

5) Es gibt Paare verschlungener Sätze, welche nicht beide zugleich falsch werden können, und es gibt andere, welche es werden können, immer verstanden in Hinsicht auf dieselben veränderlichen Vorstellungen, in betreff deren ihr Verhältnis der Verschlungenheit bestehet. Ein Beispiel von einem Paare verschlungener Sätze, welche nie beide falsch werden können, sind die zwei folgenden: „Jedes X hat a" und: „Es ist falsch, daß jedes X die Beschaffenheiten $a+b$ habe"; worin die einzige Vorstellung X veränderlich ist, a und b aber ein Paar nicht überall, aber zuweilen doch miteinander verbundener Beschaffenheiten bezeichnen. Denn daß diese beiden Sätze verschlungen sind, erhellet daraus, weil beide wahr werden, wenn wir für X eine Vorstellung setzen, die sich ausschließlich nur auf einige Dinge beziehet, welche die Beschaffenheit a, nicht aber auch die b haben; weil ferner der erste Satz allein wahr wird, wenn wir für X eine Vorstellung setzen, die sich nur auf solche Gegenstände bezieht, welche nebst der Beschaffenheit a auch noch die b haben; weil endlich auch der zweite Satz allein wahr wird, wenn wir für X eine Vorstellung von Gegenständen wählen, welche weder die Beschaffen-/heit b noch a haben. Daß aber nie beide Sätze zugleich falsch werden können, ersieht man, weil aus der Falschheit des ersten die Wahrheit des zweiten notwendig folgt; denn

wenn es falsch ist, daß jedes X ein A sei: so ist es um so gewisser falsch, daß jedes X ein *[A] b*[3]) sei. — Ein Beispiel endlich von einem Paare verschlungener Sätze, die beide falsch werden können, sind gleich die beiden schon Nr. 2. betrachteten Sätze: „Jedes X ist Y" und „Jedes Y ist X"; denn diese werden beide falsch, sobald wir an die Stelle von X und Y ein Paar einander ausschließender Vorstellungen setzen.

6) Sind ein Paar Sätze A und B verschlungen: so sind auch ihre Verneinungen oder die Sätze *Neg. A* und *Neg. B* entweder verschlungen oder unverträglich, alles hinsichtlich auf dieselben Vorstellungen. Wenn nämlich A und B verschlungen und von der Art sind, daß sie nie beide falsch werden können (Nr. 5.): so sind die Sätze *Neg. A* und *Neg. B* unverträglich. Können sie aber beide falsch werden: so sind *Neg. A* und *Neg. B* in dem Verhältnisse der Verschlungenheit; denn es gibt Vorstellungen, durch welche beide wahr werden, und es gibt ferner auch Vorstellungen, die nur den Einen Satz allein wahr machen. Das letztere leisten Vorstellungen, die nur den einen der Sätze A und B wahr, den andern aber falsch machen.

7) Sätze, die mit verschlungenen gleich gelten, sind selbst verschlungen, alles hinsichtlich auf dieselben Vorstellungen. Der Beweis wie § 156. Nr. 4.

§ 159. *Besondere Arten der Unverträglichkeit*

1) Wie das bisher betrachtete Verhältnis der *Verträglichkeit* manche merkwürdige Unterarten darbot (§§ 155-158.): so gilt ein Ähnliches auch von dem Verhältnisse der *Unverträglichkeit*. Wenn von den mehreren Sätzen $A, B, C, D, \ldots$ nichts anderes ausgesagt wird, als daß sie hinsichtlich auf die Vorstellungen $i, j, \ldots$ in dem Verhältnisse der Unverträglichkeit untereinander stehen: so wird hiermit nur gesagt, es gebe keine Vorstellungen, die an der Stelle der / $i, j, \ldots$ die Sätze $A, B, C, D, \ldots$ *alle* zugleich wahr machen. Daß aber nicht doch etliche dieser Sätze, z. B. die $A, B, \ldots$ allein ohne

---

[3] Zu dieser Bezeichnungsweise cf. § 96, 7.

die $C, D, \ldots$, oder die $B, C, D, \ldots$ ohne den A, durch gewisse gemeinschaftliche Vorstellungen wahr gemacht werden könnten, wird durch jene Aussage der Unverträglichkeit der sämtlichen $A, B, C, D, \ldots$ miteinander noch nicht behauptet. Auf eine ähnliche Weise also, wie wir (§ 155) bei der Betrachtung der miteinander verträglichen Sätze $A, B, C, D, \ldots M, N, O, \ldots$ die Frage untersuchten, ob es nicht einige derselben $A, B, C, \ldots$ gebe, die so beschaffen sind, daß jeder Inbegriff von Vorstellungen, der an der Stelle der veränderlichen $i, j, \ldots$ sie alle wahr macht, auch einen oder etliche andere $M, N, O, \ldots$ *wahr* mache; laßt uns hier wieder fragen, ob es unter den mehreren nicht miteinander verträglichen Sätzen $A, B, C, D, \ldots M, N, O, \ldots$ nicht etwa einige $A, B, C, \ldots$ gebe, die so beschaffen wären, daß jeder Inbegriff von Vorstellungen, der an der Stelle der veränderlichen $i, j, \ldots$ sie alle wahr macht, gewisse andere $M, N, O, \ldots$ falsch mache. Wenn dies geschieht, so ist das Verhältnis der Sätze $M, N, O, \ldots$ zu den Sätzen $A, B, C, \ldots$ das gerade Gegenteil von dem Verhältnisse, welches wir dort eine *Ableitbarkeit* genannt. Ich erlaube mir, es das Verhältnis der *Ausschließung* zu nennen; und sage, daß ein oder mehrere Sätze $M, N, O, \ldots$ von gewissen andern $A, B, C, \ldots$ *ausgeschlossen* werden, und dies zwar hinsichtlich auf die veränderlichen Vorstellungen $i, j, \ldots$, wenn jeder Inbegriff von Vorstellungen, der an der Stelle der $i, j, \ldots$ die sämtlichen $A, B, C, \ldots$ wahr macht, die sämtlichen $M, N, O, \ldots$ falsch macht[1]). Die Sätze $A, B, C, \ldots$ nenne ich die *ausschließenden, die* $M, N, O, \ldots$ *die ausgeschlossenen.* Ein solches Verhältnis der Ausschließung z. B. finde ich zwischen den beiden Sätzen: „A ist B", und „B ist C" von der einen, und dem Satze: „Kein C ist A" von der andern Seite, wenn ich die Vorstellungen A, B, C als die einzig

---

[1] Wie sich aus Nr. 2 u. a. ergibt, verlangt B. offenbar wie bei der Ableitbarkeitsbeziehung außerdem, daß $A, B, C, \ldots$ miteinander verträglich sind hinsichtlich auf die Vorstellungen $i, j, \ldots$. Diese Bedingung ist in der B.'schen Formulierung eingeschlossen, wenn man den Bedingungssatz „daß jeder Inbegriff usf." im B.'schen Sinne versteht, weil es dann bei Erfüllung dieser Bedingung stets einen solchen Inbegriff geben muß (Cf. § 57 und Anm. 1 des Hrsg. zu § 154).

veränderlichen betrachte. Denn jeder Inbegriff von Vorstellungen, welcher die beiden ersteren Sätze wahr macht, macht den dritten falsch. Ich nenne also die ersteren beiden die ausschließenden, den letzten aber den von ihnen ausgeschlossenen. /

2) Wenn die Sätze A, B, C, ... gewisse andere M, N, O, ... ausschließen, hinsichtlich auf gewisse Vorstellungen i, j, ...: so müssen die Verneinungen der letztern oder die Sätze Neg. M, Neg. N, Neg. O, ... aus dem Inbegriffe der Sätze A, B, C, ... ableitbar sein, hinsichtlich auf dieselben Vorstellungen. Denn jeder Inbegriff von Vorstellungen, der an der Stelle der i, j, ... die sämtlichen A, B, C, ... wahr macht, muß die sämtlichen M, N, O, ... falsch, also die Sätze Neg. M, Neg. N, Neg. O, ... insgesamt wahr machen.

3) Wenn der Fall eintritt, daß das Verhältnis der Ausschließung zwischen den Sätzen A, B, C, ... und M, N, O, ... wechselseitig bestehet, und dies zwar hinsichtlich auf dieselben Vorstellungen i, j, ...; d. h. wenn jeder Inbegriff von Vorstellungen, der die gesamten A, B, C, ... wahr macht, die gesamten M, N, O, ... falsch macht, und wenn ebenso jeder Inbegriff, der die gesamten M, N, O, ... wahr macht, die gesamten A, B, C, ... falsch macht: so können wir dieses Verhältnis zwischen den Sätzen A, B, C, ... und M, N, O, ... füglich das einer *wechselseitigen Ausschließung* nennen. In diesem Verhältnisse stehen die beiden Sätze: „A ist so alt als C", und „B ist dreimal so alt als C" mit den zwei folgenden: „A und B zusammen sind siebenmal so alt als C", und „B ist so alt als A und C zusammen"; wenn nur die Vorstellungen A, B, C allein als veränderlich angesehen werden dürfen. Denn sind die zwei erstern wahr, so sind die zwei letztern falsch; und sind diese wahr, so sind jene falsch.

4) Wenn gesagt wird, daß sich die Sätze A, B, C, ... und M, N, O, ... wechselseitig ausschließen, und zwar hinsichtlich auf die Vorstellungen i, j, ...: so ist hiermit nur gesagt, daß, sooft alle A, B, C, ... wahr werden, alle M, N, O, ... falsch, und sooft alle M, N, O, ... wahr werden, alle A, B, C, ... falsch werden müssen; mit andern Worten, daß die Sätze Neg. M, Neg. N, Neg. O, ... ableitbar aus den Sät-

zen $A, B, C, \ldots$, und die Sätze *Neg. A, Neg. B, Neg. C,* ... ableitbar aus den Sätzen $M, N, O, \ldots$ seien: darüber aber, ob diese doppelte Ableitbarkeit selbst eine nur einseitige oder auch wechselseitige sei, ist nichts entschieden. / Auch dieses werde nun bestimmt; und zwar, wenn das Verhältnis der Ableitbarkeit zwischen den Sätzen $A, B, C, \ldots$ und *Neg. M, Neg. N, Neg. O,* ..., und zwischen den Sätzen $M, N, O, \ldots$ und *Neg. A, Neg. B, Neg. C,* ... ein wechselseitiges ist, d. h. wenn jeder Inbegriff von Vorstellungen, der an der Stelle der $i, j, \ldots$ die sämtlichen Sätze $A, B, C, \ldots$ wahr oder falsch macht, zugleich die sämtlichen $M, N, O, \ldots$ falsch oder wahr macht[2]): so sage man, daß die Sätze $A, B, C, \ldots$ einer- und $M, N, O, \ldots$ andrerseits in dem Verhältnisse eines *Widerspruches* stehen oder einander *widersprechen*. Der Kürze wegen kann man die Sätze $A, B, C, \ldots$ zusammen den *Widerspruch* der $M, N, O, \ldots$ und diese den Widerspruch jener nennen. Ist aber das besagte Verhältnis der Ableitbarkeit nur einseitig: so sage man, daß die Sätze $A, B, C, \ldots$ einer- und $M, N, O, \ldots$ andrerseits in dem Verhältnisse eines bloßen *Widerstreites* stehen, oder einander *widerstreiten*. Widersprechende Sätze pflegt man auch *kontradiktorische*, bloß widerstreitende aber *konträre* zu nennen. In einem Verhältnisse des Widerspruches stehen die beiden Sätze:

„Jedes X ist ein Y" ... (A)

und:

„Die Vorstellung eines Nicht Y hat Gegenständlichkeit" ... (B)

mit den beiden folgenden:

„Falsch ist's, daß jedes Nicht Y ein Nicht X sei" ... (M)

und:

„Die Vorstellung eines X hat keine Gegenständlichkeit" ... (N),

wenn die Vorstellungen X, Y als die veränderlichen gelten.

---

[2] und (für den Fall mehrerer Prämissen oder Konklusionen) umgekehrt! B. berücksichtigt diese zusätzlich nötige Forderung auch im Beweis zum folgenden Beispiel. Cf. u. a. auch Nr. 5.

Hier nämlich folgt zuvörderst aus der Wahrheit der Sätze *A* und *B* die Falschheit der *M* und *N* sichtbar. Denn wenn es wahr sein soll, daß jedes *X* ein *Y* ist: so muß die Vorstellung *X* Gegenständlichkeit haben[3]), und somit ist schon falsch der Satz, der ihr diese Gegenständlichkeit abspricht. Wenn ferner die Vorstellung Nicht *Y* Gegenständlichkeit hat, was der Satz *B* aussagt: so muß auch wahr sein die Behauptung, daß jedes Nicht *Y* ein Nicht *X* sei, und also ist der Satz *M*, der dieses leugnet, falsch. Ebenso folgt aus der Wahrheit der Sätze *M* und *N* die Falschheit der / *A* und *B*. Denn wenn die Vorstellung *X* keine Gegenständlichkeit hat, wie *N* sagt; so ist der Satz: „Jedes *X* ist ein *Y*" gewiß nicht wahr. Wenn ferner die Vorstellung *X* keine Gegenständlichkeit hat: so hat die Vorstellung Nicht *X* den Umfang der weitesten Vorstellung eines Etwas überhaupt; und somit kann der Satz: „Jedes Nicht *Y* ist ein Nicht *X*" nur darum der Wahrheit ermangeln, wie *M* behauptet, weil die Vorstellung Nicht *Y* keinen Gegenstand hat, folglich ist der Satz *B* falsch. Daß aber auch aus der Falschheit der Sätze *A* und *B* die Wahrheit der *M* und *N* geschlossen werden könne, erhellet so. Aus der Falschheit des *B* ergibt sich sofort die Richtigkeit des *M*; denn wenn die Vorstellung Nicht *Y* keine Gegenständlichkeit hat, so ist es außer Zweifel, daß der Satz: „Jedes Nicht *Y* ist ein Nicht *X*" der Wahrheit ermangle. Hat die erwähnte Vorstellung Nicht *Y* keine Gegenständlichkeit: so folgt ferner, daß die Vorstellung *Y* den allerweitesten Umfang eines Etwas überhaupt habe; und somit kann der Satz *A:* „Jedes *X* ist ein *Y*" nur darum der Wahrheit ermangeln, weil die Vorstellung *X* selbst keinen Gegenstand hat, welches die Aussage des Satzes *N* ist, der sonach Wahrheit hat. Endlich läßt sich aus der Falschheit der Sätze *M*, *N* auch noch die Wahrheit der Sätze *A* und *B* ableiten. Denn ist *M* falsch: so gilt der Satz, daß jedes Nicht *Y* ein Nicht *X* sei, und somit muß die Vorstellung Nicht *Y* eine Gegenstandsvorstellung sein, wie *B* behauptet. Ist ferner auch der Satz *N* falsch, so muß die Vorstellung *X* Gegenständlichkeit haben; und somit läßt sich aus dem nur

---

[3] Cf. Anm. 1 und 4 zu § 154.

angeführten Satze, daß jedes Nicht Y ein Nicht X sei, sicher der Schluß ableiten, daß jedes X ein Y sei, wie A sagt. — Manchen Lesern ist es vielleicht angenehm, auch noch ein mathematisches Beispiel des Widerspruches zu finden, ein solches, dem sich leicht viele andere nachbilden lassen. Wenn das Zeichen $\overset{n}{=}$ eine bloße Ungleichheit zwischen gegebenen Größen bezeichnet, ohne zu bestimmen, welche derselben die größere sei: so stehen folgende 6 Sätze:

$a + b + c = 3\,m; 2\,b + c = 3\,m; 2\,c + b = 3\,m;$

$a + b + d \overset{n}{=} 3\,m; 2\,a + d \overset{n}{=} 3\,m; 2\,d + a \overset{n}{=} 3\,m$ /

mit folgenden 6 Sätzen:

$a + d = 2\,m; 2\,b + d = 3\,m; 2\,d + b = 3\,m;$
$b + c \overset{n}{=} 2\,m; 2\,c + c \overset{n}{=} 3\,m\,^4); 2\,a + c \overset{n}{=} 3\,m$

in dem Verhältnisse des Widerspruches hinsichtlich auf die veränderlichen Vorstellungen a, b, c, d und m; wie es die Auflösung der in diesen 12 Sätzen sowohl, als auch in ihren Verneinungen enthaltenen 6 Gleichungen zeigt. Ein Beispiel von Sätzen, die einander bloß widerstreiten, ist *das* von Nr. 3.

5) Unmittelbar aus der Nr. 4 gegebenen Erklärung fließt: wenn die Sätze A, B, C, ... mit den Sätzen M, N, O, ... in dem Verhältnisse des Widerspruches stehen: so müssen die Sätze A, B, C, ... mit den Sätzen Neg. M, Neg. N, Neg. O, ...; und die Sätze M, N, O, ... mit den Sätzen Neg. A, Neg. B, Neg. C, ... in dem Verhältnisse der Gleichgültigkeit stehen, beides in Hinsicht auf dieselben veränderlichen Vorstellungen; ingleichen wenn die Sätze A, B, C, ... alle wahr oder falsch sind, so sind die Sätze M, N, O, ... alle falsch oder wahr.

6) Kein Satz, der seiner ganzen Art nach wahr oder falsch ist, kann unter Sätzen vorkommen, die im Verhältnisse des Widerspruches zueinander stehen, hinsichtlich auf dieselben Vorstellungen, in betreff deren er seiner ganzen Art

---

[4] Die Gleichung soll wohl: „2c + a = 3m" heißen; aber auch mit: „2c + c = 3m" widersprechen die beiden Systeme von Gleichungen und Ungleichungen einander im B.'schen Sinne.

nach wahr oder falsch ist. Denn widersprechende Sätze müssen vermöge der Erklärung[5]) ein jeder sowohl wahr als auch falsch gemacht werden können.

7) Jeder beliebige Satz A und seine Verneinung *Neg. A* stehen miteinander im Widerspruche hinsichtlich auf was immer für Vorstellungen, wenn nur A nicht ein seiner ganzen Art nach wahrer oder falscher Satz ist. Denn wenn nur dies nicht ist, so gibt es Vorstellungen, welche A wahr, und andere, welche A falsch machen. Aber alle Vorstellungen, welche A wahr (oder falsch) machen, machen *Neg. A* falsch (oder wahr) und umgekehrt.

8) Wenn die Sätze A, B, C, ... mit den Sätzen M, N, O, ... in dem Verhältnisse des Widerspruches stehen: so stehen auch die Sätze *Neg. A, Neg. B, Neg. C,* ... mit den Sätzen *Neg. M, Neg. N, Neg. O,* ... in dem Verhältnisse des Widerspruches, hinsichtlich auf dieselben Vorstellungen.

9) Sätze, welche mit solchen, die im Verhältnisse des Widerspruches stehen, gleichgelten, stehen auch selbst im Verhältnisse des Widerspruches untereinander, alles nur hinsichtlich auf dieselben Vorstellungen. Erweiset sich, wie § 156. Nr. 4.

10) Wenn die Sätze A, B, C, D, ... mit den Sätzen M, N, O, ... und die Sätze M, N, O, ... mit den Sätzen R, S, T, ... in einem Verhältnisse des Widerspruches stehen, hinsichtlich auf dieselben Vorstellungen: so stehen die Sätze A, B, C, ... mit den Sätzen R, S, T, ... in dem Verhältnisse der Gleichgültigkeit, hinsichtlich auf dieselben Vorstellungen. Denn die nämlichen Vorstellungen, welche die sämtlichen A, B, C, ... wahr oder falsch machen, machen die sämtlichen M, N, O, ... falsch oder wahr, und mithin die sämtlichen R, S, T, ... wahr oder falsch.

11) Wenn die Sätze A, B, C, ... mit den Sätzen M, N, O, ... und die Sätze E, F, G, ... mit den Sätzen P, Q, R, ... in dem Verhältnisse eines Widerspruches stehen, hinsichtlich auf dieselben Vorstellungen; und es sind überdies sowohl die Sätze A, B, C, D, ... E, F, G, ..., als auch

---

[5] weil Ableitbarkeitsverhältnisse Verträglichkeit der Prämissen bedingen.

die: *Neg. A, Neg. B, Neg. C, ... Neg. E, Neg. F, Neg. G,* ... untereinander verträglich, hinsichtlich auf dieselben Vorstellungen: so stehen auch die sämtlichen Sätze *A, B, C, ... E, F, G,* ... mit den sämtlichen *M, N, O, ... P, Q, R,* ... in dem Verhältnisse eines Widerspruches, hinsichtlich auf dieselben Vorstellungen. Denn weil die Sätze *A, B, C, ... E, F, G,* ... untereinander verträglich sein sollen: so gibt es Vorstellungen, die an der Stelle der *i, j,* ... sie alle wahr machen. Weil aber die *A, B, C,* ... mit den *M, N, O, ...,* und die *E, F, G,* ... mit den *P, Q, R,* ... im Widerspruche stehen: so müssen die eben erwähnten Vorstellungen auch alle *M, N, O, ... P, Q, R,* ... falsch machen. Weil ferner auch die sämtlichen *Neg. A, Neg. B, Neg. C, ... Neg. E, Neg. F, Neg. G,* ... verträglich sein sollen: so gibt es auch Vorstellungen, welche sie insgesamt wahr machen, / dann aber müssen auch die sämtlichen *M, N, O, ... P, Q, R,* ... wahr werden. Auf gleiche Weise wird dargetan, daß die Wahr- oder Falschheit der sämtlichen *M, N, O, ... P, Q, R,* ... die Falsch- oder Wahrheit der sämtlichen *A, B, C, ... E, F, G,* ... zur Folge habe.

12) Die hier gemachte doppelte Bedingung, daß sich sowohl die Sätze *A, B, C, ... E, F, G, ...,* als auch ihre Verneinungen oder die Sätze: *Neg. A, Neg. B, Neg. C, ... Neg. E, Neg. F, Neg. G,* ... untereinander vertragen müßten, ist keineswegs überflüssig. Denn wenn sich die Sätze *A, B, C,* ... mit den Sätzen *E, F, G,* ... nicht vertragen: so kann offenbar gar keine Rede davon sein, daß der Inbegriff dieser Sätze, nämlich *A, B, C, ... E, F, G,* ... mit einem gewissen andern Inbegriffe in einem Verhältnisse des Widerspruches stehe; weil hierzu schon der Erklärung zufolge gefordert wird, daß jene Sätze verträglich untereinander seien. Da aber aus der Verträglichkeit gewisser Sätze *A, B, C, ... E, F, G,* ... miteinander noch gar nicht folgt, daß auch ihre Verneinungen untereinander verträglich seien (§ 154. Nr. 14): so müssen wir uns auch dieses ausbedingen, indem auch dieses zu dem Verhältnisse des Widerspruches schon der Erklärung nach verlangt wird.

13) Wenn die gesamten Sätze *A, B, C, ... E, F, G,* ... mit den gesamten Sätzen *M, N, O, ... P, Q, R, ...,* in dem

Verhältnisse des Widerspruches stehen; und ein Teil der ersteren A, B, C, ...⁶) stehet mit einem Teile der letzteren M, N, O, ... schon für sich selbst in dem Verhältnisse eines Widerspruches hinsichtlich auf dieselben Vorstellungen: so folgt doch keineswegs, daß auch die noch übrigen Sätze E, F, G, ... mit den noch übrigen P, Q, R, ... in dem Verhältnisse eines Widerspruches stehen. Denn daß gewisse Sätze mit gewissen andern im Widerspruche stehen, heißt ja nichts anderes, als daß die einen mit den Verneinungen der andern, und diese mit den Verneinungen jener gleichgelten. Nur dürfen wir aber (nach § 156. Nr. 8) aus der Gleichgültigkeit eines ganzen Inbegriffes von Sätzen und einem Teil⁷) derselben untereinander, noch keineswegs auf die Gleichgültigkeit der beiderseitigen Überreste schließen. /

154   14) Wenn es nicht irgendein einzelner Satz, sondern ein Inbegriff mehrerer A, B, C, D, ... ist, der mit gewissen andern M, N, O, ... in dem Verhältnisse eines Widerspruches stehet: so kann es begreiflicher Weise (nämlich sooft die Sätze A, B, C, D, ... nicht alle untereinander gleichgelten) Vorstellungen geben, welche, gesetzt an die Stelle der als veränderlich betrachteten i, j, ..., nicht alle, sondern nur einen Teil der Sätze A, B, C, D, ... wahr oder falsch machen. Bei diesen Vorstellungen nun dürfen vermöge der Erklärung auch die Sätze M, N, O, ... weder alle falsch, noch alle wahr werden. Da nun, falls es derselben nur einen einzigen gäbe, eines von beidem immer der Fall sein müßte: so folgt, daß mehrere Sätze mit einem einzelnen höchstens nur dann in dem Verhältnisse eines Widerspruches stehen können, wenn jene mehreren A, B, C, D, ... durch jeden Austausch der Vorstellungen i, j, ... mit beliebigen andern, immer nur eines von beidem, entweder alle wahr, oder alle falsch gemacht werden, d. h. wenn sie einander alle gleichgeltend sind. Die Beispiele der Nr. 4 aber zeigen, daß auch ein ganzer *Inbegriff* von Sätzen mit einem ganzen Inbegriffe von andern im Widerspruche ste-

---

⁶ A: A, B, C.
⁷ A: und einem. — Noch genauer müßte es heißen: ... aus der Gleichgültigkeit zweier Inbegriffe von Sätzen und Teilen derselben ... .

hen könne; und dann also wird, wie eben diese Beispiele beweisen, keineswegs nötig sein, daß die in dem Einen Inbegriffe vorkommenden Sätze untereinander immer gleichgelten.

15) Wenn die mehreren Sätze $A, B, C, \ldots$, die mit den mehreren Sätzen $M, N, O, \ldots$ im Widerspruche stehen, nicht alle untereinander gleichgeltend sind: so muß es zwischen ihnen und den ihnen widersprechenden $M, N, O, \ldots$ einige geben, die miteinander verträglich sind, alles in Hinsicht auf dieselben veränderlichen Vorstellungen. Denn wenn die Sätze $A, B, C, \ldots$ nicht alle untereinander gleichgelten: so gibt es Vorstellungen, welche nicht alle, sondern nur einige derselben wahr machen; bei eben diesen Vorstellungen aber dürfen auch nicht alle, sondern nur einige der $M, N, O, \ldots$ falsch werden; einige dieser Sätze also können gemeinschaftlich mit einigen der $A, B, C, \ldots$ wahr werden, d. h. sie sind verträglich.

16) Wenn ein Paar Sätze A und M gleichgelten miteinander, hinsichtlich auf gewisse Vorstellungen $i, j, \ldots$, in Betreff deren sie nicht ihrer ganzen Art nach wahr sind: so stehet ein jeder aus ihnen mit der Verneinung des andern, A mit Neg. M, M mit Neg. A, in dem Verhältnisse des Widerspruches, hinsichtlich auf dieselben Vorstellungen. Denn jede Vorstellung, welche A wahr oder falsch macht, macht Neg. M falsch oder wahr, und umgekehrt.

17) Wenn aber ein ganzer Inbegriff von Sätzen $A, B, C, \ldots$ mit einem ganzen Inbegriffe von andern $M, N, O, \ldots$ in dem Verhältnisse der Gleichgültigkeit stehet: so läßt sich nicht sofort schließen, daß zwischen den Sätzen $A, B, C, \ldots$ von der einen, und Neg. M, Neg. N, Neg. O, ... von der andern Seite ein Verhältnis des Widerspruches stattfinde. Denn aus der Gleichgültigkeit jener Sätze folgt nur, daß jeder Inbegriff der Vorstellungen, der die sämtlichen $A, B, C, \ldots$ wahr macht, die sämtlichen Neg. M, Neg. N, Neg. O, ... falsch mache, und daß jeder Inbegriff von Vorstellungen, der die sämtlichen $M, N, O, \ldots$ wahr macht, auch die sämtlichen Neg. A, Neg. B, Neg. C, ... falsch mache. Daß aber auch ein jeder Inbegriff von Vorstellungen, der die sämtlichen $A, B, C, \ldots$ falsch macht, die sämtlichen

Neg. M, Neg. N, Neg. O, ... wahr mache, und umgekehrt, wie es das Verhältnis eines Widerspruches fordert, ergibt sich noch nicht. So sind die beiden Sätze: $x + y = a$, $x - y = b$ hinsichtlich auf die Vorstellungen a, b, x, y unleugbar gleichgeltend mit den beiden Sätzen: $x = \frac{a+b}{2}$, $y = \frac{a-b}{2}$. Gleichwohl kann man nicht sagen, daß jene zwei ersteren Sätze mit den Verneinungen der beiden letzteren, oder mit den Sätzen: $x \stackrel{n}{=} \frac{a+b}{2}$, $y \stackrel{n}{=} \frac{a-b}{2}$ im Widerspruche ständen. Denn aus der Wahrheit der letztern folgt keineswegs, daß die beiden erstern[8]) falsch sein müßten.

18) Wenn aus dem einzelnen Satze *A* ableitbar ist der einzelne Satz *M* hinsichtlich auf gewisse Vorstellungen, und aus dem einzelnen Satze *Neg. A* hinsichtlich auf dieselben Vorstellungen ableitbar ist der Satz *Neg. M:* so sind die Sätze *A* und *Neg. M*, *Neg. A* und *M* im Widerspruche hinsichtlich auf dieselben Vorstellungen. Denn jeder Inbegriff von Vorstellungen, der den Satz *A* wahr oder / falsch macht, macht den Satz *Neg. M* falsch oder wahr, und jeder Inbegriff von Vorstellungen, der den Satz *Neg. M* wahr oder falsch macht, macht den Satz *A* falsch oder wahr.

19) Nicht ebenso ist es bei mehreren Sätzen; d. h. wenn aus den mehreren Sätzen *A, B, C*, ... ableitbar ist der eine *M*, oder die mehreren Sätze *M, N*, ...; und aus den mehreren Sätzen *Neg. A, Neg. B, Neg. C*, ... ableitbar ist *Neg. M* oder *Neg. M, Neg. N*, ...: so folgt doch keineswegs, daß zwischen den Sätzen *A, B, C*, ... und *Neg. M*, oder *Neg. M, Neg. N*, ... ein Verhältnis des Widerspruches bestehen müsse. Denn aus der Wahr- oder Falschheit der Sätze *A, B, C*, ... folgt zwar die Falsch- oder Wahrheit der Sätze *Neg. M* oder *Neg. M, Neg. N*, ...; allein aus der Wahr- oder Falschheit des Satzes *Neg. M* oder der mehreren *Neg. M, Neg. N*, ... folgt nur, daß nicht die sämtlichen *A, B, C*, ... wahr oder falsch sein können, nicht aber daß alle falsch oder wahr sein müßten.

20) Von je zwei einzelnen Sätzen, die einander widersprechen, gilt das Besondere, daß immer der eine aus ihnen

---

[8] Die Betonung muß hier auf *beiden* liegen.

wahr, der andere falsch sein muß. Denn eins von beidem, wahr oder falsch, muß der eine A gewiß sein; ist aber A wahr, so muß der andere M falsch sein. Auch wenn ein ganzer Inbegriff von Sätzen $A, B, C, \ldots$ mit einem einzelnen M im Widerspruche stehet: so findet nur eines von beidem statt: entweder alle $A, B, C, \ldots$ sind wahr, wenn nämlich M falsch ist; oder alle $A, B, C, \ldots$ sind falsch, wenn nämlich M wahr ist. Wenn aber mehrere Sätze $A, B, C, \ldots$ mit mehreren $M, N, O, \ldots$ im Widerspruche stehen: so dürfen wir keineswegs voraussetzen, daß der eine Inbegriff aus lauter wahren, der andere aus lauter falschen Sätzen bestehe; sondern es kann auch der dritte Fall stattfinden, daß beide Inbegriffe teils wahre, teils falsche Sätze enthalten.

21) Sätze, welche mit widerstreitenden gleichgelten, sind auch selbst widerstreitend. Erweiset sich, wie § 156. Nr. 4.

22) Wenn ein Paar einzelne Sätze A und M, oder auch ein Paar ganzer Inbegriffe $A, B, C, \ldots$ und $M, N, O, \ldots$ einander bloß widerstreiten: so können alle falsch sein.

23) Aus jedem einzelnen Satze A, ingleichen aus jedem Inbegriffe von Sätzen $A, B, C, \ldots$, der einen einzelnen / Satz M ausschließt, lassen sich Sätze ableiten, die diesem letzteren widersprechen, vorausgesetzt, daß er nur nicht seiner ganzen Art nach falsch ist; alles verstanden in Hinsicht auf dieselben Vorstellungen. Denn wenn der Satz M nicht seiner ganzen Art nach falsch ist: so gibt es Vorstellungen, die an der Stelle der veränderlichen $i, j, \ldots$ ihn wahr machen. Weil ferner der Satz A, oder die mehreren Sätze $A, B, C, \ldots$ ihn ausschließen: so gibt es auch Vorstellungen, welche M falsch machen. Also ist M seiner ganzen Art nach weder wahr noch falsch; und sonach haben wir gleich an Neg. M einen Satz, der ihm gewiß widerspricht. (Nr. 7.) Neg. M aber ist nach Nr. 2[9]) aus A oder aus $A, B, C, \ldots$ ableitbar.

24) Wenn gewisse Sätze $M, N, \ldots$, die nur nicht ihrer ganzen Art nach wahr sind, ableitbar sind aus einem einzelnen A, so muß auch der Widerspruch von A ableitbar sein aus dem Widerspruche der Sätze $M, N, \ldots$, alles hinsicht-

---

[9] A: Nr. 4.

lich auf dieselben Vorstellungen. Denn weil $M, N, \ldots$ ableitbar sind aus A: so müssen alle Vorstellungen, welche A wahr machen, auch $M, N, \ldots$ wahr machen. Alle Vorstellungen also, welche die $M, N, \ldots$ falsch, mithin den Widerspruch derselben wahr machen (und es gibt solche), müssen den Satz A falsch, also den Widerspruch desselben wahr machen. Also ist der letztere aus dem ersteren ableitbar.

25) Kein Satz, der nur nicht seiner ganzen Art nach falsch ist, ist mit zwei einzelnen einander widersprechenden Sätzen beiderseits *unverträglich;* sondern wenn er sich nicht mit dem einen verträgt, so ist der andere mit ihm verträglich, ja sogar ableitbar aus ihm; alles in Hinsicht auf dieselben Vorstellungen. Verträgt sich nämlich ein Satz X nicht mit dem einen der beiden einander widersprechenden A und M, z. B. mit A: so muß jede Vorstellung, welche X wahr macht (und solche gibt es), A falsch, mithin M wahr machen. Also ist M nicht nur verträglich mit X, sondern selbst ableitbar aus X.

26) Wohl aber gibt es nicht bloß einzelne Sätze, sondern selbst ganze Inbegriffe von Sätzen, welche mit zwei einander ausschließenden einzelnen Sätzen sowohl, als auch mit ganzen Inbegriffen von Sätzen, sie mögen einander bloß widerstreiten / oder selbst widersprechen, zugleich *verträglich*, ja wohl gar ableitbar aus ihnen sind; alles mit Hinsicht auf dieselben veränderlichen Teile. So sind in dem Beispiele der Nr. 4 die Sätze $a = m, b = m$ mit jedem der beiden dort angegebenen Inbegriffe von Sätzen, welche in dem Verhältnisse des Widerspruches miteinander stehen, nicht nur verträglich, sondern selbst ableitbar aus ihnen. Ebenso ist, um noch ein anderes Beispiel zu geben, der Satz: „Cajus verdienet Tadel" herleitbar aus dem Satze: „Cajus ist geizig", wenn wir die bloße Vorstellung Cajus als die veränderliche ansehen; und darum doch verträglich sowohl mit dem Satze, der jenem widerspricht: „Es ist falsch, daß Cajus geizig sei", als auch mit dem Satze, der ihm nur widerstreitet: „Cajus ist ein Verschwender", aus welchem letzteren er sogar ableitbar ist.

27) Wenn die Sätze $A, B, C, \ldots$ und $M, N, O, \ldots$ einander widersprechen; und die $A, B, C, \ldots$ sind mit ge-

wissen Sätzen $X, Y, Z, \ldots$ verträglich: so sind die $M, N, O, \ldots$ gewiß nicht ableitbar aus diesen; und wenn die $M, N, O, \ldots$ nicht ableitbar sind aus diesen Sätzen, so ist wenigstens einer der $A, B, C, \ldots$ verträglich mit ihnen, alles hinsichtlich auf dieselben veränderlichen Teile. Denn wären die Sätze $M, N, O, \ldots$ *ableitbar* aus $X, Y, Z, \ldots$: so müßte jeder Inbegriff von Vorstellungen, der die sämtlichen $X, Y, Z, \ldots$ wahr macht, auch die sämtlichen $M, N, O, \ldots$ wahr, also des Widerspruches wegen die sämtlichen $A, B, C, \ldots$ falsch machen. Folglich wären $X, Y, Z, \ldots$ und $A, B, C, \ldots$ unverträglich. Sind also $A, B, C, \ldots$ verträglich mit $X, Y, Z, \ldots$: so können $M, N, O, \ldots$ nicht aus ihnen ableitbar sein. Wenn umgekehrt $M, N, O, \ldots$ *nicht ableitbar* sind aus $X, Y, Z, \ldots$: so gibt es Vorstellungen, welche die sämtlichen $X, Y, Z, \ldots$ wahr machen, ohne die sämtlichen $M, N, O, \ldots$ wahr zu machen[10]. Bei solchen Vorstellungen aber werden auch nicht die sämtlichen $A, B, C, \ldots$ falsch. Also gibt es Vorstellungen, welche die $X, Y, Z, \ldots$ und auch einen oder einige der $A, B, C, \ldots$ wahr machen. Also ist wenigstens einer der Sätze $A, B, C, \ldots$ mit den $X, Y, Z, \ldots$ verträglich.

28) Jeder Satz von der Form: *„X hat y" (I)* stehet hinsichtlich auf die Vorstellungen X und y in Widerspruch mit folgendem Satze: „Der Inbegriff der beiden Sätze: Die Vorstellung X habe keine Gegenständlichkeit, und die Vorstellung eines X, welches nicht y hat, habe Gegenständlichkeit,— ist kein Inbegriff von lauter falschen Sätzen" *(II).—* Denn ohne Zweifel lassen sich an die Stelle der X und y Vorstellungen setzen, die den Satz I bald wahr, bald falsch machen. Sooft er aber wahr ist, hat die Vorstellung X Gegenständlichkeit, und die Vorstellung eines X, welches y nicht hat, keine Gegenständlichkeit, also sind beide in II erwähnten Sätze falsch, also der Satz, der dieses leugnet, selbst falsch. Sooft dagegen I falsch ist, muß eins von beidem sein, entweder die Vorstellung X muß keinen Gegenstand haben, oder es muß einige X geben, welche

---

[10] Dieser Schluß gilt allerdings nur unter der von B. nicht erwähnten Voraussetzung, daß $X, Y, Z, \ldots$ miteinander verträglich sind.

die Beschaffenheit y nicht haben, d. h. die Vorstellung eines X, welches y nicht hat, muß Gegenständlichkeit haben. Es ist also wahr, daß die in II genannten Sätze nicht beide falsch sind, d. h. der Satz II selbst ist wahr. Hieraus folgt nun nach 18. schon, daß die Sätze I und II in dem Verhältnisse des Widerspruches stehen.

29) Die Sätze: „X hat y", und „X hat die Beschaffenheit Nicht y" sind ein Paar Sätze, die sich in Hinsicht auf die veränderlichen Vorstellungen X und y nicht widersprechen, sondern bloß *widerstreiten*. Zwei Vorstellungen nämlich, die an die Stelle der X und y gesetzt werden, machen zwar nie beide Sätze wahr, wohl aber machen sie zuweilen beide falsch. Dies letztere geschieht, sooft wir an die Stelle von X eine Vorstellung setzen, welche der Gegenstände mehrere umfaßt, und an die Stelle der y eine Beschaffenheitsvorstellung, die weder allen X zukommt, noch allen X mangelt.

Die *Anm.* zu § 159 führt aus: „Das Verhältnis des *Widerspruches,* wenn es nicht zwischen ganzen Inbegriffen von Sätzen, sondern nur zwischen einzelnen Sätzen angenommen wird, bietet sich so häufig dar, und sein Unterschied von jenem des bloßen *Widerstreites* ist so leicht zu bemerken, daß wir sie eben darum beide in jedem Lehrbuche der Logik angeführt finden. Doch ist die Art, wie *Aristoteles* von diesem Unterschiede (*De Interpr.* cap. 7)[11] spricht, beinahe so beschaffen, als ob er das Verhältnis des Widerstreites nur bei Sätzen von der Form: „Alle A sind B", und: „Kein A ist B" hätte anerkennen wollen. Auch die Scholastiker und selbst ... *Kant* (*Log.* ed. Jäsche, § 49.) ... setzen den Unterschied zwischen kontradiktorischen und konträren Urteilen bloß darein, daß bei den ersteren das eine allgemein bejahet, was das andere bloß partikulär verneinet, bei den letzteren aber das eine allgemein bejahet, was das andere noch ebenso allgemein verneinet. Daß nun eine solche Erklärung nicht auf konträre Sätze von der Art, wie: „Dies ist rot", „Dies ist blau" u. dgl., anwendbar sei, ist sichtbar; und wurde schon von andern, z. B. *Crusius* (*Weg z. Gewißheit d. menschl. Erk.* § 250.), gerügt. Ich würde aber noch beifügen, daß jene Erklärung auch in Betreff der kontradiktorischen Sätze zu enge sei; insofern wenigstens, als wir ja doch mit eben dem Rechte, mit dem wir die zwei Sätze: „Einige A sind nicht B", und: „Alle A sind B" einander kontradiktorisch entgegensetzen, auch jede zwei anderen

---

[11] A: cap. 5 a. a. O.

Sätze, die mit ihnen gleichgeltend sind, als kontradiktorisch ansehen können. Genau genommen ist aber der Satz „Einige A sind nicht B" nicht einmal ein echtes kontradiktorisches Gegenteil des Satzes: „Alle A sind B"; wenn anders zu diesem Gegensatze gehört, daß aus der Wahr- oder Falschheit des einen Satzes auf die Falsch- oder Wahrheit des andern geschlossen werden könne. Denn aus der Verneinung des Satzes: „Alle A sind B" folgt nicht ganz ausnahmslos der Satz: „Einige A sind nicht B." (Cf. Anm. 1 zu § 154, sowie § 137.)

Im folgenden Teil der Anm. zu § 159 geht B. auf zeitgenössische Logiker ein.

§ 160. Verhältnisse unter den Sätzen, hervorgehend aus der Betrachtung, wie viele wahre oder falsche es in einem Inbegriffe gebe

B. trifft Unterscheidungen zwischen Inbegriffen von Sätzen an sich nach der Anzahl der wahren Sätze, die sich darunter befinden. Z. B. besteht zwischen den Elementen eines Inbegriffs von Sätzen ein Verhältnis der *Disjunktion*, wenn sich *genau ein* wahrer Satz darunter befindet. Liegt der Fall vor, daß die Anzahl der Wahrheiten in einem Inbegriff von Sätzen *konstant* bleibt, wenn gewisse Vorstellungen als veränderlich betrachtet werden, so gibt B. dem dieser Anzahl zugeordneten Verhältnis zwischen den Sätzen des Inbegriffs das Prädikat *formal*; sonst nennt er es *material*. So spricht er von einer formalen Disjunktion, wenn unter Sätzen den A, B, C, ... bei Veränderung gewisser Vorstellungen in ihnen stets genau ein wahrer Satz ist. B. dehnt seine Betrachtung hier auch auf den Fall aus, daß die Veränderung der Vorstellungen „durch gewisse *andere Sätze* beschränkt wird, namentlich dadurch, daß festgesetzt wird, nur lauter solche Vorstellungen zu wählen, durch welche gewisse andere Sätze A, B, C, ... *wahr* gemacht werden", und unterscheidet so *bedingte* und *unbedingte* Verhältnisse der angegebenen Art.

§ 161. Verhältnis der vergleichungsweisen Gültigkeit oder der Wahrscheinlichkeit eines Satzes in Hinsicht auf andere Sätze

B. führt u. a. aus: „Betrachten wir ... in einem einzelnen Satze A oder auch in den mehreren A, B, C, D, ... gewisse Vorstellungen i, j, ... als veränderlich, und sind im letzteren Falle die Sätze A, B, C, D, ... hinsichtlich dieser Vorstellungen in dem Verhältnisse einer Verträglichkeit: so wird es öfters ungemein wichtig, das Verhältnis zu erfahren, in welchem die Menge der Fälle, darin die Sätze A, B, C, D, ... alle wahr werden, zur Menge derjenigen Fälle stehet, in welchen neben ihnen auch noch ein anderer Satz M wahr wird. Denn wenn wir die Sätze A, B, C, D, ... für wahr halten: so lehrt uns das eben genannte Verhältnis, in welchem die Menge der Fälle, worin A, B, C, D, ... wahr werden, zur Menge derjenigen Fälle stehet, wo neben ihnen noch M wahr wird, ob wir auch M für wahr annehmen sollen oder nicht. Wenn nämlich die letztere Menge mehr als die Hälfte der erstern beträgt: so können wir bloß wegen der Wahrheit der Sätze A, B, C, D, ... auch den Satz M für wahr halten; und wenn dies nicht ist, nicht. Ich erlaube mir

172 also dieses Verhältnis[1]) zwischen den angegebenen Mengen die *vergleichungsweise Gültigkeit* des Satzes M hinsichtlich auf die Sätze A, B, C, D, ... oder die *Wahrscheinlichkeit*, welche dem Satze M aus den *Voraussetzungen* A, B, C, D, ... erwächst, zu nennen."

Die Wahrscheinlichkeit eines Satzes M hinsichtlich auf die Sätze A, B, C, ... „hat als Verhältnis zweier Mengen eine gewisse *Größe*". Diese Größe, von B. auch „Grad der Wahrscheinlichkeit" genannt, „kann ... nie größer sein als 1; und ... ersteiget diesen Wert eigentlich nur, wenn ... M aus A, B, C, D, ... ableitbar ist": „In diesem besonderen Falle pflegen wir dann

173 zu sagen, daß der Satz M hinsichtlich auf die Sätze A, B, C, D, ... *gewiß* sei". Ist M dagegen unverträglich mit A, B, C, D, ..., so ist der Grad seiner Wahrscheinlichkeit hinsichtlich dieser Sätze 0. Im folgenden beweist B. Sätze seiner Wahrscheinlichkeitstheorie. Insbesondere wendet er sich der Frage nach der rechnerischen Bestimmung des Wahrscheinlichkeitsgrades in zu:

174 „Da aber, sooft nur erst Eine Vorstellung da ist, welche die sämtlichen A, B, C, D, ... und M wahr macht, alsbald geschlossen werden kann, daß es auch eine unendliche Menge solcher Vorstellungen gebe, weil jede Wechselvorstellung[2]) dasselbe leistet: so sind die Mengen, von welchen ... *(in der Definition der Wahrscheinlichkeit, d. Hrsg.)* die Rede ist, wenn wirklich beide vorhanden sind, jederzeit beide unendlich; und mithin kann das Verhältnis, in welchem sie stehen, niemals *unmittelbar*, d. h. durch eine bloße Abzählung derselben gefunden werden, sondern man muß es durch Betrachtungen anderer Art zu bestimmen suchen. Um eine allgemeine Weise, wie dies geschehen könne, zu begreifen, müssen wir erst bemerken, daß es auch, ohne noch den bestimmten Grad der Wahrscheinlichkeit zweier oder mehrerer Sätze $k, k', k'', k''',$ ... zu wissen, möglich sei, wenigstens das zu erkennen, daß diese Sätze hinsichtlich auf die Voraussetzungen A, B, C, D, ... alle von einer *gleichen* Wahr-

---

[1] Wie sich im folgenden herausstellt, meint B. in Übereinstimmung mit der üblichen Definition der Wahrscheinlichkeit gerade das reziproke Verhältnis.

[2] Cf. § 96.

scheinlichkeit sind. Dies nämlich wird der Fall sein, wenn die genannten Sätze zu den gegebenen $A, B, C, D, \ldots$ alle in einem und eben demselben Verhältnisse stehen; dergestalt, daß sich kein anderer Unterschied zwischen ihnen befindet, als der aus gewissen, in ihnen als veränderlich angenommenen Vorstellungen[3]) hervorgeht, durch deren Umtausch sich der eine in den andern verwandelt. Wenn z. B. die Voraussetzung A, auf welche sich die zu bestimmende Wahrscheinlichkeit eines gegebenen Satzes M beziehet, in der Behauptung bestehet, daß Cajus aus einer Urne, in der sich mehrere Kugeln, unter andern auch eine mit Nr. 1 und eine andere mit Nr. 2 bezeichnete befinden, eine hervorgelangt habe: so sage ich, daß, wenn uns sonst keine andere Voraussetzung gegeben ist, die zwei folgenden Sätze: ‚Cajus hat die mit Nr. 1, und Cajus hat die mit Nr. 2 bezeichnete Kugel hervorgezogen' beide einen ganz gleichen Grad der Wahrscheinlichkeit haben, wenn anders auch die Vorstellungen Nr. 1 und Nr. 2 zu jenen Vorstellungen, die wir bei dieser Untersuchung als die veränderlichen ansehen können, gehören. Denn wenn wir diese Sätze mit der gegebenen Voraussetzung A vergleichen: so sehen wir, daß sie beide genau dasselbe Verhältnis zu A haben, indem sie darin allein unterschieden sind, daß der eine die Vorstellung Nr. 1, und der andere statt dieser die Vorstellung Nr. 2 enthält; ein Paar Vorstellungen, welche in dem gegebenen Satze A beide auf einerlei Weise (nämlich in keiner Rangordnung, sondern in einer Summe) erscheinen. Vorausgesetzt also, daß zu den Vorstellungen, die wir bei dieser Untersuchung als veränderlich ansehen dürfen, auch die Vorstellungen Nr. 1 und Nr. 2 gehören: so liegt am Tage, daß dieselben Vorstellungen, durch welche der eine dieser Sätze neben A wahr gemacht werden kann, auch den andern neben A wahr machen. Setzen wir nämlich, die Kugel, welche Cajus wirklich hervorzog, wäre die Nr. 3: so werden beide Sätze nur dann, dann aber auch jedesmal wahr, sooft wir, statt der in ihnen vorkommenden Veränderlichen Nr. 1 oder Nr. 2, die Vorstellung Nr. 3 oder eine ihr gleichgeltende setzen. Notwendig müssen wir also den Grad der Wahrscheinlichkeit dieser zwei Sätze als gleich betrachten. Wenn uns nun aufgegeben ist, den Grad der Wahrscheinlichkeit eines Satzes M aus den Voraussetzungen $A, B, C, D, \ldots$ bei den veränderlichen $i, j, \ldots$ zu bestimmen: so laßt uns zuvörderst versuchen, ob wir nicht eine gewisse Anzahl von Sätzen $k, k', k'', \ldots$ ausdenken können, welche bei den gegebenen Voraussetzungen $A, B, C, D, \ldots$ alle denselben Grad der Wahrscheinlichkeit haben, und überdies so beschaffen sind, daß jeder Inbegriff von Vorstellungen, der an der Stelle der $i, j, \ldots$ die sämtlichen

---

[3] offenbar aus der Menge derjenigen veränderlichen Vorstellungen, in Abhängigkeit von denen das Wahrscheinlichkeitsverhältnis hinsichtlich auf die Sätze $A, B, C, D, \ldots$ definiert ist.

A, B, C, ... wahr macht, auch Einen und immer nur Einen der Sätze k, k', k'', ... wahr macht ... Wäre uns dieses gelungen: so dürften wir sagen, daß wir die ganze unendliche Menge der Fälle, in denen die Voraussetzungen A, B, C, ... wahr werden, durch die Fälle, in denen die Sätze k, k', k'', ... wahr werden, in ebenso viele einander gleiche Teile zerlegt haben; oder mit anderen Worten, daß die Menge der Fälle, in denen k, die Menge der Fälle, in denen k' wahr wird usw., lauter einander gleiche Mengen sind, deren Inbegriff die ganze Menge aller derjenigen Fälle, in denen A, B, C, ... wahr werden, darstellt. Wenn es nun ferner sich träfe, daß der Satz M, dessen Wahrscheinlichkeit wir bestimmen sollen, zu den soeben gefundenen Sätzen k, k', k'', ... in einem solchen Verhältnisse stände, daß

176 keiner von ihnen seine Wahrheit unentschieden ließe, daß wir vielmehr aus einem jeden von ihnen entweder M oder *Neg*. M ableiten könnten: so brauchten wir nur noch zu zählen, wie groß die Anzahl der Sätze k, k', k'', ... überhaupt sei, und wie viele derselben M wahr machen, um alsbald zu erfahren, wie sich die Menge der Fälle, in denen die Voraussetzungen A, B, C, ... wahr werden, zur Menge der Fälle, in denen neben denselben auch noch M wahr wird, verhalte. Ist die Gesamtzahl der Sätze k, k', k'', ... = k; und ist die Anzahl derer, aus denen auch M ableitbar ist, = m: so ist klar, daß sich die ganze unendliche Menge der Fälle, in welchen die Voraussetzungen A, B, C, ... wahr werden, in k gleiche Teile zerlegen lasse, und daß auf die unendliche Menge der Fälle, in welchen neben ihnen auch M wahr wird, m dieser Teile kommen. Der gesuchte Grad der Wahrscheinlichkeit des Satzes M wäre also = $\frac{m}{k}$. Sei, um ein Beispiel zu geben, die Voraussetzung, daß Cajus aus einer Urne, in der sich 90 schwarze und 10 weiße Kugeln befinden, Eine hervorgezogen habe; und wir sollen bestimmen, wie groß bei dieser Voraussetzung der Grad der Wahrscheinlichkeit sei, daß Cajus eine schwarze Kugel hervorgezogen habe; wenn nur die Vorstellungen Cajus, Kugel, schwarz und weiß als veränderlich angesehen werden sollen. Wenn wir zuvörderst die 100 in der Urne befindlichen Kugeln, nur um die eine von der andern für unser Denken leichter zu unterscheiden, mit den Nummern 1, 2, ... 100 bezeichnen, und hierauf folgende 100 Sätze bilden: Cajus hat die Kugel Nr. 1 hervorgezogen; Cajus hat die Kugel Nr. 2 hervorgezogen usw.; bis zu dem Satze: Cajus hat die Kugel Nr. 100 hervorgezogen: so leuchtet ein, daß diese 100 Sätze alle von einem gleichen Grade der Wahrscheinlichkeit sind, wenn wir die eben erst eingeführten Vorstellungen Nr. 1, Nr. 2 usw. mit zu den willkürlichen zählen; wie immer erlaubt sein muß, weil sie in den gegebenen Sätzen gar nicht erscheinen, also auch ihr Verhältnis untereinander nicht ändern können. Die gleiche Wahrscheinlichkeit dieser Sätze erhellet aus dem Um-

stande, weil ihr Verhältnis zu der gegebenen Voraussetzung durchgängig einerlei ist, so daß ein jeder wahr wird, wenn wir an die Stelle der Nummer, die in ihm vorkommt, die Nummer derjenigen Kugel setzen, die Cajus in der Tat hervorzog. Aus der Natur dieser Sätze leuchtet auch ferner ein, daß jeder Inbegriff von Vorstellungen, der an die Stelle der ursprünglich als veränderlich angegebenen Vorstellungen: Cajus usw. mit dem Erfolge gesetzt wird, daß er die angezeigte Voraussetzung wahr macht, auch Einen und immer nur Einen der hundert Sätze neben ihr wahr macht. Hieraus ergibt sich denn, daß jeder dieser Sätze $1/100$ Teil von der gesamten Menge der Fälle, in welchen die Voraussetzung wahr wird, enthalte. Bemerken wir endlich, daß laut dieser Voraussetzung nur 90 der in der Urne befindlichen Kugeln schwarz sind: so begreifen wir, daß der Satz, daß Cajus eine schwarze Kugel hervorgezogen habe, durch 90 der obigen Sätze wahr, durch die 10 übrigen aber falsch gemacht wird; indem nur 90 der angenommenen Nummern Kugeln, die schwarz sind, betreffen können. Sonach wird die Wahrscheinlichkeit unsers Satzes = $90/100$ = $9/10$ sein."

Im restlichen Teil des § 161 beweist B. u. a. die folgenden Sätze seiner Wahrscheinlichkeitstheorie:

1. „Wenn ein Satz M unter den Voraussetzungen A, B, C, ... und hinsichtlich auf die Vorstellungen i, j, ... den Grad der Wahrscheinlichkeit μ hat; und der Satz R ist hinsichtlich auf dieselben Vorstellungen aus M einseitig ableitbar; so kann der Grad der Wahrscheinlichkeit des Satzes R hinsichtlich auf dieselben Voraussetzungen A, B, C, ... *nie kleiner* sein als μ."

2. „Wenn ein Satz M hinsichtlich auf die Voraussetzungen A, B, C, ... und auf die Vorstellungen i, j, ... den Grad der Wahrscheinlichkeit = μ; ein zweiter Satz N hinsichtlich auf die Voraussetzungen D, E, F, ..., die mit den A, B, C, ... verträglich sind, und auf dieselben Vorstellungen i, j, ... den Grad der Wahrscheinlichkeit = ν hat; wenn ferner die Voraussetzungen A, B, C, ...; D, E, F, ...; usw. von einer solchen Beschaffenheit sind, daß jede Verbindung eines der *Sätze von gleicher Wahrscheinlichkeit*, welche die A, B, C, ... darbieten, nämlich K, K', ..., mit einem der Sätze, welche die D, E, F, ... darbieten, nämlich L, L', ... usw. zu Sätzen von folgender Art, wie: K und L ist wahr, K' und L' ist wahr, usw. selbst wieder Sätze von einer *gleichen Wahrscheinlichkeit untereinander* erzeuget: so ist der Grad der Wahrscheinlichkeit, mit dem wir in Bezug auf die gesamten Voraussetzungen A, B, C, ... D, E, F, ... und auf dieselben Vorstellungen i, j, ... behaupten können, daß die Sätze M, N, ... alle zugleich wahr sind, gleich dem Produkte $\mu \times \nu \times \ldots$."

Beim Beweis dieses und des folgenden Satzes setzt B. wesentlich voraus, daß das oben S. 291 ff. angegebene Verfahren zur Berechnung von Wahrscheinlichkeiten anwendbar wird.

180 3. Wenn die Voraussetzungen des vorhergehenden Satzes erfüllt sind „und ein Satz R ist aus den Sätzen M, N, ... hinsichtlich auf dieselben Vorstellungen i, j, ... einseitig ableitbar: so kann die Wahrscheinlichkeit von R in Bezug auf die Voraussetzungen A, B, C, ... D, E, F, ... *nie kleiner* sein als das Produkt μ × ν × .... Denn R wird nicht seltener wahr, als die Sätze M, N, ... alle zugleich wahr werden."

181 4. Unter den Voraussetzungen des Satzes 2 „ist die Wahrscheinlichkeit der Behauptung, daß unter den mehreren Sätzen M, N, ... irgendein wahrer sein werde ..., in Bezug auf die Vorstellungen A, B, C, ... D, E, F, ... und auf die Vorstellungen i, j, ... = 1 — (1—μ) × (1—ν) × ....

184 In der *1. Anm.* zu § 161 betont B. zunächst, daß *Wahrschein-
f lichkeit* von ihm als ein Verhältnis zwischen *Sätzen an sich* betrachtet werde und man bei dem Worte nicht an ein „Wesen, dem diese Sätze *erscheinen*", denken dürfe. — Ferner diskutiert B. einen anderen Wahrscheinlichkeitsbegriff, der sich enger an
186 „die Forderungen des gemeinen Sprachgebrauches" anschließe und dessen Bedingungen auf einfachste Weise durch die Funktion $\frac{m}{n} - \frac{n}{m}$ (m = Anzahl der „günstigen" Fälle, n = Anzahl der „ungünstigen" Fälle) erfüllt werden. Die Verwendung des Wortes „Wahrscheinlichkeit" ist nach B. in diesem Fall durch Verwechslung mit „dem verwandten Begriffe der *Zuversicht*" be-
187 dingt. — Weiter weist B. noch einmal darauf hin, daß das Verhältnis der Wahrscheinlichkeit, in welchem ein Satz zu anderen Sätzen steht, „nicht auf den sämtlichen Teilen, aus welchen diese Sätze zusammengesetzt sind, sondern nur auf einigen derselben beruhe, und somit allen Sätzen, die diese Teile gemeinschaftlich haben, d. h. die von derselben Form sind, gemeinschaftlich zukomme".

In der *2. Anm.* zu § 161 untersucht B. kritisch begriffsgeschichtliches Material zum Wahrscheinlichkeitsbegriff. Ebenso unbrauchbar wie die nicht eigentlich als *Erklärung* des Wahrscheinlichkeitsbegriffs gedachte *Aristotelische* Erläuterung zu den ἔνδοξα (*Top.* I 1, 100 b 21 ff.) sei die Definition *Ciceros* in *De inventione* I 29: *Probabile est, quod fere fieri solet, aut quod in opinione positum est, aut quod habet in se ad haec quandam similitudinem, sive id falsum est, sive verum*. Der Wahrscheinlichkeitsbegriff sei nicht auf Sätze, die „*Ereignisse*" aussagen, beschränkt; weiter dürfe man nicht das „Dafürhalten" als Grund der Wahrscheinlichkeit ansehen, in der es gerade selbst gründe.
188 *Lockes* Erklärung der Wahrscheinlichkeit „als jenen Schein von Verknüpfung zwischen Vorstellungen, der durch Beweise oder Gründe entsteht, die keine ganz unveränderliche Verknüpfung dartun" (*Ess.* IV 15, § 1), habe zwei Mängel: 1. Der Begriff des Scheinbeweises, der hier zugrunde liege, schließe es nicht aus, daß die Sätze des Beweises „mit dem zu beweisenden sogar im

Widerspruche stehen". 2. Man könne das Wahrscheinlichkeitsverhältnis „nicht durch die *Wirkung,* die das Betrachten desselben in unserem Gemüte hervorbringt ... erklären; weil diese Wirkung nichts an den Sätzen selbst Befindliches ist". „Viel richtiger" sei dagegen *Wolffs* Definition *(Log.,* 2. Aufl. 1732, § 578): Requisita ad veritatem appello ea, per quae praedicatum subjecto tribuendum determinatur. Singula requisita ad veritatem sunt rationes particulares, cur praedicatum subjecto conveniat. Omnia simul sumta construunt rationem *sufficientem.* Si praedicatum subjecto tribuitur ob rationem *insufficientem,* proposito dicitur *probabilis.* Patet adeo in probabili propositione praedicatum subjecto tribui ob quaedam requisita ad veritatem. B. interpretiert den Ausdruck „requisita ad veritatem" als „Sätze, aus deren Verbindung mit andern der Satz, der in Beziehung auf sie wahrscheinlich heißen soll, ableitbar ist" und hat dann nur noch auszusetzen, daß Wolff nicht angibt, „wie eigentlich der Grad der Wahrscheinlichkeit *gemessen* werden müsse". — Seine eigene Definition der Wahrscheinlichkeit (als Verhältnis der „Anzahl der günstigen Fälle zur Anzahl aller möglichen") findet B. bei *„Lacroix, Laplace* und anderen Mathematikern"[4]) wieder. Er habe nur die in dieser Definition verwandten Begriffe „noch etwas umständlicher" erklären wollen: Insbesondere sei der Begriff der möglichen Fälle nicht immer klar gefaßt. Man spreche hier auch von „Fällen von gleicher Möglichkeit". „Gleiche Möglichkeit" könne hier nicht „gleiche Wahrscheinlichkeit" heißen; sonst sei die Definition der Wahrscheinlichkeit zirkelhaft. Bei *Huygens*[5]) u. a. seien „Fälle von einer *gleichen Möglichkeit"* als diejenigen bestimmt, „für deren Eintritt *gleiche,* aber nicht völlig hinreichende Gründe vorhanden sind" (quod aeque facile evenire potest). Nehme man aber nun „ein Paar Ereignisse ... von einer solchen Art" an, „daß durchaus gleiche Gründe für ihren Eintritt sprechen", so sei „der Eintritt eines dieser Ereignisse nicht nur nicht wahrscheinlich, sondern wir sind vielmehr *gewiß,* daß keines von beiden eintreten werde und könne". B. führt dazu weiter aus: „Wollen wir also einen Erfolg, z. B. daß Cajus aus den mehreren Kugeln, die sich in dieser Urne befinden, gerade die Eine hervorziehen werde, vernünftiger Weise abwarten; so müssen wir voraussetzen, daß zwischen diesen Kugeln und Cajus Verhältnisse von der Art

---

[4] Cf. Sylvestre Francois *Lacroix: Cours de mathématiques* (Paris 1796/99); Pierre Simon *Laplace: Théorie analytique des probabilités* (Paris 1812), *Essai philosophique des probabilités* (Paris 1814), dtsch. v. F. W. Tönnies (Heidelberg 1819).

[5] *De ratiociniis in ludo aleae* (1657). Cf. *Oeuvres complètes de Chr. Huygens* publ. par la *Société Hollandaise des Sciences,* XIV (1920). Zur lateinischen Fassung cf. Brief v. 6. Mai 1656 an Fr. *van Schooten* mit Appendix, a. a. O. S. 413 ff.

stattfinden, daß für das Herausziehen der Einen *nicht völlig* eben derselbe Grund wie für das Herausziehen einer anderen obwalte, weil sonst gewiß wäre, daß er gar keine hervorziehen werde. Was man aber mit jenem verfehlten Ausdrucke eigentlich sagen will, ist meines Erachtens nur dieses, daß in den gegebenen *Voraussetzungen,* auf welche sich die zu berechnende Wahrscheinlichkeit beziehet, hier z. B. in den Sätzen, daß sich in jener Urne mehrere Kugeln befinden, usw. kein Grund liege, der für das Herausziehen der einen mehr als der andern Kugel spreche; indem die verschiedenen Sätze: „Es wird die Kugel Nr. 1, es wird die Kugel Nr. 2, ... herausgezogen werden" sämtlich in einem und eben demselben Verhältnisse zu den gegebenen Voraussetzungen stehen. Dies bleibt auch dann noch wahr, wenn wir zu diesen Voraussetzungen den Satz hinzufügen: „Die in der Urne befindlichen Kugeln stehen nicht alle in einem gleichen Verhältnisse zu Cajus; es ist vielmehr eine Ungleichheit von der Art vorhanden, die ihn bestimmen wird, eine aus allen zu wählen". Denn da in diesem Satze die Vorstellungen Nr. 1, Nr. 2, ... gar nicht vorkommen: so ist offenbar, daß sich die obigen Sätze auch zu ihm alle auf eine gleiche Weise verhalten."

Zu einer Verschärfung des Satzes 3 (oben S. 295), nämlich zu dem Satz: „Die Wahrscheinlichkeit des Schlußsatzes ist das Produkt aus den Wahrscheinlichkeiten seiner Prämissen", gibt B. in der 3. *Anm.* zu § 161 ein interessantes Gegenbeispiel. Er führt aus: „Mir deucht aber, dieses Produkt sei nur die *Grenze* jener Wahrscheinlichkeit, nämlich die Größe, unter welche sie nie herabsinken kann. Wenn sich z. B. in einem Kasten zwei Kugeln befänden, von denen uns nur gesagt wird, daß eine derselben schwarz, eine (wir hören nicht, ob dieselbe) wohlriechend sei: so ist die Wahrscheinlichkeit des Satzes, daß Cajus, der eine hervorzieht, die schwarze ziehen werde, = $\frac{1}{2}$; ferner die Wahrscheinlichkeit des Satzes, daß die schwarze Kugel der Urne zugleich wohlriechend ist, abermals = $\frac{1}{2}$. Aus diesen beiden Sätzen, als Vordersätzen eines Syllogismus, aber ergibt sich der Schlußsatz, daß die Kugel, die Cajus hervorziehen wird, wohlriechend sei. Wenn nun die Wahrscheinlichkeit des Schlußsatzes immer nur dem Produkte aus den Wahrscheinlichkeiten seiner Vordersätze gleich wäre: so müßte die Wahrscheinlichkeit des gegenwärtigen Schlußsatzes = $\frac{1}{2} \cdot \frac{1}{2} = \frac{1}{4}$ sein, da sie doch offenbar größer, nämlich $\frac{1}{2}$ ist."

§ 162. *Verhältnis der Abfolge*

1) Unter Wahrheiten herrscht, wie ich im nächsten Hauptstücke umständlicher zu zeigen hoffe, ein sehr merkwürdiges Verhältnis, vermöge dessen sich einige derselben zu andern als *Gründe* zu ihren *Folgen* verhalten. So sind die

beiden Wahrheiten, daß die drei Winkel eines Dreieckes zusammen zwei rechte betragen, und daß ein jedes Viereck in zwei Dreiecke zerlegt werden kann, deren sämtliche Winkel die Winkel des Viereckes bilden, der Grund von der Wahrheit, daß die / vier Winkel eines jeden Viereckes zusammen vier rechten gleichkommen. Ebenso liegt in der Wahrheit, daß es im Sommer wärmer ist als im Winter, der Grund von jener anderen Wahrheit, daß das Thermometer im Sommer höher steht als im Winter, und diese letztere dagegen läßt sich als eine Folge der ersteren betrachten. Da sich nun die Benennung *Abfolge* für das Verhältnis einer Folge zu ihrem Grunde gleichsam von selbst darbietet: so erlaube ich mir zu sagen, daß Wahrheiten, die sich zu andern, wie die Folge zu ihrem Grunde verhalten, in dem Verhältnisse einer *Abfolge* zu denselben stehen. Die eben angeführten Beispiele aber zeigen, daß eine Wahrheit, die zu gewissen andern in dem Verhältnisse einer Folge zu ihren Gründen stehet, öfters auch noch aus diesen letzteren *ableitbar* ist, vorausgesetzt, daß wir nur eben gewisse Vorstellungen als die veränderlichen ansehen. Der Satz: „Das Thermometer stehet im Sommer höher als im Winter" ist offenbar ableitbar aus dem Satze: „Die Wärme im Sommer ist größer als jene im Winter"; wenn wir die Vorstellungen: „Sommer" und „Winter" allein als die veränderlichen ansehen. Denn was wir auch immer für Vorstellungen an die Stelle dieser beiden einführen mögen: sind es nur solche, die den letzten Satz wahr machen, so machen sie auch den ersten wahr. Da aber Sätze, die man durch einen willkürlichen Austausch der Vorstellungen aus gegebenen wahren erhält, nicht immer wahr sein müssen: so wird begreiflich, wie auch unter Sätzen, die falsch sind, ein Verhältnis der Ableitbarkeit bestehen könne, welches von einer solchen Beschaffenheit ist, daß die Wahrheiten, die man erzeugt, wenn man statt der veränderlichen Vorstellungen gewisse andere setzt, jedesmal in dem Verhältnisse der Abfolge zueinander stehen. So ist es mit den zwei Sätzen: „In dem Orte X ist es wärmer als in dem Orte Y"; und: „In dem Orte X stehet das Thermometer höher als in dem Orte Y"; wenn die

2. Von den Sätzen an sich. §§ 121—184

Vorstellungen X und Y als die einzigen veränderlichen gelten. Denn daß diese Sätze beide falsch werden können, wenn wir statt X und Y was immer für beliebige Vorstellungen setzen, ist außer Zweifel. Sooft wir aber zwei solche Vorstellungen wählen, dabei der erste Satz wahr wird; wird auch der zweite eine Wahrheit, und dies zwar eine solche, die zu der ersten sich wie eine Folge zu ihrem Grunde verhält. Wohl zu bemerken ist jedoch, daß das soeben Gesagte nicht etwa überall, wo ein Verhältnis der Ableitbarkeit besteht, stattfinde. So ist das Verhältnis zwischen den beiden nun eben betrachteten Sätzen ein wechselseitiges; denn wie sich aus dem Satze: „In X ist es wärmer als in Y" ableiten läßt der Satz: „In X stehet das Thermometer höher als in Y"; so läßt sich auch umgekehrt aus dem Satze: „In X stehet das Thermometer höher als in Y" recht füglich ableiten der Satz: „In X ist es also wärmer als in Y". Gleichwohl wird niemand sich einfallen lassen, den letzteren dieser Sätze, auch wenn sie beide wahr sind, als eine aus dem ersten fließende *Folge,* und diesen sonach als Grund von jenem zu betrachten. Niemand wird sagen, daß der wahre Grund, warum es im Sommer wärmer sei als im Winter, darin gelegen sei, weil das Thermometer im Sommer höher steige als im Winter; sondern ein jeder sieht vielmehr das Steigen des Thermometers als eine Folge des höheren Wärmegrades, und nicht umgekehrt an. Nicht jedes Verhältnis der *Ableitbarkeit* ist also so beschaffen, daß es auch, wenn die Sätze desselben insgesamt wahr sind, ein zwischen ihnen bestehendes Verhältnis der *Abfolge* ausdrückt. Ohne Zweifel aber wird ein Verhältnis der Ableitbarkeit, dem diese Beschaffenheit zukommt, merkwürdig genug sein, um eine eigene Bezeichnung zu verdienen. Ich will es sonach ein Verhältnis der *formalen Abfolge* nennen, während dasjenige, das zwischen *wahren* Sätzen besteht, zum deutlicheren Unterschiede das Verhältnis einer *materialen* Abfolge heißen mag. Ich sage also, daß die Sätze $M, N, O, \ldots$ zu den Sätzen $A, B, C, \ldots$ hinsichtlich auf die Vorstellungen $i, j, \ldots$ in dem Verhältnisse einer *formalen Abfolge* stehen oder aus ihnen *formal abfolgen* oder *folgen,* wenn jeder Inbegriff von Vorstellungen, der an der Stelle der $i, j, \ldots$, die sämtlichen $A, B, C, \ldots$ wahr macht, auch die sämtlichen $M, N, O, \ldots$ in Wahrheiten und zwar solche verwandelt, die zu den Wahrheiten $A, B, C, \ldots$ sich wie eine echte Folge zu ihrem Grunde verhalten.

2) Das Verhältnis der Abfolge gibt auch Veranlassung zu einer eigenen Einteilung des Verhältnisses der *Wahrscheinlichkeit*. Wenn nämlich die Sätze $A, B, C, \ldots$, welche dem M die Wahrscheinlichkeit μ geben, als Teile eines Inbegriffes mehrerer $A, B, C, D, E, \ldots$ betrachtet werden können, zu welchen M in dem Verhältnisse einer Abfolge stehet: so nennt man die Wahrscheinlichkeit des M aus $A, B, C, \ldots$ eine *innere* oder aus *inneren* Gründen; wenn im Gegenteil keiner der Sätze $A, B, C, \ldots$ zu dem erwähnten Inbegriffe gehöret, so heißt jene Wahrscheinlichkeit eine *äußere* oder aus *äußeren Gründen*. Der umzogene Himmel z. B. machet es innerlich, das Sinken des Barometers, oder das Vorhersagen eines Meteorologen machet es äußerlich wahrscheinlich, daß es bald regnen werde.

§ 163. *Fragen und Antworten*

Cf. § 145.

Vierter Abschnitt

Verschiedene Arten der Sätze, welche Verhältnisse
zwischen anderen Sätzen aussagen

*§ 164. Sätze, die ein Verhältnis der
Verträglichkeit aussagen*

*§ 165. Sätze, die ein Verhältnis der
Unverträglichkeit aussagen*

*§ 166. Sätze, die ein Verhältnis der
Ergänzung aussagen*

*§ 167. Sätze, die ein Verhältnis der
Wahrscheinlichkeit aussagen*

*§ 168. Sätze, die ein Verhältnis der
Abfolge aussagen*

Die §§ 164—168 haben die Funktion, die verschiedenen Ausdrucksmöglichkeiten für Sätze, die Verhältnisse der Verträglichkeit, Unverträglichkeit usf. aussagen, zu diskutieren und diese Sätze auf die B.'sche Normalform „A hat b" (cf. oben §§ 126 f.) zu bringen. Für den Fall „der Ableitbarkeit gewisser Sätze M, $N, O, \ldots$ aus gewissen anderen $A, B, C, \ldots$, hinsichtlich auf die Vorstellungen $i, j, \ldots$" etwa gibt Bolzano folgende Normalform an: „Jeder Inbegriff von Vorstellungen, der an der Stelle der $i, j, \ldots$ in den Sätzen $A, B, C, \ldots M, N, O, \ldots$ die Sätze $A, B, C, \ldots$ insgesamt wahr macht, — hat — die Beschaffenheit, auch die Sätze $M, N, O, \ldots$ insgesamt wahr zu machen." B. reflektiert an dieser Stelle kurz, daß es sinnvoll ist, von Ableitbarkeit auch ohne Bezug auf gewisse veränderliche Vorstellungen $i, j, \ldots$ zu sprechen, in der Bedeutung nämlich, daß es überhaupt Vorstellungen gibt, in Bezug auf die Ableitbarkeit im relativen Sinn besteht[1]); während der Verträglichkeitsbegriff durch

---
[1] Cf. *Einleitung*, S. XLI ff.

die Aufgabe der Relativierung auf bestimmte Vorstellungen gänzlich entleert wird. Der auf bestimmte Vorstellungen relativierte wie der eben erwähnte Ableitbarkeitsbegriff werden nach B.'s Beobachtung „in der gewöhnlichen Sprache" gleich ausgedrückt, meistens durch: „*Wenn A, B, C, ... wahr sind, so sind auch M, N, O, ... wahr*" (cf. § 179).

Erwähnenswert ist, daß Bolzano in § 168 die Beziehung der *Abfolge* (*Grund-Folge-Beziehung*, cf. §§ 162, 198) vom *Ursache-Wirkung-Verhältnis* abhebt (cf. dazu auch § 201). Bolzano meint, daß (im Gegensatz zur Abfolge als einer Beziehung zwischen Wahrheiten an sich) die Worte *Ursache* und *Wirkung* sich „in ihrem eigentlichen Sinne nur auf Gegenstände, die Wirklichkeit haben, beziehen; so zwar, daß wir von einem wirklichen Gegenstande α sagen, er sei die *Ursache* der Wahrheit *M*, wenn der Satz: ‚α hat Dasein' einer der Teilgründe ist, auf welchen die Wahrheit *M* ruht; und daß wir ebenso sagen, der wirkliche Gegenstand μ sei eine *Wirkung* des Gegenstandes α, wenn der Satz: ‚μ hat Dasein' eine der Folgen ist, die aus dem Satze: ‚α hat Dasein' sich ergeben". „So sagen wir, daß Gott die Ursache von dem Dasein der Welt, die Welt aber eine Wirkung Gottes sei, weil in der Wahrheit, daß Gott ist, der Grund von der Wahrheit, daß eine Welt ist, liegt." Bolzano deutet daher die Kausalsätze („*X* ist die Ursache von *Y*") so, daß sie „ein Verhältnis der Abfolge zwischen gewissen anderen Sätzen bestimmen": „‚*X* ist Ursache von *Y*' heißt eigentlich: ‚Die Wahrheit, daß *X* sei, verhält sich zu der Wahrheit, daß *Y* sei, wie sich ein Grund (Teilgrund) zu seiner Folge (Teilfolge) verhält'." Ähnlich bestimmt Bolzano die „Bedingung": „Wenn ... α eine solche vollständige, ja auch nur Teilursache ist, daß deren Dasein oder der Satz: ‚α ist' hinsichtlich irgendeiner Vorstellung ableitbar ist aus dem Satze *M*, oder dem Satze: ‚μ ist'; so nennen wir α eine *Bedingung* von *M* oder μ."

Noch einige Sätze, die ihres sprachlichen Ausdruckes wegen
einer besonderen Erläuterung bedürfen

§ 169. Zweck dieses Abschnittes

Cf. Abschnittsüberschrift.

§ 170. Sätze, deren sprachlicher Ausdruck von der Form ist: Nichts hat (die Beschaffenheit) b

„Nichts hat die Beschaffenheit b" hat nach B. nur den Sinn: „Die Vorstellung von einem Etwas, das die Beschaffenheit b hätte, hat keine Gegenständlichkeit". (Cf. § 138.)

§ 171. Sätze von der Form: Ein gewisses A hat b

Cf. § 137.

§ 172. Sätze, in deren sprachlichem Ausdrucke die Wörtlein Es oder Man oder auch gar keine erste Endung erscheinet

Zu Sätzen der Form: „Es gibt ein A" cf. § 137. Auch: „Es schneit soeben" deutet B. als: „Die Vorstellung von einem Schneefalle in der jetzigen Zeit — hat — Gegenständlichkeit". „Man spricht, daß usw." habe den Sinn: „Es gibt Menschen, die sprechen, daß usw." und sei damit auf die bereits erläuterte Satzform zurückgeführt.

§ 173. Sätze von der Form: Einige oder viele A sind B

B. kritisiert die Auffassung, daß in dem Satze: „Einige A sind b" die Vorstellung „Einige A" die Subjektvorstellung sein soll. In diesem Falle hätten die Sätze: „Einige Menschen sind lasterhaft" und: „Einige Menschen sind tugendhaft" gleiche Subjekte. (Cf. § 137.)

§ 174. Sätze von der Form: n A sind B

B. unterscheidet zwei Deutungsmöglichkeiten (mindestens n ... — genau n ...): 1. „Die Vorstellung eines Inbegriffs von n A, die B sind, hat Gegenständlichkeit"; 2. „Der Inbegriff aller A, die zugleich B sind, hat die Beschaffenheit einer aus n Teilen bestehenden Menge".

§ 175. Sätze der Form: A hat (die Beschaffenheit) b in einem gleichen, größeren oder geringeren Grade als C

B.'s Deutung: „Das Verhältnis, in welchem die Größe der Beschaffenheit b an A zur Größe eben dieser Beschaffenheit an C stehet, ist ein Verhältnis der Gleichheit oder Ungleichheit, oder ein Verhältnis des Größeren zum Kleineren oder des Kleineren zum Größeren, usw."

§ 176. Sätze der Form: „Nur A allein ist B", und: „A ist nur B allein"

„Nur A allein ist B" kann nach B. bedeuten: 1. „Jedes B ist A"; 2. „A und B sind Wechselvorstellungen". — „A ist nur B allein" sei stets unausdrücklich relativiert auf irgendeinen Inbegriff von Beschaffenheiten und bedeute: „A hat von allen unter dem Begriffe c stehenden Beschaffenheiten nur die Beschaffenheit b".

§ 177. Sätze der Form: A ist, weil B ist

Solche Sätze sollten nach B. nur zur Beschreibung von Abfolgeverhältnissen dienen, würden aber auch oft zur Aussage von bloßen Ableitbarkeitsverhältnissen verwendet.

§ 178. Sätze der Form: A, als ein C, ist B

B. unterscheidet u. a. die Bedeutungen: 1. „A ist ein B, weil es C ist"; 2. „Die Beschaffenheit c des A hat (die Beschaffenheit) b".

§ 179. Sätze mit Wenn und So

Eine in allen nur etwas gebildeten Sprachen sehr gewöhnliche Art sich auszudrücken, ist die durch Wenn und So, wie sie z. B. in folgendem Satze gebraucht wird. „Wenn

Cajus ein Mensch ist, und alle Menschen sind sterblich: so ist auch Cajus sterblich." Daß wir uns dieser Form bedienen, um das Verhältnis der Ableitbarkeit eines gewissen Satzes aus einem oder mehreren anderen auszudrücken, habe ich schon § 164. behauptet. Allein ich glaube nicht, daß dieses überall sei, daß wir sonach in einem jeden Falle, wo wir ein *Wenn* und *So* anwenden, uns das Vorhandensein gewisser Vorstellungen denken, die als veränderlich behandelt und mit was immer für andern ausgetauscht werden dürfen, ohne die Wahrheit des Satzes zu stören. So mag es wohl bei dem Satze, den ich nur eben als Beispiel anführte, sein; denn bei diesem drängt sich jedem der Gedanke von selbst auf, daß die hier ausgesprochene Behauptung wahr bleibe, was man auch an die Stelle der drei Vorstellungen: „Cajus", „Mensch" und „sterblich" setze, und jeder fühlt, daß der Sinn der Behauptung nur eben dahin gehe, zu sagen, daß in einem jeden Falle, wo durch die willkürliche Annahme der erwähnten Vorstellungen die beiden Vordersätze Wahrheiten sind, auch der Nachsatz eine Wahrheit ausdrücke. Da aber diese Art sich /auszudrücken viele Bequemlichkeit hat: so bedienen wir uns ihrer oft auch, wo wir an keine veränderlichen Vorstellungen in den verglichenen Sätzen denken, oder wo es zum wenigsten nicht nötig ist, daß man an solche Vorstellungen denke. Ein solcher Fall ist, wie ich meine, gleich in folgendem Satze vorhanden: „Wenn man die Ziffern einer gegebenen Zahl auf beliebige Weise versetzt, und die so entstandene neue Zahl von der gegebenen abzieht, so ist der Rest immer durch 9 teilbar". In diesem Satze gibt es gar keine Vorstellungen, die man als willkürlich anzusehen hätte; und das „Wenn, so" ist hier lediglich der mehren Bequemlichkeit wegen gebrauchet worden, statt sich auf eine andere, etwa folgende Weise auszudrücken: Eine Zahl, die sich von einer gegebenen nur dadurch unterscheidet, daß ihre Ziffern in einer andern Ordnung aufeinander folgen, stehet zu dieser in einem solchen Verhältnisse, daß der Unterschied zwischen beiden immer durch 9 teilbar ist. Überhaupt meine ich, daß wir uns selbst in denjenigen Fällen, wo die mit Wenn und So verbundenen Sätze in einem wirklichen Verhältnisse der Ableitbarkeit zueinander stehen, dennoch, wenn es nicht eines derjenigen ist, die uns durch ihr öfteres Vorkommen schon sehr geläufig geworden sind, nicht dieses, sondern ein gewisses anderes Verhältnis, welches ihm einigermaßen gleichgeltend ist, vorstellen. Welches dies sei, will ich an etlichen Beispielen zeigen. Betrachten wir erstlich die Sätze, die unter folgender Form: *„Wenn A B ist, so ist es auch C"* enthalten sind; z. B.: „Wenn Cajus bei dieser Gelegenheit schweigt, so ist er undankbar". Es mag immerhin sein, daß die hier miteinander verbundenen zwei Sätze: „Cajus schweigt bei dieser Gelegenheit", und „Cajus ist undankbar" in dem Verhältnisse einer Ableitbarkeit zueinander stehen: sollte sich derjenige, der dieses Urteil ausspricht, dies deutlich denken: so müßte er sich denken, daß es eine gewisse Vorstellung (etwa die des Cajus) in jenen Sätzen gebe, die sich mit dem Erfolge als veränderlich ansehen läßt, daß jede Annahme derselben, welche den ersten Satz wahr macht, auch den zweiten wahr mache. Ist dies nun wirklich der Gedanke, den wir bei jenen Worten haben? Ich glaube nicht; sondern hier schwebt uns ein wesentlich anderer Gedanke vor. „Wenn Cajus bei dieser / Gelegenheit schweigt, so ist er undankbar" will sagen, es gebe unter den Verhältnissen des Cajus solche, von denen der allgemeine Satz gilt, daß ein jeder, der unter solchen Verhältnissen schweigt, undankbar sei. Sonach wäre der Satz, den wir aussprechen, eigentlich eine Aussage der Gegenständlichkeit einer Vorstellung, und stände allgemein unter der Form: „Die Vorstellung von gewissen Beschaffenheiten des A, in betreff deren der Satz gilt, daß jeder Gegenstand, der neben diesen Beschaffenheiten noch b hat, auch die Beschaffenheit c haben müsse, hat Gegenständlichkeit". Auf eine ähnliche Art sind, wie mir deucht, auch die Sätze der folgenden Form zu deuten: *„Wenn A B ist; so ist C D"*; z. B.: „Wenn Cajus tot ist, so ist Sempronius ein Bettler". Auch damit sagen wir nichts anderes, als es gebe gewisse Verhältnisse zwischen Cajus und Sempronius, um derentwillen der allgemeine Satz gilt, daß von je zwei Menschen, deren der eine (in den Verhältnissen des Caj. befindliche) stirbt, der andere (der in den Verhältnissen des Sempr. befindliche) in die Notwendigkeit des Bettelns gerät. Man erachtet leicht, daß eine ähnliche Auffassung Platz greifen könne, auch wenn es der Vorder- oder Nachsätze mehrere gibt; und eben darum glaube ich, daß wir mit der Redensart: „*Wenn, so*" überall nur diesen Sinn verbinden; es sei denn in Fällen, wo sich die Vorstellungen $i, j, \ldots$, die in den miteinander verglichenen Vorder- und Nachsätzen einer willkürlichen Abänderung unterliegen, zu deutlich darbieten, als daß sie übersehen werden könnten; wo dann die erste Auslegungsart[1]) eintritt.

Anmerkung: Mehr schon in eine Grammatik als in eine Logik gehöret die Bemerkung, daß wir das Wenn und So mit dem *Indikativ* der Zeitwörter konstruieren (Wenn A *ist*, so *ist* M), sofern wir ganz unentschieden lassen wollen, ob die verglichenen Sätze A und M wahr oder falsch sind; daß wir dagegen den *Konjunktiv* gebrauchen (Wenn A *wäre*, so *wäre* M), sofern wir anzeigen wollen, daß wir die Sätze A und M in der Art, wie sie uns vorliegen, für *falsch* halten.

§ 180. Sätze der Form: A bestimmt B

Der Sinn dieser Redensart sei, „daß es gewisse Sätze, welche Beschaffenheiten von B aussagen, gebe, die zu gewissen andern, welche Beschaffenheiten von A ausdrücken, in dem Verhältnisse einer Ableitbarkeit stehen, und dies zwar hinsichtlich auf solche Vorstellungen, welche Beschaffenheiten des A betreffen". — „So sagen wir, die Ursache bestimme ihre Wirkung, wenn wir andeuten wollen, daß aus gewissen, die Beschaffenheit der Ursache betreffenden Sätzen ableitbar wären Sätze, welche die Beschaffenheit der ihr zugehörigen Wirkung beschreiben."

Die Aussage, „daß B durch $A \ldots$ *ganz* oder *vollständig* bestimmt werde", bedeute, „daß die sämtlichen Sätze, welche Beschaffenheiten des B betreffen, aus gewissen, die Beschaffenheiten des A betreffenden Sätzen ableitbar sind, und dies zwar hinsichtlich auf Vorstellungen, die eben nur diese Beschaffenheiten von A angehen". „So sagen wir, daß der Mittelpunkt eines Kreises, die Ebene, in der er liegen soll, und sein Halbmesser den Kreis vollständig bestimmen, weil alle Beschaffenheiten desselben aus jenen drei Stücken sich ableiten lassen."

---

[1] A: Auslegungsart der Nr. 1.

§ 181. *Sätze mit Entweder Oder und einige ähnliche*

Zumeist bezeichnen solche Sätze nach B. (materiale oder formale) Disjunktionen (cf. § 160), werden aber auch im Sinne des nicht ausschließenden „Oder" genommen.

§ 182. *Sätze, die den Begriff einer Notwendigkeit, Möglichkeit oder Zufälligkeit enthalten*

Eine sehr merkwürdige[1]) Gattung von Sätzen bilden diejenigen, die ihrem sprachlichen Ausdrucke nach bald eine *Notwendigkeit*, bald eine *Möglichkeit*, bald eine bloße *Zufälligkeit* aussagen. Da aber der Sinn, den man mit diesen Worten verbindet, nicht immer der nämliche ist: so werden hiernächst auch jene Sätze selbst verschieden aufgefaßt werden müssen.

1) Ich glaube nun, daß wir die Worte: Notwendigkeit, Möglichkeit und Zufälligkeit, wie auch die mit ihnen verwandten des *Müssens* und *Könnens*, wenn wir sie in ihrem strengsten Sinne nehmen, sämtlich nur in einer gewissen Beziehung auf den Begriff des *Seins* oder der Wirklichkeit gebrauchen. Ich meine, daß sich von einem jeden / *Müssen* im strengsten Sinne sagen läßt, es sei ein *Sein*müssen oder das Müssen eines Seins, und von einem jeden *Können* im strengsten Sinne, es sei ein *Sein*können oder das Können eines Seins; und *notwendig*, ja auch nur *zufällig* in seinem eigentlichen Sinne heiße uns immer nur etwas, das wirklich ist; *möglich* immer nur etwas, das Wirklichkeit annehmen kann. Was nun insonderheit den Begriff der *Notwendigkeit* anlangt: so sagen wir, deucht mir, nur dann, das Sein eines gewissen Gegenstandes A sei *notwendig* oder habe Notwendigkeit, oder er *müsse* vorhanden sein, wenn es eine reine Begriffswahrheit[2]) von der Form: „A' *ist* (oder hat Dasein)" gibt, in welcher A' eine den Gegenstand A umfassende Vorstellung ist. So sagen wir, daß Gott notwendig sei, weil der Satz, daß Gott ist, eine reine Begriffswahrheit ist. Wenn im Gegenteil nicht der Satz: „A' ist", sondern vielmehr der Satz: „A' ist *nicht*" eine

---

[1] A: werkwürdige.
[2] Cf. § 133.

2. Von den Sätzen an sich. §§ 121—184

reine Begriffswahrheit ist: so sagen wir, daß der Gegenstand A, der der Vorstellung A' unterstehet, *unmöglich* sei. So sagen wir z. B., daß ein allmächtiges Geschöpf etwas Unmögliches sei, weil der Satz, daß es kein solches Geschöpf gibt, eine reine Begriffswahrheit ist. *Möglich* dagegen nennen wir das Sein eines Gegenstandes, sobald es nicht unmöglich ist. So ist es möglich, daß ein Mensch irre, weil es keine Begriffswahrheit gibt, welche das Nichtsein eines irrenden Menschen aussagen würde. Wenn nun ein Gegenstand ist, ohne doch notwendig zu sein: so nennen wir ihn *zufällig*. So gibt es also z. B. irrende Menschen nur zufälliger Weise.

2) Nach diesen Erklärungen ist jeder Gegenstand, der sich durch einen sich bloß auf ihn allein beziehenden, reinen Begriff vorstellen läßt, immer nur eines von beidem, entweder notwendig, wenn er Wirklichkeit hat, oder unmöglich, wenn er keine Wirklichkeit hat. Denn gibt es irgendeinen reinen Begriff A', der ausschließlich nur diesen Einen Gegenstand vorstellt: so ist der Satz: „A' ist" ein reiner Begriffssatz. Und ist er nun wahr, so ist der Gegenstand notwendig. Ist aber dieser Satz falsch: so ist (weil A' eine Einzelvorstellung ist) der gleichfalls reine Begriffssatz: „A' ist nicht" / wahr, und der Gegenstand ist sonach unmöglich. Wirklich und doch nicht notwendig, d. h. bloß zufällig, können also nur solche Gegenstände sein, welche wir uns nicht anders als durch gemischte Vorstellungen oder Anschauungen vorstellen können. (§ 74.)

3) Wenn weder der Gegenstand A noch auch der Gegenstand M für sich selbst notwendig sind, allein es sich zeigt, daß der Satz: „M ist" ableitbar sei aus dem Satze: „A ist" hinsichtlich irgend einiger in M und A gegebener Vorstellungen: so sagen wir, M sei *beziehungsweise* auf die Voraussetzung A *notwendig*. Diese Notwendigkeit des M nennen wir eine *beziehungsweise, relative*, oder auch *äußere;* und im Gegensatze mit ihr jene der Nr. 1. eine *innere*. So sagen wir, daß Strafe nur beziehungsweise notwendig sei, nämlich nur unter der Voraussetzung, daß jemand gesündiget habe; indem der Satz: „Es werden Wesen gestraft" aus dem Satze: „Es haben Wesen gesündiget" ableitbar

ist. Wenn im entgegengesetzten Falle nicht der Satz: „*M* ist", sondern der Satz: „*M* ist nicht" ableitbar ist aus dem Satze: „*A* ist"; so sagen wir, daß *M* *beziehungsweise* auf *A*, oder, *wenn A ist, unmöglich* sei, und nennen diese Unmöglichkeit des *M* eine *beziehungsweise* oder *äußere;* und zur Unterscheidung von ihr jene der Nr. 1. eine *innere.* Wenn der Gegenstand *M* nicht nur innerlich, sondern auch in Beziehung auf einen andern Gegenstand *A* nicht unmöglich ist: so sagen wir, *M* sei in Hinsicht auf diesen Gegenstand *A möglich.* Hat endlich ein Gegenstand *M*, der in Beziehung auf einen anderen *A* nicht notwendig ist, doch Dasein; so sagen wir, sein Dasein sei nicht bloß innerlich, sondern auch *äußerlich* oder *beziehungsweise* auf *A zufällig.*

4) In einer *zweiten* Bedeutung, die ich die *weitere,* auch die *uneigentliche* nenne, ob sie gleich sehr gewöhnlich ist, werden die Worte: „notwendig", „möglich" und „zufällig" genommen, wenn man sie nicht, wie bisher (Nr. 1—3.), auf das Dasein der Dinge, sondern auf Wahrheiten an sich beziehet. Man pflegt nämlich, sooft der Satz: „*A* hat *b*" eine bloße Begriffswahrheit ist, zu sagen, daß die Beschaffenheit *b* / dem Gegenstande *A notwendig* zukomme, ohne darauf zu achten, ob dieser Gegenstand selbst, und somit auch jene Beschaffenheit etwas Existierendes sei oder nicht. So sagt man, daß jede Gleichung eines ungeraden Grades notwendig eine reelle Wurzel habe, obwohl weder Gleichungen, noch ihre Wurzeln etwas Existierendes sind. Wenn nicht der Satz: „*A* hat *b*", sondern vielmehr der Satz: „*A* hat nicht *b*" eine reine Begriffswahrheit ist: so sagt man, daß die Beschaffenheit *b* dem Gegenstande *A unmöglich* sei, selbst dann, wenn sich niemand einfallen läßt, diese Beschaffenheit oder den Gegenstand unter den wirklichen Dingen zu suchen. So sagt man, es sei unmöglich, daß eine einfache Vorstellung imaginär sei, weil eine reine Begriffswahrheit lehrt, daß einfache Vorstellungen nie imaginär sind[3]). Wenn es nicht unmöglich ist, daß die Beschaffenheit *b* einem *A* zukomme; wenn also keine reine

[3] Cf. § 70f.

Begriffswahrheit von der Art: „Kein A hat b" bestehet: so sagt man, es sei *möglich*, daß A b habe. Wenn endlich der Satz: „A hat b" wahr ist, ohne doch gleichwohl eine reine Begriffswahrheit zu sein; d. h. wenn die Beschaffenheit b den Gegenständen A zukommt, ohne denselben doch notwendig zuzukommen: so sagt man, sie komme ihnen *zufällig* zu. Kommt die Beschaffenheit b den A, und die Beschaffenheit p den M an sich selbst nicht notwendig zu, ist aber aus dem Satze: „A hat b" der Satz: „M hat p" ableitbar, hinsichtlich auf gewisse, in A und M enthaltene Vorstellungen: so sagt man, daß die Beschaffenheit p den M *beziehungsweise*, nämlich unter der Voraussetzung, daß alle A die Beschaffenheit b haben, *notwendig* sei. Auf eine ähnliche Art werden auch die Begriffe der beziehungsweisen *Möglichkeit* und *Zufälligkeit* bestimmt.

5) Nicht die Worte: Notwendig und Zufällig, aber wohl: *Möglich* und *Können*, werden häufig noch in einer *dritten* Bedeutung genommen. Wir sagen, daß etwas *möglich sei* oder sein *könne*, wenn wir anzeigen wollen, daß nur *wir* keine Unmöglichkeit desselben kennen; oder was ebensoviel heißt, daß uns keine reine Begriffswahrheit, welche das Gegenteil aussagt, *bekannt* sei. Begreiflicher Weise folgt daraus, daß nur wir keine solche Wahrheit kennen, nicht immer, daß es auch keine gebe; und so dürfen wir also, was wir in dieser Bedeutung des Wortes *möglich* nennen, weder mit dem, was in der eigentlichen (Nr. 1.), noch mit dem, was in der entlehnten Bedeutung (Nr. 4.) so heißt, verwechseln; wie man dies wirklich nur zu oft tut. Um diese Verwechslung zu verhüten, könnte man zwar statt des Beiwortes Möglich den Ausdruck: „*möglich scheinend*" oder auch „*problematisch*" gebrauchen; statt des Zeitwortes *Können* aber wüßte ich vollends kein anderes taugliches Wort in Vorschlag zu bringen. Und da auch die Worte: „möglich scheinend" und „problematisch" unbequem sind: so bleibt wohl nichts anderes übrig, als den Gebrauch der erwähnten zwei Worte in ihrer dreifachen Bedeutung noch ferner zu gestatten; aber um desto aufmerksamer darauf zu sein, daß man bei jeder Gelegenheit, wo diese Worte vorkommen, gehörig unterscheide, in welcher Bedeutung

sie erscheinen. Wir dürfen im voraus vermuten, daß das Wort Möglich in der Bedeutung des Möglichscheinenden gebraucht sei, sooft es auf Ereignisse (künftige oder vergangene) angewandt wird. Wenn wir z. B. hören: „Es ist möglich, daß wir heut Regen bekommen": so ist dies nur von der scheinbaren Möglichkeit zu verstehen, und nicht anders auszulegen, als daß der Sprechende nichts wisse, woraus die Unmöglichkeit eines Regens am heutigen Tage folgt. Wenn ein Geschichtsforscher schreibt: „Es ist möglich, daß Attila seinen Tod durch Meuchelmord gefunden": so will er nur sagen, er wisse kein Faktum, welches die Falschheit dieser von Agnellus aufgestellten Vermutung beweise. Allein selbst wenn wir von bloßen Begriffswahrheiten sprechen, gebrauchen wir die Worte Können und Möglich zuweilen in dieser dritten Bedeutung. So wird z. B. auf die Frage, ob die zweihundertste Dezimalstelle der Größe π nicht etwa eine gerade Zahl sei, gar mancher erwidern, daß dieses möglich sei; wodurch er nichts anderes sagen will, als daß ihm vor der Hand nichts bekannt sei, welches die Unrichtigkeit dieser Annahme beweise.

6) Nach diesen Erklärungen wird man beurteilen können, wie ich mir den Sinn der Sätze denke, die eine Notwendigkeit, Möglichkeit oder Zufälligkeit aussagen. So glaube ich z. B., daß die Behauptung: „Gott ist mit Notwendigkeit vorhanden" keinen anderen Sinn habe, als: „Der Satz, daß Gott sei, ist eine reine Begriffswahrheit". „Jede Wirkung muß notwendig ihre Ursache haben" heißt mir nichts anderes, als: „Es ist eine reine Begriffswahrheit, daß jede Wirkung ihre Ursache habe" usw.

Anmerkung: Warum ich in den Nr. 1 versuchten Erklärungen der Begriffe des Notwendigen, Möglichen und Zufälligen — nicht Wahrheiten überhaupt, sondern nur reine Begriffswahrheiten nannte, wird man von selbst erraten. Nur ein Dasein, das aus Begriffswahrheiten folgt (oder dessen Aussage selbst eine reine Begriffswahrheit ist), kann man ein notwendiges Dasein, und nur Beschaffenheiten eines Gegenstandes, die ihm zufolge gewisser Begriffswahrheiten zukommen, kann man notwendige Beschaffenheiten desselben nennen. Nur daher kommt es eben, daß man dieser Art von Wahrheiten selbst den Beinamen der *notwendigen* erteilt hat. Hätte ich aber gesagt, daß alles notwendig sei, was nur aus irgendeiner Wahrheit (wenn es auch keine

2. Von den Sätzen an sich. §§ 121—184

Begriffswahrheit wäre) folgt: so müßte alles, was ist, notwendig heißen. Aus demselben Grunde durfte ich auch in der Erklärung des Unmöglichen nur von Begriffswahrheiten sprechen; denn sollte schon alles dasjenige unmöglich heißen, dessen Nichtsein nur nicht wirklich ist, auch schon unmöglich heißen müssen. Da nur aus was immer für einer Wahrheit folgt: so würde alles, was ferner gewiß alles möglich zu nennen ist, dessen Dasein keine Unmöglichkeit hat: so erhellet, daß auch bei der Erklärung des Begriffes der Möglichkeit nur von Begriffswahrheiten die Rede sein durfte. Sonderbar könnte es aber jemand scheinen, daß der Begriff der Möglichkeit der obigen Erklärung nach zusammengesetzter als jener der Unmöglichkeit sein soll; indem ich nur dasjenige, was nicht unmöglich ist, möglich genannt wissen will. Allein wir haben den Fall, daß der einfachere Begriff in der Sprache ein zusammengesetzteres Zeichen hat, hier nicht zum ersten Male. Bei den abstrakten Begriffen, deren Benennung meistens von ihren Concretis entlehnt ist, zeigt sich dieselbe Erscheinung. (§ 60.) — Daß ich die weitere Bedeutung, in der man die Worte: „notwendig", „möglich" und „zufällig" nimmt (Nr. 4), für *uneigentlich* erklärte, geschah, weil es mir deucht, daß diese Bedeutung aus einer bloßen Verwechslung zweier einander ähnlicher Fälle entstehe, und hierbei keinen anderen Vorteil als den des größeren Nachdruckes gewähre. Ich glaube nämlich, daß man die Worte: „notwendig" und „möglich" nur darum auf Dinge, die kein Dasein haben, z. B. auf bloße Wahrheiten angewandt habe, weil man denselben ein Dasein wenigstens in der Einbildung geliehen; wie dies schon daraus sich verrät, daß man von eben diesen Dingen auch das Wort Wirklichkeit gebrauchet. So sagt man z. B. (besonders wenn von jemand irriger Weise das Gegenteil geglaubt wird): dieses ist wirklich oder in der Tat wahr u. dgl. Spricht man aber einmal von Dingen, die keine Wirklichkeit haben, als ob sie wirklich wären: so ist nicht zu wundern, wenn man auch den Beschaffenheiten, die diesen Dingen zufolge bloßer Begriffswahrheiten zukommen, Notwendigkeit, jenen dagegen, die ihnen kraft solcher Wahrheiten nicht abgesprochen werden können, Möglichkeit beilegt. Daß aber dieser Wortgebrauch im Grunde entbehrlich sei, und höchstens in gewissen Fällen zur Vermehrung des Nachdruckes diene, sieht man von selbst. Denn statt von einer Behauptung zu sagen, sie habe Wirklichkeit oder sei wirklich und in der Tat wahr, könnte man sich wohl auch begnügen, sie nur für schlechtweg wahr zu erklären; und statt sie notwendig zu nennen, oder zu sagen, sie folge notwendig aus dieser oder jener anderen Wahrheit, oder sie sei im Gegenteile nur möglich; könnte man wohl auch ohne Beisatz sagen, sie sei eine bloße Begriffswahrheit, oder sie stehe zu einer gewissen andern Wahrheit in dem Verhältnisse der Ableitbarkeit, oder dies sei nicht der Fall u. dgl. — Diese Bemerkung hat übrigens gar nicht zur

Absicht, den Gebrauch jener Worte in der entlehnten Bedeutung verbieten zu wollen. Der Vorteil des größeren Nachdruckes und der hierdurch erhöheten Deutlichkeit reicht allein hin, ihn zu rechtfertigen; besonders da man bei einiger Aufmerksamkeit leicht unterscheidet, ob wir in einem vorkommenden Falle eigentlich oder uneigentlich sprechen. Und eben dies gilt von dem Gebrauche der Worte *Möglich* und *Können* in der letzt (Nr. 5) angeführten Bedeutung, die noch uneigentlicher ist. Die Unterscheidung zwischen dem Möglichen in dieser letzten Bedeutung, oder dem *Möglichscheinenden* und dem Möglichen in den beiden ersteren, ward bisher weniger hervorgehoben; und es ist durch Verwechslung dieser verwandten Begriffe in mancher Wissenschaft, namentlich in der rationalen Theologie, in der Lehre von der Möglichkeit und den Kennzeichen einer Offenbarung, manche Verwirrung veranlasset worden. . . .[4] — Bei der Art, wie ich das *innerlich* und *äußerlich Notwendige* Nr. 3 unterschieden habe, dürfte am meisten anstößig sein, daß beide Begriffe so wenig Gemeinsames haben, daß nicht wohl einzusehen ist, wie sie zu dem gemeinsamen Namen des Notwendigen gelangen. Ich suche mir diese Erscheinung zu erklären, indem ich annehme, man habe sich unter der *Notwendigkeit* ursprünglich nur dasjenige gedacht, in welchem die Folge oder die Wirkung zu ihrem Grunde oder zu ihrer Ursache, und dann überhaupt die abgeleitete Wahrheit zu derjenigen, von der sie abgeleitet ist, stehet; so daß man also den Begriff des äußerlich Notwendigen früher als den des innerlich Notwendigen hatte. Da aber, wenn man die äußere Notwendigkeit eines Gegenstandes M hinsichtlich auf einen andern A erkannte, diese Erkenntnis selten unmittelbar, sondern erst durch die Betrachtung einer gewissen reinen Begriffswahrheit (als des Obersatzes im Schlusse) erfolgte: so ist nicht zu wundern, daß man in der Folge, wenn man einige Gegenstände von einer solchen Art kennenlernte, deren Dasein sich aus gewissen Begriffswahrheiten *unmittelbar* (d. h. ohne Voraussetzung des Daseins eines anderen Gegenstandes A) einsehen ließ, den Begriff der Notwendigkeit auch auf diese ausdehnte, und die ersteren äußerlich, die letzteren innerlich notwendig nannte. Überhaupt gab die verschiedene Beschaffenheit der Wahrheiten, aus deren Betrachtung der Schlußsatz: „M ist" eingesehen wurde, Anlaß, gar manche Arten des Notwendigen, und dann auch ebenso viele des Möglichen und des Unmöglichen zu unterscheiden. So spricht man von *metaphysischen, physikalischen, psychologischen* Notwendigkeiten u. dgl., je nachdem die vornehmste Wahr-/heit, auf die man sein Augenmerk richten muß, um das Dasein des Gegenstandes M zu erkennen, eine metaphysische, physikalische, psychologische oder sonst eine andere ist. Was besonders die *Möglichkeit* und

---

[4] An dieser Stelle wurde ein Hinweis auf K. *Reinhold* fortgelassen.

die *Unmöglichkeit* anlangt: so hat man noch zwei eigene Arten derselben unterschieden. Ein solches Unmögliche, welches gleich auf der Stelle eingesehen werden kann, in dem Begriffe (den Ausdrücken) selbst schon liegt, hat man das *Ungereimte*, auch eine *Contradictio in adjecto, in ipsis terminis,* ein ξυλοσίδηρον genannt. Ein solches Mögliche dagegen, das in Beziehung auf alle Gegenstände, sie mögen uns bekannt oder unbekannt sein, Möglichkeit hat, d. h. dessen Nichtsein sich aus keinem derselben ableiten läßt, nennt man das *vollkommen, schlechthin* oder *in allem Betrachte,* oder *absolut Mögliche.* Alle diese Einteilungen können wir, wenn sie auch eben von keiner besonderen Wichtigkeit sind, behalten, und zu den obigen hinzutun. Wenn aber, wie man es häufig tut, auch eine *sittliche* oder *moralische* Möglichkeit, Unmöglichkeit und Notwendigkeit angenommen, und darunter etwas, welches zufolge des Sittengesetzes entweder geschehen oder nicht geschehen darf, verstanden wird: so deucht mir dieses ein unrichtiger Begriff. Denn so wahr es auch ist, daß alles, was durch das Sittengesetz geboten wird, möglich, und nicht bloß innerlich, sondern selbst äußerlich (nämlich auch in Beziehung auf alles, was außerhalb der gebotenen Handlung und von ihr unabhängig bestehet) möglich sein muß: so gilt doch umgekehrt nicht, daß alles, was durch das Sittengesetz verboten wird, darum schon unmöglich wäre; sondern im Gegenteil, gerade darum, weil man voraussetzt, daß eine solche Weise zu handeln möglich sei, findet man es der Mühe wert, sie zu verbieten; und der Erfolg beweiset, leider! nur zu oft, daß uns die durch das Sittengesetz verbotene Handlung möglich sei, wenn wir sie trotz dem Verbote vollziehen. Veranlassung zu dieser uneigentlichen Benennung gab wohl der Umstand, daß man von einer verbotenen oder sittlich bösen Handlung zu sagen pflegt, sie *widerspreche* dem Sittengesetze; welches den Anschein erzeugt, als ob man mit eben dem Rechte, mit dem man z. B. etwas, das einer metaphysischen Wahrheit widerspricht, metaphysisch unmöglich nennt, die böse Tat, die dem Sittengesetze widerspricht, moralisch unmöglich nennen dürfte. So ist es aber nicht; weil jener Widerspruch der sittlich bösen Handlung mit dem Sittengesetze kein eigentlicher, sondern nur ein sogenannter Widerspruch ist. Denn es ist keineswegs ein wirklicher Widerstreit zwischen den beiden Sätzen: „Cajus soll dieses nicht tun" und „Cajus hat dies getan". Wer übrigens hofft, daß er die Unterlassung des Bösen sich oder andern leichter abgewinnen werde, wenn er das Böse als etwas darstellt, das widersprechend, und somit unmöglich sei; der mag es immerhin tun, und mag in ähnlicher Absicht das sittlich Gute, wenn er will, *sittlich notwendig* nennen.— Noch eine sehr übliche Einteilung des Möglichen ist die in das *logische* und *reale;* wobei man als das erste gewöhnlich als dasjenige, was *gedacht* oder *vorgestellt* werden, das letztere aber als dasjenige, was existieren kann, erkläret, auch beizusetzen pflegt, daß die reale Möglichkeit der logischen untergeordnet sei. Ich tadle es nicht, wenn man den Umstand, ob eine Sache gedacht oder vorgestellt werden könne, einer eigenen Nachfrage und Bezeichnung wert hält; und wenn die deutschen Worte: *denk-* oder *vorstellbar* zu diesem Zwecke nicht genügen, gebrauche man allenfalls noch das etwas undeutliche: *logisch möglich* in diesem Sinne. Gefehlt ist es meines Erachtens nur, wenn man die Möglichkeit des *Denkens* oder Vorstellens einer Sache als ein Erfordernis zur Möglichkeit ihres Seins betrachtet, und darum lehrt, daß die reale Möglichkeit der logischen untergeordnet sei. Eine wird, wie ich glaube, zur andern gar nicht erfordert; sondern etwas kann denk- oder vorstellbar sein, ohne möglich zu sein (wie ein rundes Viereck), und umgekehrt kann etwas Möglichkeit, ja absolute Möglichkeit haben, ohne sich gleichwohl, wenigstens von uns Menschen denken oder vorstellen zu lassen. Und wenn zu jeder Möglichkeit des Seins die Möglichkeit des Denkens dieses Seins erst als Bedingung vorausgehen müßte: so würde in Wahrheit nichts möglich sein. Denn weil ein jedes Denken auch eine Art des Seins, auch etwas Existierendes ist (denn Gedanken haben ja doch in dem Wesen, welches sie hat, zu der Zeit, da es sie hat, Wirklichkeit): so würde zur Möglichkeit irgendeines Dinges A erst die Möglichkeit seiner Vorstellung, und weil diese abermals etwas Existierendes ist, wieder die Möglichkeit der Vorstellung von dieser Vorstellung, und so ins Unendliche, erfordert. — Prof. *Krug* (*Metaph.*[5]) § 47 Anm.) erklärt das logisch Mögliche als das Denkbare, und das real Mögliche als das Erkennbare. Bei einer solchen Erklärung kann man wohl freilich sagen, daß alles real Mögliche dem logisch Möglichen unterstehe; aber ich sehe nicht, wie dann behauptet werden könne, daß alles Mögliche auch wirklich, ja notwendig sei, was Hr. K. / lehret. Erkennbar sind ja auch Wahrheiten, welche sich auf nichts Wirkliches beziehen.

§ 183. Sätze, die Zeitbestimmungen enthalten

Zeitbestimmungen, „die den Zweck haben, anzugeben, zu welcher Zeit gewissen Gegenständen eine gewisse Beschaffenheit zukomme", gehören nach B. zur Subjektvorstellung des Satzes (cf. § 127,5.). Wie er in der Anm. zu § 183 ausführt, sei dies schon deswegen notwendig, weil sonst demselben Gegenstand einander widersprechende Beschaffenheiten zukommen könnten.— Zeitbestimmungen können aber auch selbst als „Gegenstand, worüber geurteilt wird", erscheinen. Dieser Fall liegt nach B. bei Sätzen vor, „die eine *Fortdauer,* den *Anfang* oder

---

[5] *System der theoretischen Philosophie* II (² 1820).

das *Ende* eines gewissen Zustandes aussagen ... z. B. die Sonne fährt fort zu scheinen; oder sie fängt soeben an; oder sie höret auf zu scheinen". „Wir sagen aber, daß ein Gegenstand, oder — genauer zu reden — ein Zustand durch die Zeit t *fortdauere,* wenn der Satz, daß dieser Zustand in dem Augenblicke x Wirklichkeit habe, wahr bleibt, was wir auch immer für einen in der Zeit t gelegenen Augenblick an die Stelle des x in diesem Satze stellen. Sagen wir ferner, daß ein gewisser Zustand *soeben,* d. h. in dieser gegenwärtigen Zeit, *fortdauere:* so heißt dieses, daß er durch einen Zeitraum dauere, in welchem der gegenwärtige (derjenige, in dem wir soeben denken) liegt. Hieraus läßt sich denn schon entnehmen, welche Bestandteile in einem Satze, der eine Fortdauer aussagt, vorkommen mögen. „Die Sonne fährt fort zu scheinen" heißt: „Es gibt einen Zeitraum, in dem der gegenwärtige liegt, und dessen jeder einzelne Augenblick in der Stelle des x in dem Satze: ‚Die Sonne scheint in dem Augenblicke x' diesen Satz wahr macht".— Wenn wir dagegen sagen, daß ein gewisser Zustand A in dem Augenblicke a^1) *anfange* (oder *ende*): so sagen wir, daß der Satz: „Der Zustand A hat Wirklichkeit in dem Augenblicke x" wahr sei, sooft an die Stelle von x irgendein Augenblick kommt, der später (oder früher) als a ist, wenn er nur eine gewisse Entfernung nicht überschreitet, daß aber dieser Satz falsch sei, sooft an die Stelle von x irgendein Augenblick tritt, der früher (oder später) als a ist.— Und nun erachtet man auch, wie Sätze aufzufassen sind, welche von irgendeinem Zustande eine *bestimmte Dauer,* namentlich von dem Augenblicke a bis zu dem Augenblicke b aussagen."

241 B. beschäftigt sich im Anschluß daran mit Sätzen, „welche ein *Werden* aussagen". Er unterscheidet vier Arten solcher Sätze und führt dazu aus: „Wir können fürs erste nur schlechtweg aussagen, daß etwas *werde,* ohne den Gegenstand, *aus* dem, noch auch denjenigen, *durch* den es wird, zu nennen; wir können aber auch mit der Aussage, daß ein Gegenstand werde, noch die Bestimmung des Gegenstandes, aus dem, oder desjenigen, durch den er wird, oder auch beides zugleich verknüpfen. Beispiele dieser vier Fälle liefern die Sätze: Es bildet sich ein Gewitter; Eis schmilzt zu Wasser; Irrtum und Unwissenheit erzeugen auch sittliche Fehler; der Gute wird böse durch Umgang mit Bösen. Allgemeine Formen für diese vier Arten von Sätzen wären: M wird; M wird aus A, oder A übergeht in M; M wird durch P; M wird aus A durch P. Offenbar aber muß jeder Gegenstand, von dem wir in Wahrheit sollen behaupten können, *er werde* oder sei *im Werden* begriffen, zur Klasse derjenigen Dinge gehören, die Wirklichkeit annehmen können. Diese Wirklichkeit muß er jedoch in der Zeit, von der wir sagen, daß er in ihr

---

[1] A: Augenblicke.

erst werde, noch nicht besitzen, sondern in einer gewissen künftigen Zeit erst erlangen. Denn was schon da ist, das wird nicht erst, und was nie da sein wird, von dem kann man gleichfalls nicht sagen, daß es im Werden sei. Obgleich wir aber von allem, was wird, behaupten können, daß es in irgendeiner künftigen Zeit Wirklichkeit haben werde: so ist doch *Werden* und *künftig Sein* nicht ein und derselbe Begriff; sondern sagen, daß etwas werde, heißt mehr als bloß behaupten, daß es in einer künftigen Zeit Dasein erhalten werde; gesetzt auch, daß man von allem, was in einer künftigen Zeit Dasein erhalten wird, in einem gewissen Verstande schon jetzt sagen könnte, daß es im Werden sei. Der Unterschied zwischen dem Werden und dem bloßen künftig Sein beruhet aber gewiß nicht auf der kürzeren oder längeren Zeitdauer, die bis zum wirklichen Dasein des Gegenstandes zu verfließen hat; so etwa, daß wir nur von einem solchen Dinge sagten, es sei im Werden begriffen, von dem wir erwarten, daß es sein Dasein in kurzer Zeit erlangen werde. Dieser Unterschied wäre nicht nur sehr schwankend und willkürlich, sondern selbst dem gemeinen Sprachgebrauche fremde. Denn pflegen wir nicht öfters von Dingen, die erst nach Jahrhunderten ins Dasein treten sollen, zu sagen, daß sie bereits im Werden sind, während wir von gewissen anderen Dingen nicht einmal zugeben wollen, daß sie nur eine Stunde bevor, als sie da waren, im Werden gewesen?— Um also in Wahrheit sagen zu können, daß etwas im Werden begriffen sei, muß irgendeine Veränderung vorgehen, und diese Veränderung muß den Gegenstand, von dem wir sagen, daß er werde, betreffen, d. h. durch diese Veränderung eben muß es geschehen, daß jener Gegenstand wird, oder in ihr muß die Ursache von jenes Gegenstandes (künftigem) Dasein liegen. Eine *Veränderung* aber läßt sich nicht denken ohne ein Etwas, welches verändert wird; und sie bestehet darin, daß die (innere) Beschaffenheit dieses Etwas durch keinen, auch noch so kleinen, endlichen Teil der Zeit, während der die Veränderung dauert, völlig dieselbe verbleibt. Um sagen zu können, daß sich ein Gegenstand A durch die Zeit t hindurch *verändere,* muß es in dieser Zeit keinen, auch noch so kleinen endlichen Abschnitt geben, innerhalb dessen A völlig dieselbe innere Beschaffenheit behält. Soll ferner gesagt werden können, daß diese Veränderung *jetzt,* d. h. in der eben gegenwärtigen Zeit vor sich gehe: so muß der gegenwärtige Augenblick in dieser Zeit liegen. Mit andern Worten also, ein Gegenstand *verändert* sich *gegenwärtig,* wenn sich ein Zeitraum, in welchem der gegenwärtige Augenblick liegt, von der Art nachweisen läßt, daß dieser Gegenstand durch keinen auch noch so kleinen endlichen Teil desselben völlig dieselbe innere Beschaffenheit behält. Sprechen wir demnach den Satz: ,*M werde* (sei eben gegenwärtig im Werden begriffen)' aus: so sagen wir eigentlich, daß eine gewisse Veränderung jetzt eben vorgehe, welche die Ursache ist, daß in irgendeiner künftigen Zeit M ist. Unser Satz gehöret also zur Klasse der § 137 betrachteten Aussagen einer Gegenständlichkeit; und muß, wenn seine Bestandteile recht deutlich vortreten sollen, so ausgesprochen werden: Die Vorstellung von einer jetzt eben vor sich gehenden Veränderung, in der die Ursache von dem künftigen Dasein des Gegenstandes M liegt, hat — Gegenständlichkeit.— Sagen wir aber, *M werde aus A*, oder *A gehe über in M:* so wollen wir hierdurch ohne Zweifel nichts anderes anzeigen, als daß derjenige Gegenstand, der gegenwärtig noch A ist (oder der Vorstellung A unterstehet), eine Veränderung erfahre, welche die Ursache ist, daß er in einer künftigen Zeit M sein (oder der Vorstellung M unterstehen) werde. Die nächsten Bestandteile unseres Satzes geben sich also deutlich genug zu erkennen, wenn wir ihn etwa so ausdrücken: Der Gegenstand A — hat — die Beschaffenheit, einer Veränderung zu unterliegen, deren Wirkung ist, daß er in einer künftigen Zeit M sein wird. — Wenn wir dagegen sagen, *daß M durch P werde:* so wollen wir anzeigen, daß P eine Ursache, eine Teilursache wenigstens von der Veränderung sei, deren Wirkung M ist. Unser Satz kann also auf folgende Art dargestellt werden: Der Gegenstand P — hat — die Beschaffenheit einer Ursache (Teilursache) davon, daß die Veränderung vorgeht, deren Wirkung (in einer künftigen Zeit) M ist.— Ist dieses alles richtig: so müssen sich die Sätze von der Form: ‚*M wird aus A durch P*[1]‘ so ausdrücken lassen: Der Gegenstand P — hat — die Beschaffenheit einer Ursache davon, daß derselbe Gegenstand, der gegenwärtig A ist, eine Veränderung erfährt, durch die er in einer künftigen Zeit M sein wird."

§ 184. *Ausdrücke, die als ein Inbegriff mehrerer Sätze zu deuten sind*

Der Ausdruck „*Nicht X, wohl aber Y hat* (die Beschaffenheit) *b*" z. B. spricht nach B. zwei Sätze aus, nämlich: „X hat nicht b", „Y hat b". Außerdem zeige er an, „daß diese Sätze eine Vergleichung miteinander verdienen".

---

[1] A: *A wird aus A durch P.*

ANHANG

Über die bisherige Darstellungsart der Lehren dieses Hauptstückes

§§ 185-194

§ 185: B. betont, daß er 1. die Lehre von den Sätzen über *Sätzen an sich* und nicht über *Urteilen* als „Erscheinungen in dem Gemüte eines denkenden Wesens" aufgebaut habe, 2. nicht nur von „Eigenheiten und Einteilungen" gehandelt habe, die „auf der bloßen ... so genannten *Form* der Sätze beruhen".

§ 186: Wenn man unter der *Materie* eines Urteils den „Inbegriff *aller* der einzelnen Vorstellungen, aus deren Verbindung das Urteil bestehet", unter seiner Form aber „die Art, wie diese Vorstellungen verbunden sind", begreift, so enthält die Forderung, „daß die Logik bloß auf die Form der Urteile achte, von ihrer Materie aber ganz absehe", nach B. einen Widerspruch: „Denn will ich die Art, wie diese und jene Vorstellungen in einem Urteile verbunden sind, beschreiben: so muß ich die Vorstellungen, *durch welche* sie verbunden sind, d. h. einiges von der Materie des Urteils angeben." — Manche Logiker hätten daher den Begriff der Materie nicht auf alle, sondern nur auf bestimmte Vorstellungen, nämlich die Subjekt- und Prädikatvorstellung eines Satzes bezogen. Dagegen sei einzuwenden, daß die logischen Einteilungen der Sätze als Einteilungen nach der Form nicht nur von der Kopula abhängen könnten, „weil diese in allen Sätzen die nämliche ist". — Einen gewissen Sinn habe die Redeweise, daß die Logik sich „nur mit der Form der Urteile zu befassen habe", wenn sie lediglich meine, daß die Einteilungen der Sätze in der Logik sich auf mehreren Sätzen gemeinsame Beschaffenheiten beziehen. B. führt dazu aus: „Erlaubt man sich nun dergleichen Beschaffenheiten die diesen Sätzen gemeinsame *Form,* d. i. *Gestalt* zu nennen: so kann man mit Recht behaupten, daß alle in der Logik vorkommenden Einteilungen der Sätze nur ihre Form, d. i. nur etwas solches betreffen, was mehrere, ja wohl unendlich viele Sätze miteinander gemein haben. (§ 12.) Nur glaube man nicht, daß diese Bemerkung schon hinreiche, zu beurteilen, ob eine Einteilung in die Logik aufzunehmen sei oder nicht. Denn der Einteilungen, die nur die Form der Sätze betreffen, gibt es in dieser Bedeutung unendlich viele; die Logik aber hat nur diejenigen herauszuheben,

die einen Nutzen gewähren; sie hat uns nur mit solchen Arten der Sätze bekannt zu machen, die in ihrer wissenschaftlichen Behandlung etwas Eigenes haben. — Wollte man aber — damit ich keinen Fall, der meines Wissens hier stattfinden könnte, mit Stillschweigen übergehe — wollte man unter den *Formen* der Sätze nur eben alle diejenigen Arten derselben, deren die Logik zu erwähnen hat, verstehen; dann wäre es freilich eine sehr wahre, aber auch bloß tautologische Behauptung, daß jede Einteilung, die in die Logik gehört, *formal* sei, und jede, die formal ist, in die Logik gehöre. Und nun urteile jeder, ob der Gewinn so groß sei, welchen die neuere Logik durch die Entdeckung gemacht hat, daß man die Urteile hier nur nach ihrer Form zu betrachten habe!"

§§ 187-194: Ferner setzt sich B. mit den Einteilungen der Urteile nach den Gesichtspunkten der *Quantität, Qualität, Relation* und *Modalität* mit ihren verschiedenen Untergliederungen im Anschluß an die Kantische Urteilstafel auseinander. Die subtilen Erörterungen, in denen B. die verschiedenen Bestimmungen und Begründungen dieses Einteilungsschemas bei *Kant* und der kantianischen Schulphilosophie im ganzen kritisch, im einzelnen aber auch häufig zustimmend betrachtet, können hier nicht einmal auszugsweise wiedergegeben werden. Hingewiesen sei auf: 1. B.'s Einverständnis mit allen Definitionen, die *Quantitäts*verschiedenheiten bei Sätzen auf Umfangsverschiedenheiten der Subjektvorstellung zurückführen (§§ 187, 188; cf. §§ 146, 152). 2. B.'s These, daß bei den Einteilungen nach der *Qualität* Kants *limitierende* unendliche Urteile eigentlich den Namen der *verneinenden* Urteile verdienen, während Kants verneinende Urteile *Verneinungen* bejahender Sätze seien, weil „die Verneinungen nie an dem Bindeteile haften" (§ 189; cf. § 136). 3. B.'s Haupteinwände gegen die *Relationen*einteilung (§ 190): Die *kategorische* Form komme *allen* Urteilen zu, insofern diese sämtlich auf das Schema: „A hat b" gebracht werden könnten; neben den *untergeordneten* Arten der *hypothetischen* und *disjunktiven* Urteile gebe es noch weitere „Arten der Urteile, welche der Ausführung nicht minder wert seien": So seien die Disjunktionen nur Teil einer umfassenden Einteilung (cf. § 160); die hypothetischen Urteile habe Kant als Aussagen über *Grund-Folge*-Verhältnisse bestimmt (*Logik* ed. Jäsche, § 25), daneben müßten dann aber auch Aussagen über die verschiedenen Verhältnisse der Verträglichkeit oder Unverträglichkeit berücksichtigt werden, insbesondere Ableitbarkeitsaussagen. 4. B.'s Kritik des Kantischen *Modalitäts*begriffs (§ 191): Definiere man die Modalität als Moment, durch welches „das Verhältnis des ganzen Urteils zum Erkenntnisvermögen bestimmt ist" (*Logik* ed. Jäsche, § 30), so müßte sich eigentlich nicht eine Einteilung der Urteile in *problematische, assertorische* und *apodiktische* Urteile, sondern eine solche in „bloß vorgestellte oder gefällte"

Urteile (oder nach B. besser Sätze) ergeben, wobei sich die letzteren noch nach dem „Grad der Zuversicht, mit welchem sie gefällt werden", weiter unterteilen lassen. Die Sätze der Form: „A kann B sein", „A ist B", „A muß B sein" nämlich unterschieden sich gerade nicht durch ihre Beziehung zum Erkenntnisvermögen, sondern durch „ihre innere Beschaffenheit (ihre Bestandteile)". Kant selbst habe erkannt, daß die Modalität, definiert als Verhältnis des Urteils zum Urteilenden, sich nicht an dem „Urteile an und für sich, d. h. an dem ihm zu Grunde liegenden *Satze*" abzeichne, sondern „sich erst aus einem über dies Urteil gefällten *zweiten* Urteil entnehmen lasse". Das ergebe sich aus der Formulierung Kants (a. a. O. Anm. 1): „Diese Bestimmung der bloß möglichen oder wirklichen oder notwendigen Wahrheit betrifft also nur *das Urteil selbst*, keineswegs *die Sache*, worüber geurteilt wird." Dazu stimme aber nicht, daß sich die Kantische Einteilung gerade auf die innere Beschaffenheit der Urteile gründe. Diese Disparatheit zeige sich z. B. darin, daß ein der Form nach apodiktischer Satz („Die Seele muß unsterblich sein") vielen dennoch sehr problematisch erscheinen könne.

Zusammenfassend läßt sich sagen, daß B. die Einteilungen der Kantischen Urteilstafel teilweise als unvollständig, teilweise als gar nicht für Urteile sinnvoll kennzeichnet. (Cf. auch § 119.)

Drittes Hauptstück

Von den wahren Sätzen

§ 195. *Inhalt und Zweck dieses Hauptstückes*

Es werde von *objektiven* Wahrheiten die Rede sein, und zwar von solchen ihrer Eigenschaften, die für den Zweck der Wissenschaftslehre, die Darstellung von Wissenschaften zu lehren, allgemein von Interesse sind.

§ 196. *Einige Beschaffenheiten, die allen Wahrheiten gemeinschaftlich zukommen*

1. Wahrheiten haben „kein wirkliches Dasein"; daß ihnen Zeiteigenschaften (ewig, vergänglich) beigelegt werden, ist kein Einwand (cf. § 25, b).

2. In Wahrheiten ist die Subjektvorstellung stets eine eigentliche *Gegenstandsvorstellung* (cf. § 66). Dies gelte auch bei Sätzen über einen Satz, da hier die Subjektvorstellung nicht dieser Satz, sondern eine „diesen Satz befassende *Vorstellung*" sei. Sätzen der Art: „Ein rundes Quadrat gibt es nicht" müßte nach § 138 der Sinn: „Die Vorstellung eines runden Quadrates hat keine Gegenständlichkeit" gegeben werden, so daß dieser Fall ebenfalls keine Ausnahme bilde; denn zwar sei die Vorstellung „rundes Quadrat" gegenstandslos, nicht aber die Vorstellung dieser Vorstellung.[1]

3. Der Aussageteil einer Wahrheit ist stets eine eigentliche *Beschaffenheitsvorstellung* (cf. § 80). Zur Begründung führt B. an, „daß in verneinenden Sätzen der Begriff der Verneinung ... zum Aussageteile gehört (§ 136)" und „der Bindeteil in jedem Satze kein anderer als der Begriff des Habens ist (§ 127)". B. rekurriert dann darauf, „daß dasjenige, wovon in Wahrheit soll gesagt werden, daß es ein Gegenstand *habe*, eine gewisse Beschaffenheit desselben sein müsse" (cf. auch S. 154).

4. Das zur Prädikatsvorstellung einer Wahrheit gehörige Concretum *umfaßt* (cf. § 95) die Subjektvorstellung.

5. Alle Wahrheiten sind bezüglich beliebiger Vorstellungen, die in ihnen als veränderlich angesehen werden, verträglich.

[1] Cf. § 154, Anm. 1.

6. „Jede Wahrheit kann als ableitbar aus unzählig vielen andern, und aus jeder Wahrheit können unzählig viele andere als ableitbar angesehen werden, und dies zwar abermal hinsichtlich auf was immer für Vorstellungen."

§ 197. *Es gibt analytische sowohl als auch synthetische Wahrheiten*

Nachdem ich nun einiger Beschaffenheiten erwähnet, die sich an allen Wahrheiten befinden, gehe ich über zu der Betrachtung eines *Unterschiedes*, der bei der Darstellung derselben in einer Wissenschaft von großer Wichtigkeit ist. Schon aus der § 148. gegebenen Erklärung darüber, was mir ein analytischer, was ein synthetischer Satz heiße, entnimmt man von selbst, was ich mir unter analytischen und synthetischen *Wahrheiten* denke. *Analytisch* nämlich nenne ich eine Wahrheit, wenn irgendeine Vorstellung in ihr angeblich ist, welche mit jeder beliebigen andern vertauscht werden darf, ohne daß der Satz aufhörte, wahr zu sein, solange er nur überhaupt Gegenständlichkeit behält, d. h. solange nur seine Subjektvorstellung noch eine Gegenstandsvorstellung[1]) bleibet. Eine Wahrheit, bei der dieses nicht der Fall ist, heißt mir *synthetisch*. Ich behaupte nun, daß es Wahrheiten sowohl der einen als auch der andern Art gebe.

1) Daß es *analytische Wahrheiten* gebe, wird kaum jemand leugnen wollen. Denn gleich nachstehende Worte: „Jedes A, das (die Beschaffenheit) b hat, hat die Beschaffenheit b" drücken eine Wahrheit von dieser Art aus, / sobald nur an die Stelle der Zeichen A und b ein Paar Vorstellungen treten, bei welchen die Vorstellung der Worte: „A, welches (die Beschaffenheit) b hat" einen Gegenstand hat[2]). Denn sooft dieses ist, ist die Verbindung von Vorstellungen, die durch die Worte: „Jedes A, das die Beschaffenheit b hat, hat die Beschaffenheit b" ausgedrückt wird, nicht nur ein wirklicher, sondern auch einleuchtend wahrer Satz. Und weil er dies letztere trotz einer jeden

---

[1] Cf. § 66.
[2] Cf. § 154, Anm. 1 und 4.

Veränderung, die man mit den Vorstellungen A und b vornehmen mag, bleibet, solange nur die vorhin erwähnte Bedingung erfüllt wird, daß seine Unterlage eine gegenständliche Vorstellung bleibt: so ist dieser Satz eine analytische Wahrheit zu nennen. Daß es aber dergleichen Vorstellungen, wie hier verlangt werden, gebe, ist vollends außer Zweifel.

2) Nicht ganz so offenbar ist, daß es auch *synthetische Wahrheiten* gebe; inzwischen hoffe ich dies gleichwohl durch folgende Betrachtungen genügend darzutun.

a) Schon § 64. wurde gezeigt, daß es Beschaffenheiten gebe, welche den sämtlichen einer gewissen Vorstellung unterstehenden Gegenständen zukommen, ohne daß gleichwohl die Vorstellung dieser Beschaffenheiten in der Vorstellung jener Gegenstände als ein Bestandteil enthalten ist. Hierdurch nun, möchte man glauben, sei der Satz, dessen Beweis ich mir jetzt vorgenommen habe, schon so gut als entschieden. Denn der vorhin betrachtete Satz: „Jedes A, das die Beschaffenheit b hat, hat die Beschaffenheit b" stellte sich wohl nur darum als eine bloß analytische Wahrheit dar, weil seine Prädikatvorstellung b in der Subjektvorstellung desselben schon als Bestandteil erschien. Gibt es aber Beschaffenheiten, die einer gewissen Klasse von Gegenständen gemeinschaftlich zukommen, ohne daß sie gleichwohl in der sie begreifenden Vorstellung als ein Bestandteil mitgedacht werden: so gibt es Wahrheiten von der Form: „A hat b", wobei die Vorstellung b nicht schon als Teil in A steckt. Und solche, möchte man meinen, müßten synthetisch sein; weil doch gewiß weder A noch b willkürlich abgeändert werden dürfen, wenn der Satz wahr bleiben soll. Denn wenn die Beschaffenheit b nur nicht die allgemeinste eines Etwas überhaupt ist: so wird es immer möglich sein, an die Stelle von A eine Vorstellung (z. B. die eines Etwas überhaupt) zu setzen, wodurch der Satz falsch wird. Und um an die Stelle von b eine Vorstellung, die den Satz falsch macht, zu setzen, braucht man vollends nichts anderes als die Vorstellung einer sich widersprechenden Beschaffenheit, z. B. der eines runden Quadrats zu wählen. Inzwischen wäre es doch übereilt, wenn wir hieraus den Schluß ziehen wollten, daß der Satz: „A hat b" eine synthetische Wahrheit sein müsse. Denn wenn auch weder die ganze Vorstellung A (die ganze Subjektvorstellung des Satzes), noch auch die ganze Vorstellung b (die ganze Prädikatvorstellung) willkürlich abgeändert werden dürfen, soll der Satz wahr bleiben: so könnte es doch vielleicht irgendeinen einzelnen in diesen Vorstellungen liegenden Teil geben, den man, der Wahrheit des Satzes unbeschadet, als willkürlich ansehen kann. So mag es z. B. immerhin sein, daß in dem Satze: „Dies Dreieck hat die Beschaffenheit, daß die gesamten Winkel desselben zwei rechte betragen" — die Prädikatvorstellung kein Bestandteil der Subjektvorstellung ist: es gibt doch eine Vorstellung in diesem Satze, nämlich die Vorstellung: „Dieses", die wir als willkürlich ansehen können, weil er wahr bleibt, was wir auch immer für eine Vorstellung an die Stelle des Dieses setzen, solange es nur eine solche ist, die seine Gegenständlichkeit nicht aufhebt. Diesen Satz also darf ich, meiner Erklärung zufolge, nicht zu den synthetischen, sondern ich muß ihn zu den bloß analytischen Wahrheiten zählen. Der eben betrachtete Satz hat das Eigene, daß seine Subjektvorstellung: „Dies Dreieck" einen Bestandteil (die Vorstellung Dieses) enthält, der mit dem übrigen (welches ein Dreieck ist) auf eine Weise verknüpft ist, daß die verschiedenen Gegenstände, welche sie vorstellt, wenn jener Bestandteil als willkürlich angesehen, und mit was immer für andern Vorstellungen vertauscht wird, alle zu einer gewissen Gattung von Dingen (hier zu den Dreiecken überhaupt) gehören, von welcher die in der Prädikatvorstellung ausgedrückte Beschaffenheit allgemein gilt. Ohne Zweifel aber muß es auch Sätze geben, die diese Eigenheit nicht haben, und die wir somit zu den bloß analytischen Wahrheiten wenigstens nicht aus dem Grunde werden herabsetzen dürfen, weil sich in ihrer Subjektvorstellung ein Bestandteil vorfindet, den man bei unveränderter Prädikatvorstellung willkürlich abändern kann. Von dieser Art sind z. B. gleich alle Sätze, deren Subjektvorstellung einfach, oder zusammengesetzt, aber nur von der Form ist: „Etwas, das die Beschaffenheit x hat", wobei die Vorstellung x nur eine einfache ist. Denn wenn die ganze Vorstellung, welche die Stelle der Subjektvorstellung in einem gegebenen Satze vertritt, einfach ist: so kann es in ihr nur insofern etwas Veränderliches geben, als sie es selbst ist; und dann liegt am Tage, daß wir durch willkürliche Abänderung derselben jedes beliebige Etwas zu jenem Gegenstande, von dem der Satz handelt, erheben können. Ein Gleiches gilt, wenn die Subjektvorstellung von der Form: „Etwas, das x hat" ist; und hier die ganze Vorstellung x als veränderlich angesehen werden soll. Vorausgesetzt also, daß das Prädikat des Satzes nur nicht die allgemeinste Beschaffenheit eines Etwas überhaupt ist: so wird der Satz seine Wahrheit gewiß nicht immer behaupten, wenn wir bei unveränderter Prädikatvorstellung nur seine Subjektvorstellung ändern. Er müßte also, wenn er nichtsdestoweniger zu den bloß analytischen Wahrheiten gehören sollte, nur in seiner Prädikatvorstellung einen willkürlich abzuändernden Bestandteil einschließen. Nun gibt es zwar allerdings auch Sätze, deren Prädikatvorstellung von einer solchen Einrichtung ist, daß man einen gewissen in ihr befindlichen Teil willkürlich abändern kann, ohne die Wahrheit des Satzes dadurch im geringsten zu stören. Von dieser Art wäre z. B. der Satz: „Jedes A hat die Beschaffenheit, Einer der Vorstellungen X oder Nicht X zu unterstehen"; oder auch folgender: „Jedes A hat die Beschaffenheit, Einer der Vorstellungen *[B]* x oder *[B]* non x zu unterstehen"[3]); wenn es die Vorstellungen X oder x allein sind, die man in beiden als veränderlich ansieht. Denn was man auch immer an die Stelle von X oder x setze, so bleibt der erste Satz wahr, solange nur A eine Gegenstandsvorstellung ist, und der zweite, solange nur überdies noch B eine Vorstellung ist, der alle A unterstehen. Es wird aber niemand bezweifeln, daß es auch Prädikatvorstellungen gebe, die diese sonderbare Eigenheit nicht haben. Denn ist eine Prädikatvorstellung entweder ganz einfach, oder / ist ihre Zusammensetzung nur eben von folgender Form: Jede der Beschaffenheiten $x+y+z\ldots$, wo die Vorstellungen

---

[3] Zu den verwendeten Bezeichnungen cf. § 96, 7.

$x, y, z, \ldots$ schon einfach sind: so werden wir offenbar weder die ganze Prädikatvorstellung, noch irgendeinen der Teile, aus denen sie besteht, für willkürlich ausgeben dürfen. Denn wenn der Satz: „A hat x", oder der Satz: „A hat jede der Beschaffenheiten $(x + y + z + \ldots)$" wahr bleiben soll: so darf man weder die Vorstellung x im ersten, noch eine der Vorstellungen $x, y, z, \ldots$ im zweiten Satze willkürlich abändern, weil sie doch sicher falsch würden, wenn an die Stelle einer dieser Vorstellungen irgendeine imaginäre gesetzt würde. Nach diesen Vorausschickungen läßt sich nun leicht erweisen, daß es auch Wahrheiten von folgender Form geben müsse: A (oder jedes Etwas, das a hat) hat die Beschaffenheit b (oder jede der Beschaffenheiten $b' + b'' + \ldots$), worin die Zeichen A und b, oder wenigstens die Zeichen a und b', b'', ... durchaus einfache und voneinander verschiedene Vorstellungen bezeichnen; und die Beschaffenheit b überdies, oder eine der mehreren b', b'', ... nicht eine so allgemein geltende ist, daß sie von jedem beliebigen Etwas ausgesagt werden kann. Denn fürs erste ist es gewiß, daß es einfache Vorstellungen gebe, die zugleich Gegenstandsvorstellungen sind; weil jede reine Anschauung eine Vorstellung ist, die bei aller ihrer Einfachheit doch einen und zwar nur einen einzigen Gegenstand vorstellt[4]). Noch unbezweifelter ist das Dasein einfacher Beschaffenheitsvorstellungen, und zwar auch solcher, die nicht von allen Gegenständen gelten. Denn gleich der Begriff der Wirklichkeit ist ein hierher gehöriges Beispiel; und es ist überdies einleuchtend, daß, wenn alle einfachen Beschaffenheitsvorstellungen Beschaffenheiten von einer solchen Art vorstellen würden, die allen Gegenständen gemeinschaftlich zukommen, auch unter den zusammengesetzten Beschaffenheitsvorstellungen keine anzutreffen sein könnte, welche eine Beschaffenheit bezeichnete, die nur gewissen Gegenständen ausschließlich zukommt. Da endlich bloß darum, weil eine Beschaffenheit allen zu einer gewissen Gattung gehörigen Gegenständen zukommt, noch keineswegs notwendig ist, daß sie auch in der Vorstellung von

---

[4] Cf. § 72.

diesen Gegenständen mit vorgestellt werde: so wird es auch unter denjenigen Gegenständen, / die durch eine einfache Vorstellung A, oder durch eine aus einer bloß einfachen Beschaffenheitsvorstellung a zusammengesetzte Vorstellung von der Form: „Etwas, das a hat" vorgestellt werden können, einige geben, von welchen sich eine Beschaffenheit aussagen läßt, deren Vorstellung durchaus verschieden von A oder a ist[5]). Ein Beispiel haben wir gleich an dem Satze: „A hat Wirklichkeit", der eine Wahrheit von der soeben beschriebenen Form ist, sooft A irgendeine reine Anschauung ist. Ein Satz von solcher Form kann aber offenbar nicht eine einzige Vorstellung enthalten, die sich willkürlich abändern ließe, ohne seine Wahrheit zu stören. Wir dürfen ihn also eine synthetische Wahrheit nennen.

b) Nicht minder offenbar ist, daß es auch unter der *verneinenden* Form: „A hat — nicht b" synthetische Wahrheiten geben müsse. Denn wer sollte zweifeln, daß es sehr viele durch einen einfachen Begriff vorstellbare Beschaffenheiten b gebe, die einem gewissen durch eine andere einfache Vorstellung, z. B. Anschauung, bezeichneten Gegenstande A in Wahrheit abgesprochen werden können?

c) Noch eine Form, von der es sehr einleuchtend ist, daß es synthetische Wahrheiten, die unter sie gehören, geben müsse, ist diese: „Die Vorstellung eines [Etwas] $(a+b+c+\ldots)$[6]) hat Gegenständlichkeit", wenn $a, b, c, \ldots$ abermal einfache Vorstellungen bezeichnen. Denn daß es erstlich Wahrheiten überhaupt gebe, die dieser Form unterstehen, kann niemand leugnen, der nicht das Dasein einfacher Beschaffenheitsvorstellungen überhaupt leugnet. Daß aber eine Wahrheit der Art sicher synthetisch sei; erhellet daraus, weil keine der Vorstellungen $a, b, c, \ldots$ und noch viel weniger eine der übrigen, z. B. die Prädikatvorstellung des Satzes, willkürlich abgeändert werden kann, soll der Satz wahr bleiben. Denn sobald wir an die Stelle einer der Vorstellungen $a, b, c, \ldots$ eine solche setzen, welche mit einer der übrigen unverträglich ist: so bleibet dasje-

---

[5] und überdies *einfach* ist.
[6] Cf. § 96, 7.

nige, was durch das Zeichen [Etwas] *(a+b+c+ . . .)* ausgedrückt wird, zwar immer noch eine Vorstellung, der Satz behält also noch immer einen Gegenstand, ist aber falsch geworden, weil eine solche Vorstellung keine Gegenständlichkeit hat. /

d) Ein Ähnliches gilt von dem Satze: „Die Vorstellung [Etwas] *(a+b)* ist imaginär", wenn es der Vorstellungen *a* und *b* nur zwei gibt[7]). Denn da eine jede einfache Beschaffenheitsvorstellung gewiß real ist[8]): so kann die Vorstellung eines [Etwas] *(a+b)* sicher nur darum imaginär sein, weil sich die beiden Beschaffenheiten *a* und *b* nicht vertragen. Erlaubt man uns aber eine derselben z. B. *b* als veränderlich zu betrachten: so wird es uns immer möglich sein, eine, die sich mit *a* verträgt, an ihre Stelle zu setzen, wo dann der Satz, daß die Vorstellung eines [Etwas] *(a+b)* imaginär sei, falsch sein wird.

3) Wer alles bisherige einräumt, wird ohne Schwierigkeit gestehen, daß es nicht nur analytische sowohl als auch synthetische Wahrheiten überhaupt gebe, sondern daß es dergleichen Wahrheiten auch unter beiderlei Klassen von Sätzen, unter den Anschauungssätzen sowohl als unter den reinen Begriffssätzen gebe[9]). So haben wir an dem Satze: „Jedes Dreieck ist eine Figur" ein Beispiel einer analytischen Wahrheit, die zugleich eine bloße Begriffswahrheit ist, während der Satz: „Dies Dreieck ist eine Figur", eine analytische Anschauungswahrheit ist. Das Beispiel Nr. 2, a ist eine synthetische Anschauungswahrheit; während alle Sätze, die unter die Form Nr. 2, c gehören, synthetische Begriffswahrheiten sein werden.

In der *Anm.* zu § 197 betont B., daß *Kant* einige im B.'schen Sinne analytische Sätze zu den synthetischen zähle, z. B. den Satz: „In diesem Dreieck beträgt die Summe der Winkel zwei rechte". Wenn man also die in § 197 gegebene Begründung für die Existenz synthetischer Wahrheiten anerkennen sollte, „so wäre das Dasein derselben in der gewöhnlichen weiteren Bedeutung um so gewisser". B. fährt fort: „Be-

---

[7] B. setzt offenbar *a* und *b* überdies als einfach voraus.
[8] Cf. Zus.fassg. zu § 71.
[9] Zu dieser Einteilung cf. § 133.

kanntlich hat aber diese Lehre *Kants* viel Widerspruch erfahren, und es wurde sehr häufig behauptet, daß es dergleichen Wahrheiten, wie er uns die synthetischen erklärte, nicht gebe und nicht geben könne. Denn da er sie immer als solche erklärte, in welchen dem Begriffe des Subjekts ein Merkmal *beigelegt* wird, das in demselben nicht schon *liegt:* so pflegte man zu fragen, wie denn das Merkmal, wenn es in dem Begriffe nicht *liegt,* ihm gleichwohl *beigelegt* werden dürfe? Auch finde ich nicht, daß *Kant* oder seine Freunde, um uns das Dasein synthetischer Wahrheiten zu beweisen, je etwas anderes getan hätten, als daß sie allerlei Beispiele von solchen Wahrheiten aus verschiedenen Wissenschaften, namentlich aus der Mathematik und reinen Physik anführten, und durch Zergliederung der in denselben vorkommenden Begriffe nachzuweisen suchten, daß die Vorstellung des hier vorkommenden Prädikates in jener des Subjekts nicht liege. Allein auf diesem Wege läßt sich die Sache, wie mir deucht, nie zur vollkommensten Befriedigung entscheiden. Denn wenn nicht zuvörderst dargetan ist, daß es Beschaffenheiten gebe, die einer gewissen Klasse von Gegenständen mit Allgemeinheit zukommen, ohne doch in dem Begriffe derselben erwähnet zu werden: so wird man bei jedem vorliegenden Satze der Form: „A hat *b*" argwöhnen, daß der Begriff des Prädikates *b,* wenn man ihn auch in der Zergliederung von dem Subjektbegriffe *A* bisher nicht nachgewiesen hat, vielleicht doch verborgener Weise darin stecke; wie dies von der Seite der Gegner stets eingewendet wurde."

§ 198. *Begriff des Verhältnisses einer Abfolge zwischen den Wahrheiten*

Das merkwürdigste aller Verhältnisse, die zwischen Wahrheiten stattfinden, ist meiner Meinung nach jenes der *Abfolge,* vermöge dessen einige der *Grund* von gewissen andern und diese dagegen die *Folge* jener sind. Gelegenheitlich bin ich auf dieses Verhältnis schon mehrmal (besonders § 162.) zu sprechen gekommen, hier aber ist der Ort, wo ich mich umständlich damit beschäftigen muß. Zuvörderst lasset uns den *Begriff* desselben gehörig festsetzen. Wenn wir folgende drei Wahrheiten:

„Man soll den eigenen Vorteil dem größeren fremden nie vorziehen";

„Man zieht den eigenen Vorteil dem größeren fremden vor, wenn man, nur um sich selbst einen entbehrlichen

Sinnengenuß zu verschaffen, zerstöret, was einem andern zur Befriedigung wesentlicher Lebensbedürfnisse notwendig ist".

„Man soll, nur um sich selbst einen entbehrlichen Sinnengenuß zu verschaffen, nie zerstören, was einem andern zur Befriedigung wesentlicher Lebensbedürfnisse notwendig ist" —

untereinander vergleichen: so werden wir bald gewahr, daß die zwei ersteren mit der dritten in einem ganz eigentümlichen Verhältnisse stehen, welches sein Dasein zunächst durch die Wirkung äußert, daß wir die letzte Wahrheit mit der klaresten Deutlichkeit einsehen lernen, wenn wir zuvor die beiden ersteren erkannt, und uns zum Bewußtsein gebracht haben.

Bei einem ferneren Nachdenken zeigt sich (so meine wenigstens *ich*), daß das Wesen jenes Verhältnisses durch die soeben erwähnte *Wirkung*, daß nämlich die letzte Wahrheit aus den zwei ersteren *erkennbar* ist, noch gar nicht erschöpfend ausgedrückt werde. Denn dieser Umstand findet ja auch bei Wahrheiten von einer solchen Art statt, von denen offenbar ist, daß sie in dem Verhältnisse der vorhin / betrachteten nicht stehen. So können wir z. B. auch von den drei Wahrheiten:

„Wenn das Thermometer höher steht, so ist es wärmer";
„Im Sommer pflegt das Thermometer höher zu stehen, als im Winter";
„Im Sommer pflegt es wärmer zu sein als im Winter"

recht füglich sagen, daß wir die letztere *erkennen,* sobald wir die beiden ersteren erkannt und ins Bewußtsein gebracht haben. Wer sollte gleichwohl nicht fühlen, daß das Verhältnis, das zwischen den Wahrheiten des ersten Beispiels stattfindet, noch ein ganz anderes sei als das, in dem die Wahrheiten des letzten stehen? Wenn wir das Eigentümliche, das jenes erstere Verhältnis hat, mit *Worten* ausdrücken sollen: so fühlen wir uns fast gedrungen, es ein Verhältnis zwischen *Grund* und *Folge* zu nennen; zu sagen, daß die zwei ersten Wahrheiten in jenem Beispiele der *Grund* der letztern, diese die Folge der ersteren sei.

Nicht ebenso werden wir uns in dem zweiten Beispiele erklären, wenn wir genau reden wollen. Zwar pflegen wir wohl zuweilen die Redensart zu gebrauchen: „Die Wahrheit, daß es im Sommer wärmer sei als im Winter, *gründe* sich auf die Wahrheit, daß das Thermometer im Sommer höher als im Winter stehe". Allein wir bescheiden uns bald, wir hätten da eigentlich nur von der *Erkenntnis* dieser Wahrheiten gesprochen, wir hätten nur anzeigen wollen, daß die *Erkenntnis* der einen dieser Wahrheiten die Erkenntnis der andern *bewirke*. Daß aber die erstere Wahrheit an sich *Grund* von der letzteren sei; ist eine Behauptung, die wir so wenig aufstellen wollen, daß wir vielmehr gestehen, hier walte gerade das entgegengesetzte Verhältnis ob. Da nun ein jeder von selbst einsehen wird, das obige Beispiel sei gewiß nicht das einzige in seiner Art: so schließe ich, es gebe Wahrheiten, die miteinander in einem solchen Verhältnisse stehen, das wir dem Sprachgebrauche nach nicht besser als durch das Verhältnis des *Grundes* zu seiner *Folge* oder auch kürzer durch das Wort *Abfolge* bezeichnen. Vorausgesetzt, daß es, wie gleich das angeführte Beispiel erinnert, öfters nicht eine einzelne, sondern ein ganzer / Inbegriff mehrerer Wahrheiten ist, welcher zu einer, oder zu einem ganzen Inbegriff mehrerer in dem Verhältnisse des Grundes zu seiner Folge stehet: so wird es erlaubt sein, jene einzelnen Wahrheiten, aus welchen ein solcher Inbegriff bestehet, *Teilgründe* und *Teilfolgen*, ja auch wohl geradezu Gründe und Folgen selbst zu nennen; sobald wir nur einige Vorsicht beobachten, daß aus der doppelten Bedeutung dieser Worte kein Mißverstand entspringe, und darum z. B., wo wir von solchen Gründen oder Folgen sprechen, die keine bloßen Teilgründe oder Teilfolgen sind, zu mehrer Deutlichkeit sie die *vollständigen* Gründe und Folgen nennen. Weil es endlich nur zu oft geschieht, daß man bei den Worten: „*Gründe*" und „*Folgen*" an bloß subjektive *Erkenntnis*gründe und *Erkenntnis*folgen, d. h. an Wahrheiten denkt, die als Prämissen eine Erkenntnis hervorbringen, oder als Schlußfolgen sich aus ihr ergeben: so wollen wir die Gründe und Folgen, von denen wir jetzt reden, zuweilen auch *objek-*

tive Gründe und Folgen nennen, um anzudeuten, daß ihr Verhältnis unabhängig von unserer Vorstellung unter den Wahrheiten *an sich* bestehe.

Anmerkung: Was mich in dieser Ansicht von dem Vorhandensein eines eigenen Verhältnisses der Abfolge zwischen den Wahrheiten ungemein bestärket, ist die Bemerkung, daß auch so manche andere und unter ihnen die geistreichsten Denker derselben Meinung gewesen. So ist es bekannt, daß schon *Aristoteles* (*Anal. post.* L. I. c. 13), und nach ihm die Scholastiker Jahrhunderte lang, zwei Arten von Beweisen, solche, die nur das ὅτι, d. h. *daß* etwas ist, dartun, und solche, die das διότι, d. h. das *Warum* angeben, unterschieden haben. Da nun die Wahrheiten, welche das διότι das (Warum) einer anderen bestimmen, zu dieser offenbar in dem Verhältnisse des Grundes zu seiner Folge stehen: so dürfen wir schließen, daß dem Stagiriten dieses Verhältnis zwischen Wahrheiten gewiß nicht unbekannt gewesen sei; gesetzt auch, daß er es mit keinem eigenen Namen bezeichnet hätte. Mit der erwünschtesten Deutlichkeit aber erklärte sich über dieses Verhältnis *Leibniz,* als er in s. *Nouv. Ess.* L. IV. ch. 17 *(§ 3, d. Hrsg.)* folgendes schrieb: La *raison* est la vérité connue, dont la liaison avec une autre moins connue fait donner notre assentiment à la dernière. Mais particulièrement et par excellence on l'appelle / *raison,* si c'est la cause non seulement de notre jugement, mais encore de la vérité même, ce qu'on appelle aussi raison *a priori*; et la *cause* dans les choses répond à la *raison* dans les vérités. C'est pourquoi la cause même est souvent appellée raison, et particulièrement la cause finale. Enfin la faculté, qui s'apperçoit de cette liaison des vérités, ou la faculté de raisonner, est aussi appellée *raison.* Hier wird also von einer *Verbindung* (liaison) zwischen den Wahrheiten, nicht als Erkenntnissen (jugements), sondern als *Wahrheiten an sich* (de la vérité même) gesprochen; hier werden ihnen *Gründe* (raisons), auf denen sie beruhen, beigelegt; und da der Zusammenhang zwischen diesen Gründen und ihren Folgen eine Verbindung zwischen *Wahrheiten* (une liaison des vérités) genannt wird, so wird unleugbar vorausgesetzt, daß jene Gründe selbst wieder *Wahrheiten* sind.— *Wolff* gab zwar von dem Begriffe des Zusammenhanges zwischen den Wahrheiten (*Log.* § 877) eine Erklärung, die nur auf erkannte Wahrheiten paßt: Veritates dicuntur inter se connexae, si cognitio unius pendet a cognitione alterius; im Verfolge aber unterscheidet auch er von dem Zusammenhange zwischen den Erkenntnissen noch den Zusammenhang zwischen den *Wahrheiten an sich.* Denn § 1005 heißt es: Rationes intrinsecae eaedem sunt, ob quas praedicatum subjecto convenit. ... E. gr. Ratio intrinseca, quod figura regularis intelligatur circulo inscriptibilis, est aequalitas angulorum et laterum; sed eadem est ratio, *cur* figura regularis circulo inscribi *possit.* Hier wird also deutlich zwischen dem Grunde, aus dem man eine Wahrheit *erkennt,* und zwischen dem Grunde, warum diese Wahrheit bestehet, unterschieden; und nur behauptet, daß der erstere, wenn er den Namen einer ratio *intrinseca* verdienen soll, mit dem letzteren einerlei sein müsse; was auch ganz richtig ist, nur daß man die Auffassung einer Wahrheit in das Erkenntnisvermögen (ihre Erkenntnis) nicht einerlei nennen sollte mit dieser Wahrheit an sich. ...

343 Daß man auf diesen Zusammenhang zwischen den Wahrheiten an sich überhaupt nur selten zu reden gekommen, ist freilich nicht zu leugnen; doch ist dies keine Sache, die uns befremden darf. Denn erstlich ist man bei dem Begriffe einer *Wahrheit an sich,* wenn man sich zu demselben erhob, nie lange verweilet; und dann hat das Verhältnis zwischen Grund und Folge eine so große Ähnlichkeit mit einem Paare anderer Verhältnisse, nämlich mit dem Verhältnisse, das zwischen Wahrheiten, die voneinander ableitbar sind, obwaltet, und mit dem Verhältnisse, das zwischen wirklichen Dingen herrschet, wenn das eine Ursache von dem anderen ist, daß man sich gar nicht wundern muß, wenn man dasselbe mit einem von diesen verwechselte, und eine solche Verwechslung, die sich durch keinen offenbaren Widerspruch verriet, nicht also gleich wieder gewahr wurde. Schon die Scholastiker verrückten den Gesichtspunkt, indem sie die Worte ratio (Grund), causa (Ursache) und principium (Ursprung) einander gleichgeltend nahmen, und den Begriff derselben als das, wodurch ein anderes *bestimmt* wird (id, quod determinat) erklärten; dann aber zwei Arten desselben unterschieden, das principium cognoscendi, das eine Erkenntnis bestimmt, und das principium essendi, das eine Sache außerhalb unserer Erkenntnis bestimmt. Die deutschen Logiker pflegen das erstere den *logischen* oder *Erkenntnisgrund,* auch wohl nur den Grund schlechtweg, das zweite den *realen* oder *Sachgrund* oder auch die *Ursache* zu nennen. . . .[1])

344 *§ 199. Ob auch die Schlußregel mit zu den Teilgründen einer Schlußwahrheit gezählt werden könne*

In dem Beispiele, durch dessen Betrachtung wir im vorigen Paragraph den Begriff der *Abfolge* erläuterten, stehet die Wahrheit, die wir als eine Folge ansahen, zu jenen beiden Wahrheiten, die wir als ihren Grund darstellten, in dem Verhältnisse einer *Ableitbarkeit.* Zu einem jeden Verhältnisse von dieser letzteren Art gibt es nun eine dasselbe

---

[1] Hier und an der vorangehenden durch Auslassungspunkte gekennzeichneten Stelle wurden Hinweise B.'s auf S. *Maimon* und J. G. K. *Kiesewetter* fortgelassen.

beschreibende *Regel*, d. h. einen Satz, der angibt, welche Beschaffenheit die hier vorkommenden Vordersätze *A*, *B*, *C*, *D*, ... und welche Beschaffenheit die aus ihnen fließenden Schlußsätze *M*, *N*, *O*, ... haben müssen. Und wenn die Regel, nach der man aus gewissen Sätzen *A*, *B*, *C*, *D*, ... bestimmte andere *M*, *N*, *O*, ... ableiten wollte, eine unrichtige wäre: so liegt am Tage, daß man auch nicht behaupten könnte, die Sätze *M*, *N*, *O*, ... seien Wahrheiten, die aus den Wahrheiten *A*, *B*, *C*, *D*, ... *folgen*. Dieses erwägend, könnte jemand auf den Gedanken kommen, die Regel, nach der die Sätze *M*, *N*, *O*, ... aus den Sätzen *A*, *B*, *C*, *D*, ... ableitbar sind, als eine *Wahrheit* anzusehen, die zu den Wahrheiten *A*, *B*, *C*, *D*, ... noch hinzukommen müsse, um den *vollständigen* Grund der Wahrheiten *M*, *N*, *O*, ... zu erhalten. Bei dieser Ansicht der Sache läge z. B. in den zwei Wahrheiten: „Sokrates war ein Athenienser", und: „Sokrates war ein Weltweiser" noch nicht der vollständige Grund von dieser dritten, die aus ihnen ableitbar ist: „Sokrates war ein Athenienser und Weltweiser"; sondern hierzu würde auch noch die Regel gehören, nach der man in diesem Schlusse vorgeht, nämlich die Wahrheit: „Wenn die zwei Sätze: ,*A* hat *b*' und ,*A* hat *c*' wahr sind: so ist auch der Satz: ,*A* hat *(b+c)*' wahr". So sehr mir nun diese Ansicht einerseits zusagen möchte: so liegt doch andererseits in nachstehender Betrachtung ein starker Gegengrund wider sie.

Wenn man behauptet, daß zu dem vollständigen Grunde der Wahrheiten *M*, *N*, *O*, ... nebst den Wahrheiten *A*, *B*, / *C*, *D*, ..., aus welchen sie ableitbar sind, auch noch die Schlußregel gehöre, vermittelst deren die Sätze *M*, *N*, *O*, ... aus den Sätzen *A*, *B*, *C*, *D*, ... ableitbar sind: so behauptet man eigentlich, daß die Sätze *M*, *N*, *O*, ... nur darum wahr sind, weil diese Schlußregel ihre Richtigkeit hat, und weil die Sätze *A*, *B*, *C*, *D*, ... wahr sind; man bildet also in der Tat folgenden Schluß:

„Wenn die Sätze *A*, *B*, *C*, *D*, ... wahr sind, so sind auch die Sätze *M*, *N*, *O*, ... wahr; nun sind die Sätze *A*, *B*, *C*, *D*, ... wahr: also sind auch die Sätze *M*, *N*, *O*, ... wahr."

Wie aber jeder Schluß seine Schlußregel hat, so hat sie auch dieser; und zwar, wenn wir den ersten der drei eben ausgesprochenen Sätze kurz durch X, den zweiten durch Y bezeichnen: so lautet diese Regel: „Wenn die Sätze X und Y wahr sind: so sind auch die Sätze $M, N, O, \ldots$ wahr." — Wenn man nun anfangs verlangte, daß zu dem vollständigen Grunde der Wahrheiten $M, N, O, \ldots$ nebst den Wahrheiten $A, B, C, D, \ldots$ auch noch die Regel ihrer Ableitung aus ihnen gezählt werde: so muß man aus gleichem Anlasse verlangen, daß auch noch die soeben ausgesprochene *zweite* Schlußregel jenem Grunde mit beigezählt werde; denn mit demselben Rechte, wie vorhin, kann man auch von dieser Regel sagen: wofern sie unrichtig wäre, könnten die Wahrheiten $M, N, O, \ldots$ nicht folgen. Man sieht von selbst, daß diese Art, zu schließen, in das Unendliche wiederholt werden könne, und daß man somit, wenn man nur erst berechtiget wäre, Eine Schlußregel mit zu dem Grunde der Wahrheiten $M, N, O, \ldots$ zu zählen, auch eine *unendliche* Menge derselben, als zu diesem Grunde gehörig, angeben dürfte; welches doch ungereimt scheinet.

Eine *Anm.* zu § 199 geht auf zeitgenössische Logiker ein.

§ 200. Ob das Verhältnis der Abfolge jenem der Ableitbarkeit untergeordnet sei

Wenn wir die Schlußregel, nach der sich die im vorletzten Paragraph von uns als *Folge* betrachtete Wahrheit aus den beiden anderen ableiten läßt, nicht zu dem *Grunde* derselben beizählen dürfen: so wird es wohl dabei bleiben, daß die erwähnten zwei Wahrheiten miteinander verbunden schon den *vollständigen* Grund der angegebenen dritten enthalten. Und so hätten wir hier gleich ein Beispiel von etlichen Wahrheiten, die völlig ebenso, wie sie in dem Verhältnisse einer *Ableitbarkeit* zueinander stehen, auch sich in dem einer *Abfolge* befinden. Die beiden Wahrheiten, welche in jenem Verhältnisse die *Vordersätze* bilden, bilden in diesem den *Grund;* und die Wahrheit, die dort als bloßer *Schlußsatz* erscheint, erscheint hier als eigentliche *Folge*. Es fragt sich nun, ob diese beiden Verhältnisse immer auf diese Art zusammentreffen, oder was für ein Unterschied zwischen denselben bestehe?

Daß das Verhältnis der Abfolge nicht *völlig einerlei* sei mit jenem der Ableitbarkeit; ingleichen daß der Unterschied zwischen beiden keineswegs bloß darin bestehe, daß dieses unter *Sätzen überhaupt*, jenes nur unter *wahren* Sätzen angetroffen wird, ist schon durch das § 198. Gesagte entschieden. Denn auch die Sätze, welche ich dort als ein Beispiel solcher, an denen das Verhältnis der Abfolge nicht stattfinden soll, anführte, standen in dem Verhältnisse einer Ableitbarkeit zueinander und waren insgesamt wahr. Wer aber auch nicht überall, wo er ein Verhältnis der Ableitbarkeit zwischen wahren Sätzen antrifft, ein Verhältnis der Abfolge zwischen denselben voraussetzt, könnte doch umgekehrt vermuten, daß, wo immer das letztere herrscht, auch das erstere stattfinden müsse. Sollen sich Wahrheiten als Grund und Folge zueinander verhalten: so müssen sie, könnte man glauben, immer auch *ableitbar* auseinander sein. Das Verhältnis der Abfolge wäre dann als eine besondere Art von jenem der Ableitbarkeit zu betrachten; der erste Begriff wäre dem letzteren untergeordnet. So wahrscheinlich mir dieses auch vorkommt: so kenne ich doch keinen Beweis, der mich berechtigte, es für entschieden anzusehen. Ableitbar nenne ich gewisse Sätze aus gewissen anderen bekanntlich nur dann, wenn ich Vorstellungen in ihnen antreffe, die mit beliebigen andern vertauscht werden können, mit dem Erfolge, daß, sooft der eine Teil dieser Sätze wahr wird, es auch der andere wird. Wollte man also behaupten, daß das Verhältnis der Abfolge jenem der Ableitbarkeit untergeordnet sei: so müßte man dartun, daß zwischen gewissen Wahrheiten $A, B, C, D, \ldots$ von der einen, und $M, N, O, \ldots$ von der andern Seite immer nur dann ein Verhältnis der Abfolge bestehen könne, wenn es in ihnen gewisse Vorstellungen gibt, die mit beliebigen andern dergestalt vertauscht werden können, daß die Sätze $M, N, O, \ldots$ jederzeit wahr bleiben, sooft es nur die Sätze $A, B, C, D, \ldots$ sind. Wie nun beweisen, daß dieses überall der Fall sei und sein müsse?

Bei dieser Ansicht der Sache verstände es sich ferner von selbst, daß man dasselbe Verhältnis der Abfolge, das man zwischen den Wahrheiten A, B, C, D, ... und M, N, O, ... annimmt, gleicher Weise auch allen den Wahrheiten beilegen müßte, die nur durch Abänderung der willkürlichen Vorstellungen i, j, ... aus ihnen hervorgehen. Hieraus aber würde folgen, daß es zu einem jeden Inbegriffe von Wahrheiten A, / B, C, D, ... M, N, O, ..., die sich wie Grund und Folge verhalten, noch eine unendliche Menge anderer Inbegriffe gebe, die in demselben Verhältnisse stehen; wenn anders aus den Sätzen A, B, C, D, ... durch Abänderung der in ihnen als willkürlich anzusehenden Vorstellungen unendlich viele andere Wahrheiten hervorgebracht werden können. Ist es nun wahrscheinlich, daß es für jeden Inbegriff von Wahrheiten, aus dem eine andere als aus ihrem Grunde folgt, eine unendliche Menge anderer Inbegriffe von Wahrheiten gebe, aus denen auf einerlei Art andere Wahrheiten folgen; so zwar, daß die Eigentümlichkeit der Vorstellungen selbst, aus welchen diese Inbegriffe von Wahrheiten zusammengesetzt sind, nie einen Einfluß auf die Art ihrer Abfolge hat? — Folgendes Beispiel scheint mir das Gegenteil zu beweisen. Wer das Dasein eines Verhältnisses der Abfolge nur nicht überhaupt leugnet, wird geneigt sein, zuzugestehen, daß es eine gewisse praktische Wahrheit von der Form: „Man soll A tun (oder wollen)" gebe, die so beschaffen ist, daß sich aus ihr alle übrigen praktischen Wahrheiten, z. B. man soll nicht lügen u. dgl., durch den Hinzutritt eines gewissen theoretischen Satzes von der Form: „Damit A erfolgen könne, ist X notwendig" gleich einer Folge aus ihrem Grunde ableiten lassen. Auch jene erste Wahrheit aber (das sogenannte oberste Sittengesetz) scheint einen Grund zu haben. Denn wenn A unmöglich wäre, so könnte keine Pflicht, es zu wollen, bestehen; und somit gründet sich die Pflicht, A zu tun, entweder ganz oder doch zum Teile auf die Wahrheit, daß A möglich sei. Man mag aber annehmen, daß die soeben ausgesprochene Wahrheit allein, oder ein Inbegriff mehrerer, in dem sie nur als ein Teil vorkommt, der vollständige Grund jenes obersten Sittengesetzes sei: so leuchtet doch ein, daß es nach keiner von den gewöhnlichen Schlußregeln aus seinem Grunde folge. Denn da in den Wahrheiten, aus deren Verknüpfung die Wahrheit: „Man soll *A* tun" als eine Folge fließt, keine einzige vorkommen kann, die den Begriff des Sollens schon in sich schließt (ein Sollen aussagt, weil sie sonst praktisch sein würde): so sieht man wohl, daß uns keine von den gewöhnlichen Schlußregeln berechtigen würde, ihn in den Schlußsatz aufzunehmen. /

§ 201. Ob die Begriffe des Grundes und der Folge wohl jene der Ursache und Wirkung in sich schließen

1) Wenn das Verhältnis der Abfolge nicht eine Art von dem Verhältnisse der Ableitbarkeit ist: so kann man auch nicht hoffen, jenes aus diesem zu erklären; und muß sich daher nach andern damit verwandten Begriffen umsehen. Ein sehr verwandter Begriff mit dem der *Abfolge* ist aber ohne Zweifel jener der *Kausalität*, oder des *ursächlichen*, d. h. desjenigen Verhältnisses, das zwischen *Ursachen* und *Wirkungen* stattfindet. Vielleicht also, daß eines derselben zur Erklärung des andern benützt werden kann?

2) Wenn wir die Worte Ursache und Wirkung in ihrer eigentlichen Bedeutung nehmen: so bezeichnen sie Gegenstände, die etwas *Wirkliches* sind. Nur etwas Wirkliches (etwas, das Dasein hat) kann eine *Wirkung* genannt werden; und *Ursache* nur etwas, das wirkliche Dinge hervorbringt, und dabei wohl auch selbst etwas Wirkliches ist. Hieraus erhellet nun schon, daß Gründe und Folgen nicht etwa als Arten von Ursachen und Wirkungen angesehen werden können, und daß somit das Verhältnis der Abfolge jenem der Ursächlichkeit nicht untergeordnet sei. Denn Gründe und Folgen sind Wahrheiten, also nicht etwas, das Wirklichkeit hat, wie Ursachen und Wirkungen.

3) Dadurch ist aber noch keineswegs entschieden, daß die Begriffe der Ursache und der Wirkung in jenen des Grundes und der Folge nicht dennoch als *Bestandteile* vorkommen könnten. Die Art, wie sich dies noch am ehesten vermuten ließe, ist, daß etwa jene Wahrheiten, welche das Dasein und die Beschaffenheiten einer Ursache aussagen,

als *Grund,* und jene, die von dem Dasein und den Beschaffenheiten der Wirkung handeln, als *Folge* anzusehen sein möchten. Die Wahrheit: „Gott ist" könnte als Grund von der Wahrheit: „Eine Welt ist" angesehen werden, weil Gottes Dasein die Ursache, und das Dasein der Welt die Wirkung ist. Allein auf diese Art könnte das Verhältnis einer Abfolge nur zwischen solchen Wahrheiten bestehen, die sich auf etwas Wirkliches beziehen, die entweder das Dasein oder doch die / Beschaffenheiten wirklicher Gegenstände aussagen. Ich meine aber, daß dieses Verhältnis auch zwischen Wahrheiten von einem ganz andern Inhalte herrsche. So handeln die mathematischen Wahrheiten von keinen Gegenständen, die Wirklichkeit haben; und sollten sie gleichwohl nicht wie Grund und Folge verknüpft sein? Sollte die Wahrheit, daß im gleichseitigen Dreiecke alle drei Winkel gleich sind, nicht eine Folge sein von der Wahrheit, daß im gleichschenkligen Dreiecke zwei gleiche Winkel sind?

4) Wir werden also von dem Gedanken, das Verhältnis der Abfolge aus jenem der Kausalität zu erklären, wohl wieder abgehen müssen, und vielmehr umgekehrt die Begriffe der Ursache und der Wirkung aus jenen des Grundes und der Folge auf die Art herleiten, wie dies bereits § 168. geschehen ist[1]).

§ 202. Aus welchen Bestandteilen die Begriffe des Grundes und der Folge bestehen mögen

Beide Begriffe sind nach B. Concreta (§ 60) und „enthalten sonach, nebst dem Begriffe eines Etwas, jeder noch den einer gewissen Beschaffenheit, durch welche dies Etwas in dem einen Begriffe zu einem Grunde, in dem andern zu einer Folge bestimmt wird". B. hält es für wahrscheinlich, daß der Begriff des *Grundes* einfacher sei als der Begriff der Folge und „daß die Folge als dasjenige, wovon ein anderes der Grund ist, erklärt werden müsse". Von dem Abstractum, das zum Begriff des Grundes gehört, glaubt B., daß es einfach und also keiner Erklärung fähig sei. B. weist dazu Definitionsfehler bei einer Reihe von Bestimmungen anderer (vor allem zeitgenössischer) Logiker nach.

---

[1] Cf. Zus.fassg. zu §§ 164—168.

§ 203. Daß es nur Wahrheiten sind, die sich wie Grund und Folge verhalten

1. Wenn man die Worte „Grund" und „Folge" auf *existierende Dinge* anwende, meine man eigentlich immer das Ursache-Wirkung-verhältnis. 2. Sei von einem Grund-Folge-Verhältnis bei *falschen* Prämissen die Rede, so habe man eigentlich ein Ableitbarkeitsverhältnis im Sinn. 3. *Vorstellungen* und *Begriffe* nenne man nur dann Gründe, wenn man unter den Vorstellungen ganze Sätze verstehe oder subjektive Vorstellungen meine. Da subjektive Vorstellungen existierende Dinge sind, reduziert sich dieser Fall auf den ersten Fall.

§ 204. Ob etwas Grund und Folge von sich selbst sein könne

Im Gegensatz zum Verhältnis der Ableitbarkeit ist diese Frage nach B. bei der *Abfolge* zu verneinen.

In der Anm. zu § 204 geht B. auf die Redeweise ein, „daß gewisse Wahrheiten (nämlich die sogenannten *Grundsätze, Axiome*) den Grund ihrer Wahrheit *in sich selbst* hätten". Wahrscheinlich spreche man nur deswegen so, um von dem beliebten Satze: *„Alles hat seinen Grund"* nicht eine allzu offenbare Ausnahme zuzulassen. Eine andere Möglichkeit, den Ausdruck: „Der Grund dieses Satzes liegt in ihm selbst" zu deuten, sei: Dieser Grund liegt in den Wahrheiten, die die Beschaffenheit der Begriffe beschreiben, aus denen der Satz besteht.

§ 205. Ob der Grund und die Folge jederzeit nur eine einzige oder ein Inbegriff mehrerer Wahrheiten sei

Der „vollständige Grund" eines Satzes kann aus einer einzigen Wahrheit bestehen: Die Wahrheit A z. B. ist der vollständige Grund der Wahrheit, „daß der Satz A wahr sei". Die vollständige Folge als der „Inbegriff aller Wahrheiten, die zu gewissen andern A, B, C, D, ... in dem Verhältnisse einer Abfolge stehen", besteht nach B.'s Vermutung stets, auch im Falle einer einzigen Prämisse, aus mehreren Wahrheiten.

§ 206. Ob Ein Grund mehrerlei Folgen, oder Eine Folge mehrerlei Gründe habe

Aus dem Begriff der (vollständigen) Folge ergibt sich nach B. unmittelbar, daß die erste Frage verneint werden muß. Dagegen möchte man nach B. „glauben, Beispiele anführen zu können, wo aus verschiedenen Gründen einerlei Folge, aus ungleichen

Ursachen gleiche Wirkungen hervorgehen". Die Beispiele, die das zu belegen scheinen, erweisen für B. „genauer betrachtet" jedoch „nichts anderes, als daß verschiedene Gründe zuweilen dieselbe *Teilfolge* haben; daß aber die *ganze* Folge derselben einerlei sei, zeigen sie nicht". „Zu der vollständigen Folge, welche gewisse Wahrheiten A, B, C, D, ... haben, gehöret unter anderm auch die Wahrheit, „daß jeder der Sätze A, B, C, D, ... wahr sei". Das aber ist eine Folge (eine Teilfolge nämlich), die offenbar kein anderer Inbegriff von Wahrheiten hat, als eben dieser."

§ 207. *Ob man die Folge eines Teils als Folge des Ganzen ansehen könne*

Aus dem § 206 Gesagten ergibt sich für B., das Folgen aus einem Teil der Wahrheiten A, B, C, D, ... nicht Folgen aus der Gesamtheit dieser Wahrheiten sind.

§ 208. *Ob eine Wahrheit oder ein ganzer Inbegriff mehrerer Wahrheiten nicht in verschiedener Beziehung Grund und auch Folge sein könne*

Im allgemeinen werden einer Wahrheit die Beschaffenheiten des Grundes und der Folge „nur in *verschiedenen Beziehungen* beigelegt": Der Satz von der Gleichheit der Basiswinkel im gleichschenkligen Dreieck z. B. ist nach B. ein Teilgrund des Satzes von der Gleichwinkligkeit des gleichseitigen Dreiecks, andererseits aber eine Folge des Satzes, daß zwei Seiten mit dem eingeschlossenen Winkel ein Dreieck bestimmen.

§ 209. *Ob eine Wahrheit oder ein ganzer Inbegriff mehrerer Wahrheiten in einer und eben derselben Beziehung Grund und auch Folge sein könne*

B. formuliert die zu erörternde Frage genauer so: Kann das Verhältnis der Abfolge, wie das der Ableitbarkeit, „wechselseitig stattfinden", d. h. gibt es Paare von Wahrheiten oder von Inbegriffen von Wahrheiten, „die so beschaffen sind, daß man jeden der beiden verglichenen Teile mit gleichem Rechte als Grund sowohl als auch als Folge von dem andern ansehen könne"? B. neigt zu der verneinenden Beantwortung dieser Frage. Zur Begründung führt er an:

a) „Daß die Wahrheiten A, B, C, ..., die den vollständigen Grund der Wahrheiten M, N, O, ... als ihrer vollständigen Folge bilden, nicht zugleich auch als die Folge von diesen angesehen werden können, erhellet wohl schon daraus, weil zu jener vollständigen Folge M, N, O, ... auch der Satz, daß die

A, B, C, ... alle wahr sind, gehöret; auch diesen müßte man also als einen Teilgrund der Wahrheiten A, B, C, ... betrachten können; welches doch ungereimt ist."

b) Bei bloßen Teilgründen und Teilfolgen werde die Existenz wechselseitiger Verhältnisse einerseits bei Wechselwirkungsverhältnissen zwischen Gegenständen, andererseits bei gewissen äquivalenten Aussagen, etwa einer Aussage und ihrer Kontraposition („Was A ist, ist auch B" und: „Was nicht B ist, ist auch nicht A") scheinbar nahegelegt. Im ersten Fall „leuchtet jedoch ein, daß man, um strenge zu reden, nicht jene mehreren in einer Wechselwirkung stehenden Gegenstände selbst, sondern nur gewisse ihnen inwohnende *Kräfte,* als die hier eigentlich wirkenden Ursachen, und abermal nicht die Dinge selbst, sondern nur gewisse in ihnen vorgehende *Veränderungen* als die die hervorgebrachten Wirkungen anzusehen habe". „Und mit dieser Unterscheidung", fährt B. fort, „fällt schon von selbst aller Anschein weg, als ob dasselbe, was Ursache von etwas anderem ist, auch Wirkung davon wäre. So mögen z. B. ein Paar aneinander stoßende Kugeln beide eine gewisse Veränderung ihrer Gestalt, eine Art Abplattung erfahren; aber die Abplattung der einen ist nicht die Ursache von der Abplattung der andern, so daß hier eben das, was Ursache ist, auch wieder Wirkung wäre; sondern die Abplattung beider wird durch die Quantität der Bewegung, mit der sich beide Kugeln einander nähern, bewirket."

Zur Kontraposition führt B. aus: Zwar könne man aus dem durch Kontraposition gewonnenen Satze durch eine weitere Kontraposition zu dem Satz: „Was nicht nicht A ist, ist auch nicht nicht B" gelangen, jedoch sei dieser Satz mit dem Ausgangssatz nicht identisch, sondern nur gleichgeltend. B. bemerkt weiter: „Immerhin also mag man die dritte zusammengesetztere Wahrheit als eine Folge der einfacheren ansehen; aber wer wird die einfachere Wahrheit als Folge der zusammengesetzteren ansehen wollen?"

In der *Anm.* zu § 209 verweist B. u. a. darauf, daß auch *Aristoteles* mit ihm einer Meinung zu sein scheine. Setze man πρότερα und ὕστερα mit Gründen und Folgen gleich, so lasse sich diese Übereinstimmung aus der Aristotelischen Behauptung ἀδύνατον ἐστι τὰ αὐτὰ τῶν αὐτῶν ἅμα πρότερα καὶ ὕστερα εἶναι (*Anal. post.* I 3, 72 b 27 f.) entnehmen.

§ 210. Ob man den Inbegriff mehrerer Gründe als Grund des Inbegriffs ihrer mehreren Folgen ansehen könne

B. führt aus, daß diese Frage „wenigstens nicht allgemein und ohne Einschränkung" zu bejahen sei. Sonst ließen sich z. B. durch geeignete Zusammensetzung Grund-Folge-Verhältnisse

368 herstellen, bei denen dieselben Wahrheiten Teile des Grundes und Teile der Folge sind, „was niemand zugeben wird". Darüber hinaus bringt B. ein allgemeines Argument vor: „Wer fühlt nicht, daß der Zusammenhang zwischen Grund und Folge, Ursache und Wirkung viel *inniger* sei, als daß bloß dadurch, daß man der Gründe und der Folgen einige in Gedanken verbindet, nur Ein Grund und nur Eine Folge daraus entstehen sollte?" Zur Erläuterung gibt B. ein Beispiel: „Die Wahrheit, daß Gott allvollkommen ist, enthält den Grund der Wahrheit, daß diese Welt die beste ist; die Wahrheit, daß ein gleichschenkeliges Dreieck zwei gleiche Winkel habe, enthält den Grund der Wahrheit, daß im gleichseitigen Dreiecke alle Winkel gleich sind: wer wollte nun sagen, daß in dem Inbegriffe der beiden Wahrheiten: „Gott ist allvollkommen, und ein gleichschenkeliges Dreieck hat zwei gleiche Winkel" der Grund (der einfache) liege von den zwei Wahrheiten, daß diese Welt die beste sei, und daß im gleichseitigen Dreiecke alle Winkel gleich sind? Wer sagt nicht vielmehr, daß hier zwei Gründe und zwei Folgen seien?"[1])

§ 211. Ob die Teile des Grundes oder der Folge in einer Rangordnung stehen

369 Wenn es sich bei Grund oder Folge um einen Inbegriff von Wahrheiten handelt, ist die *Rangordnung* nach B. gleichgültig, weil der Inbegriff hier „der einer bloßen *Menge*" (cf. § 84) ist.

§ 212. Ob sich die Teilgründe einer Wahrheit nicht auch untereinander als Gründe und Folgen verhalten können

370 B. bejaht die Frage und gibt folgendes Beispiel: „Der Satz, „daß jede Wahrheit etwas Unkörperliches sei", ist eine Wahrheit, aus welcher folgt, daß auch dieser Satz selbst etwas Unkörperliches sei. Fragte uns also jemand nach dem Grunde der folgenden Wahrheit: „Der Satz, daß jede Wahrheit etwas Unkörperliches sei, ist selbst etwas Unkörperliches"; so könnten wir nicht umhin zu erwidern, daß dieser Grund in den zwei nachstehenden Wahrheiten liege: „Jede Wahrheit ist etwas Unkörperliches"; und: „Der Satz, daß jede Wahrheit etwas Unkörperliches sei, ist selbst eine Wahrheit". Von diesen beiden Wahrheiten ist nun die letztere offenbar selbst eine Folge (Teilfolge) der ersten."

---

[1] Cf. dagegen für das Verhältnis der Ableitbarkeit § 155, Nr. 22f.

§ 213. Ob die Folge der Folge auch als eine Folge des Grundes betrachtet werden könne

B. glaubt, daß „der herrschende Sprachgebrauch" für eine Bejahung der Frage spricht, macht jedoch gegen diesen Sprachgebrauch u. a. geltend, daß man dann in Widerspruch zum in § 206 Gesagten behaupten müsse, „daß dieselbe Folge mehrerlei Gründe habe".

In der Anm. zu § 213 spezifiziert B. seinen Begriff des Grundes dahin, daß es sich hier jeweils um den *„nächsten* (eigentlichen)" Grund handelt, während der Sprachgebrauch auch die *„entfernteren"* Gründe einbeziehe. — Die Transitivität der Ableitbarkeitsbeziehung (cf. § 155, 24) verführe dazu, bei der Abfolge ein analoges Gesetz anzunehmen.

§ 214. Ob eine jede Wahrheit nicht nur als Grund, sondern auch noch als Folge von andern angesehen werden könne

Bei dem Verhältnisse der *Ableitbarkeit* ist es außer Zweifel, daß sich ein jeder Satz als beides, wie als Vordersatz *von* andern, so auch als Schlußsatz *aus* andern ansehen lasse; wir fragen also, ob ein ähnliches auch bei dem Verhältnisse der *Abfolge* stattfinde, d. h. ob eine jede Wahrheit sowohl als Grund *von* andern, als auch als Folge *aus* andern betrachtet werden dürfe?

Über den ersten Teil dieser Frage, ob es zu jeder Wahrheit noch gewisse andere gebe, die aus ihr *folgen,* ist eigentlich schon durch das Vorhergehende entschieden. Denn wenn es richtig ist, was ich schon mehrmal angenommen, daß der Satz: „A ist wahr" als eine echte Folge der Wahrheit A betrachtet werden dürfe: so liegt am Tage, daß sich zu jeder gegebenen Wahrheit wenigstens Eine, die aus ihr folgt, nachweisen lasse.

Streitig ist nur der andere Teil unserer Frage, ob eine jede Wahrheit sich auch als *Folge* (Teilfolge wenigstens) ansehen lasse, ob also irgendeine andere einzelne Wahrheit oder ein ganzer Inbegriff mehrerer angeblich sei, die als ihr Grund betrachtet werden dürfen? Ich vermute, daß dieses *verneinet* werden müsse; oder daß es allerdings Wahrheiten gebe und geben müsse, die keinen weiteren Grund ihrer Wahrheit haben: allein ich muß gestehen, daß ich bisher noch keinen Beweis dafür kenne, der nur mich selbst befriedigen würde. /

375 Was mich zu dieser Vermutung bestimmt, sind vornehmlich einige Beispiele, von denen es mir vorkommt, daß sie zur Art der Wahrheiten, die keinen Grund haben, gehören. Eine solche deucht mir besonders der Satz, *daß es doch etwas überhaupt gebe,* oder (wie man dies meiner Ansicht nach ausdrücken müßte), daß die Vorstellung eines Etwas Gegenständlichkeit habe. Jede andere Wahrheit, die man als Grund von dieser angeben wollte, ist vielmehr selbst erst als eine Folge von ihr oder von andern, die aus ihr folgen usw., zu betrachten.

Gibt man aber das Dasein solcher Wahrheiten, die keinen weiteren Grund haben, zu: so wird man sie ohne Zweifel so merkwürdig finden, daß man auch eine eigene Benennung für sie verlangen wird. Ich würde sie, weil sie nur Gründe von andern, selbst aber keine Folgen sind, *Grundwahrheiten,* alle die übrigen dagegen nur *Folgewahrheiten* nennen.

In der *Anm.* zu § 214 verweist B. darauf, „daß man das Dasein von *Grundwahrheiten* ... bisher noch so selten ausdrücklich anerkannt hat": „*Leibniz* spricht wohl einige Male (z. B. *Nouv. Ess.* L. 1. ch. 1. L. 2. ch. 21. L. 4. ch. 2.)[1] von *vérités primitives,* und scheinet darunter völlig dasselbe zu verstehen, was ich hier Grundwahrheiten nenne. Die meisten Logiker aber stellen statt dieses Begriffes nur den einer Wahrheit auf, die *für sich selbst einleuchtet,* d. h. die wir erkennen, ohne erst eines Beweises zu bedürfen; wozu einige noch beisetzen, daß es Wahrheiten wären, für die sich ein Beweis nicht einmal führen läßt. Daß dieses keine Erklärung eines Verhältnisses sei, das zwischen Wahrheiten an sich stattfinden soll, ist offenbar. Andere, die den bekannten Satz vom zureichenden Grunde in einer zu großen Ausdehnung nahmen, erklärten die Grundwahrheiten als solche, die den zureichenden Grund ihrer Wahrheit *in sich selbst* haben" (cf. § 204). B. bezieht sich dabei auf eine Bemerkung von *J. G. E. Maaß* in *Eberhards Philos. Mag.* Bd. III (1791), S. 194. „Noch andere behaupten geradezu", fährt er fort, „daß eine jede Wahrheit einen Grund habe und haben müsse", z. B.
376 *Reimarus* in der *Vernunftlehre* (3. Aufl. 1766), § 121.

[1] Cf. *Sämtliche Schriften und Briefe* (Akad. Ausg.) VI 6 (1962), S. 73, 170, 361, 367.

§ 215. Ob es der Grundwahrheiten mehrere gebe

B. glaubt nicht, daß man aus einer einzigen Wahrheit alle übrigen als nähere oder entferntere Folgen erhalten könne.
In einer *Anm.* verweist er dazu auch auf *Leibniz* (cf. Anm. zu § 214).

§ 216. Ob das Geschäft des Aufsteigens von der Folge zu ihrem Grunde bei jeder gegebenen Wahrheit ein Ende finden müsse

B. glaubt, daß es Wahrheiten gibt, „die so beschaffen sind, daß sie nicht nur selbst noch einen Grund haben, sondern daß auch die Wahrheiten, die ihren Grund ausmachen, abermal ihre Gründe haben, und daß dies so fort ins Unendliche geht". Beispiele hat man nach B. an Aussagen über „die veränderlichen Zustände oder Beschaffenheiten einer geschaffenen Substanz": „Da nämlich jeder solche Zustand eine Ursache hat, welche zum Teile wenigstens in dem vorhergehenden Zustande liegt: so gibt es hier eine Reihe von Ursachen, die ins Unendliche fortgeht. Gibt es aber unendliche Reihen von Ursachen, so muß es auch Reihen von Gründen geben, die ins Unendliche fortgehen; indem das Wirkliche M nur dann eine Ursache von dem Wirklichen N heißt, wenn die Wahrheit, daß M ist, einen Grund oder Teilgrund der Wahrheit, daß N ist, enthält."

§ 217. Was der Verfasser unter Hilfswahrheiten verstehe

Teilgründe, vollständige Gründe und „Gründe der Gründe" usf. einer Wahrheit faßt B. unter dem Namen „Hilfswahrheiten" zu dieser Wahrheit zusammen.

§ 218. Keine Wahrheit kann eine Hilfswahrheit von sich selbst sein

Zur Begründung führt B. an, daß andernfalls Zirkelschlüsse möglich wären, da „das Verhältnis der Abfolge ... von solcher Art sein" muß, „daß durch die Erkenntnis aller einer gewissen Wahrheit A zugehörigen Hilfswahrheiten auch die Erkenntnis von dieser selbst bewirkt werden könne".

§ 219. Ob dieselbe Wahrheit mehrmal als Hilfswahrheit erscheinen könne

B. bejaht diese Frage.

380 *§ 220. Wie das Verhältnis, das zwischen Wahrheiten hinsichtlich ihrer Abfolge herrscht, bildlich vorgestellt werden könne*

381 B. weist auf die vielen räumlichen und zeitlichen Metaphern hin, in denen das Verhältnis der Abfolge zwischen Wahrheiten
382 beschrieben wird, und gibt selbst das folgende Schema zur Veranschaulichung dieser Beziehung:

$$
\begin{array}{c}
\dot{\overline{\mathrm{EEE}}}\ \dot{\overline{\mathrm{JJJ}}} \\
\mathrm{DDD}\ \dot{\overline{\mathrm{EEE}}}\ \dot{\overline{\mathrm{FFF}}}\ \overset{\frown}{G}\ \mathrm{HHH} \\
\mathrm{BBB}\ \ \ \mathrm{CCC} \\
\overline{\mathrm{AAA}}
\end{array}
$$

Dabei ist A die Wahrheit, „bei der man das Geschäft des Aufsteigens von der Folge zu ihrem Grunde angefangen hat". Weitere Erläuterungen B.'s zu der abgebildeten Figur sind: „Der nächste oder der eigentliche Grund von A soll in der Vereinigung der beiden Wahrheiten B und C, der Grund von B in der Vereinigung von D und E, der Grund von C in der Vereinigung von F, G und H; der Grund von H in der Vereinigung von E und J liegen. Der Bogen über G soll andeuten, daß sich bei dieser Wahrheit das Geschäft des Aufsteigens ende, d. h. daß sie eine Grundwahrheit sei. Da aber jede Wahrheit, die eine Folge ist, noch einige, die aus demselben Grunde mit ihr entspringen, zur Seite haben dürfte (§ 205); diese jedoch zur Ab-
383 leitung der Folge, die aus ihr selbst gezogen werden soll, nicht immer notwendig sind: so hat man das Dasein solcher durch die punktierten Buchstaben angedeutet, die daher bei G fehlen. Die Querstriche über D, E, F, E, J, ... samt den darüber aufsteigenden Punkten sollen anzeigen, daß das Geschäft des Aufsteigens bei diesen Wahrheiten noch nicht beendigt sei. Da dieselbe Wahrheit mehrmal als Hilfswahrheit vorkommen kann: so wird man bei dieser Art der Darstellung genötiget, sie mehrmal anzusetzen; ein Fall, an dessen Vorkommen ich durch die zweimalige Ansetzung des Buchstabens E erinnern wollte." B. gibt eine andere bildliche Darstellung, die das Doppelauftreten einer Wahrheit (im Beispiel: E) vermeiden soll, hält sie aber für sehr unübersichtlich.

§ 221. *Einige Kennzeichen, wonach sich abnehmen läßt, ob gewisse Wahrheiten in dem Verhältnis einer Abhängigkeit zueinander stehen*

Nichts wäre für die Zwecke der Logik erwünschlicher, als die Auffindung einiger, allgemein geltender *Kennzeichen,* / an denen sich abnehmen ließe, ob gegebene Wahrheiten in dem Verhältnisse einer Abfolge, oder wenigstens dem einer Abhängigkeit zueinander stehen oder nicht, d. h. ob man die eine derselben als Grund oder Teilgrund der andern, oder doch als eine ihr zugehörige Hilfswahrheit anzusehen oder nicht anzusehen habe. Allein hierüber weiß ich bisher nichts als ein paar Vermutungen aufzustellen.

1) Erstlich deucht es mir, daß hier der aus § 133. bekannte Unterschied zwischen Begriffs- und Anschauungssätzen eine wichtige Anwendung verstatte. Wahrheiten nämlich, welche durchgängig nur reine Begriffe enthalten (Begriffswahrheiten), scheinen das Eigene zu haben, daß sie nur immer von andern reinen Begriffswahrheiten, niemals von Anschauungssätzen abhängig sind. Wohl können uns Anschauungswahrheiten (Erfahrungen) gar oft behilflich sein, zur *Erkenntnis* einer reinen Begriffswahrheit zu gelangen; aber der *objektive* Grund einer solchen Wahrheit kann nie in ihnen, sondern muß, wofern es überhaupt einen Grund für sie gibt, immer in andern reinen Begriffswahrheiten liegen.

2) Ferner glaube ich, daß eine jede reine *Begriffswahrheit,* von der eine andere abhängig ist, wenn auch nicht eben einfacher, doch sicher *nie zusammengesetzter* als diese letztere sein dürfe. Die Sätze, aus welchen der objektive Grund einer Wahrheit, die eine reine Begriffswahrheit ist, bestehet, dürfen ein jeder im einzelnen nie mehr einfache Teile, als diese selbst hat, enthalten. So würde ich mir z. B. nicht erlauben, in der so gewöhnlichen Schlußart:

$$\frac{\text{Was } a \text{ hat, hat } b;\quad \text{Was } b \text{ hat, hat } c;}{\text{Was } a \text{ hat, hat } c}$$

ein Verhältnis der Abfolge zu erkennen, wenn entweder der Begriff b zusammengesetzter als a^o), oder b zusammengesetzter als *c* ist. Denn in dem ersten Falle wäre die zweite, im zweiten die erste der beiden Prämissen zusammengesetzter als der Schlußsatz. Noch allgemeiner, nämlich auch selbst auf *Anschauungssätze*, möchte ich diese Behauptung nicht ausdehnen wollen, weil ich hier Fälle, die ihr widersprechen, zu bemerken glaube. Denn wenn *J* irgendeine einfache, sich / nur auf einen einzigen wirklichen Gegenstand beziehende Vorstellung, d. h. Anschauung ist: so ist kein Zweifel, daß es eine unendliche Menge von Wahrheiten gebe, welche die Vorstellung *J* zu ihrer Unterlage, und zu ihrem Aussageteil irgendeine, diesem Gegenstande zukommende Beschaffenheit haben. Viele dieser Beschaffenheiten (namentlich solche, deren Vorstellung sehr zusammengesetzt ist) werden gegründet sein in andern. So hat z. B., wenn *J* einen soeben von mir vernommenen *Schrei* bezeichnet, die Wahrheit, daß dieser Schrei mich verpflichte, nachzusehen, von welchem Notleidenden er etwa komme, sicher ihren Grund in gewissen anderen Wahrheiten, z. B. in der, daß dieser Schrei eine Ähnlichkeit mit einem Hilferuf habe. Leicht zu erachten ist aber, daß in einem solchen Falle der vollständige Grund einer Wahrheit wie: „*J* ist *B*" nicht in einer einzelnen Wahrheit von der Form: „*J* ist *A*", sondern nur in Verbindung dieser mit noch einer andern von der Form: „Jedes *A* ist ein *B*" gelegen sein könne. So einfach nun auch die Vorstellung *a* (das zum Concreto *A* gehörige Abstractum[1])) sein möchte: so ist doch der Satz: „*J* ist *B*" immer noch etwas einfacher als der: „*A* ist *B*"[2]), der gleichwohl jenem als Teilgrund vorangeht.

3) Gestehet man mir die beiden Sätze Nr. 1. und 2. zu, und läßt man überdies die schon § 78. geäußerte Vermutung gelten, daß es nur eine endliche Menge einfacher Begriffe gebe[3]): dann ist es ein leichtes, die § 214. ausge-

---

[0] A: a zusammengesetzter als b
[1] Cf. § 60. [S. 95).
[2] weil eine konkrete Vorstellung immer zusammengesetzt ist (cf.
[3] B. spricht diese Vermutung an der von ihm angegebenen Stelle nicht explizit aus. Jedoch ist sie wohl in seiner Forderung eines Verzeichnisses aller einfachen Begriffe (1. Anm. B.'s zu § 78) enthalten.

sprochene Behauptung, daß es auch Wahrheiten, die keinen Grund haben, gebe, in Hinsicht auf Begriffssätze streng zu erweisen. Denn wenn die Menge aller einfachen Begriffe endlich ist: so ist auch die Menge aller reinen Begriffswahrheiten, die irgendeinen bestimmten Grad der Zusammengesetztheit nicht überschreiten, z. B. nicht mehr Teile enthalten als eine gegebene M, nur endlich. Wer aber behaupten wollte, daß eine jede reine Begriffswahrheit noch einen Grund habe, der müßte auch behaupten, daß eine jede bestimmte Wahrheit, wie M, auf einer unendlichen Menge von Hilfswahrheiten beruhe; denn wenn jeder Grund wieder eines Grundes bedarf, und so ins Unendliche fort: so ist die Menge der Sätze, von deren Wahrheit M abhängt, unendlich. Wenn aber diese Hilfswahrheiten alle reine Begriffssätze und nicht / zusammengesetzter als M selbst sein sollen: so widerspricht dies dem eben Gesagten. Und somit wäre allerdings entschieden, daß es wenigstens im Gebiete der reinen Begriffswahrheiten *echte Grundwahrheiten* gebe. Wird mir dies alles eingeräumt: so wage ich noch folgende Behauptung. Wenn wir uns alle reinen Begriffswahrheiten, deren Zusammengesetztheit eine gewisse Grenze nicht überschreitet (z. B. alle Wahrheiten, die nicht über 100 einfache Teile enthalten), in einen Inbegriff vereiniget denken: so ergibt sich aus dem bisherigen, daß eine jede hier vorkommende Wahrheit, welche nicht selbst eine Grundwahrheit ist, ihren vollständigen Grund, den nächsten nicht nur, sondern auch alle ihre entfernteren Gründe bis zu den letzten, die keine weiteren haben, in diesem Vorrate finde. Auch wissen wir schon, daß es hier Wahrheiten $A, B, C, \ldots$ geben werde, die durchaus ohne Grund sind; nebst ihnen dann vermutlich auch einige $D, E, F, \ldots$, die zwar einen Grund, aber doch kein Verhältnis der Ableitbarkeit zu diesem Grunde haben. (§ 200.) Alle übrigen Wahrheiten endlich $M, N, \ldots Z$, die es in diesem Inbegriffe noch gibt, erscheinen als Folgen, welche aus ihren Gründen zugleich ableitbar sind. Offenbar müßte es aber, wenn wir versuchen würden, die Ordnung dieser Wahrheiten beliebig abzuändern, ein leichtes sein, sie in gar manche Gruppen von einer solchen Art zusammenzustellen,

3. Von den wahren Sätzen. §§ 195—222

daß, nachdem man den einen Teil derselben zugibt, die übrigen insgesamt sich aus jenen ableiten ließen. Und nun behaupte ich: wenn wir nur immer die Regel beobachten wollen, nie eine einfachere Wahrheit aus Vordersätzen abzuleiten, die einzeln schon zusammengesetzter als sie sind: so wird die Anzahl der Sätze, die wir geradezu (d. h. ohne sie erst aus andern abgeleitet zu haben) annehmen müssen, bei jeder beliebigen Zusammenstellung, die wir versuchen mögen, immer größer ausfallen, als sie es ist, wenn wir die Sätze nach ihrem objektiven Zusammenhange reihen. Das Verhältnis der Abfolge hat also, meine ich, das Eigene, daß sich nach ihm aus der *kleinsten Anzahl* von Vordersätzen die größte Anzahl von Schlußsätzen ableiten läßt, die nur nicht einfacher sind als ihre Vordersätze.[4])

4) Noch eine Eigenheit dieses Verhältnisses dürfte darin bestehen, daß die Wahrheiten A, B, C, D, . . ., welche den Grund einer Wahrheit M bilden, immer die *einfachsten* unter allen sind, welche ihnen einzeln betrachtet gleichgelten; daß ebenso auch jede Wahrheit, die als Folge der mehreren A, B, C, . . . anzusehen ist, immer die einfachste von allen ihr einzeln gleichgeltenden sei; daß somit alle Wahrheiten, die einer einzelnen M gleichgelten und doch zusammengesetzter als sie sind, immer nur Folgen von ihr allein sind usw.

5) Überhaupt, deucht es mir, müssen die Wahrheiten A, B, C, . . ., die den Grund einer Wahrheit M, welche aus ihnen zugleich ableitbar ist, enthalten, immer der *einfachste Inbegriff* von Wahrheiten sein, aus welchen M sich ableiten läßt; wenn immer dieselben Vorstellungen als veränderlich angesehen werden sollen, auch keiner der Vordersätze einzeln schon zusammengesetzter als der Schlußsatz werden soll.

6) Und nicht nur müssen die Sätze A, B, C, . . . die einfachsten, sondern sie sollen auch die *allgemeinsten* sein, aus welchen M ableitbar ist. So betrachte ich z. B. den Satz, daß Cajus Pflichten gegen Gott hat, keineswegs als

---

[4] Cf. zu den vorangehenden Überlegungen B.'s auch die *Einleitung*, S. XLIX ff.

eine Folge der beiden Sätze, daß Cajus ein Mensch ist, und daß alle Menschen Pflichten gegen Gott haben. Denn diese beiden Sätze sind nicht die allgemeinsten, aus welchen der erstere ableitbar ist; weil nicht nur Menschen, sondern alle vernünftigen und zugleich endlichen Wesen Pflichten gegen Gott haben. So glaube ich also nur dann mit Sicherheit in der Schlußart Nr. 2. ein Verhältnis der Abfolge annehmen zu können, wenn B und C *Wechselvorstellungen*[5]) sind; denn dann sind die beiden Sätze: „Alle A sind B", „Alle B sind C" sicher die weitesten, aus denen der Schlußsatz: „Alle A sind C" ableitbar ist.

7) Wenn der Satz M zu den Sätzen $A, B, C, \ldots$ hinsichtlich auf die Vorstellungen $i, j, \ldots$ in dem Verhältnisse einer *genauen* Ableitbarkeit (§ 155. Nr. 26.) stehet; wenn überdies die Sätze $A, B, C, \ldots$ und M die einfachsten sind, die es unter den ihnen gleichgeltenden gibt, auch keiner der $A, B, C, \ldots$ zusammengesetzter als M ist: so werden wir wohl vermuten dürfen, daß M zu $A, B, C, \ldots$ in dem Verhältnisse einer echten *Abfolge* stehe, und zwar dergestalt, daß, sooft an die Stelle der $i, j, \ldots$ Vorstellungen treten, welche die Sätze $A, B, C, \ldots$ nicht nur wahr machen, sondern auch rein von aller Überfüllung[6]) erhalten, die Wahrheit M als eine eigentliche Folge der Wahrheiten $A, B, C, \ldots$ anzusehen sei. So nehme ich z. B. keinen Anstand, das Verhältnis der Sätze:

<u>Jedes A ist B,
Jedes A ist C</u>

Jedes A ist sowohl B als C

für ein Verhältnis der Abfolge zu erklären; weil nicht nur der letztere Satz aus den beiden ersteren, sondern auch jene wieder aus diesem ableitbar und alle überdies so einfach sind, als in dem eben Gesagten verlangt wird.

Anmerkung: Einiges von demjenigen, was ich in diesem § geäußert, wird wohl beinahe allgemein angenommen. Denn wenn man sagt, daß Wahrheiten *a priori* nicht aus Erfahrung erwiesen werden sollten; so meint man damit kaum etwas anderes, als daß der objektive Grund einer reinen Begriffswahrheit nicht in An-

---
[5] Cf. § 96.
[6] Cf. Zus.fassg. zu § 69.

schauungssätzen gelegen sein könne. Und wenn es heißt, daß der echt wissenschaftliche Vortrag vom Allgemeineren zu dem Besonderen, vom Einfacheren zu dem Zusammengesetzteren übergehen müsse: so kommt dies wohl nur daher, weil man sich vorstellt, daß die allgemeineren, einfachern Wahrheiten den Grund der besondern und zusammengesetztern enthalten. Hier dürfte übrigens der schicklichste Ort sein, dem Leser einzugestehen, daß mir zuweilen der Zweifel aufsteige, ob der Begriff der Abfolge, welchen ich oben für einen einfachen erklärt, nicht vielleicht doch zusammengesetzt, und am Ende eben kein anderer sei, als der Begriff einer solchen Anordnung unter den Wahrheiten, vermöge deren sich aus der geringsten Anzahl einfacher Vordersätze die möglich größte Anzahl der übrigen Wahrheiten als bloßer Schlußsätze ableiten lassen.

§ 222. *Was der Verfasser Bedingungen einer Wahrheit und Zusammenhang zwischen den Wahrheiten nenne*

B. nennt „eine jede *Wahrheit A*, die nur Hilfswahrheit einer anderen *M* und zugleich ableitbar aus ihr ist, eine *Bedingung* derselben". Ferner will er die Verhältnisse, „die jenes der *Abfolge* zwischen den Wahrheiten näherer oder entfernterer Weise betreffen", „mit einem gemeinschaftlichen Namen *den zwischen Wahrheiten an sich obwaltenden Zusammenhang*, auch wohl den *objektiven* Zusammenhang zwischen den Wahrheiten" nennen.

Von den Schlüssen

§§ 223—253

Anhang

Über die bisherige Darstellungsart der Lehren dieses Hauptstückes

§§ 254—268

Zu Beginn (§ 223) führt B. aus: „Da sich, sobald wir erst wissen, daß aus gewissen Sätzen von der Form *A, B, C,* ... gewisse andere von der Form *M, N, O,* ... *ableitbar sind,* aus der erkannten Wahrheit der ersteren die Wahrheit der letztern sofort einsehen läßt (§ 155): so begreift man, daß es bei dem Geschäfte der Entdeckung neuer Wahrheiten ungemein wichtig sei, zu wissen, was für verschiedene Nachsätze sich aus einem jeden gegebenen einzelnen Satze sowohl, als auch aus jedem Inbegriffe mehrerer Sätze, wenn wir bald diese, bald jene Vorstellungen in ihnen als veränderlich ansehen dürfen, ableiten lassen. Es wird also wohl der Logik obliegen, uns mit den allgemeinsten Regeln, die es in dieser Hinsicht gibt, bekannt zu machen. Da es aber an sich selbst möglich ist, aus einem jeden gegebenen Satze (der nur nicht seiner ganzen Art nach falsch ist), um so viel mehr aus einem jeden Inbegriffe mehrerer (nur miteinander verträglicher) Sätze eine unendliche Menge anderer abzuleiten: so wäre es ungereimt, die Angabe der sämtlichen Sätze, die sich aus einem oder etlichen gegebenen ableiten lassen, zu fordern. Hierzu kommt noch, daß viele dieser Schlußsätze auch gar nicht so merkwürdig sind, um eine eigene Erwähnung zu verdienen. Es müßte uns also vollkommen genügen, wenn uns die Logik bloß mit denjenigen Regeln der Ableitung bekannt machte, aus denen Schlußsätze entspringen, welche in irgendeiner Rücksicht etwas Merkwürdiges haben. Allein selbst dieses würde noch zu viel verlangt sein. Denn nach dem weiten Begriffe, in dem ich das Wort *Ableitbarkeit* (§ 155) genommen, gibt es auch Ableitungen von einer solchen Art, deren Richtigkeit oder Unrichtigkeit zu beurteilen ganz andere als logische Kenntnisse notwendig

4. Von den Schlüssen. §§ 223—253

sind. So ist aus dem Satze: „Dieses ist ein Dreieck" hinsichtlich auf die Vorstellung Dieses der Satz ableitbar: „Dieses ist eine Figur, deren gesamte Winkel zwei rechte betragen"; und aus dem Satze: „Cajus ist ein Mensch" hinsichtlich auf die Vorstellung Cajus der Satz, daß Cajus seiner Seele nach unsterblich ist, ableitbar. Denn sooft an die Stelle der, in diesen zwei Paaren von Sätzen als veränderlich erwähnten, Vorstellungen gewisse andere treten, wodurch die vorderen wahr werden, werden es sicher auch die nachfolgenden. Um aber dies einzusehen, muß man die beiden Wahrheiten, daß die gesamten Winkel in einem Dreiecke zwei rechte betragen, und daß die Seelen aller Menschen unsterblich sind, kennen. Da nun dies Wahrheiten sind, welche nichts weniger als logische Gegenstände, nämlich ganz etwas anderes, als die Natur der Begriffe und Sätze, oder die Regeln, nach welchen bei einem wissenschaftlichen Vortrage zu verfahren ist, betreffen: so wird niemand verlangen, daß ihn die Logik dergleichen Ableitungen lehre. Wir können also hier nur die Beschreibung solcher Ableitungsarten erwarten, deren Richtigkeit sich aus bloß logischen Begriffen einsehen läßt; oder was ebensoviel heißt, die sich durch Wahrheiten aussprechen lassen, in denen von nichts anderem als von Begriffen, Sätzen und andern logischen Gegenständen die Rede ist. Ein solches Beispiel hätten wir an der Art, wie der Satz, daß Cajus der Seele nach unsterblich ist, sich aus Vereinigung der beiden Vordersätze: daß er ein Mensch ist, und daß alle Menschen der Seele nach unsterblich sind, ableiten läßt, wobei man nebst der Vorstellung Cajus auch selbst noch die beiden: „Mensch" und „der Seele nach unsterblich sein" als veränderlich ansehen kann. Denn um die Richtigkeit dieser Ableitung zu erkennen, ist nichts anderes nötig, als die Kenntnis der allgemeinen Wahrheit, daß aus je zweien Sätzen von der Form: „A ist B" und „B ist C" ein dritter von der Form: „A ist C" ableitbar sei. Dieses aber kann eingesehen werden, ohne etwas von der Natur des Menschen, von dem, was Sterben heißt u. dgl., zu wissen. Da jedoch aus verschiedenen *Arten von Sätzen*, oder, was hier dasselbe heißt, da nach der verschiedenen Beschaffenheit derjenigen Bestandteile in gegebenen Sätzen, welche als *unveränderlich* angesehen werden sollen, begreiflicher Weise auch verschiedene Schlußsätze ableitbar sein müssen: so wäre es, wenn wir auf eine gewisse Vollständigkeit in dieser Darstellung Ansprüche machen wollten, nötig, wenigstens alle diejenigen Arten der Sätze, die wir in dem zweiten Hauptstücke kennengelernt, nicht nur im einzelnen, sondern auch in allen Verbindungen, die sich aus ihnen ergeben, wenn man je zwei, je drei und mehrere bald von derselben, bald von verschiedener Art zusammengestellt, der Reihe nach durchzugehen, und bei einer jeden zu untersuchen, was sich für Schlußsätze aus ihnen ableiten lassen. Dies wäre aber ein Unternehmen von solcher Weitläufigkeit, daß ich mich mit demselben hier um so weniger befassen kann, als ich noch gar nicht weiß, ob die verschiedenen Arten der Sätze, welche ich oben aufgestellt habe, auch von anderen anerkannt, oder wie sonst ihr Verzeichnis werde berichtiget oder ergänzet werden. Genug also, ja für manche vielleicht schon zu ermüdend wird es sein, wenn ich nur die wichtigsten Formen und die merkwürdigsten Verbindungen derselben, vornehmlich zu je zweien betrachte. Zu diesen wichtigsten Formen gehören nun, meinem Dafürhalten nach, diejenigen, in welchen Aussagen über Vorstellungen oder auch Sätze selbst vorkommen, wenn eben diese als die veränderlichen Teile derselben angesehen werden; vor allem aber die Form, welche zum Vorscheine kommt, wenn wir in einem Satze alles als willkürlich ansehen, was sich nur immer verändern darf, wenn er ein Satz bleiben soll. ...

Da übrigens von dem Verhältnisse der Ableitbarkeit zwischen gegebenen Sätzen $A, B, C, D, \ldots$ einer- und $M, N, O, \ldots$ andrerseits immer nur insofern die Rede sein kann, als man sich gewisse Vorstellungen $i, j, \ldots$ in diesen Sätzen als veränderlich denkt; und da es, um gehörig beurteilen zu können, ob gewisse Sätze von gewissen andern wirklich ableitbar sind oder nicht, notwendig ist, zu wissen, welche in ihnen vorkommende Vorstellungen es sind, die man als die veränderlichen ansieht: so erkläre ich hier ein für alle Mal, daß ich in den verschiedenen Sätzen, von denen ich künftig spreche, immer nur diejenigen, aber auch jederzeit alle diejenigen Teile als veränderlich ansehen will, die ich durch allgemeine Zeichen (Buchstaben) andeute. Wenn ich z. B. behaupten werde, daß aus den beiden Sätzen: „Was a hat, hat b", und: „Was b hat, hat c" der dritte Satz: „Was a hat, hat auch c" ableitbar sei: so ist zu verstehen, daß das Verhältnis der Ableitbarkeit zwischen diesen Sätzen bestehe, wenn es die sämtlichen durch die Buchstaben a, b, c angedeuteten Vorstellungen, aber auch sonst keine anderen sind, die man hier als veränderlich ansieht. Auf diese Art werde ich also eigentlich nie die Sätze selbst, die im Verhältnisse einer Ableitbarkeit zueinander stehen, sondern nur die *Form*, die diese Sätze haben müssen, und somit auch nicht die Schlüsse selbst, sondern nur ihre *Formen* (die Regeln, nach welchen sie zu bilden sind) durch die gebrauchten Worte darstellen."

Zur Unterscheidung von Materie und Form im logischen Sinn erklärt B. später (§ 254), daß nur in den „veränderlichen Vorstellungen die eigentliche Materie des Schlusses bestehe, die Form desselben aber dasjenige sei, was alle Schlüsse, die sich durch ihre bloße Materie unterscheiden, gemeinschaftlich haben".

B. gewinnt seine Liste der wichtigsten Schlüsse nicht deduktiv aus einem wohldefinierten, beschränkten logischen Axiomen- oder Regelsystem, sondern durch Fallunterscheidungen nach möglichen Prämissentypen und innerhalb dieser Prämissentypen. Die Gültigkeit eines Schlusses (einer Schlußregel) wird dabei i. a.

Über die bisherige Darstellung dieser Lehren. §§ 254—268

bewiesen durch unmittelbaren Nachweis der Ableitbarkeitsbeziehung zwischen Prämissen und Konklusion im Rückgang auf deren Definition, die in § 155 bewiesenen Sätze und die Eigenschaften der im Schluß als unveränderlich angesetzten (logischen) Begriffe. Dieses Verfahren bringt es mit sich, daß die B.'sche Schlußlehre hier nicht nurch Angabe eines Aufbaugerüstes zusammengefaßt werden kann. Eine eklektische Regelliste andererseits hätte nur Sinn, wenn sie im einzelnen auf bekannte oder neuere logische Regelsysteme bezogen würde. Das jedoch wäre eine Arbeit für sich und sprengt den Rahmen einer Studientextedition. Daher muß es dem Leser überlassen werden, zu Einzelheiten den zweiten Band der *Wissenschaftslehre* selbst in die Hand zu nehmen. Hier seien zur allgemeinen Charakteristik der B.'schen Schlußlehre im Anschluß an die schon oben wiedergegebenen einleitenden Bemerkungen B.'s zu diesem Hauptstück noch B.'s Überlegungen zur „Einteilung der Schlüsse in unmittelbare und mittelbare" (§ 255) und seine Kritik der Syllogistik (§ 262) aus dem *Anhang* zitiert.

517 In § 255 führt B. aus: „In den meisten neueren Lehrbüchern unterscheidet man zwei Arten der Schlüsse, *unmittelbare* und *mittelbare;* wobei man die ersteren als solche, die nur einen *einzigen*, die letzteren aber als solche, die *mehrere* Vordersätze haben, erkläret. Auch ich nehme beides, Schlüsse aus einem einzigen sowohl als auch aus mehreren Vordersätzen, an; dennoch erscheint mir diese Einteilung nicht als die zweckmäßigste. Wollen wir nämlich schon eine Einteilung aufstellen, die auf der Anzahl der Sätze, aus denen ein Schlußsatz abgeleitet wird, beruhet: so müssen wir ihr, meine ich, mehr als zwei Glieder geben. Denn wie sehr sich ein Schluß, bei dem zwei Vordersätze sind, von einem Schlusse, der nur einen einzigen hat, unterscheidet, so sehr unterscheidet sich auch ein Schluß mit drei Vordersätzen von einem mit zweien, ein Schluß mit vieren von einem mit dreien, usw. Nach der Zahl ihrer Prämissen also muß man die Schlüsse nicht in solche, die nur eine einzige, und andere, die ihrer mehrere haben, sondern man muß sie in Schlüsse mit einer, zwei, drei, vier Prämissen, usw. einteilen. So wäre es freilich nicht, wenn alle Schlußarten, welche bei drei oder mehreren Prämissen stattfinden, aus einer bloßen *Verbindung* solcher entständen, die sich bei einer einzigen oder bei zweien anbringen lassen. Dieses ist aber, wenn ich recht sehe, nicht; sondern es gibt Schlüsse aus drei und mehreren Vordersätzen, die ebenso einfach und eigentümlich als irgendein anderer sind.

518 Überdies scheinen mir auch die *Benennungen:* ‚unmittelbar' und ‚mittelbar' nicht gut gewählt. Der Schlußsatz, der aus zwei Vordersätzen fließt, ergibt sich aus diesen ebenso unmittelbar, als sich der Schlußsatz, der aus einem einzigen Vordersatze fließet, aus diesem ergibt. Wie der letzte zu seiner Wahrheit

nichts anderes bedarf, als der Wahrheit seines einzelnen Vordersatzes, so der erste nichts anderes, als der Wahrheit seiner zwei Vordersätze."

Im Zusammenhang damit stehen die Erörterungen des § 262 über den „Vernunftschluß oder Syllogismus der bisherigen Logik": „Neben den unmittelbaren Schlüssen, über deren Dasein ohnehin nicht alle Logiker einstimmig sind, nimmt man in den bisherigen Lehrbüchern beinahe durchgängig an, daß es nur eine *einzige* Gattung von Schlüssen gebe, aus deren verschiedentlicher Verbindung und Wiederholung alle übrigen Schlüsse zusammengesetzt sein sollen. Diese einzige Gattung einfacher Schlüsse soll nun wesentlich aus drei Sätzen bestehen, in welchen gleichfalls drei als veränderlich zu betrachtende Vorstellungen auf eine solche Art verteilt sind, daß die eine derselben in den zwei Sätzen, die als die Vordersätze des dritten anzusehen sind, zweimal erscheinet, die übrigen aber im Schlußsatze vereiniget vorkommen. Man hat diese Gattung von Schlüssen seit der ältesten Zeit *Syllogismen*, und in der neuern auch wohl *Vernunftschlüsse* genannt. Es ist der Mühe wert zu erfahren, auf welche Weise man sich zu überzeugen suchte, daß es sonst keine andere Gattung einfacher und doch vermittelter Schlüsse gebe, als nur diejenige, die ich soeben beschrieb." Von den Beweisen für die Vollständigkeit der Syllogistik, die B. im folgenden betrachtet, seien hier nur B.'s Darstellung und Kritik des Aristotelischen Beweises wiedergegeben: „*Aristoteles* selbst ging von einer so weiten Erklärung des Wortes Syllogismus aus, daß man sich nur um so mehr wundern muß, wie er den Begriff dieser Schlußart in der Folge so enge beschränken konnte. Συλλογισμὸς δέ ἐστι (heißt es Anal. pr. I. c. 1.) λόγος, ἐν ᾧ τεθέντων τινῶν, ἕτερόν τι τῶν κειμένων, ἐξ ἀνάγκης συμβαίνει, τῷ ταῦτα εἶναι *(24 b 18 ff., d. Hrsg.).* Diese Erklärung paßt offenbar auf einen jeden Schluß nicht nur mit zweien, sondern auch mit einem, dreien und mehreren Vordersätzen, auf eine jede nicht nur einfache, sondern auch wie immer zusammengesetzte Schlußweise. So gewiß dieses ist, so sicher muß der Beweis, durch welchen A. cap. 25 darzutun sucht, daß jeder Syllogismus nur drei Vorstellungen und nur drei Sätze enthalten könne, unrichtig sein. Da sich jedoch dieser Beweis auf eine Voraussetzung stützet, welche schon früher erwiesen sein soll, daß nämlich, wenn ein Satz aus gewissen andern α, β, γ, δ, ... ableitbar ist, einer derselben als ein Ganzes (ὡς ὅλον, als etwas Allgemeines), ein anderer als ein Teil (ὡς μέρος, als etwas unter jenem Enthaltenes) angesehen werden könne; und da sich erst noch darüber streiten ließe, an welchem Orte uns A. diesen Beweis geliefert habe: so will ich lieber die Art untersuchen, wie er cap. 23[1]) beweiset, daß ein jeder Schluß nach einer der

---

[1] A: cap. 22. — Die Ortsangabe wurde auch im folgenden geändert.

drei (aristotelischen) Figuren erfolge. Denn wenn nur dies richtig erwiesen ist: so ist auch jenes erwiesen. Und wenn wir im Gegenteile finden, daß dieser Beweis unhaltbar sei: so können wir schließen, daß es auch jener spätere sei. Denn hätte A. die Behauptung des cap. 23 strenge erwiesen, so hätte es ihm ein leichtes sein müssen, auch die des cap. 25 nur durch Beziehung auf jene darzutun. „Wenn durch einen Schluß (heißt es nun cap. 23) α von β erwiesen werden soll, daß nämlich α entweder *an* β sei oder *nicht daran* sei: so muß notwendig erst etwas angenommen werden. Würde nun α von β angenommen: so würde schon das angenommen, was erst erwiesen werden soll. Wird aber α von γ angenommen, γ aber von keinem andern Gegenstande, wird auch von γ selbst nichts, auch von α nicht irgend etwas noch anderes angenommen: so kommt kein Schluß zustande. Denn daraus, daß Eines von Einem angenommen wurde, folgt nichts. Also muß noch irgendein zweiter Satz angenommen werden. Wenn aber α als Prädikat von etwas noch anderem als β und γ, oder etwas noch anderes als Prädikat von α[2]) angenommen würde: so könnte vielleicht zwar ein Schluß zustande kommen, aber nur könnte er sich nicht auf β beziehen. Ebenso, wenn γ einem andern, dies wieder einem andern usw. beigelegt, aber keines von diesen anderen Dingen endlich mit β verknüpft würde. Wir behaupten also, daß kein Schluß von Einem auf das Andere zustande kommen könne, wenn nicht irgendein Mittleres (μέσον τι) angenommen wird, das mit beiden auf eine gewisse Art in dem Verhältnisse einer Aussage (πῶς ταῖς κατηγορίαις) stehet. Denn jeder Schluß muß aus Sätzen bestehen; ein Schluß aber, der einen gewissen Gegenstand betreffen soll, muß aus Sätzen bestehen, die diesen Gegenstand betreffen; und ein Schluß, der dieses von jenem dartun soll, muß aus Sätzen bestehen, die dieses und jenes betreffen. Unmöglich aber ist es, einen den Gegenstand β betreffenden Satz aufzustellen, wenn man nicht etwas von β entweder behauptet oder leugnet; und ebenso unmöglich, einen Satz über α, der sich zugleich auf β beziehe, aufzustellen, wenn man nicht etwas, das beiden Gegenständen gemein ist, nimmt, sondern von jedem etwas Eigenes behauptet oder leugnet. Man muß also etwas Mittleres nehmen, das die Aussagen verknüpfe (ὥστε ληπτέον τι μέσον ἀμφοῖν, ὃ συνάψει τὰς κατηγορίας), damit ein Schluß von dem Einem auf das Andere zustande komme. Es läßt sich aber nur auf dreierlei Art etwas, das beiden gemein ist (τὶ πρὸς ἄμφω κοινόν) aussagen: entweder kann α mit γ, und γ mit β, oder γ mit beiden, oder beide mit γ in das Verhältnis einer Aussage treten. Dieses sind aber die drei Figuren. Also" usw. (*40 b 30 ff., d. Hrsg.*) — Gegen diesen Be-

---

[2] In der B.'schen Übersetzung fehlt hier: „oder etwas anderes als Prädikat von γ" (ἢ κατὰ τοῦ Γ ἕτερον).

weis ist meiner Ansicht nach mehreres zu erinnern: a) Zuvörderst wird schon dadurch eine einseitige Ansicht veranlaßt, daß der herauszubringende Schlußsatz unter die Form: ‚β hat oder hat nicht α' gestellt wird; eine Form, durch welche man voraussetzt, als ob sich in einem jeden zu beweisenden Satze nicht weniger und nicht mehr als eben zwei veränderliche Vorstellungen (α und β) befinden, und als ob die eine derselben gerade die ganze Subjekt-, die andere die ganze Prädikatvorstellung sein müßte. So ist es keineswegs; sondern wir haben oft Sätze darzutun, in welchen nur eine einzige Vorstellung als veränderlich anzusehen ist, und wieder oft andere, in welchen drei oder mehrere Vorstellungen zugleich als veränderlich angesehen werden dürfen; und diese veränderlichen Vorstellungen sind auf das verschiedenste verteilt; befinden sich bald in der Subjekt-, bald in der Prädikatvorstellung, und bilden dieselbe bald allein, bald in Verbindung mit noch andern Vorstellungen. So hat der Schlußsatz, den wir in einem sogenannten hypothetischen Syllogismus in modo ponente sowohl als in tollente erhalten, nur eine einzige veränderliche Vorstellung (von einem ganzen Satze). Wieder gibt der disjunktive Syllogismus ein Beispiel von einem Schlusse, dessen Schlußsatz eine so große Anzahl veränderlicher Vorstellungen (von ganzen Sätzen) in sich fassen kann, als man nur immer will.[3]) Und alle diese Vorstellungen befinden sich überdies bloß in der Subjektvorstellung des Satzes, so daß die Prädikatvorstellung desselben ein durchaus unveränderlicher Begriff ist. b) Auch dürfte es zu rügen sein, daß in diesem Beweise gleich angenommen wird, ein Satz, der zu dem Schlußsatze, daß α an β sei oder nicht sei, führet, müsse notwendig α enthalten. Die drei Sätze:

„Cajus spielet die Flöte",
„Titus spielet die Orgel", und
„Cajus und Titus sind ein Paar verschiedene Personen"

erweisen den Schlußsatz: „In der Gesellschaft der beiden Personen C. und T. gibt es einen Flöten- und einen Orgelspieler". Gleichwohl hat keiner von jenen Vordersätzen eine Subjekt- oder Prädikatvorstellung, die mit der Subjekt- oder Prädikatvorstellung des Schlußsatzes einerlei wäre. c) Unrichtig ist ferner auch die Behauptung, daß aus einem einzigen Satze allein nichts folge; denn alle unmittelbaren Schlüsse fließen ja nur aus einer einzigen Prämisse. d) Daß aber der Schlußsatz, der sich aus einem Paare Prämissen von der Form: ‚γ hat α, δ hat α' ergibt,

---

[3] Der hypothetische Syllogismus gestattet es, von „Wenn A, so B" und „A" auf „B" (modus ponens) bzw. von „Wenn A, so B" und „nicht B" auf „nicht A" (modus tollens) zu schließen. Die entsprechenden Schlüsse beim disjunktiven Syllogismus sind von „Entweder A oder B oder C oder ..." und „A" auf „Weder B noch C noch ..." (modus ponens) bzw. von „Entweder A oder B oder C oder ..." und „nicht A" auf „Entweder B oder C oder ..." (modus tollens).

sich nicht auf β beziehen könne, widerlegt das nur eben beigebrachte Beispiel. Denn wenn β = γ + δ ist, so kann man allerdings aus den zwei angeführten Prämissen den Schlußsatz: ‚β hat α' ableiten. Und so darf also auch e) nicht zugegeben werden, daß ein Schluß, der dieses von jenem dartun soll, aus Sätzen (Vordersätzen nämlich), die dieses und jenes betreffen, zusammengesetzt sein müsse; wenn anders die Redensart, daß ein Satz α betreffe, soviel heißen soll, als daß α entweder seine Subjekt- oder Prädikatvorstellung ist. Es ist sogar möglich, Schlußsätze abzuleiten, welche gewisse veränderliche Vorstellungen enthalten, die in keinem der Vordersätze erscheinen. So kann man aus dem Satze: „Es gibt ein A (d. h. A hat Gegenständlichkeit)" den Schlußsatz ableiten: „Die Sätze: ‚Einige A sind B', und: ‚Einige A sind nicht B' sind nicht beide falsch (d. h. die Vorstellung ‚A, welches B ist'; und ‚A, welches nicht B ist' — sind nicht beide gegenstandslos)", was auch immer B sei. Usw."

B. ist sich dessen bewußt, daß sich die Unvollständigkeit der Syllogistik nicht allein durch Kritik an den Beweisen für ihre Vollständigkeit dartun läßt: „Die Beweise könnten mangelhaft, und die Behauptung selbst, daß die syllogistische Schlußart die einzige sei, könnte gleichwohl wahr sein. Es ist also nötig, ausführlicher, als es gelegenheitlich schon geschah, zu erweisen, daß es noch viele andere, vom Syllogismus wesentlich verschiedene Schlußarten gebe. Zuvörderst muß ich aber den Sinn dieser Behauptung genauer bestimmen. Vorausgesetzt, daß sich ein jeder Schluß, mag er nun syllogistisch oder nicht syllogistisch heißen, unter die Form des nachstehenden Satzes bringen lasse: „Jeder Inbegriff von Vorstellungen, der, an der Stelle der $i, j, \ldots$ in den Sätzen $A, B, C, D, \ldots M, N, O, \ldots$ gesetzt, die Sätze $A, B, C, D, \ldots$ wahr macht, macht auch die Sätze $M, N, O, \ldots$ wahr"; und daß wir auch umgekehrt einen jeden Satz, der dieser Form untersteht, einen *Schluß* nennen wollen: so ist außer Zweifel, daß es Schlüsse mit jeder beliebigen Anzahl von Vordersätzen sowohl als Schlußsätzen gebe. Denn jede beliebige Menge von Sätzen $A, B, C, D, \ldots$, die nur in Hinsicht auf die Vorstellungen $i, j, \ldots$ untereinander verträglich sind, können in dieser Bedeutung als Vordersätze, und jede beliebige Menge von Sätzen $M, N, O, \ldots$, die nur so oft wahr werden, als jene es werden (dergleichen sich jederzeit unzählig viele zusammenbringen lassen), können als Schlußsätze angesehen werden. Hierbei können sich unter den Sätzen $M, N, O, \ldots$ auch solche befinden, die zu ihrem Wahrwerden nicht eben des Wahrwerdens der sämtlichen $A, B, C, D, \ldots$, sondern nur eines oder einiger bedürfen. In dieser Bedeutung also kann man z. B. auch folgender Verbindung von Sätzen:

<u>Alle A sind B, alle C sind D</u>
einige A sind B, und einige C sind D

den Namen eines einzigen Schlusses geben[4]). So war es aber gar nicht gemeint, wenn man behauptete, daß jeder echte Schluß wesentlich nur aus drei Sätzen bestehe. Hier hatte man offenbar bloß solche Schlüsse im Sinne, in welchen ein einziger Schlußsatz erscheint, und unter den Vordersätzen nicht mehr, als zu seiner Ableitung notwendig sind; mit andern Worten, man spricht nur von der Art von Schlüssen, welche ich § 155 *genaue* Schlüsse genannt. Jedoch selbst wenn ein Schluß genau sein soll, ist nichts leichter, als ein Beispiel anzuführen, in dem die Anzahl der Vordersätze jede beliebige sein kann. Ein solcher Schluß ist nämlich der bekannte *Sorites:*

$$\begin{array}{c} A \text{ ist } B, \\ B \text{ ist } C, \\ C \text{ ist } D, \\ \vdots \quad \vdots \\ \underline{L \text{ ist } M} \\ A \text{ ist } M. \end{array}$$

Zwar kann man gegen dieses Beispiel einwenden, daß der hier gefundene Schlußsatz auch durch eine nur mehrmals wiederholte Anwendung der syllogistischen Schlußart gewonnen werden könne. Da aber die Dazwischenkunft dieser Schlußart doch nicht notwendig ist, um zu dem angeführten Schlußsatze zu gelangen: so reichet dies Beispiel wirklich schon hin zum Beweise, daß es noch andere als syllogistische Schlußarten gebe.— Wenn jedoch diese Schlußarten alle von einer solchen Beschaffenheit wären, wie die jetzt angeführte, daß man nämlich zu eben dem Schlußsatze, zu dem sie leiten, auch durch ein Paar gewöhnliche Syllogismen gelangen könnte: so wäre die Lehre von ihnen wenigstens sehr entbehrlich. Ich behaupte aber, auch dieses sei nicht der Fall; sondern es gebe Schlußarten, welche uns aus gewissen Sätzen andere ableiten lehren, die wir durch keine auch noch so oft wiederholte Syllogismen aus ihnen ableiten könnten. Um sich von dieser in der Tat wichtigen Wahrheit zu überzeugen, braucht man, meines Erachtens, nichts anderes, als einen Rückblick auf die verschiedenen Schlüsse zu tun, die ich in diesem Hauptstücke aufgestellt habe, und zu versuchen, ob man wohl überall den angegebenen Schlußsatz aus seinen Vordersätzen durch einen oder etliche Syllogismen ableiten könne? Nur ein paar Beispiele will ich herausheben.

a) Wenn uns die beiden Vordersätze: „Jedes A ist B", „Jedes B ist A" gegeben sind: so lernten wir (§ 226 Nr. 5) aus ihnen den Schlußsatz ableiten: „Jeder Gegenstand, der einer der Vorstellungen A und B untersteht, untersteht jeder derselben". Zu diesem Schlußsatze wird man durch die gewöhnliche Syllogistik nie gelangen; denn diese führt uns vielmehr zu dem identischen Satze: Jedes A ist A.

[4] Cf. § 154, Anm. 1 und 4.

b) Aus *n* Sätzen von der Form:
Es gibt nur ein *A*,
es gibt nur ein *B* usw.,
und dem Satze:
Kein Gegenstand einer der Vorstellungen *A*, *B*, *C*, ... ist ein Gegenstand zweier
lernten wir (§ 243 Nr. 2) den Schlußsatz ableiten: Die Anzahl der *A*, *B*, ... ist *n*. Durch welche einzelnen, oder durch welche Verbindung von mehreren Syllogismen wollte man diesen Schlußsatz gewinnen?

c) Nach § 252 Nr. 9 läßt sich aus den drei Vordersätzen:
Entweder *A* oder *B*; entweder *A* oder *C*; entweder *A* oder *B* oder *C* der Schlußsatz: ,*A* ist wahr' ableiten. Geschieht das wohl auch durch einen Syllogismus? U. m. a.

5) Wer die gewöhnliche Lehre zu rechtfertigen wünscht, wird mir vielleicht entgegnen, daß auch die eben erwähnten Schlüsse alle, wenn sie recht vollständig ausgedrückt werden sollen, syllogistisch vorgetragen werden müssen; daß man ... jedem dieser Schlüsse einen hypothetischen Obersatz vorsetzen müsse, der eine Regel von solchem Inhalte ausspricht, daß sich der Schlußsatz ergibt, wenn man die Summe der von mir angegebenen Prämissen als einen einzigen Untersatz beifügt. — Daß sich auf diese Art jeder beliebige Schluß in einen sogenannten *hypothetischen Syllogismus* umsetzen lasse, ist außer Zweifel. Denn es sei die Anzahl sowohl als die Gestalt der Vorder- und Schlußsätze *A*, *B*, *C*, *D*, ... und *M*, *N*, *O*, ..., welche sie wolle: so wird sich jederzeit folgender Schluß, den ich recht gern für einen Syllogismus erkläre, aufstellen lassen:

Obersatz. Sooft die Sätze *A*, *B*, *C*, *D*, ... wahr sind, sind es auch die Sätze *M*, *N*, *O*, *P*, ...

Untersatz. Die Sätze *A*, *B*, *C*, *D*, ... sind (wie sie vorliegen) wahr.

Schlußsatz. Also sind auch die Sätze *M*, *N*, *O*, *P*, ... (wie sie vorliegen) wahr.

Hierbei ist aber nur zu bemerken, daß jenes als Obersatz gebrauchte Urteil selbst schon ein vollständiger Schluß sei, und zwar ein solcher, mit dem uns die Logik bekannt machen muß, wofern er anders von einiger Brauchbarkeit und so beschaffen ist, daß seine Richtigkeit aus bloßen logischen Begriffen[5] beurteilt werden kann. Man hat also durch diese Ausflucht, wie man sieht, nichts gewonnen."

---

[5] A: bloßen, logischen Begriffen.

Bibliographie

Beide Teile der Bibliographie geben eine Auswahl. Der zweite Teil berücksichtigt besonders die Probleme der Wissenschaftslehre. Die bisher vollständigste Bolzano-Bibliographie hat *J. Berg* in *Bolzano's Logic* (Stockholm 1962, s. auch unten) zusammengestellt. Sie enthielt neben den veröffentlichten Titeln reichhaltige Angaben über den Bolzano-Nachlaß in der Österreichischen Nationalbibliothek in Wien und dem Nationalmuseum in Prag, ferner im Sekundärteil auch nicht-monographische Literatur, soweit sie Bolzano behandelt.

I. Bolzanos Schriften (Auswahl)

Abkürzungen: BGW = Abhandlungen der Königlich Böhmischen Gesellschaft der Wissenschaften.
SB = Schriften B. Bolzanos (Spisy Bernarda Bolzana), hrsg. von der Königlich Böhmischen Gesellschaft der Wissenschaften.

Betrachtungen über einige Gegenstände der Elementargeometrie. Prag 1804, Nachdruck Prag 1948 (SB 5).

Beyträge zu einer begründeteren Darstellung der Mathematik. Erste Lieferung. Prag 1810. [Eine zweite Lieferung erschien nicht.]

Erbauungsreden, 1. Prag 1813, 2. verm. Aufl. Sulzbach 1839 (Nachdruck Wien 1882).

Der binomische Lehrsatz und als Folgerung aus ihm der polynomische und die Reihen, die zur Berechnung der Logarithmen und Exponentialgrößen dienen, genauer als bisher erwiesen. Prag 1816.

Rein analytischer Beweis des Lehrsatzes, daß zwischen je zwey Werthen, die ein entgegengesetztes Resultat gewähren, wenigstens eine reelle Wurzel der Gleichung liege. Prag 1817, Nachdruck 1894, Neuauflage Leipzig 1905 (Hrsg. Ph. E. B. Jourdain; Ostwald's Klassiker der exakten Naturwissenschaften 153).

Die drey Probleme der Rectification, der Complanation und der Cubierung, ohne Betrachtung des Unendlich Kleinen, ohne die Annahmen des Archimedes, und ohne irgend eine nicht streng erweisliche Voraussetzung gelöst; zugleich als Probe einer gänzlichen Umgestaltung der Raumwissenschaft, allen Mathematikern zur Prüfung vorgelegt. Leipzig 1817, Nachdruck Prag 1948 (SB 5).

Athanasia oder Gründe für die Unsterblichkeit der Seele. Sulzbach 1827, 2. verm. Aufl. ibid. 1838 (Nachdruck Wien 1882).

Lehrbuch der Religionswissenschaft. Ein Abdruck der Vorlesungshefte eines ehemaligen Religionslehrers an einer katholischen Universität, von einigen seiner Schüler gesammelt und herausgegeben, 1—3. Hrsg. F. Schneider. Sulzbach 1834, Nachdruck Wien 1882.

Lebensbeschreibung des Dr. Bernard Bolzano mit einigen seiner ungedruckten Aufsätze und dem Bildnisse des Verfassers. Hrsg. M. J. Fesl. Sulzbach 1836, Nachdruck Wien 1875.

Wissenschaftslehre. Versuch einer ausführlichen und größtenteils neuen Darstellung der Logik mit steter Rücksicht auf deren bisherige Bearbeiter, 1—4. Sulzbach 1837, Nachdruck Wien 1882, Nachdruck von Bd. 1—2 Leipzig 1914—15 (Hrsg. A. Höfler), Nachdruck von Bd. 1—4 Leipzig 1929—31 (Hrsg. W. Schultz).

Dr. Bolzano und seine Gegner. Sulzbach 1839, Nachdruck Wien 1882.

Bolzano's Wissenschaftslehre und Religionswissenschaft in einer beurteilenden Übersicht. Sulzbach 1841, Nachdruck Wien 1882.

Versuch einer objectiven Begründung der Lehre von der Zusammensetzung der Kräfte. BGW, 5. Folge, Bd. 2 (Prag 1843), pp. 427—464. Separatdruck 1842.

Versuch einer objectiven Begründung der Lehre von den drei Dimensionen des Raumes. BGW, 5. Folge, Bd. 3 (Prag 1845), pp. 201—215. Separatdruck 1843. Nachdruck Prag 1948 (SB 5).

Über den Begriff des Schönen. BGW, 5. Folge, Bd. 3 (Prag 1845), pp. 3—92. Separatdruck 1843.

Über die Wohltätigkeit. Dem Wohle der leidenden Menschheit gewidmet von einem Menschenfreunde. Prag 1847.

Was ist Philosophie? Hrsg. M. J. Fesl. Wien 1849, Nachdruck als Beiheft zu: Grundlagenstudien aus Kybernetik und Geisteswissenschaft 1 (Stuttgart 1960).

Erbauungsreden, 2—5. Hrsg. E. Wewerka. Prag 1849—52, Nachdruck Troppau 1866.

Drei philosophische Abhandlungen. (I. Über Hegel's berühmten Spruch: Alles Wirkliche ist vernünftig und alles Vernünftige ist wirklich. II. Über Hegel's und seiner Anhänger Begriff von der Geschichte überhaupt und insbesondere von der Geschichte der Philosophie. III. Über den Begriff des Organismus nebst einigen damit verwandten Begriffen. Appendix: Vier akademische Reden über den Mißbrauch der Religion.) Hrsg. F. Prihonsky. Prag 1851.

Paradoxien des Unendlichen. Hrsg. F. Prihonsky. Leipzig 1851, Nachdruck Berlin 1889. Neuauflage (mit Anm. von H. Hahn hrsg. von A. Höfler) Leipzig 1921 (Philos. Bibl. 99), Nachdruck Hamburg 1955.

Erbauungsreden, 6. Wien 1884.

Functionenlehre. Hrsg. K. Rychlík. Prag 1930 (SB 1).

Zahlentheorie. Hrsg. K. Rychlík. Prag 1931 (SB 2).

Von dem besten Staate. Prag 1932 (Hrsg. A. Kowalewski; SB 3). Münster i. W. 1933 (Hrsg. W. Stähler; unter dem Obertitel: Paradoxien in der Politik).

Der Briefwechsel B. Bolzanos mit F. Exner. Hrsg. E. Winter. Prag 1935 (SB 4).

Der Böhmische Vormärz in Briefen B. Bolzanos an F. Prihonsky (1824—1848). Hrsg. E. Winter. Berlin 1956 (Deutsche Akad. d. Wiss. zu Berlin, Veröff. d. Inst. f. Slawistik Nr. 11).

II. Literatur zu Bolzano

Y. *Bar-Hillel:* Bolzano's definition of analytic propositions. Theoria 16 (Lund 1950), pp. 91—117. Methodos 2 (Mailand 1950), pp. 32—55.
Bolzano's propositional logic. Arch. f. math. Logik und Grundl.forschung 1 (1952), pp. 305—338.

J. *Berg:* Bolzano's logic. Stockholm 1962 (Stockholm Studies in Philosophy 2).

H. *Bergmann:* Das philosophische Werk Bernard Bolzanos. Halle 1909.

G. *Buhl:* Ableitbarkeit und Abfolge in der Wissenschaftstheorie Bolzanos. Köln 1961 (Kantstudien, Erg.-heft 83).

W. *Dubislav:* Über Bolzano als Kritiker Kants. Philos. Jahrb. d. Görresges. 42 (1929), pp. ·357—368.
Bolzano als Vorläufer der mathematischen Logik. Philos. Jahrb. d. Görresges. 44 (1931), pp. 448—456.

H. *Fels:* Bernard Bolzano, sein Leben und sein Werk. Leipzig 1929.

G. *Gotthardt:* Bolzanos Lehre vom „Satz an sich" in ihrer methodologischen Bedeutung. Berlin 1909

E. *Heesch:* Grundzüge der Bolzano'schen Wissenschaftslehre. Philos. Jahrb. d. Görresges. 48 (1935), pp. 313—341.

J. *Lukasiewicz:* Bolzanos Begriff der Gültigkeit. Die logischen Grundlagen der Wahrscheinlichkeitsrechnung (Krakau 1913), § 24.

M. *Palágyi:* Kant und Bolzano. Eine kritische Parallele. Halle 1902.

F. *Pfeiffer:* Bolzanos Logik und das Transzendenzproblem. Diss. Zürich, Langensalza 1922.

F. *Prihonsky:* Bernard Bolzano. Weimar 1850.
Neuer Anti-Kant oder Prüfung der Kritik der reinen Vernunft nach den in Bolzano's Wissenschaftslehre niedergelegten Begriffen. Bautzen 1850.

H. *Scholz:* Die Wissenschaftslehre Bolzanos. Eine Jahrhundertbetrachtung. Abh. d. Fries'schen Schule N. F. 6 (1937), pp. 399—472. H. Scholz, Mathesis universalis, Abh. z. Philosophie als strenger Wissenschaft (hrsg. v. H. Hermes, F. Kambartel, J. Ritter; Basel 1961), pp. 219—267.

A. *Wilmsen:* Zur Kritik des logischen Transzendentalismus. Paderborn 1935.

E. *Winter:* Bernard Bolzano und sein Kreis. Leipzig 1933. Leben und geistige Entwicklung des Sozialethikers und Mathematikers Bernard Bolzano. Halle 1949 (Hallische Monographien 14).

Personenregister

Das Register verzeichnet Herausgebernamen i. a. nicht, ferner nicht den Namen „Bolzano".

Abicht, J. H. 60, 99f.
Aenesidemus 37
Aristoteles XXIX, XXXI, XXXII, XXXIV, XLVIIf., 8, 11, 27, 28, 29, 36, 37, 40, 78, 141, 156, 158, 164, 181, 186, 192, 193, 212, 213, 215, 233, 238, 263, 289, 295, 334, 344, 360ff.
Arnauld A. 194
Augustinus 58

Bachmann, K. F. 14
Bacon, F. 8, 11, 78
Bar-Hillel Y. VIII
Baumgarten 111, 141, 156
Beneke F. E. LVI
Berg J. IX, XVIII, XXXIV, LIX, 27
Bergmann, Hugo IX, XXI
Beth, E. W. XLV
Bouterweck, F. 8
Buhl, G. IX, XLV, LI

Cantor, G. 168
Carnap, Rudolf XXII, XXVI, XXXI
Cicero 9, 295
Condillac 11
Crusius 96, 156, 234, 289
Curry, H. B. XXIII

Descartes LI, 58
Destutt de Tracy 10
Dingler, H. XXVI

Epikur 8, 37
Euklid XXVI
Euler 58

Fesl, M. J. LVI, 22, 183
Fichte, J. G. 8, 10f.
Fichte, I. H. LVI
Frege X, XVIIIff., XXVII, XXXII, XXXIII
Fries 13, 117

Gentzen, Gerhard XLI

Hahn, H. 168
Hasenjaeger, G. XXX, XXXIX
Hegel 10, 11, 28, 73f., 98, 164
Herbart LVI, 111, 117
Hertz, H. LIII
Hilbert, David XXIII
Hobbes 39, 40
Hoffmann, Anna XXVIII
Höfler, A. IX, LVf., LIX
Husserl, E. VII, VIIIff., XVIII, XIX, XXVII, XXX, XXXII, XXXIII
Huygens, Chr. 296

Kant IX, XIII f., XXIff., XXVIII, XLV, 8, 9, 11, 14, 28, 37, 38, 44, 45, 59, 74, 96, 111, 112, 130, 141f., 143, 149ff., 187, 191, 193, 195, 216, 221, 223, 231, 233f., 289, 321f., 330f.
Karneades 37
Kaulbach, Friedrich XXVIII
Kepler LIV
Kiesewetter, J. G. K. 9
Knutzen, M. 96
Kratylos XVIf.
Krause, K. C. F. 14
Krug 9, 10, 38, 60, 117, 121, 316
Kvet, F. B. XXI

Lacroix, S. F. 296
Lambert, J. H. 111f., 157f.
Laplace 296
Lask, F. XXVII
Leibniz XXI, XXVIIIf., XXX, XXXII, XXXIII, LIV, 11, 27, 29, 36, 37, 39, 72, 73, 79, 96, 127, 131, 143, 152, 155, 158, 181, 190, 193, 216, 233, 334, 347, 348
Locke 29, 36, 37, 72, 73, 78, 96, 139, 143, 156, 157, 163, 215, 233, 295

Lorenzen, P. XXIII, XXVI, XXXIf.
Lotze, Hermann XXVII
Maaß, J. G. E. 235, 347
Mach, E. LIIIf.
Maimon, S. 10, 122
Nicole, M. 194
Nietzsche XXV
Palágyi, M. IX
Pascal LIIf.
Pauler, A. von IX
Platon XIII, XVff., XXI, LI, 215
Porphyrius 192
Prihonsky, Fr. XXII, 167
Reimarus 347
Reinhold, Ernst 14
Reinhold, K. L. 36
Rickert, H. XXVII
Ritter, Joachim XXXI
Romang, J. P. XXXIII, LVI
Savonarola 25ff.
Scheler LIV
Schelling 11, 60

Scholz, Heinrich VII, VIII, XXXf., XXXII, XXXIII, XXXIV, XXXIX, XL, LIIf., LVIII
Schooten, Fr. van 296
Schulze, G. E. 151ff.
Schultz, W. IX, LV, LIX, LX, 254
Sextus Empiricus 29, 36, 37, 40, 41, 186
Sigwart, H. C. W. 9, 37
Sokrates XVIf.
Spinoza 164

Tarski, A. X, XXXII, XXXVIII, 26
Tetens, J. N. 157
Twardowski, K. Xf.

Winter, E. J. VIII, IX, LIV, LVIIf., 22
Wittgenstein, L. XXVI, XLIII
Wolff. 9, 29, 39, 61, 126, 141, 156, 212, 296, 334

Zimmermann, R. XXI, 22, 183

Sachregister

Das Sachregister im 4. Band der *Wissenschaftslehre* ist, wie W. *Schultz* mit Recht bemerkt, „der Schlußteil des Ganzen, in dem sich Bolzanos Auffassung von seinem Werke zusammenfassend ausspricht". Es bietet vor allem eine thematische Orientierung, spiegelt das Bolzanosche Begriffssystem wider und gibt die Definitionsorte an. Dagegen tritt der Gesichtspunkt, das Auffinden von Stellen nach Stichworten zu ermöglichen, zurück. Das vorliegende Register soll diesem Bedürfnis mehr Rechnung tragen. Daher war es nicht durch einfache Kürzung des Originalregisters auf den Rahmen der vorliegenden Auswahl zu gewinnen, sondern ist ganz neu hergestellt worden.

Bei adjektivischen Stichworten sind häufig die Subjekte, auf die sie bei Bolzano bezogen werden, in Klammern angedeutet. Die Register berücksichtigen auch die Einleitung des Herausgebers, nicht jedoch die Bibliographie.

Abfolge XXXIII, XLVIff., XLIXff., LIIIf., 16, 62, 263, 297ff., 302, 304, 321, 331ff., 337ff., 340f., 348,.349, 350ff., 353, 355
— formale, materiale XLVI, 299
Ableitbarkeit XXXIIIf., XXXVIff., XXXIX, XLIf., XLVII, LI, 16, 38f., 62, 246ff., 298ff., 304, 305, 307, 321, 324, 335f., 337ff., 345, 346, 352ff., 356ff.
— einfache, zusammengesetzte 261
— einseitige 270
— formale 38
— genaue 258ff., 354, 364
— syntaktische XLV
— überfüllte 258
Ableitung 52f.
Abstractum 94ff., 169f., 204f.
abstrakt (Satz) 217
— (Vorstellung) 93ff.
ähnlich (Sätze) 236
— (Vorstellungen) 166, 217f.
Ästhetik, transzendentale 149ff.
Äußeres 194
A hat B als allgemeine Satzform 202ff., 210f., 321

αἰτία XLVII
Alle A 84ff., 161
allgemein (Satz) 215, 216f., 224, 353f.
— (Vorstellung) 121, 181
allgemeingültig XXXf., XXXIIf., XXXIX, XL, XLIV, 230
Allheit 161
Alloperator XX, XXXVI, 219
Allwissenheit 31f.
analytisch (Satz, Urteil) XLIVf., 13, 38, 112, 195, 230ff., 324ff.
analytische Philosophie XXVI
Anamnesislehre XVIII
Anfang 316f.
Anschauung XIV, XV, 11, 51f., 73f., 128ff., 134ff., 141f., 149, 151, 215, 351
— gemischte 133
— objektive 130, 135
— reine 133, 137, 140
— subjektive 130, 133f., 135
an sich XIIIff., XX, 59, 83f.
— cf. Satz, Vorstellung an sich
Antinomie des Lügners 25ff.
ἀόριστος 164
ἀπόφανσις 27

a posteriori (Satz, Urteil) 13, 216f.
apriorisch, a priori (Satz, Urteil) XXIIf., 11, 13, 39, 216f., 354
Art 158, 181, 185, 192, 233
Aufgabe 223, 224
Augenblick 144, 146f., 151
Ausnahmsvorstellung 163
Ausrufung 28
Aussageform XXXIVf., XXXVII, XXXIXf., XLIII, 220
Aussageteil 202ff.
Ausschließung 184, 220, 246, 276ff.
— bei Sätzen 246, 276ff.
— bei Vorstellungen 183f., 220
Axiom LII, 342
Axiomatisierung Lf.

Bedeutung XVIIIf., XXIV
Bedingung 302
— einer Wahrheit 355
Befehl 28
Begehren 222
Begriff(e) XV, XIXf., XXIV, 11, 51, 72, 73f., 111ff., 132f., 134ff., 140f., 142f., 149, 150, 151, 152, 191
— Gemeinbegriff 181f., 192
— Grundbegriffe LII
— logische 357
— Reflexionsbegriffe der kritischen Philosophie 194
— reine 133, 134, 135, 137ff., 140, 141, 215
Begriffsgeschichte XXV
Begriffswissenschaften Lf.
Begriffswort XIX
Beiordnung bei Vorstellungen 184, 220
Bejahen, Bejahung (Satz, Urteil) 13, 213, 219, 220
— (Vorstellung) 163f.
Beschaffenheit (-svorstellung) 94, 153f., 169, 189ff., 201ff., 206f., 211, 221, 348

— äußere, innere 155, 157, 191f.
— gemeinsame 189f.
— ursprüngliche, abgeleitete 190
— wesentliche, außerwesentliche 189
Bestimmung 154, 217
Bewährung LII
Bezeichnung XVI, XIXf., 134ff., 212
Bild XX, XXIV, 50, 73
Bindeteil s. Kopula
Bitte 28

causa 335
cogitatio possibilis 28, 29
Cogito, ergo sum 58
conceptus infiniti 164
Concretum 94ff., 169f., 204f.
Contradictio in adjecto, in ipsis. terminis 315

Dasein 31, 47f., 75f., 203f., 221f.
Dauer 316f.
Definition XLII, XLVIII
denkbar 10, 18, 35, 181, 315f.
Denken XXVf., 9f., 11, 43, 60f., 212, 316
Denkgesetze, oberste 60f.
Denkpsychologie XXX, XXXII
Deutung XXIV
Diairesislehre LI
Dialektik 8
διαφορά 192
dichterische Rede XX
Didaktik 7
Dies (Dies A) 92f., 119, 122, 129, 133
Dinge an sich XIIIf., 89f., 212
διότι XLVIII, 334
Disjunktion 290, 308, 321
Disparation 178ff.
distributiv (Vorstellung) 159
Dritten, Satz vom ausgeschlossenen 60f.
Dürfen 223
εἶδος 158, 192
Eigenname 136

Eigenschaft s. Beschaffenheit
Ein A 161
Einerleiheit (Identität) 166, 194
einfach (Begriff, Satz, Vorstellung) LI, LIII, 97ff., 100f., 111, 128ff., 142f., 173f., 214, 350ff.
ein gewisser 86
Einheit 161
Einige A 84f., 303
Einstimmung 194, 237, 246
Einzelsatz 224
Einzelvorstellung 119ff., 141, 188f.
Elementarlehre XI, XII, XXX, XXXIII, 14, 16f., 19, 62f., 262
Empfindung 206, 222
Empirismus, logischer XXIf., XXVI, XXVII
empirisch (Satz) 217
— (Vorstellung) 215
Ende 317
Engel 20
entgegengesetzt (Gegenstände) 185f.
— (Vorstellungen) 186
Entweder Oder 308
ἐπιστήμη 215
Epikuräer 36
Erbsünde LII
Erfahrung XV, XXIIf., XXVI, XXVII, LII, 11, 59, 215f., 350, 354
Erfahrungsseelenlehre 10
Erfindungskunst XI, 15, 17
erfüllbar (Aussageform) XXXIX, XL
erkennbar 35f., 316
Erkenntnis XII, 9, 10, 29, 32, 34, 35, 42, 44f.
Erkenntniskraft 49f.
Erkenntnislehre XI, XII, 14, 16, 17
Erklärung XLVIIIff., 29, 36
Erscheinung XIII, XIV, XVf.
— psychische 222f.
Erscheinungsdinge 59f.

Es 303
Ethik L
Etwas 94f., 113, 132, 174, 181, 193, 347
[Etwas] (a+b+c+d+ . . .) 175
Etwas, das (die Beschaffenheit) b hat 93ff.
Existenzquantor 219

falsch XVI, XIX, XXI, 76ff., 200, 224ff.
Folge XLVIf., 16, 297ff., 321, 331ff., 340f., 342ff.
— Erkenntnisfolge 333
— objektive 333f.
— Teilfolge 333
— vollständige 333, 342f.
Folgerung XXXVII, XXXIX, XLff., 248
Form, formal XXXI, 12f., 38, 158, 191, 194, 199, 212, 290, 320f., 358
Frage 28, 224
Fundamentallehre XI, 17, 21
Funktion XIX, XX

Gattung 185, 192f., 233
Gebiet eines Satzes 212
— einer Vorstellung 114ff.
Gedanke XIXf., XXVII, 10, 23f., 27, 31f., 71, 76
Gegensatz 185ff.
Gegenstand, Gegenstände XVIIIf., XXIII, XXV, XXVII, XXVIII, 13, 50ff.
— an sich 50, 52
— einer Vorstellung XIIf., 67ff., 113, 118, 141f.
— eines Satzes 201, 212
— natürliche 137f.
— überhaupt 181
— wirklicher 134, 148
gegenständlich (Satz) 224
— (Vorstellung) 71, 111, 114, 219
gegenstandslos (Satz) 220, 224
— (Vorstellung) 73, 114, 118f., 122, 187

Sachregister

Gegenstandsvorstellung 114, 201ff.
Gemeinvorstellung 121, 181
gemischt (Vorstellung) 132f., 136ff.
γένος 192
Geometrie XXVI, 4, 143, 149f.
Geschichtlichkeit XXII, XXVf.
Geschlechtswort 86
Gesetze (Regeln) des Denkens XXX, 9, 14, 17f., 38
Gewißheit 34, 215, 291
gleichgültig (Sätze) 264ff.
— (Vorstellungen) 105f., 172ff., 183, 220
gleich, inhaltsgleich (Sätze) 236
— (Vorstellungen) 66, 166f., 217f.
Gold 139ff.
Gott XXIX, LII, 18, 23, 24, 31f., 33, 34, 37, 43, 50, 60, 67, 76, 133, 134, 141, 145, 147, 149, 153, 158, 159, 162, 182, 302, 312, 341
Größe 117, 161f., 190, 194
— unendliche 161f.
Grund, Gründe XLVIf., XLIX, 16, 297ff., 321, 331ff., 340f., 342ff., 346
— Erkenntnisgrund, logischer Grund XLVII, LII, 333, 335
— objektiver XLVI 333f., 350
— Realgrund, Sachgrund XLVI, LII, 335
— Teilgrund 333
— vollständiger 333, 342
Grund, Satz vom zureichenden 347
Gültigkeit eines Satzes 224, 229f.

Haben, Hat 90, 142, 154, 202, 203ff., 206f., 211, 214
Handeln 223
Hauptteil eines Relativsatzes 90
Heuristik XI, 11, 14, 15ff.

Historismus XXV
höher bei **Arten 185**
— bei Sätzen 270
— bei Vorstellungen 177f., 181f.
ὅτι XLVIII, 334
ὑποκείμενον 212
ὕστερον 344

idea 141
Idealismus, kritischer 59
Idee, Platonische XIII, XVf.
identisch (= tautologisch) 232f., 234
Identität (Einerleiheit) 166, 194
Identität, Grundsatz der 19, 60f.
Identitätsphilosophie 60
ἴδιον 192
imaginär (Vorstellung) 79, 123ff.
Inbegriff 159, 217
Individuum 141f., 164
Inhalt einer Vorstellung 79ff., 99, 113, 172, 181, 194f.
— eines Satzes 199
Inneres 194
Interpretation XXXIXf.
Irrtum XXIV, 5f., 30, 35, 52ff., 78f.
Ist 203ff.

Jeder 84ff.

Kalkül XXXIf.
Kanonik 8
Kategorien 193f.
κατηγορούμενον 212
Kausalität 340f.
Kein A 164
Kenntnis 5
Kennzeichen 189
Kette 179
Kollektivvorstellung 159
konkret (Satz) 217
— (Vorstellung) 93ff., 351
konnotative Ausdrücke XX
kontradiktorisch (Satz, Urteil) 278, 289f.
— (Vorstellung) 183f.

Kontraposition 344
konträr (Satz, Urteil) 278, 289
— (Vorstellung) 183f.
kopernikanische Wende XXV
Kopula XX, 58, 202, 212, 218, 320
Körper 144, 149f., 151f.
Kunst 12

Lehrbuch XII, 4ff., 15, 19
Logik XXIXff., XXXV, LIVf., 8ff., 18ff., 191ff., 320f., 356f.
— allgemeine, besondere 14
— aristotelische, nicht-aristotelische 238
— angewandte (empirische) 20
— formale XXVI, XLIIIf.
— intensionale XVIII, XXVII
— mathematische XXXff., XXXVIIff.
— operative XXXI
— Protologik XXXIf.
— reine 18ff.
— transzendentale 14
— von Port Royal 194f.
λόγος (ἔξω, ἔσω) 27
Lügner (Antinomie) 25ff.

Man 303
material, Materie 12, 13, 158f., 191, 194, 199, 290, 320, 358
Mathematik XXIII, L, 12, 112, 146, 160
Menge 159
— unendliche 162f., 167f.
Mengenlehre 168, 183
Mensch 138f.
Merkmal 103, 111f., 190
Metaphysik XIV, XXXI, 11
Metasprache 26, 219
Methode, hermeneutische XXII
Methodenlehre 19f.
Mitteilung 135ff.
Mittelding, -gegenstand 184
Modalität 191, 194, 321f.
Modell XL
modus ponens, tollens 362
möglich 10, 79, 120, 124f., 181, 193f., 296, 308ff., 322
Monadologie XXVIIIf.

Nachsatz 248
Name XVIf.
— s. Eigenname
Naturbeschreibung 12
Naturwissenschaft LII
Neg.A 221
Neukantianismus XXVII
Nexus cosmicus 158, 190
Nichts 118, 127, 164, 218f.
niedriger s. höher
νόησις 215
notio 141
notwendig XXXIV, 109, 122, 125, 189, 193f., 209, 216f., 218, 224, 308ff., 322
Noumena 59f.
Novum Organon 8

Objektivität XXIV
Objektsprache 26
Ökonomieprinzip LIII
Offenbarung 314
Omne ens est verum 39
Omnis determinatio est negatio 164
Ontologie 61
Operativismus XXVI
Organon, Logik als 8f.
Ort 148

partes integrantes 184
Pflicht 206
Phänomena 59f.
Phänomenologie XXVI
φαντασία XVf., 215
Philosophie, analytische XXVI
— kritische 59
— wissenschaftliche XXVI
philosophische Darstellung einer Wissenschaft XLVII, LII
φθαρτόν 215
Platonismus Bolzanos XXI
Postprädikamente 193
Prädikamente 193
Prädikat (-vorstellung) 28, 71, 132, 148, 154, 202ff., 212, 213, 320
Prämisse 248

Primzahl 155f.
principium (cognoscendi, essendi) 335
principium identitatis indiscernibilium 181, 189, 190
propositio 28
πρότασις 27
— καθόλου 215
πρότερον 344
Psychologie 14
— Denkpsychologie XXX, XXXII
Psychologismus XXX

Qualität 191f., 194, 321
Quantität 191, 194, 321
— s. Größe

ratio (intrinseca) 334f.
Raum (-vorstellungen) 111, 143ff., 154
real (Vorstellung) 123ff.
Realrepugnanz 187
Rechtswissenschaft 9
Reflexionsbegriffe der kritischen Philosophie 194
Reihe 160
Relation 191f., 194, 321
Relativismus 60
reziprokabel (Satz) 235
richtig (Vorstellung, Wort) XVIf., 76ff., 188

Satz, Sätze XII, 27, 28, 33, 62, 98, 210f., 212, 219, 235
— Anschauungssätze 214f., 216, 330, 350f., 354f.
— an sich XIIff., XVIIIff., XXVIIff., XXXIII, XLVIII, 16, 17, 22ff., 27ff., 190, 199ff., 224
— ausgesprochener, durch Worte ausgedrückter 22f.
— Begriffssätze 214f., 216, 330, 350f.
— Behauptungssätze XIX
— des Widerspruchs 18f., 60f.
— disjunktive 207
— Erfahrungssätze 52, 215
— gedachter 23f., 27

— Grundsätze (Axiome) LII, 342
— hypothetische 207
— mathematische 216f.
— praktische (sittliche) 223f.
— vom zureichenden Grunde 347
— vom ausgeschlossenen Dritten 60f.
— Wahrnehmungssätze 215
Sätze der Form:
— A, als ein C, ist B 304
— A bestimmt B 307
— A empfindet 206
— A hat (die Beschaffenheit) b in einem gleichen, größeren oder geringeren Grade als C 304
— A ist B 203ff.
— A ist nur B allein 304
— A ist, weil B ist 304
— A — non habet — b 210, 218
— A soll 206
— A will 206
— A wirkt 206
— Ein gewisses A hat b 219
— Einige A sind B 219, 303
— Es gibt ein A 219, 222, 303
— Es gibt mehrere A 220
— Es gibt nur ein A 220
— Gewisse A sind b 219
— Kein A hat b 164
— Kein A ist B 219
— n A sind B 304
— Nichts hat die Beschaffenheit b 303
— Nur A allein ist B 304
— Viele A sind B 303
Satzform 220
Schlaf 54ff.
Schließen, Schluß XXXIIIf., XXXVI, XLIIf., 16, 62, 248, 263, 356ff., 363ff.
— logischer XXXVIIf., XLIf.
— mittelbarer, unmittelbarer 359f.

— s. Ableitbarkeit, Syllogismus
Schlußregel 335ff., 358f.
Schlußsatz 248
Scholastik, Scholastiker 36, 37, 193, 213, 289, 334, 335
Seele 57, 60, 222f.
Sein 221f., 308, 316
Semantik (logistische) VIII, X, XXXIIf., XXXVIIIff., 26f., 219
Sinn XIII, XVII, XVIIIff., XXVII, XXXIII, 235
Sinneswerkzeuge 156
Sittengesetz 315, 339
sittlich 223f.
Skeptizismus 58ff.
Sollen 142, 223f., 339f.
Sophisten 233
σοφός XLVII
Sorites 364
Sphäre s. Gebiet
Sprache XVIIf., XX, XXIVff., XXVII, XXXIIf., XXXIX
Standpunkt XXVIII
— klassischer (ontologischer) in der Logikbegründung XXXff.
— syntaktischer XXXff.
Stetigkeit des Raumes 153
Stoa, Stoiker 29, 36, 37, 186
Stoff (einer Vorstellung) XIII, 13, 31, 66, 67
Subjekt (-vorstellung) 28, 71, 132, 147f., 154, 201ff., 212, 238, 316, 320, 323
Subjektivismus 60
Subjektivität XXVI
Subordination s. Unterordnung
Substanz 181, 182, 190, 221, 348
Substanzialität 221
Summe 159f.
Syllogismus XXXIV, 27, 151, 263, 360ff.
— disjunktiver 362
— hypothetischer 362, 365
συμβεβηκός 192

symbolisch (Vorstellung) 165, 182, 219
synthetisch (Satz, Urteil) XLV, 112, 151, 195, 230ff., 324ff.

Täuschung 49
Tautologie, tautologisch 232f.
Teilbarkeit, unendliche des Raumes 111, 153
Teil, Bestandteil (einer Vorstellung, eines Satzes) 111f., 122
Teile, ergänzende (partes integrantes) 184
Teilvorstellung 159
Text XXIV
Theologie, rationale L, 314
Theorie, physikalische LIIf.
transzendentale Ästhetik 194ff.
transzendentale Logik 14
Transzendentalphilosophie XXIf., XXVII, XXVIII
Traum 54ff.
Tun 223

Übereinstimmung zwischen Vorstellung und Gegenstand XIV, 37ff., 50f., 60, 99ff.
Überfüllung (bei Vorstellungen) 122f.
überhaupt XX, 59, 83f.
Umfang einer Vorstellung 113ff., 118f., 172, 181, 194f.
— eines Satzes 212, 236
Umfassen (Sätze) 248
— (Vorstellungen) 171f., 220
umkehrungsfähig (Satz) 235
unabhängig (Vorstellungen) 272
unbestimmt (Vorstellung) 163f.
Und 142
unendlich (Größe, Menge) 115, 117, 121, 150f., 153, 161ff., 182f.
— (Vorstellung) 163f.
Universalien 192
unmittelbar 49, 52ff., 142
unmöglich 124f., 308ff.

Unsterblichkeit 50
Unterlage (eines Satzes) 201ff., 214
Unterordnung bei Sätzen 270ff.
— bei Vorstellungen 177f., 220
— von Gegenständen unter das Gebiet einer Vorstellung 114
Unterrichtskunde 7
Unterschied 190, 192, 217
Unverträglichkeit bei Sätzen 236ff., 246f., 275ff., 321
— bei Vorstellungen 168, 170, 183, 238
— — allseitige 183
Ursache XIIIf., 131, 134, 232, 302, 307, 312, 335, 340f., 342f., 344, 345, 348
Urteil XII, XIV, 24, 28, 29, 30, 34, 35, 42ff., 321f.
— Begriffsurteil, Erfahrungsurteil 214ff.
— hypothetisches 28, 321
— problematisches 28, 44, 321
Urteilen 222
Urteilstafel, Kantische 321f.

Variable XXXIVf., XXXIX
— s. Vorstellung, veränderliche
Veränderung 163, 318
Verhältnis 154ff., 157f., 191
vérités primitives 347
Verkettung bei Vorstellungen 178ff., 220
— bei Sätzen 272ff.
Verlangen 222f., 224
Verneinen, Verneinung (Satz) 13, 191, 210, 218f., 220f., 242f.
— (Vorstellung) 163f.
Verrücktheit 54ff.
Verschiedenheit 166, 194
verschlungen (Sätze) 272ff.
— (Vorstellungen) 178ff.
Verstehen XXIV
verträglich (Sätze) XL, XLI, 38, 236ff., 246ff., 321

— (Vorstellungen) 168ff., 220, 238
Verum et ens convertuntur 36, 37
Vielheit 161f.
Vordersatz 248
Vorstellung(en) XII, XIX, 24, 25, 27, 62, 72, 73ff., 173, 211
— an sich (objektive) XIIff., XVIIIff., XXVIIff., XXXIII, XXXV, XLVIII, 16, 17, 64ff., 67ff., 75ff., 91, 107, 190, 191
— subjektive (gedachte, gehabte) XII, XIV, 64, 66ff., 71f., 73, 76, 80f., 91, 107, 108, 128, 142, 191, 222
— veränderliche XXXIVff., 122, 123, 225
— von einem Gegenstande
— — vollständige, unvollständige 188
— — erschöpfende 188

wach 54ff.
Wahrheit(en) XII, XIV, XVI, XIX, XXI, XXIV, XLVIII, 9, 18f., 29ff., 58, 60, 76ff., 200, 210, 224ff., 293ff.
— Anschauungswahrheiten (Erfahrungen) 350
— an sich XIVf., XLVIII, 16f., 18, 30ff., 34, 36f., 40, 41, 84, 158, 181, 212
— Begriffswahrheiten XIV, XLIXff., 39, 51, 194, 214f., 308f., 350ff., 354f.
— erkannte 31, 32, 34, 37, 39
— ewige 31, 323
— Folgewahrheiten 347
— formale 38f.
— gedachte 31, 36, 37, 39
— Grundwahrheiten L, 347f., 351f.
— Hilfswahrheiten 348
— logische 37, 38, 39
— mathematische 341
— metaphysische 37, 39

— objektive 19, 29f., 37, 50
— praktische 339f.
— transzendentale 37, 39, 50
Wahrheitsfindung 7f., 9, 13, 15
Wahrnehmung XXIII, 44
Wahrscheinlichkeit 53, 209, 215f., 218, 228f., 290ff., 300
Wechselvorstellungen 105f., 172ff.
Weiser XLVII
Weite des Gebietes einer Vorstellung 115, 116, 117, 167, 181ff.
Welcher 90f.
Welt XXVIIIf., LIV
— mögliche XXX, XXXIII, XXXIX, XL
Weltall 134, 141, 149
Weltanschauungspoesie XXVI
Wenn so 302, 304ff.
Werden 317ff.
Wesen XV, 189, 192
Widerlegung 58
Widerspruch, Widersprechen 38f., 50, 124f., 183, 220, 246, 278, 280ff., 315
— s. Satz des 18f., 60f.
widerspruchsfrei 10, 38f., 50
Widerstreit(en) bei Sätzen 246, 278, 280, 289
— bei Vorstellungen 148, 183f., 194
Willen 206f., 223
wirklich XVIII, XXVII, 30, 34f., 75f., 119f., 124f., 134, 145ff., 147, 162, 194, 221f., 302, 308f., 317f,. 322, 328, 340f.
Wirksamkeit 206
Wirkung 131, 134, 206f., 232f., 302, 307, 312, 340f., 342f., 344, 345
— Wechselwirkung 344

Wissen 3, 5, 10, 189
Wissenschaft(en) XI, XVIII, XXIf., XXXI, 4f., 8f., 12, 215
— abhängige 13
— Begriffswissenschaften Lf.
— exakte empirische XXIIf.
— formale 12
— Geisteswissenschaften XXIIf.
— Naturwissenschaft LII
— objektive, subjektive 5
— praktische (technische) 12
— reine 215
Wissenschaftslehre Xff., LIVff., 3ff., 7f., 9f., 14, 15f.
— eigentliche 15, 17
Wollen 206f., 222f.
Wort XII, XVIf., XXIV, XXVII, 69, 81ff., 122, 140f.
Wunsch, Wünschen 28, 222f.

Zahl 162
— Kardinalzahl 168, 183
Zeichen XXIV, XXXIIf., 37, 40, 81f., 205
Zeit(-vorstellung) 143ff., 147ff., 151, 154, 162f., 208f., 316ff.
Zeitwort 203, 208f.
Zentaur 78
zufällig 189, 192, 209, 218, 308ff.
Zusammenhang (objektiver) zwischen den Wahrheiten XLVII, LIff., 353, 355
zusammengesetzt (Sätze, Vorstellungen) XX, XLVIIIf., LIf., 71, 79ff., 87ff., 98f., 111f., 142f., 199, 214
Zuversicht 43, 295
Zweifel XI, 17, 21, 43, 46ff., 53, 59
Zweifler, vollendeter 21, 45ff.